廣西高等學校高水平創新團隊及卓越學者計劃資助

廣西北部灣歷史文獻珍本叢刊

上

張震英 陳銘彬 編撰

國家圖書館出版社

圖書在版編目（CIP）數據

廣西北部灣歷史文獻珍本叢刊：全三册/張震英，陳銘彬編撰.—北京：國家圖書館出版社，2021.11（2023.2 重印）

ISBN 978-7-5013-7367-3

Ⅰ.①廣… Ⅱ.①張…②陳… Ⅲ.①北部灣-古籍-彙編-廣西 Ⅳ.①K296.7

中國版本圖書館 CIP 數據核字（2021）第 230753 號

書　　名　廣西北部灣歷史文獻珍本叢刊（全三册）
著　　者　張震英　陳銘彬　編撰
責任編輯　南江濤　潘雲俠
重印編輯　潘雲俠
封面設計　徐新狀

出版發行　國家圖書館出版社（北京市西城區文津街 7 號　100034）
（原書目文獻出版社　北京圖書館出版社）
010-66114536　63802249　nlcpress@nlc.cn（郵購）
網　　址　http://www.nlcpress.com
印　　裝　河北三河弘翰印務有限公司
版次印次　2021 年 11 月第 1 版　2023 年 2 月第 2 次印刷

開　　本　787×1092（毫米）　1/16
印　　張　142
書　　號　ISBN 978-7-5013-7367-3
定　　價　2400.00 圓

作者簡介

張震英，1972年出生，河南許昌人。海南師範大學二級教授、博士生導師、博士後合作導師，中國古代文學學科負責人。河北大學文學博士，中國社科院文學所博士後，北京大學中文系、倫敦大學亞非學院訪問學者。享受國務院頒發政府特殊津貼專家（2012）、荆楚社科英才（2013）、廣西高等學校卓越學者（2018）、海南省『千人專項』人選（2019）、海南省領軍人才（2020）。曾任廣西壯族自治區黨委宣傳部副調研員，欽州市三娘灣旅游管理區工委委員、管委副主任，湖北大學文學院教授、博士生導師，廣西民族大學文學院教授、博士生導師，廣西民族大學黨委宣傳部副部長、新聞與輿情中心副主任、《廣西民族大學報》副主編、國學院院長等職。主要研究領域爲古代文學、傳統文化、區域文化。

陳銘彬，1972年出生，廣西靈山人。廣西民族大學黨委副書記、黨委宣傳部部長、新聞與輿情中心主任，研究員，博士生導師。廣西師範大學文學碩士，中國社會科學院研究生院文學博士。歷任廣西民族學院團委副書記、書記，廣西民族大學藝術學院黨總支書記，武裝部部長，學生工作部副部長，就業辦主任，外國語學院黨總支書記，廣西民族大學黨委委員、常委、宣傳部部長、新聞與輿情中心主任、《廣西民族大學報》主編，國學院副院長。曾掛任北京工業大學學生工作處副處長、團委副書記，上思縣縣委常委、副縣長。主要研究領域爲思想政治教育、馬克思主義文藝理論、鑄牢中華民族共同體意識研究。

前言

北部灣，位於中國南海的西北部，是一個半封閉的海灣。東臨中國的雷州半島和海南島，北臨廣西壯族自治區，西臨越南，與瓊州海峽和中國南海相連，被中越兩國陸地與中國海南島所環抱，是古代海上絲綢之路的必經地。北部灣全部在大陸架上，大陸架寬約 260 里，由岸邊向中央逐漸加深，最深處達 80 米。北部灣面積接近 13 萬平方公里，比渤海面積略大。廣西北部灣地區所指有狹義與廣義之分。狹義指北海、欽州、防城港三市沿海地區，即原欽州地區所屬範圍。廣義指廣西北部灣經濟區，處於我國南海西南端，由南寧、北海、欽州、防城港、玉林、崇左六市所轄行政區域組成。本書所指廣西北部灣地區即當今北部灣經濟區所轄範圍。廣西北部灣地區陸地占地面積 4.25 萬平方公里，2019 年末總人口 2456 萬人，居住有壯、瑶、苗、仫佬、水、侗、京、回、滿、土家、漢等民族，是中國沿海地區少數民族數量最多、人口最集中的地區。

廣西先民在史書中稱百越或百粵，壯族就是古代百越部族西甌和駱越支系的後裔，是廣西早期居住的民族。先秦時期，廣西没有進入階級社會前，主要處於部落和部落聯盟階段，以血緣爲紐帶，形成了一些土邦小國，主要有西甌國和駱越國，更多的土著民族則隱居於山林海角。秦始皇統一六國後南下征伐百越之地，設桂林、象郡、南海三郡，廣西沿海劃入象郡。漢初（公元前 206 年至公元前 111 年），廣西沿海屬南越國故地。西漢元鼎六年（公元前111年），漢武帝平定南越國後，在嶺南設立九郡，廣西沿海大部分屬合浦郡，少部分屬於鬱林、蒼梧兩郡。三國時，廣西沿海屬吴國境内。南北朝至隋末，廣西沿海地區大體屬越州、安州、黄州三個州郡。唐朝時，廣西沿海地區分屬越州、寧越、玉山州、襄州、上思羈縻州五個州，均屬嶺南道。宋至清末，廣西沿海境内則大體分屬廉州、欽州、上思羈縻州三個州府。自清光緒三十二年（1906）起，廣西沿海的合浦、欽縣、靈山縣屬廉欽道廉州府。民國十年（1921）至民國末年，除上思縣隸屬廣西省南寧道，後隸屬廣西省南寧道行政署察員公署外，境内其他縣區先後隸屬於廣東省、廣東南區綏靖公署、廣東第八區行政督察專員公署（治所在今合浦縣廉州鎮）。

中華人民共和國成立後，廣西沿海各縣行政劃分屢變。直至1983年10月，北海市從欽州地區劃出，升格爲地級市。1984年4月，北海市（含防城港）被國務院確定爲全國進一步對外開放的首批14個沿海城市之一。1987年7月1日，合浦縣劃歸北海市管轄。1993年，防城縣、上思縣從欽州地區劃出與防城港組建成防城港市。1996年4月，國務院批准設立縣級東興市，由防城港市代管。1994年6月，經國務院批准撤銷欽州地區，設立地級欽州市。至此，原欽州地區分爲三個地級市，廣西沿海出現了欽州、北海、防城港三市并立的格局。2008年1月16日，國家批准實施《廣西北部灣經濟區發展規劃》，成立北部灣經濟區，又將玉林、崇左兩市納入其中，廣西北部灣地區的範圍就此確定。

與北部灣文化密切相關的是『海上絲綢之路』，北部灣文化是海上絲綢之路文化的重要組成部分。海上絲綢之路，是指古代中國與世界其他地區進行經濟文化交流交往的海上通道。兩千多年前，一條以中國徐聞港、合浦港等港口爲起點的海上絲綢之路成就了世界性的貿易網路。古代海上絲綢之路起自中國東南沿海，途經北部灣，再經過中南半島和南海諸國，穿過印度洋，進入紅海，抵達東非和歐洲，成爲中國與外國貿易往來和文化交流的海上大通道。中國輸往世界各地的主要貨物，從絲綢到瓷器與茶葉，形成一股持續吹向全球的東方文明之風。廣西北部灣文化大致包括北部灣歷史地理文化、民族民俗文化、政治宗教文化、文學藝術、商貿交流文化、風光旅游文化以及北部灣青銅文化、坭興陶文化、合浦珍珠文化等特色文化。其中北部灣歷史文化主要涉及：文明初現——遠古至先秦時期的北部灣；開拓繁榮——大秦一統與漢唐繁榮；文化融合——狄青征南，歷代移民與文化碰撞；血性張揚——劉、馮抗法與北部灣勇武精神的展示。北部灣民族、風俗與宗教文化主要涉及：和諧共處——壯、漢、京等多民族齊聚的港灣；海岸風情——京族三島風俗信仰；客家人與疍家人——遠方的家和寄居的群落；文化載體——北部灣地區方言。北部灣文學藝術主要涉及：古代詩文中的北部灣——以流寓與貶謫文學爲核心；現代文學中的北部灣——新文學的啓蒙與抗戰文學；當代文壇筆下的北部灣——文學桂軍與北部灣文化的書寫；北部灣文學的前景與未來——『一帶一路』背景孕育下的充滿前景與未來的北部灣新文學。北部灣名人文化研究主要涉及：海灣詩情——歷代文人與北部灣；海灣畫意——歷代藝人與北部灣；海灣記憶——歷史名人與北部灣；海灣潮流——當今北部灣名人巡禮。北部灣貿易與國際交流文化主要涉及：通江達海——北部灣在廣西及大西南的戰略地位；水乳交融——北部灣與大灣區及桂粵瓊三省的合作與競爭；中外合璧——北部灣與東盟國家的商貿往來與文化交流；揚帆遠航——北部灣與海上絲綢之路沿綫國家的文化交流。北部灣旅游文化主要涉及：十萬大山、六萬大山、大容山、青秀山、大明山、都嶠山、花山、勾漏洞等山脉文化；金灘、銀灘、白浪灘、三娘灣、紅樹林、潿洲島等海灣島嶼文化；邕江、南流江、北侖河、左江、大藤峽、德天瀑布爲代表的河流文化；花山巖畫、合浦漢墓群、合浦漢代文化博物館、鎮南關、昆侖關、真武閣、歸龍斜塔、三宜堂、馮子材故居等爲代表的人文景觀。北部灣特色文化主要涉及：鼎力南國——北部灣青銅文化；南疆陶韵——坭興陶及南方陶文化；璀璨明珠——合浦珍珠與海洋文化；挺立潮頭——近現代北部灣革新思想研究等。

海洋孕育生命，同樣孕育文化。廣西北部灣文化是廣西海洋文化的核心，是廣西北部灣各族人民在開發、利用和保護海洋的社會實踐中所形成的思想道德、民族精神、科學科技和文化藝術等物質和精神成果的總和。它包括：一切與北部灣有關的物質存在和物質生產；一切與北部灣有關的意識形態；一切與北部灣有關的因時、因地制宜的社會典章制度、組織行爲方式與民俗習慣；一切受北部灣大環境制約與影響的生産活動與行爲方式。廣西海洋文化精神就是廣西沿海各族人民在長期的海洋生産生活中形成的精神形態特徵：博大精深、樂於進取、富於包容、勇於冒險，它表現爲開放、進取、敢競争、不守舊、敢反抗、敢争先的廣西沿海人文精神。廣西北部灣文化除具有中國海洋文化的一般共性，如涉海性、對外輻射性、交流性、商業性、趨利性、開發性和拓展性之外，還具有自己的獨特個性。

首先，歷史悠久、文化厚重。廣西北部灣的歷史與人類文明相伴生，與古代中國中原文明同律動，廣西的歷史見證了中華文明的發展與變遷，是中國多民族交流與融合歷史的縮影。廣西雖然地處南國邊陲，但將廣西文化定位爲『老少邊窮山』，是不符合歷史事實的。根據考古挖掘，廣西沿海居民從事漁獵和農業活動，可追溯至新石器時代。先秦時期，生活在這裏的駱越人有『斷發紋身』的習俗，因爲他們『古時入水采貝，皆繡身面爲龍子，使龍以爲己類，不吞噬』。秦一統後，在嶺南設南海、桂林、象三郡。至西漢元鼎年間設立合浦郡以來，合浦郡便成爲嶺南政治經濟文化中心之一，也是當時中國通往東南亞、南亞、歐洲各國的海上絲綢之路的始發港之一。因『海上絲綢之路』經貿往來的緣故，廣西沿海地區成爲古代中國最早對外開放的地區，在秦漢隋唐曾經繁盛一時。隋唐時期，欽州陶瓷文化發展成熟，宋代欽州成爲對外貿易的一大港口，大量陶瓷與絲綢由此運往世界各地。近代北海，成爲中國西南對外貿易的通商口岸。孫中山先生《建國方略》也曾規劃將欽州港建設成爲南方第二大港，僅次於廣州港。北部灣地區現存的新石器時代貝丘遺址、古運河遺址、古商道、伏波廟、白龍珍珠城等遺址以及京族哈節、珠還合浦傳説、三娘灣神話傳説等民俗和傳説均見證了其厚重的歷史。潭蓬運河、北海百年老街、合浦上窯明窯遺址及明代瓷烟斗和壓椎，見證了昔日海上絲綢之路的繁榮與喧鬧，現代北部灣三大港的日新月异正續寫着『海上絲綢之路』的新輝煌。

其次，邊疆海洋，風情萬種。北部灣文化的根本是海洋文化，具有開放、包容、進取的精神，因北部灣特殊的地理環境，具有沿海、沿邊的區位，以及北部灣衆多民族聚居的現實，又具有鮮明的地域特色和民族特色。古代廣西沿海毒蛇猛獸和『瘴癘病毒』多，生態環境惡劣。在長期的生産生活中，廣西沿海各族人民在與大自然進行頑强鬥争的過程中，形成勤勞、勇敢、敢於冒險、勇於開拓的性格特徵，同時也因科學和生産力的制約在一定程度上篤信鬼神，求助於超自然力的庇護。即便科技已經高度發達的今天，這種求神拜佛的民間信仰在沿海居民日常生活中也非常普遍。自古以來，廣西沿海就是馳名中外的南珠産地。素有『西珠不如東珠，東珠不如南珠』之説，與之相關的珍珠文化相當發達。關於珍珠的采集、貿易等留下了一大批民間傳説故事，諸如《珠還合浦》《白龍城的傳説》《美人魚》《合浦珠傳奇》等。此外，北部灣地區還留下了一批與珍珠相關的歷史文化遺迹，如七大珠池、珠場八寨、白龍珍珠城等。目前北海市，即以珍珠文化作爲城市文化的重要形象及標志。北部灣地區尤其是北欽防三市有鮮明的海洋文化元素，海天一色的廣袤海域，海島海灣的旖旎風光，盤根錯節的濱海紅樹林群落等，孕育了獨具風韵的南海海洋生態文化。疍家婚禮和服飾、京族哈節與漁具漁法、漁歌及漁業諺語等，充分展示了五彩斑斕的南方海洋民俗文化。

第三，文化多元，相容并蓄。北部灣文化具有跨國别、多民族、多元文化、多信仰、多風俗的顯著特色，構成了廣西文化中包容性、開放性、冒險性和革命性元素，一直影響到今天。廣西北部灣文化是以駱越文化爲基礎的多元文化，是在與海内各種文化的交流碰撞中逐漸融會、升華而成的。在與内陸文化的交流中，它接受并融合了中原文化、楚文化、巴蜀文化、吴越文化的元素；而在與海外文化的交流中，又包含了天主教文化、佛教文化、近代西方文化等因素。特别是天主教文化對廣西海洋文化産生了深遠的影響，如始建於 1853 年由法國巴黎外方傳教會建造的潿洲島天主教堂，至今依然是重要的宗教活動場所，教堂所在盛塘村有 80% 的人信奉天主教。廣西海洋文化在吸納多元文化的同時，始終保留了自己的獨特性，在民俗、飲食、藝術、建築、宗教等方面均有反映，體現出鮮明的地域特色和各種地方的文化共存共生現象。例如，廣西沿海屬於泛神多神崇拜，對象包括海神、龍神、雷神、颶風神、天妃、伏波神和孟嘗神等，其中伏波神崇拜與伏波將軍南征事迹有關，孟嘗神的崇拜與『珠還合浦』的故事有關。此外，廣西海洋文化中，還有廣府文化、客家文化、福佬文化、壯族文化、京族文化等文化的内容特質。在區域内部，又表現出鮮明的區域差异，具有鮮明的民族特色。

第四，重視商貿，長於經營。北部灣地區作爲『海上絲綢之路』的必經地和停泊港，自漢代以來就商旅繁榮，催生了一系列相關産業的興盛。北部灣地區人民自古就有從事商貿活動的傳統，商業文化深植於沿海民族血液中，對於當今北部灣發展『向海經濟』和遠洋貿易，濃郁的商業文化無疑是最好的助推器。古代合浦郡沿海盛産珠璣、瑪瑙、玳瑁、象牙、犀牛角、寶石、美玉和名貴香料等奇珍异寶，成爲向中原統治者進貢的珍品，吸引了大批商人來嶺南經商貿易。由於珍珠貿易的盛行，當地居民以采珠、販珠爲生，很少從事農業生産，『崇利』的商品價值觀念滲透社會各個角落。漢代合浦港呈現的舟楫雲集、往來不絶的繁忙景象、宋代欽州博易場興旺繁榮的交易場景、近代北海開埠後對外貿易的發展，都反映了廣西航海文化與海洋商貿文化内涵的豐富。

第五，不懼强暴，勇於鬥争。廣西人民的勇武鬥争精神由來已久。從秦甌戰争的讓威震天下的秦軍損兵折將、兩度無功，到廣西狼兵在明中後期抵禦外辱、痛擊倭寇，取得『自軍興以來，稱戰功第一』重大勝利的壯舉；再到太平天國運動堅持 14 年反抗腐朽清政府統治的鬥争，到劉馮抗法取得號稱我國近代『中西戰争第一大捷』——鎮南關大捷的血性，到劉永福率三百親兵拼死保臺抗日，在清政府拒絶支援的情况下，組織民衆奮力迎敵，取得殲敵 3 萬餘人的重大戰果；再到桂林保衛戰不足 2 萬人的桂軍對抗 15 萬日軍的頑强，昆侖關大捷以傷亡 1.4 萬人爲代價殲滅日寇 4000 血戰的决心，廣西人民展現出的勇武和鬥争精神令人矚目。自古以來，廣西沿海是中國南部的來，任何輕視廣西人存在的行爲都將付出慘痛的代價，甚至是致命的打擊。古往今邊海防要地，素有『古來征戰第一綫』之説。歷經千錘百煉，這裏留下了很多戰争遺迹，如伏波將軍馬援活動遺址、伏波廟會遺址、白龍古炮臺、水師營遺址、昆侖關、鎮南關、劉永福和馮子材故居等文化景觀，也留下了有據可查的歷史文獻和不可勝數的英雄傳奇，展現了不屈不撓、可歌可泣的守邊衛國、抗擊外辱的文化精神。

第六，人文自然，交相輝映。北部灣地區歷史悠久，文化遺産存留豐富，其中最有代表的當屬蘊含南疆特色文化的坭興陶與南方陶文化。欽州坭興陶與江蘇宜興紫砂陶、雲南建水陶、四川容昌陶號稱中國四大名陶，飲譽中外。自秦漢至明清時期，這裏的陶瓷製造業一直興續不斷，目前存有大量燒窯遺址，與海上絲綢之路的繁榮狀況相一致。1915年，在美國三藩市巴拿馬太平洋萬國博覽會上，廣西欽州送展的紫砂陶産品榮獲第二名；1930年，在比利時世界陶瓷展覽會上，欽州紫砂陶産品又榮獲一等獎。這兩起新聞轟動了國内外，當時上海等地多家報紙發表評論，稱欽州爲『中國第二陶都』。2018年，欽州坭興陶作品《壯鄉行》茶具在相隔百年後再次斬獲巴拿馬博覽會金獎，意味著北部灣地區陶瓷業繼續延續著往日的輝煌。2016年，記載廣西早期文明的崇左市『左江花山巖畫文化景觀』正式入選《世界文化遺産名録》，成爲廣西第一個入選世界文化遺産的文化景觀，也是中國第一個入選巖畫類世界遺産的塗繪類巖畫。除此之外，北部灣地區還擁有享譽中外見證海上絲綢之路輝煌歷史的合浦漢代文化博物館，設計精巧的被譽爲『我國古代建築史上罕見的一顆明珠』明代軍事設施真武閣，民族英雄劉永福、馮子材故居——三宣堂、馮宫保第，始建於漢代、中國九大名關之一的鎮南關，同樣始建於漢代、抗日戰爭中著名的昆侖關戰役發生地——昆侖關等人文遺址。北部灣地區的自然景觀更是精彩紛呈。有風光秀麗被稱爲『首府緑肺』的青秀山、壯族文化發源地的大明山、綿延逶迤的十萬大山、六萬大山、道教名勝都嶠山、佛教名勝桂平西山等名山。有珠江中游的邕江、南流入海的南流江、中越界河的北侖河、風景如畫的左江等河流；有被譽爲『天下第一灘』的銀灘以及金灘、白浪灘等風景怡人的海灘；有被譽爲『最美火山島』的潿洲島、婆灣島以及沿海紅樹林帶等特有的海灣美景。

總之，北部灣歷史悠久、文化燦爛、民族多樣、風情各异、風景優美、物産富饒。廣西北部灣文化在歷史、地理、民俗、民族、文學、藝術、旅游、貿易、交流等各個領域均展現出豐富深厚的文化内涵和積極進取的精神内核。北部灣地區背山面海，因此北部灣文化精神既體現群山的堅韌雄壯，又體現海洋的容納博大，結合起來就是不固執、不封閉、不排外，相容并蓄，奮發圖强，和諧共生，開放、包容、前瞻、進取、果敢、堅韌、和諧、共贏等構成了北部灣文化的基本特性。

2008年1月16日，國家批准實施《廣西北部灣經濟區發展規劃》，提出把廣西北部灣經濟區建設成爲重要國際區域經濟合作區。作爲我國西部大開發和面向東盟開放合作的重點地區，開發廣西北部灣經濟區對於國家實施區域發展總體戰略和互利共贏的開放戰略具有重要意義。北部灣經濟區功能定位是：立足北部灣、服務『三南』（西南、華南和中南）、溝通東中西、面向東南亞，充分發揮連接多區域的重要通道、交流橋梁和合作平臺作用，以開放合作促開發建設，努力建成『中國—東盟』開放合作的物流基地、商貿基地、加工製造基地和信息交流中心，成爲帶動、支撑西部大開發的戰略高地和開放度高、輻射力强、經濟繁榮、社會和諧、生態良好的重要國際區域經濟合作區。

2013年，隨著『絲綢之路經濟帶』和『21世紀海上絲綢之路』重大倡議的實施，廣西北部灣地區迎來了前所未有的發展機遇。國家發展改革委、外交部、商務部聯合發布的《推動共建絲綢之路經濟帶和21世紀海上絲綢之路的願景與行動》在『中國各地方開放態勢』部分指出廣西在『一帶一路』倡議中的『三大定位』：『發揮廣西與東盟國家陸海相鄰的獨特優勢，加快北部灣經濟區和珠江——西江經濟帶開放發展，構建面向東盟區域的國際通道，打造西南、中南地區開放發展新的戰略支點，形成21世紀海上絲綢之路與絲綢之路經濟帶有機銜接的重要門户。』『一帶一路』倡議不僅是政治戰略和經濟發展戰略，也是文化傳播戰略，經濟貿易戰略的實施離不開中華優秀傳統文化的支持，該綱領同時指出，『支持沿綫國家地方、民間挖掘「一帶一路」歷史文化遺産，聯合舉辦專項投資、貿易、文化交流活動，辦好絲綢之路國際文化博覽會、絲綢之路國際電影節和圖書展。倡議建立「一帶一路」國際高峰論壇。』凡此種種，也爲北部灣地區文化的發展迎來了生機與活力。

北部灣經濟區作爲廣西對外開放的重要窗口，擁有近13萬平方公里的海域面積，蘊藏著豐富的海洋資源，在『一帶一路』建設藍圖中，對於廣西打造『向海經濟』有著區位、政策、歷史等多方面的優勢。隨著『一帶一路』倡議和『向海經濟』戰略的實施，經濟、貿易、工業等在北部灣風生水起，北部灣正發展成爲中國經濟增長新一極，廣西北部灣經濟區從一個西部邊陲地區，變成多區域合作中心；從一個投資盲點，變成投資熱點；從一個經濟發展配角，變成廣西開放發展龍頭；從一個地方發展題材，變成國家發展戰略。2017年起，廣西全面開啓『向海經濟』戰略，并主動擔負起『21世紀海上絲綢之路』的責任與使命，駛出南海、連接東盟、走向世界，如今北部灣地區已成爲廣西發展最快、最富活力、最具實力的地區。

『一帶一路』倡議中廣西的定位和重要地位決定了加强北部灣文化研究的迫切性。與經濟貿易發展的風生水起和在經濟貿易相關學科研究的如火如荼相比較，北部灣的文化研究却顯得相對冷清，雖然在本世紀初自治區黨委曾經組織召開過『環北部灣文化學術研討會』『花山巖壁畫學術研討會』等專門的研討會，出現了一些成果，但會後并未形成强勁持久的研究勢頭。當前，學術界的視野基本都聚焦於北部灣的政治經濟與商貿交流研究，很難檢索到一本真正意義上的文化研究專著。總體而言，在北部灣文化研究方面，不僅相關成果零星散亂，數量不多，而且流於形式、止於表面的爲數不少，片面脱節的爲數不少，迄今尚未形成較爲完整的有體系的研究成果，這與北部灣悠久的歷史和豐富的文化資源不相匹配。

另外，在研究方法和研究視野上，隨著『一帶一路』倡議和『向海經濟』戰略的推進，傳統意義上的區域文化需要站在更宏觀、高遠、前瞻、深邃的視角進行重新審視，以服務於國家戰略的需求。在新時代對北部灣文化進行重新審視，挖掘其固有的屬於中華優秀傳統文化的核心内涵，尋找服務於當今經濟文化建設的新亮點，爲決策提供參考和借鑒，顯得意義重大。與此相一致，作爲文化振興、文化自信的基礎，對北部灣地區歷史文化進行梳理，開展北部灣地區的歷史文獻整理工作，就顯得重要而緊迫。

我國傳統地方文獻大抵可以分爲兩大流别：一是由相關地方人士編撰之文獻，他們的身份多爲當地土著，同時還可能包括流寓、游宦人士等；二是與該地有關之文獻。書中所展示的，多爲該地的歷史、人物、風土、名勝等，至其作者或編者，則往往并非當地人士。今廣西北部灣六地市的地方文獻，其形態構成也同樣如此。前一流别如明代廣西宣化（今南寧）人陳大綸輯《敷文語録》，乃『明嘉靖七年（1528），兩廣總督兼廣西巡撫王守仁於南寧創建敷文書院，其時陳大綸從學於王守仁』，遂得以編纂而成。後一流别如宋范旻編纂的《邕管雜記》，編者爲今河北威縣人，北宋開寶（968—975）中知邕州（治今廣西南寧），遂有此面向今廣西南寧、崇左等區域之地記著作之撰寫。

較之位於廣西東部、北部，得地利之便，較早也較多受到中原文化影響的桂林、梧州、柳州等地，位於廣西南部的北部灣六地市，其地方文化則起步較晚，發展較緩，因而形成地方文獻的時間也相對滯後。當兩漢之交，今廣西東部門户梧州已經出現諸如陳欽《陳氏春秋》以及陳元《春秋訓詁》《左氏同异》《陳元集》這樣由地方人士編撰的典籍。大約西晋時期，廣西古代文化中心桂林已經出現王歆《始安記》這樣專門面向始安郡（約相當於今桂林市轄境）的地記類典籍。進入唐代，更是涌現出曹唐、曹鄴這樣的知名詩人。反觀北部灣六地市，自漢至唐期間，長期未能孕育出像陳欽、陳元這樣的真正意義上的本土文化人，而衹有少量流寓、游宦人士留下若干傳世作品。如西晋人董京，曾有避居今廣西横州的經歷，《晋書》本傳載其答孫楚詩兩篇。若取『借才异地』的寬鬆思路，則董京及其兩首傳世詩篇，可視爲北部灣六地市文獻的早期濫觴。同時，這裏也長期未能形成像《始安記》這樣的專門面向某一地區的典籍，相關地方文化信息衹是包含於若干其他典籍，如晋嵇含《南方草木狀》、唐劉恂《嶺表録异》、唐段公路《北户雜録》等。

降至唐、宋時期，尤其是宋代後，北部灣六地市文獻編撰活動進入一個全新階段。最突出的表現就是，這一時期的北部灣六地市開始形成專門的地方典籍，從而擺脱了此前該地的地方文獻長期以零章斷簡形態存世的局面。就現有資料來看，最早的面向北部灣六地市轄域的典籍，可能是唐代的《邕州圖經》。該書今已亡佚，但有若干文字獲北宋初年人樂史纂《太平寰宇記》卷一百六十六『嶺南道十・邕州・風俗』徵引。陳相因、秦邕江編著《廣西方志佚書考録》稱其『纂修者無考，當修於唐代』。顧宏義著《宋朝方志考》亦認爲該書『乃屬唐志』。邕州，唐置，五代十國至宋因之，治所在今廣西南寧市。這部《邕州圖經》也是今可確切考見的唯一一部問世於唐代的北部灣六地市地方典籍。

至於唐代以單篇形態呈現的作品，則可以在今廣西上林縣發現的碑文《澄州無虞縣清泰鄉都萬里六合堅固大宅頌》（簡稱《大宅頌》）和《廖州大首領左玉鈐衛金谷府長上左果毅都尉員外置上騎都尉檢校廖州刺史韋敬辨智城碑一首》（簡稱《智城碑》）爲代表，兩塊碑被認爲是嶺南地區最古老的漢文碑刻。前者位於今上林縣澄泰鄉洋渡村剥廟山山腳的一個巖洞中，刻於唐高宗永淳元年（682），作者爲韋敬辨（一作韋敬辯，又作韋敬辯）。碑高95厘米，寬64厘米，碑文爲楷書，豎刻，共17行，每行字數不等，最多爲28字，最少爲1字，總共386字。由『序』、『頌一首』、『詩一篇』三部分組成。後者位於今上林縣覃排鄉愛長村石儉屯後智城山腳的一處巖厦石壁上，作者爲韋敬一，刻於武則天萬歲通天二年（697），碑高164厘米，寬79厘米，楷書，豎刻。共24行文字，共1115字。由『序』和『碑一首』兩部分組成。

進入宋代，北部灣六地市文獻編撰活動生面大開。僅據今可考見者而論，數量便達三十餘種。其中的大宗，應推『史部・地理類』中的方志。當時北部灣六地市轄域内的邕州、賓州、横州、鬱林州、容州、欽州、廉州，均有各自的方志編纂問世。面向邕州的，有佚名纂《邕州志》《重修邕州志》，以及樂公明修、尹安中纂《建武志》與佚名纂《重修建武志》；面向賓州的，有佚名纂《（賓州）舊經》《賓州圖經》以及吴遠纂《安城志》；面向横州的，有佚名纂《（横州）舊圖經》《横州圖經》；面向鬱林州的，有李宗諤纂《（祥符鬱林州）

舊記》、佚名纂《（鬱林州）圖經》《西甌圖志》以及施坤纂《（鬱林州）新志》；面向容州的，有佚名纂《（容州）圖經》《容州志》以及胡槻等纂《普寧志》；面向欽州的，有佚名纂《欽州圖經》、林會纂《［慶元］寧越志》、佚名纂《新寧越志》；面向廉州的，有佚名纂《（廉州）舊經》《廉州圖經》《合浦志》。上述二十二種均爲州志，此外又有縣志。如佚名纂《博白志》，即爲宋代鬱林州轄下博白縣之方志。

其他問世於宋代的北部灣六地市文獻，同樣多爲史部典籍。最引人注目的應推記述儂智高起事始末的典籍，包括滕甫撰《孫威敏征南録》、馮炳撰《皇祐平蠻記》、曹淑卿撰《儂智高事》等。由於儂智高起事後曾活動於邕州一帶，并最終在邕州被鎮壓，所以這三部典籍便在很大程度上也可以視爲北部灣六地市文獻。尤其是《孫威敏征南録》，記述宋仁宗皇祐四年（1052）孫沔率軍鎮壓儂智高之經過，今有《四庫全書》《藝海珠塵》《墨海金壺》《續金華叢書》本及清鈔本等存世，是目前所知唯一存世的宋代北部灣六地市地方典籍。再就單篇作品而論，今尚存世者較之唐代的寥寥無幾，還是稍多一些的。其中知名度最高的，應推北宋初年人樂史撰寫的《緑珠傳》。該傳叙寫西晋富豪石崇愛妾緑珠之事迹，并稱：『緑珠者，姓梁，白州博白縣人也。』若果如樂史所言，緑珠乃今廣西博白人氏的話，則這篇《緑珠傳》自然堪稱整個宋代存世北部灣六地市文獻中最早問世的一種。

元、明兩代，尤其明代，是北部灣六地市文獻編撰的快速發展時期。最直觀的表現，便是典籍數量顯著增加。僅據我們初步調查，可確切考知者至少有一百種左右，今尚存世者至少有十二種，包括田汝成撰《龍憑紀略》、王濟撰《君子堂日詢手鏡》、尹耕撰《南泰紀略》、郭楠纂《［嘉靖］南寧府志》、方瑜纂《［嘉靖］南寧府志》、林希元纂《［嘉靖］欽州志》、郭棐纂《［萬曆］賓州志》、甘東陽纂《［萬曆］太平府志》、張國經纂《［崇禎］廉州府志》、封良儒撰《繡江吟稿》、王貴德撰《青箱集賸》、李璧輯《瓊瑰録》等。其中郭楠纂《［嘉靖］南寧府志》凡十卷，今存九卷，卷首有廣西學正張岳序，今有明嘉靖十七年（1538）刻本傳世。方瑜纂《［嘉靖］南寧府志》凡十一卷，卷首有董傳策序，日本内閣文庫藏有明嘉靖四十三年（1564）刻萬曆、崇禎增修本，國内有萬曆刻本及傳鈔本。

綜觀這些存世與亡佚典籍，可以發現兩大新變之處：

一是典籍類型趨於多元化。如前所述，唐、宋時期問世的北部灣六地市典籍以『史部・地理類』中的方志居多，其他亦多可歸爲史部典籍。唯博白人李時亮『與陶弼賡和』而成的《李陶集》，可以歸入『集部・總集類』。進入元、明時期後，雖然就整體數量而言，方志乃至其他類型的史部典籍依舊三分天下有其二，但經、子、集三大門類也已初步形成規模。其中，經部有龐希睿撰《周易講義》與《儀禮雜解》、陳伯魁撰《五經訓義》、陳大綸撰《經義摭言》、李璧撰《燕享樂譜》等；子部有吴邦柱撰《尊孔録》與《祈嗣真機》、何以尚撰《忠孝經便蒙詩訓》、陳大綸輯《敷文語録》等；集部有陳國質撰《節庵集》、任信撰《夕愓齋詩集》、李璧撰《劍閣集》、吴邦柱撰《碎玉集》、蕭雲舉撰《青羅集》、黄鳳翔撰《就正集》與《就玉集》、唐之夔撰《唐集》、陳瑾撰《竹味山房集》、王貴德撰《青箱集賸》、封良儒撰《繡江吟稿》與《北征吟》、梁臺玉撰《擊木詩集》、鄧鑛撰《半村詩集》、黄子來撰《采芝吟》，以及李璧輯《瓊瑰録》等，可謂首次實現了對四部典籍的全覆蓋。

二是典籍編撰隊伍呈現出外地人士與本土人士并起的態勢。此前的北部灣六地市典籍，多爲傳統地方文獻中的第二大流别，即與某地有關之文獻。相應地，其編撰者亦多爲外地人士。反觀第一大流别，即由相關地方人士編撰之文獻，則實在寥寥無幾。今可確切考見者，衹有博白人李時亮編纂的《古碑總録》與《李陶集》這區區兩種。降至元、明時期，北部灣六地市本土文化人編撰的典籍開始大量涌現，綜計至少有近三十種，所涉編撰者至少有十八人。具體就這十八位本土文化人的籍貫而言，也廣泛分布於北部灣六地市的轄域内。其中，元代兩人，分别爲容縣人封盛甫、興業人陳國質；明代十六人，分别爲陸川人龐希睿，興業人陳伯魁、何以尚，宣化（今廣西南寧市）人陳大綸、蕭雲舉、陳瑾、鄧鑛，武緣（今廣西南寧市武鳴區）人李璧、黄鳳翔、黄子來，容縣人封良儒、王貴德，上林人吴邦柱，横州人任信，鬱林州（今廣西玉林市）人唐之夔，北流人梁臺玉。其中，李璧輯《瓊瑰録》有中國國家圖書館藏明嘉靖元年（1522）李璧刻本傳世，堪稱目前所知出自北部灣六地市本土文化人之手的存世典籍中最早問世的一種。

經過長期的發展與積累，進入清代後，北部灣六地市文獻編撰活動迎來繁盛時期。若將出自由清入民國人士之手的傳統文獻也一并計入，則僅就這一時期的存世典籍而論，便至少多達二百五十種左右。可以説，今尚存世北部灣六地市典籍絶大多數問世於這一時期。

存世數量的大幅增長，首先帶來了相關典籍之分布廣度與密度的顯著提升。一方面，清代以及民國前期編撰問世的典籍，幾乎對今天北部灣六地市轄下所有市縣形成了全覆蓋；另一方面，還在部分市縣實現了相關典籍的密集分布。例如容縣，現存有三部家譜、三部方志、二部政書、十五部詩文别集、一部總集、一部散曲集。三種方志中，一種爲容縣人封祝唐、黄玉年共同編纂的《［光緒］容縣志》，另兩種爲面向湖南麻陽縣的《［同治]新修麻陽縣志》與面向湖北蘄州的《[光緒]蘄州志》，分別有容縣人黄金模與封蔚礽參與纂修。這二十五種典籍中的十一種出自清代容縣封氏家族成員之手，包括封豫撰《翠園山房詩草》與《封望仙賦稿》、封景岷撰《蔚嵐詩草》、封致治撰《槐蔭堂詩草》、封祝唐撰《味腴軒詩稿初編》及其參與纂修的《[光緒]容縣志》、封蔚礽參與纂修的《[光緒]蘄州志》、封少游撰《漱芳齋詩稿》、封雲鵠撰《西齋詩集》、封奕璠撰《華萼堂詩文集》、封培緒輯《聖功集》。再加上晚明人封良儒撰《繡江吟稿》與《北征吟》，乃爲我們考察這個明清容縣地方家族的文化成就提供了相當可觀的文獻資料。

其次，出現一批此前罕有甚至從未有過的新典籍類型。就史部典籍來説，最顯著的表現就是家譜類的從無到有。大抵自晚清道光年間至民國時期，絡繹涌現出吴鳳條纂修《(玉林)牟氏家譜》、劉森等纂修《(北流)翰堂劉氏族譜》、秦維略等纂修《(博白)秦氏家譜》、陳憲中纂修《(容縣)陳氏宗祠》、黄金詔等纂修《(容縣)洛村黄氏譜略》、覃積賢纂修《(容縣)覃氏族譜》、蕭承煦等纂修《(興業)蕭誠庵家譜》、韋振超纂修《(廣西穹明)思陵土州韋氏家譜》、寧可風纂修《(欽州)寧氏家乘初稿》、佚名纂修《靈山東岸譚氏族譜》、黄守纂修《(合浦練西)黄氏宗譜》以及陳濟湘纂修、陳耀海續修《(防城河洲上峒大田)陳氏宗譜》等，在今玉林、北海、欽州、防城港、崇左等市境内均有分布。就集部典籍來説，清代一改此前僅有别集類與總集類的較爲單調的格局，而新增了詩文評、詞曲等類型，分別可以蘇懿諧撰《詩話選真》、韋豐華撰《今是山房吟餘瑣記》、鍾德祥撰《睡足齋詞》、王維新撰《紅豆曲》等爲代表。此外如史部政書類典籍，則在清代實現了大幅增長。先後有李彦章撰《思恩府新編保甲事宜》、佚名撰《廣西南寧關監督造報南寧關第一百八十八結徵收支銷各項清册》、佚名撰《太平關太平分廠文案》、黄金銜撰《治麗箴言》、何見揚撰《省心堂雜箸》以及馮子材撰《軍牘集要》(一名《馮宫保軍牘》《馮宫保軍牘集要》)與《征南輯略》等集中出現於晚清時期,從而一改此前整個明代廣西衹有張鳴鳳撰《漕書》這區區一種存世的冷落局面。

再次,編撰隊伍出現了真正意義上的本土文化名流。此前的北部灣六地市文獻編撰隊伍雖然不乏文化名流,如《緑珠傳》作者、北宋人樂史,又如《防邊紀事》作者、明代人高拱,但他們大抵均爲外地人士,以外人視角觀照北部灣六地市之人物與史事,從而撰成相關文獻。至於本土編撰者的知名度,相對而言并不算出衆。降至清代,一方面外地文化名流繼續參與編撰北部灣六地市文獻,如詩學名家易順鼎的《龍州雜俎》、史學名家孟森的《廣西邊事旁記》,便均爲二人於光緒末年爲官廣西期間的作品。另一方面則是本土文化名流的崛起,典型代表爲馮敏昌與張鵬展。馮敏昌爲今廣西欽州人,《清史稿·文苑傳》載其傳記。他在文學、書法、繪畫、金石等領域均造詣頗深,尤以詩學聲譽卓著。近人汪辟疆《近代詩派與地域》一文中將其躋身於明清嶺南詩派名家之列,曰:『嶺南詩派,肇自曲江;昌黎、東坡,以流人習處是邦,流風餘韵,久播嶺表。宋元而後,沾溉靡窮。迄於明清,鄺露、陳恭尹、屈大均、梁佩蘭、黎遂球諸家,先後繼起,沈雄清麗,蔚爲正聲。迨王士禎告祭嶺南,推重獨漉;屈大均流轉江左,終老金陵;嶺表詩人,與中原通氣矣。乾嘉之間,黎簡、馮敏昌、張維屏、宋湘、李黼平詩尤有名,李氏稍後,卓然名家。』平生著述甚富,今尚存世者主要有《太華小志》《[乾隆]孟縣志》《河陽金石記》《小羅浮草堂詩鈔》《小羅浮草堂詩集》《小羅浮草堂文集》等。張鵬展爲今廣西上林人,《清史稿·文苑傳》載其傳記。此人爲清代廣西知名文學家、教育家,有《讀鑑繹義》《[道光]賓州志》《國朝山左詩續鈔》《嶠西詩鈔》《穀貽堂全集》等個人著述存世，并參與纂修《清高宗純皇帝實録》。

復次，涌現出一批關涉當時重要時事的典籍，最爲典型的便是清末中法戰争。這場戰争作爲我國近代一個相當重大且影響深遠的事件，受到當時及後人的持續關注，遂催生出大量與之相關的典籍。位於今廣西崇左境内的中越邊境一帶，是中法戰争的一大主戰場，所以這些典籍也往往可以視爲北部灣六地市文獻。諸如徐延旭撰《越南輯略》《越南世系沿革》《中越交界各隘卡略》《徐延旭來往函牘》、劉長佑撰《劉武慎公遺書》、唐景崧撰《請纓日記》、岑毓英撰《岑襄勤公奏稿》、張樹聲撰《張靖達公奏議》《張靖達公雜著》《張樹聲來往函牘》、李秉衡撰《李忠節公奏議》、孟森撰《廣西邊事旁記》、馮子材撰《軍牘集要》《征南輯略》，以及劉永福口述、黄海安輯録《劉永福歷史草》等，均可歸入此一範疇。這些典籍或爲聚焦中法戰争廣西戰場的專著，或有相當部分内容直接關涉中法戰争之廣西戰場。它們的出現，標志著北部灣六地市文獻已大幅越出地方文獻的範疇，而具有了全國性的重大意義。

雖然從全國視野來看，北部灣六地市屬於文化後進地區，直至明、清時期，特别是清代，纔迎來地方文獻編撰的真正繁榮，但僅就短短數百年間問世的近三百種存世典籍而論，已然頗具亮點。它們一方面擁有較爲多樣而完備的類型結構，另一方面也不乏歷史意義與文化價值較爲突出的名家名作，是一份值得引起充分重視與挖掘的歷史文化瑰寶。

廣西歷代古籍主要分布在國家圖書館及廣西壯族自治區圖書館、博物館、檔案館、桂林圖書館、廣西師範大學圖書館等處，以國家圖書館和桂林圖書館收録最多。關於廣西歷史文化研究，歷來注重受中原文化影響較深的桂林、柳州地區，相關歷史文獻整理和研究成果也最多。在文化傳播之馬太效應的作用下，面向北部灣地區的歷史文化研究工作相對滯後，文獻整理成果也較少。當然，北部灣地區歷史文化研究相對薄弱的現狀，其中除了典籍後出以及歷史文獻存留數量不及桂北外，還與學者對北部灣地區歷史文獻重視程度和系統整理不足有直接關係。

由上可知，廣西明清以來歷史文獻遺存甚多，僅據《廣西省述作目録》統計，就有 2548 種之多，主要集中於清與民國時期。除去桂林、柳州外，廣西北部灣地區文化典籍遺産也存留不少，僅至今尚存世的古代、近代北部灣地區人士撰著或與北部灣有關的文獻典籍，經統計至少在 300 種左右，涵蓋經史子集叢各部。這其中以史部和集部文獻最爲豐富，史部中大量方志、家譜和集部中大量的詩文總集、别集均具有較高的歷史文獻價值。因負責實施『一帶一路視域下廣西北部灣文化研究』課題的關係，團隊成員全面梳理了廣西北部灣地區所屬六市密切相關的歷史文獻遺存近 300 種，編輯了《廣西北部灣地區歷史文獻總目》，初步掌握北部灣歷史文獻的總量、留存、館藏、類型、分布及成就。在先期掃描影印了館藏於國家圖書館的保存較爲完整、文獻價值較高、學界關注較少的十六種稀見文獻的基礎上，撰寫提要，對文獻版本、作者、内容、要點、價值等進行介紹，并對其中重要文獻如《廣西詩見録》《廣西詩徵丙編》等展開進一步的校勘整理工作，希望能够拋磚引玉，引起學者同仁和地方政府的關注，進而推進相關古籍整理的開展與學術研究的深入。

《叢刊》收録文獻起自清康熙年間迄至民國，内容涵蓋經史子集四部，均館藏於國家圖書館，包含刻本、稿本、鉛印本等類型，爲《桂學文庫・廣西歷代文獻集成》和《清代詩文集彙編》等文獻所未收。具體包括經部的《易經偶語》《春秋屬比録》，史部的《粤璞》《桂鬱巖洞記》《思恩府新編保甲事宜》，子部的《重刻區田編加注》，集部的《廣西詩見録》《馮敏昌等手札》《馮魚山先生書札》《茂山堂詩草》《蔗境軒詩鈔》《丹崖詩鈔》《勉勉鉏室類稿》《紅豆曲》，以及兩種《合浦珠傳奇》戲曲作品。所録絶大部分文獻流布不廣，處於罕爲人知甚至無人問津的境地，亟待挖掘整理。所收文獻或作者籍貫爲北部灣地區，或反映内容爲北部灣地區，均與廣西北部灣緊密相關，集中展示了清以來北部灣地區的歷史風貌和文化成就。以『一帶一路』倡議的深入實施與廣西沿海地區經濟迅猛發展爲契機，全面開啓對北部灣文化的研究整理，是歷史賦予當今學者的不容推卸的職責與使命。希望通過對文獻的推介與整理，開啓全面系統整理與研究廣西北部灣地區歷史文獻的大門，豐富廣西區域文化的内涵，促進廣西北部灣文化的發展與振興。

總目録

上册

中册

下册

上册目録

（清）北流金熙坊撰

易經偶語一卷

清同治十一年（1872）北流范瑛、范瑞昌刻《金子範雜著》本

易經偶語一卷

（清）北流金熙坊撰，清同治十一年（1872）北流范瑛、范瑞昌刻《金子範雜著》本。

金熙坊，廣西北流人，字子範。《［光緒］北流縣志》稱其『品端學博，士林重之』。清咸豐七年（1857），天地會頭領范亞音率衆攻打北流縣城。城陷後，鄉里多依庇焉。此後，金熙坊遂訓練團練，咸豐八年（1858）助官兵收復縣城。叙績由廩生保舉訓導，并膺歲薦。未及任職，旋即身故。殁後，廣西學政孫欽昂『以修儒奏』（《［光緒］北流縣志》），將熙坊所著《春秋屬比録》《粤璞》二書進呈朝廷，存於四庫，并加贈國子監學正銜。

金熙坊平生著述甚富，見於記載者即有《易卦類象》（又名《周易類象》）《羲軒丹易》《易經偶語》《洪範圖說》《春秋屬比録》《綱鑑提要》《粤璞》《文選集句》《域外奇聞》《楷堂詩草》等。惟諸書多因兵亂而散佚，今可確知存世者，僅有《易經偶語》《春秋屬比録》《粤璞》《楷堂詩草》等。前三者均收入《金子範雜著》叢書，後者有鈔本一卷現藏於故宫博物院。

金熙坊的《周易》學著作爲數頗多，可考知書名者即有《易卦類象》《羲軒丹易》《易經偶語》。其中，論述較系統者爲《易卦類象》，含乾卦類象、坤卦類象、坎卦類象、雜卦類象、震卦類象、巽卦類象、艮卦類象、總卦類象凡八篇，《［光緒］北流縣志》有『造極元（玄）微』之評價。而此《易經偶語》則爲隨筆體著作，係金熙坊殁後，由范瑛、范瑞昌自其故篋中檢出，遂獲刊刻。

全書凡 105 條，均自《周易》六十四卦中擇取二卦，以對句形式牽合成文。其或面向整個卦象而發，如第二十五條云：『《坎》，以習爲常；《坤》，不習而利。』或針對具體某一爻而發，如第四條云：『《涣》初六，拯馬壯，吉，争先著也；《大壯》九四，牽羊，悔亡，鞭後法也。』上述揭出所述係何卦何爻的條文，居全書之大半，但亦有部分條文并不提供此等信息。如第五條云：『見金夫，不有躬，乃不貞之淫女；在中饋，無攸遂，爲守禮之名媛。』『見金夫，不有躬』，語出《蒙卦》六三之爻辭；又《家人》六二之爻辭云：『無攸遂，在中饋』，爲金熙坊『在中饋，無攸遂』所本。全書面貌大抵如是。

易經偶語

北流金熙坊子範著　男瑞瑛 孫彝銘 昌庚 仝校刊

泰之開也際會風雲拔茅茹而賢才輩出否之休也憂危明戚繫苞桑而社稷靈長

睽九二遇主于巷不妨問道而遭逢益六三告公用圭可任中行而特達

解難貴早故解之往以夙而吉比德當先故比之來以後而凶

渙初六拯馬壯吉爭先着也大壯九四牽羊悔亡鞭後法也

見金夫不有躬乃不貞之淫女在中饋无攸遂爲守禮之名媛

晉六三之衆允獲上見信于朋儕夬九三之獨行應陰見疑于儔

類

乾乾而閉戸潛修蹇蹇而登廷拜獻

公用射于高墉解朝廷之勃亂公弋取彼在穴訪巖壑之英賢

坤括囊而敬慎不敗井勿幕而養給不窮

德美見遺故鼎九三雉膏不食行高可仰故漸上九鴻羽爲儀

同人于門而公普納約自牖而旁通

莧陸夬而近陰不染蒺藜據而乘剛可危

不克訟歸而逋竄于上下之分弗克攻困而反得乎義理之安

龍亢而悔虎咥則凶

飲酒濡首淫酗無節噬膚滅鼻饕餮被傷

需于酒食率日用之自然貢于丘園反古初之淳朴

坎水平而夷險如一離日仄而哀樂不常

需上六敬之終吉乃容來之敬以陰柔居險極而致敬于人也離

初九敬之无咎爲履錯之敬以陽剛居明始而持敬于己也

視履考祥莫吉于初之素履率其常也觀頤求實最吉于四之顛

頤拂其欲也

无妄匪正有眚天命不祐大有履信思順自天祐之

負且乘而致寇盜之招也益或擊而失民衆莫與也

晉六三衆允上行獲上由于信友復六四獨復從道事君在乎得

賢

小畜九二之牽卽爲連茹之象兌卦上六之引恐有交物之憂

鳥遺音而小過飛垂翼而明夷

坎以習而常坤不習而利

汔濟濡尾小狐昧幾而僨事過涉滅頂君子殺身以成仁

盥不薦存其芳潔而不輕用也渫不食遺其清洌而不見用也

損上九得臣无家獲彼公忠之效益六四告公遷國徙乎義理之

安

大蹇朋來共濟艱難于險阻由豫朋盍同享安樂于昇平

解難往夙而有功損疾使遄而有喜

蒙初之桎梏坎上之徽纆皆在坎體以坎爲法律也取象乎水之

平睽三之劓刖困五之劓刖皆在兌體以兌爲毀折也取象乎秋

之殺

旡平不陂旡往不復勿恤心任運而自瘳艱貞不耕而獲不菑而

畬毋謀利計功而或生期望

迷復以國君凶迷于文而侯社稷係遯畜臣妾吉貪祿位而保身

家

公用享于天子乃桓文創覇之占武人爲于大君爲秦項興王之

兆

鼫鼠貪而畏人羝羊壯而羸角

大輿之輹壯往可以直前何天之衢豁達而無留礙

夷于左股傷未甚而可拯折其右肱失其便而難用

家負塗而蒙穢杞包瓜而含章

解九二獲狐得矢除邪佞而收忠直之良旅六五射雉亡矢具文

明而斂鋒鍔之用

損之二簋可用享儉以從時益之十朋弗克違豐以積德

賁戔戔而致吝旅瑣瑣而取災

困極而𣏌䳟不安屯初而盤桓自適

納婦子克家能承先志有子考无咎且蓋前愆

朝夕乾乾𢔶而不已往來井井養而不窮

比六三比匪人不亦傷乎如石厚之遊從州呼睽初九見惡人以

避咎也如孔子之瞯拜陽虎

在中饋得位而可正宮闈承虛筐無實而難繇繼嗣

睽以徑遂而愈疎故九二遇主于巷委曲先致道之譏同以比周
而成黨故六二同人于宗中正有偏私之吝
視眈眈而專注欲逐逐以貪求震虩虩以驚惶笑啞啞而致福
有命无咎疇離止陽德迎休由豫有得朋盍簪入倫歸附
當同人之時而至伏莽乘墉之事同必有異也處睽隔之際而有
孚元遇巷之與睽必終合也
見幾不俟終日謹密不出戶庭
觀蠱之象君子以之振民匕有事於下也玩蠱之爻孝子以之幹
父下有事於上也

坤爲文六五黃裳元吉中通理也賁爲飾上九白賁无咎白受采
也
否大象儉德避難不可榮以祿觀六四觀國之光利用賓于王、
咸其股隨下以動賁其須從上而興
遯貴審機遯在尾而厲去不先也比當際會比無首而凶來不早
也
姤一陰始生卽曰繫于金柅遯二陰類進卽曰執用黃牛聖人扶
陽抑陰之志見矣
陰之來復曰翩翩見其集之之易也陽之消陰曰夬夬見其去之

之難也
下不厚事乃益初以大作而元吉始即求深故恆初以浚恆而貞
凶
王臣蹇蹇匪躬之故終无尤君子夬夬獨行遇雨若有慍
損其疾卽懲忿窒欲之事益用凶乃遷善改過之機
碩果不食幸一陽之獨存包瓜含章制一陰之方進
姤初六一陰始生羸豕必孚乎蹢躅夬九四四陽並進牽羊或象
乎趦趄
萃用大牲順天命也損用二簋應有時也

乾五龍飛堯舜之揖讓草五虎變湯武之征誅

萃慮阻撓若號一握爲笑革貴群審革言三就有孚

當改革之時而初占鞏革革不可妄也値恒久之際而始戒浚恒

恒須以漸也

剝六五貫魚教陰類序以承陽德姤九二包魚示陽含蓄以制陰

柔

姿愈滋蔓而難圖故咸九四感害致朋從之援人心僨驕而莫繫

故艮三艮限有危厲之薰

在家以嘻嘻而失節處旅以瑣瑣而取灾

蠱以幹事故取諸甲巽以行權故取諸庚

顛鼎而否出轉敗爲功射雉而矢亡因失得譽

恃尊位而剛愎自用夬履所以貞厲也近小人而邪佞專權孚剝

所以有厲也

大有九四匪彭而明辨隨卦九四有獲而明功

甘臨旡攸利子產小惠以悅人苦節不可貞仲子矯廉以鳴世

商兑鑑别薰蕕擇交之審也至臨情同膠漆處友之隆也

同人辨物則四類族致其同也未濟辨物則曰居方謹其别也

乾純陽之卦宜旡悔也而悔由於龍亢泰極治之朝宜旡咎也而

吝兆于命亂消息盈虛之理雖曰天道豈非人事哉
賁大象无敢折獄戒文致也謙上六利用行師貴敬慎也
明夷南狩得大首武王牧野之師顯比三驅失前禽大禹塗山之
會
剝床爲切近之災渙机得憑依之樂
隨无故而上下交恐爲晉武隨堅之梏且蠱元亨而上下治可當
少康光武之中興
屯初有得民之君雖九五陽剛不免屯膏之患渙四有離羣之佐
故九五中正遂致渙汗之威

蠱爲事上九高尚不事賁爲文上九白賁而無文

雲雷爲屯象經綸者亨屯之功山泉爲蒙象果育者養蒙之道

訟九四即命君子安常而守正革九四改命大人遇變而行權

師以左次而无咎即齊桓次陘晉悼次鄫之師比以後夫而有凶

即防風後至觀扈不朝之辜

長子帥師弟子輿尸見任使之不專遂致喪師而失律君子得輿

小人剝廬見報應之不爽終然福善而禍淫

咸脢非動非靜艮背無我無人

枯楊生華枯楊生稊造物反常之事日中見斗日中見沬大明被

蝕之時

訟六三食德憑藉先人之積蔭泰九三食福安享治世之休嘉

噬以再三則不告此所以言原筮也龜以十朋弗克違頤所以稱

靈龜也

大畜九三良馬逐行無不及仲由奮義理之剛大有九二大車載

任無不勝伊尹任天下之重

觀頤求口實求陽也君子豈以口腹干人咸輔滕口說感陰也小

人專以詞華動物

夬五陽決一陰九三獨與陰應君子中之小人也恐有操戈入室

之憂剝五陰消一陽六三獨與陽應小人中之君子也卽爲追豚

入笠之葦

韋牛之牿制惡貴豫黄牛之革從善當堅

比初六有孚盈缶誠信交親睽上九載鬼一車猜嫌積釁

睽六五厥宗噬膚雖離而易合鼎九二我仇有疾惡縱近而無

妨

大畜之閑輿衛乃車上之威儀既濟之袽衣袽爲舟中之戒備

行雖高而師表人羣鴻漸逵而羽儀可用位在中而感孚倫類鶴

在陰而鳴和相聞

屯初盤桓有建侯之象巽初進退利武人之貞
震驚而不喪匕鬯社稷靈長巽順而紛用史巫神明鑑徹
豫六二不終日見機早也節九二不出門失時極也
豐六二日方中而星斗見陽德掩明中孚六四月幾望而馬疋亡
陰柔退匿

先君子恬靜性成淡於名利生平無他嗜好癖好讀書手未嘗釋
卷貲產出納皆置不問家有如樓獨處其中足不出戶孳孳矻矻
寒暑無稍輟嘗自署楹聯云捲簾如畫江山秀閉戶著書歲月多
蓋紀實也方　昌髫齡時侍先君讀書樓上凡有撰述脫稿必命謄
正前後所著書盈尺許有易象卦類象洪範圖說春秋屬比錄粤
璞易經偶語綱鑑提要文選集句如樓詩藁文藁等編咸豐初年
叠遭兵燹轉徙流離爾時　昌等尚幼稚不知收藏保護諸稿遂散
佚無完而屬比錄粤璞二種均係平定後續著者時則顏及門諸
君鈔存然亦僅十之五六而已維易　經偶語於故篋中得殘稿

十數函檢出繕錄付諸剞劂俾後人畧見一斑云爾　男瑞昌謹識

春秋屬比録二卷

（清）北流金熙坊撰

清同治十一年（1872）北流范瑛、范瑞昌刻《金子範雜著》本

春秋屬比錄二卷

（清）北流金熙坊撰，清同治十一年（1872）北流范瑛、范瑞昌刻《金子範雜著》本。

此《春秋屬比錄》大抵采選《春秋》經文96條，或針對相關概念予以闡釋，或針對相關史實進行評論。大部分面向某一條《春秋》經文闡發，如卷一所收隱公元年之『元年春王正月』條；另有一部分則係牽合兩條《春秋》經文而成，如卷一所收隱公二年之『九月紀履緰來逆女冬十月伯姬歸於紀』條，即包含『九月，紀裂繻來逆女』與『冬十月，伯姬歸於紀』兩條經文。全書凡二卷，卷一含隱公年間條文11則、桓公年間條文12則、莊公年間條文8則、閔公年間條文4則、僖公年間條文12則、文公年間條文5則，共計52則；卷二含文公年間條文5則、宣公年間條文6則、成公年間條文5則、襄公年間條文10則、昭公年間條文10則、定公年間條文8則，共計44則。所謂《春秋》十二公，除最末之哀公外，其餘十一公在位時期之條文均有涉及。

同治壬申春鐫

督學使者孫　鑒定

春秋屬比錄

男瑞昌鍈仝校刊

玉林藏版

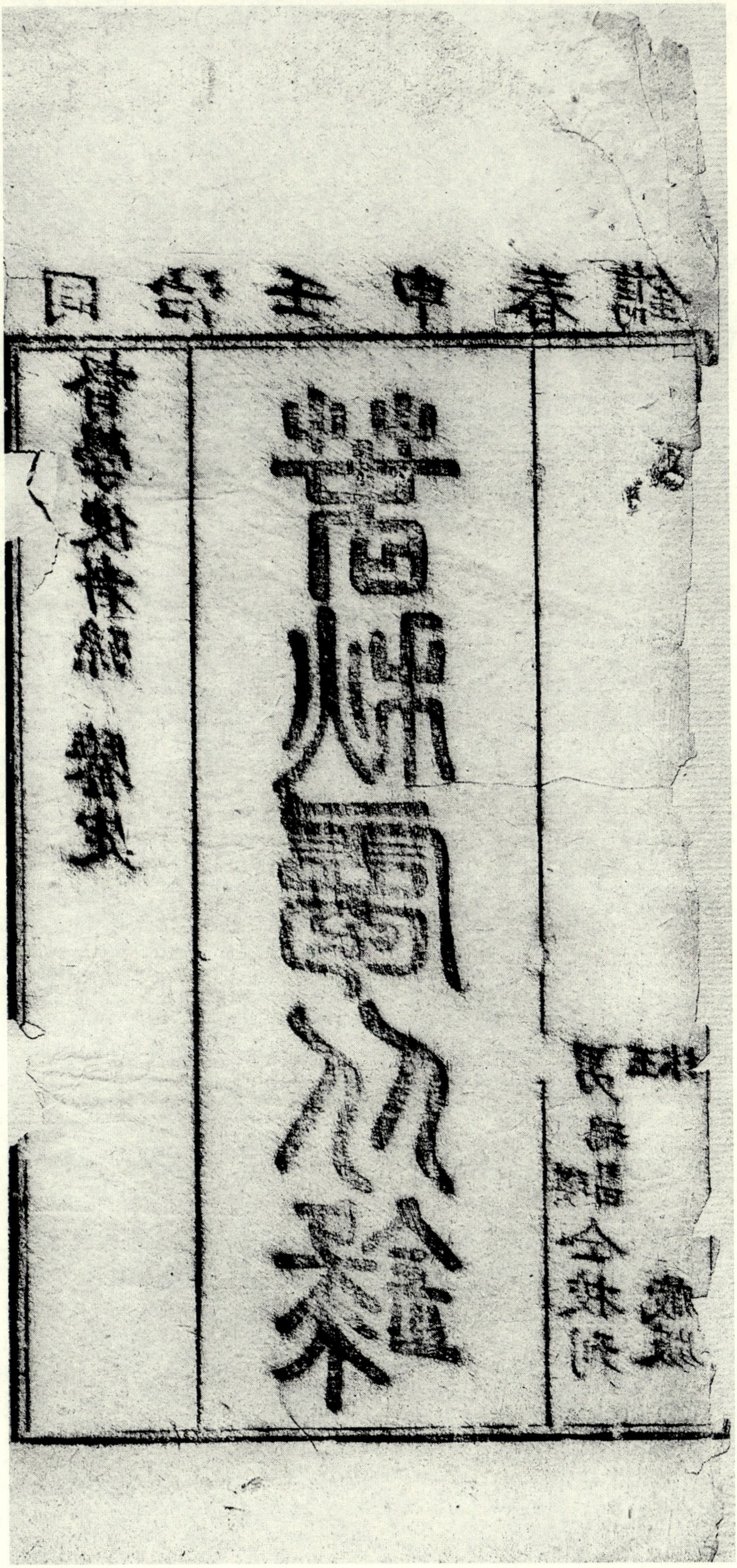
同治壬申春鐫

廣西學政臣孫欽昂跪

奏為採訪修儒懇恩勵獎以風多士仰祈

聖鑒事竊臣仰沐恩施忝司文柄每維學政之職在於

整飭士習以作人材而儲國用蒞任以来兢兢夙

夜歲科案試各府州隨在留心訪察冀得經明行修

之儒舉以為鄉里矜式乃粤西經亂之後人多失學

其椎魯之士苦乏師承自安固陋而材質通頴者又

往往競趨異路苟就功名求所謂實學真修足起廉

頑而立懦者誠爲罕見查有已故北流縣歲貢生金
熙坊品端學粹不務聲華所著遺書如易卦類象洪
範圖說等編兵燹之後多有散佚僅存春秋屬比錄
粤璞二書其書於經義多所發明而博聞强識均徵
根柢深厚臣按試鬱林該縣舉人内閣中書茹典彰
等以該貢生潛德未彰具禀叩懇請加獎敘核之與
臣所聞適相符合又桂林府學訓導姚善鏞謹身篤
學砥礪廉隅臣每因公接見知其操持甚正於同官

積習相沿稍有壞於禮法之事頗汗顈赤弗稍阿比
平昔於先儒正書之書輒能留心探討並以微祿所
餘印散生徒身教言教洵足為司鐸者法以上二員
臣皆得之親所見聞姚善鏞以附貢生應本科鄉試
中式舉人年力方富報稱有時金熙坊以辦團力保
桑梓元年 保舉訓導旋即身故 臣重其品學弗忍湮
沒為此據實壹併據陳合無仰懇
天恩
俯准將已故候銓訓導金熙坊新中式舉人桂林府

學訓導姚善鏞均給予國子監學正學錄銜以爲優

異而示觀法多士聞風必當感發興起爭自濯磨以

仰副

聖朝作人雅化臣爲採訪修儒以風多士起見謹會同廣

西巡撫臣蘇鳳文具摺臚陳伏乞

皇上聖鑒訓示謹奏

序

北流古渭龍地山則勾漏空明以毓其秀水則圭竇屈曲以洩其奇生其間者大都多枕經葄史歌風肆雅之儒足以儲鴻才而擅駿譽試與稽往牒考芳型自蒙恭先以講求周易潛見之理見賞於當塗龐三陽以教授誠意正心之學感化於羣盜後之被流風餘韵而起者經明行修之士代不乏人然梁經以誠篤訓徒傳龐贊以方正勵俗傳但中庸以砥礪名節

傳志乘所載類皆著其行誼而不稱其祠章毋乃重
道德而輕文藝人苟足法則區區之雕蟲篆刻或不
足數歟咸豐戊午秋予承乏陸邑兼權北流時陵城
戒嚴軍書旁午招諸生議賦同仇有金子範者篤實
持躬淵積博學接見之下予深重其爲人及予戡定
鬱疆移守潯郡既而分巡左江並恭膺　簡命統
領兵勇掃蕩邊氛已與生不獲謀面而生之聲音笑
貌猶得於風雨晦明之際若或遇之同治戊辰予劄

平邊患奏凱班師聞生已捐館舍赴召玉樓益感歎欷歔而不能置今年秋門人曾少蘭學博觀光來省晉謁之餘述及少時受業子範因手出其春秋屬比錄洛誦軒諸稿共二種示予曰吾師著述甚富尚有易象卦類洪範圖說綱鑑提要文選集句等編遭兵燹遺失所存僅此公其賜一序乎予受而卒讀之知其湛深經術博學多聞句出性靈能空依傍嗚呼生困場屋數十載矣苦心孤詣矻矻然而有是編亦何

嘗欲問後人哉顧以生之卓卓制行如此生之矯矯拔俗如此而生之著作既有此雖欲不傳不可得矣然予更爲生幸焉粵西自軍興以來能執干戈衛社稷荷蒙

恩賞者所在恒有而生以一介寒儒閉門誦讀天寵忽加於身後泉壤實被其光榮是又生之生前所不及料者也抑又聞之粵人之以春秋經學傳者莫如漢之陳元以詩顯者莫如唐之曹唐生是編雖遜於此而因其品以及其學則不必有是編

而生足重烏有重生而不稱道是編者乎因從學博

之請而爲之序

賜進士出身

誥授通議大夫廣西按察使銜歷署左右江兵備道楚澧

覃遠璡頓首拜撰

叙

原夫翁叔勲名肇開七葉仁山理學獨紹千秋惟

德業不朽於前斯文采必傳於後則有　金君子

範彭城華胄翰府清標澹薄爲懷嗜味在酸鹹之

外冲虛成性居身在廉讓之閒其神閑則其致幽

白香山旁叅禪諦所託高則所思遠皇甫謐雅號

書淫沉浸莊騷出入堅固駒隙寸陰之地倍費覃

研馬虢秋水之篇咸歸披覽戒程頤之一臺纂緝

遺書仿楊億之元龜彙成大作乃者春秋作屬

比探源自鑄偉詞獨標新義說經獄獄一字之褒

貶能參譚史皫皫三傳之短長互證雖異同時見

於諸子抑是非不繆乎聖人剏其方物能詳多學

而識三株八樹闡見皆親丹穴青邱考訂尤確則

披粵璞之新書不啻覽山經之故典矣若夫散駢

諸體靡非才子之流吟咏千篇大有風人之致出其餘技儘足飛騰撫此遺編允堪衣被惟是迭遭兵燹知音者代以欷歔猶幸世守縹緗嗣業者因而掇攝於是排來牙軸存者四書付之手民都爲一集以余謬稱知已委爲弁言余觀其經義質而不漓其隷事華而能贍其詩律細而不失抑揚之致其文體正而絶無沾滯之音春華秋實無美不

臻璧合珠聯有奇其賞從此雞林貫重沾丐且及
於通儒豈惟鶴禁聲馳獎叙特遷於上舍也哉

賜進士出身

誥授奉政大夫五品銜雲南呈貢縣知縣乙亥丙子己
卯等科同考試官前翰林院庶吉士愚弟鄭揚芳
撰

楷堂全集小引

人生得良朋難良朋而得才全德備者爲尤難吾鄉子範先生予畏友而實心師也其文章學問冠絕一時然絕不

露圭角痕迹持己若不克語人
惟恐傷循循然款款然望而知為
有道器也性好論詩尤喜談道
故時常每有過從步輒盤
桓竟月不忍舍去迴念乎生平

稍及一知半解，與類能自立，不
盡見棄於大雅之林者，皆蒙
益於先生私淑於先生者居多。
今先生歸道山十餘載矣，而
清風亮節無時不在乎心

目間堂捡舊麗沼先生當年
所删賸篇章及往來手墨輒
什襲而珍藏之每以未得摭
録先生全稿為憾今年秋其
门人曾子少蘭秉鐸順道

生邑江過予洽署茶話間談及先生嗣君秋澗竹史兩君兄現刊刻先生春秋屬比錄及粵璞二種行將所著詩草暨雜作次第開雕彙為全集且

精達之君以屬序於余余思
先生撰作前年業經文宗孫
師竹所賞特為進呈
御覽九重嘉賞四庫留傳
申錫榮銜韋光泉壤先生才德維

未顯耀於生前已覺大昌於身後矣況又有當代名流仰重贊序題詞無異不彰衆長畢集更何俟鄙言之贅致貽王半山佛頭加糞之譏哉雖

然不能默默也予與先生相交
最久相知最深使吾一言將先
生曩昔所厚期於予之心與余
所深得於先生之教終無以自
明是負予心即負先生也爰

不揣固陋綴述平日之交情

切磋相得如此附諸集中非

敢云序也用以寄予良朋之

感而爲終身佩服不忘之

意云

眉

同治十一年歲次壬申嘉平月

同里如小弟吳典彰謹識

并書於南邕學廨

春秋屬比録目録

隱公

元年春王正月 元年

無駭帥師入極 二年

九月紀履綸來逆女冬十月伯姬歸于紀 二年

鄭人伐衛 二年

夏四月辛卯尹氏卒 三年

秋武氏子來求賻 三年

八月庚辰宋公和卒 三年

冬十有二月辛巳公子彄卒五年

挾卒九年

夏翬帥師會齊人鄭人伐宋六月壬戌公敗宋師于菅十年

滕侯薛侯來朝十一年

桓公

公子翬如齊逆女三年

夏齊侯鄭伯如紀五年

天王使仍叔之子來聘五年

冬州公如曹五年

三十

九月丁卯子同生六年

九月宋人執鄭祭仲十一年

鄭忽出奔衛十一年

十有二月及鄭師伐宋丁未戰于宋十二年

天王使家父來求車十五年

冬十有一月公會宋公衛侯陳侯于袲伐鄭十五年

夏五月丙午及齊師戰于奚十七年

葬我君桓公十八年

莊公

三月紀伯姬卒 四年

夏齊侯陳侯鄭伯遇于垂 四年

六月乙丑齊侯葬紀伯姬 四年

夏公伐齊納糾齊小白入于齊 九年

公敗齊師于長勺 十年

郳子克卒 十六年

冬戎侵曹曹羈出奔陳赤歸于曹 二十四年

春陳侯使女叔來聘 二十五年

閔公

冬齊仲孫來 元年

夏五月乙酉吉禘于莊公 二年

公子慶父出奔莒 二年

冬齊高子來盟 二年

僖公

春王正月齊師宋師曹師次于聶北救邢 元年

春王正月公會齊侯宋公陳侯衛侯鄭伯許男曹伯侵蔡蔡

潰遂伐楚次于陘 四年

秋七月禘于太廟用致夫人 八年

晉里克弑其君卓及其大夫荀息 十年

秋宋公楚子陳侯蔡侯鄭伯許男曹伯會于盂執宋公以伐宋 二十一年

楚人使宜申來獻捷 二十一年

晉侯夷吾卒 二十四年

春王正月丙午衛侯燬滅邢 二十五年

宋殺其大夫 二十五年

春晉侯侵曹晉侯伐衛 二十八年

六月衛侯鄭自楚復歸于衛衛元咺出奔晉 二十八年

夏四月辛巳晉人及姜戎敗秦于殽 三十三年

文公

夏逆婦姜于齊 四年

冬十有一月壬寅夫人風氏薨 四年

王使榮叔歸含且賵　王使召伯來會葬 五年

宋人殺其大夫司馬宋司城來奔 八年

秦人來歸僖公成風之襚 九年

卷二

文公

春楚子伐麇 十一年

齊人執子叔姬 十四年

三月宋司馬華孫來盟 十五年

齊人歸公孫敖之喪 十五年

冬十月子卒 十八年

宣公

己巳齊侯元卒齊崔氏出奔衛 十年

冬十月楚人殺陳夏徵舒丁亥楚子入陳納公孫寧儀行父

于陳 十一年

夏六月乙卯晉荀林父帥師及楚子戰于邲晉師敗績十二年

冬晉殺其大夫先縠十三年

冬大有年十六年

甲戌楚子旅卒十八年

成公

冬楚師鄭師侵衛二年

冬十月乙亥叔孫僑如出奔齊十六年

十有二月乙丑季孫行父及晉郤犫盟于扈十六年

庚申晉弑其君州蒲十八年

十有二月仲孫蔑會晉侯宋公衛侯邾子齊崔杼同盟于虛
朾 十八年

襄公

仲孫蔑會晉欒黶宋華元衛甯殖曹人莒人邾人滕人薛人
圍宋彭城 元年

冬仲孫蔑會晉荀罃齊崔杼宋華元衛孫林父曹人邾人滕
人薛人小邾人于戚遂城虎牢 二年

楚公子貞帥師伐陳公會晉侯宋公衛侯鄭伯曹伯齊世子
光救陳 五年

鄭伯髡頑如會未見諸侯丙戌卒于鄵 七年

冬盜殺鄭公子騑公子發公孫輒 十年

作三軍 十一年

己未衛侯出奔齊 十四年

夏衛孫林父帥師伐齊 十九年

甲午衛侯衎復歸于衛 二十六年

秋九月癸巳子野卒 三十一年

昭公

冬十有一月己酉楚子麋卒 元年

冬十有二月乙卯叔孫豹卒 四年

秋七月季孫意如叔弓仲孫貜帥師伐莒 十年

五月甲申夫人歸氏薨 十一年

秋公會劉子晉侯齊侯宋公衛侯鄭伯曹伯莒子邾子滕子

薛伯杞伯小邾子于平丘八月甲戌同盟于平丘 十三年

夏五月戊辰許世子止弒其君買 十九年

劉子單子以王猛居于皇秋劉子單子以王猛入于王城 二十二年

晉人執我行人叔孫舍 二十三年

冬十月戊辰叔孫舍卒二十五年

冬仲孫何忌會晉韓不信齊高張宋仲幾衛世叔申鄭國參

曹人莒人薛人杞人小邾人城成周三十二年

定公

夏四月庚辰蔡公孫姓帥師滅沈以沈子嘉歸殺之四年

五月公及諸侯盟于皐鼬四年

叔孫州仇仲孫何忌帥師圍郈十年

秋叔孫州仇仲孫何忌帥師圍郈十年

大蒐于比蒲十三年

夏公會吳于鄫 七年

宋皇緩帥師取鄭師于雍丘 九年

有星孛 續經十四年

春秋屬比錄卷之一

北流金熙坊子範著

受業曾毓芳刷送

元年春王正月隱元年

元年者君卽位之始年也春者時之首也王正月者時王建子之月也以諸侯之年統時王之月通魯于周也其通魯于周奈何昔者成王以周公有大勳勞於天下賜魯世祀周公得用天子禮樂于是魯公一切服器官皆擬於王者其見於經者有太廟世室雉門兩觀有郊禘大雩及大蒐大閱皆天子之禮也夫天無二日民無二王當世盛時一人建極於上而魯君乃乘大路載弧韣旂十

有二旒雖先朝之賜是二王也故孔子曰魯之郊禘非禮也周公其衰矣東遷之後周室陵夷平王下堂而見諸侯政教號令不行於天下周之統將絕夫天不可無日民不可無王周統既將絕而魯以王室懿親地方五百里甲車八百乘而且得用天子之禮樂六代宮懸四王制作及御書禮書皆備於魯乃欲以魯系統而中興周室故子曰如有用我者吾其爲東周乎乃定哀之君不能卒用孔子道既不行退因魯史而作春秋以魯紀元以明一王之大法夫既得用天子之禮則可以系周統接姬緒頒朔改元而不嫌于僭故曰春秋天子之事也是故魯君凡稱皆曰如敵體周也滕

薛邾莒兒穀蕭介諸小國來皆曰朝京師魯也聖人之情現乎辭矣旣王魯公何以不稱王紀實也魯之爲國也爵則侯而禮則王春秋爵公以明一統之尊王魯以寄中興之望葢逼魯于周尊周正所以尊魯興魯卽所以興周也其託始於隱公者周公踐祚攝位隱公亦踐祚攝位欲其行周公之道以中興周室其旨微矣宋儒不達此義以爲春秋必不王魯胡氏宏謂諸侯有事于天子之國必用天子之年其國史紀政必自用其年如此便是不奉正朔深昧大一統之旨遺教害義不可爲訓且謂春秋必不王魯詩三百篇乃吾子刪訂何以王降爲風魯升爲頌也哉

無駭帥師入極　隱二年

春秋內臣專兵始於無駭之入極終於何忌之伐邾無駭無公命

而擅敢入國何忌抗公命而不肯墮邑皆跋扈之臣也故無駭不
氏疾始滅也何忌書氏著終橫也

九月紀履緰來逆女冬十月伯姬歸于紀隱二年

王后書逆書歸桓八年祭公來遂逆王后于紀九年春紀季姜歸
于京師是也王姬亦書逆書歸莊元年夏單伯逆王姬冬十月王
姬歸于齊是也內女爲諸侯夫人者書歸不書逆莊二十五年伯
姬歸于杞僖十五年季姬歸于鄫是也嫁大夫者書逆不書歸莊
二十七年莒慶來逆叔姬宣五年齊高固來逆子叔姬是也此何
以逆歸並書比于王姬王后愍伯姬之節極尊榮之故兩盡其辭

也伯姬節詳莊四年伯姬卒

鄭人伐衛隱二年

衛俗淫靡倫紀先喪故晉霸未興之前州吁以臣弑君晉霸既衰之後出公以子拒父故春秋兵端始于伐衛終于侵衛哀十四年魏曼多帥師侵衛聖人豈無意焉

夏四月辛卯尹氏卒隱三年

外大夫不卒王臣卒者三人尹氏王子虎劉卷也王子虎以會僖公之葬劉卷以王召陵之盟皆接於我而有親情故因其來訃而卒之並書名會識其人也尹氏未接於我無親情來訃書尹氏卒

而已沒其名不識其人也未接於我曷爲來訃爲求賻也

秋武氏子來求賻 隱三年

武氏天子之大夫也武氏子則父老而未命于天子者也來求賻爲尹氏求也尹氏卒訃于諸侯魯賻不至故武氏來求之武氏蓋至尹氏喪者也書此者所以見王臣貨賄因喪而求索于諸侯也用人之法親親與尊賢並行不悖親而賢也則爲兩社之公輔親而未必賢也則爲五叔之無官春秋書武氏子仍叔子王季子王札子見世其父之官書鄭伯弟齊侯弟衛侯弟吾公弟見介其兄之寵均譏世祿而沒選舉之公也

八月庚辰宋公和卒隱三年

外五等諸侯死皆曰卒從其稱也天子死曰崩諸侯死曰薨大夫死曰卒出於禮經禮經本於春秋春秋典禮乃吾夫子所制別終事之稱以嚴天澤之辨列國典禮尙略上下一稱春秋仍其舊也然則奚不正之曰禮聞來學不聞往教侯其取法而已不以我法正天下聖人之謙也

冬十有二月辛巳公子彄卒隱五年

謹錄時月日賢僖伯也僖伯何賢諫觀魚也公子益師公子彄均孝公之子書卒或日或不日而善惡別矣穀梁子曰日卒正也不

日卒惡也其說是矣

挾卒 隱九年

挾者何所挾也何以卒錄賢也何賢爾有德也會大夫書卒事跡
氏族未有不見于經傳者也公子益師公子彄雖無事跡而衆仲
見于傳臧氏若辰許紇經不絕書餘書卒者其先或書帥師或書
盟會皆當國之重臣也惟挾也及身無帥師盟會之權後嗣無賜
族世官之寵終春秋二百四十年所氏遂不復見益亦卑微甚矣
其卒也名登史策用是知其德崇道尊而以賢得錄也一字之褒
榮于華衮矣

夏翬帥師會齊人鄭人伐宋六月壬戌公敗宋師于菅 隱十年

伐宋之役公實身親君將不言帥師書翬帥師見兵權盡在羽父公若徒卒矣下書公敗宋師于菅又見羽父握重兵自衛而以敵予君父深著其不臣之迹也鍾巫之禍不旋踵矣

滕侯薛侯來朝 隱十一年

以同姓長滕親親也以周班後鄭尊尊也

公子翬如齊逆女 桓三年

翬何以稱公子桓不以爲賊也不書卒以爲非魯之臣子削之著其弑也魯卿帥師未有不卒者不卒惟二人公子翬叔彭生也公

子翬誅其弒逆之非叔彭生表其死難之賢皆聖人甚深微妙之旨所謂皮裏陽秋筆外褒貶非潛心玩索不能覺也隱公之弒書公薨弗地知有故被弒矣而弒之者當國大臣之罪也考隱公之世羽父兩書帥師伐鄭則固請以行伐宋則先期而往是專擅兵權恣横無君者也其次無駭亦書帥師然無駭卒而羽父不卒且翬乃桓之黨也在桓之世未有恩禮不加厚者其卒也臨其喪與小斂必矣而不書者則知以有罪削之也其爲隱之賊無疑矣故雖不書其弒君其罪自不可掩所謂微而顯志而晦者此類是也

叔彭生不書卒見文公十八年

夏齊侯鄭伯如紀　桓五年

如者上適下之辭春秋尊魯故魯凡往皆曰如外相如不書別內外也齊侯鄭伯如紀何以書公如也公如何以不書錯簡也上文甲戌己丑陳侯鮑卒甲戌下脫陳佗作亂事此条夏字下亦脫公及二字蓋公欲平齊鄭于紀故偕二公如紀以書如故知公必在也左氏以如爲朝如固不可爲朝亦豈有大國朝小國之理也哉

天王使仍叔之子來聘　桓五年

天王使仍叔之子來聘三傳雖不明言其故比事觀之其爲徵師伐鄭可知也下特書三國從王則桓公不奉王命之罪不可掩矣

冬州公如曹 桓五年

外相如不書此何以書自魯如也鄭世子巫如晉叔孫豹卒而與俱今上無魯臣卒故知其自魯如也然則州公者其亦如鄭巫之屬與

九月丁卯子同生 桓六年

此年九月丁卯子同生襄三十一年九月癸巳子野卒皆特筆也蓋感隱桓庶孽階亂之後而子同以適生喜有正也際蔡莒父子弒逆之間而子野以毀卒錄至孝也而適庶之分明矣父子之倫厚矣

九月宋人執鄭祭仲 桓十一年

胡氏以爲祭仲不名命大夫也命大夫而稱字非賢之也乃尊王命貴正卿大祭仲之罪以深責之也夫春秋以書字爲襃全經之例無不皆然今以書字爲大其人之罪毋乃淆善惡之衡而亂春秋之例乎且春秋欲罪祭仲何患無辭而反書字以晦之乎然則公羊子行權之說非誣也宋人執祭仲脅其出忽而立突祭仲不從其言而以死繼之則祭仲之名義立矣然而君必死國必亡矣祭仲從其言而不死則祭仲之名義喪矣然而君可以死易生國可以亡易存矣夫不愛其名以濟國家與不愛其身以殉君父其

忠義之心一也是故祭仲處其身可以有爲隱忍存生犯天下之不韙而創非常之事卽其現前所爲與亂臣賊子無以異也乃少遼緩焉卒能逐突立忽以反於正其心始曉然共白於天下向使仲如不從宋言君必死國必亡然仲且不從而死是飢渇於名節而秦越其君國也庸得爲忠乎然出君之事違教傷義終不可訓故宋儒以書字爲貶懼後世逆臣簒竊有所藉口也雖然有行之者矣伊尹是也伊尹放太甲於桐三年復辟祭仲逐昭公於衛四年反正伊尹以道而祭仲以才其志皆爲君也故曰有伊尹之志而道足以格君孟子乃謂之非簒有祭仲之志而才足以濟事春

秋乃許以行權非才非道而妄藉口焉乃千古之罪人也

鄭忽出奔衛　桓十一年

諸侯在喪未踰年稱子忽未踰年之君也何以不稱子蹋爲祭仲諱也曷爲諱宋人脅仲立突逐忽仲不從其言則君必死國必亡從其言則君可以死易生國可以亡易存少遼緩焉則突可以故出忽可以復反春秋許其行權故于忽出奔諱不稱子使若非世子而公子出奔者然蓋逐正而立不正賢者心事不能卒白于衆故特微婉其辭而爲之諱至十五年逐突迎忽然後正其名曰鄭世子忽復歸于鄭所以表祭仲貶損行權反經合道而卒能有善

也先儒以怨不稱子或責其不周乎喪或責其不能君皆無根據之談而不知春秋爲賢者諱之微意也

十有二月及鄭師伐宋丁未戰于宋桓十二年

鄭突爲宋莊援立德宋必深雖宋責賂必不愛土地重寶以酬之矣何至于反伐宋此祭仲之權謀也篡國之君必有大國之黨與而後能定其位此時國之大者齊宋魯衛而齊宋倍強昭公出奔在衛固不與突矣而祭仲爲政斬賂以怒宋善魯援紀以絕齊且贊突與魯桓會武父伐宋使背惠食言負不義之名於天下則諸侯莫有與者矣大國不與雖善魯無能爲也故桓十五年卒能逐

笑而復忽也

天王使家父來求車　桓十五年

求者下于上之辭王者不言求體統然也求賻隱三年求車求金文九年何以書不諱乎孟子曰王者之迹熄而詩亡詩亡而後春秋作詩亡者王降爲風也王降爲風則夷于列國而周統亦亡矣孔子懼作春秋王魯以系周統蓋魯周公之後公有勲勞于天下得用天子之禮樂古之成大功者其子孫未嘗不昌明周公之後當興也周公踐祚攝位隱公亦踐祚攝位故托始隱公以行王道孟子曰春秋天子之事也猶云天子之史也侯國之史云天子之史者是

京師魯也明矣故雖周來徵于魯皆書曰求尊魯也尊魯者正所以尊周也不然上取於下書之曰求何以爲訓尊立言之體而垂訓萬世乎

冬十有一月公會宋公衛侯陳侯于袲伐鄭 桓十五年

傳曰謀伐鄭納厲公也厲公爲宋莊援立既得國不與宋賂反會魯伐宋故十四年宋以四國伐之責突背惠也今失國出奔宋豈肯復納之故穀梁子以爲伐突正忽疑宋方讐突必不納突也而不知厲公雖得國權皆歸祭仲前之靳賂伐宋親魯援紀皆仲主持欲激怒大國以爲逐突納忽之地今突出奔仲謀敗露敵不仇

笑而譬鄭摟諸侯兩伐之皆謀納厲公也

夏五月丙午及齊師戰于奚 桓十七年

傳曰疆事也隱桓之世魯之被兵也曰戰于郎戰于奚見疆埸有

儆敵來則戰不能入境也僖文以後曰伐西鄙伐南鄙則封守廢

弛四郊多壘而殃都鄙矣及春秋末年曰齊伐我吳伐我而不言

鄙又不但戎馬生郊而難邇國都矣

葬我君桓公 桓十八年

葬君曰我君所以致其忠眘之情真有家人父子之愛殺大夫曰

其大夫所以著其聯屬之誼不啻股肱心膂之傷

三月紀伯姬卒　莊四年

伯姬書卒書葬賢伯姬也何賢爾殉國也　上書紀季以酅入于齊下書紀侯大去其國中書紀伯姬卒葢國危將滅伯姬自以夫人之尊不忍屈辱於仇敵且以閨闈弱質豈能奚及於道途故感憤捐軀以殉社稷貞烈之節良可嘉已雖事跡湮滅三傳俱無明文然斷以聖人書法知其有必然者詳考內女爲夫人備錄終始者惟三人宋共姬紀伯姬紀叔姬也共姬以保傅不至而逮于火故自納幣歸至三國媵卒葬書于册者八表其烈也叔姬以宗社既亡而歸于酅故自歸紀歸酅卒葬得書者四表其貞也惟伯姬事

跡無聞而春秋隱二年書紀履緰來逆女書伯姬歸于紀此年書

紀伯姬卒書齊侯葬紀伯姬辭繁不殺四書于册雖次于共姬與

叔姬無異焉蓋死于國滅之時聖人亟筆表揚用是知其必以身

殉也先儒謂憫紀亡故詳之沒其節矣觀春秋書法則共姬也伯

姬也叔姬也女中之三節也庶幾可與孔父仇牧荀息三忠毗美

乎

夏齊侯陳侯鄭伯遇于垂 莊四年

此鄭伯實鄭突也何以知其然也突自入櫟後宋公即會于袲率

五國諸侯輔之次年又會于曹率五國諸侯輔之則知突政諸侯

者必哭也子亹子儀諸侯不與不能自成其爲君春秋削而不書蓋紀實也

六月乙丑齊侯葬紀伯姬 莊四年

齊侯何以書爵葬伯姬也滅人之國覆人之祀其罪大矣而愍死亡恤貞烈稍得末減焉然書爵非與齊侯也表伯姬也

夏公伐齊納糾齊小白入于齊 莊九年

左氏經文公伐齊納子糾繫子於糾不繫於小白是以子糾爲兄也公穀經文雖稱糾不繫子而公羊謂糾宜君穀梁謂糾可立亦以子糾爲兄也三傳註疏並無異說其見於他書者荀卿謂桓公

殺兄史序糾於小白之上蓋皆以子糾爲兄也獨薄昭與淮南王書謂齊桓公殺弟韋昭註曰子糾兄也言弟者諱也趙汸曰時漢文於淮南王爲兄故避兄而言弟是則薄昭所云乃一時遷就之語而非不易之論也乃程子及胡傳以論語夫子荅子路子貢之言伸管仲之功抑召忽之節求其說而不得遂用公穀經文據薄昭之說强誣子糾爲弟謂糾不書子者明糾不當立也以小白繫齊者明小白宜有齊也不知春秋事據左傳經文自當左傳爲是稱子糾正與子般子赤之例同小白繫齊正與齊陽生之例同謂小白繫齊宜立然則陽生亦宜立乎則子糾兄也小白弟也不待

辨而明矣子糾既爲兄當立管仲召忽子糾臣也管仲反顏事仇召忽捐軀殉主乃論語反稱管仲之仁抑召忽爲匹夫匹婦者何哉夫論語者有魯論語有齊論語漢書藝文志云古論語二十一篇註云出孔子壁中有兩子張篇以子張所問五美四惡以下另爲一篇是以有二十一篇齊論語二十二篇多問玉知道二篇魯論語二十篇卽今書也隋書經籍志云張禹本授魯論晚講齊論遂合而考之删其繁惑除去問玉知道二篇從魯論二十篇爲定然則夫子荅子路子貢之言安知非齊論攙雜於魯論中乎齊人震于一匡糾合之功故托爲夫子之言以尊管仲尊管仲不得不

抑召忽乃小儒未聞道者所言也且聖人不輕以仁許人管仲之功以王道律之乃罪之魁也夫子稱其功足矣安得重以仁許之苟息從君於昏春秋以其能效死而不食言故特書其節例於孔父仇牧聖人之重節義可知也子糾縱不宜立彼召忽者為其主死耳聖人安得訾其匹夫匹婦之諒自經於溝瀆而莫之知哉凡此皆齊人之託言而非孔子言也張禹鄭弗深考而去之耳且論語者弟子之門人各記所聞也隨資性之高下其言有醇有疵春秋者聖人手筆之書也如化工之肖物其言有醇無疵學者以聖人手筆之書正羣弟子所記之書得失自昭然判矣乃於羣弟子

所記有違教傷義求其說而不得者遂欲誣聖人手筆以合之牵强附會愈不可通毋乃違經叛道得罪於名教也乎蓋由尊信聖言而不能別古書之正僞也名爲尊聖而不自知其反侮聖言矣

公敗齊師于長勺 莊十年

此年長勺乘邱及十一年鄑三敗齊宋之師皆書公敗非惟惡詐戰亦所以著公能軍深惡其從前忘讐不復之罪也

郳子克卒 莊十六年

郳子克儀父也其稱郳子克何進爵也小國之君不卒郳子克何以卒賢儀父也何賢爾魯隱輕千乘而讓國首爲于蔑之盟齊桓

合諸侯以隨北杏之會至魯桓貿弒逆大惡儀父以附庸之國足不至魯庭者十餘年是慕義最先而守道不苟者也故春秋書其字時王進其爵書曰郳子克卒録賢也

冬戎侵曹曹羈出奔陳赤歸于曹 莊二十四年

侵淺事也羈何至出奔若攻伐而致其君出奔則滅國也不得書侵且國滅羈出亦無奔焉亦不得歸謂戎逐羈奉赤則當書納亦不得書侵羈逾年之君何以不書爵謂其不能君遂削其爵春秋諸侯出奔者多矣皆書爵胡子頓子蠻夷小君被執以歸失節更甚豈能君乎猶書其爵何羈出奔獨削之乎然則公羊子三諫之

說非誣也赤者何僖人也諫臣去則僕臣歸其殆鄭詹之類歟

春陳侯使女叔來聘莊二十五年

女叔不名嘉聘魯也聘魯者多矣奚獨嘉於此諸侯聘魯始於此也前乎此者非王室及懿親無聘者矣卿大夫出疆會盟征伐皆衰世猜嫌攘奪之事若夫奉君命而以玉帛相見行聘問之禮隆交邦之誼實於此始故書字以褒之且春秋內魯以魯爲秉禮之國當爲諸侯所宗故文公九年楚子使椒來聘十二年秦伯使術來聘襄公二十九年吳子使札來聘凡蠻夷聘魯者其君皆書爵以進之中國諸侯聘魯則于始來者書字以褒其臣餘則從同之

然則女叔稱字穀梁以爲命大夫者非也公羊謂敬老者亦非也

左氏云嘉之也故不名其說是也

冬齊仲孫來 閔元年

仲孫非齊人而繫之齊所以側屬籍絕親恩誅亂賊且病齊桓容受叛人也彭城非宋地而繫之宋所以正疆埸固封守謹侯度且美晉悼不登叛人也

夏五月乙酉吉禘于莊公 閔二年

三年之喪實以二十五月閔公吉禘于莊公纔二十二月文公大事于太廟纔二十月魯爲禮義之國尚如此況列國乎滕文公欲

行三年之喪父兄百官皆不欲曰吾宗國魯先君莫之行也觀此知其言不妄矣

公子慶父出奔莒　閔二年

絕苞苴以飭廉隅故慶父弒君不許魯人以賂誅防欺詐以惇信義故蔡般弒父不予楚虔以誘討皆春秋謹嚴之意也

冬齊高子來盟　閔二年

世稱管仲以其君霸晏子以其君顯乃春秋于桓公之創霸書高傒而管子不登于册于景公之爭霸書國夏而晏子不見于經豈非以管仲反顏事仇晏子依阿苟免大節均無足取歟聖門之卑

管晏也有以哉

春王正月齊師宋師曹師次于聶北救邢 僖元年

齊桓自北杏後凡役皆書人胡傳所謂二十年間未嘗遣大夫爲主帥亦未嘗動大衆出侵伐以制用兵而賦于民薄是也至僖元年救邢始書師則大用衆矣四年伐楚始書爵則君行師從矣然救邢則書次于聶北伐楚則書次于陘雖伐次救次功過各殊亦見其安詳愼重不悻悻然決于一戰所謂節制之兵也

春王正月公會齊侯宋公陳侯衛侯鄭伯許男曹伯侵蔡蔡潰遂伐楚次于陘 僖四年

齊桓自莊十三年北杏後十四年伐宋十五年伐郳十六年伐鄭十七年執鄭詹十九年伐我西鄙二十年伐戎二十六年伐徐二十八年伐衛三十年降鄣及伐山戎閔元年救邢二年遷陽凡役皆書人胡傳主將卑師少之說然考桓公求諸侯最勤凡役未嘗不身親豈有二十年之久端拱不出軍旅大事輙使微者將何以震懾諸侯取威定霸乎其說殆不然矣夫春秋者聖人法律之書也北杏以前治諸侯之法北杏以後治霸主之法褒書爵貶人之其例特謹嚴焉中國諸侯非伯叔之邦即甥舅之國桓公上無天子之命下無方伯之權輙敢摟諸侯以伐諸侯其罪大矣故凡侵

伐書曰人人者三王之罪人也至僖元年救邢始書師以救災恤患得無譏焉四年伐楚始書爵盖楚氛甚惡四年三伐鄭苟無遏之其勢駸駸然漸蠶食上國矣至此不得已始以征伐之權予之乃權宜假借而非端本清源之意也故下書遂伐先治其專輒之罪而後序績于召陵所謂功之首罪之魁豈不信乎春秋辨上下之分防陵替之漸抑揚進退其旨微矣

秋七月禘于太廟用致夫人 僖八年

桓公三年齊侯使其弟年來聘傳曰致夫人也成公九年夏季孫行父如宋致女致伯姬也盖古者女既嫁三月廟見有致禮父母

詞謂之致女本國謂之致夫人致者成之爲婦也夫人孰謂謂聲
姜也何以不稱姓氏貶曷爲貶奪嫡也公羊子云聲姜本媵先至
齊脅以爲夫人用者不宜用者也致者不宜致者也禘用致夫人
非禮也先儒不從其說以爲致成風僖矣僖公尊其母爲夫人必
于即位之初奚待八年之久且春秋既書致女尊母爲夫人必不
書致以溷立言之體書用致夫人知必聲姜非成風也夫夫人與
君敵體嫡配未有不書迎者猶人君繼正者必書即位所以示一
國之母儀也考十二公夫人不書迎者六隱僖襄昭定哀也隱以
攝位不成爲君畧而不書昭公諱娶同姓定公旣娶而即位哀公

即位方四歲十四年春秋絕筆未娶故不書僖公之聲姜與襄公之齊歸正同皆無故不書迎至齊歸既爲妾媵聲姜亦爲妾媵無疑矣若以婚姻常事得禮不書成公之逆齊姜最爲得禮何以書乎然則公羊子以妾爲妻之說必有所本矣

晋里克弑其君卓及其大夫荀息僖十年

春秋死節之臣三人孔父仇牧荀息同一書法荀息從君于昏雖死不得謂之節豈可與孔父仇牧比隆且論語抑召忽春秋伸荀息毋乃大相刺謬乎不知春秋無例有書法同而善惡異者於屬辭比事見之上書晋里克弑其君卓及其大夫荀息下書晋殺其

大夫里克不以討賊之辭誅里克則克雖弑君其罪異於華督宋萬卓異于與夷及捷荀息自異於孔父仇牧矣此聖人言外之微旨先輩未曾見及也

秋宋公楚子陳侯蔡侯鄭伯許男曹伯會于盂執宋公以伐宋僖二十一年

書爵有褒有貶美惡隨事而別楚入春秋至此始書爵非褒也宋公與楚子約爲乘車之會楚子伏兵車執宋公于壇坫之上反復狡僞乃市井小人汙賤之行曾謂有爵土之君而出此乎夫褒非不華也優孟爲衣則褻矣冕非不尊也沐猴而冠則玷矣爵非不

榮也詐諼得書則辱矣故書曰楚子目楚顔而醜之也

楚人使宜申來獻捷　僖二十一年

春秋褒貶有于上下見者如此年宜申來獻捷書楚人則知上文會盂書爵爲貶也莊二十九年伐山戎書齊人則知次年獻捷書爵非褒也故曰屬詞比事春秋教也

晉侯夷吾卒　僖二十四年

夷吾重耳入國皆不書傳謂晉不告入故不書固不盡然盖自卓弑後獻公之子惟重耳夷吾二人而重耳長嘗立此年書晉侯夷吾卒則知夷吾繼卓君晉而重耳以大喪大亂之烈不忍爭國亾

人無實仁親爲寶之賢具可見矣故二君入國皆削不書所以著其無爭奪之釁使若兄弟相及之常然乃春秋賢重耳之微旨也

春王正月丙午衛侯燬滅邢　僖二十五年

諸侯不生名衛侯燬何以名惡滅同姓也晉滅虞齊滅萊楚滅夔皆同姓也未嘗名奚獨名子此惡滅周公之胄也周公有大勳勞於天下其子孫當興魯周公之國也凡蔣邢茅胙祭周公之胄也春秋尊周公內魯以示王法凡蔣邢茅胙祭與魯爲親謂之同姓諸侯有滅之者非惟滅魯也是滅周也其罪大矣故凡滅同姓不名而衛侯燬滅邢獨名

宋殺其大夫僖二十五年

宋殺大夫何以不名數梁子曰以其在祖之位尊之也劉敞非之謂春秋非孔氏家牒當爲後世書法爾何得擅諱其祖名哉且傳曰臨文不諱安得諱祖之名遂不書乎不知此非尋常之諱其名乃隱痛其事而不忍名也春秋爲尊者諱爲親者諱故隱桓閔被弑皆不書以爲臣子不忍言也安有祖宗在其位被殺子孫秉筆修史直書其名而不諱者乎禮公族有罪刑于甸師氏不與國人慮父兄也子曰子爲父隱父爲子隱直在其中矣皆親親之道也若以爲後世書法當暴揚祖宗之過惡以爲直道則被弑而隱書

薨者先爲曲筆矣又何以爲後世書法乎

春晉侯侵曹晉侯伐衛。僖二十八年

晉侯始見經即疊書爵何也。喜有伯也。前此齊桓嘗剏霸矣。自北杏後凡侯伐皆書人遲疑二十餘年至伐楚然後爵未嘗書之也何獨喜于此喜姬姓之有賢侯也王室而既卑矣周之子孫有能行王道而爲諸侯宗主者即可繼文武之統而中興周室文公以剪桐分裔負仁親之賢名不忍爭國而終有晉君明臣良兵强士廣行仁足以王假仁足以伯而無異姓跋物之嫌比姜嬴荆芋與諸姬代相干者異矣故始見經即以伯權授之而無疑書曰晉侯

侵曹晉侯伐衛喜之也亦望之也

六月衛侯鄭自楚復歸于衛衛元咺出奔晉 僖二十八年

自楚復歸楚有奉也可見衛侯即楚之心未變也踐土之盟衛侯出奔元咺奉叔武受盟溫之會衛侯已歸元咺出奔衛遂不至然則從晉者咺也即楚者鄭也故元咺之訴文公右咺而執鄭也

晉人執衛侯歸之于京師衛元咺自晉復歸于衛 僖二十八年

衛侯之惡與魯桓同隱公攝位平國而反之桓叔武監國治反衛侯均有讓國之賢也而桓公弒隱公衛侯殺叔武其罪均矣春秋絕桓公亦當絕衛侯且有即楚之罪文公執之貶曰晉人何也上

書衛侯鄭自楚復歸于衛下即書衛元咺出奔晉此書晉人執衛侯歸之于京師下即書衛元咺自晉復歸于衛是爲元咺執也爲臣執君雖當其罪不得爲伯討也

夏四月辛巳晉人及姜戎敗秦于殽僖三十三年

春秋書人除討賊外例多貶詞惟此年晉襄公敗秦于殽敗狄于箕及伐許皆書晉人爲非貶蓋是時文公初没秦狄楚皆有輕量嗣主之意秦竟以偏師入境滅晉同姓之國使襄公稍柔懦拘牽于喪不貳事之文則秦攻其西狄攻其北楚必乘閒以報城濮之恥不特文公之霸業墮而國之存亡亦未可必矣乃襄公勃然奮

與墨絰即戎挫秦師于殽匹馬隻輪無返者秦既大創不敢東向爭霸然後以其餘威北敗狄于箕南伐從楚之許不但制服三强諸侯亦知嗣君英武不敢或貳也則復霸之機寔在此數舉春秋均書曰晉人非貶也蓋所以諱其墨絰即戎之罪外以諱爲善予其能復霸且明晉有人也

夏逆婦姜于齊 文四年

其曰逆婦姜于齊孰逆之娶姜逆之也姑逆故在齊已曰婦姜也猶宋蕩伯姬來求婦也

冬十有一月壬寅夫人風氏薨 文四年

春秋于妾母有奪嫡不奪嫡之殊不奪嫡者若成風定姒春秋所褒也奪嫡者若敬嬴聲姜齊歸春秋所貶也至仲子以桓未君定弋以哀未成君不稱夫人無褒貶何言乎成風定姒之不奪嫡也敬嬴之奪嫡也殺子赤嫡夫人姜氏不見容大歸于齊哀姜旣以罪誅嘗絶其屬籍於魯矣成風猶命僖公迎其喪以歸元年書夫人氏之喪至自齊二年書葬我小君哀姜皆著成風讓嫡之賢也定姒亦然嫡夫人並書薨葬是二人者雖稱夫人乃子尊母而隆其名非若敬嬴聲姜齊歸妾奪嫡而更其位也故春秋於成風之薨書榮叔歸含且賵書召伯來會葬大王命以榮之於敬嬴之薨

書雨不克葬假天意以絕之聖人之情現乎詞矣乃後儒不察輒謂成風稱夫人首亂嫡妾之分與敬嬴齊歸一例譏貶失春秋之旨矣

王使榮叔歸含且賵　王使召伯來會葬文五年

王何以使榮叔歸含且賵又使召伯來會葬賢成風也何賢爾讓嫡也書之者榮王命也

宋人殺其大夫司馬宋司城來奔文八年

殺大夫未有書官者此書司馬司城乃一經之特筆也當從左氏司馬握節而死司城效節而出為是蓋賢二人不失節而保存君

國也胡傳謂書官是不能其官意主于貶劉氏敞謂握節而死人臣之常效節而出苟求免罪而已未見可貴之美是昧於情事而不知人臣守節之重也考當日襄夫人逼于公子鮑久蓄弑逆之謀然附之者戴氏之族而已不得兵權君不可得而弑也兵籍掌于司馬氏籍掌于司城得司馬司城之節則得兵權矣度其情勢襄夫人必陰使人誘取司馬司城之節二子不從故率戴氏之族以威刼之司馬握節而死所謂頭可斷節不可得者至今凛凛然猶有生氣司城聞變急效節于府人而出其不與司馬同死者恐并失其節奸黨乘機竊發則大事去矣故此時保節爲先賊雖殺

司馬而奪其節然不得司城之節猶不能得兵權起徒旅也故弒
械不成僅殺大司馬公子卬及襄公之孫孔叔公孫鍾離使二子
稍依違不能執持得帥甸之甲已與於今日矣以宋昭昏庸國家
內亂猶能安享其位延七八年者皆二子守節之功也安見其無
可貴之美也哉春秋三忠兩節三忠則書及兩節則書官如五星
麗天五嶽峙地有目者所共覩也乃後人竟以書官為不能其官
反王貶責顛倒聖人書法敗壞古人名節其罪大矣

秦人來歸僖公成風之襚文九年

公羊子曰兼之也胡氏從穀梁外之弗夫人之說以為卑賵成風

謂僖公尊成風爲夫人故云僖公之成風天王使宰咺來歸惠公仲子之賵則不從穀梁仲子爲惠公之母而從公羊仲子爲惠公之妾以惠公尊仲子爲夫人故云惠公之仲子其說雖巧奈文理不順何夫目其人之妾與目其人之母之辭不容一例混施也曰惠公仲子曰僖公成風仲子爲惠公之妾不疑成風爲僖公之妾乎成風爲僖公之母不疑仲子爲惠公之母乎子曰名不正則言不順言不順則事不成春秋之作必先正名精義入神準諸大易當名辨物正言斷詞必不尊卑混目上下胥稱使人漫無分别也然則公羊子兼之之說無疑矣

卷之一終

春秋屬比錄卷之二

北流金熙坊子範著

春楚子伐麇文十一年

楚會盟書爵自會孟始侵伐書爵自伐麇始非褒也皆所以著其强也乃會孟則執宋公于壇坫之上諸侯拱手以聽方且爲之會于薄以求釋伐麇則一敗于防渚再敗于錫穴而終不聞與楚成者是不可以威刼也相提而論中國之失節辱矣小國之守義榮矣且麇之受伐也以逃厥貉之次也與鄭伯逃首止之盟異矣冠裳禮義之國不及蠻夷之小邦可嘅也夫

齊人執子叔姬　文十四年

子叔姬左傳以爲昭公妃舍之母諸儒皆從之以書法觀之未有既爲婦而復稱子者文公迎哀姜未至已稱婦況既爲國母尚可以子稱乎且齊人執國母聖人何不明正其罪而乃遷就其詞從魯録之稱爲子叔姬使若執他國室女然斧鉞之誅固如是乎公羊因執單伯與執子叔姬相連遂疑爲道淫穀梁不察亦謂單伯私罪叔姬同罪書之考據不精妄憑胸臆遂使貞女千秋含不白之冤其過大矣夫子叔姬者何媵也以不書迎故知其媵也蓋單伯媵叔姬于齊在道聞舍弒單伯臨難不避入國致命而責其弒

君之罪叔姬矢從一之志奔喪守節齊人黨逆肆其凶虐既執單伯復執叔姬欲奪其志也乃叔姬冰操玉潔矢死靡他雖幽囚屈辱不更初念齊人無奈之何次年書單伯至自齊又書齊人來歸子叔姬單伯執至皆書字嘉其不辱命也叔姬稱子褒其貞節而以室女終身也文公十八年商人被弑逆党漸散齊人徐思叔姬之節至宣公五年乃使高固來迎子叔姬居齊數月仍不能安秋九月復書齊高固及子叔姬來後不復見經蓋終老于母家矣先儒以宣公五年之子叔姬別爲一人故于書子之義不能會通妄生枝節不知高固所迎之子叔姬即齊人所執之子叔姬也揆以

全經義例內女嫁諸侯及嫁大夫未有稱子者惟文公十二年書子叔姬卒所以起其例女子既許嫁未適人而卒者無所繫屬從父母詞録之稱子明其以室女夭亾也則知此之子叔姬雖行嫁未廟見反宗守節者亦無所繫屬從父母詞録之稱子著其以室女終身也外此僖五年季姬及鄫子遇于防雖未嫁亦不稱子以其終有所歸也郯伯姬杞叔姬被出終無所歸以其嫁屬于夫仍不得稱子也由此觀之稱子之故豈不大彰明較著哉然則子叔姬之志義當與歸鄱之貞節並垂不朽矣

三月宋司馬華孫來盟 文十五年

趙氏鵬飛曰春秋外大夫來盟者四鄭語衛良夫皆書使惟齊高子與宋華孫不書使非君命也已專盟也專盟則疑有貶辭而高子書字華孫書官何也大夫出疆有可以安國家利社稷專之可也高子成齊侯之善而能定魯難華孫能掩昭公之惡而消國之虞皆有功於其國故聖人特異之高子以字書予之也華孫以官書貴之也按春秋書官者惟此条及八年司城司馬來盟書官尙云貴之守節書官反云責之聖人書法有如此之雜亂乎賀氏仲軾謂書官以官責之且見司馬非人所得殺之官司城亦非意諸所得弃之官也

齊人歸公孫敖之喪 文十五年

公孫敖以廢命淫縱得罪出奔當絕其屬籍于魯矣書卒書歸喪者所以著文公懦弱政治不綱三家專恣之漸先儒感子叔父之說甚不然也

冬十月子卒 文十八年

公子遂弑子赤以君命召叔仲惠伯殺而埋之馬矢之中是死難之臣也其事不見於經者諱之也諱之不沒其節乎春秋有一字之褒榮於華袞亦有無字之褒重於山岳叔彭生當文公之世一書帥師一書出會是用事之卿也而爲子赤傅同時之卿則有公

子遂季孫行父叔孫得臣而公子遂最橫冬十月書子卒先書公
子遂叔孫得臣如齊隨書夫人姜氏歸于齊又書季孫行父如齊
夫世子卒而夫人大歸則知世子之卒乃弒也王臣比肩接迹如
齊則知遂與得臣主而行父與聞乎故矣宣公卽位遂及行父或
逆女或出使最先用事而叔彭生不見于經則知三臣援立宣公
賊子赤者也彭生不附宣公忠子赤者也至宣公五年書叔孫得
臣卒八年書公子遂卒襄公五年書季孫行父卒而叔彭生不卒
凡魯卿師師未有不卒者也應卒不卒盖不與逆臣同被恩禮故
獨沒姓字於簒竊之朝則其殉子赤之難可知矣若竟書叔彭生

卒於子卒之下則疑於尋常卿卒之例且與三臣並書卒不見其挺特之節惟四卿用事三卿卒而一卿不卒猶卜筮之四爻五爻動則以不變之靜爻占所謂無字之褒重於山岳也

己巳齊侯元卒齊崔氏出奔衛　宣十年

齊侯元繼商人而立文十八年書齊人弒其君商人不書弒者名氏傳稱邴歜閻職同弒夫歜職皆僕隷之賤安能弒君必國之强宗大族有以主之弒械成而歸罪於微者猶子般弒而歸獄鄧扈犖簡公弒而歸罪朱毛也故聖人不書弒者名氏與其移辜以蔽獄不若懸案以徵兇至此年書齊侯元卒下書齊崔氏出奔衛則

知乎日惠公之寵崔氏也崔氏之翊戴惠公也商人之弑崔氏必與聞乎故矣猶之魯仲遂弑子赤立宣公至公薨仲遂子公孫歸父即出奔齊此例而觀其罪固有不可掩者矣

冬十月楚人殺陳夏徵舒丁亥楚子入陳納公孫甯儀行父于陳 宣十一年

曷爲先言殺而後言入見楚殺徵舒無待于入也徵舒弑君國人不與非有攖城固守之能楚子聲其罪而討之陳人無動直一夫之力可執于壇坫之上無待於入也無待於入而卒入之所以著楚之貪暴也聖人先旌其討賊之功後著其入國納亂臣之罪抑

揚進退用意精矣

夏六月乙卯晉荀林父帥師及楚子戰于邲晉師敗績宣十二年

楚君大夫與列國戰戍于泓得臣于城濮囊瓦于柏舉並書人惟此書楚子聖人蓋許此戰也楚子既與鄭平將飲馬于河而歸聞有晉師尚不欲戰先穀違命獨濟進逼楚師楚子又使少宰如師求成焉晉人不許二憾並往致師挑戰林父爲主帥不能禁止故以林父主此戰也當其敗也中軍下軍爭舟設楚以方壯之勢覆諸河中可使諸帥成擒隻輪不返也而楚莊王乃曰嘻吾兩軍不相好百姓何罪遽令還師以逸晉寇不利人之危以矜其功不薄

人于險以全民命亦庶幾古仁義之師矣是故未戰之前隨武子謂其德立刑行政成事時典從禮順不可敵欒武子謂我曲楚直不可謂老雖晉卿亦仰其德既勝之後崇止戈之義不築京觀尚論七德謙讓未遑非有道之君能作是言乎故書爵以予之非予其伯也予其戰之善也夫春秋無義戰泓之戰不鼓不成列宋襄竊仁義而敗邲之戰收軍逸晉楚莊假仁義而與其爲彼善於此乎

冬晉殺其大夫先縠宣十三年

先縠遺命喪師辱國又重得罪殺之當矣而稱國以殺不去其官

何也狄伐晉及清以爲先縠召之乃曖昧不明之事不足服縠故又追討邲之敗夫邲敗縠信有罪當殺矣然不于軍中而于國中不先王師而先偏裨又滅其族以先軫之勛不使有後是濫刑也故以累上之詞書之

冬大有年 宣十六年

大有年何以書記災異也何以爲災異上年秋書初稅畝冬書蝝生書飢是法雖立未必卽能行也此年書大有年則藉豐加賦助法終變新法果行而貽百世年無窮之禍矣且宣公變法惟此年書大有年又以見餘年歉多豐少政煩賦重而民不聊生也其旨

微矣

甲戌楚子旅卒 宣十八年

卒自外録葬自內録吳楚之君書卒不書葬者以其僭王猾夏外之不與中國往會其葬也雖有往會且親送葬者皆没而不書謹華夷之辨也舊說以爲避其王號故不書葬夫聖人能正其號於卒豈不能正其號於葬乎何其見之拘墟也

冬楚師鄭師侵衛 成二年

侵衛之役蔡景公爲左許靈公爲右乃書鄭師不書蔡許者以二君年少無知非因樂附其役不預於蜀之會故得没其猾夏之辜

厥貉之次宋公爲右盂鄭伯爲左盂乃書蔡侯不書宋鄭者以二君國小被脅出於强從其後復與新成之盟故得減其轉夷之罪乃蜀之盟傳稱許蔡之君乘楚車也謂之失位夫以楚大夫主中國盟乃諸侯深恥蔡許之君不書幸矣反謂之失位何哉

冬十月乙亥叔孫僑如出奔齊　成十六年

左傳謂宣伯通於穆姜欲去季孟而取其室得罪出奔此誣妄之說不足信也此時穆姜老矣豈復有淫狡之行且穆姜乃宋共姬之母女既貞烈其母必端又明詩達易乃魯之賢夫人也何至行同禽獸而不知恥如此乎所謂通者乃通謀耳是時行父恣横穆

姜以國母之尊欲逐季孟以張公室與僑如謀非姦也以經文考
之逐歸父乃魯卿專權之漸逐僑如乃季氏獨專權之漸成公即
位年少元年書作邱甲次年書季孫行父臧孫許公孫嬰齊叔孫
僑如四卿并將魯君自此始失兵權先儒謂公自伐杞之後宣十八年
凡侵伐不書公者八十年葢臣下專兵自成公始也然雖四卿並
將而季孫行父為上卿實欲獨攬兵權自作威福而三卿之中公
孫嬰齊乃行父所立黨于季氏臧孫許既卒紇稚無能惟叔孫權
與季並不為之下耳故僑如自伐齊後圍棘侵宋伐鄭三書帥師
于穀鍾離兩書出會權勢赫奕傾于季孟行父所不能容也故鄆

陵之役逗遛不出師欲激怒伯主以爲逐僑如計耳穆姜以君幼
行父與蔑當國不出師乃二子之罪使僑如訴於晉欲介大國之
力張公室而去季孟晉侯以後師期雖二子之罪而主之者君也
故沙隨之會不見公九月然後執行父厥幾伸伯討也乃郤犨爲
政主東諸侯好貨執行父不歸京師不歸晉國舍于苕丘之私所
請帶請冠之微意也下即書季孫行父及晉郤犨盟于扈雖曰子
叔嬰齊爲請范文子言於欒武子而赦之其以貨免也明矣行父
既免則僑如得罪故下書冬十月乙亥叔孫僑如出奔齊於是大
權一歸行父而季氏横矣殺君之弟幽君之母悖逆恣睢肆無所

忌迹無所爲更有甚于意如者而左氏乃稱其忠良何也

十有二月乙丑季孫行父及晉郤犨盟于扈成十六年

二君皆在而大夫特相盟大夫張也書行父及則行父志此盟其以貨免也明矣大夫執而歸則至危之也執後盟則釋之矣故行父之執獨不至

庚申晉弑其君州蒲成十八年

欒書趙盾春秋名大夫所事之君無道皆負弑逆之罪乃趙盾未嘗弑而蒙以首惡欒書實預弑而特没其名何哉蓋靈之惡小厲之惡大盾之弑隱而難知書之弑顯而易見春秋之教以明微也

書法故如此盾之弑也既假手于穿又出亡以避其跡太史書曰趙盾弑其君而盾不服太史曰子爲正卿亡不越境反不討賊非子而誰一言揭其隱盾雖百口無從置喙矣至於厲公之時欒書爲政且執兵權君虐無道至於見弑則當國大臣不能辭其咎矣所謂其惡易見也然直書欒書弑其君則厲公一朝尸三卿之惡不見而三郤之死皆疑捍君于難者矣故稱國以弑不出名氏則欒書不能逃其罪厲公不能掩其凶君臣兩責之輕重權衡錙銖不爽非聖人莫能修也

十有二月仲孫蔑會晉侯宋公衛侯邾子齊崔杼同盟于虛

晉悼公英明持重每事先謀而後行虛朾之會謀救宋伐鄭也悼公不欲煩諸侯故使大夫乃圍彭城而罪人斯得見其令之行伐鄭次鄫而楚不能援見其謀之容規模弘遠伯亦自有眞也〇悼公以童侯繼故一時弑逆之臣皆有輕玩少主之心乃淸原數語首以大義責諸臣出令從令辭義凜然無不折服及朝武宮遂叛臣七人卽位之後百務未遑首率諸侯之大夫圍宋彭城執五叛臣以歸而君臣大義伸於天下矣以視桓公初政滅譚滅遂侵曹伐衛不大相懸哉罪人旣得卽使韓厥帥偏師以討黨逆之鄭而

使諸侯之大夫次于鄫以待之內以為師之援外以斷楚之救亦以韓厥足以當鄭不欲重煩諸大夫猶齊桓伐楚次陘也次年城虎牢而鄭懼及雞澤鄭伯至陳侯亦使袁僑受盟陳鄭又附楚一旦從晉楚必爭能制楚然後能得二國也以晉君之明八卿和睦四軍無闕豈不能繼城濮鄢陵之績而大挫楚威哉悼公重惜民命不欲殘民以逞深謀遠慮以為挫之不如制之之善也乃用荀罃三分四軍之策屯虎牢盟鄭以疲楚滅逼陽通吳以牽楚卒至三駕而楚不能爭五會而鄭不敢背會于蕭魚寸矢不折隻牲不歃而諸侯信服焉夫齊桓召陵盛矣猶盟也而蕭魚不盟晉文城

㵒烈矣乃戰也而蕭魚不戰豐功偉烈不幾高出桓文上哉

仲孫蔑會晉欒黶宋華元衛甯殖曹人莒人邾人滕人薛人圍宋彭城襄元年

論者謂晉悼會伐每不身親假手大夫啟大夫專權之漸而不知非也悼公英明天縱手握太阿指麾將帥臣下凜凜無不奉命惟謹豈有旁貸之患彭城之圍次郇之師雖役大夫其謀早定於前歲虛朾之會欒黶韓厥禀受方畧承命而來非專輒也且欒黶乃桀驁之將崔杼爲跋扈之臣悼公初政首任之如身之使臂臂之使指咸驅策如意焉一則奏彭城之績一則佐次郇之功可見其

駕馭英雄之作用矣不煩諸侯惟役大夫正合君逸臣勞之義非信在大夫君若綴旒也至春秋末年國君遒長大夫不出門冠履倒置莫甚於此求如悼公時之君逸臣勞不可得矣

冬仲孫蔑會晋荀罃齊崔杼宋華元衛孫林父曹人邾人滕人薛人小邾人于戚遂城虎牢襄二年

大夫無遂公子結遂及齊侯宋公盟公子遂遂如晋季孫宿遂入鄆皆譏其專也獨此遂城虎牢爲美詞秋七月會于戚仲孫蔑獻城虎牢之策荀罃不敢專必待請于晋侯既得請冬復會九國大夫于戚書曰遂城虎牢見其奉命直前絶無觀望逗留之意故曰

美惡不嫌同詞

楚公子貞帥師伐陳公會晉侯宋公衛侯鄭伯曹伯齊世子光救陳襄五年

救陳之役傳言會于城棣經不書所會之地會而卽救見悼公救災恤患直有捧漏沃焦之急與齊桓救徐盟于牡邱叔孫救晉次于雍榆者異矣故公亦以救陳至亐之也

鄭伯髡頑如會未見諸侯丙戌卒于鄵襄七年

鄭伯之卒三傳皆以爲弑没而不書者爲晉悼諱也春秋爲尊者諱爲親者諱爲賢者諱何賢乎悼公以蕭魚之會比隆桓文也桓

文之與中國無弑君者悼公創霸即位之初首興義兵圍宋彭城誅五叛臣以歸君臣之大義明矣故雞澤之會陳鄭皆至服其義也今鄭僖爲其大夫所弑悼公不能討且致失陳其爲伯主之累非淺矣然前有彭城之義後有蕭魚之信美大惡小足以掩之故髡頑之弑特變文書卒而爲之諱使若悼公之伯中國亦無弑君者焉幾與桓文比隆也然雖諱其弑而亦不沒其實故名鄭伯髡頑于如會以起疑書盜殺公子公孫于後以誅子駟等之罪使後人推原書法之意以考當時事迹亦可得其實也其旨微而顯矣

冬盜殺鄭公子騑公子發公孫輒 襄十年

盜賤者之稱公子公孫明其貴也貴則賤者何以能殺罪三子之自失其貴也曷爲自失其貴弑君也夫公子公孫所以貴者介君之威寵故能保其位而安其身今三子以郎楚之故弑君而以瘧赴于諸侯是拔木之本塞水之源枝立萎而流立涸也故以公子公孫之貴盜得而殺之雖不加以討賊之辭而書盜以殺所以誅三子弑君之罪亦顯然矣

作三軍襄十一年

作三軍不特皁公室亦以侵奪諸卿之權使軍政皆專于三家也魯舊二軍有事則諸卿迭帥成公二年臧孫許公孫嬰齊皆書帥

師今季孫宿欲獨專其權杜諸卿帥師之路故作三軍使三子各
帥一軍自是臧孫氏不書帥師至襄二十三年逐臧孫紇而大權
皆歸三家矣然三家雖專權而叔孫穆子忠于公室不附季氏其
作三軍也穆子知其欲獨攬大權不久必更變改作故與盟于僖
閎詛于五父之衢及三分公室各有其一以父兄子弟分爲四季
氏盡取四分孟氏取其半而以子弟歸公叔孫氏使盡臣子公而
不敢取此穆子之忠于公室也是時將公室分爲十二分季得四
孟得二公家尚有半民襄二十三年書叔孫豹帥師救晉次于雍
楡帥公民而已季孫宿深憾叔孫不附已至昭四年叔孫豹卒乘

其家亂復舍中軍藉復制之名盡併叔孫氏所分之民有事則以叔弓帥之蓋叔氏素謟附季氏者也自是叔氏與季孟並屢書帥師而叔孫遂無權公家亦盡無民矣然則作三軍者奪諸卿之權歸於三桓也舍中軍者奪叔孫氏之權併于季孟也以經文前後比事考之則得其實矣

乙未衛侯出奔齊 襄十四年

春秋以臣逐君從君自奔爲文者猶之以臣名君以王自狩爲文所以存君臣之分也且出君與弑君異弑者死不可復生分義已絕史即書其弑逆之名于册以責臣子討賊出者君猶存分義未

絶若卽暴其逆名勢必怙終而不悔故例從君自奔爲文若曰此君之自出也臣也可得而迎復矣上以警乎君下以責乎臣乃史外傳心之微旨也或曰書君自奔不爲賊臣掩惡乎曰人君不安其位至于出奔當國大臣之罪也上書衛侯出奔齊下書衛孫林父列會于戚比事而觀其罪固有不可掩者矣

夏衛孫林父帥師伐齊襄十九年

傳稱晉欒魴帥師從衛孫林父伐齊是時衛侯衎出奔在齊林父悖逆出君又敢伐君所奔之國其罪大矣欒魴帥師從之不猶齊國夏從石曼姑圍戚乎乃春秋圍戚首罪國夏伐齊不書欒魴者

蓋是時齊方畔晉晉爲盟主書必先晉以欒魴首兵則疑于盟主
伐畔之常而林父之大惡不著矣削欒魴特書林父帥師伐齊正
所以著其滔天大逆巳逐其君又敢極之於所往也

甲午衛侯衎復歸于衛 襄二十六年

衛侯出入皆不名復歸得國始名之何也旣誅逆臣之罪而後責
乎君也獻公之出奔也實爲孫林父所逐然戲寵卿暴嫡母定姜
責其有罪師曠有其君實甚之言臧紇有其言糞土之誚當時皆
謂獻公無道不責林父也夫君雖無道非臣可得而出也故春秋
于衛侯出奔齊及入夷儀俱不書名以示其位未絶而不專責乎

君至此年書衛孫林父入于戚以叛下書衛侯衎復歸于衛逆臣之罪既誅然後名之蓋出君罪重失德罪輕春秋之教固必尊君而抑臣斧鉞之誅亦不先輕而後重也

秋九月癸巳子野卒　襄三十二年

子野卒毀也何以書錄至孝也上書蔡世子般弒其君固下書莒人弒其君密州而子野以毀卒如重陰苦霧之際忽見景星慶雲聖人能勿亟取之以風世乎夫哀不滅性毀不危身禮之經也子野以孺慕哀號之切遂至捐生蓋亦非中道矣然行無敢乎奇也而人倫之道寧過乎厚情無取乎矯也而孝弟之性惟率其真君

子野者其亦無愧乎至孝矣

冬十有一月己酉楚子麇卒 昭元年

左傳稱楚子有疾公子圍入問王疾縊而殺之而經書卒者以其
王會于申諱之爲中國殺恥也夫以冠帶之邦推蠻夷君長爲盟
主已爲大辱況兼弑逆之人乎故特畧其弑以存中國禮義廉恥
之防特不以討賊之權予之以微著其弑君之迹雖爲之諱罪亦
不可掩矣曷爲不以討賊之權予之夫弑君之賊天子不能誅臣
子不能討有能倡大義問罪者雖夷狄之君春秋亦予之楚人殺
陳夏徵舒是也今靈王猶莊王也齊慶封陳招蔡般猶徵舒也楚

靈執之當其罪矣而皆不予以討賊之詞執慶封書殺執陳招書放誘禁般書名書殺執蔡世子有書用夫執不以歸而或殺或放或用示不服其罪觸怒楚虔而縱其殘酷也曷爲不服其罪所謂懷惡而討雖死不服也然則楚虔躬負弒逆大罪可知矣

冬十有二月乙卯叔孫豹卒 昭四年

宣公十八年冬十月書公孫歸父奔齊次年三月即書作丘甲此年冬十二月書叔孫豹卒次年正月即書舍中軍所以見姦臣擅變祖宗之法制以便其私圖者必待忠良去國老成凋謝而後敢動于惡也詩曰人之云亡邦國殄瘁不其然乎

秋七月季孫意如叔弓仲孫貜帥師伐莒 昭十年

三桓尊魯師師何以不書叔孫而書叔弓叔氏代叔孫氏也叔氏何以代叔孫氏自襄公十一年作三軍兵權皆歸三桓然叔孫穆子忠於公室不附季氏季氏嫉之故昭公四年穆子卒五年復舍中軍并叔孫氏之權歸于季孟也中軍舍後叔孫氏不書帥師不書出會止婼爲行人出使而已故曰叔出季處有自來矣自是叔孫無權矣然雖舍中軍有事仍三卿并將意如既陰奪叔孫氏之權遂以叔氏代之叔氏乃叔肸之後也襄公十四年叔老以卿爲季武子介會晉士匄會吳于向其附于季氏久矣故舍中軍後卽

書叔弓帥師敗莒師于蚡泉九年書叔弓會楚子于陳此年三卿
並將書叔弓十三年書叔弓帥師圍費權並季孟而叔孫氏不見
於經故知其附季氏而代叔孫氏之權也後人動云三家專魯而
不知有叔孫穆子及昭子之忠賢侯矣蓋昭定以後專魯之三家
乃季孫氏仲孫氏叔氏也以經文考之則得其實矣

五月甲申夫人歸氏薨　昭十一年

魯十二公妾奪嫡者惟僖之聲姜宣之敬嬴襄之齊歸然先君之
惡臣子不敢顯言第微婉其詞使讀者比事屬詞而得焉敬嬴之
事上書公子遂叔孫得臣如齊中書子卒下書夫人姜氏歸于齊

尙顯而易見聲姜齊歸奪嫡訶旨甚微後儒不知也考十二公夫人不書逆至者六隱僖襄昭定哀也隱昭定哀皆有故不書（見襄公八年用致夫人解）僖襄則無故不書文十六年秋八月辛未書夫人姜氏薨十七年夏四月癸亥書葬我小君聲姜書薨葬不書逆至則知聲姜之爲媵也昭十一年五月甲申夫人歸氏薨九月己亥書葬我小君齊歸亦書薨葬不書逆至則知齊歸之爲媵也而二公之嫡夫人逆至薨葬均不見經則知聲姜齊歸奪嫡嫡既失位故不薨葬旣不薨葬因削逆至使人前後比例而得其實也故曰微而晦志而顯非聖人孰能修之

秋公會劉子晉侯齊侯宋公衛侯鄭伯曹伯莒子邾子滕子
薛伯杞伯小邾子于平丘八月甲戌同盟于平丘昭十三年

平丘之盟胡氏據左傳以爲惡其兢力不道諸儒多從之穀梁以爲善其因楚有難而反陳蔡之君公羊註亦以爲欲討棄疾以經文比例觀之當從公穀爲是夫書之重詞之複必有大美惡存焉晉自重邱之後君臣偷怠無意諸侯宋合左師以弭兵爲名子木請晉楚之從交相見遂以中國伯權拱手而讓于楚至申之會楚虔以蠻夷弑逆之人合十二國諸侯儼然主盟于壇坫之上而宋鄭交獻禮焉中國之屈辱甚矣蠻夷之恣横亦極矣晉昭卽位奮

發自勵欲收復伯權有叔向之賢以佐之號名十二國諸侯邾南治兵萑車四千乘大耀威武臨以王臣會于平丘收二十年從楚之諸侯復折從晉且乘楚之亂聲言伐楚楚平懼復封陳蔡下書蔡侯廬歸于蔡陳侯吳歸于陳不可謂非是盟之功也夫處累世積弱之後非大振刷何以勃興則示威似非大惡也齊雖不服而卒與盟鄭人爭承日終乃決盟會常事何關美惡惟信蠻夷之訴絕兄弟之國公不與盟執季孫意如以歸見于經可謂之惡然亦殊重邱莽亂臣定逆位受賂縱奸之大惡不合入重詞例也然則此盟自是有善無惡聖人疊筆書之蓋欲晉伯復興繼文襄之盛

業一雪于申之恥稍張中國之威謹夷夏之防辨上下之分其意微矣雖是盟之後晉終不競再失諸侯馴致潢池吳復抗衡上國而春秋亦終矣其如天意何哉

夏五月戊辰許世子止弒其君買　昭十九年

春秋許人改過惟君父之間不可過亦不可悔許世子止不嘗藥誤致父死傳稱止不立乎其位以與其弟虺哭泣歠飦粥嗌不容粒未踰年而死而春秋不許其悔加以弒父衛孫林父甯殖出其君傳稱甯惠子疾名悼子曰吾得罪于君悔而無及也名藏在諸侯之策曰衛甯殖孫林父出其君君入則掩之若能掩之則吾子

也若不能猶有鬼神吾有餒而已不來食矣悼子許諾至襄二十六年遂殺剽復獻公春秋亦不與其悔加以弑君其他事可誤而君親之嚴偶不容誤他過可補而忠孝之虧萬不能補聖人不與二子悔過所以律天下萬世事父事君者不可不謹也其旨嚴矣

劉子單子以王猛居于皇秋劉子單子以王猛入于王城 昭二

十二年

先儒皆謂猛與敬王皆太子母弟宜立子朝庶長不宜立然觀經之所書竊有疑焉夫猛果宜立則未踰年之天子也何以速成爲王景王既葬何以稱名既成爲王則不得復稱王子而書卒且劉

子單子書爵不名而名王猛臣前君名春秋有如此之悖謬乎胡文定亦知其不可而不能言其所以然乃曰君前臣名禮之常也乃當其變臣有不名而名其君者矣其詞之遁也如此夫謂猛與敬王爲太子母弟者皆臆度之言幷無確據左傳稱穆后與太子壽早殀卽世曰早殀卽不得有三子矣穆叔曰太子死有母弟則立之無則立長是太子死立母弟春秋之人皆知此義猛果太子母弟子朝必不敢爭尹氏必不敢輔矣竊意猛也敬王也子朝也皆庶子也而子朝年長當立故上書王室亂下書劉子單子以王猛居于皇劉子單子以王猛入于王城冬十月王子猛卒是則亂

王室者劉單也兩以字便是罪案猛不稱子言其不當嗣也曰入
纂詞也卒復稱子表其爲王子不得同于未踰年之君也春秋書
法皆以比事而見使朝不當立則子朝師郊要餞之甲以逐劉子
也繼書子王室之下以著其爲稱亂之魁今乃連書劉單以王猛
則罪固有歸也是以晉籍談荀躒帥九州之戎及焦瑕溫原之師
納王猛于王城削而不書次年晉人圍郊貶之曰入郊子朝之邑
公羊謂不與其伐天子也二十五年會黃父三十二年城成周最
爲勤王大義春秋皆無褒詞聖人之意可知矣至定四年　劉文
公合十八國之諸侯于召陵伐楚以子朝在楚也微之曰侵不與

其伐也劉卷卒側其爵而不書不得同于尹氏王子虎之例豈非以其有亂王室之罪而特貶之哉公穀皆以王猛爲篡僖不謹矣

晉人執我行人叔孫舍 昭二十三年

意如不道背盟虐小伯主來討使舍往說陷害忠賢戳之道也舍奉命而往以禮自守顛沛不違不可以非義加不可以威勢劫鄙范鞅之請冠止申豐之納貨恥以苟免待禮而還其立身進退卓卓有士君子之風視意如之執始則幕蒙狄守司鐸射懷錦奉壺蒲伏納賂繼聞欒皇鮒除館西河之說懼而先歸損威辱國不啻霄壤矣君稱我君臣子詞也卿大夫書官未有稱我者書曰我行

人親之也亦愛之也

冬十月戊辰叔孫舍卒 昭二十五年

書叔孫舍卒于公遜國之後錄其節也傳稱昭子自闞歸見平子曰人誰不死子以逐君成名不亦傷乎平子曰苟使意如得以事君所謂生死而肉骨也昭子從公于齊與公言將安衆而納公歸平子有異志冬十月辛酉昭子齋于其寢使祝宗祈死戊辰卒夫祈死能死蓋因禱而自裁也若昭子者可謂克盡其節者矣而不見稱於後世者以意如逐君叔孫氏司馬鬷戾助逆掩之也考春秋所書自舍中軍後季氏專權以叔氏代叔孫氏故師師書叔弓

而叔孫氏遂無兵權既無兵權安得有司馬鬷戾者必叔氏司馬
非叔孫氏司馬也傳寫之訛多衍孫字耳且叔孫果有兵權以舍
之賢尚可制意如不敢動于惡況家臣致事恣乎鬷戾帥徒陷隅
以入兵力强足亞于季孫其為叔氏家臣不待辨也然則叔氏党
惡之罪不可掩矣叔孫昭子之忠節始彰彰矣

冬仲孫何忌會晉韓不信齊高張宋仲幾衛世叔申鄭國參
曹人莒人薛人杞人小邾人城成周 昭三十二年

二十五年會黄父此年城成周最爲勤王大義春秋無一美詞者
不與大夫勤王也曷爲不與大夫勤王南蒯之以費叛也弗克出

弃齊侍飲酒于景公 公曰叛夫對曰臣欲張公室也子韓晳曰家臣而張公室罪莫大焉列國之大夫入天子之國曰陪臣陪臣勤王不猶家臣知公乎是故家臣張公室淩明之職闕矣陪臣勤王家藩屏之義廢矣春秋于南蒯陽虎之事黜而不書于黃父成周之功畧而弗貴皆端本清源之意也

夏四月庚辰蔡公孫姓帥師滅沈以沈子嘉歸殺之定四年

上書十八國諸侯會召陵侵楚此獨書蔡公孫姓帥師滅沈諸侯不助蔡可知也下書蔡侯以吳子及楚人戰于柏舉吳進稱子春秋善蔡之名陵之諸侯不待貶絕而罪惡自見矣

五月公及諸侯盟于皐鼬 定四年

諸侯何以不序無伯主也晉合十八國諸侯于召陵將爲蔡伐楚荀寅求貨於蔡侯弗得辭蔡人諸侯離心不欲宗晉自相盟誓書曰公及諸侯盟于皐鼬誌諸侯之散也○冦屋誌諸侯之合謹而月之懼天下之無王也皐鼬誌諸侯之散略而月之傷天下之無伯也

叔孫州仇仲孫何忌帥師圍郈 定十年

自舍中軍後書叔弓帥師叔孫氏不書帥師者三十餘年蓋爲季氏所抑奪其權與叔氏也至此年吾夫子爲魯司寇將墮三都蒐

軍實出藏甲正舊時三卿之名位先取叔氏之權還叔孫氏故復書帥師此年圍郈十二年墮郈哀二年伐邾三年五月城啟陽冬十月圍邾屢書帥師兵權復歸叔孫氏而叔氏帥師遂不見經止哀五年書叔還如齊六年書叔還會吳于柤而已夫州仇者叔孫昭子之孫也昭子忠君愛國之忱惓惓不已至無可如何而卒以身殉乃吾魯忠節之臣也其子孫當蒙恤孤之典而意如不道擯棄忠賢侵削其權已數傳矣至昭子既卒不敢亦早世州仇稚弱無知益不能自振苟非夫子為政于魯豈能復舊職哉然則聖人抑強扶弱顯忠遂良之作用神矣當與墮都出甲同為仕魯之政

續也

秋叔孫州仇仲孫何忌帥師圍郈 定十年

聖門弟子之用魯者若圍郈則駟赤之謀也墮費則仲由之勇也歸成則衛賜之言也歸成見哀十五年弟子所續經及齊平傳至於邾子來朝論執玉高卑而識其驕替鄫衍之會折服太宰嚭免季孫之名豪皋拒吳子之尋盟于鄖釋衛侯之執辱賜皆以言語見長折衝于壇坫之上哀八年吳伐我有若有三踴幕庭之藝焉十一年齊伐我樊須有三刻踰溝之能焉且清之役冉求帥左師以用茅之勇入齊軍獲甲首八十故右師敗而左師不敗其功亦偉矣十六年續經書

衛世子蒯聵自戚入于衛衛侯輒來奔仲由赴孔叔之難結纓死
節春秋皆不書者豈非以家臣賤名氏不合登于史册乎夫天下
之達尊三德足以敵貴三千弟子豈無一二以德得書者乎而名
氏概不見於經者何也蓋賢則貴貴則賢賢春秋時德在聖門
聖人無我謙抑而不自尊也

大蒐于比蒲 定十三年

蒐者簡軍實也孔子行乎季孫三月不違曰家不藏甲邑無百雉
之城既墮郈費大蒐比蒲出三家之藏甲簡軍實而歸于公也惟
成未墮孟氏之甲必不肯出然上書公圍成公已有民矣孔子之

相魯也欲挽屢世積弊之重而反於正其事必以漸而舉不可驟更也自定公六年陪臣執國命而魯之削也滋甚欲治魯必先取陪臣之權還於大夫次取大夫之權還於公室而後國可為也十二年孔子為大司寇攝行相事即倡墮都之議使仲由墮費郈是抑陪臣强私室也十三年蒐比蒲出藏甲大綱既舉其餘舉而措之徵特魯國雖治天下可也故曰如有用我者朞月而已可也是時魯國大治粥羔豚者不飾男女異路道不拾遺已動隣國之忌而季孫之心變矣女樂之受君臣荒淫三日不朝膰肉又不至孔子遂行國有聖人不能卒用以底三年之成豈非天不欲平治魯

哉孔子去後十四年復書蒐于比蒲蓋三家以出甲爲不便復簡軍實而藏甲也聖道不行惜哉

夏公會吳于鄫 哀七年

自是凡會伐皆書公非公有權也所謂國君道長大夫不出門也大夫曷爲不出門畏吳不敢出也陽虎囚季桓子後三桓微弱肥與州仇何忌皆少年肉食無深謀遠慮哀元年乘中國無伯三子帥師伐邾取田以自封殖邾人訴於吳吳將主盟上國三子懼討不敢出故凡會伐皆書公也溴梁之後君若贅旒大夫出盟會大夫張也于鄫之後君長道路大夫不出盟會大夫愈張也春秋之

局又一變矣

宋皇瑗帥師取鄭師于雍丘　哀九年

杜氏預曰左傳僞覆而敗之曰取某師謂威力兼備若網羅所掩覆一軍皆見擒按此年宋皇瑗取鄭師于雍丘降郟張鄭羅二人無死十三年鄭罕達取宋師于嵒獲成讙郜延六邑爲虚皆著其纂也長平之禍由來漸矣

有星孛　續經哀十四年

書有星孛不加宿不言方而災變遍于天下矣猶哀公八年書吳伐我不言地不言鄙而戎難逼於國都矣

屬比終

（清）北流金熙坊撰

粵璞不分卷

清同治十一年（1872）北流范瑛、范瑞昌刻《金子範雜著》本

粤璞不分卷

（清）北流金熙坊撰，清同治十一年（1872）北流范瑛、范瑞昌刻《金子範雜著》本。

此書乃金熙坊爲叙寫廣西風土名物而撰著之筆記。面向某地風土名物之著作緣起甚早，至少可追溯至兩晋南北朝時期。梁宗懍《荆楚歲時記》、嵇含《南方草木狀》即爲早期代表。降至唐、宋，尤其是宋代以後，以筆記形態呈現的地方風土名物著作屢見不鮮，蔚爲大觀。清人撰著的此類筆記，數量更是堪以上千計。不過，在這種普遍的繁盛狀態下，清代專門面向廣西的風土名物筆記，或涉及廣西風土名物内容的筆記，却相對偏少。就今可確知存世者而論，主要有陸祚蕃《粤西偶記》、沈曰霖《粤西瑣記》、張祥河《粤西筆述》、魏崧《兩粤猺俗記》、佚名《粤西種人圖説》、林德均《粤西溪蠻瑣記》、佚名《粤西雜記》、梁鴻勳《北海雜録》等，較之鄰近的廣東、湖南、雲南、貴州諸省，落差頗爲明顯。

《粤璞》是清代爲數不多的廣西地方風土名物筆記中較具代表性的一種。全書凡分草木、山水、禽獸、蟲魚、方言五部分，共計208個條目。其中尤以草木部分的内容最爲豐富，含『桂』『石苧粑』等158條。此外，山水與禽獸部分均含12條，蟲魚部分含19條，方言部分含7條。近人蒙起鵬在《廣西近代經籍志》中評價該書云：『子範先生精於名物訓詁，凡所考證，具有本源，辭亦雅潔，可與鄺湛若《赤雅》相頡頏。』

同治壬申春鐫

督學使者孫 鑒定

粵璞

君玖 昌瑛仝校刊

五林 藏版

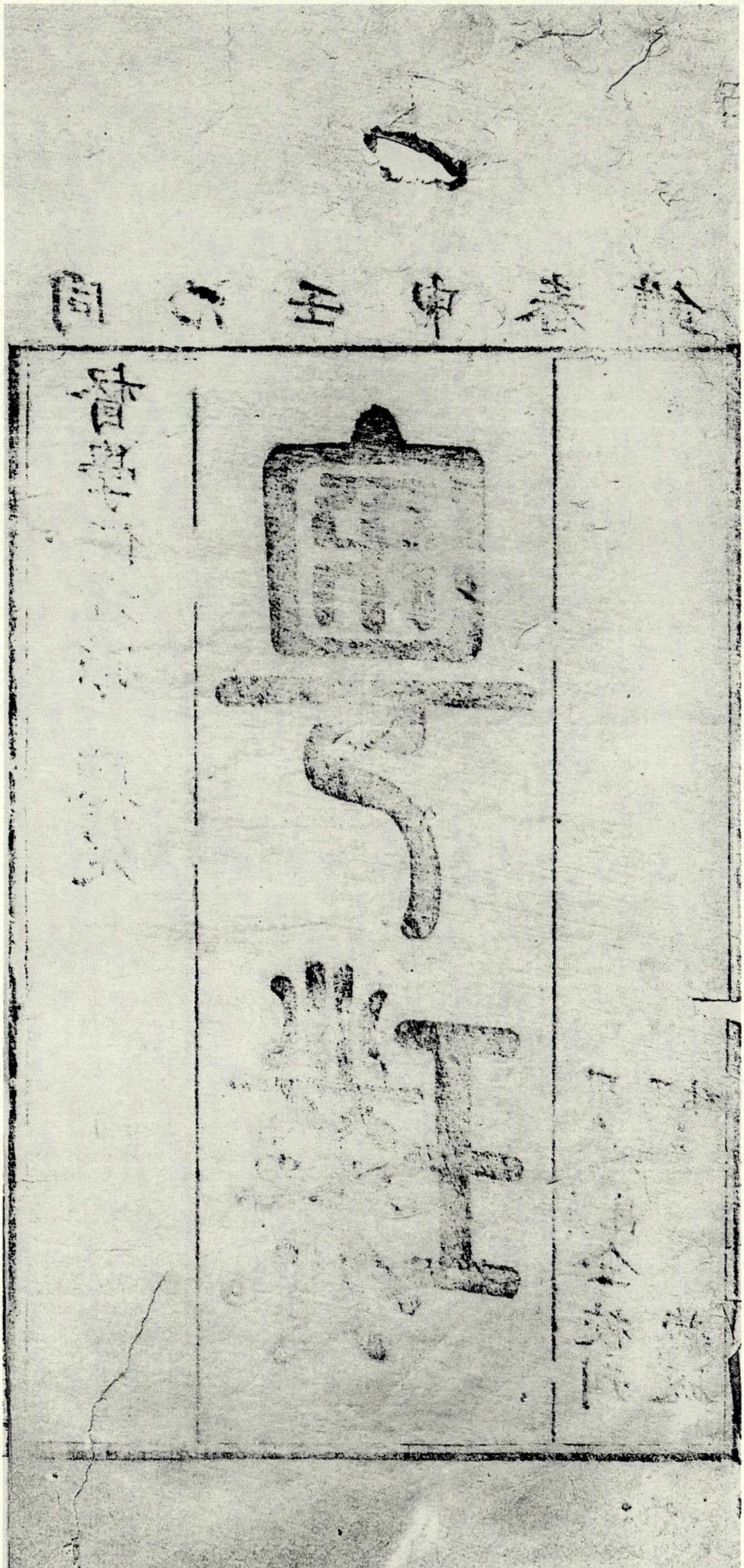

粵璞目錄

草木

牙蕉　蕉葛
美人蕉　蒟醬
扶留　鮮支
楊梅　胥餘
金橘子　古終藤
蚊子樹　塘坼蕉
風栗　佛桑花
古刺　含水藤
左纏藤　雀瓢

仁頻　橄欖

疊葉草　餘甘子

文章草　栭

紗麩　莽煌草

茈薑　中植

葎莎　葶藶樹

容筍　太平秈

海紅秈　木[illegible]

香秔米　大糯

竹米　蕃莅瓝

膏蔌　荷包豆

䟢䟢　鷄䴢𩻹

山礬花　油葱

石榴花　涩葉木

活莧　灘草

無心木　㔟菊草

牛乳木　榖薔

菽　夜來香

開𨰻花　番石榴

荖葉　蕵毒

木磨子　七七花

雀麻　黎辦木

格木　角刺

蘇方木　力加菜

櫞皮蔬　黄皮子

榕木根　顛茄

不死草　黑蕨

上元紅　雹著

蔡囊木　石刼

韓信草　栒芽木

籢笴　玉延

石筱　和蕈草

烟葥草　熊膽木

黐搦草　蕈波羅

急性子　怕土藤

萬年青　三合木

山水

紅日岩　十萬大山

丹穴　相慮水

氾林　丹崖

天慶岩　紅石

水月岩　湘斨石

懷蘿洞　冷石

禽獸

十相鷄　鳳頭鴨

鸜鵒　紅牙象

龍狗　鵪鶉

花了　伽鶇

糞坑鳩　取翠

明角　大鷙少鷙

蟲魚

鱑　魱鱧

陽鱎　鯱魚

鱒魚　魠魚

螢蛆　臊甲蟲

鰗魚　鰽魚

⿰魚央⿰魚乚魚　地虎

四足魚　鯪鯉

蠹蟲　髻蟜蟲

黑蟻　地龜蟲　孳蟲

方言

㴁餡　甚鬼毛有唔得　嬌韃　拷

米花　草名　物性

粤璞

草木　　北流金𤌾坊子範譔

桂

山海經桂林八樹在番禺東八桂成林言其大也桂林得名以此然桂林桂絶少多產於桂平平南寶宜等處諸富戶皆有桂山賈客來沽每山輙值數千金大藥也凡木葉心皆一縱理獨桂有雙紋如圭形故字從圭余應省試初至桂林題壁有句云筝削玉簪矜獨秀樹珍圭葉認雙紋蓋紀實也陸佃埤雅云桂猶圭也宣造百藥爲之先聘通使如執圭之使也爾雅謂之梫者埤雅引吕氏

春秋桂菽之下無雜木又引雷公炮炙論云桂釘木根其木卽死

以其能侵害他木故謂之梫余以爲不然夫梫者參也蘗之上美

者也人參以草以浸乃草之參也桂以木以㬋乃木之參也參甘

溫補元氣桂辛溫補元陽故參稱爲人參桂亦稱爲人桂　廣志

白石山人桂所植金鵝所集又海錄碎事八桂作人桂

榕

榕易生之木又易高大可覆數畝粤西村落皆有多以爲社故有

千歟百歲者奇木也按檍木以章乃木理之有文章者也檀木以

亶亶善也木之善者也檉柳以聖䌾願爾雅翼云天之將雨檉先

憑石考室雲生棟宇累積階基横列三楹中爲祖師堂左右室供三寶像禪堂在右經行宴息之所皆極幽邃龕正向西作倒廳朝內正面但開窗櫺延納光景每日晚霞紋臙罨金光逗漏掩映於綺疏綱戶間山多長林修竹插壜高低蓊鬱暗藹山麓有潑潭雲光倒映山翠蓋落風動波興鶩旆冲融不可得而狀也每策杖來遊穿林尋磴蟬聲嘒嘒翠鳥飛飛雲霞肥膩草樹蔥蒨未至禪關已恍然有出世之思矣道光末年雲山上人駐錫於此頗有道行爲余方外之友故月數至焉出菴門由中峰直上跨出山背即至騎鹿洞互轉窈窱右折蹴巉崿蹈虛空至三光洞之北門左躡危

磴捫懸蘿橦嵐抹翠至湫帽頂惟馬頭嵓之朱帯洞必下山循麓而南乃可至焉夫山不在高有仙則名水不在深有龍則靈此山大僅數里高不百丈而玉堂對霤石室相距左右前後名區參錯勝跡並峙豈非高人之所棲託神靈之所窟宅哉其得名也宜矣

十萬大山

南寧府上思州有山曰十萬大山崇巒疊鄣盤薄兩粵及安南國界嵓岫嶒崒草樹蒙茸嶒峗嶚嶦荒甸莽昧人跡罕至禽獸之所都也十萬大山可以對三千弱水

丹穴

櫻皮

櫻櫚近葉處有皮裹之每長一層即爲一節其皮有絲毛錯縱如織剝取縷觧可織衣帽褥椅之屬大爲時利歲必两三剝之否則樹死或不長也

鴉臼木

陸龜蒙詩行歇每依鴉臼木挑頻時見鼠姑心鴉臼即烏臼木鼠姑牡丹也烏臼多生𣷹澤高數仞葉似梨杏五月開細花黄白色子黑色葉可染皂子可壓油然燈極明根方長一寸劈破水煎治大便不通神效

相思子

相思子又名紅豆樹高丈餘白色葉似槐花似皂莢其莢似扁豆其子大如小豆半截紅半截黑婦人多以嵌首飾故老言昔有人没於邊其妻哭於樹下而卒因以名之

桄榔麪

蜀都賦云布有橦花麪有桄榔桄榔與欆櫚相類樹中出麪大者乃至百斛和牛乳啖之甚美

桄榔菴

蘇文公南遷至惠州宿於桄榔樹下作桄榔菴銘

椰子罐

椰子樹類海樱實大如瓹外有粗皮如大腹子次有硬殼圓而且堅厚二三分有圓好者卽截開頭砂石磨之去其皺皮其爛斑錦文以白金裝之以爲水罐子竒珍可愛殼中有液數合如乳亦可飲之而動氣

楓人

楓樹老多有瘤癭忽一夜遇暴雷驟雨其樹贅則暗長三數尺謂之楓人巫覡取之雕刻神鬼異致靈驗

鶺雅花

本名狗牙花余以其不雅馴易爲曏雅花與茉莉相似四時皆開
花蕾甚多長四五分如狗牙故名然不能盡開十開一二而已而
花之開者亦不絕凡花白者色之瑩潔當以此爲冠其香氣酷烈
亦勝於茉莉

茇苦

楊子雲甘泉賦云欑栟櫚與茇苦兮茇苦卽今之薄荷或作蘯蔄

薛莎

司馬長卿子虛賦薛莎青薠莎卽今之香附

牙蕉

芭蕉卷心中抽幹作花初生大蕚似倒垂菡萏有十數層層皆作瓣漸大則花出瓣中極繁盛有紅白二種其花大類象牙故謂之牙蕉結實成熟其株卽槁故稽聖賦云竹布實而根枯蕉舒花而株槁

蕉葛

芭蕉既熟摘去其實隨倒其莖解散如絲以灰湯鍊治紡績爲布謂之蕉葛左太冲吳都賦蕉葛升越弱於羅紈是也

美人蕉

美人蕉又名紅蘭花葉瘦類蘆箬自葉端抽莖開花長一二尺花

色正紅如榴花其中有一點鮮緑細瓣長莖如釵股形最宜於美人之鬢然婦女惡其名譖者絶少也結實作青苞苞中子如無槵核而小多者五六顆堅圓可愛

蒟醬

蜀都賦蒟醬味流於番禺之鄉劉淵林注云蒟醬緣木而生其子如桑椹熟時正青長二三寸以蜜及塩藏而食之甚辛美昔漢武帝使唐蒙曉喻南越越王食以蒟醬曰此出番禺城下武帝感之遂開牂牁越嶲也

扶留

吳都賦云東風扶留扶留即今之蔞也嚼檳榔者必取蔞葉寸許合石灰咀之云可辟瘴癘去胸中積滯

鮮支

上林賦鮮支黃礫鮮支即梔子花謝靈運名爲林蘭梵書謂之詹蔔

楊梅

楊梅樹葉似龍眼冬月不凋二月開花結實五月熟有紅白紫三種紅勝於白紫勝於紅肉在於核上無皮殼鹽藏蜜漬糖收皆佳粵中楊梅多酸不及江南者物類相感誌云桑上接楊梅則不酸

豈粵人不知此術也

胥餘

上林賦留落胥餘（胥餘或作胥耶）胥餘卽椰子樹俗名爲越王頭相傳林邑王與越王有怨使刺客乘其醉取其首懸於樹化爲椰子其核猶有两眼故俗謂之越王頭而其漿猶如酒也此說雖謬而俗傳以爲口實南人稱其君長爲爺椰名蓋取於爺義也

金橘子

金橘子樹似橘不甚高大吳越江嶺皆有之然他處產惟五月開花秋冬結實而北流則四季開花次第結實時時皆有四時之花

最盛於春初正月白色六瓣花心微有黃蕋滿樹皜素馥烈襲人而枝頭丹實纍纍復點綴於玉英翠葉之中爲雲二色彩霞九光煥炳陸離蔚爲瑞杲故鄉人名爲桔子元旦家家剪插堂上以爲吉祥之兆焉虞衡志營道金橘爲天下冠卽梁昭明太子七召所謂湘南朱橘是也

古終藤

沈懷遠南越志云桂州出古終藤結實如鵝毛核如珠珣治出其核紡如絲綿染爲斑布古終藤卽今時人家所種之棉花也有草木二種木縣名古貝草縣名古終或作吉貝者乃古貝之訛也此

種出南番宋末始入江南今則徧及江北與中州矣不蠶而綿不麻而布衣被天下其益大矣

蚊子樹

嶺南異物志謂南中有蚊子樹實生枝閒形如枇杷子熟卽折裂蚊子羣飛惟空殼而已大不然也有樹名曰杈畢子如枇杷殼內無肉惟茸茸然生毛殼破見風卽飛大似蚊鑽非眞有蚊子樹也

塘岸蔗

蔗有數種有宜管汁爲糖者有宜生啖者生啖之蔗當以吾邑塘岸爲第一卽邑志所謂蠟蔗是也以其皮色黃如蠟故謂之蠟蔗長六七尺圍可

數寸輕快鬆秀堪敵哀梨迸手可折咀牙即消爽脆之聲響於齒頰甘寒之味汞於神明真奇品也他處者多雜鹵味而且皮如剥篾肉如嚼綿每啖一節口舌俱勞品斯下矣

風栗

栗至霜降後乃熟苞裂子墜初墜之時剥而食之了無氣味必用疏竹籃或網袋懸於當風之處八九日待殼内膜自脱則甜而且香氣味雋汞日爆火燭皆不及也吾邑翰塘村最多栗其佳者可及兖宣産乃劉恂《嶺表録異》謂廣中無栗稱栗乃水果不宜於炎方何其謬也

佛桑花

東坡詩涓涓泣露紫含笑炎炎燒空紅佛桑佛桑即朱槿（佛桑或作扶桑，一名日及）吾粵家家種之枝柯柔弱葉絲如桑高四五尺花深紅色重臺者大如蜀葵中心甤如綴金屑日光所爍疑有焰生日開數百朶終歲不歇暮落朝開插枝卽活嶺表錄異謂俚女採鬻一錢售數十朶若無此花紅梅無以資其色蓋藏鹽梅必採此花伴曝飣之盤筵儼如瑪瑙

古刺

古刺葉有小刺高僅尺許最難大數十年者僅大如指枝幹奇古

偃蹇枒屈雖高數寸者其枝亦分四五層左右相讓俯仰相承不假矯揉自然合法望之婆娑蓍葦如數百年松林富貴家盤景之玩最珍此樹

含水藤

含水藤狀若葛葉似枸杞多在路旁行人乏水便斷此藤飲之藤中水甚甘美一名大瓠藤

左纏藤

金銀花處處籬落皆有其藤皆左纏故謂左纏藤本草名忍冬花

雀瓢

縣志載羊角紐毒如鉤吻食之殺人考羊角紐藤生葉小六七月結子大如棗一頭大一頭小子對生如羊角廿廿狀霜降後子中裂正象瓢形與本草所載女青一名雀瓢者相類乃女青止云有毒服之可以治蠱未聞殺人也豈羊角紐别一種耶何形狀之類也○雀瓢一名蘿藦郎詩所謂芄蘭也

鳳仙花

北流多鳳仙花虫蠹不生蜂蝶不近

木蜜

縣志載北流出卍字果郎宋玉風賦所謂枳椇枳椇一作棶檖棶樲來巢之

枳椇也木枝交加盤曲便於鳥巢子亦紐屈作卍字形性敗酒味以其木爲柱屋中之酒皆淡也又其木枝葉皆甜亦稱爲木蜜嫩葉生啖味如蜜老枝細破煎汁成蜜倍甜止渴解煩也

百步香草

百步香草葉似杜若而紅碧間雜風則聞於千步也出南海

菌果

邑中有一種果俗名爲菌果樹高丈許葉長大正月開花微黃顆淡子五月成熟大如木瓜皮肉皆作黃色皮極薄連皮可啖肉如爛瓜極甜皮有香氣核長寸許似欖形而扁考之本草及廣衡志

皆不載豈非范李諸公偶未之見耶葉可瀹飲當茶䕺

零陵香

零陵香即蕙草亦謂之薰草離騷云余旣滋蘭之九畹兮又樹蕙之百畮又云旣替余以蕙纕兮又申之以攬茝蓋蘭爲蘭葉蕙爲薰葉也張揖廣雅云鹵薰也其葉謂之蕙廣志云蕙草綠葉紫花魏武以爲香燒之葉可代香非今之蘭蕙也鄭樵曰蕙即零陵香後人因不識蘭草蘭花原爲二種遂以一幹一花者爲蘭數花者爲蕙號曰蕙蘭朱子楚詞辨證曰今蘭蕙但花香而葉乃無氣易質易萎不可刈佩必非古人所指然則今似茅而花有兩種者非

古蘭蕙明甚〔見山海經嶓冢之山有草焉其葉如蕙任臣註〕按李士珍本草辨離騷蘭蕙以蘭爲都梁香〔都梁山名在荆州山下有水清淺其中生蘭草因名都梁香〕蕙爲零陵香零陵舊治在今全州全乃湘水之源多生此香今人呼爲廣零陵香者乃眞蕙草也

比閭花

比閭花其花若刎伐其樹爲薪終日火不敗出白州

白鶴花　鶴子草

虞衡志云白鶴花如白鶴立春開嶺表錄異又有鶴子草蔓生其花麴塵色淺紫蒂葉如柳而短當夏開花南人云是媚草以代面

蠶形如飛鶴翅尾嘴足無所不具此草春生雙蛋只食其葉越女收於粧奩中養之如蠶摘其草飼之蛋老不食而蛻爲蝶赤黄色婦人收而帶之謂之媚蝶

醉草

桂林有醉草見之則令人醉一名醉草亦呼嬾婦箴

斤竹

謝靈運有自斤竹澗越嶺溪行詩斤竹者小竹也北流最珍此竹大者以編筐籮器用其篾光滑無刺且堅牢異於他竹小者稠節圓茹民間以爲吸烟之具出入在手儼如杖焉

簞竹

北流最産簞竹家家皆種簞者言其柔薄也邑中竹有數種皆無紛獨此竹含粉玉筍瓊膚隨風蔦娜梢烟曳翠韻致絶佳

綷蘭花

綷蘭樹高六七尺葉似榕至秋開花小粒成穗與珠蘭相似熟色黄清香襲人風吹蔌蔌落地如撒金粟童子掃之可得數升市與烟舖雜盖露葉爲烟絲名曰影蘭氣特芬烈

八面子

杜詩薄俗防八面存生學馬蹄八面南方果名樹高三四丈六月

結子大如梅李生青熟黄核如八面味甘酸宜蒸熟佐饌開胃進食勝於鹽梅也

山茶花

余性不喜茶花以其不芳復少態度似紙花耳東坡詩云厚葉有稜犀甲健深花少態鶴頭丹足以盡之矣然吾邑此花最盛一家有植至數十叢者種類極繁有寶珠者花簇如珠最勝海榴茶花蒂青石榴茶中有碎花躑躅茶花如杜鵑花宮粉茶串珠茶皆粉紅色又有一捻紅千葉紅千葉白等名不可勝數富商大賈方賽奇鬬艷互相矜賞而竹籬茅舍之旁斷橋流水之側疎影横斜瞻

香浮動則無人過而問也

荔支

圵流荔支絕有佳者種類極繁可紀者數種有大造荔黑葉荔丁香荔白蠟荔麒麟荔等名大造荔最雇皮作硃砂紅兼瘤而微起芒刺者謂之大造荔次造者粵中不有早造晚造故凡物之及時者亦謂之造此荔最夥夏至均熟故謂之大造皮作淡紅色但微有皺紋而不起瘰瘤者謂之黑葉核小如丁香而皮作胭脂色者謂之丁香荔白蠟荔色如白蠟而帶紅淡較諸荔稍大麒麟荔如白蠟荔而小諸品之中大造爲最黑葉與丁香次之麒麟又次之

白蠟斯爲下以其肉稀不寔而色香味皆遜也其餘四月荔及未造荔一名山荔又名酸支尚有數種雖形似荔支皆酸酢不適口不足道矣

大造荔以塘岸曾家馬塘園爲第一黑葉荔丁香荔以州地卍字村文家園爲第一而馬塘園大造荔有三絶一膞大肉厚而核小二冰玉瑩結漿不滲漏擘去殼以紙裹之紙亦不濕三色香味皆勝全身皆作硃砂紅而無黯黮斑點鮮艷奪目洎夏至則醇甜如蜜奇馨如麝咀嚼之間非蜜非麝甘芬滿口怡神暢意雖有微妙舌根固不能銘其旨也而文家園之丁香荔稍小然色倍瑰艷香倍芳烈但漿汁微少耳黑葉荔肌肉瑩澈味甘而脆特以清雋勝

三種相較實未有以軒輊也而他處者或蔕有互糞或肉帶筋腴
非酸卽蔹品斯下矣麒麟荔出於雲嶺村比諸荔差小然核焦肉
腴亦清香可賞

上林賦荅遝離支張揖注離力智切音麗故今人呼爲荔支
余以爲不然古人詩賦最重雙聲叠韵離支荅遝並舉荅遝
叠韵則離支之離當讀平聲與支字叠韵矣扶南記謂結寔
時枝條弱而蔕牢不可摘取以刀斧劙取其枝故以爲名說
更不經余生於荔支之鄉撲荔時俱用長竿挾折並無蔕牢
不可摘用刀斧劙取之事夫荔支生於南方其色赤正應離

明之卦名爲離支或以此乎

韶子

韶子色狀瑰艷奇絕子作紅苞大如雞卵周身有軟刺如毛而疏長六七分亦作紅色置之盤筵儼如丹鳳赤虬駭人瞻覩擘其苞有肉如豬肪著核不離味甘酢核如荔支

波羅蜜

波羅蜜大如南瓜外膚礧砢如佛髻五六月熟時剝去皮殼肉似橘囊層疊香氣酷烈醲郁滿室食之勝蜜甜美然世見顛倒以香爲臭多不能食而余酷嗜之一頓輒食數十顆蓋其性溫熱宜於

脾胃可以滋嗽也夫波羅蜜梵語也華言正覺卽所謂阿耨多羅三藐三菩提也佛言若説是事一切世間天人阿修羅皆當驚疑增上慢比邱將墜於大坑則非有根器者必不得聞卽聞亦不必信矣宜乎啗之者寥寥也其木作木魚分外響喨

優曇鉢花

波羅蜜樹高五六丈類冬青葉極光潤冬夏不凋樹至斗大方結實無花而果果成或生一花花甚難得卽優曇鉢花也

仁頻

司馬相如上林賦仁頻栟櫚卽檳榔也通志言北流出實出於瓊

州海南等處北流原不産然風俗以此爲倘稽含南方草木狀謂交廣人凡貴族欵客必先呈此果邂逅不設用相嫌恨故余有句云家有檳榔方欵客地無榕木不成村

橄欖

橄欖風味絶佳初入口苦澀久之回甘余恒以代蔬佐餸用石鎚鬆其肉以水洗去酢味然後以香油爀之和以㙜豉每餐止需兩顆甘留齒頰令人不復憶肉食也

疊葉草

疊葉草生於藩籬之下高一二尺葉厚邊㣲作鋸齒形俗名落地

生葉落地即生根復茁數十莖皆從葉四邊抽起月餘即長凡樹
以核傳以枝接而此獨以葉亦奇矣哉以其易生長故爲生肌要
藥當與象皮同功

餘甘子 羣芳譜名菴摩勒

餘甘子初入口澀而酸餘水乃甘風味遜於橄欖方𡨋時零落藉
地如槐子榆莢土人乾以合湯意味極佳其木可以制器世間百
果無不熟惟此與橄欖雖腐猶堅可以比德君子南人有言曰
餘甘一時熟獐一日肥蓋二物忽然有異則餘甘熟一時頃而復
生獐肥一日而復瘦也

文章草

縣志五加皮一名文章草按譙周巴蜀異物志有文章草贊云文章作酒能成其味以金買草不言其貴

栭

㓝則芝栭蔆椇按本草别録木生者爲栭地生者爲菌則栭乃今之木耳也栭或作㮕亦作檽

菻䕯

嶺南有木名菻生山谷中大者木皮有𦆩數斛色黄白菻即左思吳都賦文欀楨橿之欀木也欀菻同音故又稱爲菻䕯

莽煌草

拾遺記有草名莽煌炙人衣則焦刈之爲席方冬彌温枝相摩則火出

茈䕡

司馬相如上林賦茈䕡蘘荷茈同紫茈䕡卽今之子薑也薑之生息者連其株本則紫色也

中馗

菌大者名中馗小者名菌見爾雅食之有味而常殺人而茹者不絶也採者恒自負曰某菌有毒不可食某菌無毒可食我善別菌

及烹而食之中毒而死者比比也然有同一處採菌食無恙後食而死者有同一器煮此食無恙彼食而死者有嘔吐眩暈而可救者有啗齰嗽嚄而立斃者有發於數月後肺爛喉潰而卒不起者大率此物皆有毒食之發與不發及或遲或速者視乎人之臟腑熱與不熱及菌所感時令熇鬱暑毒之氣腊與不腊耳非菌有可食不可食而漫矜其鑑別也中其毒者魚羹及豬油可解故與雞鴨魚肉同燂者可殺其毒彼貧民安致此五穀之外薯蕷可以充饑何必啖此毒物以促其生哉

葎蕗

葎蕗草南人多種爲藩籬葉從心抽䣭䍦四散長數尺葉两邊及脊俱生莿齧鈌如鋸齒土人謂莿爲葎葎同勒 葎蕗猶攔路也此草葎多可以閡往來故爲籬落之樹

葶薵樹

燈檠樹又名霸王鞭多植爲欏落有二種圓者極壽積一二百年高丈許根圍可一二尺其心即伽南香也但需歲久方結耳三稜者纔高三四尺其樹杈枒如鹿角青色葉附幹生摘之如通草之乳乳有毒不可近周身生莿枝幹大小相等向上而茁蕭疏繁楙葱翠紫蔚望之如青珊瑚支撑擎舉如碧茵芝蠢菌阜犖景緻頗

隹按山海經熊耳之山有草焉名曰葶薴可以毒魚燈檠亦可毒魚與葶薴音又相近故取葶薴以為名覺甚佳雅

容筍

魏都賦淇洹之筍北方所産也南方則容筍特美今且馳名四海矣出容縣波羅江口山谷村落間其竹疎枝厚裹潤節深根箭箱之類也筍冬生地中掘取者為上出地劚取者次之筍味亦甘淡雋脆然他處者率味苦必漂瀹而後可食一經水浸真味全失惟産容州者不待修治生食風味更佳土人晒乾轉售他處色微黃不減甜爽每斤值銀一二錢粵中每有大筵宴必需此物以敷佐

珍錯所謂肥牛之腴冒以筍蒲也

太平秈

凡穀之黏者謂之糯不黏者謂之占亦謂之秈秈音仙先熟而鮮明也語音不正訛而爲占有太平秈花羅秈茅苞秈油秈剛秈等名道光初年太平秈最豐熟余家收佃人租歲可數百石至二十六七年漸稀少咸豐初年此種遂絕詢之老農云至道光末年漸不結實且掐蟲蝝故民間無有種者時惟鼠牙秈最夥長身細粒色瑩而香豪富人喜餐之自咸豐元年教匪倡亂各省盜賊風起用兵數載未能撲滅國家凋弊閭閻虛耗宜乎太平秈絕跡而鼠

牙充斥也

海紅秈

海紅秈米色正赤有早紅晚紅之別早紅性硬多稗不中食宜於造酒極香美東坡謂之紅友即此晚紅性稍軟舂精鑿造飯儼如瑪瑙粒色艷而味香富貴家自奉宴客悉尚白粲不知紅秈之美也按爾雅虋赤苗註今之赤粱則紅秈乃虋也

木薯

木薯道光初年傳至北流大悉來自海外其始種者猶少今則遍地皆然薯芋而外貧民又添多一種粮矣生不擇地砂礫磽确皆

可種故農家多蒔之樹與葉大類木瓜而小正月下種六七月開白花結子青色如蒲萄十月倒樹掘取其根根卽薯也長一二尺大如足拇指刮去皮切片用長流水浸三日漂去毒味然後晒乾舂為粉粉白如雪性頗黏味淡民間和糖為餅餌食之其未經水漂者食之悶人或至死者久食令人虛乏少力其物之有毒而無滋益可知也

香秔米

香秔米氣味清芬和脾養胃最為穀品之良造飯用精鑿米數升和香秔一勺便清香發越聞於比屋全用造飯其香反不聞也

大糯

糯有二種大糯粒大倍常米最晚熟性黏而香滯氣不可常食但爲年節粔籹之需小糯粒小性亦黏香不及大糯

竹米

咸豐元年鬱林屬竹皆發花結實其實如米顆紅色時比歲不登穀價騰貴民競採充飢多者收得數斛舂食之以爲珍於粳稻也惟不宜雜血肉同食犯之嘔噦如中毒往往致死其竹自此千蹊萬壑並皆立枯按山海經曰竹六十年易根易根必結花實而枯死實落復生六年而成町子作穗似小麥又段成式酉陽雜俎竹

易根復生死曰紂

蕃苞粟

粟之大者無如貴縣之蕃苞粟或作飯包粟稈有高一丈苞有長一尺者其苞結莢下大上小指天如筆端末有鬚長數寸熟時苞爆四散䤶附苞中之葧𦐣田獵攏如蜂在房粟大如指端蒸粟黄色鮮潤可愛味亦甘美梆梧潯鬱諸郡皆產而貴縣尤夥富家盈倉充庾貧民藉以爲糧

脊菽

落花生俗名地豆吾邑最產二月下種蔓生坡上四月開花花謝

後從蒂茁芽俗名豆針復下垂入土結實八月成熟耙土拾之筴大如指長寸許白色縐紋形微拗曲一筴有三四仁不等仁有栗色薄衣裹之夫百菓皆依花蔓凌空而結此獨苗別幹而兆華華歸根而成果有崇寔之美焉有敦信之意焉故土膏皆華於此冠於諸菽生食熟食無不可者味腴且雋香永而清爛去薄衣粲粲玉粒涓涓蘭芽不足喻其瑩潔也且其脂膏潤澤利用最溥光明以佐燈火甘芳可以調滋味品在菜油茶油之上甘等麻油而彌旨焉又箕飼牛馬麯管去油之豆滓糞田疇無不適用者疑即山海經所謂廣都之膏菽也

荷包豆

荷包豆蔓生花有紅白二種莢如扁豆而大不可食食其中仁粒大如足拇指儼荷包樣嫩時青色味甘芬而無滓盤筵珍爲佳饌老則變純黑光澤如髹漆有白紋絡繹象刺繡玩弄絶佳

豇豇

豇豆豇一作䜕亦作豇土人名豆䕷蔓生花紅白二色莢白紅紫赤斑駁數色長者二尺豆子微曲連莢而食開花結莢必兩兩竝垂故名豇豆鬱林附郭產者甚美㬋娜柔脆甘滑無滓出遠郊村落者率多筋膜梗㖔絓齒甚不中食相去不遠而土宜異者地之肥磽不

同也比翼之鳥號曰鶼鶼比目之魚名曰鰈鰈竝莢之豆亦可字

曰躩躩余又名爲竝莢豆

鷄驖憎

鷄驖憎布地蔓生多刺春初開白花瓣如梅而大結子紅色楊梅

狀大如小指頭小兒多採食之微甜莖葉可洗小兒白泡瘡藤蔓

糾纏芒刺森布鷄入不能出故名鷄驖憎猶之開羊花名羊躑躅

也

山礬花

山礬花人家園圃多蒔之俗名七里香樹高數尺長條小葉裊娜

猗靡仲春開花季秋方歇花淡素容蒂稠枝綷葩瑣蕚叠千枲百
蕌蕱攢簇香酷烈而不矉醲憺而彌遠聞於數里折置巾箱經月
不歇每晨早起散步花林清露未晞和風徐扇呹聆奄薆迎呼送
吸漚鬱淑郁染爪留衣雖詹蔔林懋亦遜此芳馨也紅花者亦微
香而芳烈不及

油葱

油葱大如指高數寸色蓊翠旁有軟刺折破有膠如涕可以澤髮
閨閣蒔之以充膏沐之用

石榴花

别有一種石榴花不結實單開花揷地卽生經歲便茂花最艷麗穠葩密瓣每朝開數百朶翕赩璀璨英光四照陪以纖葉趁以柔枝富而不俗然樹不壽數載輒槁其英華過洩之故歟

澀葉木

木高數尺葉大如掌背面皆澀可以涮銅錫發其光澤夫木賴金而成材金資木而生耀卽真人牽龍執虎顛倒五行之妙用也澀葉或作澀業可對篾簩竹焉

活梵

范成大虞衡志大蒿容梧道中久無霜雪處年深滋長大者可作

屋柱小者亦中肩輿之扛按此卽爾雅所謂離南活莌也註草生
江南高丈許大葉莖中有瓤正白零陵人祖日貫之爲樹疏離南
草也一名活莌祖旦也貫事也言零桂人植而日灌之以爲樹

蘵草

爾雅蘵百足註未詳按今南中有一種草高數尺葉兩旁齒裂蠕
蠕如百足形者疑卽此草也與蕨相似土人名鳳尾花草葉治熱
痢甚效

無心木

無心木葉大而厚高丈餘中桊似竹而節薄肉生白茸如葭莩輕

虛不實以杖套之卽出土人煮酒截以爲筒充挹注之用焉名曰
酒筒木

勃葪草

有草高數尺方莖紫葉開花結子與茈蘇相似土人名曰抹草最辟穢惡粤人臨喪入產家反必取此草煎水洗濯或家有不潔卽洸灑其地諸造作及病疾忌穢者須折一枝放於室內則邪惡不能侵此則桃葪之葪也土人名抹草者音之訛耳爾雅釋草葪勃葪註一名石芸一名鳌葪禮檀弓君臨臣喪以巫祝桃葪執戈惡之也註葪萑可掃不詳卽此草也

牛乳木

牛乳木高丈許大葉如掌折其葉有白乳流出或云葉可治小兒

睨肛

藙薔

爾雅釋草藙薔又釋木椒𣜬醜菉註𣜬似茱萸而小色赤張衡南都賦蘇𣜬紫薑昭明太子七召操蘇𣜬以芬芳則椒爲蜀椒胡椒花椒之類而𣜬乃南方之辣椒也本草綱目名石株茱辛熱猛烈入口焦辣可以殺魚肉腥膻之氣故字從𣜬又殺辣同音故知石株萸卽𣜬也考康熙字典椒字註引通志廣東椒有蔓生者

真臘風土記胡椒纏藤而生則椒㯝二字草木可以通用故取爾雅釋草蔾藚二字乃雙聲以名之覺甚雅馴有二種圓莢者名燈籠椒味稍劣莢稍而末銳微莖如角狀者長一二寸大如指名指椒此種猶奇其莢指天則均指天指地則均指地無一繆亂指天者小而直指地者長而曲味則指天轟烈暴於指地一分可以當一寸也熟時通皆鮮紅望之如珊瑚如瑯玕熒煌𪏭𪏭不可得而名也

菆

俗謂草木莖爲菆亦有所本案博雅莘莖謂之菆

夜來香

夜來香蔓生如扶留葉亦相似四月開花葖素色大如小指攢簇成莢每莢數十朵香氣馥郁至晚更烈大率此花畏日夜得露露之氣則奇馨頓發唦勃呹肹可助閨房之香澤也

鬧孃花

鬧孃花卽鬧羊花也高數尺葉大花白色形稍而長如號通之口最有毒服之令人惛悶不醒然不至死得水或稀粥卽解友人捲拐婦女及賺人財物多挾此行詐然性雖暴治跌打損傷殊效俗稱其有起死回生之功亦拯危之猛將也但外敷治不可服

番石榴

番石榴不種自生處處村落皆有高七八尺大者如楹葉厚紋粗幹黄花白結子七月成熟狀如拈子而大生青熟黄皆可啖連皮核食之生則清而雋熟則臉而甜小兒多食生者往往致大便閉塞大率味醶故也熟者土人蒸以爲疏醰滀不膩頗可佐餱

苳葉

苳葉草四時皆青經冬不萎故名葉大四五寸長尺餘柔韌而香可充苞苴之用中心抽莖發花白色結子如蒺藜偏叢一邊杈枒可畏端午節野人刈出市家家買以裹粽焉蘇治霍亂有效

稂毒

稂毒山禎也莪葉魁皆類蕢其魁生者食即風癢腫痛稱爲毒草然熟食亦無恙歲時膢臘婦女制膏環粰粇饊子必採少許煎水浸米其饊鬆秀雋脆頓異於常大約性猛烈能發壅滞故也按山海經大騩之山有草焉名曰稂服之不夭可療腹疾未知即此草否果爾則大藥也然未經神農所嘗不敢輕服

木磨子

木磨樹高二三尺子青色圓而長上下等大狀如墩周身作磨齒紋服之治聾

七七花

七七花生於容縣都嶠山一莖七葉一葉一花無紊亂者其根光明潤澤圓淨如珠外科大藥也每跌撲刀斧損傷趺蛇猰狗螫噬及一切瘡疽腫毒痛苦憔萷之時得少許敷上無不立止起垂死之傷殘續既絕之筋骨外調内服無不可者效速風火珍等珠璧故絶稀貴難得非深山人跡不到之處無有也

雀麻

雀麻高五六寸葉小花淡黄子紅色莖柔韌難斷剥其皮正如麻葉能消魄拔膿根可治熱痢亦治温瘧子葉並有毒不可服

黎辦木

黎辦木高丈餘結子成穗大如豆色鮮紅每穗百餘顆望之如晚霞低拂高燗飛煬爐爐煌煌絶艷奪目子成於十二月熟齊則臘盡俗語云黎辦紅歲又窮故或名送歲木根絶有毒悞食殺人葉舒筋活絡擣汁服之並外敷治跌打腰骨挫閃根葉之相反如此

格木

粤材貴重者有格木焉葉小如餘甘脩偉强勁小者合抱大者數圍木理稹緻色紫瑩層叠起山水紋旁作麻雀點瀏磨光澤可以鑑影堅重如石蝤蝎不能齧風雨不能剥前朝大厦梁柱榱椋欂

櫨案椸皆此木間有不遭兵燹者至今猶存富貴家几筵屛榻及
一切器用以此木爲上年久滑澤黑如角光如鑑紋如畫近來人
烟稠密山多童岫生者絶難得惟深巘窮崖人力不能施之處間
有大者無計牽輓故斧斤莫及也人往往於河底及水田泥淖擿
得有大數圍者色愈黧黑亦瑩潤否則市老屋材用之新格無有
也夫格木爲南方美材利用甚溥不應無名考詩傳及爾雅木無
名格者惟爾雅釋木栲赤楝白者楝楝音册與格同音郭註赤楝
樹葉細而岐銳皮理錯戾好叢生山中中爲車輞白楝葉圓而岐
爲大木曰叢生曰中車輞則又不類疑卽左傳襄二十七年梓枳

皮葦自楚往之杞木也按嚴粲詩緝詩有三杞鄭風無折我樹杞柳屬也小雅集於苞杞言采其杞隰有杞桋枸杞也南山有杞在彼杞棘山木也左傳梓杞之杞似豫章山木也爲楚美材粤春秋屬楚楚粤相近杞格聲同故疑格卽杞也但方語微轉故音訛耳

角莿

角莿堅瘦難大幹生莿瘿腫魂磊樱節如櫕莿上復生莿望之杈枒可畏本草以其堅銳能逗故爲决癰潰疽之劑焉

蘇方木

蘇方木理純赤南方之色木也堅勁難大多茲曲土人惟截削煎

汁爲染絳之用色艷可敵茹藘深山窮谷亦有大合抱可中梁柱者前明興業何太僕諱以尚附明史海瑞傳坊純用蘇木搆成建於崇正時今尙巍然二百餘年風雨不剝蟲蝎不蠹雖忠靈赫濯鬼神呵護亦足見其木之堅貞也土人云是木王以木屑釘百木無不立斃者露天不蔽入地不朽以爲棺材釘地不吉有水泉蟲蟻者棺盡臭朽惟近蘇釘處四五寸如新木無恙也謂爲木王信然

芀加菜

芀加菜五加皮之類也蔓生有刺葉五椏者爲五加皮三椏者爲芀加菜採嫩葉瀹食之甘溫而香最能益脾助胃也

櫾皮蔬

櫾皮厚七八分用水浸去苦味調鹽豉爲蔬緜緜耐咀嚼頗饒清香之致雖㴱滓之質殊於甘膬而理痰涎治瘀憤其爲臟腑之滋益多矣

黃皮子

黃皮樹高丈許葉微類橘氣味芳香能去䱇䰲子大如彈丸皮黃核青有獨核者有雙核者三四核者以獨爲勝去核連皮啖之中有漿如涕甜而微酸皮味畧如橘香而不苦去滯消痰行氣亦佳品也然必爛熟皮變黧黮色乃純甜不酸黃時猶生不中食也

榕木根

榕大木也其根蔓延最廣凡樹近田者田必瘠以樹近根侵蝕也惟榕樹根遇田塘輙止往往從田塍塘堤越過畆內絲毫不入故俗語云榕不食糧稅之地宜乎南方社而稷之尸而祝之也

顛茄

顛茄莖葉皆有莿子有三種形長者與茄子無異色亦作茄形圓者色黃大如彈色紅者大如黑荳均有毒不可服止爲瘡科之藥按内典阿顛伽華言癡頑惡性也茄伽字通此以顛茄爲名其亦榛莽之穢惡者歟

不死草

梛州產不死草狀如茅食之令人多壽暑月置盤筵中蠅蚊不近物亦不速腐

黑蔵

黑蔵葉小莖黑根治熱痢神效

療飢草

山上有草高尺餘葉小茹紫白色大如足拇指可食味如嚼乾飯俗名凍飯頭牧童過時不得食腹枵飢困採數枚噉之可以暫飽

夜合草

夜合草生於蓬茅之中莖直葉小每枝三葉茁蒨青蒨娟雅可愛其葉日舒夜合每日入葉葉附幹上歛如包裹狀一見太陽茁蒨敷暢夫百草得霧露之氣無不翹莖擢穎仰承沾濕者此獨與之相反有嚮晦入偃息之義焉故習俗三朝洗兒必取此草煎水謂可止夜啼取此義也

叅葉

叅葉葉卷生次第抽長茹畧似白芨味微甘與人參相似粵中處處皆有以出田州者爲上能化血爲水置少許雞血中驗者真田産也爲金瘡聖藥軍中恃之同苺歸內服亦大能補血也夫參葉

蔘同三
葉同七洛書東西對待之數也此草葉葉而根叄數成合十故其調劑血氣功等黃婆其亦草之有神靈者歟

喝呼草

喝呼草葉小如餘甘柔弱猗靡近旁大喝一聲其葉皆合艮久乃舒屢試俱然能變人性服之果能化爲畏慼婦人往往暗採煎水浸檳榔以制獰夫則隨其呼喚不敢迕也故又名喝夫草夫草無心從風而靡浥露而舒有使之者也人聲叱咤何與於草輒退避蹙縮若處子然雖無心也亦靈矣哉可名之曰蔄草蔄同妍　含羞畏葸象女之在門也

救急木

救急木處處嶺上皆有高四五尺葉厚有毛叢叢然如茸花醬色子如指子有紅白二種凡葉以紅者勝昔有八上山墜崖跌傷血流不止倉卒無藥敷此而愈故名救急俗訛爲狗黑木

赤莧杖

赤莧莖高五六尺老者樅節微腫莖輕如蘇藷𠑽而不脆可爲杖勝於榔櫪木也

坎菜

桂平有坎菜至冬乃生有紅白二種中實味辣可以驅寒按坎菜

生於冬中實象坎離支熟於夏色赤象離二物可以相對

跳子

上下凍土州有菓焉名曰跳子色紫黃不花而實越三四年結一次性滑味淡凡採掇者指樹呼其名殼自裂而子跳出故名拔菓名跳子草號喝夫喝夫草見上皆粵中草木之靈奇者也

石菌

塘圻邑西南市名石山產石菌每淫雨後生於石上青色狀如木梗土人採而食之調以鹽醋甘淡而脆但性微寒耳

自擬芽

耘芧隨地皆有土人長以爲薪高四五尺葉薄而芒利捋之割手極怪異每天色晴朗之時纖羅不飛輕塵不動衆芧寂然忽有一莖自搖者淫蕩之人候而採之以爲媚藥按山海經異林之山其中多蘨草循名覈寔其卽耘芧之類與

鴛鴦梅

西隆州有鴛鴦梅一蔕雙寔味全類杏

南藤

南藤攀延必依南樹故名出西隆州

菭蒀

𦯨蒫子又名酸棗如楝子大味酸醶每筵席必設中宴含嚼一二顆能銷肥膩也

苹芊木

苹芊木扶蘇之類也高二三尺有紅白二種入藥紅者良根治內傷咯血葉嫩可茹野人掇以爲蔬

堅固欖

堅固欖省志名金㯋欖出安平土州藤本葉大而尖面青色背灰色生根底土中春夏間土人掘取其欖內白外黃曝乾最堅實磨汁銷一切腫毒亦治喉咽齒口等症

婆羅樹

婆羅樹又名七葉樹每枝上有七葉花穗甚長色黃如栗秋後結寔味亦如之

艻連木

艻連木生於石上村落多樹爲藩籬高五六尺大徑一二寸一幹挺生旁枝皆俯無仰撩者堅勁瘦硬芒莿森然長成必從中斬斷留半邊皮屈垂以栅籬根之疎濶故此樹無不中折無直遂者其過剛之故歟

吉利草

吉利草莖如金釵股形類石斛可以治蠱產上林者佳

上元紅

上元紅絶類紅木瓜花深紅色開於燈夕前後故名

雹薯

雹薯生於荒年三四月雨雹之後深山中經一二日不釋隨入地芽蘖結薯飢民掘而食之名曰天粮雖可果腹食後必病黃癉惟鴨舌菜可解

葵囊木

葵囊木生於石壁之上形大類菖蒲但葉至四五寸即開多極長

數尺不可爲扇萃蘄簟䝸風吹蕤蕤然束之爲帚可以振刷床褥

蚊蚋聞其聲卽遠遁也木心鬆脆可煮食充飢味如山薯

石劫

郭景純江賦石劫應節而揚葩石劫一名紫蘤卽仙人掌也貼石

壁而生如人掌色青味苦澁與甘草浸酒服治腸痔瀉血

韓信草

韓信草高四五寸葉小而微方一莖直上花附莖如穗開埀一邊

紫藍色朶纖小正如龍頭開口狀治跌打損傷及一切瘡腫有效

榆芽木　榆周椿

榔丼木性直可以爲梁葉芳香而賦人多喜食之與茉檂蕉桂同爲盤筵之敷佐然味過芳烈亦有食之螫於口慘於腹者蓋隨人性所嗜也

箣筍

廣志魏時漢中太守王圖每冬獻筍謂之箣筍即簣竹筍也簣亦作簕一尺數節葉大如扇可以衣蓬亦中作矢其筍冬生地中掘而取之桂林謂之甜筍竹按箣古簕切筍古我切二字係雙聲

玉延

山薯一名玉延石山最多入土深難劚小者如足拇指大者如酒

杯長一二尺山人恒採爲糧功畧同淮山宜於脾胃味亦甘淡這
勝薇蕨也

石筱

石筱小竹也生於絕壁石罅中高數尺大如箸皮色斑駁中滿而
不堅如葭莩葉最鮮潤翡翠攢青頗爲奇峯生色

和堇草

淮南子蝮蛇傷人傳以和堇卽愈俗傳一種蛇藥草生於水田沮
洳之地高六七寸葉小如餘甘背紫花黃結子作莢如豆遇蛇連
莖葉採入口嚼爛向噀之卽偃直不能動再近噀之而蛇死矣彼

螫腫痛埀死者以少許傅之立瘥其性味之覇烈也如此疑即淮南子所謂穉堇也

烟苛草

烟草余名曰苛草以其能引人入勝也一莖直上葉大而長春開紅花蕾如金罌不盡拆但從蕾端發開如罌口結子如芥有生熟二種生烟葉大而黃味淡熟烟葉小而黑濃厚芳烈有肺病者不能吸生烟產郁林熟烟產高凉二郡接壤然熟烟種至郁輙變生生烟種至高亦變熟土物之宜轉移種性猶橘踰淮爲枳枳踰淮爲橘也

熊膽木

熊膽木大樹也枝幹葉皆如榕木但無鬚子大如葫荽色深紅四季皆結子冬月猶盛熊膽治跌打有起死回生之功此樹以爲名功用或亦相似歟

黐搦草

黐搦草布地而生高寸許春開小黄花性黏解毒爲瘡科拔膿生肌之要藥

草波羅

草波羅一名番蕗即葎蕗之類也葉厚而必薊中心開花結實略

如波羅蜜而小皮青紅色纍砢不平瑰艷奇詭味甜而香性熱毒不宜多食葉有麻滬績作布曰波羅布微硬性不如蕉葛之纖弱也

急性子

鳳仙花蜂蝶不採蟲蛇不近婦女採花染指甲色鮮紅弾琵琶最妙如數瓣輕花隨風飛舞子名急性墜胎銷瘕下骨硬如神

怕土藤

怕土藤俗名黃藤根不著土攀樹而生最易繁衍蓬鬆如亂絲下垂色黃老則微紅爲其芄纏則苻萋袍遁咸瘣木滋蔓非斧斤所

能去惟以䂓埊之則盡萎槁數寸絓於他樹隨生長不一年復先結蕃楙也夫萬物皆生於土此獨遇木而生逢土而死亦奇矣哉

萬年青

萬年青高尺許一莖數葉色極葱蒨折插於缾雖久不萎置陰屋中十餘年常青花白色綷𦁈不常開偶遇開者必有應兆或吉或凶則隨乎人事也

三合木

大容山有木焉名楓何桂一樹三種有楓葉有何葉有桂葉何南方木名直幹小葉緻理堅緻色微紫最去風濕土人珍之功用在五加皮之上

沙箸

南海岸邊沙中生沙箸一名越王竹相傳越王棄餘算而生若細荻高尺餘春吐苗其心若骨青而且勁南海人愛其色以爲酒籌凡欲採者須輕步向前拔心聞行聲遽縮入沙中不可得

接節木

接節木青枝勁幹相去二三寸輒有節節間萌葉大而長春開白花狀最奇繭葉心抽莖作穗長五六寸旁有小葉大裁如指頭鱗次疊上包之本豐末銳如卓筆每一葉包一花蕾大如米開時長分許從葉端挺出微可見跌打斷者骨非此不續

蝦箝草

蝦箝草青莖無葉雙枝上𦄂如蝦箝

鷹爪蘭

有樹高丈許秋開花㦸如鷹爪色青而香名鷹爪蘭結子如豆

草扶留

草扶留布地而生俗名蛤蒌葉與藤扶留無異味亦如之

玉蘭樹

玉蘭樹大者合抱高一二丈仲春葉脫盡然後開花大如杯厚瓣

黃心香酷烈如夜合芳脆可茹勝於玉板羹銀芽菜也葉落後𤇆

幹粗條枝枝上撩望之如雲林秋景頗有長林巒褒之概峭聳凌空叟出入晝及花則半天皎潔十里芬芳所謂仙雲墮砌鶴衣叩門不足爲喻也

草楊梅

草楊梅布地蔓生子大如小指端熟則鮮紅微甜葉活血婦人恒採食之

涕棗

涕棗俗名山棗樹大合抱春花結子秋熟形畧如棗皮生青熟黃肉似酒醱著不脫核堅味酸野人採以爲蔬　按涕棗莫詃可借

音相對

畫符木

小樹高二三尺葉微圓至秋輙有白旋紋如竈㸃狀葉葉皆然俗名鬼畫符

薜荔

棠坼石山最多薜荔蔓生石上根如柏葉多拳縮本草名卷柏山海經云小華之山其草有萆荔狀如烏韭而生於石上服之已心痛註引本草云在石曰烏韭在屋曰屋遊在墻曰土馬騣在山曰卷柏在木曰蘿皆薜荔之異名也

鼠蕨

鼠蕨蔓生節節抽葉尖莖赤葉心有痕與邊異色赤紋貫葉莖脆
如蕨味微酸嚼之生津

欖豉

黑欖大於橄欖鹽漬爲豉色艷如玫瑰味亦清雋與菇醬同爲隹
品

蕤葳菜

左太冲吳都賦蕤葳扶留蕤葳菜名叢生高一二尺節間抽葉面
青背紫採嫩條爲蔬味如酪香氣似馬蘭

無條草

石山有草名紫背天葵按山海經皋塗之山有草其狀如槀茇其葉如葵而赤背名曰無條可以毒鼠彷彿相似

鷄穀

鷄穀遍野叢生路旁及田塍猶多四五月結穗如麥中有米么麽似芥熟時觸之卽脫桴有芒善著人衣履振刷不落行道者坐定必摘抉逾時猶未盡去也按山海經兎牀之山其草多鷄穀其本如鷄卵其味酸甘食者利於人腹未知卽此否又考爾雅釋草鬲挐竊衣註似芹可食子大如麥著人衣雖穀雖渺小不中食而如

麥著八衣其亦蔨蕚之類歟

菧脫

山海經升山其草多藷藇蕙多菧脫註菧脫草生南方高丈許似荷葉莖中有瓤正白零桂八日灌之以為樹據此則爾雅所謂離南活莌也土活莌見

篆芝花

蒲公英俗名黃花地丁藥草也葉似蘆葩貼地而生中心抽青莖高尺餘莖端生芝若蟠蠦狀菈𦬊旋轉如篆籀於芝之上結蓓蕾開小黃花色瑞而奇花小而艷字曰篆芝花

石苧粩

石苧生於石山上葉面青背白正似人家所種苧麻卽爾雅所謂薜山麻也柔滑可䓒採回以滚水操治雜稻米爲粑粄餡以砂糖名石苧粩其花藟微黄闘時撥刺有聲淡烟亂噴亦一奇也

粵樸

山水　　　　　北流金熙坊子範譔

紅日巖

紅日巖在縣西三十里離余家里許石峰岩崿周圍約四里背面皆奇秀背爲仙人騎鹿洞半山有石似鹿頭角宛然上有仙人跨之控御之狀飄舉之勢無不畢肖土人名爲石羊山下村曰石羊拔騎鹿洞之右爲紗帽頂有石象紗帽故名其頂平廣可容千人四面皆峭壁陡絕雖猿猱不能上惟自騎鹿洞有小徑可達咸豐初年盜賊竊發土人疊石爲垣築室巖阿陀以避亂焉左則奇峰

播雲翠染霄漢巃嵸崱屴高可百丈峰頂爲三光洞洞平廣如廈屋旁開三門故名三光北睇郁林郁林卽鬱林左傳昭二十四年杞伯鬱釐卒公羊作郁釐鬱郁古通用也彝冢平原威紆邐甸城闕人物隱約於蒼烟紫靄之中南睇陸陽則崇崗疊巘盤礴並亘長林廣谷谽呀豁閜東北則勾漏諸峰森列無際鶴駕蜺旌烟眉霞髻惝怳髣髴若在碧虛中往來也上有擘窠大字鐫三光洞係邑人曾仁祖留題循三光洞下折而南爲馬頭巖舊有蘭若僧寮今廢有洞在半壁廣可丈許深七八丈曰朱帶洞余癸丑挈家人避亂長孫石麟出世於此此皆山背之景也山面逦迤三峯勢若還抱紅日巖當中峰之半因壘構龕

知之起氣以應又負霜雪不凋乃木之樫者也故字從聚然則榕樹以容乃木之有容儀者也四時不凋千歲不萎春煦秋陰屯烟抹雨青翠媚空繁陰綷地與竹籬茅舍互相掩映遠望儼如圖畫婆娑古意而無松柏之聳秃青葱韶秀而殊蒲柳之靃靡有儀容之木也大有數十圍者然非一幹幹上生榕鬚下垂入地復生根故有榕樹倒生根之語其年代久遠者旁垂倒生之幹與本幹粘附爲一其遠揚之枝亦有倒垂生根者故凡樹根本之固莫若此也鬣幹虬枝莫可名狀粤西閩秀汪淑媛有詠古榕句云白日仆獅鬼青天掛老龍可謂善寫其態矣樹有二種有大葉者小葉者

高大奇古無異然葱蒨不及小葉者粤西村村植之勝於江南之柳矣

花榈木俗譌作花梨木

粤中器用最珍花榈木木性堅紫有花紋絶勝紫檀多生於石壁間葉小似餘甘而青翠更可愛惜爲樵採斫伐惟絶壁人跡不能至處乃有大者

櫰魚山海經石脆之山其木多櫰粤西山水甲天下玉簪瑤簪森列無際石翠山卽粤西之石山也

櫰櫚木高一二丈無枝條葉大如車輪三月於木端莖中出數黄苞苞中有細子成列乃花之孕也狀如魚腹孕子謂之櫰魚

山海經丹穴之山其上多金玉丹水出焉南流注於渤海有鳥焉其狀如鷄五采而文名曰鳳皇首文曰德翼文曰儀背文曰禮膺文曰仁腹文曰信是鳥也飲食自然自歌自舞見則天下安寧任臣引爾雅距齊州以南戴日爲丹穴未常確指其處丹水任臣以爲出冢嶺山酈道元云名高猪山者恐或非是疑卽吾粵之紅水江也紅水江名右江源出貴州黎平府經象州武宣至潯州城西與左江合流下梧州趨肇慶至番禺而入海兩江合流注洋瀾瀚水色多赤經流之處均可名爲丹水又考范成大桂海虞衡志左右江溪洞中出鳥鳳如喜鵲色紺碧頸毛類雄雞鬃頭有冠尾垂

二翮骨各長一尺四五寸其杪始有毛羽一簇冠尾絶異大畧如鳳鳴聲清越如笙簫繁度曲妙合宫商又能爲百蟲之音江既爲丹水又産鳳皇則兩江溪洞之間卽丹穴也

相慮水 慮音閭

山海經鬱水出湘陵南山一曰相慮考粤西三江左江經横州貴縣至潯州均名鬱江其源出雲南牂牁及安南十萬大山非出湘陵南山也湘陵南山卽興安海陽山也乃湘灕發源之所湘入楚灕流粤至梧州與左右江合流入海或灕水古亦名鬱林一曰相慮思慮之慮音閭相慮卽湘灕也相湘同音慮灕同聲平仄輕重

古今稱謂有不同耳

氾林

山海經氾林方三百里在狌狌東狌狌知人名其爲獸如豕而人面又狌狌西北有犀牛其狀如牛而黑氾林任臣不註其處疑即鬱林也考省志載鬱林土産出狌狌犀牛二物皆近于氾林又氾林一節上即蒼梧之山帝舜葬於陽帝丹朱葬於陰蒼梧與鬱林接郡連而相及理或然也鬱林地勢平衍方數百里或古時人烟稀少林木杳莽故稱氾林後漸開闢乃易鬱林耳

丹崖

北邑山最奇秀附郭則勾漏諸峯峭削後挺詭譎萬狀嵐光寒翠飛撲麗譙東南小一里塘石嶺一名羅織嶺正鎖北流水口者一帶山石皆作赭色望之如錦屏列障丹霞秀天赫赫爐爐駭心奪目其山復魁然高大縣容亘北捫參歷井耀離明於南海之濱賽雲錦於九天之上其光能熊其氣魄魄不可得而名也然則所謂丹崖者不必遠在海外矣

天慶岩

天慶岩離紅日岩四里石洞幽邃洞內有河伏流莫知其來去蹤跡嘉慶末年山僧平摻甚有道行常貫雙紅鯉繫以銀鈴放于河

以飯飼之每齋聞鍾魚聲則撥刺而出唼喝水面齋訖悠然而逝日以爲常亦不畏人來遊者多見之復養一大蛇重百餘斤亦聞鐘磬聲出就食平僧圓寂後蛇魚皆逝後歲餘有人於鬱林州南橋江網得一紅鯉翅繫銀鈴鈴有天慶岩三字知是此處放生魚不敢烹恭送來岩復放於河自後永不再見矣始知洞內伏流通南橋江也

紅石

兩粵丹崖赭壁多產紅石街坊巷曲甃衢路及人家柱礎階堿門楣欄楯多用之比青石稍柔軟石版厚數寸長一二尺者亦不

裂故可為楣柱之用富家豪室琢而礱之所謂駢宮石之瑯玕齊玉鐺與璧英可彷彿其豔麗也

水月岩

水月洞在縣西三十餘里又名通津岩相傳勾漏之後門也洞在平地穹隆宏敞廣七八丈有江貫洞内前門入後門出兩門對望可隔數十丈復有小澗自暗流出會之秋冬水清淺褰裳可涉石明沙淨苔幽碧潔灑渟洽潗洌洌出洞壁上溜泉復點滴于波中陵縱之聲若琴筑焉乳竇玲瓏丹井滲浣石岩奇古枚枒菌磈磥卓犖鐘磬高懸於虡業蓉茄倒植於藻井瑰形譎狀蘸影淡瀲

東坡詩所謂古鏡寶奩寒不動是也洞門石壁鐫有水月岩三字字徑三尺筆勢軒昂骨格遒秀前明萬歷間郡人陳懋題復有石碑鐫七律一首上題明豫章熊養初同譚明府何州丞羅文學遊水月岩詩云選勝攜樽景最幽洞開蓬島暑全收懸崖巧合魚龍出盧石聲傳鐘鼓悠碧水倒流風送午清光斜映月浮秋坐來萬慮都消歇此日應須到十洲循小澗秉燭入暗洞初入高廣右行可數百步達石門石門者石竇如門狀中有丹牀丹竈石池石田種種怪異不可盡述過石門漸低窄互折右轉忽見微光前行數十步豁然高大曰粤隆洞爌熀晄朗蕭條崢嶸洞上有門循門而

出千峰圍繞一水縈迴恍疑別有天地非復人間矣其地名曰隔
山乃冰月岩之後門也粤隆洞深入有猗喉洞最低小時而鞠躬
時而匍匐過十餘洞涉數澗乃到猪跡洞始高廣谽谺豁閜砰磷
鬱律景愈奇幻石皆白色起金星点火光照耀的皪璀粲熠熠閃
閃有石柱高數丈色瑩潔皆作倒垂菡萏形其餘牙牙如珊瑚蠡
如菌芝如龍蛇蚴蟉如虎豹奮鬥以火燭之光怪陸離電凝奪目
俄而燭熠光動岩虛脟鑾隱風颯颯儼魅魑瀟滓怪石幢幢疑蛧
蟓閃尸毛骨竦然不敢久留矣洞中歧路極多歧之中復有岐焉
非土人熟諳路徑者爲導必迷不得出也土人云行十日不盡無

人能窮其奧者所謂勾漏之後門也豈不信哉猪跡洞或名天馬洞以洞中常有猪跡馬跡故名有小竇容一人縱身而卧三折而出卽達水月光洞夫天地之岩岡洞穴猶人身之脈絡經隧所以行血氣者也故洞中必有水焉水猶血也必有風焉風猶氣也血氣周乎一身風水行乎天地道書貴縣白石山爲廿一洞天勾漏爲廿二洞天兩洞相通葛洪常往來其間然則潛達幽竇無遠弗屆彼窈窕尋壑者安能迴蠋龍之照假竪亥之步盡其崖際也哉

湘岸石

雲林石譜云湘岸狹處有土石山懸石如鐘乳嵌空岩岩萬狀叩

之清越以長其色若靈壁青翠可喜

懷羅洞

懷蘿洞曾家之别業也四面石峰圜繞中有平田數十頃小澗目洞中流出石泉清瀏四時不竭外洞門曰王婆洞廣二丈許委燭而入曲折行數百步忽見光顛覺石洞軒豁澄潭洞澋杈枒蠢菌砰磷硉矹磝茄倒植鐘虡高懸滃溢乳滴鼎董波聲節懷蘿內洞也出洞門則見白雲抱石緑藤娟泉嵐翠界空赤霞截巘竹籬茅舍掩映於蒼烟暮靄之中恍疑别有天地非復人間矣咸豐初年土寇反友人曾景山避亂於此躬耕養母怡然自得蓋有道之士

也其隣從者數百人止於玉婆外洞築寨守禦越八年始平皆得託庇焉曾宅旁復有洞曰賓泉洞澗水自是流入莫知其出有石橋天然跨澗曰飛霞橋石林光潔泉寶滲流古鏡寶奩熒熒寒著金砂玉粒涓涓粲耀景愈奇幻非筆墨所能狀也外則石峯周遭巑岏嶚莿捫參歷井惟東西二巘稍低康熙初年吳逆反景山之先八曾振玢於此避亂東西二巘壘石爲城東巘闢棚門以度往來蓋以玉婆洞幽暗弗良於行也平定後於棚門前創秀霞寺捨田爲香火之資供奉大士文昌諸像歷百大餘年後爲無行之僧敗壞今廢景山常議興復以繼先志焉陸川舉人李烒題秀霞寺

詩云疊鄣青如翠禪林倚碧峰落霞棲古洞斜日掛長松地迴石
咊淨窗虛竹影濃冥觀塵慮息夜半遠聞鐘見縣志

冷石

省志載鬱林州出冷石一名切齒石色赤黑味苦屑之可解虺毒
按山海經鹿蹄之山甘水出焉北流注於洛其中多冷石或即此
也

禽獸

十相雞

絨毛白雞有十相一白毛二絨毛三烏肉四烏骨五烏舌六重冠七緜耳八著褌（謂毛生至脛）九戴篢十十爪然絕矜貴難養夜須以帷障之不然蚊蟆嗜蘸多發盲而死又宜獨在一處不可與家鷄混雜蓋家雞猛鷙好鬥而此柔弱馴善多爲所啄且不能與之爭食故同畜必不成就余嘗畜於書齋之中傳至十餘頭離褷淋滲終日在花陰之下雄者猶可愛羽衣朱冠嬌嬌如鶴向日長鳴晰然有出塵之概非塒櫟閒物也抱朴子謂入山修道宜養白雄鷄以

闢邪氣者此雞之靈備五德瑞徵十相猶足勝不祥矣

鳳頭鴨

白鴨頭上戴毳若冠冕名鳳頭鴨絶矜貴難得惟士大夫家有畜之

鸜鵒

鸜鵒大如鸚䳇紺黑色丹味黄距目下連頂有深黄文頂毛有縫如人分髮能效人言此鸚䳇尤慧范成大謂鸚䳇如女兒鸜鵒則聲如丈夫嶺表錄異亦謂語音雄大分明於鸚䳇然余所見人家養者春社日或端午日剪剔舌頭歲餘即能效人言而不能自言

也舊圖傳容縣有純白純赤者然絶希奇難得

紅牙象

舊傳嶺南潮循深山有野象青黑色牙小而紅最宜作笏

寵狗

縣志載寵狗形似犬尾大身黃色善竊雞考其形狀卽狐也本草綱目謂狐南北皆有之鼻尖尾大形似小黃狗寵狗正與相類雖無化人蠱媚之事然觀其竊雞幻術亦妖狐之類也相傳寵狗善竊雞其竊雞也人知覺卽率數輩尾追將及度不能脫去卽連翻數筋斗已將雞收藏于地而逸人遍尋其地必不得見至暮人退

復回取食之其狡猾更甚於狐矣又按山海經南方有贛巨人有羸民有封豕有苗民有菌狗有翠鳥孔雀龍狗疑即菌狗也一

鶺鴒

弱之肉而强之食負血氣者大率然也而禽獸爲尤甚是故鷹鸇鷙鳥也豐軀勁骨觜距如鐵性饕餮而殘酷雀鷂鳩鴿被其吞噬者衆矣粵有小鳥焉名曰鶺鴒鳴如曰鶺鴒鵂鶹以其聲名也大僅如燕黑色魚尾椅形緊小斂翼而飛一縱如擲鏢疾輕利見鷹鸇必逐之三五成羣高躡鷹上啄睛拔翎動中要害鷹不敢校急振翮遁颺鶺鴒緊追不捨趕至十餘里不見始返夫鶺鴒小鳥也

而能服鷙鋤強伸其義烈物類之相制以天不以形也如此故林有鵰鶚鷹鸇不敢近其爲羽族之庇賴也深矣可名之曰俠鳥

花了

花了一名花哥秦吉了之類也身有黑白麻點紅睥綠趾比吉了稍大與吉了喜鵲爲伍每下田坡求食三鳥必同至吉了百十成羣鷦雄還雜花了與鵲雙飛雙止匹偶不亂花了尤慧黠飛下求食時必有一鳥在高樹瞭望遠見持鳥銃者卽嘲哳啁啾喧聒不已羣隨飂去機警靈速高飛遠害不陷罝網不中礮弹其明哲保身之鳥歟又聲音响亮遠聞里外朝夕在林啼唱朱雖古魯剌剌

不休若得羅致馴養調習剪剔舌端言語必遠勝鸜鵒吉了也夫三鳥同羣喜鵲以吉祥人不敢害花了以靈慧人不能害秦吉了翎集需遲不能見機而作雖禀慧性效習人言往往中機穽而死其無別之所致歟

伽鶍

伽鶍大如燕揹形長尾黑毛紅羽飛必先下其將飛也縱身墮落如鳥中彈不任之狀將至地一二尺然後抉起鼺䶂鼯翻翛忽不見亦健鳥也夫尺蠖之屈以求伸也伽鶍之下以作上也飹老氏守雌之意也

糞坑鴂

有鳥如八哥翼間白色常入厠坑食糞蛆故名糞坑鴂善啼音聲清越勝於畫眉喜新晴每天色霽朗飛入人家屋極或花陰之下引吭清唱如連環如貫珠韻嬌而响逸换喉轉調啾啾唧唧婉言昵語移時不斷土人取其雛養之飼以蚱蜢愛其聲也第名不雅馴可曰誦鳥

取翠

爾雅鷸翠註出鬱林古之鬱林所轄甚廣潯柳南寧等府均稱鬱林翠鳥大率出兩江溪洞之間非指今之鬱林也然鬱林州亦産

翠鳥有二種大者如燕小者如雀土人羅而致之間有以術取者於溪塘潭澗僻靜之處黙誦咒語咒畢口吹小𥳽篥聲吣吣然學翠鳴即有翠飛來集於掌上隨擇其豐满鮮麗者摘其數羽復念咒縱之以術營生而不戕物命較之張罿罻挾弓矢持彿即以機㧞傷生殄物者猶爲函人之勝於矢人也

明角

明角糖牛角也糖牛出平南嗜鹽土人以皮裹手塗鹽入穴探之角瑩徹如玉制器頗佳

犬鸐少鸐

鬱林出翠鳥有大翠有小翠翠青鳥也其卽西王母之大鵹少鵹乎山海經西王母之山有三青鳥赤首黑目一曰大鵹一曰少鵹一曰青鳥詭主爲王母所使也

蟲魚

蠛

有一種小蚊形如毫末𧔧入極癢隨搔隨腫移時乃愈桂林名爲蚊妹以其小爲蚊子之妹也北流謂之蚊墨考國語處暑之旣至蚊蠓之旣多章昭註大者爲蚊小者爲蠛蠛與妹音相近桂林之蚊妹乃蚊蠓之訛也妹與墨聲相同北流之蚊墨又蚊妹之轉聲

也

魱鰽

司馬相如上林賦魱鰽漸離魱鰽卽鮥魚也蜀人謂之魱鰽

陽鱎

說苑宓子賤爲單父宰陽晝謂之曰投綸錯餌迎而吸之者陽鱎也肉薄而不美若存若亡若食若不食者魴也肉厚而味美子賤曰善未至單父冠蓋交迎于道子賤曰車驅之此陽晝所謂陽鱎者也按陽鱎卽俗所稱走水鱎也大不過二指不畏人釣下卽至肉薄而鯡不中食是處溪澗有之

鰒魚

司馬相如上林賦鰅鰫鰒魠按博雅大鱓謂之鰒今南方有白鱓魚大者重數觔味絕佳勝於黃鱓疑卽鰒也

鱒魚

詩九罭之魚鱒魴鱒魚卽赤眼魚也

魠魚

司馬相如上林賦鰅鰫鰒魠魠卽鱤魚也圭江多有此魚大者數十觔味極甘美土人謂之骨鱤魚以其骨粗勁肉中無瑣瑣刺骨故名鱤或作䱜以其中噉也又性好獨行亦謂之鱌魚

螢蛆

螢蛆長一二寸多足如蜈蚣狀夏秋之間生於籓籬墻壁或緣簾幕牀幃𧊅蜫蟥衘其光煜煜較飛螢更覺有耀也

臊甲蟲

臊甲蟲生於墻壁之上大如拇指卵生六足四翼首有二鬚前二足短後二足長足股間如有芒刺歛翼如甲能飛不常飛飛則必應大雨也夏月厨房猶多每夜必出集於盤盂杯箸之上吮其餘瀝食物收藏不密經其踐踏則臊臭不堪食矣土人名曰壁甲

鰣魚

池沼之魚有一種細小者俗名零魚大不滿尺脊厚而黑勁鱗細鱗肉多叢刺然柔軟不鯁中噉甘而不鮭邑中魚尤美最珍此種考零魚卽爾雅鱊鮬鱖鯞之鱊魚郭注小魚也似鮒子而黑俗呼爲魚婢江東呼爲魚妾今粤俗以其細小名零魚零碎亦婢妾之意故知零卽鱊也三字同聲方語有不同耳猶科斗呼活東鼃黽訛至掌也

鱛魚

鱛魚疊見於詩而爾雅釋魚鰷鰲鰋鯉鱮鱧鱒魴皆備獨鱛魚無文考詩鱛鰲並稱二字同聲意鱛卽鰲鰲卽鱛爾雅釋鰲鮀卽鱛

魚也然郭注今吹沙小魚體圓有鮎文則又非是按詩傳鱨揚也

疏鱨揚者魚有二名陸璣疏云鱨一名黃頰魚是也似燕頭角身

形厚而長大頰骨正黃魚之大而有力解飛者據此則鬱林所謂生

魚者疑即鱨魚也味最美品在鱸鯉之上身圓而長頭尖黝黯斑

駁處處沃瀛溪澗有之大者三四斤小者十餘兩並絕有力池沼

不能蓄雖至高塘塍亦能躍出其飛也輒屈身啣尾躍高丈餘擲

過數畝又性耐苦雖失水不死罝置盆甕數月猶生故名生魚鬱

語不正生鱨同音生即鱨之訛也又味旨而儁有力飛揚其為鱨

魚無疑矣

鱤魟魚

鱤魟魚一名黄頬魚無鱗身似鮎腹黄背青腮下有二骨兩鬚羣遊作聲魟魟然今俗名塘鮥魚者形正類此有兩鬚腮下二横骨最利能刺人共聚成羣亦魟魟然作聲但腹白背黄黑爲異耳疑卽鱤魟之類也

地虎

地虎卽土鼈蠶爾雅名蛈蝪最毒螫人及牛馬失救立死多在草根穴中形同鼈蠶但有兩鈎牙如蜈蚣中其毒者烟葉及羊咩木葉可觧

四足魚

興安龍蟠山岩洞幽邃遊者秉燭而入洞中有潭産魚四足而有角人不敢捕犯之立致風雨

鯪鯉

左太冲吳都賦鯪鯉若獸鯪鯉即穿山甲也

蘤蟲

蘤蟲生於榛蘤木心中形如蠶有毛性温熱味甘而香與桂蠹同爲佳品賓朋宴集有酒無肴輙携小刀子到園邊認蘤劚之其蘤包心葉微黄作倒鈎刺者必有採得數十枚燂去毛以香油煬炙

可下酒勝於珍錯也按山海經浮山多盼木枳葉而無傷木虫居之其即此之類歟

髻嬌蟲

髻嬌蟲春夏間生於木上大如指翼有青白花点頭紅項背翹起如鬟俗名髩髻嬌兒童最好玩弄

黑蟻

黑蟻比黃蟻稍大不慕羶罏不解營運寅緣墻壁度越樹木終日徃來不知何所事事天色晴朗多栖山礬及金橘花中探芳獵馨咀英含露與世無求悠然自得視黃蟻之尋尸逐臭饕餮餘瀝或

自溺於脂膏或見燔於椹版者不啻胥壞之懸也

地龜蟲

爾雅蟠鼠負註瓮器底蟲疏此蟲一名蟠一名鼠負形似白魚多在鼠穴鼠背負之故名卽詩所謂蛜蝛在室是也蛜蝛與地龜音相近俗所名者乃音之訛也

琴蟲

嶺南異物志容州有蟲如守宮身圓而勁長頭有冠色隨時變土人不能名呼爲十二時蟲考山海經大荒之中有山名曰不咸有蟲獸首蛇身名曰琴蟲取以名此蟲頗相似覺甚雅馴也

方言

㴅箇

两粤語音畧同謂物之這樣曰㴅箇亦有所本揚子方言㴅或也沅澧之間凡言或如此者曰㴅若是詁此亦憨聲之轉耳

甚鬼毛有唔得

粵人語甚麼曰甚鬼盖麼即鬼變其字而不改其義也没有曰毛有凡言無皆曰毛毛没同聲變其義而仍本其聲也不得曰唔得凡言否皆曰唔唔者遻也有逆之之意此則土談無所本者耳

婚䵷

鄉語嬌愛小兒曰䵷小兒之伶俐乖覺者爲䵷䵷音矯好也

栳

今人謂竹器盛物者爲栳亦有所本正字通栳栳盛物器卽古之簝屈竹爲之

米花

献歲家家作環餅象環釧形供祖考遺親戚楚詞謂之粔籹廣雅謂之粰梳吳曰膏環亦曰寒具通名饊子鄉林則稱爲米花劉禹錫寒具詩云纖手搓成玉數尋碧油煎出嫩黃深夜來春睡無輕

重壓扁隹八纏臂金余元旦有句云㷅糰餅浮字蝨溲米生花盖紀實也

草名

蕾莒蕡莧見爾雅蒢蓫見海篇藸葱見博雅葑蓯蕵莎見爾雅皆草名有富貴祿壽封侯字也蕎葱枚乘七發作蕎蔜又椒名檓見爾雅蘇名蓴見楊子方言皆芬芳適口之物也芳香損脾當顧名而思義

物性

孟鳥東嚮鵲南翥鱧魚朝北枸栢指西物性之不同也

粤璞終

（清）平湖貫敦臨撰

桂鬱巖洞記一卷

清道光二十四年（1844）吴江沈氏世楷堂刻
《昭代叢書癸集萃編》本

桂鬱巖洞記一卷

（清）平湖賈敦臨撰，清道光二十四年（1844）吴江沈氏世楷堂刻《昭代叢書癸集萃編》本。

賈敦臨（1798—1840），原名洪，字吉甫，號蘅石，一號恒石，浙江平湖人。諸生，工詩、古文，從顧廣譽、沈曰富游，受古文法。與弟賈敦復、賈敦艮合稱『三賈』，并有《三賈詩選》傳世。賈敦艮稱敦臨詩『雄健峭刻，有杜、韓風格』，有《守約齋詩稿》二卷、《知止齋詩集》二卷、《粤西集》一卷等傳世。

賈敦臨於道光十五年（1835）游幕於廣西鬱林州（約相當於今玉林市），越二年始歸。其間，他『以治幕之暇，恣情登陟』（沈楙悳《桂鬱巖洞記跋》），飽覽廣西東部之山川風土。回到故鄉平湖後，他一則輯録紀游詩九十六首，編爲《粤西集》一卷；再者，即撰寫了這部《桂鬱巖洞記》。二者均問世於道光十八年（1838）前後。

《桂鬱巖洞記》所謂『桂』，即清代廣西桂林府；所謂『鬱』，即清代廣西鬱林州。不過，該書雖以『桂』『鬱』爲名，但實際面向之地理範圍却并未局限於桂林府與鬱林州之轄境，而是包括了平樂府境内的縈山、月巖，以及梧州府境内的大雲山、何侯山、李白巖、南山、赤水峽等。桂林府、梧州府、平樂府、鬱林州均位於廣西東部，自北而南互相連屬，且有湘江、灕江、桂江、潯江、北流江、南流江水道貫穿南北，賈敦臨應是取『桂』『鬱』二字概括整個清代桂東四州府。至於『巖洞』二字，也并非作者叙寫的全部内容。綜觀全書，前有『總論』，其後的主體部分面向相關地方的山、巖、洞等自然景觀，或單獨列一條目（如『伏波巖』），或合列一目（如『隱山六洞』），按各自所在區域一一編排。首先面向桂林府城周邊諸山、巖、洞；其次是桂林府轄下興安、陽朔、靈川、全州諸縣；

隨後依次爲平樂府城，梧州府轄下蒼梧縣、藤縣、容縣，鬱林州城及轄下北流縣等。自然景觀而外，書末又面向相關地方之古迹等而開列條目，包括桂林府之秦城、靈渠、榕樹門，以及北流縣之鬼門關、藤縣之赤水峽等。全書之編排體例頗見匠心，作者在桂東一帶的游蹤亦宛然可見。

桂巒巖洞記自序　　　　萃編卷第二十五

瀟湘以南之山奇特秀削皆衡山之支脈也衡山七十二峯自迴鴈迄嶽麓綿亘數百里其支脈之發于東南者爲韶石爲英德諸山而終于惠之羅浮發于西南則爲九疑及桂林諸山而終于巒之勾漏昌黎云山如碧玉篸柳州云海畔尖山似劍鋩狀山之拔地森立與他迥異而山多中空其巖洞之佳尤神刓鬼刻莫可名狀宋范石湖桂海虞衡志周直夫嶺外代荅諸書載之最詳余望衡兩度每以不得一登爲

憾而于其支脈更未能徧窮其奧然身所經歷視諸書所載已過其半亦可謂極一時之壯游矣家居長夏輯此以當臥游曰桂巒巖洞記若夫攬風土之殊考物產之異續成一書姑以俟之異日道光十八年中秋平湖賈敦臨序

桂轡巖洞記

平湖賈敦臨吉甫著

總論

柳子厚嘗家洲記云桂州多靈山發地峭豎林立四野范石湖云桂峯皆旁無延緣崛然特起玉筍瑤篸森列無際當爲天下第一黃山谷詩云桂嶺環城如雁蕩平地蒼玉忽嵯峩品題桂山之意洵不誣矣其巖洞之奇高者懸崖若化城下者穿隧若水府大者可建五丈旗小者猶可容十客或浮爲洲渚或內通

舟楫去桂林城遠不過七八里近二三里有名可指數者數十處荒崖絶壁人跡所不能窮搜更不知若何詭異也全州興安靈川陽朔諸州縣均有巖洞而容之都嶠鬱之勾漏尤著名若秦城靈渠榕樹門赤水峽鬼關雖非巖洞其造奇通險亦可記也

讀書巖　在桂林府城內獨秀山下獨秀山突起五百餘丈旁無坡阜爲桂主山山趾石屋房榻戶牖畢具顏延年守郡時讀書其中作五君詠刻于石有五詠堂西有雪洞乳石最奇明入靖江王邸飛

樓舞閣隱出樹杪時稱其金碧煇煌如小李將軍

山水圖麗而不俗

疊彩巖　在入桂堂後桂林城北重門夾山東曰疊

彩西曰西清狀如金城玉疊山麓壽聖寺後有穴

自然生風名風洞左折曰疊彩洞奇石堆垛燦若

瓊珉其後則堯山蔽天而下前眺灕水鬬雞白雉

巨象槖駝騰躍奔赴其左一峯曰平越右一峯曰

四望

鎮南峯　在桂林府城北宋狄靑討儂智高勒碑于

巖之左

伏波巖　東枕灕水突然而起下有洞名玩珠盤迂鑽注驪龍穴焉高數百丈寬可容二十榻穿鑿通透戸牖旁出如層城複道其最奇者有懸石從空而下若浮柱去地一綫不合俗名馬伏波試劒石或謂昔有神人名揭諦者試劒于此江波洶湧日夜漱齧之

桂山　在桂林府治東北三峯鼎峙舊名越王山多桂

月牙巖　在桂林府城東濯魄漣漪儼如初月上有環翠亭驂鸞閣雨花堂

屏風巖　雙峯劃天拔地峭豎外無雜樹彌望皆長松巖中隆起如層臺入洞上下左右皆高廣十餘丈有平地可宴百客仰視鍾乳森然倒垂者甚多有綠石高二丈形如覆鐘水滴乳鳴鞺鞳不絶躡石磴五十盤有石穴通明透穴而出則山川城郭歷歷如指諸掌范石湖因其處作朝天觀命其洞曰空明

七星巖　在桂林府城東七峯列如北斗旁一小峯曰輔星

灕山　在桂林府城東南灕水經其下一名象鼻山以其突起水濱形似象也中流贔屭力抵狂瀾有北招伏波南引鬬雞白雉橐駝併力扞江之勢鼻中巨孔白如截肪日月東西跳丸其上名曰水月洞

劉仙巖　在白龍洞之陽石室高寒出山半間相傳爲仙人劉仲遠所居嶕嶢飛磴苔滑如脂崖上大

書太空子隱居處宋李師中筆也中多仙人口訣

飛湍界絕斑剝如赤文綠字漫不可讀左折有巖

曰穿雲由穿雲入劉仙巖幽石玲瓏蠣蓮屋結至

此耳目一開荟杭清漪玩芳芷花猶地植鳥似家

禽則劉仙不如九洞横目四睎一若平水千峯刺

天如筍出地又九洞之所無也

雉巖　江濱獨山有小洞洞門下臨水石磴盤虛上

梯禪室右折重巖襲石空翠浮人雨花淩屐中有

石室扃錮不開云白雉聞經化人仙去遺蜕在焉

中搆小亭亭左入石紆回岸額至青蘿閣環窗奇石簇簇逼人上浮雙石如大鳥翼若搏扶搖羊角而上者乃所謂雉巖也

虞山　在桂林府城北一名舜山上有虞帝祠唐韓雲卿記刻于崖石古松蔽日層巖臨江旁有洞曰韶音

堯山　在桂林府城東積土襲石高數百里爲桂之冠天將雨山先出雲相傳舜南巡祀堯于此土人因而立祠其上曰白鹿洞

辰山　在桂林府城東北一名虎山三巖疊起頗類鍾隱下巖初入昏黑十餘步豁然開朗城闕歷歷巖左飛磴百盤乃至中巖乳石詭怪驚心駭神重經石閣乃至上巖一亭高插雲表游目四騁若夾日月而行令人有箕山之志宋高士劉晞家焉與桂帥李大異爲布衣交表其巖曰蟄龍

清秀山　去西清下濠里許桂山皆孤峭此獨連湊水上雙巖東西對闢北郭諸山近在東腋陽光一水光透巖隙過此則水漸綏山漸深矣

穿山　在鬬雞山口即彈丸入灘水處形如橐駝竦
身昂首與雉山西對首上有穴南北橫貫宋人胡
榥題日月巖

琴潭山　在西郊關外下有空洞洞皆流水觸石成
聲如聞琴奏旁有荔枝巖窅然深秀多奇石宋之
問詩稱荔浦蘅皋盖謂此也

隱山　在桂林府城西本名盤龍岡唐李渤出鎮見
石門大開乃辟蕪穢通巖穴石林磴道若天造然
不可窮究因號隱山

立魚峯　在西山後雄偉高峻如植立一魚
佛子巖　亦名鍾隱巖去桂林府城十里號最遠一
山萃起莽蒼中小溪隔絶如蓬萊淸淺涉衣而渡
下巖窪窪如巨室中巖東削瑩潔無纖埃高百丈
許上巖橫絶霄半洞差小有小寺就洞結架因石
屋爲堂室
棲霞洞　在棲霞寺後七星巖之半洞口縣窐如碧
玉壺匪圓匪方如日落波心動盪成質入洞下行
百餘級始得平地可坐數十人盛暑無暑隆冬溫

然有石索懸錦鯉魚挂于雲半左有石樓唐祀元
元子于此旁有兩路燃炬可入其一西行兩壁石
液凝沍玉雪晶瑩頂高數十丈路濶亦三四丈如
行通衢中頓足曳杖鏗然有聲如鼓鐘蓋洞之下
又有洞焉半里遇大壑不可進其一北行俯僂而
入數步則寬廣兩旁十許丈鍾乳垂下纍纍凡乳
床必因石脈而出不自頑石出也進里餘所見益
奇曰龍潭曰仙人卷衣巷曰鳴球曰鳳翔曰石田
墩形狀不一其康莊坦途約六七里其險仄不通

人者藪洞庭通九疑靈怪莫可致詰矣

元風洞　去棲霞旁數百步風自洞中出寒如冰雪

白龍洞　在南溪平地南溪之陰枕新泉連幽楚田園雞犬疑非人世中有大石屋俯臨清漪仰弄白日眞奇觀也其中一洞九室西南曰白龍西北曰元巖夕陽千峯桂水一碧元巖之上曰丹室白龍之右曰夕室龍洞險梯仙窩仙室又北田石室九洞谽谺乳胎凝洼一俯一仰如織如葦如欒櫨支撑如蓮幕井藻左顧右盼如簾如幃如偃松欹竹

如海盪雲驚其中有玉池元井唐李渤題云玉池若無水元井昬不測山之陽卽劉仙巖

水月洞　在灕山之麓其半枕江天然劖刻作大洞門透徹山背頂高數十丈其形正圓望之端整如大輪月輪江流貫之踞石弄水如坐捲篷大橋下志稱濱江三洞水月最佳

華景洞　在西清寶積間高廣如十間屋洞門亦然

曾公洞　舊名冷水巖山根石門砑然入門石橋甚華曾丞相子宣所作有澗水莫知所從來自洞中

右旋東流橋下復自右入莫知所往或謂洑流入
于江也度橋有仙田數畝過田路窄且溼俯視石
罅尺餘匍匐而進旋復高曠可通棲霞
龍隱洞　在七星巖之前兩霞壁立江流貫之泛舟
至石壁下鼓櫂而入仰觀洞頂有龍跡夭矯若印
泥然其長竟洞其下水聲湧激如在三峽中盛夏
涼氣逼人毛骨舟行僅一箭許别有洞門可出山
半有小寺即巖爲佛堂不復屋緣麓入巖如排高
闥題曰龍騰有滴玉泉聽之琤琤神魂俱爽

隱山六洞皆在西湖中隱山之上一朝陽二夕陽三南華四北牖五嘉蓮六白雀自西湖至招隱二里山光水碧石門劍立矍然若神物持之西折北牖洞綺窗串玉下則嵒水潑墨北壁有穴如門出門為金龜潭潭盡芰荷外為濛溪橫五里逕三百步今皆灌為田矣東南轉嶺石林夾聳至朝陽洞洞口直下百二十步有水旁潭側南望玉乳如飛燕擁雪洞內有石棋枰南陟飛梯四十級有雙玉盤盤乳滴下聲如清漏又九級有白玉盤自然出

水可飲十人盤東北上十二級有石堂乳穗交垂

戛之琤琤如哀玉自堂北出西入小峽有內洞東

有石室如畫上方斗自洞南下仰矚東厓小樓雙

石人如舞閣妖姬搴楯窺客自樓閣陡下次蛟渠

渠跨石梁長二百步非列炬勿進南抵絕壁飛梯

九盤及水是爲元潭下有石閣綴以危檻景落潛

圅羣龍詰吸自石閣還上絕壁西十步有小洞僂

行三十步左右鍾乳朗然映人有穴通嘉蓮洞從

洞出六十步有石室多蝙蝠又北上有外洞壁下

有石其面砥平有白石琴薦可撫清絃東有便房節梲枅櫨凹尊曲几鬼工之追琢也北七步從西石門至夕陽洞深九丈許崖北有道崖南有水自南北崖眺南潛北潛二洞松栢偃蓋怪石連卷香臺梵剎皆從枝葉間出自西洞口去一矢卽南華洞西有石可容數榻東有清泉又一矢卽白雀洞洞口隘狹摩臍擦耳側身通入北上山頂盤曲五百步硉兀奇聳靈石挺于東南松蘿萃于西北其水自嘉蓮徑白雀歷朝陽旁浸北漏出于南華而

入于湖又一派自濛溪源北牖之北出于北山南

滙南華而入于湖其六洞小篆皆唐李渤所書西

湖環浸隱山六洞廣七百餘畝宋荷花時有泛舟

故事勝賞甲于東南泊舟自西北登山先至南華

出洞而西至夕陽洞窮有石門可出至北牖出洞

十許步至朝陽又西至白雀有穴通嘉蓮西湖之

外碧玉千峯倒影水面固已奇絶而湖心又浸隱

山諸洞是茲山雖奇著勝在水旣湮爲田不復通

舟楫矣乾道中張徽猷作斗門閘之有復西湖記

嘉靖中復灌爲田

北潛洞　在隱山之北中有石室石臺石果之屬

南潛洞　在西湖中羅家山上

虛秀洞　去城差遠大石室面平野室左右皆有徑

隧各數十百步穿透兩旁亦臨平野

海陽山　在興安靈川界湘灕二水所出

龍蟠山　在興安巖下洞門數重游者秉燭入潭中

產魚四足而有角人不敢傷恐致風雨

石乳洞　在興安上中下有三洞與棲霞相甲乙

靈巖山　在靈川山下有巖南北開敞江水洞其腹可通舟楫

華巖洞　在靈川西南二十里高數仞顯敞寡儔香泉縈繞世傳常有桃花片潤寸許從洞中流出

畫山　在陽朔桂江上屹立千仞丹崖翠壁望之如畫

都荔山　陽朔主山也陽朔道上諸峯如筍出地各不相倚三山九疑赤城天柱者數十里如樓通天如闕刺霄如修竿如高旗如人怒如馬嚙如陳將

合如戰將潰灘江荔水捆織其下蛇黿猿鶴焯燿萬態

碧蓮峯　在陽朔有唐沈彬詩刻石青山綠水團欒映帶烟霏不斂空翠撲人面面相屬人往其間眞住蓮花心也

陽朔五洞　陽朔亦有五洞曰綉山羅漢白鶴華蓋明珠皆奇

湘山　在全州洞壑幽深上有光孝寺世傳爲無量壽佛示寂處

漱玉巖　在全州一名礲巖其上飛泉噴瀉如練中

有蓮花臺旁一穴深邃秉燭乃可入

縈山　在平樂府城東山勢縈迴曲折上有九峯險

不可陟

月巖　在平樂府城西有兩穴如人目極大瞳黑白

分明

大雲山　在梧州府東北山勢自桂而來

何侯山　在蒼梧堯時有何侯者隱此

李白巖　在籐縣高五十餘丈中多翡翠白猿靈芝

芳杜有天然琴薦下激流水相傳白流夜郎時嘗

憩于此

南山　在籐縣頂平如砥上有勝地曰杏壇松崖竹

塢皆清絶幽絶

都嶠山　在容縣上有八峯奇絶道書第二十洞天

名太上寶元

寒山　在鬱林相傳尉佗遣人入山採橘經旬始回

問其故云山中大寒不得歸耳山趾有石祈雨甚

靈應

勾漏山　在北流石峯千百從平川中特起其巖穴皆勾曲穿漏故名道書第二十二洞天名玉闕寶圭

勾漏洞　在地上不須登陟外敞豁內幽邃暗溪穿貫與北流水合乘桴而遊水淸無底瀠洄詰曲與石爭奇仰見大星炯然細視乃石穿一孔透天光入依依如貫月查洞對高崖飛鳥歛翼夏間荷葉田田若見荷花歲必大稔

寶圭洞　卽勾漏正洞石室中玉宸道君及葛眞人

石像五季時迎至南海者寶圭在石室東秉燭而
入有丹竈牀几盤甕碾臼詭形怪狀神摹鬼刻約
半里至水涯循梯陡下棹小舠以行波光澄明蒸
靄温燠四時無冬春舉首見金光如長虹亘天表
乃石罅透日影而下捨舟躡梯攀蘿直上曲磴飛
棧如瑤階玉坍小石細碎羅列如杯如斝如楊梅
荔枝閃鑠垛壘莫可名狀轉仄僅容跬步直穿太
陰洞後出山腹則寶圭之東洞中室曰蟠桃廣三
四百步仰視高處不見其頂西小室洞朗外矚自

然石榻平鋪疊架可眠可踞與東洞對如兩腋

玉虛洞在勾漏山洞中物象皆瑩潔如玉每雲從

洞出則風雨從洞入則霽

白沙洞在勾漏山秉燭從竇入凡經六七竇行里

餘乃至勾漏勾漏奇甲天下而此洞爲第一

水月山東距勾漏三十里勾漏骨脈嶔嵜至水月

則石體逾瘦峯巒逾峭西北凊澗縈洞曲折跨野

橋渡澗入洞虛明顯爽可坐數百人乳溜凝縣清

湍互激若海若獻琛明珠巨貝錯出于驚濤怒浪

中右折秉炬入洞木石益怪劖爲芙蓉爲仙掌滙爲盤立爲柱有神鉦縣如滿月擊其兩面作雌雄聲石坎通澗以火燭之羣魚皆舞攀巖鑿空出西南左折一峯峭豎洞在其腹是名天馬馬蹄蹋石入寸許不計其數天馬西行度兩峯抵鈞天洞洞出山半石廉利不堪正步手援足陡至一小潭越潭至洞洞枕潭水有石如頹雲垂垂下叩之若考鐘又有縣磬戛之如哀玉洞下有洞叩之鞺鞳有聲復陟上洞軒豁敞朗天光入焉其廣可列數筵

令人下洞伐鼓鐘聲滿天地仙仙乎如坐九霄聆鈞天之奏

秦城　去桂林府城八十里秦始皇發卒戍五嶺之地北二十里有險曰嚴關兩山對峙鳥道微通不可方軌秦取桂林象郡兵勒湘南握其喉咽進如建瓴退有重險宜百粵之君委命下吏也

靈渠　自北而南三十有六陡湘水之源本北出湘南灕江之水本南入廣西其間地埶最高者桂林府之興安縣也昔始皇南戍五嶺史祿于湘源上

流離水一脈鑿渠踰興安而南注于灕以便于運餉蓋激水南流挽舟踰嶺可謂難矣祿之鑿渠也于上流沙磧中壘石作鏵觜鋭其前逆分湘水爲兩依山築隄爲灃渠巧激十里而至陡遂鑿渠遶山曲凡行六十里乃至灕江而俱南今桂水名灕水者離湘之一派也自鏵觜分水渠循隄而行二里許有洩水灘春水怒生勢能害隄灘殺水勢故隄久不壞而渠得以灃湘餘水緩達于灕渠水遶遶興安縣民田賴之深不數尺廣可二丈足泛于

斛之舟渠內置陡門三十六舟入一陡則後閘之俟水積而舟以漸進故能循崖而上建瓴而下以通南北漢馬援南征餉道亦出此

榕樹門　桂林府之南門也唐築門時有榕樹一株歲久跨門內外盤錯至地生成門狀車馬往來徑于其下

鬼門關　在北流西十里一名天門關兩峯對峙中成關門諺云鬼門關十八去九不還巔崖邃谷草長林深寒風蕭條黑雲靄合唐宋人謫死關外者

匯相接也沈佺期詩云昔傳瘴江路今到鬼門關土地無人老流移幾客還黃庭堅詩云人鮓甕中危萬死鬼門關外更千岑

赤水峽　在籐縣李白巖北兩崖壁立一水中流林木蔚然嵐氣朝夕不散

桂巒巖洞記跋

粵西山川奇奥天下昔施愚山侍講奉

命使彼孔定南爲治裝下灕江歷蒼梧陽朔諸峯已而難作定南死侍講倉卒歸游卒未徧也乎湖賈恆石茂材以治幕之暇恣情登陟巒煙久竫舉足晏然以視侍講之游蓋不同矣恆石夙工詩所著知止齋集已刻此行有游草數卷復出餘力作爲是記以鄙道元水經注之筆續范致能虞衡志之書紀載雖約其于志乘豈無補哉壬寅秋日吳江沈楙悳識

其手書志乘遺稿稱故王宣撫日吳江沈璟寘甚撥
道元水經注之藏讀進致諸漢衡志之書紀越雖錯
集已藏此所白游草數卷復出謂方作游是記以圖
以觀侍講之游蓋不同矣臣石夙工詩并書事者
石茲特以治幕之眼治請書既鑰蠟入論環己長畫
而難作定南死侍講會卒歸游本未稿進平湖黃仲
命使拔孔定南為治裝下灕江歷蒼梧臨洞庭遊
粵西山川奇與天下皆遊歷山侍講未

桂勝殿洞記跋

（清）俟官李彦章撰

思恩府新編保甲事宜一卷

清道光八年（1828）刻本

思恩府新編保甲事宜一卷

（清）侯官李彦章撰，清道光八年（1828）刻本。

此書是清代保甲書中較知名的一部，乃道光八年三月前後，由廣西思恩知府李彦章彙集其在思恩境内頒布的各項保甲條例編刻而成。

李彦章（1794—1836），字則文，一字蘭卿，號榕園，福建侯官（今福州）人。閩侯李氏爲地方世族，彦章少年時，即與其兄李彦彬有『雙珠』之譽。二人在鰲峰書院求學時，更是聲名卓著。十六歲時，彦章入京師，深得士林器重，朝士皆以國器相期許。清嘉慶十六年（1811），彦章以十八之年考中進士，爲同年進士中最少者。在京歷任内閣中書、文淵閣檢閲、國史館分校、軍機章京、内閣侍讀等職。又入『宣南詩社』，與林則徐、梁章鉅、謝啓昆等從游唱和、論學，并拜入翁方綱門下。道光五年（1825）七月外放廣西，任思恩府知府。道光八年三月調署廣西慶遠府知府，四月初到任視事，在官僅三個月便去職。十月，奉檄權守廣西桂平梧鬱道，兼鹽法道。道光九年（1829），調署廣西潯州府。八月，丁母憂三年，服闋復官，升任江蘇常鎮通海河務兵備道。道光十三年（1833），署理江蘇按察使。道光十六年（1836）調任山東鹽務使，因積勞成疾，於是年五月未任而卒，年僅四十三歲。後梁章鉅巡撫廣西，奏請入祀思恩、潯州兩府名宦祠。彦章一生著述頗多，有《榕園集詩鈔》《槐忙吟草》《歸槎雜詠》《都門舊草》《薇垣集》《載酒堂集》《榕園楹貼》等詩集、楹貼十餘種，又有《榕園文鈔》《潤經堂自治官書》《江南催耕課稻編》《榕園識字編》《西邕講授》《榕園識字編》《榕園辨韵編》《思田方言》《田田草木狀》

《榕園學規》《思恩府志》《劉河志》《練湖志》《三十六湖志》《焦山志》《芍藥志》等文集、志書十餘種。道光二十年（1840），由其後人編刻爲《榕園全集》。

李彦章是清代經世派官員的代表人物之一。他在廣西七年，實官四年（其中三年丁憂）。其在思恩知府任上，興辦書院，興修水利，革新農技，抑制豪强，保甲靖安，除弊興利，政績卓著，官聲民望爲一時之盛。此《思恩府新編保甲事宜》，凡收《稟行保甲十家牌簡易法》《移百色廳就近編查廳城兵民保甲文》《札發各州縣新定保甲牌册結各式文》《札飭各土官遵行保甲簡易法》《咨移各鎮營各飭兵丁一體編入保甲文》《各州縣編查保甲十家牌連名結式》《示諭各州縣地方遵行保甲簡易法》《各州縣編查保甲十家牌式》《示諭十二土司目民遵行保甲簡易法》《稟新編保甲十家牌抽查完竣》等公文，從中既可見李彦章治理思恩府之政績，又能反映出當時廣西民族地區社會狀況之一斑。

思恩府新編保甲事宜

自序

三代以下之治惟保甲猶爲近古蓋十家牌出與爲比爲聯同也然古之時比戸可封民俗淳厚周禮五家有比長五比有閭胥四閭有族師五族有黨正五黨有州長五州有鄉大夫其人本士大夫之賢能其政自讀法禮賓至於莅校比施勸戒皆主於教化之事其教則德行道藝賢能爲一書孝弟睦婣有學者爲一書敬敏任恤和親爲一書過惡爲一書有皐奇衺爲一書亦惟使民知相保相受與慶賞相共刑罰相及而已後世則此法半爲弭盜其意已與古異且法益瑣密事益具文又

其甚者一人欲行而衆口尼之一利未見而百弊隨之

徒法不能以自行此又不如其已也我

朝察吏安民循名責實令甲所布先以此事課有司乾隆二

十二年戸部議上直省大臣所奏保甲章程核准者凡

二十五事得

旨通行綱舉目張顜若畫一嘉慶十八年

詔頒前湖南方伯名宦歸安葉公之保甲良規於天下家喻戸

曉尤如軌度夷則之易遵矣然九州之間無異民有異

俗至邊省邊郡則又異矣故言政者必曰因地制宜思

恩古羈縻州今邊要郡也地周二千餘里稱繁疲難流

官有四州縣錯其中土官有十二州縣司環其外八寨以北通慶柳丙色以西近滇黔谿洞盤深又爲二省牛站馬站之所從出內則防嘯聚外則慮逋逃保甲之行急莫急於此矣彥章爲

國守邊實以道光六年三月至郡察邊情詢民隱欲求所以安邊便民者必權其利害輕重不敢輒有更張迨查及保甲門牌則有名而無實有弊而無利也實甚於是悉心體察思有以酌量變通之自爲文申於上官力言保甲不實之弊五團練無益之弊一乃條舉官民易行之法略寓隨時斟酌之宜振筆直書未之能信乃奉兩臺

使定議上之大府又皆以爲甚合時宜檄令如議卽行且下其法於通省亦仿辦焉彥章與漢土各屬約必信必果不委員不遣役不許牌甲漏開一戸不准吏胥需索一錢其法只令十家共列一牌共出一結書其籍業戸口年歲而無關譏察者皆略之閒嘗與僚屬開誠而談吾輩行得一分總思民有一分之益隨時商榷公事講求利弊必親自手書累紙相戒勉從不徒用文檄通套之詞一時同志交孚故兩月而牌冊皆實其陋規需費之爲民累者日執法以從其後而積弊始除彥章親出抽查遠及於窮鄉僻里按牌點戸一目了然計四邑

中多出一千四百二十一村戶丁增至數倍皆歷次所未編查之地土司各境增出者亦倍蓰如之始事之難彥章不敢信爲已效然一年以來全郡之民無以命盜新案報者則衆所共聞共見幸不犯於有司而各邑士民交口稱便且皆慮爲久遠之計請刊錄其法於碑後之蠹吏奸胥雖欲因緣爲奸不可得矣使人人果皆不以爲累而以爲樂則遠刑罰而重犯法知守望而相扶持什伍同心將如日用飲食之不可廢自今以後守此勿替復何待官府催督爲耶且彥章之爲此非敢師心自用也昔朱子在崇安時立保甲法本以十家爲甲甲

推一首雖爲社倉而設別無多立科條王文成公所立十家牌只令同牌十家輪日收掌稽察今將不背於成法又欲遠師於古人易知易從民其我信乎彥章之爲此又非敢好爲多事也此法行而吾行部所至取一牌而知一村取數牌而知一甲其民生之貧富戸口之贏縮風俗之善惡道里之險夷庶政有綱觸於心目知府之責敢弗知焉然又念知之非艱而行之惟艱也知其貧富當爲保聚知其贏縮當爲安全知其善惡當爲彰癉知其險夷當爲巡防有不待讀呂司寇明職之篇而余心已滋愧矣近時言保甲之法者甚密皆前事之師

而地異勢殊遂有彼此不盡合轍者茲故彙鈔前後文
告條約及十家牌冊結之式題曰思恩府新編保甲事
宜將求質於經世名賢正其失以自幸焉
道光八年三月既望廣西思恩府知府候官李彥章自
序於思恩郡廨之親民事堂

稟行保甲十家牌簡易法

敬稟者案奉

憲臺飭行會詳章程內開保甲團練必須設立稽查之法飭令府州按季親查巡道總司考核至秋後復編諺府州抽查外巡道仍往覆查並飭將查明情形及起程日期隨時報查等因仰見

大人籌慮周詳循名覈實之至意卑府遵經移行各廳州縣查照並飭各將遵辦緣由先行稟報在案比因九十月之際正值邊地農民收穫忙迫未便責限問以他事以故州縣之復編卑府之巡核均尚未能剋期查報

惟卑府伏查保甲團練二者事本相因既以聯絡鄉村
卽可詰除盜賊是實行保甲已寓團練於其中要使民
自衛民相保相救自合於周禮比閭族黨之遺意初非
若編審戶籍定須詳細於男婦丁口之增減多寡也歷
年奉行以來分條立法三令五申茲既復奉會議分別
總核分查卑府責有專司自應行之以實未便復與二
三牧令相率敷衍仍舊因循有負委任第西省屬邑有
邊內之殊又有流土之別卽以思郡而論不但漢土雜
居雖流官州縣地方亦有猺獞與民錯處故欲行之不
擾必當簡而易從因地制宜其法似難概一卑府初膺

外任吏治迂疏原不敢侈談大局惟就所守一郡之地留心體察或採諸輿論或得自見聞年來保甲雖行詑鮮實效者其流弊要有五端而團練難行之故尙不與焉一則屬邑地方遼濶轄地有週圍八九百里及五六百里不等者即遷江至小之邑亦有三百餘里其間山村寫遠僻路險巇州縣勢不能遍歷親編即惟分飭胥差轉傳保甲責令挨戶填寫彙冊繳呈而若輩各憚繇勞小民不知實在村寮戶散誰爲挨次查覈亦惟任彼差保約畧編填含糊遞送各該州縣按冊填牌給發了事掛一漏萬更無從知是地廣則覺察難周牌多則編

填易溷不有經始何以慮終此不實之弊一也一則差胥索擾查奉行規條牌冊紙張原令官爲捐辦不許派累於民在各州縣食祿供職非必藉此侵漁然吏胥因緣爲奸幾成錮習其始也官欲傳辦保甲動必委用胥差胥差至鄉向索鞋脚飯食即惟保正是問而保正因以爲利樂與朋索派分始則取查填造報之資繼則索往返繳領之費其有不能親自書寫又復向索雇倩代筆之錢層見疊出已不勝擾迨至寫結領牌造冊詳報而在署之門丁書辦又有規禮紙筆並此後復編抽查更改繳換在在均需規費視以爲常小民因得一紙門

牌未曾安保身家已先耗費囊橐情何能堪且與肩風
聞前此飭領門牌每村應領若干張竟有一定額數並
不計人戶多寡者推求其故蓋門牌每張索有定費故
有村民不肯多領甘賄差保以免多報者亦有差保串
通斂收各戶之錢坐得其利而以多報少隨意領出門
牌散給者往往五十村之里只報二十餘村一百戶之
村僅開二三十戶官催雖緊若輩把持包攬轉以民之
抗領爲詞故催查雖徧於編掋門牌多存於官署當
功令森嚴之際雖先令牧令賢否攸分未必尚仍惡習
而利之所在胥欺吏混難保不故智復萌非革陋規難

言良法此不實之弊二也一則編造繁瑣查州縣戶口人丁實數每屆年終造報詳咨例有定制至保甲之意不過查悉其本身的戶執業生理並重在隣佑互相糾察以杜其窩頓爲非且一家有犯例只坐罪家長其戶內丁口原可畧而不詳今必逐戶令其註明本身年歲若干父母兄弟子姪之外更及妻妾媳女並有連其名字年齒詳載不遺夫以安民教民之法而旁及其人之閨閫婦女纖悉必書已非立法本意在鄉黨自好之士既所不甘而紳衿大戶更拘泥不肯落筆況逐戶臚列字跡繁多其不識字之村農倩筆艱難遂亦藉詞違抗

紳民既有從違辦理卽未能畫一且以全家長幼盡入門牌其生故婚嫁紛如又須隨時添註塗改日新月異舛漏必多按籍不符徒勞無益此不實之弊三也一則村落零星郡屬極少大村由於山叢水仄地曠人稀居民依山傍嶺結屋爲村疎散畸零多不過三五家至十餘家而止其相隔之遥則或數里十數里至二三十里不等若例以十家爲牌十牌爲甲十甲爲保之法彼等或隔一山或阻一水早晚出入全不相聞安能查悉某家昨日藏奸某人今日行匪而舉充之保甲相距遥遠或竟一日之程不能往返一次鞭長莫及各不相蒙保

正無從糾察於甲甲長無從糾察於牌奸詐者遂得任其訛索之私誠實者惟自顧其耕鑿之業名爲保甲責望稽查究之村自爲村戸自爲戸人情不相屬艮亙何由分此不實之弊四也一則鄉愚畏充保甲查甲長保長之設責在逓管分查必得誠寔曉事之人專責任以資董率乃邊民畏事尤謹惟恐認充保甲長之後或錢糧命盜詞訟責令催拘或往來供帳差徭派其承應並計及將來公庭守候吏役刁難蚩蚩之氓鰓鰓過慮且公正者恥與下役爲伍謹愿者畏與匪類成仇以故裹足不前催充罔應而向來於須發門牌之外多未剴切

開導爲之永杜後累亦每聽其相率苟安故牌則空白多懸册則循環少换雖稱有保長甲長但應虛名不必實有其人實任其事此不實之弊五也一則團練望樓有名無實查原議諭令勸民自行捐辦富者出資貧者出力以弭盜於已發防患于未然誠爲輔行保甲之良法惟在通衢巨鎮人烟輻輳之區富户既多貧民亦夥富者出資以圖捍禦貧者出力以獲傭資以富養貧以貧衛富行之實有裨益至郡屬地瘠民貧村居之富者什不得一彼三五成村要皆種地耕田自食其力晨昏勤動暮夜安眠卽偶遭强暴猝來其家有微資者夫婦

兄弟各將固守不遑又何暇舍己從人奮身出救惟事奉飭辦即難免差催吏促日擾于鄉彼富者諉爲衆事不肯獨任其勞而蠹胥庇富凌貧必致按畝科派逐戶抽収嚇騙强求無所不至斂錢入手任於村外路口竪植木柱四根架板爲樓繚覆柵欄兎片方寬不滿三尺高峻約及丈餘虛敞淩空器械無備無論險危難登而山夜荒涼誰獨肯隻身居此爲衆人支更報警且計一樓所費不及千錢而村民被累耗財奚啻倍蓰雖通省之大不少巨鎮逵村其團練著效者未必盡無其益而邊地村窮戶少嶺複山迴移步換形竟有擊柝不相聞

對面不相見之處雖有望樓設猶未設無怪乎鄉愚未見團練之益先事已不齊心貧富素無相顧之情臨事更難協力而尤有可慮者邊隅重地民愚而馴宜靜而不宜動若令分設器械漫無責成恐禦侮未見其同仇而挾衅易資於械鬭是不能安民徒致累民不能息事轉足滋事此所以居保甲不實之外而爲弊六也因此六者官以具文求民以具文應遂致令甲虛頒不聞寔濟豈不可惜卑府嘗思朱子有云親民事者貴得其情行古法者在師其意玆鄙見及邊城保甲之事查辦紛繁編排不實陋規未革徒法難行熟思補偏救弊之方

冀收戢匪安邊之效竊以爲繁而虛不若簡而實現卽
擬於所屬州縣就其實在情形稍爲參酌成法而變通
之務期奉行可久查朱子所行保甲之法原以十家爲
甲甲推一首至前明王守仁在江西時行十家牌法其
法亦只村自爲保寔令十家編排的實自糾甲內之人
一家爲匪九家連坐不查戶口不諉胥役立法甚簡而
取義甚賅近年張觀察名經田者仿行於黔著有成效
亦以民苗雜處設法變通曾經稟准通行有案核與歷
頒成法並無違背而行于粵之邊郡似尤民所樂從應
請定以十家合爲一牌每牌十戶挨次排列止書各戶

家長姓名某項生理統共丁口若干人而不瑣瑣於男婦大小並於十家牌內開明十家共列一牌共出一結各家輪流查察內有一家爲匪及窩留爲匪之人九家公同舉報倘敢狥情隱蔽受賄遮瞞一經事發九家同坐其牌以木板裱糊每月挨家輪流懸掛週而復始如村戸畸零不等者或三五家一牌或七八家一牌卽多至十四五家仍爲一牌悉從其便若十五家以上至二十家卽皆分作二牌惟郡屬村戸既稀道里遠近不一勢難拘定十牌十甲之數一例分編應酌定爲十村設一甲長十甲設一保長或村有多少懸殊並限以里數

主之甲長以二十里爲度保長以五十里爲度俾易往返不致麇時更可就近互查免滋詐索如此則聲氣既聚糾察愈專十戶共牌只須一人執筆可任九家之事而保甲分里管段又酌遠近之適中半日往來無難兼顧其通邑所用牌結紙張既減去十分之九俱由該州縣捐資自辦費極無多一切差保人等自不得收民片紙分文有所弊混省繁文而節縻費官民兩得其便當更樂爲况現奉

憲臺詳議札飭責成按季抽查由是取一牌而可知一村取數牌而遍知一甲既無待逐戶挨查顧此失彼且可以

立察其填牌之有無隱漏編戶之有無混淆舉目皆知
更為抽查簡易之法至於編造繳換等事多一人經手
卽多一人擾累多一番徃返亦添一番開銷今既不用
胥差並當酌隨民便查所屬州縣有撥里設立催糧各
冬頭及管推稅契糧書等役每月各須赴官應比應郊
彼等居處在鄉與民相習不致如差役藉端嚇索而又
熟悉附近鄉村應請於編查之初由該州縣照依原奉
章程捐備空白循環册及十家牌結卽於冬頭或糧書
等毎月赴卯之便分別所管地方核計某里某啚共有
大小若干村約須牌結循環薄各若干本張當堂發給

領回轉交現舉專管保甲之保長由保長轉發甲長由甲長轉發牌頭牌頭即查照十家爲牌登註戶名清楚照填於循環二册並彙寫十家連名甘結即日送還甲長彙齊轉交保長該保長於收齊之後即親身賫送繳官該州縣隨到隨核將循册甘結存查一面立將環册及十家牌適硃鈐印當堂仍給領回毋許書役等片刻措留俾有覊候賠累至同牌之戶如有一家遷移及戶長事故始分別於牌內改註仍隨時報知甲長註明環册一如成法惟秋後復編繳册若必令保甲執册親賫繳驗及牌戶稍有事故改註即飭換繳門牌則繳册有定

期換牌有定則仍恐奸徒藉公營私必致保甲增繳册之盤纏差胥索換牌之規費增一虛文多一實害要之編查既定辦理是否切實鄉里有無效驗全在地方官用心化導留意鈎稽或於勘驗之後抽查於不及提防或於聽斷之餘旁詢於附近隣里對查循册孰實孰虛輕則嚴諭以申飭重則提案而責究示以懲勸民自知遵若惟有始無終一查了事則雖月繳環册日換門牌徒事紛繁究亦無裨實政並請嗣後每年秋後編繳環領循即令甲長屆期彙送保長仍附冬頭糧書等之便代為繳換帶還其十家牌定以三年為限如有改註

事多模糊不清者即飭於換册之時呈送查驗另換新牌一紙隨册給還其並無事故改註者槪不必紛紛更換若是則一次查造祇須保長赴邑一行通計一邑之大所遣動者不過一二十人其餘並無勞擾而門牌三年一換不經差擾不事查催官無親歷之勞民無毫釐之費戶口不須瑣屑村落各自編聯事之簡便如此而節省又如此庶官民皆無可藉口事在必行斷不致再有紛餙因循仍滋流弊惟自查造以至換册保甲長究有彙查奔走之勞且隨時稽察地方責成尤重應飭各州縣確愼舉充祇令專司保甲之事平時優加體恤乎

以顏色其地方錢糧命盜詞訟差徭等事概不僉遣該
保甲果能於三年之內任勞任怨實力奉行並無錯漏
戶口及戶丁犯法等事卽由州縣酌予花紅給匾獎賞
匾內擇用明潔勤奮誠實能幹等字樣書錫二字以旌
其閭而示之勸倘有容隱滋事需索把持亦卽治以應
得之罪使人知儆此外有與保甲相輔並行者如村甲
內有庵觀寺院僧道住持聽附本牌之末及猺獞與民
錯居一體附編開載其深山聚處不輕出入仍歸尙長
管理並城市分段設甲歇店巡環立簿廠棚責成工主
墾種責成業主巖洞應封者封之流民應逐者逐之仍

令恪遵條教據實遵辦毋稍貽悮至團練望樓一事卷查
前署憲卡翟會稟飭行內開設立樓垣費多則事有難集
搽弄利器習慣則患亦滋生飭令嗣後每村家置竹梆
銅鑼早夜敲擊以為巡警等語是事有窒碍
前憲早已計料及之卑府一隅之見除有已經辦理實
在有舉莫廢仍令遵行但須嚴飭不得搽弄利器滋事
並所屬州縣內實有大村巨富及盐商當店防範宜嚴
聽其自置望樓器械圍築墻垣雇用出力貧民住樓支
更擊柝不必官為限制外其餘零村散處茲既認真編
查保甲飭令各戶互自為保渙者使聚踈者使親十室

同膃一村洽比並當剴切勸諭教以守望相助憂樂相
關平日和親有事救援此雖不必另言團練而團練即
在其中仍令各於村內共置一鑼一梆每至昏夜起更
群擊鑼梆三次以資聲勢其或力難置鑼即以兩梆相
擊接應一時齊發四境同聲既可知時候之早晏亦可
使外來匪徒聞聲知警畏入其村似亦便於守衛之一
法所有前行示捐望樓器械之處概請停止如有差保
仍藉科派即指名拏究以恤民力以安民心卑府自知
所見拘墟因奉
憲臺諄誠摯念會議責成稽查竊慨玩習相仍良模罔

效思有以挽回定在確切力行故特詳述利弊縷陳酌
量變通之法伏望
訓示施行如蒙
允准卑府即當另發簡明告示剴切曉諭先期矢信於
民然後決與各牧令統限一月內完結稟報不許保甲
漏開一戶亦不許書役需索一錢卑府再行定期親詣
抽查如有辦理不實即將該牌甲保長傳案責懲勒令
補填清楚飭知各該州縣查照註册由府請將查察不
力之該州縣分別記過以嚴考覈抑卑府更有請者思
郡所屬一土州一土縣一土州判九土巡檢轄地寬廣

土民以數萬計其性情樸陋愚而多疑畏事者多滋事者少其尋常刁控不法大都漢奸勾引主使所致若以保甲之法責與漢民一例同編給牌取結彼土司官既多不識政體不甚愛民而所轄之土目頭人遇事欺民平日已不堪朘削此法一行勢必比戶勾查公然爲害從前土田州等處卽曾控訐有案其擾累殆有什倍於流官胥吏者現在漢民既從簡易土民應請簡而更簡查各土司地方向分幾處城頭如內地之某鄉某里每城頭設一頭目復有分設頭人而田州及陽萬地方撥里分都里有里目都有保正凡土官一切查催事件悉

惟土目等是問應即札飭該土官按照各里各城頭捐
備循環冊各二本分别給發或令里目協同保正或令
頭目協同頭人責令將所管戶民載入冊內由頭目等
出具不敢容留漢奸及為匪窩匪甘結其冊一存土目
一繳土官每年繳環領循一如漢民之法俟查辦完竣
由該土官將所管某里某城頭土戶若干及承管土目
等姓名稟府備案不設門牌不舉保甲而該土民之戶
口籍業均已瞭然在虛文可省於科條而查察不離於
頭目派累無所託專責有所歸齊其政不易其宜似可
少免紛擾矣再現行編查一事不過遵循成法酌從簡

易仍與秋後復編事同一例如奉

批允舉行之後祇令各州縣將辦竣緣由通禀查核請

槪免其呈送摺册以省繁費是否允協合併陳明伏候

憲臺核批示飭遵仰惟

垂鑒除禀

藩臬道憲外

藩憲潘　批所禀各章程俱屬妥協可行仰候

臬司會核轉詳俟奉批再行飭遵該守辦公素稱明幹

有爲實心任事此禀洞中利弊各該牧令能認眞遵辦

可收事半功倍之效而免需索滋擾之弊實屬通達事

體可嘉之至仍候

臬司 右江道 批示繳

臬憲葉 批據禀改議保甲團練章程剴切洞達簡要易行誠屬因地制宜之法業經會同

藩司詳蒙

撫憲批准在案除另檄飭遵外仰即查照新定章程迅速飭屬妥協辦理毋遲仍候

藩司批示繳

本道憲莫 批據禀已悉仰候

兩司會核批示飭遵繳

藩臬憲會議准行保甲團練簡易法詳文附

爲詳請示遵事案據思恩府知府李彥章稟稱案奉飭行章程　云云等情到司據此本司等查保甲之法原保弭盜良規但所以衛民非以擾民乃地方官奉行不善率委之吏胥里役以致需索繁多擾累百出追吏役等飽其慾壑不過具文了事是徒有保甲之害而無保甲之利且粉飾欺朦苟且塞責與政體亦大有關係茲據該府體察情形剴切指陳稟請改從簡易倣古人成法十家共置一牌互相稽察男婦戶口只書戶長姓名及每戶統共人丁若干口餘不必瑣悉臚陳並門牌

三年一換以省煩擾之弊所議洵屬通達事理洞悉民情于邊地尤爲切當自應俯如所請以去煩苛而收實效至編造之法由冬頭糧書具領及州縣官于勘驗下鄉之際隨便抽查並酌給花紅匾額分别賞罰之法均屬妥協周詳亦應如所稟辦理惟冬頭糧書亦恐有需索之弊應令該管州縣加以稽查之法有犯必懲自更益臻周密其團練難行一節該府因地界邊隅恐滋流弊其言亦卓然有見自應毋庸辦理以昭慎重至土司地方民俗迥殊若與漢民一例編查保甲該土官曉事者少必致紛擾多端流弊更大該府稟請責成土目頭

人查明戶口人數取結存案毋庸給發門牌設立保甲長名目亦屬因地制宜之法第土司頭人向多骫法亦應嚴加約束毋令勒索分文其揩冊不必呈送一節前奉須保甲事宜已有章程自應循照辦理總之有治人無治法應飭令該府督率各屬實力奉行毋致始勤終怠庶地方日就肅清而愚氓烝烝向化以仰副

憲臺綏靖邊隅之至意再該府所議雖祇就思恩一郡起見而通省中州縣情形或有類此者亦當仿照辦理如蒙俯允本司等容通行各府州縣就各處情形酌量辦理是否有當理合會文轉詳伏候

憲臺察核批示飭遵

道光七年三月十八日奉

督部堂李　批據詳思恩府籌議體察所屬情形酌改

編查成法以歸簡易甚合時宜仰即轉飭該府督率認

真遵辦毋致始勤終怠仍具文並通飭各州縣如有

地方情形相類者一體仿照辦理務期事有實效民無

紛擾方爲妥美仍候

撫部院批示繳

道光六年十二月初六日奉

撫部院蘇　批如詳轉飭各府州督率所屬各就地方

情形酌量妥辦稟報察奪仍候

督部堂批示繳

移百色廳就近編查廳城兵民保甲文

爲詳請示遵事道光六年正月十一日奉

臬憲札開道光六年十二月初六日奉

撫部院蘇　批本司等會詳該府所議保甲團練事宜

緣由奉批如詳轉飭各府州督率所屬各就地方情形

酌量妥辦稟報察奪仍候

督部堂批示繳奉此合就飭行備牌仰府即便督率所

屬各就地方情形是否可行酌量妥辦據實稟報察奪

餘照抄詳內所議遵辦毋違計抄詳一本等因奉此除

刊刻告示並擬發牌冊結式札飭各州縣遵辦外查百

色城廂內外兵民雜處客商繁多雖地隸土田州其情形究與各里土民逈異合將告示牌册結式一並移知查編爲此合移貴廳請煩查照抄詳內所議章程郎將移來告示張貼曉諭凡在城廂內外客商兵民統由貴廳就近飭令一體舉充客長牌甲編列十家牌册務於二月二十日以前辦竣移覆以憑彙齊禀報至各土司民情愚樸食土世居實與漢民地廣人稠户殊籍異必須區分綜核者大有不同現在漢民保甲既經酌從簡易各該土司自須因地制宜簡而更簡現經儆府飭令各土屬土司祇就所管某里某都及幾處城頭責成所

設里目保正頭目頭人由該土官捐備紙張裝釘循環
册各二本分别給發將某里某城頭共某某人户若干
家並男婦丁口若干人逐一查開的實載入册内卽由
該土目等出具不敢容留漢奸爲匪窩匪甘結不必逐
户懸牌亦不挨家取結俟册造齊全呈送該土官查核
盖印循册存署備查環册發交土目収執除所管人户
或有搬遷出境入境令於册内隨時註明其餘丁户婚
嫁均不必紛紛查改其土司境内或有寄籍客民及廠
榷工丁向本設有墟長客長仍飭該土官另發循環册
各令編造查開取具十家互保甘結仍由墟長客長等

轉交該處頭目彙繳每年秋後繳環領循一如成法庶流民土籍稍有區別尤便稽查至各土境庵觀寺廟本屬無多如有僧道住持仍一體附册開載除徑札飭令辦理外合並移明希卽轉飭承審之土屬土司趕緊妥辦稟報再此次舉行章程係經𠋫府酌定期於除積弊而收實效稟奉

上憲議准飭遵地方官僅止捐辦册頁紙張需費無幾固不得籍有科派而該客長保甲及土目頭人等不過一查開繕册之勞更須嚴禁詐索滋害俾免擾累實爲

公便須至移者

札發各州縣新定保甲牌册結各式文

爲詳請示遵事道光七年正月十一日奉
臬憲札開道光六年十二月初六日奉
撫部院蘇　批本司等會詳該府所議保甲團練事宜
緣由奉　批如詳轉飭各府州督率所屬各就地方情
形酌量妥辦稟報察奪仍候
督部堂　批示繳奉此合就飭行備札仰府即便督率
所屬各就地方情形是否可行酌量妥辦據實稟報察
奪餘照抄詳內所議遵辦毋違等因奉此除現擬刊刻
簡明告示另行印發外所有抄詳並十家牌式及結式

冊式合先札發遵辦爲此札仰該縣州官吏即便查照詳
內所議事理先期捐備牌結冊頁紙張並刊定牌式結
式聽候本府札發告示趕限辦理毋違切切

計抄發全詳一本十家牌式結式冊式各一紙

札飭各土官遵行保甲簡易法

為札飭遵辦事案照保甲之法所以除暴安良惟期簡便易從毋事虛文擾累本府蒞任兹郡查悉從前奉行保甲章程多滋流弊現已酌議十家同牌共結之法稟奉

上憲議准通行除飭流官州縣遵辦外惟查各該土屬民情風俗既皆異事而易啟猜疑且食土世居叉復著籍而鮮有移徙故與漢民之地廣人稠戶殊籍異必需區分綜核者情形大有不同現在漢民保甲既經酌從簡易各該土民自應因地制宜簡而更簡查各土屬暨

各土司所轄地方向分某里某都及幾處城頭各設有里目保正並頭目頭人等項名目土民隸籍其中凡某人某戸作何生理執業皆其素所知悉此次查造之法即着各該土官按照所管各里都城頭地段先期捐備紙張裝釘循環册各二本分別給發或令里目協同保正或令頭目協同頭人各將某里某城頭現在人戸若干家每戸男婦丁口若干人逐一查開的實於循環册內挨次寫載並即由該土目等出具不敢容留漢奸為匪窩匪甘結不必逐戸設牌亦不挨家取結俟册造齊全後該土目等即將呈送該土官查明盖印將循册存

署備查環册發交該土目等收執如日後所管人戶或有搬遷出境入境卽於册內隨時註明其餘本戶丁口生故婚嫁均毋庸紛紛查改以免煩苛其寄籍客民除隻身流寓及來歷不明之人應卽驅逐外如現有家室已經安居落業並各村墟內廠棚工丁及庵觀僧道住持人等其人戶究屬無多著一體免設門牌以杜騷擾而歸畫一卽由該土官另行捐發循環册分別責成墟長客長等逐戶查開毋許抗違遺漏仍各取具十家連名甘結如敢爲匪窩匪事發連坐凡在墟塲街市客籍較多之處卽按照十家共出一結連環互保其零星散

處或三五家至十餘家仍令連名共出一結統由該處墟長客長轉交該土目連册繳送其循册存署環册發交查改一如前法至每年秋後仍令繳環領循以凴稽核後編抽查但須隨繳隨領毋許稍有措留需索至編查造册給牌取結該土官僅止捐辦册頁紙張需費無幾固不得藉有科派該土目頭人等亦止查開繕册之勞更須嚴加查禁約束毋許稍有詐索滋擾致使安民之法轉以累民如此分別清釐流土既有區別查察各有專司虛文可省於科條編氓無虞于擾累行之既久自有實效除移明該承審百色廳除札飭該承審武緣縣遵照轉飭外合行給

發告示徑札趕辦札到該土司州縣即便遵照立將發來告示照抄多張遍貼各里各城頭曉諭實力舉行統限二月二十日以前查造完竣稟覆赴府以憑彙齊稟報按季親詣抽查此次奉行章程係經本府酌籌定議稟奉上憲會詳飭行非比往昔具文虛應故事該土官務各立矢信誠認真從事毋許稍有遺漏容隱以及藉索滋害有負本府一片苦心倘敢陽奉陰違定予揭參提究決不寬貸至辦理完竣後該土司州縣祇將辦竣緣由據實稟報查核並可毋庸造送册籍以省繁費凛遵毋違

檄飭土田州札尾附

至百色地方雖隸該土州境內惟該處兵民雜處商賈繁多其情形既與各里土民不同自須因地制宜編牌取結若由該土州辦理恐營兵客籍等不無抗違所有該處城廂內外客商兵民本府移知百色分府就近編查舉充客長牌甲編列十家牌册悉照現行流官州縣章程以示區別其餘各該里土民清册仍俱由該土州趕造稟報凜遵毋違

咨移各鎮營各飭兵丁一體編入保甲文

爲咨呈移知事竊照編查保甲所以清理戶籍實爲除匪安良善法惟查原奉章程逐戶列牌挨家取結且需註載婦女年歲名氏詳細入牌並有繳冊領牌差胥訛索等弊未免紛繁擾累徒事虛文鮮有實效茲經敝府酌就地方情形議行十家牌簡易之法現已稟奉

藩臬二憲會詳批准照辦其法定以十家合爲一牌逐戶挨次列寫上書各戶家長姓名作何生理下註戶內丁口統共若干人如小村不及十戶或多至十五戶者均聽列爲一牌其牌每月挨家輪流懸掛門首並同牌共

出一結互相查察不得為匪窩匪一家有犯各戶公同
舉報如有徇隱事發連坐所有編查需用牌結册頁紙
張均飭該州縣捐備齊全給發赴城應外之冬頭糧書
等領出轉發所舉之保甲長分别查填清楚送縣盖印
給領懸掛並不經差役胥吏之手決無絲毫派累於民
除刋發簡明告示並擬定十家牌册結式札發各州縣
遵辦外惟是此次議從簡便期歸覈實無論紳衿兵民
諸色人等均須一律編查現已於告示內明白曉諭在
案第查從前舉行舊章各營兵丁多以名列營伍不肯
與民一同編列殊屬非是卷查道光二年前署柳州府

張以提標兵丁向不編列保甲曾經會同合城文武籌畫事宜將城廂內外兵丁分團設甲按戶編造由府督縣約束稽查如有抗傲移營革究等情亦奉

大憲通飭遵行各在案現值立法復編伊始誠恐各兵丁相仍舊習或有違抗相應移明為此合咨移

貴鎮

貴府請煩查照轉飭各員並分飭該管兵丁一律遵照聽候地方官編列保甲給牌取結毋使抗傲滋事俾得咸有稽查而免窩縱實為公便須至咨移者

某州縣　鄉圖第　甲保甲循環冊

州縣正堂　為遵行保甲十家牌事案奉
本府李　設立十家牌簡易之法稟奉
各大憲批准通行合行發冊飭填為此諭仰該保長甲
長即將現發循環二冊轉交各牌戶照所列十家牌一
樣填寫此次先將循冊彙齊赴州縣親繳其環冊仍交甲
長處收存如牌內有一家遷移及該戶家長事故俱隨
時於冊內改註嗣後每年秋後繳環換循一如成法毋
得錯誤揑混及扶同狥隱亦不可有挾嫌擾累藉端詐
索等事均各凜遵毋違須至冊者
道光七年二月　　日給

計開

鄉團里所第　　甲　　甲長　　保長

第　　甲　　村第　　牌實共　　戶

一戶　　年　　歲　　生理　共丁口　　人

二戶　　年　　歲　　生理　共丁口　　人

三戶　　年　　歲　　生理　共丁口　　人

四戶　　年　　歲　　生理　共丁口　　人

五戶　　年　　歲　　生理　共丁口　　人

六戶　　年　　歲　　生理　共丁口　　人

七戶　年　歲　生理　共丁口　人

八戶　年　歲　生理　共丁口　人

九戶　年　歲　生理　共丁口　人

十戶　年　歲　生理　共丁口　人

戶　年　歲　生理　共丁口　人

戶　年　歲　生理　共丁口　人

戶　年　歲　生理　共丁口　人

戶　年　歲　生理　共丁口　人

戶　年　歲　生理　共丁口　人

各州縣編查保甲十家牌連名結式

具連名甘結某州縣　村　等今於

與甘結爲遵行保甲十家牌事實結得某等　戶共領門牌一張按月輪流張掛互相查察如有一家爲匪及窩留爲匪之人某等同牌各戶公同首報倘有容隱事發願甘同罪其牌內或有搬移事故隨時改註不敢遺漏出具連名甘結是實

道光七年二月　日結

示諭各州縣地方遵行保甲簡易法

爲特行保甲十家牌之法以除積弊而收實效事照得編查保甲爲除匪安良善法乃歷年奉行已久竟仍鮮有成效者或由章程繁瑣官民反視爲具文或由流弊叢生差保恒資爲利藪故處處有安團派累之怨年年有需索門牌之規安民者轉以擾民實非立法本意本府於所屬地方悉心體訪深知民情不便特思酌量變通設立十家牌簡易之法現已稟奉

大憲議准通行除飭各州縣遵辦外合將現辦事宜列條曉諭爲此示仰闔郡紳耆軍民諸色人等知悉務各

遵照後開條示實力編排總以十家共列一牌共出一結不查戶口不委胥差易知易從最爲簡便本府力求實濟非託空言且事可永遠相安有利無害故茲示諭約以必行所有簡易法俱列於左

一立十家同牌之法以省繁文也向例各戶各領門牌必列其全家男婦丁口名氏事本紛繁今定十家一牌自一戶至十戶挨次順列只寫家長姓名某項生理統共丁口若干人不必將男婦大小瑣碎查開但牌內遇有外籍客民當註明某州縣人以便查考其小村人戶畸零不等者自二三家起至八九家止俱作一牌卽至

十四五家亦仍爲一牌惟十五家以上至二十家即分兩牌其牌用木板裱糊按月挨家輪流懸掛週而復始不得遺失並著每牌出具連名甘結由甲長轉交保長隨冊彙繳牌內有一家爲匪及窩留爲匪之人九家公同首報倘敢徇隱事發九家同坐其甲長保長知而不首罪亦如之嗣後如遇首告匪徒之案該州縣立即拘拿訊究毋得反將秉公首報之人稍有拖累如犯法之戶敢向結怨尋釁審實從重究辦至此次編設十家牌乃本府覈實之意與年年逦套者不同斷不許一家遺漏無論紳衿大戶及兵役人等俱應照例入牌如有把

持違抗之人許該保甲牌戶指名稟究倘有一家不共
列牌不共出結必係匪類奸民畏人查察該保甲牌戶
卽一面開作另戶列於冊後一面據實首報以憑拏究
如容隱揑混一經查出除將該本戶究治外其不報之
保甲牌戶一併坐罪

一公舉保長甲長以專責成也查實行保甲必以舉充
保甲長爲先惟郡屬村多戶少若拘定百家爲甲千家
爲保則相去遙遠勢必窒礙難行今定爲十村設一甲
長十甲設一保長或村有多少懸殊卽計里數爲限至
遠者甲長以二十里爲度保長以五十里爲度旣易稽

察亦便往來著於示諭後限五日內速由紳耆等公舉誠實公正衆所推服之人報官承充註冊該保長卽將現發牌冊散給甲長由甲長散給牌頭該牌頭約齊各戶塡牌出結照塡循環二冊卽日送還甲長彙齊轉交保長該保長收齊之後卽親賫門牌冊結繳官該州縣隨到隨核將循冊甘結存查其環冊及十家牌俱當堂過硃鈐印立給領回不許書役等勒索規費指留片刻以示體恤

一初發牌冊由冬頭糧書領回散給以杜差擾也查保甲之獘多一人經手卽多一人擾累多一番往返亦添

一番開銷本府今已禁用胥差力籌隨地便民之法查各州縣有冬頭糧書等役每月應卯此次所發牌結循環冊卽於該冬頭或糧書等應卯之便飭就所管某里某團大小若干村須牌結循環冊各若干本張飭令領回轉交現舉之保長遞發甲長牌頭以從順便至將來每年秋後復編繳環領循仍令保長收齊仍附各冬頭糧書等之便代為繳換帶還不許推諉如保長情愿自赴繳換者仍聽其便

一定三年更換門牌以免煩擾也向來每年秋後復編俱發門牌一次擾民實甚此次編查既定便可一勞永

逸除循冊繳官外環冊即令甲長收存日後惟遇各戶
家長事故或同牌內有一家遷移出境或一家新搬入
境應於牌內分別改註增刪由本戶隨時報知甲長註
冊塗改其餘丁嫁娶事故俱免紛紛更改每年秋後復
編該甲長務於三日前再將甲內戶口牌冊是否相符
換查一遍如仍附交冬頭糧書等之便繳環換循至十
家牌則以三年爲限如果舊牌添改模糊著於換冊時
呈驗該州縣即換新牌一張隨冊發還凡三年內並無
移徙事故並丁口總數亦無更改者概准照舊懸掛以
示區別

一鼓勵保長甲長以昭奬勸也查保長甲長專辦保甲原與地方保正不同既以安分之人承充該州縣應加優待毋使下役爲伍其地方錢糧命盜詞訟夫馬差徭供應一切概無干涉永無後累地方官亦斷不以他事傳喚當差如果該保甲能於三年之內任勞任怨並無錯漏戶口及戶丁犯法等事該州縣即以花紅匾額奬賞倘有受賄容隱及挾嫌誣陷藉端需索挾制良民亦即立行斥退治以應得之罪

一革除門牌陋規以去積蠹也每年散發門牌胥役等索費爲常殊堪痛恨此次牌冊紙張已由該州縣捐資

自辦不令差役經手所有門牌陋規卽自本年爲始永遠禁革卽保長甲長冬頭糧書亦均不許藉索片紙分文稍滋擾累本府屢懲蠹害衆所共知如差保各項人等仍敢勒索錢文定行嚴拏重辦

一城市仍分段設甲以便稽查也城廂人烟稠密原有分設總甲之條應如舊制惟其牌出結換冊亦照現行章程至每甲則酌遠近段落或數十家或一百二三十家各就其便毋庸拘定百家爲甲以免格礙

一每村共置鑼梆以資防守也本府每見團練望樓一事行之不得其法流弊更多今新定章程除大村墟市

及塩埠當店有原置望樓圍柵欄備器械雇更夫者聽其自便仍不許差保干預斂派外其餘各處村堡只令每村共置一鑼一梆每至昏夜起更羣擊鑼梆三次以杜聲勢若小村力難置鑼卽置兩梆亦可互擊接應所有從前舉行團練勸捐望樓器械之處著卽停止如有差保人等仍藉安團名目催辦科派許卽稟究如此旣防盜賊又省民財若仍不肯辦理認眞查出定行提責本府現只實行十家牌之法卽周禮所謂使之相保使之相救雖不必另設練丁團長而實寓團練於保甲之中爾等當知同牌同甲最近最親果能洽比其隣自能外

禦其侮總在齊心協力聲息相通居則對宇望衡夜則鳴金擊柝平日既和氣聯絡遇盜必救援爭先方合於古人八家同井守望相助之意倘再視爲衆事漠不相關至於被盜者失財連坐者受累悔將無及各宜慎旃以上各條法皆至簡事不難行本府體以實心期與地方有益既爲剔除諸弊減省繁文斷不許少報一村漏開一戶爾等務各編排的實永遠遵行切勿覬望畏難有負本府除莠安良之至意凜之特示

潤經堂自治官書

各州縣編查保甲十家牌式

某州縣正堂　爲遵行保甲十家牌事案奉

本府李　設立十家牌簡易之法稟奉

各大憲批准通行其法定以十家共列一牌共出一結合行遵發十家牌編查爲此諭仰該村牌戶等查照填註即將木板裱糊此牌按月挨家輪流懸掛門首互相查察若日後牌內有一戶遷移及該戶家長事故俱隨時添註塗改如有忤逆凶惡會盜搶竊賭博姦拐私梟私鑄及窩藏匪類容留逃犯等事即責成同牌之戶公同首報倘敢狥情受賄容隱不報事發照例連坐不貸須

至十家牌者

計開

村　第　牌　牌頭

甲長　保長

一戸　年　歲　生理　共丁口　人

二戸　年　歲　生理　共丁口　人

三戸　年　歲　生理　共丁口　人

四戸　年　歲　生理　共丁口　人

五戸　年　歲　生理　共丁口　人

六戸　年　歲　生理　共丁口　人

七戶　年　歲　生理　共丁口　人

八戶　年　歲　生理　共丁口　人

九戶　年　歲　生理　共丁口　人

十戶　年　歲　生理　共丁口　人

戶　年　歲　生理　共丁口　人

戶　年　歲　生理　共丁口　人

戶　年　歲　生理　共丁口　人

戶　年　歲　生理　共丁口　人

戶　年　歲　生理　共丁口　人

如小村只有二三家至十五家止俱准作爲一牌

若至十五家以上至二十家者卽分兩牌不得遺漏

錯誤無論鄉宦紳衿及兵役諸色人等俱照例列牌

違者查究

道光七年　月　日給

實發　團鄉所里　村　等　戶輪流張掛

此次保甲一切牌結循環冊紙張俱係本　捐辦

倘有書役保正及各項人等需索錢文拿重究

示諭十二土司目民遵行保甲簡易法

為示行簡易保甲事照得保甲之法所以除暴安良惟期簡便易從毋事虛文擾累本府蒞任茲郡查悉從前奉行保甲章程多滋流弊現已酌議十家同牌共結之法稟奉

上憲議准飭行除飭流官州縣遵辦外惟查各該土屬民情風俗既皆畏事而易啟猜疑且食土世居又復著籍而鮮有移徙實與漢民之地廣人稠戶殊籍異必需區別綜核者情形大有不同現在漢民保甲既經酌從簡易各該土民自應因地制宜簡而更簡查各土屬暨

各土司所轄地方向分某里某都及幾處城頭各設有里𠃍保正並頭目頭人等項名目土民隸籍其中凡某人某戶作何生理執業皆其素所知悉此次查造之法即著各該土官按照所管各里都城頭地段先期捐備紙張裝釘循環冊各二本分別給發或令里目協同保正或令頭目協同頭人各將某里某城頭現在人戶若干家每戶男婦丁口共若干人逐一查開的實於循環冊內挨次寫載並即由該土目等出具不敢容留漢奸為匪窩匪甘結不必逐戶設牌亦不挨家取結俟冊造齊全後該土目等即時呈送土官查明蓋印將循冊存

署備查環册發交該土目等收執如日後所管人戶或有搬遷出境入境卽於册內隨時註明其餘本戶丁口生故婚嫁均毋庸紛紛查改以免煩苛至寄籍客民除隻身流寓及來歷不明之人應卽驅逐外如現有家室已經安居落業並各村墟內客商舖戶廠棧工丁及庵觀僧道住持人等人戶究屬畸零且各設有墟長客長原易稽查著一體免領門牌俾無騷擾而歸畫一卽由該土官另行捐發循環册分別責成墟長客長逐戶查開毋得違抗遺漏仍各取具十家互保甘結如敢為匪窩匪事發連坐凡在墟場街市客民較多之處卽按照

十家共出一結其零星散處或三五家至十餘家仍只連名共出一結統由該處墟長客長轉交該土目連册繳送其循册存署環册發交查改一如前法至每年秋後仍應繳驗環册另領循册循去環來週而復始如此分别清查流土既有區别查察各有責成虛文可省于科條邊氓無虞于紛擾行之以久自有成效至此次舉行章程係經本府酌籌定議煞費苦心各該土官僅止捐辦册頁紙張需費無幾不得藉有科派該土目頭人等更不許藉此査開繕册之勞稍事詐索騷擾致有累民除札飭各土官等認真遵辦外合行出示曉諭爲此

示仰該土目頭人及諸色人等知悉卽各遵照指示章程實力奉行分别查開造報各圖安保身家毋得爲匪窩匪如有土民不肯列册客居不肯互結卽係匪類奸民立卽告官究逐至現在此舉法歸至簡事必認真旣與向來辦法不同務在除陋規而收實效該土目頭人等倘敢籍端訛索分文一經訪聞或被告發本府定卽嚴拿究處立斃杖下但不得各有挾嫌誣陷並干查究各宜凜遵毋違特示

稟新編保甲十家牌抽查完竣

敬稟者竊照編立保甲一事卑府前因到任以後體察民情親見年來歷次編排久無實濟一由於弊多而未革一由於法密而難行故吏役得以為奸士民反以為累而地方官欺朦粉飾更屬名實不符是以酌議變通請定十家牌簡易之法稟奉 兩司

憲臺 兩司憲 詳奉

憲臺 撫憲 批准通行仰見

大人勤求實政俯采芻言准於安良弭盜之中酌寓隨地便民之法卑府曷勝敬服遵即鈔錄原詳並擬發牌

冊結式分別札飭各州縣勒限辦理去後卑府復念章
程雖已簡便陋規雖已革除但事欲久遠相安自必當
愼行於始法既從新審辦尤必須示信於民卑府先於
書院課士與訟庭折獄之餘及下鄉勸興水利之便豫
先詳悉勸導約以必行各士民等漸知簡便不苛甚爲
踴躍嗣又自撰簡明告示刊發多張飭於各州縣大小
村墟徧行張貼於是家喻戶曉益以卑府所言爲不欺
惟溯查前此歷次造報之時各處營兵多不聽編入甲
即紳衿等亦各從違不一以致覈實爲難此次所議章
程既已力求簡便總在知戶丁之實數責守望以同心

既不許胥役需索一錢更不許保甲漏開一戶故於告示內明白指飭不論紳衿兵役一體編排並分別移會各營員飭令兵丁等照例聽候編查俾免參差藉口但卑府細思此舉原與年年通套不同輿情旣各樂遵編戶尚易得實節牌冊紙張又已減去十分之九各州縣捐資有限斷不至以此累民然猶慮胥差保甲人等或仍以需索門牌規費視若固然陽奉陰違不成事體特於彰明檄諭之外另又剴切示禁加以密訪嚴查稍有風聞即行究詰各州縣俱各認眞禁約實無敢向索片紙分文積弊一除似爲可信至府屬土司境內谷里各

城頭土民現在造冊取結事宜更議簡之又簡亦已另
發告示分別飭遵惟查百色廳城雖在土田州轄境而
城廂內外漢土雜居地當水陸之衝最關緊要且又民
多客籍兵隸鎮標每恃官役漢民往往不聽土官約束
其情形實與各里土民迥異固必須使之互結同牌若
仍歸該土州地方官責令編查勢旣呼應不靈且恐假
手土目徒滋擾累卑府因思該土州原歸百色廳承審
當即鈔錄稟詳及牌結冊式移會現署同知景丞即將
廳城內外居住之客商兵役人等悉由該廳就近核實
編查一切舉充保甲分給牌結俱如各州縣查辦之法

另行出示曉諭商民兵役不許違抗並一體嚴禁書差需索以便邊民此又　卑府　酌於因地制宜之中更謀就地論事之意似可不背成法有裨地方茲討奉文以後一月有餘已催據各廳州縣陸續編查完竣除百色廳城牌甲各戶只係土司境內一隅中之一隅仍歸另冊存記外所有武緣賓州上林遷江四州縣俱皆查照現發章程捐備牌結冊頁紙張分給冬頭糧書等領回散給挨各塡冊列牌出結趕辦齊全計自編牌以至繳冊始終不令胥差經手實無藉索留難情弊已據先後具報前來　卑府　核查各屬戶丁實較前此歷次所編人數

頓增數倍可見虛文既省比戶樂從官民均不煩難牌
甲果歸實在當此復編既定廵核正要認眞適屆春季
抽查於彙報尤爲順便爰即輕騎減從不動聲色於三
月二十日束裝起程先由府城站墟查起經過武緣縣
之止戈樂昌靖安各啚至淥艮塘出境順由上林縣思
隴墟一帶查至刁蒙堡又由賓州淥道塘起查至鄒墟
古趨遷江縣石陵三蕎等墟由上下里各冬查至十五
所而止沿途挨查牌甲實皆各隨村戶多寡之數自二
三家起至十四五家止俱合爲一牌處處張掛整齊其
登載丁口總數各項生理亦皆一一明晰按牌點戶一

目了然卑府猶恐偏僻鄉村間或編排不到每向窮村僻路繞道親查雖遇三五畸零概無遺漏凡查過各村戶口途中密用小冊存記核與各該州縣所編循冊俱屬相符且一路詢訪衿耆僉稱此次所發十家牌旣無瑣碎繁文又無絲毫破費人人不以爲累而以爲樂實在以遠可行書役等固未經手索規即保甲冬頭等亦無敢稍向需擾再三詰問異口同聲查訪情形似無瞞飾卑府仍諄切面諭保甲居民等告以此番簡易之法原爲民間弭盜安良起見旣禦民患又省民財總須各就同甲同牌相保相救時時糾查守衛即以寓團練於

保甲之中決不可容隱匪徒同干連坐亦[illegible]一時辦

法只顧目前察看士民等聽受歡欣俱各喜形於色查

現在地方雖尚綏謐一年以來並無命盜新案但隨時

隨地更須安益求安卑府惟有恪矢慎勤勉行教化且

將勸諭士民議立鄉約率同牧令力觀後效總期行之

以實持之以久斷不敢一查了事仍屬具文以冀仰副

大人除莠安邊移風易俗之至意所有卑郡編排保甲

十家牌完竣並親詣抽查確實緣由合將擬發告示及

牌冊結式一併抄呈稟報

憲臺察核示遵

（清）陸川李廷樟注

重刻區田編加注一卷

清同治四年（1865）平陽府署刻本

重刻區田編加注一卷

（清）陸川李廷樟注，清同治四年（1865）平陽府署刻本。

區田，即分區耕種的田地。古人將一畝耕地分爲多個區塊，縱横隔區而種，故名。區田法，又名區種法，傳説爲商初名臣伊尹發明。目前所知最早的文獻記載，見於西漢後期農學家氾勝之的《氾勝之書》。原書已佚，北魏賈思勰《齊民要術》轉引其部分内容。據《齊民要術・種穀》，可知區田法乃氾勝之總結當時關中三輔地區的農業生産經驗，而研究出的一種園藝式區種法。它把土地劃成很小的區域，挖出許多條溝坎，在各區域内實行深耕細作，等距點播，合理密植，多灌溉，多施肥，集中使用人力，加强田間管理，因而能夠達到很高的産量，可謂一種有效的抗旱高産耕作技術，我國北方旱作地區至今仍有沿用。

由於區田法有利於蓄水保墒、提高地力，故而頗受古代官員、農民的青睞，講解該法的圖籍亦層出不窮。僅就清代流傳至今的與區田法直接相關之圖籍而言，即有王心敬撰《區田書》、孫宅揆撰《教稼書》（一名《區田圖説》）、帥念祖撰《區田編》、凌霄撰《區田圖説》、潘曾沂等輯《區田法》、陳溥撰《論區田書》、馮繡撰《區田試種實驗圖説》等。

《重刻區田編加注》一卷，是清代衆多講解區田法之圖籍中較知名的一種。編注者李廷樟（1801—1878），字榕峰，廣西陸川人。清道光七年（1827）考中秀才，道光十七年（1837）舉人，道光十八年（1838）進士，歷任山東禹城、掖縣知縣，升授廣東羅定州知州，以軍功議叙知府銜，隨帶加一級，清咸豐八年（1858）選授山西沁州知州，大計卓异，升授平陽府知府。同治年間任湖南按察使、布政使等，官至從二品。同治十年（1871）致仕。

咸豐十年（1860），李廷樟任山西絳州知州。當時我國吸食鴉片者衆，絳州農夫因罌粟獲利豐厚，遂往往將原先種植穀物的良田改種罌粟，以致糧食價格猛漲。李廷樟哀民生之多艱，乃先刻『戒癮良方』廣爲傳播，又深入鄉野，大力推廣高産『區田法』，教鄉人棄毒種穀。同治四年春，李廷樟在前人編刻之區田法圖籍的基礎上，重加整理，逐條注解，纂成《區田編加注》一書付梓，一則進一步推廣此法，再則勸誡種植罌粟者。主要内容包括區田説、區田式、開做區田、量下籽種、揀留苗秧、耘鋤野草、結穗壅土、不必擇地、不用牛犁、平時積糞、澆灌以時、隨時可種雜物、養種法、乘時法、冬月種穀方等。

重刻區田註

同治乙丑仲冬月

重刻區田註

板存平陽府城內文寶齋刻字舖每本粉連紙價錢三十五文

平陽府署藏板

同治四年春予既刻戒癮良方檄傳本屬矣復思得一育
民之法以防旱而救飢偶檢
皇朝經世文編見農政門引齊民要術云湯有七年之旱伊尹
作區田法教民糞種負水澆稼而旱不為災嗚虖此非防
旱救飢之法耶何習民無行之者擬於官舍旁試種之以
為部民倡適河南許君汝濟奉　憲檄來平治兵遺予區
田註一帙簡明易曉且言在本籍初刻是書人多疑為誕
既而有試種者事易功倍計一畝所收以今市斗折之實
獲十六石自是倣行者日漸多是年冬同鄉陳君蔭盧官
陝過平告予曰前年道經河南沿途見田中粟穗大如碗

纍纍長二尺餘心甚異之問於農人始知卽區田法也予
聞陳君言益信許君言爲不誣竊思晉省山多地少民食
仰給關中近復以罌粟利厚占田過半市無高廩家鮮宿
儲致令米糧踊貴數倍往年哀此窮黎將塡溝壑一日進
老農之愿者而問之曰種罌粟一畝獲利幾何老農曰一
畝罌粟可易錢二十千予告之曰今有一法不種罌粟而
種穀其獲利過罌粟五倍汝願行乎老農曰人情趨利若
鶩苟有法焉使穀之利過於罌粟則人皆種穀矣誰肯畜
毒物以殺人造此彌天罪孽哉予因畫紙爲區田式取許
君所遺區田註爲之逐條講解老農始而疑旣而悟旣而

喜形顏色願歸以爲鄉人倡時予重刻區田註方竟事因

叙其緣起於卷端以告夫世之種嚚粟者

同治四年仲冬月穀旦西粤陸川李廷樟譔

同治四年仲冬月穀旦[illegible]

敘其緣起於卷端以告夫世之續譜者

[illegible]人合譜[illegible]田吉士貞謹[illegible]

區田編加註目錄

地多之戶歲種一二畝可以防旱地少之戶可以救窮

區田說（凡農政書內均載區田方此刻所說是清楚鄉間易洞、）

湯有七年之旱。伊尹制爲區田。教民糞種。負水澆稼。歲不爲災。其法不論田之美惡。（不論地之好歹、全靠糞力、）不計地之多寡。不須牛犂之本。（省許多農器、用不着牲口、並）不用傭工之費。（不必雇人種、）但竭一家男婦之力。每區一尺五寸之地。可收穀七八升。（穀卽北方小米、南方或謂稻爲穀子、此穀非稻、）大旱減收亦得三四升。積算每畝六百五十區。（古一步寬百步長爲一畝、今一步寬二百四十步長、爲一畝、古百畝、今四十畝、）可得穀五十餘石。大旱減收亦得穀二十餘石。一畝（今一畝古二畝多、）所得便可養活一家矣。田多有力之家。播種常穀之外。量種區田一二畝人工大、不能多種、旱可慮、不可不少種、設遇大旱區田有收終可免於饑窘至貧難無地之民貧本處貧民、難逃來難民、水邊棄地山畔荒原隨處便可開做一家五口止種一畝便可足食家口多者隨數加增少者兩戶三戶合種一畝或分區各種男子借以力作婦人童稺可以分工益以人力盡地利補天工不論雨澤之有無而羣安耕播不費天家之補助而共慶豐盈眞禦旱濟時之良法也其開區種植等法繪圖臚列於左

石是倉石可抵常田三十六畝而所費工本一畝止抵六畝

古制、積黍二萬四千粒爲一升。今之倉升三倍之。古制、一黍爲分。十分爲寸。十寸爲尺。夏十寸爲尺。殷九寸爲尺。至於周、則八寸爲尺。八尺爲步。嗣六尺四寸爲步。嗣六尺爲步。今丈量地畝、五尺爲步。每尺較木匠所用之尺、約加一分。而各處量地尺步大小。久不一。律總應以部尺爲準。

黍用秬黍之中粒黑色黍也、詳書經舜典同律度量衡註、並字典秬字註、咸豐七年河南許州紳士陳氏子勤試種區田桌面大兩方約八區共收小米穀市斗二斗一畝地除不種之外應種六百五十區以陳試種八區二斗計算一畝應收穀子十六石二斗多地少者思之

咸豐八年又有河南温縣東鄉平皐地方紳士原氏昆仲峯冠峯峻試種區田小米穀一分地卽畝十之一也共收穀倉斗六斗核温縣十六桶市斗四斗據原氏云彼處是年夏間若不遭大風冷子此一分地足可收穀市斗一石卽倉斗一石六斗若以畝計則十六石矣

變通區田法原亦試種收數與區田等

區田式

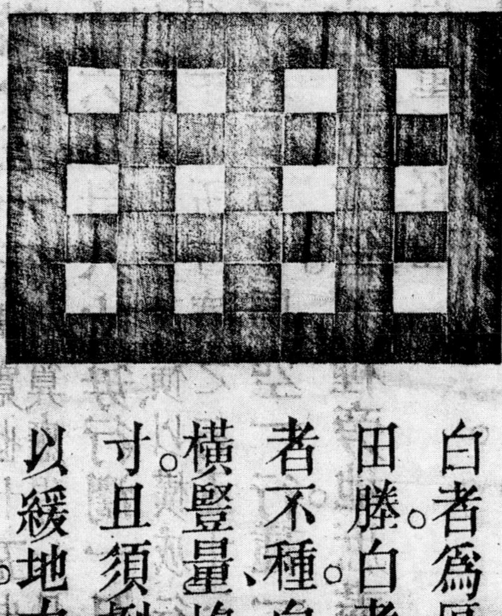

是旱田。不是水田。白者爲區。黑者爲田塍。白者種穀。黑者不種。白黑方塊、横豎量均一尺五寸。且須掉換區種以緩地力。餘法分十二段。詳開於後。

第一段開做區田

田一畝濶、一十五步每步五尺計七丈五尺每行濶一尺五寸該分五十行。（濶、寬也、十五步寬、以豎成行計算應得一尺五寸寬之行五十行、）長一十六步計八丈每行濶一尺五寸該分五十三行（長十六步、由豎及橫、以橫成行計算、應得一尺五寸寬之行五十三行、）長濶總算通共二千六百五十區空一行種一行隔一區種一區可種六百五十區不種旁地庶盡地力

第二段量下籽種

區田做就每區空髮深約一尺起出髮土約一寸用熟糞（大約一升、今半木掀。撒籽種宜成行便受鋤。）一升與區土合勻將籽種均勻撒在上面把手

在糞土上按實。使土與籽種相粘。然後將起出之鬆土覆上。鋪平。空一行種一行。隔一區種一區。既綏地力。又可在空隔處往來澆水。洵爲簡便。不但澆水方便、且每區四旁、既有不種空地各一尺五寸、可以疎風、區內之苗、雖密亦無妨、每畝該用熟糞六百五斗、

第三段揀留苗秧

苗出之時。相去一寸半留一株。區之邊上多留一株。每行十一株。每區得一百一十株。此指種穀若種他物、株數宜酌增減止須看悄壯好苗。約估揀留。不必逐株細數。總不要貪多。收成時自然獲利。

好大穀穗。一穗不足一合。約十三穗足一升。即或

減收。亦可兩穗一合。

第四段耘鋤野草

禾苗留足之後。俟當鋤之時。製小鐵鋤一把。寬一寸寬長均。
長四寸。指鋤頭說不指鋤柄說。鋤去野草。鋤過八遍。多鋤、則結實皮薄糠少、每穀一斗、可得小米八
升、草盡土鬆。結子飽滿。禾穗長大。如肯用力勤鋤。即
尋常種法。收成猶多。況區田乎。

第五段結穗壅土即用四面田塍之土

區田禾穗長大。所結顆粒必重。定要下墜。恐遇大風
搖擺。一經卧倒。便傷禾穗。須於苗出有尺長時。即用壅埋須。至二尺多。深風擺。不倒。穀稈節。節生根不怕
土壅根。漸長漸壅。縱遇大風搖擺。不致卧倒。禾穗無

傷損矣（深埋）。

區塍該高二寸。留出水道。以洩雨水。壅之漸平。

第六段不必擇地

凡高原、平坡、邱坡、宅旁空場隙地。無論成畝不成畝。但以一尺五寸爲區。地雖奇零尖斜橫曲。無不可以作區。當於暇時慢慢掘下。看地之大小。爲區之多寡。

第七段不用牛犁（係生地爲之、）

器、具止用鍬（峭平聲、臿也、）钁（巨入聲、鉏也、）墾劚及大小鐵鋤。貧難之人。最爲便易。

農器、各處名色樣象不同。要以適用爲主。

第八段平時積糞

凡田、不論美惡、總須糞以肥之。況區田既不擇地。未必皆屬沃土。糞壤最爲要緊。積糞之法多端。總在隨地隨時。預爲漚罨。窨熟以備臨時之用。

第九段澆灌以時（如天不旱、濺水過多、則不結實。區田救窮與救旱不同。）

澆灌之法。總無一定。要看土之乾溼。乾則量澆使其潤而不枯。（祇須區中之土、時常帶潤、不可過溼、非比種稻田也。）溼則停澆。不致（此二句切記不可忽）單長苗根而不結實。田以近水爲上。而不能處處近水。則取水之法。在因地制宜。或引泉流溪澗。或置池塘水庫。或鑿井。或挑水。大約旱天亦不過澆灌五六

次。天旱不過澆五六次、卽到熟時、若雨水勤、土不斷潤、則無須澆、

第十段隨時可種雜物

正月種春大麥。二三月種山藥芋子。三四月種粟、及大小荳。八月種小麥豌荳。此就一處地性時節言之。他可類推。總之不可貪多

十一段養種法

凡五穀荳果蔬菜之有種。猶人之有父也。地則母耳。母要肥。父要壯。必先仔細揀種。其法、量自已所種地約須若干畝。將種約用若干升。卽於所種地中揀出上好地若干。所種之物。或穀或荳。顆顆粒粒皆要精

選肥實光潤者。方堪作種。作種之地。糞力耕鋤。俱要加倍。其下種行路。比別地須寬數寸。遇旱汲水灌之。所長之苗。所結之子。此所下之種。必更加飽滿。下次卽用所結之子。又揀上上極大者。作爲種子。如法加糞加力。如此三年。則穀大如麥矣。若菜果。應留作種者。不可過多。如瓜、止留一瓜。茄、止留一茄。餘於開花時。俱要揀去。用泥隨卽封其枝梗。種常田亦當照此法養種看其查口精堅爲要。

十二。良乘時說。姑卽種穀而言、早穀在穀雨時播種、晚穀在刈麥後播種、

凡五穀。種同而得時者穀多。穀同而得時者米多。米

同。而得時者飯多。飯同。而得時者人飽。孟人。舜典曰。食哉惟時。此之謂也。

以上區田法式。耕種條件。最爲簡便。人人易曉。處處可行。效驗指不勝屈。不可忽視也。

此田三年之後。所獲倍勝。初年歷證有驗。但能將田養熟。其收只多不少。

附刻

冬月種穀方

穀卽北方帶殼小米。倘應種小麥時。得雨過晚。麥不及種。可種冬穀。較麥僅晚熟二十餘日。（向來穀雨節種早穀。收麥後種晚穀。早穀熟在七月節。晚穀稍後、）

冬至前一日。揀穀種入甕。麻布紮口。掘土穴深四五尺、甕倒置穴中。土封固。滿十四日（自冬至前一日算起）取出。大寒日種入熟地。（立春後得雨。發苗、）春透苗生。較常穀早熟一月。約五月底六月初卽熟。（此時蝗不及食、以向來蝗災夏末秋初最甚也。）蓋受冬至子半元陽之氣。雖種冰雪中亦生。此明末豫撫王子房荒歲誠禱。遇異人傳授。

試之而驗。蔡忠襄撫山右試之亦驗。方載幾亭全書。幾亭陳龍正先生也。理學名臣傳見明史。咸豐三年河南太康縣貢生李又哲試種亦驗。非僅據紙上空談也。願見者勿疑。地多之戶如得此方。務卽歲種一二畝。以便取信於鄉人。

咸豐七年。又知河南滑縣有冬至日、卽將穀種如常法耩入地中。亦係立春得雨後苗生。五月底熟。收不減於常穀者。蝗亦不及食。

古藤黄輝清撰

廣西詩見録十三卷（卷一—七）

民國二十三年（1934）鉛印本

廣西詩見録十三卷

古藤黄輝清撰，民國二十三年（1934）鉛印本。

《廣西詩見録》是一部面向廣西全域人士而采收詩作之總集。此外還有汪森編《粤西詩載》、張鵬展主持編纂的《嶠西詩鈔》、梁章鉅主持編纂的《三管英靈集》及吕集義所編《廣西詩徵丙編》等。尤其是《三管英靈集》，堪稱廣西歷代詩歌總集之集大成者。

《廣西詩見録》編者黄輝清，廣西藤縣人，曾任教於廣西大學。他自民國十年（1921）起，致力於搜録廣西人詩作，『足迹所至，隨地旁求』（《廣西詩見録》黄輝清自序）。至民國二十二年（1933），他在廣西大學任教時，在所見之餘廣爲收羅，編成《廣西詩見録》，於翌年九月由廣西梧州大文堂鉛印刊行。全書正編凡十三卷，收録自唐代至清末廣西詩人96家（少數爲寓桂詩人），詩作2422首（部分爲摘句）；另附《女士詩見録》一卷，凡收清代廣西女詩人9家，詩作121首。全書大抵依照諸人的生活年代先後依次排列，并在每人姓名之後附其生平事迹及相關傳志、序跋等。

《廣西詩見録》雖然後出，但較之《嶠西詩鈔》與《三管英靈集》，卷帙并不占優。《嶠西詩鈔》凡二十一卷，起於明代蔣冕，下至清代嘉慶，共收入260位廣西人之詩作2100多首。《三管英靈集》凡五十七卷，上起晚唐曹鄴，下至清代道光年間人士，共收入565位廣西人之詩作3578首。《廣西詩見録》的篇幅雖未能後來居上，但比對三者所收詩人詩作之异同，可知其文學史料價值依舊相當突出。首先，《廣西詩見録》所收全部105位詩人中，祇有30人又見於《嶠西詩鈔》與《三管英靈集》，其餘多達七成以上的詩人僅見於《廣西詩見錄》。尤其《廣西詩見錄》卷六以後所收生活於晚清時期的詩人，悉數不見於《嶠西詩鈔》與《三管英靈集》。附錄《女士詩見錄》一卷，除黄氏與梁慧姑外，其餘亦僅見於《廣西詩見錄》。其他諸卷同樣有卷二所收裴説、裴諧、林楚才，卷三所收周漬、朱子恭，卷四所收蔣勵常、陳繼昌，卷五所收陳僩，未見於《嶠西詩鈔》與《三管英靈集》。

至於已見於《嶠西詩鈔》與《三管英靈集》的詩人，仍有相當一部分詩作僅見於《廣西詩見錄》。如《廣西詩見錄》卷五所收王維新，又見於《嶠西詩鈔》卷十九。後者僅收王詩6首，而前者所收多達116首。再如《廣西詩見錄》附錄《女士詩見錄》所收梁慧姑，又見於《三管英靈集》卷五十一。前者收梁詩5首，後者則僅有2首。可見黄輝清纂輯此集時，并未全面網羅唐代至清中葉之廣西人詩作，而是將重心放在《嶠西詩鈔》與《三管英靈集》未及搜采的晚清人詩作，帶有顯著的拾遺補闕色彩，該書的文學史料價值也由此而得以凸顯。

廣西詩見錄　卷上

序

嗟乎，詩歌至于今日，猶江海然，欲收羅于尺幅難矣，况其爲偏隅之地哉，而况爲鮮小者哉，雖然，語焉而不詳，擇焉而不備，不以不詳不備而棄之，是余心也，以誌不忘先哲之意爾。憶自民國十年，余遊學藤城，獲邑前輩蘇琴舫先生詩，及爻山筆話，始略知吾省詩人，于唐于宋明清，已有傳書，乃致力搜索，鈔羅漸夥，其後旅梧旅穗，足跡所至，隨地旁求，至今將十年矣，所得吾省先哲遺詩，九十六家，附女士詩九家，所謂物聚於所好者，非歟，迨二十二年，余供職廣西大學公餘，始將行篋所藏，編纂成帙，用付刊印。在此九十六家之中，或摘句數句，或全詩一首，或數首，或數十首，以至於數百首，多寡不一。但就余所見者鈔錄之，以存其人，故詳略在所不計也，且余非評選家，又家貧，未得遠遊京滬，厠身圖書之館，而偏閱其簡册，所見祇有此數，卽不詳不備，諒博雅君子，亦不能以此咎余也，然余于此書，竭幾許精力，幾歷時間，而後乃克成編，聊慰吾省詩人于地下而已，雖然，余亦有憾焉，蓋吾省詩人，誠不止是，于唐缺平南梁嵩于明缺黎暹莫魯楊際熙甘泉甘振張瀠中端蒼梧吳廷舉全州蔣冕蔣昇柳州戴欽張翀臨桂張鳴鳳容縣王貴德于清缺胡德琳楊定理葉時晳周啟運羅辰周冠周炳蔚林肇元李紹宗于式枚金鶚劉福姚周紹昌王飛

唐景崧張培仁永福呂璜臨桂朱琦龍啟瑞唐啟華侯紹瀛陳桂舫況澄李秉禮蔣琦齡由鶤
運全州謝良琦桂平潘鉅潘繼[illegible]鄧[illegible]英藤縣韋倜上林[illegible]鷄展鬱林蔣文定蘇宗經靈川
湯汝和邕寧葛東昌宜山璩湘凡平南韋豐臣[illegible]女士詩缺李蘅仙沈淮陽朔秦玉梅融縣
孫玉娥臨桂陳秀貞及朱宗柳州唐氏藤縣石禾[illegible]數十家之詩，未能一一見錄，以入吾
書，彙而為一，是可憾矣，海侯詩與日搜集，再行續刊，或有好事者，以繼吾志，
則吾省先哲之詩，附後略備，吾之缺憾　亦稍補矣，因刊是書，余乃述其概略如此
，民國二十二年歲癸酉春月三山主人序于梧州白鶴山下寓舍，

凡例

一是錄起自唐朝迄于清朝凡得詩人九十六家詩二千四百二十二首

一是錄悉錄本省先哲之詩惟李鐵琴孫丹五二人原藉外省以其人居粵西最久叉與吾省詩人雅故其詩集仍由吾省流傳故附屬焉

一所錄各家詩以其人之時代爲先後間有年歷不可考而世次顚倒者在所不免希亮讀者之

一詩人平生屢畧有可考者悉錄出餘止書姓名爵里

一各詩集如有傳誌及序跋悉錄于姓名後俾讀者知其詳焉

一編採各詩如遇善本可校者詳加校定若善本難覓仍照所得者錄之

閨閣婦人更屬難得別爲一卷附錄于後

女士之詩所得無幾均從刻本中錄出方敢錄入是以極少

女士之詩多爲本省人惟許蘊玉女士原藉外省亦以其詩流落梧州故亦附焉

廣西詩見錄目錄

卷六

卷七

卷八

卷九

卷十

卷十一

女士詩見錄目錄 附

以上清代女士

廣西詩見錄卷一

古藤黃輝清耀宗編纂

曹鄴

陽朔人字業之登大中進士第由天平幕府遷太常博士歷祠部郎中洋州刺史著有祠部詩集

徒相逢

江邊野花不須採梁頭野燕不用親西施本是越溪女承恩不薦越溪人

雜誡

帶香入鮑肆香氣同鮑魚未入猶可悟已入當何如

捕魚謠

天子好征戰百姓不種桑天子好年少無人薦馮唐天子好美女夫婦不成雙

四怨三愁五情詩十二首 并序

鬱於內者怨也阻於外者愁也犯於性者情也三者有一賊於前必爲願爲沴爲蚤死人鄴專仁誼久矣有舉不得用心怨中斯物殞天命幸未死間作四怨三愁五情以望詩人救

其一怨

美人如新花許嫁還獨守豈無青銅鏡終日自疑醜

其二怨

庭花已結子巖花猶弄色誰令生處遠用盡春風力

其三怨

短髮一如蓁長眉一如蛾相共棹蓮舟得花不如他

其四怨

手推嘔啞車朝朝暮暮耕未曾分得穀空得老農名

其一愁

遠夢如水急白髮如草新歸期待春至春至還送人

其二愁

澗草短短青山月朗朗明此夜目不掩屋頭烏啼聲

其三愁

別家鬢未生到城鬢似髮朝朝臨川望灕水不入越

其一情

東西是長江南北是官道牛羊不戀山只戀山中草

其二情

阿嬌生漢宮西施住南國專房莫相妒各自有顏色

其三情

蛺蝶空中飛天桃庭中春見他夫婦好有女初嫁人

其四情

檳榔自無柯椰葉自無陰常羨庭邊一作亭前竹生筍高於林

其五情

野雀空城饑交交復飛飛勿怪官倉粟官倉無空時

寄劉駕

一川草色青裊裊遶屋水聲如在家悵望美人不攜牆東又發數枝花

諷人體

出門行一步形影便相失何況大隄上驄馬如箭疾夜夜如識婿尋思待成疋郎只不在家在家亦如出將金與卜人譎道遠行吉念郎緣底事不具一作見天與日

杏園郎一本無郎字席上同年

岐路不在天十年行不至一旦公道開青雲在平地枕上數聲鼓衙門已如市白日探得珠不待驪龍睡忽忽出九衢僮僕顏色異故衣未及換尚有去年淚晴陽照花影落絮浮野翠對酒時忽驚猶疑夢中事自憐孤飛鳥得接鸞鳳翅永懷共濟心莫起胡越意

恃寵

二月樹色好昭儀正驕奢恐君愛陽艷斫却園中花三十六宮女鬢鬟各如鴉君王心所憐獨自不見瑕臺上紅燈盡未肯下金車一笑不得所璧中悉無家飛燕身更輕何必恃容華

題女郎廟

數點煙香出廟門女娥飛去影中存年年嶺上春無主露泣花愁斷客魂

四宗樓（樓在洛陽東今廢秦時有貴公子登臨每日宴其上）

背山見樓影應合與山齊座上日已出城中未鳴雞無限燕趙女吹笙上金梯風起洛陽東香過洛陽西公子長夜醉不聞子規啼

築城三首

郎有蘼蕪心妾有芙蓉質不辭嫁與郎築城無休日　嗚嗚啄人鴉軋軋上城車力盡土不盡得歸亦無家　築人非築城圍秦豈圍我不知城上土化作宮中火

奉命齊州推事畢寄本府尚書

越鳥栖不定孤飛入齊鄉日暮天欲雨那兼羽鴿傷州民言刺吏蠹物甚於蝗受命大執法草草是行裝僕隸皆分散單車歸路長四顧無相識奔馳若投荒重門下長鎖樹影空過牆圜四遶廊屋觸觸如牛羊獄吏相對語簿書堆滿床敲枷打鎖聲終日在目旁既捨三山侶來餘五斗糧忍學空城雀潛身入官倉國中天子令頭上白日光曲木用處多不如直爲梁恋孤食恩地豈夜心不遑仲夏天氣熱鬢髮勿成霜社鼠不可灌城狐不易防偶於擿縱間盡得見否臧截斷姦吏舌擘開寃人腸明朝向西望走馬歸汶陽

北郭閑思

山前山後是青草盡日出門還掩門每思骨肉在天畔來看野翁憐子孫

戰城南

千金畫陣圖自爲弓劍苦殺盡田野人將軍猶愛武牲命換他恩功成誰作主鳳皇樓上人夜夜長歌舞

自退

寒（一作鄉）女面如（一作上）花空（一作寂）寂（一作寐）常（一作花）對影況我（一作妾）不嫁容甘爲瓶墮井

早起

月墮滄浪西門開樹無影此時歸夢闌立在（一作獨立）梧桐井

古相送

行人卜去期白髮根已出執君青松枝空數別來日心如七夕女生死難再匹且願車聲遲莫使馬行疾巫山千丈高亦恐夢相失

甲第

遊人未入門花影出門前將軍來此住十里無荒田

望不來

見花憶郎面常願花色新為郎容貌好難有（一作好）相似人

官倉鼠

官倉老鼠大如斗（一作牛）見人開倉亦不走健兒無糧百姓饑誰遣朝朝入君口

題濮廟

曉祭瑤齋夜扣鐘鼇頭風起浪重重人間直有仙桃種海上應無肉馬蹤赤水夢沉迷象罔翠華恩斷泣芙蓉不知皇帝三宮駐始向人間著衮龍

偶題

白玉先（一作老）生多在市青牛道士不居山但能共得丹田語正有忙時身亦閑

登岳陽樓有懷寄座主相公

南登岳陽樓北眺長安道不見昇平里千山樹如草骨肉在南楚沈憂起常早白社愁成空秋燕待誰掃常聞詩人語西子不宜老賴識丹元君時來語蓬島

出關

山上黃犢走避入山下女郎歌滿野我獨南征恨此身更有無成出關者

將赴天平職書懷寄翰林從兄

居處絕人事門前雀羅施誰還辟書至僕隸皆展眉疋馬渡河洛西風飄路岐手執玉粲筆閑吟向旌旗香晚翠蓮動吟餘紅燭移開口喫酒肉將何報相知況我魏公子相顧不相疑豈學官倉鼠飽食無所爲白露需碧草芙蓉落清池日小不到處全家忽如歸吾宗處清切立在白玉墀方得一侍座畢車又是飛願將門底水永託萬頃陂

賀雪寄本府尚書

雨雪不順時陰陽失明晦麥根半成土農夫泣相對我公誠訴天天地忽已泰長飆卷白雲散落群峰外拂砌花影明交宮鶴翎碎宿鳥晨不飛猶疑月光在碧樹香盡發蠹蟲聲漸退有客懷兎園吟詩遶城內

寄嵩陽道人

三山浮海倚蓬瀛路入眞元險盡平華表千年孤鶴語人間一夢晚蟬鳴將龍逐虎神初王積

火焚心氣漸清見說嵩陽有仙客欲持金簡問長生

去不返

寥女不自知嫁爲公子妻親情未識面明月便東西但得上馬了一去頭不回雙輪如鳥飛影盡東南街九重十二門一門四扇開君從此路去妾向此路啼但得見君面不辭插荊釵

送進士下第歸南海

數片紅霞映夕陽攬君衣袂更移觴行人莫歎碧雲晚上國每年春草芳雪過藍關寒氣薄鴈回湘浦怨聲長應無惆悵滄波遠十二玉一作重樓非我鄉

送厲國南下第歸澧州

當春人盡歸我獨猿歸計送君自多感不是緣下第君看山上草盡有干雲勢結根既不然何必更掩袂澧水鱸魚賤荊門楊柳細勿爲陽艷留此處有月桂言畢尊未乾十二門欲閉佇立望不見登高更流涕吟君別我詩悵望水煙際

思不見

但見出門蹤不見入門跡我笑山頭女無端化爲石

貧　宅

入門又到門到門戟相對未論聲尚遠疑似人不在公子厭花繁買藥栽庭內望遠不上樓聰

中見天外此地日烹羊無異我食桼自是愁人眼見之若奢泰

下第寄知己

長安孟春至枯樹花亦發憂人此時心冷若松上雪自知才不堪豈敢頻泣血所痛無罪者明時屢遭刖故山秋草多一卷成古轍夜來遠心起夢見瀟湘月大賢冠蓋高何事憐屑屑不令傷弓鳥日暮飛向越聞知感激語胷中如有物舉頭望青天白日頭上沒歸來通濟里開戶山鼠出中庭廣寂寥但見薇與蕨無慮數尺軀委作泉下骨唯愁攬清鏡不見昨日髮願攜閨中女晚嫁唯守節勿惜四座言女巧難自說

吳宮宴

吳宮城闕高龍鳳遙相倚四面鏗鼓鐘中央列羅綺春風時一來蘭麝聞數里三度明月落青娥醉不起江頭鐵劍鳴玉座成荒壘適來歌舞處未知身是鬼

長相思

翦妾身上巾贈郎傷妾神郎車不暫停妾貌寧長春青天無停雲 應作雲 滄海無停津遣妾空牀夢夜夜隨車輪

長城下

遠水猶歸壑征人合憶鄉泣多盈袖血吟苦滿頭霜楚國連天浪衡門到海荒何當生燕羽時

得近雕梁

成名後獻恩門

為物稍有香心遺蠹蟲嚙平人登太行萬萬車輪折一辭桂嶺猨九泣東門月年年孟春時看花不如雪僻居城南隅顏子須泣血沈埋若九泉誰肯開口說辛勤學機杼坐對秋燈滅織錦花不常見之謠云拙自憐孤生竹出土便有節每聽浮競言喉中似無舌忽然風雷至驚起池中物拔上青雲顛輕如一毫髮瓏瓏金鎖甲稍稍城烏絕名字如鳥飛數日便到越幽蘭生雖晚幽香亦難歇何以保此身終身乘無缺

贈道師

舉世皆問人唯師獨求已一馬無四蹄頃刻行千里應笑北原上丘壙亂如蟻

入關

衡門亦無路何況入西秦炙病不得穴徒為採艾人

聽劉尊師彈琴

曾於 一作遊 清海獨聞蟬又向空庭夜聽泉不似齋堂人靜處秋聲長在七條弦

題山居

掃葉煎茶摘葉書心閑無夢夜窗虛只應光武恩波晚豈是嚴君戀釣魚

闕試前送進士姚潜下第歸南鄉

馬嘶殘日沒殘霞二月東風便到家莫羨長安占春者明年始見故園花

滻川寄進士劉駕

我家不背水君身不向越自是相憶苦忽如經年別山家草木寒石上有殘雪美人望不見迢迢雲中月

羈孤至渚宮寄座主相公

萬里一孤舟春行夏方到骨肉藂單羸沈憂滿懷抱羈孤相對泣性命不相保開戶山鼠驚蟲聲亂秋草白菌緣屋生黃蒿擁籬倒對此起長嗟芳年亦須老恩門爲宰相出入用天道忽於擁落間收得青松操全家到江陵屋虛風浩浩中腸自相伐日夕如寇盜其下有孤姪其上有孀嫂黃糧賤於土一飯常不飽天斜日光薄地濕蟲叫噪惟恐道忽消形容益枯槁古人於黃雀豈望白環報奉答恩地恩何慚以誠告

早秋宿田舍

澗草疎疎螢火光山月朗朗楓樹長南村犢子夜聲急應是欄邊新有霜

旅次岳陽寄京中親故

君山南面浪連天一客愁心兩處懸身逐片帆歸楚澤魂隨流水向秦川月迴浦北千峯雪樹

出湖東幾點煙更欲登樓向西望北風催上洞庭船

題舒鄉一本有縣字

功名若及鴟夷子必擬將舟泛洞庭柳色湖光好相待我心非醉亦非醒

碧尋一作潯宴上有懷知己

荻花蘆葉滿溪流一簇笙歌在水樓金管曲長人盡醉玉簪恩重獨生愁女蘿力弱難逢地桐樹心孤易感秋莫怪當歡却惆悵全家欲上五湖舟

從天平節度使遊平流園

池塘靜於寺俗事不到眼下馬如在山令人忽疎散明公有高思到此逐長返乘興挈一壺折荷以爲盞入竹藤似虵侵牆水成蘚幽鳥不識人時來拂冠冕沿流路若窮及行路猶遠洞中已云夕洞口天未晚自憐不覊者寫物心常僴飄然此興多引得稽康嬾

故人寄茶一作李德裕詩

劍外九華英緘題下玉京開時微月上碾處亂泉聲半夜招僧至孤吟對月烹碧沈霞脚碎香泛乳花輕六腑睡神去數朝詩思清月餘不敢費留伴肘書行

東武吟

心如山上虎身若倉中鼠惆悵倚市門無人與之語夜宴李將軍欲望心相許何曾聽我言貪

誰邯鄲女獨上黃金臺凄涼淚如雨

薊北門行 一本作出自薊北門行

長河凍如石征人夜中戍但恐筋力盡敢憚將軍遇古來死未歇白骨礙官路豈無一有功可以高其墓親戚牽衣泣悲號自相顧死者雖無言那堪生者悟不如無手足得見齒髮暮乃知七尺軀却是速死具

金井怨

西風吹急景美人照金井不見面上花却恨井中

姑蘇臺

南一作吳宮酒未銷又宴姑蘇臺美人和淚去半夜閶門開相對正歌舞笑中聞鼓鼙星期九重門血流十二街一去成萬古臺盡人不思時聞野田中拾得黃金釵

夜坐有懷

悄悄月出樹東南若微霜愁人不成寐五月夜亦長佳期杳天末骨肉不在旁年華且有恨

一作歐 厥體難久康人言力耕者歲旱亦有糧吾道固如此安得苦悵悵

寄監察從兄

我祖居鄴地鄴人識文星此地星已落兼無古時城古風既無根千載難重生空留建安書傳

說七子名賤子生桂州桂州山水清自覺心貌古彙合古人情因爲二雅詩出語有性靈持來向長安時得長者驚芝之草不爲瑞還我木葉零恨如轍中土終歲壞不平吾宗戴豸冠忽然入西京憐其羽翼單撫若親弟兄松根已堅牢松葉豈不榮言能眼無淚口中如酒醒

樂府體

蓮子房房嫩菖蒲葉葉齊共結池中根不厭池中泥

棄婦

嫁來未曾出此去長別離父母亦有家羞言何以歸此日年且少事姑常有儀見多自成醜不待顔色衰何人不識寵所嗟無咎非將欲告此意四鄰已相疑

讀李斯傳

一車致三轂本圖行地速不知駕馭難舉足成顛覆欺暗尚不然欺明當自戮難將一人手掩得天下目不見三尺墳雲陽草空綠

文宗陵

千年堯舜心心成身已沒始隨蒼梧雲不返蒼龍闕宮女衣不香黃金賜白髮留此奉天下所以無征伐至今汨羅水不葬大夫骨

偶懷

開目不見路常如夜中行最賤不自勉中途與誰争蓬爲沙所危還向沙上生一年秋不熟安得便廢耕顔子命未達亦遇時人輕

代羅敷誚使君

常言愛嵩山別妾向東京朝來見人說却知在石城未必菖蒲花只向石城生自是使君眼見物皆有儕麋鹿同上山蓮藕同在泥草學天上日朝東暮還西

怨歌行

丈夫好弓劍行坐說金吾喜聞有行役結束不待車官田贈倡婦留妾侍舅姑舅姑皆已死庭花半是蕪中妹寡適人生女亦嫁夫何曾畜消息他處却有書嚴風厲中野女子心易孤貧賤有相負封侯意何如

南征怨

蒼浪東不回昭王南征早龍舟没何處獨樹江上老吾欲問水濱宮殿已生草

和潘安仁金谷集

太守龍爲馬將軍金作車香飄十里風風下綠珠歌莫怪坐上客歎君庭前花明朝此池館不是石崇家

不可見

常聞貧賤夫頭白終相待自從嫁黠婁終歲長不在君夢有雙影妾夢空四鄰常思勁北風吹折雙車輪

秦後作

大道不居謙八荒安苟得木中不生火高殿禍頃刻誰將白帝子踐我禮義域空持拔山志欲奪天地德軏道人不罔壯士斷消息父母骨成薪蟲蛇自相食鼎亂陰陽疑戰盡鬼神力東郊龍見血九土交黃色鼙鼓裂二曜妖星動中國圓丘無日月曠野失南北徒流殺人血神器終不成一馬渡空江始知賢者賊

薄命妾

薄命常惻惻出門見南北劉郎馬蹄疾何處去不得淚珠不可收蟲絲不可織知君綠桑下更有新相識

放歌行

莫唱放歌行此歌臨楚水人皆惡此聲唱者終不已三閭有何罪不向枕上死

江西送人

八月江上樓西風令人愁攜酒樓上頭盡見四山秋但愁今日知莫作他時疑郎本不住此無人泣望歸何水不生波何木不改柯遙知明日恨不如今日多將心速投人路遠人如何

始皇陵下作

千金買魚燈泉下狐兔行人上陵過却弔扶蘇墓纍纍壙中物多於養生具若使山可移應將秦國亦舜殁雖在鄗今猶未封樹

洛原西望

築城毁不堅城堅必自毁秦樹漭平原秦人不居此猶爲泣路者無力報天子

趙城懷古

邯戰舊公子騎馬又鳴珂手揮白玉鞭不避五侯車閑愁春日短沽酒入倡家一笑千萬金醉中瞻秦娥如今高原上樹樹白楊花

代班姬

寵極多妒容乘車上金階欲然趙飛燕不語到日西手把菖蒲花君王喚不來常嫌鬢蟬重乞人白玉釵君心無定波咫尺流不迴後宮門不掩每夜黃鳥啼買得千金賦花顏已如灰

庭　草

庭草根自淺造化無遺功低回一寸心不敢怨春風

過白起墓

昆陵火焱滅長平生氣低將軍臨老病賜劍咸陽西

對　酒

愛酒知是僻難與性相捨未必獨醒人便是不飲者晚歲無此物何由住田野

續幽憤 嵇康呂安連罪賦此詩鄙紀李御史甘死對之事

繁霜作陰起朱火乘夕發淸晝冷無光蘭膏坐銷歇惟公執天憲身是臺中傑一逐楚大夫何
人爲雲雪忽忽鬼方路不許亂雙闕過門似他鄉舉趾如遺轍八月黃草生洪濤入雲熱危魂
沒太行客弔空骨節千年瘴江水恨聲流不絕

古　詞

高關礙飛鳥人言是君家經年不歸去愛妾面上花妾面雖有花妾心非女蘿耶妻自不重一
作教於妾欲如何

和謝豫章從宋公戲馬臺送孔令謝病

碧樹杳云暮朔風自西來佳人憶山水置酒在高臺不必問流水坐來日已西勸君速歸去正
及鶗鴂啼

送進士李殷下第遊汾河

上國花服地遣君向西征勞人亦有恨況復故人情單車欲云去別酒忽然醒如何今夜夢牛
作道路程邊士不好禮全家住軍城城中鼓角嚴旅客常夜驚中有左記室逢人眼光明西門

未歸者下馬如到京還應一開卷爲子心不平慇懃說忠抱壯老勿自輕

相思極(一作長相思)

妾顏知日空(一作改) 君心如日新三年得一書猶在湘之濱料君相輕意知妾無至親况當受明禮不令(一作命) 再嫁人願君從此日化質爲妾身

代謝玄暉新亭送范零陵

楚水洪濛際滄茫接天涯相看不能語獨鳥下江籬蓬子悉有戀蓬根却無期車輪自不住何必怨路岐孟冬衣食薄夢寐亦未遺

山中效陶

落第非有罪茲山聊歸止山猨隔雲住共飲山中水讀書時有興坐石忘却起西山忽然暮往往遺巾履經時一出門兼候僮僕喜常被山翁笑求名豈如此齒髮老未衰何如且求已

城南野居寄知己

奔走未到我在城如在村出門既無意豈如常閉門作詩二十載闕下名不聞無人爲開口君子獨有言身爲苦寒士一笑亦感恩慇懃中途上勿使車無輪

古莫買妾行

千扉不當路未似開一門若遣綠珠醜石家應尙存

霽後作 齊梁體

新霽排草木曉露明衣衿乳燕不歸宿雙雙飛向林微照露花影輕雲浮麥陰無人可招隱盡

日登山吟

效陶

黍　釀　飲吾采刈了驅牛載大姑小叔常在眼却笑長安在天外

寄賈馳先輩

游子想萬里何必登高臺聞君燕女吟如自薊北來長安高蓋多健馬東西街盡說嵩響古一

作苦　將錢買金釵我祖西園事言之獨傷懷如今數君子如鳥無樹棲濟水一入河便與濁流

乖聞君欲自持勿使吾道低

送友人入塞

亂蓬無根日送子入青塞蒼茫萬里秋如見原野大鳥雀寒不下山川迥相對一馬沒黃雲登

高望猶在驚風忽然起白日黯已晦如何怨路長出門天涯外

寄陽朔友人

桂林須産千株桂未解當天影日開我到月中收得種爲君移向故園栽

題廣福巖

未有天地宗融結方廣高深無丈尺書言不盡畫難成留與人間作奇特

送曾德邁歸寧宜春

湘東山水有清輝袁水詞人得意歸幾府爭馳毛義檄一鄉看侍老萊衣筵開灞岸臨淸淺路去藍關入翠微想到宜陽更無事併將歡慶奉庭闈

送鄭谷歸宜春

無成歸故國上馬亦高歌況是飛鳴後殊爲喜慶多暑銷嵩嶽雨涼吹洞庭波莫使閑吟去須期接盛科

老圃堂全唐詩云一作薛能詩唐詩紀事引又玄集以爲鄴作

邵平瓜地接吾廬穀雨乾時手自鋤昨日春風欺不在就床吹落讀殘書以上見全唐詩

卷二

唐

曹

▇陽朔人字堯賓初爲道士後舉進士不第咸通中累爲使府從事著有從事詩集

昇平詞五首

瑞氣遶宮樓皇居上苑游遠岡連聖祚平地載神州會合兼重譯滲湲近入流中興豈假問揲
此自千秋

寥泬敞延英朝班立位横宣傳無草動拜舞有衣聲鴛瓦霜消濕蟲絲日照明辛勤自不到遙
見似前楹

處處是歡心時康歲已深不同三尺劍應似五弦琴壽笑山猶盡明嫌日有陰何當憐一物亦
遺斷愁吟

日日聽歌謡同中盡祝堯蟲蝗初不害夷狄近全銷史筆佳書端天臺絕見妖因令匹夫志轉
欲奉清朝

五帝三皇主蕭曹魏邴臣文章唯返朴戈甲盡生塵諫紙應無用朝綱自有倫昇平不可記所
見是閑人

洛東蘭若歸

一衲老禪床吾生半異鄉管弦愁裏老書劍夢中忙鳥急山初暝蟬稀樹正凉又歸何處去塵
路月蒼蒼

仙都即景

黄帝登眞處青青不記年孤峰應礙日一柱自擎天石怪長棲鶴雲閑若有仙鼎湖看不見零

落數枝蓮

漢武帝將候西王母下降

崑崙凝想最高峰王母來乘五色龍歌聽紫鸞猶縹緲語來青鳥許從容風迴水落三清月漏苦霜傳五夜鐘樹影悠悠花悄悄若聞簫管是行蹤

漢武帝於宮中宴西王母

鼇岫雲低太一壇武皇齋潔不勝懽長生碧字期親署延壽丹泉許細看劍佩有聲宮樹靜星河無影禁花寒秋風裊裊月朔朔玉女清歌一夜闌

劉晨阮肇遊天台

樹入天台石路新雲和草靜迴（一作細雲和雨動） 無塵煙霞不省（一作是） 生前事水木空疑夢後（一作裏） 身往往雞鳴巖下月時時犬吠洞中春不知此（一作何） 地歸何（一作依） 處須就桃源問主人

劉阮洞中遇（一作偶） 仙子

天和樹色靄蒼蒼霞重嵐深路渺茫雲竇（一作竇） 滿山無鳥雀水聲沿澗有笙簧碧沙洞裏乾坤別紅樹枝前日月長願得花間有人出免（一作不） 令仙犬吠劉郎

仙子送劉阮出洞

殷勤相送出天台仙境那能却再來雲液每（一作既）歸須强飲玉書無事莫頻開當花洞口應長在水到人間定不迴惆悵溪頭從此別碧山明月閉蒼苔

仙子洞中有懷劉阮

不將淸瑟理霓裳塵夢那知鶴夢長洞裏有天春寂寂人間無路月茫茫玉沙瑤草連溪碧流水桃花滿澗香曉露風燈零落盡此生無處訪劉郎

劉阮再到天台不復見仙子

再到天台訪玉眞青苔白石已成塵笙歌寂寞閑深洞雲鶴蕭條絕舊隣草樹總非前度色煙霞不似昔年春桃花流水依然（一作前）在不見當時勸酒人

織女懷牽牛

北斗佳人雙淚流眼穿腸斷爲牽牛封題錦字凝新恨（一作思）抛擲金梭織（一作結）舊愁桂樹三春煙（一作天雲）漠漠銀河一水夜（一作帶水）悠悠欲將心向（一作就）仙郎說借問榆花早晚秋

王遠宴麻姑蔡經宅

好風吹樹杏花香花下眞人道姓王大篆龍蛇隨筆札小天星斗滿衣裳閑抛南極歸期晚笑指東溟飲興長要喚麻姑同一醉使人沽酒向（一作下）餘杭

蔓綠華將歸九疑留別許眞人

九點秋煙黛色空綠華歸思頗無窮每悲馭鶴身難任一作住　長恨臨霞語未終河影暗吹雲夢月花聲閑落洞庭風藍絲重勒金條脫留與人間許侍中

穆王宴主母於九光流霞館

桑葉扶疏閉日華穆王邀命宴流霞霓旌著地雲初駐金奏掀天月欲斜歌咽細風吹粉蕊一作藻　飲餘一作酣　清露濕瑤砂不知白馬紅韁解偷喫東田碧玉花

紫河張休真

琪樹扶疏壓瑞煙玉皇朝客滿花前山川到處成三月絲竹經時即萬年樹石冥茫初縮地杯盤狼藉未朝天東風小飲人皆醉從聽黃龍枕一作拋　水眠

張碩重寄杜蘭香

碧落香銷蘭露秋星河無夢夜悠悠靈妃不降三清駕仙鶴空成萬古一作里　愁皓月隔花追歎一作欲別瑞一作飛煙籠樹省淹留人間何一作有事堪惆悵一作遺恨海色西風十二樓

玉女杜蘭香下嫁于張碩

天上人間兩渺茫不知誰識杜蘭香來經玉樹三山遠去隔銀河一水長怨入清塵愁錦瑟酒傾玄露醉瑤觴遺情更說何珍重擘破雲鬟金鳳皇

蕭史攜弄玉上昇

豈是丹臺歸路遥紫鸞煙駕不厭飄一聲洛水傳幽咽萬片宮花共寂寥紅粉美人愁未散清華公子笑相邀緱山碧樹青樓月腸斷春風爲玉簫

皇一作黄　初平將入金華山

黄道真遊煙景賒瀟湘有路入京華溪頭鶴樹春常在洞口人家一作間日易一作自斜一水暗鳴一作迴　閑遶洞五雲長往不還家白羊成隊難收拾喫盡溪邊巨勝花

漢武帝思李夫人

惆悵冰一作朱　顔不復歸晚秋黄葉滿天飛迎風細荇傳香粉隔水殘霞見畫衣白玉帳寒鴛夢絶紫陽宮遠雁書稀夜深池上蘭橈歇斷續歌聲徹一作接　太微

送羽人王錫歸羅浮

風前整頓紫荷一作霞　巾常一作歸　向羅浮保一作報　養神石磴侍天行帶月鐵橋通海入無塵一作津　龍蛇出洞閑邀雨犀象眠花不避人最愛葛洪尋藥處露苗煙蕊一作雨　滿山春

送劉尊師祇詔闕庭三首

海風葉葉駕霓旌天路悠悠接上清錦誥凄凉遺去恨玉簫哀絶醉離情五湖夜月幡幢濕雙闕清風劍珮輕從此一作莫道　暫辭華表柱便一作已　應千載是歸程

五峰已一作此　别隔人間雙闕何年許再還既掃一作拂　山川收地脉須留日月駐天顔霞觴共

飲身雖在風馭難（一作介）陪跡（一作路）未閑從此枕中唯（一作雖）有夢（一作記）夢魂何處訪三山

仙老閑眠尋草堂帝書徵入白雲鄉龜臺欲署長生籍鸞殿還論不死方紅露想傾延命酒素煙思爇降眞香五千言外無文字更有何詞贈武皇

三年冬大禮五首

皇帝齋心潔素誠自朝眞祖報升平華山秋草多歸馬滄海寒波絕洗兵銀箭水殘河勢（一作影）斷玉爐煙盡日華生千官整肅三天夜劍佩初聞入太清

海日西飛度禁林太清宮殿月沉沉不聞北斗傾堯酒空覺南風入舜琴歌壓鈞天閑夢盡詔歸秋水道情深雪風更起古杉葉時送步虛清磬音

太一天壇降紫（一作大）君屬車龍鶴夜成群春浮玉藻寒初落露拂金莖曙欲分三代樂迴風入律四溟歌駐水成文千官不動旌旗下日照南山萬樹雲

山擁飛雲海水清天壇未夕仗先成千官不起金縢議萬國空瞻玉藻聲禁火曙然煙（一作香）焰褭宮衣寒拂雪花輕側聞左右皆周呂看取從容致太平

太和琴暖發南薰水濶風高得細聞滄海梟歌夔是相歷山迴禪舜爲君琴微呼處生丹障清淨封中起白雲今日病身慙小隱欲將泉石勒移文

暮春戲贈吳端公

年少英雄好丈夫大家㒷拜執一作從又作漢金吾閑眠曉日聽鶗鴂笑倚春風仗一作杖轆轤深院吹笙聞一作從漢婢靜街調馬任奚奴牡丹花下一作外簾鈎外一作下獨任紅肌一作顏捋虎鬚

奉送嚴大夫再領容府二首

海風捲樹凍嵐消憂國寧辭嶺外遙自顧勤勞甘百戰不將功業負三朝劍澄黑水曾芟虎箭劈黃雲慣射鵰代北天南盡成事肯將心許霍嫖姚

日照雙旌射火山嶺表錄云邕州西有火山下有澄潭爲底山頭夜見火三尺如野燒然廣十餘丈或言水中有寶珠也焰如火山產荔枝四月子丹以其地熱故曰火山笑迎賓從却南還風雲暗發談諧外感會潛生氣概間斲竹水翻臺榭濕刺桐花落管弦閑無因得報萇珠履親從新侯定八蠻

贈南嶽馮處士二首

白石溪邊自結廬風泉滿院稱幽居鳥啼深樹劚靈藥花落閑窗看道書煙嵐晚過鹿裘濕水月夜明山舍虛支頤冷笑緣名出終日王門強曳裾

寂寥深木閉煙霞洞裏相知有幾家笑看潭魚吹水沫醉嗔溪鹿吃蕉花穿廚歷歷泉聲細繞屋悠悠樹影斜夜靜著灰封釜竈自添文武養丹砂

題子姪書院雙松

自種雙松費幾錢頓令院落似秋天能藏此地新晴雨却惹空山舊燒煙枝壓細風過枕上影籠殘月到窗前莫教取次成閑夢使汝悠悠十八年

羽林置中丞

四十年前百戰身曾驅虎豹掃胡塵風悲鼓角榆關暮日暖旌旗隴草春鐵馬慣牽邀上客金魚多解乞佳人胸中別有安邊計誰勝髭鬚白似銀

送康祭酒赴輪臺

灞水橋邊酒一杯送君千里赴輪臺霜黏海眼旗聲凍風射犀文甲縫開斷煙篠煙山似米一作火野營軒地鼓如雷分明會得將軍意不斬樓蘭不擬迴

南遊

盡與南遊卒未迴水工舟子不須催政思碧樹關心句難放紅蕉甲杯漲海潮生陰火滅蒼梧風暖瘴雲開蘆花寂寂月如練何處笛聲江上來

哭陷邊許兵馬使

北風裂地暗邊城戰敗桑乾日色黃故國暗迴殘士卒新墳空葬舊衣裳散牽細馬嘶青草任去佳人弔白楊惟把陰符與兵法更無一一作異物在儀牀

和周侍御買劍

將軍溢價買吳鈎要與中原靜寇讎試挂窗前驚電轉略抛床下怕泉流青天霹拔雲霓泣黑地潛摯鬼魅愁見說夜深星斗畔等閑期剋月支頭

病馬五首呈鄭校書章三吳十五先輩

騄駬一作綠耳何年別一作到渥洼病來顏色半泥一作塵沙四蹄不鑿金一作纍砧裂雙眼慵開玉筯一作燭斜僮月兒毛乾澀齾一作輕解放失雲龍骨瘦牙槎一作查牙平原好放無人放嘶向秋風苜蓿花

隴上沙葱葉正齊騰黃猶自蹋鹽蹄尾蟠夜雨紅絲脆頭捽一作捽秋風白練低力憊未思金絡腦影寒空望錦障泥隋耶莫怪一作錯垂雙淚一作耳不遇孫陽不敢一作肯又作用嘶

不剪焦毛鬣半翻何人別一作識是古龍孫霜侵一作風吹病骨無驕氣土蝕驄花見臥痕未噴斷一作得噴雲歸漢苑會追輕一作已曾飛練過一作適吳門一朝千里心猶在爭一作誰肯潛忘一作施秣飼恩

空被秋風吹病毛無因濯浪刷洪濤臥來總怪龍蹄跙一作阻瘦盡誰驚虎口高追電有心猶款段逢人相骨強嘶號欲將鬐一作鬃鬣重裁剪乞借新成一作城利鉸刀

病久無人著意看玉一作五華彩一作毛色欲凋殘飲驚白露泉花冷喫怕清秋一作風荳葉寒長櫳敢辭紅錦重舊韁寧畏紫絲蟠王良若許相抬策千里追風也不難

長安客舍敍一作懐 邵陵舊宴寄永州蕭使君五首

邵陵佳一作樓樹鬱葱蘢河漢西沈一作星流宴未終殘漏五更傳一作掀 海月清笳三會揭天風滿蘋舞唱[illegible]鬱絲光射頭一作僕盤蠟燭紅今日却懷一作思行樂處兩床絲竹水一作小樓中

不知何路却一作學飛翔處受賢侯鄭重恩五一作午 夜清歡敲玉樹一作筋 三年洪飲倒一作竭金尊招攜水一作每感雙魚在一作遠 報答空知一作思一劍存猥籍黎花滿城月當時長醉信陵門

粉堞一作雉又作疊澎一作丹軒寶障西水雲紅樹窣璇題鷓鴣欲一作影 絕歌聲定鸜鵒初驚一作身翻 舞袖一作翅齊坐對玉山空一作難何線細聽金石怕低迷東風夜月一作月下 三年飲不省非時一作未有歸時 不似泥

木魚金一作銅鑰鎖春一作重城夜上紅一作江 樓縱酒情竹葉一作箭 水繁更漏促桐花風軟管弦清百分散打銀船溢十指寬催長筋輕星斗漸稀賓客散碧雲猶戀豔歌聲

三年身逐漢諸一作楚公侯賓榻容居最上頭飽聽笙歌陪痛一作夜飲熟尋雲水一作樹 縱閑遊朱門鎖閉煙嵐暮鈴一作案閣清冷一作涼 水木秋月滿前山圓一作風 不動更邀詩客上高一作醉南 樓

昜 鯤

古物神光雪見羞未能擎出恐泉流暗臨黑水蛟螭泣潛倚空山鬼魅愁生怕雷霆號澗底長聞風雨在湫頭垂簾不用將閑一作厥注云此移切氣惱亂司空犯斗牛

仙都郎景

蟠桃花老華陽東軒后登真謝六宮旌節暗迎歸碧落笙歌遥聽隔崆峒衣冠留葬橋山月劍履將隨浪海風看却龍髯攀不得紅霞零落鼎湖空

望九華寄池陽杜員外

戴月早辭三秀館遲明初識九華峰差差玉劍寒鋩利裊裊青蓮翠葉重奇狀却疑人畫出嵐光如爲客添濃行春若到五溪上此處褰帷正面逢

小遊仙詩九十八首

玉簫金瑟發商聲桑葉枯乾海水清淨掃蓬萊山下路一作上地略邀王母話長生

上元元日豁明堂五帝望空拜玉皇萬樹琪花千圃藥心知不敢輒形相

騎龍重過玉溪頭紅葉還春碧水流省得壺中見天地壺中天地不曾秋

眞王未許久從容立在花前別甯封手把玉簫頭不舉自愁如醉倚黃龍

金殿無人鎖絳煙玉郎並不賞丹田日龍蹀躞難迴跋步下紅綃碧玉鞭

玄洲草木不知黃甲子初開浩劫長無限萬年年少女手攀紅樹滿殘陽

宮闕重重閉玉林崑崙高闕彩雲深黃龍掉尾引郎去使妾月明何處尋

風滿塗山玉蕊一作葉稀赤龍閑臥鶴東一作閑飛紫梨爛盡無人喫何事韓一作蕭君去不歸

武帝徒勞厭暮年不曾清淨不精專上元少女絕還往滿竈丹成白玉煙

百辟朝回閉玉除靈風清宴桂花疎西歸使者騎金虎鞸鞚垂鞭唱步虛

南斗闌珊北斗稀茅君夜著紫霞衣朝騎白一作獨乘青鹿趁朝去鳳押笙歌逐一作歸後飛

焚香獨自上天壇桂樹風吹玉簡寒長怕嵇康乏僊骨與將僊籍再尋看

氷屋朱扉曉未開誰將金策扣瓊臺碧花紅尾小僊犬閑吠五雲嗔客來

酒釅一作溢春濃瓊一作瑤草齊真公飲散醉如泥朱一作玉輪軋軋入雲去行到半天聞馬嘶

白石山中自有天竹花藤葉隔一作滿溪煙朝來洞口一作裏圍碁了賭得青龍直幾錢

海水西飛照柏林青雲斜倚錦雲深水風暗入古山葉吹斷步虛清磬音

玉詔新除沈侍郎便分茅土鎮東方不知今夕遊何處侍從皆騎白鳳凰

洞裏煙霞無歇時洞中天地足金芝月明朗朗溪頭樹白髮老人相對棊

餞郎滾霞閑郎行一聲長嘯萬山青穿花渡水來一作能相訪珍重多才阮步兵

東妃閑著翠霞裙自領笙歌出五雲清思密談誰第一不過邀取小茅君

月影悠悠秋樹明露吹犀簟象床輕嬪妃久立帳門外暗笑夫人推酒聲

九天天路入雲長燕使何由到上方玉女暗來花下立手挼裙帶問昭王

玉皇賜妾紫衣裳教向桃源嫁阮郎爛煑瓊花勸君喫恐君毛髮暗成霜

花底休傾綠玉卮雲中含笑向安期窮陽有數不知數大似人間年少兒

五色虬龍金絡頭眞妃騎出縱閑遊崑崙山上桃花底一曲商歌天地秋

倚一作閑來滿目訪一作等劉君緩步驟撞玄綠一作綠繡裙細擘一作細拍又作旋擘桃花逐流水更

無言語倚彤雲

西漢夫人下太虛九霞裙幅五雲輿欲將碧字相教示自解盤囊出素書

天上鷄鳴海日紅青腰侍女掃朱宮洗一作灑花蒸葉滋清酒待與夫人邀五翁

汗漫眞遊實可奇人間天上幾一作與人知周王不信長生話空使萇弘碧淚垂

青錦縫裳綠一作白玉璫一作鐺滿身新帶五雲香閑依碧海攀鸞駕笑就蘇君覓橘嘗

雲不西飛龍不行露乾雲破洞簫清少年仙子說閑事遙隔彩雲聞笑聲

洞裏煙深木葉麤乘風使者降玄都隔花相見遙相賀擎出懷中赤玉符

芝蕙一作草芸花爛漫春瑞香煙露濕衣巾玉童私地誇書札偷寫雲謠暗贈人

天上邀來不肯來人間雙鶴又空回秦皇漢武死何處海畔紅桑花自開

紫羽麾幢下玉京却邀眞伴入三清白龍久住渾相戀斜倚祥雲不肯行

鶴叫過懸竹葉疏誰來五嶺拜雲車人閑肉馬無輕步踏破先生一卷書

夜降西壇宴已終花殘月樹霧朦朧誰遊人海門前過空洞一聲風雨中

忘却教人鎖洞宮還丹失盡一壺空嫦娥若不偷靈藥爭得長生在月中

暘谷先生下宴時月光初冷紫瓊枝清金石揭天地事在世間人不知

非愛神仙住九霞焚香不出閉金華白羊成隊難收拾與盡溪頭巨勝花

酒盡香殘夜欲分青童一問紫陽君月光悄悄笙歌遠馬影龍聲歸五雲

海樹霽風吹彩旌丹陵朝客欲昇天無央公子停鸞轡笑泥嬌妃索玉鞭

八景風回五鳳車崑崙山上看桃花若教使者沽春酒須覓餘杭阿母家

叔卿遍覽九天春不見人間故舊人怪得蓬萊山下水半成沙土半成塵

欲飲尊中雲液漿月明花覆合笙簧更教小奈將龍去便向金壇取阮郎

海上桃花千樹開麻姑一去不知來遼東老鶴應惆悵教探桑田便不回

昨夜相邀宴杏壇等閑乘醉走青鸞紅雲塞路東風緊吹破芙蓉碧玉冠

雲鶴冥冥去不分落花流水恨空存不知玉女無期信道與留門却閉門

采女平明受事回暗交丹契錦囊開欲書密詔防人見伴喝青虬使莫來

侍女親擎玉酒卮滿卮傾酒勸安期等閑相別三千歲長憶水邊分棗時

萬歲蛾眉不解愁旋彈清瑟旋閑遊忽聞下界笙簫曲斜倚紅鸞笑不休

太一元君昨夜過碧雲高髻綰婆娑手撻玉策紅于火敲斷金鸞使唱歌

碧瓦彤軒月殿開九天花落瑞風來玉皇欲著紅龍袞親喚金妃下手裁

長房自覺解飛翻五色雲中獨閉門看却桑田欲成海不知還往幾人存

赤龍一作紫雲停步彩雲飛共道眞王一作皇海上歸千歲紅桃一作千載桃花香破鼻玉盤盛出與

金妃

碧海靈童夜到時徒勞相喚上瓊池因循天子能閑事縱與青龍不解騎

且欲留君飲桂漿九天無事莫推忙青龍舉步行千里休道蓬萊歸路長

去住樓臺一任風十三天洞暗相通行廚侍女炊何物滿竈無煙玉炭紅

風動閑一作寒天清桂陰水精簾箔一作外冷沉沉西妃少女多春思一作春恩亂斜倚彤雲畫日

吟

王母相留不放回偶然沉醉臥瑤臺憑君與向蕭郎道教著青龍取妾來

絳節笙歌繞殿飛紫皇欲到五雲歸細腰侍女瑤花外爭向紅房報玉妃

聞君新領八霞司此別相逢是幾時妾有一觥雲母酒請君終宴莫推辭

方士飛軒駐一作住碧霞酒寒一作香風冷月初斜不知誰唱歸春一作春歸曲落盡溪頭白葛一

作玉　花

方朔朝來到我家欲將靈樹出丹霞三千年後知誰在擬種紅桃待放花

水滿桑田白日沉凍雲乾霰濕重陰遼東歸客閑相過因話堯年雪更深

翱回相引看紅鸞一作泉不覺風吹鶴鞚偏好是輿來一作好見上清騎白鶴一作鶴文妃爲伴上重天一作旋驅旌節旋昇天

公子閑吟八景文花南拜别上陽君金鞭遙指玉清路龍影馬嘶歸五雲

一百年中是一春不教日月輒移輪金鼇頭上蓬萊殿唯有人間鍊骨人

笑擎雲液紫瑤觥共請雲和碧玉笙花下偶然吹一曲人間因識董雙成

東皇長女沒多年從洗一作洒金芝到水邊無事伴他棊一局等閑輸却賣花錢

紅草青林日半斜閑乘一作隨小鳳出彤霞咯一作路尋舊路一作故宿過西國一作谷因得氷園一尺一作顆瓜

樹下是沉月欲高前溪赤影濕龍毛洞天雲冷玉一作五花發公子盡披雙錦袍

紫水風吹劔樹寒水邊年少下紅鸞赤知百一窮陽數略請先生止的看

武皇含笑把金觥更請霓裳一兩聲護帳宮人最年少舞腰時挈繡裙輕

瓊樹扶疏壓瑤煙玉皇朝客滿花前東風小飲人皆醉短尾青龍枕水眠

彤闈鐘鳴碧鸞飛皇君催熨紫霞衣丹房玉女心慵甚貪看投壺不肯歸
崑崙山上自一作白雞啼羽客爭昇碧玉梯因駕五龍看較藝白鸞功用不如妻
沙野先生閉玉虛焚香夜寫紫微書供承童子閑無事教剗瓊花餵白驢
雲朧瓊花滿地香碧沙紅水遍朱堂外人欲壓長生籍拜請飛瓊報玉皇
玉洞長春風景鮮丈人私宴就芝田笙歌暫向花間盡便是人間一萬年
青童傳語便須回報道麻姑玉蘂開滄海成塵等閑事且乘龍鶴看花來
絳樹彤雲戶半開守花童子怪人來青牛臥地喫瓊草知道先生朝未回
紫微深鎖敞丹軒太帝親談不死門從此百寮俱拜後走龍鞭虎下崑崙
石洞沙溪二十年向明杭日夜朝天白攀煙盡一作裏　水銀冷不覺小龍潛下眠
雲衫玉帶好威儀三洞眞人入奏時頻着金鞭打龍角焉嗔西去上天遲
太子眞娥相領行當天合曲玉簫清黎花新折東風軟猶在緱山樂笑聲
洞裏月明瓊樹風畫簾青室影朦朧香殘酒冷玉妃睡不覺七眞歸海中
青苑紅堂壓瑞雲月明閑宴九陽君不知昨夜誰先醉書破明霞八幅裙
東溟兩度作塵飛一萬年來會面稀千樹黎花百壺酒共君論飲莫論詩
滄海今抛郎未能且緣鸞鶴立相仍蔡家新婦莫嫌少領取眞珠三五升

溪影沉沙樹影清人家皆踏五音行可憐三十六天路星月滿空瓊草青
北斗西風吹白榆穆公相笑夜投壺花前玉女來相問賭得青龍許贖無
九天王母皺蛾眉惆悵無言倚桂枝悔不長留穆天子任將妻妾住瑤池
晉隨堯伯縱閑遊飲鹿因過翠水頭宮殿寂寥人不見碧花菱角滿潭秋
新授金書八素章玉皇教妾生扶桑與君一別三千歲却厭僊家日月長
八海風涼水影高上卿教製赤霜袍蛟綃玉線難裁割須借玉妃金剪刀
海上風來吹杏枝崑崙山上看花時紅龍錦襜黃金勒不是元君不得騎
絳闕夫人下北方細環清珮響丁當攀花笑入春風裏偷折紅桃寄阮郎

又遊仙詩一絕見唐詩紀事

靖節先生幾代孫青娥曾接玉郎魂春風流水還無賴偷放桃花出洞門

題武陵洞五首

此生終使此身閑不是春時且要還寄語桃花與流水莫辭相送到人間
溪口回舟日已昏却聽鷄犬隔前村殷勤重與秦人別莫使桃花閉洞門
却愁重來路不通殷勤回首謝春風白鷄黃犬不將去且寄桃花深洞中
桃花夾岸杳何之花滿春山水去遲三宿武陵溪上月始知人世有秦時

渡水傍山尋絕壁白雲飛處洞天開仙人來往無行跡石逕春風長綠苔

句

斬蛟將海上射虎黑山頭　簫聲欲盡月色苦依舊漢家宮樹秋　一曲哀歌茂陵道漢家天子葬秋風　誰知漢武無仙骨滿竈黃金成白煙以上見全唐詩

王　元

唐朝桂林人字文元隱居不仕

登祝融峰

草疊到孤頂身齊高鳥翔勢疑撞翼軫翠欲滴瀟湘雲濕幽巖滑風梳古木香晴空聊縱目杳杳極窮荒

懷翁宏

獨夜思君切無人知此情滄州歸未得華髮別來生孤館木初落高空月正明遠書多隔歲獨念沒前程

聽　琴

拂塵開素匣有客獨傷時古調俗不樂正聲君自知寒泉出澗澀老檜倚風悲縱有來聽者誰

堪繼子期

哭李韶

韶也命何奇生前與世違貧棲古梵刹終著舊麻衣雅句僧抄遍孤墳客弔稀故園今孰在應見夢中歸

題鄧眞人遺址

三千功滿仙昇去留得山前舊隱基但見白雲長掩映不知浮世幾興衰松梢風觸霓旌動㯶葉霜沾鶴翅垂近代無人尋異事野泉噴月瀉秋池

句

伴行惟瘦鶴尋步入深雲贈廖融見全唐詩

翁宏

陽朔人字大舉

送廖融處士南遊

病臥瘴雲間莓苔濆竹關孤吟牛渚月老憶洞庭山壯志潛消盡淳風竟未還今朝忽相遇執手一開顏

春殘

又是春殘也，如何出翠幃。落花人獨立，微雨燕雙飛。寓目魂將斷，經年夢亦非。那堪向愁夕，蕭颯暮蟬輝。

秋殘

又是秋殘也，無聊意若何。客程江外遠，歸思夜深多。皓首飛黃葉，湘湄走白波。仍聞漢都護，今歲合休戈。

句

萬木橫秋裏，孤舟半夜猨。送人　漏光殘井甃，缺影背山椒。詠曉月　風回山火斷，潮落岸冰高。湘江吟

以上見全唐詩

陸蟾

藤縣人，歷五季至宋初尚存。同邑僧契嵩為作傳云：陸蟾，藤州鐔津人也，以能詩名於楚越間，客死於攸縣之司空山。余少時遊衡山，會隱者高悶，謂余曰：昔陸先生子之邑人也，方國初時，廖氏家以詩盛，而四方詩人慕廖氏者來衡山頗衆，獨先生陸某詩多警句，雖慕廖融亦相推高。然先生不止能詩而已矣，頗知王霸大略，亦俟有所遭遇，故其言詩見

志如瀑布咏後句云待到滄溟日爲濤更好看而常幅巾布衣好秉高節所至閉戶自處不肯與常人交接余聞其風而嘆之曰陸先生邑人也能以詩高出流輩是亦賢矣而負道守節不爲阿世苟合而欲自有所遭遇雖孔孟尚不得其志而生也不亦難乎然天下如陸先生從死於邱壑者何限

瀑布咏

靈源人莫測千尺掛雲端嶽色染不得神功載亦難夏噴猿鳥凝秋濺斗牛寒待到滄溟日爲濤更好看

聞子規

後夜入清明邀人何處聽花殘斑竹廟雨歇峴山亭樹銹月欲落窗間酒正醒衆禽方在夢誰念爾勞形 以上二詩見蘇時學爻山筆話

春暮經石頭城

六朝多少事搔肘思悠悠落日空江上子規啼渡頭蒹葭浸廢壘烟霧接滄洲今古分明在那堪到九秋 右詩見廣西詩人名氏錄黄二明先生與其兄子端寄

以上唐代詩

裴說

桂州人唐天祐三年登進士第官終禮部員外郎亂後歸湖南卒　苕溪漁隱說有句云讀書貧裏樂搜句靜中忙　全唐詩話說有句云苦吟僧入定得句將成功又贈貫休是事精皆易惟詩會卻難石首縣因務·家在澧得半年吟湘江吟餘潮入浦坐久燒移山贈令三年清似水六月冷如冰　綉石書堂說有句云·施紅錦裏三事紫羅輕　錦綉萬花谷說有句云雪留寒竹寺舍冷風撼早梅城郭香清明云叢毬輕蹴壺中地絲雪高飛掌上身

寄邊衣曲

深閨乍冷鑑開箧玉筯微微濕紅頰一陣霜風殺柳條濃烟半夜成黃葉垂垂白練明如雪獨下閑階轉凄切祇知抱杵擣秋砧不覺高樓已無月時聞寒雁聲相喚紗窓只有燈相伴幾展素紈又懶裁離腸恐逐金刀斷細想儀形執牙尺回刀剪落澄江色愁捻鉼鍼信手縫惆悵無人試寬窄時時舉袖匀紅淚紅牋謾有千行字書中不盡心中事一片慇懃寄邊使

懷素臺歌

我呼古人名鬼神側耳聽杜甫李白與懷素文星酒星草書星永州東郭有奇怪筆塚墨池遺跡在筆塚低低高如山墨池淺淺深如海我來恨不已爭得青天化爲一張紙高聲喚起懷素書搦管研朱點湘水欲歸家莫歎嗟眼前有三箇字枯樹槎烏梢蛇墨老鴟

遊洞庭湖

楚雲圍翠八百里澧蘭吹香墮春水白頭漁子搖蒼烟鸂鶒眠沙曉驚起沙頭龍叟夜歎憂鐵笛未響春風羞露寒紫藟結新愁城角泣斷關河秋謫仙欲識雷斧手剗却古今愁共醜鯨遊碧落杳無跡作詩三歎君知否瀛洲一櫂何時還滿江宮錦看湖山

南中縣令

寂寥雖下邑吏牢有清威苦節長如病爲官豈肯肥山多村地狹水淺客舟稀上國搜賢急陶公早晚歸

漢南郵亭

高閣水風清開門日送迎帆張獨鳥起樂奏大魚驚驟雨拖山過微風拂面生閑吟雖得句留此謝多情

棋

十九條平路言平又嶮巇人心無算處國手有輸時勢迴流星遠聲乾下雹遲臨軒木一局寒日又西垂

春暖送人下第

相送短亭前知君恳復賢事多憑夜夢老爲待明年春樹添山脊晴雲學曉烟雄文有公道此別莫潸然

贈衡山令

君吟十二載辛苦必能官造化猶難隱生靈豈易謾猨跳高岳靜魚擺大江寬柰我爲同道相留夜話闌（首句一作君吟三十載）

寄曹松

莫怪苦吟遲詩成鬢亦絲鬢絲猶可染詩病却難醫山暝雲橫處星沉月側時冥搜不可得一句至公知

夏日郎事

僻居門巷靜竟日坐階墀鵲喜雖傳信蛩吟不見詩筍抽通舊竹梅落立閑枝此際無塵撓僧來稱所宜

送人宰邑

官小任還重命官難偶然皇恩輕一邑赤子病三年瘦馬稀飡粟羸童不識錢如君清苦節到處有人傳

送進士蘇瞻亂後出家

因亂事空王孤心亦不傷梵僧爲骨肉柏寺作家鄉服閉千行淚頭梳一把霜詩書不得力誰與問蒼蒼

秋日送河北從事

北風沙漠地吾子遠從軍官路雖非遠詩名要且聞蟬悲欲落日鵰下擬陰雲此去難相戀前山摻袂分

冬日後作

寂寥掩柴扉昏昏坐欲癡事無前定處愁有併來時日影纔添線鬢根已半絲明庭正公道應許苦心詩

終南山

九衢南面色蒼翠絶纖塵寸步有閑處百年無到人禁林寒對望太華冷相隣誰與羣峯並祥雲瑞露頻

訪道士

高岡徹雨後木脫草堂新惟有疎慵者來看淡薄人竹牙生礙路松子落敲巾粗得元中趣富朝宿話頻

兜率寺

一片無塵地高連夢澤南僧居跨鳥道佛影照魚潭杇栟雲斜映平蕪日半涵行行不得住迴首望烟嵐

鹿門寺

鹿門山上寺突兀盡無塵到此修行者應非取次人鳥過巖石磬日出礙金身何計生煩惱虛空是四鄰

牡丹

數朶欲傾城安同桃李榮未嘗貧處見不似地中生此物疑無價當春獨有名遊蜂與蝴蝶來往自多情

見王貞白

共賀登科後明宣入紫宸又看重試榜還見苦吟人此得名渾別歸來話亦新分明一枝桂堪動楚江濱

喜友人再面

一別幾寒暄迢迢隔塞垣相思長有事及見却無言靜坐將茶試閑書把葉翻依依又留宿圓月上東軒

冬日作

糲食擁敗絮苦吟吟過冬稍寒人却健太飽事多慵樹老生烟薄墻陰貯雪重安能只如此公道會相容

中秋月

一歲幾盈虧當盈重此期幸無偏照處剛有不明時色靜雲歸早光寒鵲睡時相看吟未足皎

皎下疎籬

塞上曲

極目望空濶馬贏程又賒月生方見樹風定始無沙楚水辭魚窟燕山到雁家如斯名利役爭

不老天涯

道林寺

獨立凭危闌高低落照間寺分一派水僧鎖半房山對面浮世隔垂簾到老閑烟雲與塵土寸

步不相關

般若詩

南岳古般若自來天下知翠籠無價寺光射有名詩一水湧獸跡五峰排鳳儀高僧引閑步晝

出夕陽歸

題岳州僧舍

喜到重湖北孤舟橫晚烟鷺銜魚入寺鴉接飯隨船松檜君山逈菰蒲夢澤連與師吟論處秋

水浸遙天

過洞庭湖

浪高風力大挂席亦言遲及到塽憂虞爭如未濟時魚龍侵莫測雷雨動須疑此際情無賴何門寄所思

旅行聞寇

動步憂多事將行問四鄰深山不畏虎當路却妨人橐富田園廢疲羸屋舍新自慙爲旅客無計避烟塵

旅中作　洞溪詩話詩入俗語如王維萬事不關心武元衡日出事還生裴說開口說貧難皆有理致

妄動遠拋山其如餒與寒投人言去易開口說貧難澤國雲千片湘江竹一竿時明未忍別猶待計窮看

旅次衡陽

欲往幾經年今來意豁然江風長借客岳雨不因天戲鷺飛輕雪驚鴻叫亂烟晚秋紅藕裏十宿寄漁船

寄貫休

憶昔與吾師山中靜論時總無方是法難得始爲詩凍犬眠乾葉饑禽啄病梨他年白蓮社猶許重相期

哭處默上人

凄凉繐幕下香吐一燈分門者輸寒栓留閑與白雲絮盂曾幾度傳衲不教焚泣罷重迴首暮山鐘半聞

廬山瀑布

靜景澀高望光分翠嶂開嶮飛千尺雪寒摸一聲雷過去雲衝斷旁來燒隔迴何當住峰下紛歲絶塵埃

華山上方

獨上上方上立高聊爾心氣衝雲昜黑影落縣多陰有雪草不死無風松自吟會當求大藥他日復追尋

鷺鷥

秋江清淺時魚過亦頻窺卻爲分明極翻成所得遲浴偎紅日色棲壓碧蘆枝會共鵷同侶翱翔應可期

經杜工部墳（麼凝普詼諧見戲此詩戲曰得非刼墳賊耶聞者大笑）

騷人久不出安得國風清擬掘孤墳破重教大雅生皇天高莫問白酒恨難平悒怏寒江上誰人知此情

柳

高拂危樓低拂塵灞橋攀折一何頻思量却是無情樹不解迎人只送人

岳陽兵火後題僧舍

十年兵火真多事再到禪扉却破顔唯有兩般燒不得洞庭湖水老僧閑

亂後偷路入故鄉

愁看賊火起諸烽偷得餘程悵望中一國半爲亡國燼數城俱作古城空以上見于羅江李調元雨村全五代詩

裴諧

桂州人說之弟天祐三年同登第終桂嶺攝令十國春秋諧依馬氏與翁宏爲詩友有湘江吟句云風迴山火斷湖落岸冰高佳句也　詩話總龜諧有經杜甫墳句云名終埋不得骨任朽何妨爲人傳誦

觀修處士梂花圖歌

一從天寶王維死於今始見修夫子能向鮫綃四幅中丹青暗與春爭工勾芒若見應羞殺暈綠勻紅漸分別堪憐彩蕊似東風一朵一枝隨手發燕支乍濕如含露引得嬌鶯癡不去多少遊蜂盡日飛看遍花心求入處工夫妙麗實奇絕似對韶光好時節偏宜留著待深冬鋪向樓

前殛霜雪以上見于全五代詩

林楚材

賀州富川人十國春秋天寶末有稻田自海中浮來上魚藁門外民聚觀之楚材見而嘆曰水禽湫湫分南時好事或有記其語者及宋師至潘美爲都部署方悟爲潘字雅言雜系楚材贈

黄損云身閑不悅辭官早詩好常甘得句遲

怨詩

何處期郎遊小苑花臺間相憶不可見且復乘月還以上見于全五代詩

以上唐宋時代詩

卷三

周滑

恭城人字得臣建隆初召試賜同進士出身歷官兩浙東西路轉運使遷侍御史加職

方員外郎

贈道士吳崇岳

楮爲冠子布爲裳吞得丹霞壽最長混俗性靈常樂道出塵風格早休糧枕中經妙誰傳與肘後方新自寫將百尺松梢幾飛步鶴僊枝上禮虛皇

按腐弱云郡閣雅談吳崇岳泉州龍興觀道士辟穀多年嘗登松柏禮拜處松枝可六七十尺福建漕使周渭贈以詩太平興國中詔入京　見于宋詩紀事

周　渭

恭城人周渭昆弟

重門曲

憔悴容華怯對春寂寥宮殿鎖閑門此身却羨宮中樹不失芳時雨露恩

逢隣女

日高隣女笑相逢慢束羅裙半露胸莫向秋池照綠水參差羞殺白芙蓉

廢　宅

半落畫堂空鎖塵荒凉庭樹暗消春豪家莫笑此中事曾見此中人笑人以上見于全五代詩

李時亮

博白人字端夫嘉祐中進士累官御史大夫與陶崇相慶和有李陶集

蟠龍山

獨臥粵南天盡頭吐吞清氣壓林丘風雲上下三千丈霧雨西南十六州古碉有泉穿石冷陰
崖無暑滿山秋我來結構林亭下時復凭欄看未休見于宋詩紀事

歐陽闢

靈川人字晦夫從學於梅聖俞元祐六年進士任石康令師按厲鶚云困學紀聞歐陽
闢字晦夫桂州人東坡南遷至合浦闢時爲石康令出其詩稿數十幅注坡詩者以爲
文忠之族非也

寄京師畫院待詔王公器

有唐畫癖惟王維自謂前身應畫師君今畫祖躡神奧權敵造化爭分持君今畫品到神處祖
身再生何異疑宋唐相距更累代典型尚在寧少懸正恐聲名出祖上况早力學工文詞最吟
佳句每記憶一字可買堪貧羸天地兩間府萬物物物圖繪略不遺飛潛動植出把握臻幽造
妙窮豪絲顧堂陸室牆數仞直發門鑰深探窺人間流落已足貴况蒐國手展設施景靈九殿
初締構九屏博選丹青奇睿旨屬君亟應命牡丹孔雀仙無爲雕闌醜石要傑怪議敢洪專幾
郭熙屏間散布十八種爛然逼眞生羽儀南徐西趙不復數宸翰點賜收高貲聖光獻升仙
際睟容將貌精者誰都城名輩皆縮手君特奉詔趨宮闈重瞳背淚親瞻矚一筆立就難動移

上心中愜愈增慟金口由此皆歎咨禁庭內外曰唯肖進秩一等躋官資聖表神蹤閟天上盛
美空傳萬一知考牧一圖最卓絕羊牛爾牧俱來思羊群三百牛九十角耳𪗋溼訛寢宜眾無
闕觸形甚澤馴擾畢來肱以麾地從善利畜得所或陟升降或飲池牧人負餱荷簑笠可禦寒
暑仍禦饑薪蒸用足尙餘力博取禽獸雄與雌紛紛事物已曲盡亡不合無羊詩豐年富庶義
亦備舉目如在宣王時前視未有後鮮儷獨步詎肯容並馳不見古人豈君恨但恨古人不見
之珢玕碾軸蜀錦褾賢王寶祕輕瓌琦鉅公名卿競題跋鋒起議論誇淵微我始鄰居久結好
草廬對雪傳屝衰畬松瘦竹旁掩映梅花半折臨澗湄素琴橫榻書滿架綠瓶注酒傾椰巵罏
灰不識炭火燼坐擁條褐莪接䍦筵前淩亂舞六出筆凍硯底方生澌女奴瞰窗不避冷青幕
赤脚丫髮垂我無泉石營此景君畫雖巧令人悲十年遠別如夢寐此圖出處嘗自隨去春京
國重會合愈見極藝觀忘疲矜我孜孜嗜益篤爲作秋江四鷺鷥芙蓉照波蔭寒菊茇菼獵獵
西風吹感君贈我瀟灑意意勸把釣江湖歸煙瀾素澗無寸尺今縱兒勸歸已遲君嗟五十眼
力減將亦謀隱長掩扉我擬更來冬月景知君老筆尙能揮見于朱詩紀事

馮　京

按厲鶚宋詩紀事載馮京字當世鄂州江夏人皇祐元年舉進士鄉選禮部廷試皆第

一眾官知制誥翰林學士旋擢參知政事罷以觀文殿大學士出鎮河朔歷大名彰德
拜太子太師致仕卒贈司徒謚文簡著有濟山集又按廣西詩人名氏錄黃二明與其
兄子靖書謂馮當世史稱爲江夏人實生于宜山流寓藤縣發科于湖北故應爲廣西
人是二說誠未敢確定姑錄之以俟考証詩見宋詩紀事

詔修兩朝國史賜筵史院和昔相吳公原韻

天密叢雲曉風清一兩餘三長太史筆二典帝皇書案武知何者露恩匪幸歟吐茵平日事何
憚汚公車

謝鄂倅南宮城

嘗思颶海隔飛翻會得天風送羽翰惡此丘山何以戴心將金石欲移難經年空歎音書絕千
里常思道義歡每向江陵試遺亦邑人猶指縣城看

按廣錄云湖山野錄馮大參當世始宗薦于武昌會小宗者庸繆寡鑒堅欲黜又欲置末
綴時鄂倅南宮城監試當拆封定卷大不平奮臂力主之以公冠于鄉版果取大魁釋褐
除荆南倅南宮還還倅以詩謝之

摘句

琴彈夜月龍魂冷劍擊秋風鬼膽麤　塵埃掉臂離長陌琴酒和雲入舊山　豐年足酒容身

易世路無媒著脚難

徐　璽

按況周儀阮盦筆記五種載徐璽乃淳化九年鄉舉博白縣人見嘉靖廣西志選舉表又以忠義策從仕郎知宜州詩歐陽希範以功授白州長史皇祐間儂智高叛璽引兵追至金城驛戮力與戰死之贈大理寺丞詩見宋詩紀事

綠珠渡自注在博白縣

早出綠珠村晚過綠珠渡日落白州城草芳梁女墓江水流古今滔滔不相顧今人不見古時人依舊青山路如故

陶　崇

按況周儀阮盦筆記五種載陶崇乃嘉泰二年進士全州人見嘉靖廣西志選舉表詩見宋詩紀事

訪僧歸雲菴

閑過選佛場歸雲翠如潑入門偶有言啟頰師便喝掩耳煨芋爐但把火深撥呼童酌玉缸注

之㭷檀鉢爐灰然微紅橫鐺水煎活茶酣登甲亭雙眸爲之豁鳥啼空山幽翔集來木末風月一何佳圞圝共批抹悠悠澹忘歸于兹得解脫

朱子恭

考朱子恭廣西人無疑按厲鶚宋詩紀事載下詩一首注云見桂林府志

照義驛

霜林紅葉襯梧花路轉崖根百尺斜霽日斷雲成徙倚湘南秋盡未還家

石仲元

桂林七星山道士字慶宗以能詩名楊徽之守湘源大加稱賞爲玉方響著有桂華集

陽朔道中

平原翠削萬瓊瑰頓轡塵沙眼暫開文網牽人寧底急未妨得意看山來

摘句

石壓筍斜出岸懸花倒生 以上見于宋詩紀事

歸眞子

呈桂州唐秀才

袁州相見又之全不遇先生道未圓大抵有心求富貴到頭無分學神仙　中靈藥宜頻施鼎裏丹砂莫妄傳待得角龍爲宴會好來黃壁臥林泉

按厲鶚注云古今詩話唐子正著作桂州人治平中赴舉至全州途中雇一僕負重擔健若飛羽雖鞭馬疾馳常去馬百步外恐其逸去遂遣之奚僕即日自全州二千七百里日午已到唐州留書驛吏曰候桂州唐秀才至即投之唐月餘到驛驛吏出書題云呈桂州唐秀才歸眞子封唯一詩云話其狀貌乃全州僕也留書之日乃全州所遣日也始悟其爲神仙唐發爲邕倅熙寧丙辰交趾寇邕唐遇害乃詩所謂角龍也以上見于宋詩紀事

契嵩

[illegible]藤州人字仲靈又號潛子姓李氏嘉祐中進士輔教編賜號明教禪師退老于杭州靈隱寺著有鐔津集

三高僧詩 并敘

唐僧皎然靈澈道標以道稱於吳越故諺美之曰霅之晝能清秀越之澈如冰雪杭之

標摩雲霄吾嚮風而慕其人因診所謂遂爲詩三章以廣其意也

霅之晝能清秀

晝公文章清復秀天與其能不可躋僧攻文什自古有出拔須尊晝爲首造化雖移神不遷晝公作詩心亦然上跨騷雅下洗宋俊思縱横道自全禪伯修文修或釋字豈徒爾誘引人心通佛理縉紳先生魯公輩早躡清游慕方外斯人已歿斯言在護法當應垂萬代

越之澈如冰雪

澈公之清如冰雪高僧天資與人別三十能詩名已出名在詩流心在律不殊惠遠殊惠休皎然未合誰與儔白雲蕭散何定止忽入關中訪包李孤清難立衆所沮到底無辜中非語木秀於林風必摧澈公懷德成禍胎古人已往不復歎爲爾爲詩遺後來

杭之標摩雲霄

標師之高摩雲霄在德豈在於沉寥一庵嶺底寄幽獨抗迹蕭然不入俗有時虛陟層崖眺不聞其語聞清嘯當時陸羽事幽討曾入靑雲預聞道取爾救旱驅神龍此乘人間寧豈同冥機感異心之苗此公所以稱道標

送章表民祕書

一日夫子來山陲來言去別將何之淸塵舊尉亦皆至時周感之同來　鮮車輕珮光陸離入門顧

我顏色好林下祀秩相追隨乏傲恣肆意氣豪舉首不覺白日欹拂𣿐乃留嵩宇宿紙衾蒲薦
誠可嗤不計豐約但適契唯唯無語相拒違是時春和二月半永夜耿耿輕寒微高談交發雅
興合如瓶注泉爭淋漓須臾促席命言志直吐胸臆擱淳詞人心不同有如面平生各自有所
爲表民卒然趨席端曰吾有志人不知末俗淺近焉足語含哺未吐長嗟咨少從先生學經典
不探枝葉窮根基帝王之道斷可識殷盤周誥無復疑古今事業貴適用文意述作須有規豈
類章稚空琢刻畫餅不能療朝饑十五孜孜事文字磨礲筆硯精神罷長篇大軸浩無數慷慨
但欲扶政治前年補吏來浙右局務冗俗不可窺傾懷欲效王霸署騏驥捕鼠非宜宜錢唐大
府多遴官品秩相較我最卑孟軻獨負浩然氣誰能歛秩長低眉丈夫所重以道進青雲萬里
須自馳咄嗟顧我胡爲者甘以門廕爲身資遂爲謝病遠引去遽與簪組相差池膠西董生苟
有慕下帷克苦窮書詩閒居落莫多感激所感時政生瑕玼賤臣抱節私自效作書萬字投丹
墀天閽深岩在西北引領一望雲霏霏德音畢竟不下報漫陳肝膽空涕洟嗟嗟吾生時命謬
不遇當時甘佚遺龍蛇之蟄尺蠖屈萬物不時須自怡我家田園在南國亦有溪山名武夷泉
甘壤黑堪稼穡歸與老農事鎡基余與感之聞此語精神飛動驚支頤深謀遠慮不可測滄溟
無底天無涯閶闔門前無限客摩肩踏足爭前詞暖衣飽食恣氣豔幾輩卓犖能如斯請君更
前與君語何必輕沮煩孜孜嘉穀冬收樘朝發衆物榮茂有疾遲不聞伊尹五千湯堯舜之道

方得施賢傑輕身重天下豈使汲汲營其私況當夷狄侮中國蹂踐二鄙翻地皮將軍誅討苦未剋百萬師老勞旌旗凶年樂歲復尚作風雨霜雪猶不時天子勤政不暇食亦待才能相補裨廟堂之上有君子聰明豈肯饒臯夔執秉公道尊大匠裁度杞梓寧參差愛君爲人性疎達不以其致交相嘗臨風明月千里別祝詞豈憚傾肝脾俗人好毀寡樂善嘉名清節愼莫虧朝廷若問平津策賢良第一非君誰

古意五首

風吹一點雲散漫爲春雨洒余松柏林青葱枝可取持此歲寒操手中空楚楚幽谷無人來日暮意誰與

二

君莫笑支許寂寞非愚懵君莫笑稽阮山林有清興人生徒百歲樂少憂還剩萬事漫短長無如使道勝爾非傲世士高蹈釣名稱但謝區中緣甘心棲石磴澄空白日飛世事終無應不如省爾誠自然還自暝

三

雲中見雙鳥高飛揭日月毛羽賁文章翱翔異鷹鶻儵然邈千里竟不顧林樾春風漫飄颻勁翮更超忽陌上遊俠子窺爾徒倉卒雖有金彈丸睥睨不敢發因知奇異資自保長超越冏事

黃雀群胡爲懸壟埒

四

堪笑浮雲高凌虛翳日晷凌虛或作扶搖　盍作蘭蕙幽草中自芳馨自足有天分未需衛虛雲掩翳之所惡胡爲久亭亭古來曠達士浪跡多晦暝山林惜長往藏用亦藏形幽谷不可及窅然遺自盈　嗟余亦羨此岑寂養頹齡

五

窮品偶眞叟授我一卷書深林值幽人遺我斧與鋤斧鋤亦奚爲教養材與蔬荒穢必須剪使之譪言如授書欲朝爲教爾心與軀學必先正己自治乃及餘此意有嘉訓佩之未始除如何悠悠人自謬欲是渠朝習成薄俗拗德懷遜篠吾裁此俚語憑君爲傳諸

游龍山訪道士李仙師

日出野曠明霜然訪道生杳渺湖外去散誕雲邊行秋高天宇淨脫葉飛縱橫乘風度林嶺轉覺衣履輕時聞縹緲間微颸傳鶴聲知與仙家近逸思泠然清須臾轉幽谷紫府芝田平仙童走脚報松子來門迎接款語且笑所歡非俗情丹臉人未老道貌天已成開筵羅玉粒盤餐饈紫英綢繆似交舊酒落懷抱傾薄暮忽云去徘徊倚山楹欲有重尋約還憂變高名

感遇九首

海水晦夜清秋色涵蓬壺有叟雙龍公鐵網羅珊瑚風雲浩容與悵恨何所圖欲問天上人可換明月無

二

仙人白玉京去去何縹緲瓊樓十二層玲瓏汎雲表銀漚月爲波萬頃卽池沼秋來宫殿光逗落人間曉空際時澄明烟霞眇靑鳥可見不可到所思空杳杳

三

悠哉楊執戟識遠才絶奇初提草玄筆頗爲人所嗤卓卓孔孟道謂爾平崄巇玉鑑含幽光千載方蕨蕤寄與曠懷士未遑休嗟咨心期道自貴俗態勢爲隨靑山保長往白日貞可窺高標謝松柏孤芳操弗移

四

天威不到處干戈動邊鄙將軍奮威猛英雄勢隨起紛紛出榆關肅肅秋色裏白馬冒黄雲靑霜厲嚴旨少壯羽林兒務能莫多喜好武匪君心用兵不得已寄言飛將軍妙略應無比志在報君恩豈爲黄金死丈夫身許國慷慨當如此寧教太史書輕笑魯連子

五

蒼茫天地間流光一何邊曾闖太古人未見曦輪駐才沈崎崪雲還上浮桑樹山色愁裡暝天

形夢中曙安知穆天子龍馬神爲御萬里速乘風又向瑤臺去超遙侶神仙此理當何故不向
堯年長永使人間住

六

冠蓋何處客𤼵雲意氣驕旦旦趨雙闕衝衝過渭橋金珂雲外響畫燭月中嬈縹緲行天路升
騰在玉霄如何區宇內頓與人間遙長拂羅裳去明光殿下朝一俯復一仰衆多憂亦饒白髮
傾邊長朱顏鏡裏凋豈知松檜下幽人長寂寥萬事淡無慮恣臥時長謠浩蕩天地間孰問樵
黃堯臨風一清嘯胡爲王子喬

七

空虛澄遠烟霽色含秋景思君每盤桓駐目千峯頂 駐目或作獨往 明月初團圞可照美人影美
人來不來雲鬟渺林嶺

八

松柏地之靈草莽亦同茂願得區域中人心復純素蒼梧會稽陰罔復有陵墓六合無知音青
山有歸路人生惜朱顏賢服長相顧昨夜露華臺誰不怨秋暮

九

悠然嚴子陵遠大寥廓器故人貴爲君片駒要不至耽閑戀滐潭高超弄芳餌青山汎白雲萬

古昔高尚侯覇不知道初亦嫌傲志何事卑王侯其心越天地因悲婁護輩胡爲附權勢流游絳灌間折節踽躚例皇皇古皇道勞生自拘繫不如歸去來乘風拂長袂

懷越中兼示山陰諸開士

厭見人境喧淸游憶甌越東南千萬山浮青滿寥泬從來鑑中景形勝人間絶月滿换鵝溪雲起藏書穴客子苦飄蓬遠與故人别尺素未及通芳草已云歇所悲行路難俯仰損名節鳴鴈欲東飛寄語謝明月

早秋吟

山家昨夜房櫳冷梧桐一葉飄金井長天如水淨藏雲明月含暉變秋景桂枝花折風飄飄誰在高樓吹玉簫人間不見槎升漢天上將看鵲作橋年少征人在何處白露霑衣未歸去海岭今無漂母家江南誰與王孫遇徘徊月下空長吟吾徒自古難知音欲上高臺問明月明月何不照人心

群賢宿山賦得暮雲嵩下宿

微風靜林杪紅日下嵩阿明月出已滿白雲歸未多高應伴猿鶴深不暗松蘿若弗爲霖去其如早歲何

浙江晚望

暮色杳無際秋空水混天片帆飛鳥外新月落湖邊隔越山形小吞吳地勢偏幾人來往老早晚渡頭船

題徑山寺

翠拔群山外遠天勢杳依雲迷飛鳥道雨出古龍湫僧在深雲定香和杳靄浮人間游不到臺殿自清秋

耶侍耶致仕

平時獨高謝道勝欲韜光白髮辭明主青山戀故鄉栗畦容鶴到吟徑愁雲藏更愛禪林臥時來拂石牀

山中早梅

亭亭映晚景皎皎出林端小圃連雲淡孤芳冒雪寒人間殊未見物外最先看但欲方瓊玉寧將勝牡丹

汎若耶溪

越水乘春泛船窗掩又開好山沿岸去驟雨落花來岸影樵人渡歌聲浣女回滄浪無限意日暮更悠哉

書毛有常園亭

愛此園林好重來花木滋游人醉不去幽鳥語無時烟郭連芳草春湖泛涤池松篁非俗韻游子漫相期

山亭晚春

山庭晚來靜林石自嵯岜犬去吠人語花飛恣鳥銜晴烟薰茂草煦日靄高杉更喜團圓月淸光下碧巖

自贈

靜坐還看竹閑行亦合樵道心應有在生事合無憀客去淸談少年來白髮饒漫將支遁筆閒且賦逍遙

夏日無雨

山中苦無雨日日望雲霓小暑復大暑深溪成淺溪泉枯連井底地熱亢蔬畦無以問天意空思水鳥啼俗謂水鳥啼則天下雨矣

歲暮書懷

朔風適變寒曉日將含煦南國殊未還東山歲雲暮浮生奄忽在芳顔安得駐寄謝人世間紛華尤可悟

山中早行

前山經夜雨獨往步春泥天岸呂將出田家雞更啼孤烟行處起曠野望中低猶喜逢樵客相將過敘溪

湖上晚歸

入開薄遊罷時與尋舊隱春岸行未窮夕陽看欲盡嵐光山際淡天影水邊近自憐幽趣眞淸吟更[illegible]引

季春寄友生

湖上雞烟竟入閒寒食時陰晴春易變花月候難齊未畏青蛙鳴先愁紫蕨衰雲山向漸熟相訪勿態遲

寄懷沕[illegible]山月禪師

聞道安禪處深蘿杳隔溪濤猿定中發幽鳥坐邊棲雲影輿晡別山峯遠近齊不知誰問法雪夜立江西

送客過北關道中作

北郭送陽子日斜歸舊居路泥侵曉潤晦月逼春餘桑柘雨中綠入烟關外疎依然見風俗歸興混樵漁

次韻無譽赴承天再命

載命還高識知君所趣深靑山當隱處白髮欲　心更俟逢梅雨何妨過虎林潺湲合澗水六
月足淸音

山舍晚歸

薄暮還精廬徐行無所站日入月還淸山空水更靜彷彿聞疎鐘俛然在西嶺寄語高世流來
茲謝塵境

讀　書

讀書老何爲更讀聊遣眼此意雖等閒高情寄無限錯磨千古心翻覆幾忘飯不知白雲去春
靜山中晚

送盧隱士歸廬山

世事如循環是非終莫盡羨爾歸深山任他識小隱黃鵠舉已高白雲去非近天籟歸寂寞何
峯弄淸軫

還南屏山卽事

歲晚歸來石室寒松蘿岑寂自盤桓但知林下二年過不見人間萬事難招引有詩題石記鮮
嘲無說與時看此心已共空々合身似浮雲不必觀

入石壁山

身似浮雲年似流入間擾擾只宜休老來已習靑蘿子隱去應追白道猷直入亂山寧計路定看落葉始知秋他時谷口人相遇莫問裁詩謝五侯

山中自怡謝所知

萬事隨宜勿強攀暫過朝市即歸山勞生未必浮名好稱性應須到處閑都似夢中休問影只堪吟裏更怡顏襄陽道老寧知爾猿鶴蕭然石室間

寄承天元老

清散年來寧衆閑不論林下與人間禪心至了非喧靜默客何妨更往還奇石淸軒增勝趣流泉碧座照衰顏支形脫略時機甚應笑歸來別買山

誡題　因事

高吟遠矚倚雲梯往事經心豈可題道德二篇徒自辯是非一馬豈能齊暉山眞玉傷驚火失水靈蛇畏在泥寄語冥鴻上天去凌雲羽翼莫思低

元　日

暗裏春催曙色明百雞迎曉報新聲宿寒尚在龍蛇蟄歲曆初傳日月迎蓂莢四時今始發梅花亘占先榮山家也祝堯天壽漫學牛山報太平

著書罷思南還復答客自番禺來因賦此詩

平昔著書今蠡華南還終欲隱羅浮初春況遇故鄉七終夜更詩滄海遊但貴羊城風物好豈辭榛嶺路岐多應須相與葛洪輩抗迹山林送白頭

冷泉獨賞寄沖晦上人

南風掠波溪水滿山中幽人來洗浣獨立溪傍淸興欺更愛泉流芳草短平生幽討貫蕭散世道紛紜何足算人間五月夏雲煩相約歸來君莫緩

遣興三絕

逸興應須傲峻然此生瀟洒老詩禪何妨剩得驚人句詠徧江山一萬篇

拜道陵遲事事訛兩今無計遏頹波徇人玩法成流俗但泣金書柰爾何

去年聊躋江畝寺今寄林僧屋下扃莫謂此身無定迹人生都似一浮萍

書西山六祖寺

蔥蔥玉樹接浮岑靄閣浮虛地布金行到白雲重疊處水聲松韻淡人心

寒食日雨中

漠漠行雲晴復陰野花垂濕晚沉沉遊人莫怨天多雨況在東皐春已深

早起

天窗月過鳥疎渺樹際萁分雲窈窕山家深處勿雞啼時有寒鴉來報曉

對喜鵲

靜臥時驚喜鵲多須臾果有故人過山中明度還無事問爾綿蠻更語麽

寄晤冲晦

年老相看眼倍青念君詩思苦勞形人間更有無窮感好把禪關護性靈

洗筆

古人信文字字字從此出天下心不欺爾亦有陰隲濯之遺孺子念茲未應失

遊大慈山書壺上人壁

俗慮侵雲寺尋幽到深處春過寒花開人來啼鳥去豈期草庵客日暮此相遇

清溪

匆謂清溪清長如鏡初洗須防荷容物汙爾清到底

歲暮偕雪山齋焚香獨坐命童取雪烹茗因思柳絮隨風起之句遂取謝道蘊傳讀之見其神情散朗故有林下風氣益發幽興乃爲詩乘簡居士公濟彼上人

冲晦 按以下詩係與楊公濟蟠惟晤冲晦唱和詩

簷外饑風囪鳥啼窗間獨坐事還稀初看曆日新年近喜見山林臘雪飛但憶故人能有詠寧懷久客此無衣飽昭湯若能乘興城郭何如在翠微

次韻和酬楊蟠約冲晦宿東山禪寺精舍詩

襄陽習子不貪官欲友幽人擬道安冒雪履霜臨歲杪攀蘿挽翠到雲端初論浮世漸年老久對清規苦夜寒空感知音何以報但誇山水富君看

次韻和酬惟晤將訪永安禪師並余

歲晚陰沈天宇昏宗雷訪我更携君相期石屋宜投宿獨慰山茨學臥雲雪映窗櫺人已靜風吟燈影夜初分自憐惠永多閑散强接清言媿不文

次韻和酬楊蟠宿永安方丈寄余

詩豪何遜宿邑扁品格高卑徹曉評未省窗前無月到唯驚席上有風生郄超年少編高隱莊子才雄不近名明日雲歸人落去莫將平叔擬虚聲

嘉公濟冲晦見訪

數曲清溪出數重山深日暮已鳴鐘忽聞行客門前語來覓幽人林下蹤初接風流殊歷落更張燈火倍迎逢不須便去疑無待已有黃紬在宿舂

次韻和酬楊蟠遊靈隱遇雨呈普慈及冲晦并余

暮雲將雨苦紛紛黍雨携君倚寺門飛鳥驚雷歸後塢落梅流水出前村名山當爾何須去勝事而今更好論况有禪翁通妙理徘徊重欵扣眞源

同公濟冲晦宿靈隱夜晴

不睡還烹北苑茶寒燈落盡適來花夜深雨過山形出天淨雲空月色佳且喜僧窻晴似晝莫論人世事如麻況陪支許皆能賦豈厭留詩在碧紗

次韻和酬楊蟠早過天竺呈明智及同遊冲晦幷余

澗北夜衣禪舍宿峯南今訪講師堂初行松路愛清曉及過石橋聞異香日色烘烘諸壑淨晴嵐翠潑幾峯光道標尙客何高趣更飲吾曹栢葉湯

南澗傍遊戲呈公濟冲晦

相引朝來碧澗傍山林雪盡水流長未驚鳥下苔岸先共觀魚跨石梁日淡沙寒鷗自聚歲闌春入草舍芳飽昭湯老須同詠何必人間萬事忙

次韻和酬楊蟠遊天竺上寺呈東山冲晦幷呇余

共訪迢遙深塢寺仍隨野老賣樵還鳥棲已定人方到暮色雖濃門未關今宿邑房休問法來朝臘展宜登山平生勝友殊難會莫厭相携寂寞間

同公濟冲晦遊天竺兼簡呈伯周禪老

愛此蕭然松塢深詩流邀我此相尋蒼茫寒日纔開霧靉靆濃雲又結陰安石放懷還劇賞皎然乘興合淸吟主人勸駐禪扉宿況値梅香正滿林

次韻奉和楊蟠宿天竺寺贈余並沖晦

沈侯才雋冠儒林詩語驚人金玉音學海平生慚我淺詞源今日羨君深强睎老格須張膽喜聽清言更洗心慶唱尚能容眾句漫陪梁甫續高吟

同楊蟠惟晤宿天竺寺賦聞泉

歲晏林間宿初聞況夜晴激寒催客夢飛響助雞鳴深澗松風靜幽人石室清誰人能爲我此入琴聲

送公濟沖晦出山兼簡駐泊李思文

幾日山遊厭雪稀相隨野老亦忘機始憐鴻寶雲堪臥又憶人間歲杪歸夜落梅花應滿路風含春色自吹衣憑君爲語王孫道音信終須寄鳥飛

次韻和酬楊蟠遊山歸遇雨呈沖晦並寄余

嚴維逕激出山時避雨曾聞礙木枝歲杪猶寒何足畏管中春色已堪吹風含鐘韻凝還散水結溪聲咽又悲闕草野逢君莫笑初平元是牧羊兒

次韻奉酬楊蟠山中回憶余詩

君本逍遥人亂雲尋君躡屐獨溪鄰林間聽鳥聲偏好烟際觀山見自眞澗水只能忙送客岩花不解久留人樂天更有龍門約勝會還須趁早春

連得公濟出山道中見示二篇鄙思枯涸奉和不暇且乞罷唱

詩篇留落野人窺又得虞卿璧一雙怪似蛟龍出古水清如日月浸秋江虞吟何止夸山澤變

雅終須繫國邦爲報詩家驍鶱道雪關休嘆已心降

次韻和酬惟晤出山至中途寄余

忽憶山中人白頭歲闌來看雪初收詩篇冥賞皆高興謝客相隨匪俗流漫有嵩雲供夜臥况

無土食備晨羞客君吟詠森[illegible]聰[illegible]玉[illegible]著勝楚囚

公許沖晦出山次日奉寄

孫綽曾陪支遁遊千年人話兩[illegible][illegible]美[illegible][illegible][illegible]儻履結侶還來共一丘衣冷雪霜猶未去興

高雲月肯甘收耽詩董道皆無比應敵當時萬戶侯

楊蟠惟晤既有奉和余詩再次韻奉酬

樂天已痼撰官遊更[illegible]風[illegible]俗[illegible][illegible][illegible][illegible][illegible][illegible][illegible][illegible]欲接浮丘（聞公濟與沖晦遊斷此葷酒多隨其奉戒）篇章

逸處江山動[illegible]硯[illegible]詩雲雨收況有[illegible]名[illegible]籍甚[illegible]飛南北動王侯

歲暮還西湖寄公濟無習

乘興溪邊去仍與林[illegible]歸棹香帶[illegible]信[illegible]色煖人衣白髮思還遠清流過更稀野禽寧會意相

顧向柴扉

次韻奉酬楊蟠寄贈

脩然林下隱岂道契夫君習忽如幽草觀身類片雲人情無意染鶴唳有時聞謝客詩懷寄憐君此興勤

新歲連雨不止因寄公濟兼簡賢令强公

寒郊幾寂歲華新景物陰陰又一旬雲帶天低垂壓野雨藏春晝暗迷人盜愁燈火妨明月卻歎詩家惜令辰陶令而今臥江國倚樓吟望更誰親

景 淳

元豐初桂林僧　厲鶚注云冷齋夜話景淳居豫乾明寺終日閉門不置侍者一室淡然聞鄰寺齋鐘卽造焉坐同海衆食堂前飯罷去徑諸刹皆敬愛之或陰雨則諸刹爲送食往二十年如一日

絕 句

夜色中旬後虛堂坐幾更臨溪猿不叫當檻月初生

後夜客來稀幽齋獨掩扉月中無事立草際一螢飛

摘 句

捲緒西風起乘時上古臺秋聲隨葉下夜色帶烟來自注侯口上人　漁翁睡重春潭濶白鳥不飛舟自橫見于宋詩紀事

以上宋代詩

卷四

唐納牖

灌陽人字日生號省菴順治十四年舉人官知縣著有受堂集

摘　句

千帆樓橹依城堞十里松楸證暮田虎邱塔錄見于國朝詩人徵略

蔣　綱

全州人字有條康熙丙戌進士

舟次書感

蒲帆一幅挂秋槎澂渺烟波去路賒不及茂陵歸有壁翻同李杜別無家橐中長物餘詩草道

上重陽負菊花他日榮懷在何處知予星斗望京華沈德潛云妙能活用清詩別裁 以上見

謝濟世

全州人字石霖號梅莊康熙五十一年進士官湖廣驛道著有梅莊集

摘句

酒能昏白晝錢不住貧家　鳥跡蠅頭字青燈白髮人　白髮丹心遷客淚雲鬟玉臂故園情　自從紙上求傾國不媚君王媚畫師明妃曲 以上見于國朝詩人徵略

陳宏謀

臨桂人字汝咨號榕門雍正元年進士官至大學士謚文恭

摘句

疾風勁草見盤錯利器別人生際屯蹇至性乃昭揭　香爐峰勢最奇秀芙蓉面面生雲烟以上見于國朝詩人徵略

曹鑾

全州人字玉如雍正丁未進士

苦水鋪自注今名甜水鋪

苦水鋪神仙過留筒市自注古謠斷頭掉尾今無人五尺之童穩行路載貨輕身過苦水鋪爲甜水鋪沈德潛云斷頭掉尾四字寓意深憂可作古謠諺讀　以上見于清詩別裁

黎建三

平南人字謙亭乾隆三十三年舉人官涇川直隸州知州著有學吟草悔初草諸集

偶占

悍民始一二歲久因爲奸兎窟錯犬牙鳥合互相連涓涓將不塞浩浩成狂瀾

摘句

承恩如夢寐得罪未分明桑梓辭故鄉秋裏別明月客中看　雲山入手幽猶健官職拋人夢漸安以上見于國朝詩人徵略

蔣勵常

全州人字道之號岳麓乾隆五十一年舉人著有岳麓集見于岳麓文集

告歸留別諸生

一介老書生六載官融水上未酬聖明下亦負多士二豎適爲災促我歸桑梓居稽非所長探驪深澈底所賴名知交醵金供行李對此深自慚圖報終無以昔人當別離一言答知己請爲諸君吟幸毋河漢視物生兩大中秀靈爲人耳人不自樹立亦與物相似是以古大人讀書慎率履朝夕撫曠編言轍近裏舉足少有乖終身懼不齒體驗既多時姱修誰與比況是植根深枝葉自綺靡本此以爲文行成才亦美處則爲醇儒稟蒸徧鄉里出則爲名臣功業垂青史吾儕亦丈夫自棄甯弗恥力能追前賢方謂眞男子今我別諸君所言此而已融水深且長湘江清無滓相隔各一天會面安可擬倘不陋斯言無殊同臥起

題朱梅溪二尹小照

亭亭百尺梧枝葉長碧滋盈盈澗中水瑩澈泛琉璃中有矍鑠翁碧瞳照黃眉昔翁曾作吏才具任所施惠政在人心廉直著當時遭逢應有日偃蹇終數奇倦遊爲解組家食自怡怡今觀圖中景素志從可知手持一卷書兀坐吟復披窮達信由天安用戚戚爲汲泉煮香茗泉甘香滿卮傾卮洗我胸莫教塵俗羈

送融縣盧明府告歸

土沃民不材土瘠民應否融本處山陬風俗自敦厚自昔官此者草芥視黔首不謂已無良動

云民之咎苟非脅以威即以術相誘嗟嗟天生民物則所同受況當有道時化行無先後因而利導之融尤易籍手棄之使日壞對此將無忸久爲得吾侯謂亦同資斗豈知古循良正無出其右庸吏任爪牙豺虎供奔走侯至尚紛紛掃去煩撣帯民讐則良苗忍使雜稂莠此類皆潛形農自安畝畝禮敎處未興孜孜勤啟牖廉俸少有餘刻書積如阜用以新民行無殊家置口昔人苦位卑舉事多掣肘侯獨無所難恩施徧童叟倫獲居高位澤遠流愈久泥塗久淹滯命也信非偶今侯掛冠歸空囊何所有仕途良可嗟廢貨如狗苟縱使多得錢終身爲舍垢何如侯今日清名長不朽

題略謹齋自寫照

我昔聞古之有道才藝自足空群類世人齷齪知我稀其向雲山覓高寄謹齋雖爲一官縻何嘗一日忘此意爲遣畫工作此圖直使山林移塵市繞室栽桑意自閒懿筐摘葉莫辭瘁濃陰漠漠接青疇良苗冉冉浮空翠亭中坐有主人翁骨後神清胸無累膝前豐盈犀角兒見者已訝龍文備天倫之樂樂無窮林泉況復愜人意究竟奇才不虛生原爲聖世供驅使肯令烟霞老其身長此悠悠無所事士元剝非百里才轉瞬數年看展驥雲霄蹀躞未遑收逸致幽情那得遂一圖高懸几席間聊以不忘其所志謝公昔亦愛東山築室江南佳麗地出山安得更歸山巖霏潭影空爭媚魏闕自不比江湖高懷甯復攖名利雖然作室未及居足見素心長不易

君圖不必永安同雅量寧與安石異爲君細玩圖中形使我悠然心已醉

送楊令尹希聖自注代作

矮侯前輩有關西高風卓卓絕攀跻[illegible][illegible]宦楊少尹巍美一疏詞不泯後先輝映此兩人今侯疑[illegible][illegible]身[illegible][illegible][illegible][illegible][illegible]鐵豺[illegible]屏[illegible][illegible]苑結自注抽役二百人地方苦之公至僅留小心從事者八人餘悉罷遣游官六載著公忠日久恩[illegible][illegible][illegible]官不要錢直恐有侯獨巍巍能不[illegible][illegible]衣流食自標官此身惡用儻來爵方今天子闢賢路如侯當復嗟不遇奈何未老便思[illegible]致[illegible]急人艱所依婉予既甘守拙蓬戶桑麻映簷發憐才不忍[illegible][illegible][illegible]會煩枉駕剩吾廬[illegible][illegible]家款客雞黍耳稱饒敢復免其子提携教誨已多年[illegible]今恩義尚殷[illegible]茲侯之歸何太急使我離之心鬱悒侯自不欲去眞鄉舊時山水足徜徉[illegible][illegible]標華[illegible]高遠屏[illegible][illegible][illegible]芬舒馥郁[illegible][illegible]風味正如何況[illegible][illegible][illegible][illegible]與風波侯行自足方前古融民誰與慰疾苦

送友罷官歸江西

屈指知君得幾年[illegible]陵我[illegible]仰君賢思[illegible]剥[illegible][illegible]盤術不厭清貧祗信天今試[illegible]酬也日志高風覺猶一官[illegible]江花飛旋舟行隱一席春風景是仙

初夏郎亭

解組歸[illegible]歲月侵清湘譜席[illegible]能[illegible]春風久坐[illegible][illegible]室宿雨滋[illegible][illegible]林嘉客偶同三徑賞名

山長訂百年心階前樹木新留汝添得帷桑數畝陰自注講堂前手植二桑已與簷齊

五台山

五台山色五峯深石壁雲霞千萬尋好似碧蓮花一朶人家密處是花心

張希呂

臨桂人字載之號東崖乾隆五十三年舉人官松滋縣知縣著有東崖集

摘句

別時母無恙歸日母不留密密身上衣母線爲綢繆子行已移晷母淚尚未收寧知暫離日即是永訣秋述痛

按張維屏云東崖此詩數百字今節錄數句于此此詩亦從孟東野慈母手中線一首感觸得來合數句觀之較東野尤爲沉痛凡有老母在堂者誦此詩其復敢動遠遊之念否

又摘句

薄宦三千里離家十五年留別高城　無人數晨夕與月共徘徊酬李楚舫　今夕不除惟酒債半生多負是詩逋除夕　連朝風送迎年雨幾樹花開隔歲春元旦　山骨果然通地脈雲根隨處闢仙祠眞仙巖　四朝槐栢風霜古廟有周秦漢唐槐柏數百株　一代馨香俎豆新乾隆四十二年奉旨重修華陰廟　繞徑半

腸留虎跡車如蓋舫殘蠶叢六盤山　虛心原自推之子薄命無端屬此君來竹桃　輸他騎鶴纏腰者不上揚州上蘭州轉餉甘肅以上見于國朝詩人徵略

朱依眞

臨桂人字小岑依程弟布衣有紀年詞

寄石桐少鶴兄弟詩一章見于賞二明答陳桂尊書

石叟擢修幹卓然如石介說詩用秦法棄灰者抵罪紛紛柳下季常若伯夷隘鶴也萬夫雄自負本領大鷗鷗不受纏溟渤供育怪椎威示教樸剸犀兒鋒快於法不苟同于古兩不背其音卽非至要亦梅蘇輩世耳不易悅轟聲復相害譬張咸池奏勿與巴里對譬齎章甫冠勿向剸鑾寶斯文有代興相期石裸外

論詞絕句二十八首見于粵西詞見

南國君臣艷綺羅夢回雞塞欲如何不緣鄰國風聞得璧月瓊枝未詎多
天風海雨駭心神白石淸空謁後塵誰見東坡眞面目紛紛耳食說蘇辛
柳綿吹少我傷春杜宇聲聲不忍聞十八女郎紅拍板解人應只有朝雲
貧家好女自嬌妍彤管譏評豈漫然若向詞家角優劣風流終勝柳屯田

詞場誰為斬荆榛[illegible]暗香疏影[illegible]新[illegible]　自注：元注白石墓在馬塍

[illegible]金荃[illegible]

[illegible]羽不知兵法謗也[illegible]遥著賀黃公　自注：賀裳字黃公，著皺水軒詞筌，謂史邦卿詠燕詞

[illegible]花叫不免項羽不知兵法之譏

[illegible]章[illegible]向[illegible]

[illegible]萬夫雄自

[illegible]詞箋草窗後，宋入風格未全消

已是金荃[illegible]手，更[illegible]前拜段師　自注：論明代

[illegible]詞舊所推中，爽力[illegible]古風頹[illegible]何拈[illegible]吳郎七寶臺　自注：詞至前明音響殆絕，竹垞始復古焉，弟嫌其體物集不免

[illegible]塔耳

陳髯[illegible]中[illegible]樂府體，豈知肖子屬吳兒

[illegible]時[illegible]與同[illegible]

侯鯖都不解療飢癖耆痼㾓唉亦宜一夜梨花驚夢破何如春草謝家詩自注吾鄉謝良琦醉白堂詞一卷首二句括其自序語昨夜梨花驚夢破而今芳草傷心碧其詞中佳句也

十載無能讀父書摩挲遺譜每唏噓詞人競美遺山好蘊藉風流那不如自注先大夫有補閒詞二卷 况周儀云按縣志藝文志補閒詞一卷朱桐莊若炳撰今未見

嶺西宗派頗紛拏誰倚新聲仿竹垞獨有春山冷居士閉門窗下詠枇杷自注吾友冷春山昭有詞一卷詠枇杷詞最工

紅杏梢頭宋尚書較量閨閣韻全輸無端葉打風窗響腸斷人間詞女夫自注閨秀唐氏吾友黄南溪元配也自號月中逋客

藹膏賸粉可能多嘖嘖才名梁月波叵耐斷腸天不管香銷籠影捲銀河自注梁月波官門女有才思早卒香燼香燼籠捲銀

早卒有詩詞集若干卷其杏花天詞爲時所稱予最喜其試聽飄墜聲風際吹來打窗葉颯然有鬼氣 况周儀云按縣志藝文志寫翠樓詩詞集四卷靈川黄東昀室唐氏譔今未見

河波影其如夢令中語也

剛道霓裳指下聲天風海雨倏然生不逢郢匠揮斤手楮葉三年刻未成

范陸詩名自一時江南江北發成絲遺聲莫訝多騷屑不任空城曉角吹

妙手拈來意匠多雲中眞有鳳銜梭讀書未敢因人廢奈爾天南小吏何

襟擬汀淹筆有花傲翠不辨作東家等閒渲出西湖色郤倩傍人寫皓華

欲起瑯琊仔細論機鋒拈出付兒孫禾中選體荆溪律一代能扶大雅輪自注阮亭云無可奈何花落去似曾相識燕歸來必

不是香籢詩良晨美景奈何天賞心樂事誰家院必不是草堂詞確論也

琴趣言情尙汴音獨將騷雅寫秋林當年姜史皆迴席辛苦無從覓繡鍼自注秋林琴雅樊榭詞

溥　晥

按溥晥字蘭谷僧人見于清詩別裁別裁止載本省人不紀何縣蓋無稽考也

劍　閣

險絕惟雙劍迢遙一線通水分巴字峽山接漢王宮梯石來天上穿雲入地中無知憐李特漫欲寄蠶叢沈德潛云五六極形其險結意見竊必敗猶少陵欽公孫述割據後云恐此復偶然臨風嘿惆悵也

虎邱訪賣花老人

綏攜楖栗訪山家一路斜陽五色霞不是閒園爲花國可留餘地種桑麻沈德潛云此正論也勿謂方外人作殺景語

倪承詵

臨桂人字同人號三橋諸生著有寄塵山房詩集

對　月

月是前宵月人爲異地人可憐千里夜還照百年身吟共猿聲苦宿隨鶴影親不知雙婦夢誰

得到河濱

雨　夜

花外重簾雨春深半夜燈正愁吟未穩那計睡何曾漏遠聽難辨童眠喚不應今宵眞寂寞恰似在家僧

對鏡絕句

昔年曾識汝今日又逢吾如何千里外相見不相呼

偶占六言

疎疎落落茅舍三三兩兩人家又是一村烟火纔開半樹梅花

摘　句

有村皆禁火無處不飛花寒食　烏來情共熟秋到客先知横樓題所居壁　狂士旣成修褉服美人初試踏青鞋暮春　三月雨催寒食去五更風送杜鵑來落花　去日茫茫如過客頻年草草作勞人述懷　滿地苔花堆落葉一天風雨送殘秋立冬　自覺家和有餘樂縱多內顧亦忘憂以上見于國朝詩人徵略

陳繼昌

臨桂人字蓮史三元

陳其年塡詞圖題詞

耆宿嫥名集丹青拜古人文㴱邁徐庾詩律受吳陳（自注：明嬰東華亭兩先生）豔說花閒筆（公集名）群推篋裏珍玉楳三九句金粟大千因智藴洵能事張𩐮遥爲眞絳桃儕小影紅杏或前身粲者還隨侍胥虖故絕倫跏趺蕉葉穩指點篴枝親黃絹詞頭妙烏絲字脚勻同時偶朱（竹垞）李（武曾）異代接蘇辛永憶元龍氣無妨司馬貧橋邊驚失色爲底走風塵湖海歸壇坫東南盡主賓石交曾結夏水繪幾嬉春快覩孫枝秀重揩祖硯新維摩遺像在（先生別有散花圖）儻許敞緹巾（見况周儀阮盦筆記五種）

秋八月三日夜雨不寐口占送四弟歸粤西

七月暑氣鬱八月秋氣新暑久涼乃驟斯理原相因微雨來㴱宵几案無纖塵嫩寒生枕簟頓怯肌膚親窗竹戛清響天雞呼近鄰耿耿不成寐言念將歸人（見于廣西詩人名氏錄黃二明與其兄子靖書）

潘兆萱

桂平人字樹其號紫虛又號閬石山人著有三十三峰草堂詩集

夢遊羅浮山歌

羅浮之峰四百三十有其二舊閲圖經心已醉往時作客不得登靈境至今勞夢寐蓬萊飛雲與聚簉朱明古洞仙人家鳳凰谷口鈞天奏桃源片片流桃花錦繡香臺高巇嶫紆盤鳥道羊

腸接鐵笛開吹過鐵橋梅花村外花如雪野人廬畔綵霞飛石壇羽蜕空遺衣懸崖瀑布垂百尺菖蒲九節紛離披道觀僧祠不可數石枰仙奕猶如故生平汗漫事遠遊夢中始識仙山路得攀上界之嵯峨神洞石門次第過鼎丹經今安在綠篠颯颯青林多空中萬籟蹶然起柔鶴馴猿號不已振衣長嘯最高巔身居霄漢彤雲裡百八鐘聲出招提起來月落烏夜啼回首洞天杳何處寒煙漠漠風淒淒

玉階怨

秋草被階長露重寒蛩語西風入牀席夢逐月來去

曉渡望蒼梧

曉霧過城頭蒼茫古帝州風煙盤鶴觀波浪下龍洲客在中流舫人登隔岸樓沖霄山漸遠何處寄離愁

壺山謁劉酒人墓

壺山山上酒人墓壺山山下桃花樹桃花年年爛熳開酒人歲歲壺山住桃花萬樹春風吹酒人一往何時回忽然如雨紛紛落酒人墓上紅成堆酒人大醉喚不醒花落成泥泥沒壓孤墳三尺繞桃花遊客徘徊還引領酒人酒入魂今孤桃花日暮紅模糊年年來謁酒人墓澆墓還須酒一壺

夜泊感懷

家遠夢常到春殘客未歸何時一攜手相見共沾衣寄來句有相見知何日庭花落又開己信生離苦深憐往事非

孤燈荒驛下搔首思依依

夜雨

蕉雀聽更好竹屋坐來清一夜山中雨前溪新水生風煙今日很雲樹故鄉情愁絕孤燈下懷

人夢不成

寄海隅

雙漁不見到江鄉愁絕東西道阻長我已盡除豪俠氣君應乞得養生方功名半世蟻旋磨詩

卷終年鼠嚙薑四百峰頭如相宅爲留一舍置匡牀

和官姜秦褆玉伏波山題壁詩

芙蓉原是斷腸花幾樹臨風映水涯病裡已知淹歲序人生容易度年華魂消嶺嶠無歸雁目

盡天南不見家何處登樓更吹笛山城殘照亂悲笳

木落天高菊自花不堪愁緒浩無涯千家砧杵驚秋急萬里風雲上鬢華羅襪幾時遊洛浦玉

堂何處問盧家可憐一片潯江月偏照荒城午夜笳

羅浮采藥自題小照之一

四百峰如疊身曾在畫中只今看畫冊一笑訝相同洗藥龍湫水吹衣竹葉風棲眞吾所樂高臥鐵橋東

茉莉墳 長史朱澄侍妾守志不屈在貴縣

烈婦不有身但見一抔土含笑歸九原守義心良苦不使墜樓人節操自千古

春閨

愁許落花知瘦從鸞鏡見不得錦城書鈎簾待飛燕

客去

小閣客初散秋齋寂寞香半簾桐影瘦一枕晚風凉與盡嫌孤另詩成自較量遙思高會日把臂宂重陽

漁婦詞與綺川

去去南津古渡頭五篷艇子滿江浮阿耶正在隄前住二月桃花溪水流

禹碑歌

密雲峰頭神禹碑三千餘歲無遷移山深神鬼自呵護片石竟爾傳今茲七十七字最奇古螺書匾刻挈蛟螭蒼紋斑駮土花蝕捫試珍重如敦彝韓公南遷偶一過搜索不遇空涕淚永叔明誠金石錄掎摭星宿遺娥羲岳麓書院舊摹刻響搨日費千芨皮憶昔帝世澤洞徹盈庭岳

牧聞交沓九載隨續羽山殛鯀深創亙舍長悲濯磨毎欲洩其鬱行山表木忘劬饑胼手胝足任勞瘁陟崗涉水乘輴欙金簡青字出委宛淮渦不靖錯支祈九河既道定方貢塗山玉帛紛爭馳黃熊三足走侁侁白狐九尾行綏綏架橋或叱黿鼉鑄鼎取象魑魅興隨幹父之蠱元圭錫勒功珉石藏屋匽文章絢爛照今古漱秦詛楚多聲辭我今賞玩神已往驪珠顆顆光陸離昔賢好事不及見濡毫幸得題新詩蘼煤未散香馡馡美哉明德猶留貽

桂花曲

閶門楊柳蘇臺花二月三月爭繁華冶遊士女山塘外一路香風走鈿車靈巖山秀吳松碧西子眞娘有遺跡精爽之氣鍾婦女丹桂濺開石湖側十四盈盈初上頭紗籠婷容花見羞香奩豔體詠團扇彎花樣學蓮雙鉤鴛鴦學得寫山曲羅綺文梳遞相續一朝名譽滿天涯有人爭貯黃金屋和嬌當時號勢榮量珠不惜窮娉婷先與王猷渡江去遲來杜牧心難平王郎旋擁雙龍節十二湖纜各鞚瀑鈿盒初聞賦定情流蘇共擊同心結貪污讒鞫入刑書男充戍旦女爲奴家貲抄沒身賜玦符移丹桂歸庭除珠箇錦簇驚魂定吹竹彈絲助清謳瓊島雲深起疊樓金臺月落開明鏡秋蜂春鶊十五年霜本旋生並蒂還綠珠背爲季倫死豈見滄海成桑田緋公赤踏兩車覆樂極生悲誰堪憐怨恨狂風颳落花香消紛穠微風感待罪猶傳子夜歌紅顏薄命傷如何 曰處親含悲弟及淚迸春雨紛滂沱傷心少婦蕭關去飛絮隨風無住處采香

徑冷長青燕不見連蜷桂之桂

寄　內

夢影離魂何處尋秋風江上獨愁心只緣人事成波折不道生涯竟陸沉老大飄零添白髮少年歌舞散黃金寒衣知爾思相寄月落空庭自搗砧

酬袁醴庭進士月夜見懷

疎星綴林裘月影空庭積獨有宦遊人龍城寄行跡思之不得見吟對好山碧

湖　月

結伴縱天悠輕舠恣拍浮一痕湖水淨萬頃月華流夜色無邊白清光如此秋廣寒原可到拄杖急相投

客中偶作

老至愁仍在鄉遙夢屢還夜凉千樹月秋影半城山親友音書絕妻孥衣食艱壯心空自負撫劍亦慚顏

南唐宮詞

東海鯉魚飛上天江山又見鼎新年當時儉得真堪法烏柏金奴照夜然

玉腕親封繫臂紗燒槽頻賜貢琵琶青螺編就霓裳譜共羨新聲第一家

銜書白雁出天家月暗花明霧半遮索得娘來桃李妬三春不敢再開花

題村居圖爲李雲圃明府

謫仙無俗韻習靜愛邱樊春來碧千頃桃花紅一村猶龍瞻氣概於野識心源何日將君御開樽共細論

王老圃仿昌谷體作秋夜曲同朱心池明府和韻

井梧墮葉金風凉寒蟾照壁參差光慈魄闌魂怨遙夜鴨鑪火冷留餘香銀漢橫斜亘樓角倦倚屏山眉黛斂老蟬嘶月下琱欄芙蓉露重鴛鴦宿

納　姬

不須畫楫渡江波冷署迎來細馬馱入室自稱詩弟子拈花時伴病維摩鴛幃好續徵蘭夢玉笛新翻得寶歌他日歸田村落裡賣珠補屋任牽蘿

三皇閣春曉

邊城新雨霽春曉冷官閒獨上三皇閣遙看萬里山紅門花躑躅籃奏鳥綿蠻自覺冷然善登臨世累刪

送程香輪茂才回廣寧

西風吹白頻遊子去沾巾本是將歸客翻爲送別人長亭搖短柳瘦馬蹴輕塵後夜相思夢隨

君鬱水濱

遙和唐竹谷潭州少集原韻

蕭辰公事暇雅集古潭州香草猶懷古高吟更倚樓夜凉千樹月山影半城秋株守南天末無因與此遊

夕陽樓看雲題覃茂才松心山居圖而作

雲來一山白雲去一山青夕照明殘稍雲氣侵疏櫺憑欄肆長眺變幻如人情

哭譚五瑩茂才四十韻

人才誰不死君乃太無先遠性僻於鬼長貧懶欲仙一身羅六極白首困丹鉛曠代無知己窮途執一憐吟詩聊自遣作賦幾何傳老去遊應倦銀哉志益堅消除塵世事把握酒中權愛潔添奇癖阮咸未數錢寸衷多祈鬱七尺少貲緣綺歲嘗從宦高歌數擘牋詞宗姜白石才華李青蓮梓里名元重同儕汝最賢辮林間潑墨色相靜參禪揮灑金貲慕馳驅節序遷襞祠情悵悵瘞玉很拳拳鹽虎翻成狗雛方待遜圓要霖膺尹卜擬著祖生鞭蝶夢初遺影膠正續絃破愁憑竹笛買藥傍壺天菱角虛爲炙襟懷蛻似蟬歲饑羞乞食社集喜差肩得藉肝衡力餘膺弟子員澤躬名敦地留客杖頭錢北郭雲扶屐灕江月滿船秋風呼坦卒薄命嘆迍邅正欲探蟾窟其如種石田荒疇梨雨耨曲几抱雲眠復有西江痛寧探百慮煎瘦瓢傾綠蟻珠淚裹

紅綿舊宅更新主孤兒在幼年舍辛抛故友飲恨入黃泉憶我登程日勞開送別筵杯凝春水碧柳帶夕陽烟共許心期在無愁後會慾再堪同患難詎論隔山川忽向羈棲處旋將館舍捐迴腸都百結望眼却雙穿此際驂虬去何時化鶴還鍾期琴絕鼓徐穉榻常懸工誄安仁遠臨風涕泗漣

江上對月戲效五平五仄體

扁舟維林碕皓月上翠巘篷窗來清輝素影浪布濱群鴉喧歸巢玉露樹葉泫江澄心神怡領趣衆慮遺孤身羈蠻鄉去國日以遠終宵看蟾光庶以慰偃蹇

雨中憶羅浮

風風雨雨山窗幽臥遊冇得心夷猶想見一粟視滄溟浩浩壯哉登覽之奇莫奇于登羅浮少年曾閱龜山白玉志節知十大洞天之一居循州扁舟江上來颯颯侵雙眸此時恨不一身附兩翼飄然直到飛雲會真廳姑玉女錦繡玳瑁之峰頭歸來臥柴荊魂夢遥相求遲之又十載始得窮冥搜初到梅花村梅花掩映清香稠酒困沽美酒耳聞唳鶴啼猿深水簾百尺瀉絕壑恍疑銀河奔注砯雷漉壑穿林湫怪藤飫蔓互夭矯又如長蛇昂首掉尾相盤糾叶 菖蒲九節挺藥凋羅芝之三秀磋岈嵫叶 烟蓊蒼兮入漢雲窈窕兮爭流鳳車鐙落金翠啁啾衢盧可即丹鼎猶留度迤逶之鐵橋登大山之石樓諸峰爭奇呈態畫師束手空躑躅叶 陽臺陰坂變昏旦

琪花瑶草無春秋物色駴眼足驚詫但見桃花如笠松毛如蘚蓮蓬如盖竹葉如舟登臨未半

已足拓胸次何况小視天下直上泰岱高浩浩乎壯哉登覽之奇莫奇于登羅浮我今困守如

拘囚仙山遠隔心悁悁芒鞋竹杖何日重逍遙右拍洪崖左把浮邱眠雲煮石無煩憂驂鸞唶

虎山中遊歌成擲筆起長嘆雨聲淅瀝風飀颼

寺夕用昌黎夜歌韻

月上群巘寂螢飛雨初息妙香隨緒風繞院尋不得峭枕夢還家消愁憑酒力

流花橋

北郭荒涼霸業消流花尚有昔時橋石梁曾歷紅羊刼牧豎猶歌白雨謠芝菌根凋難再覩美

人魂遠豈堪招如今一帶春渠水不管興亡日夜潮

仿義山燕臺四首

春光駘宕群花開雄蜂雌蝶紛紛來繡幄金鈴互遮蔽嫣紅姹紫粘青苔小院陰沉香霧重玉

軫紋琴再三弄相如操罷鳳求凰天際飛鴻頻目送碧霞城闕鳥入尖舊瓌琳華豔少君銀浦

迢遙尋不見為憑青鳥通殷勤楊枝婀娜飄無定種得夭桃憐薄命誤盡娟娟燕子年釀成楚

楚鶯兒病夢回朱幌心如搗昨日少年今日老合歡綵縷結同心淚裛紅綿落青草

右　春

水閣涼生簾幙卷紅欄滉瀁青瑤軟桃笙角枕臥移時西頭芳樹黃鸝囀暮雨朝雲想望榮神女不見心忉忉海枯石爛此情在奇峰直似巫山高石榴花珊瑚赤柔態嫣薰坐成憶一朵曾簪綠鬢邊分將百褶羅裙色美人家住隔銀塘菡萏花開入幘香何處采蓮歌暫起驚飛七十二鴛鴦世間物是無情好月不長圓天亦老花甕蓄水有沉瓜赤心任把金刀剖

右夏

魚雲細蹙天宇涼梧桐金井飄新霜伊人渺渺隔千里欲往從之秋水長蘭房靜掩金屈戌鈿尺裁衣驚蟋蟀匡牀傭臥夢漁陽玉體橫陳齊錦瑟纖情珍重托飛鴻鴛鴦小印珍珠紅簪花梧仿茂漪簪藏之懷袖殊歡悰牽牛不耕織女織溫存只伏靈鳥力聘貸天鏡不肯償一任掏囚在營室迢迢相望阻銀潢孤負團圝璧月光相思淚灑落墻角變作西階秋海棠

右秋

燕臺飛雪大如掌六街風塵增悵怏狐裘蒙茸欺北風映日韜霞誰同賞地爐獸炭提提紅羔羊酒酌玻璃鐘長夜鰈魚不能寐香衿負重鋪重重江南春色頻相寄玉綴珠排致良意月落參橫夢美人翠羽枝頭鳴不置侍女添香散尾爐罵寒鷴鵁鶄相呼蓮勾小步三三徑畫展良宵九九圖顛㦢倒鳳眞飄忽藥臼飛龍存瘦骨明珠結珮遠相貽東壁蟾蜍西出日

右冬

訪曾龍池留宿棠屏書屋

奇傲松根屋峰連紫虹去聲 青濤聲喧峭枕颯氣薄疏欞帽履未零客座有周君 丹黃注道經猶餘下弦月流影照茆亭

村夜

杖策出村莊風吹兩袖涼秋光清到骨寒蕊靜聞香人影三更月鐘聲五夜霜故交零落盡好景自相羊

雨夜過松坪舅過風景

涼風入衣襟永夜與誰言不有梧桐葉安知秋雨繁螢寒光欲墮雲散夢無痕記得覃鈿至挑燈倒酒樽

江樓雜感用工部秦州雜感韻

彭澤歸三徑長卿已倦遊著書消歲月飲酒慰窮愁夜靜燈如水江深夏亦秋和光從溷俗且作賈胡留

小樓臨大澤況近梵王宮晨夕聞鐘唄身心悟色空孤懷應吐月短翮自當風眼見香江水滔滔日向東

枕函聞妙香花散小南强憶在珠江上素馨開夜長杯傾白墮裘典新驌驦彈指十年事顛

毛已半蒼
話別原非別言歸未當歸賺將多病婦艮是夢金徵兒女情猶切功名念已稀山居應補葺松竹種成圍
落魄風塵際衡材木雁閒青萍驅病鬼縧蟻破愁關醫少經三折丹應鍊九還傑然一軀殼冀得轉童顏
香閨翻樂府魂斷望郎回每起登樓恨休嘲近夜來酒痕征袖濕花蘂短籬開楚楚誰家笛清聲到枕哀
何處堪消暑攜樽紫水亭半江新漲白四野舊山青詩客連琴客文星雜酒星不知歸路晚月色滿郊坰
璺碎[illegible]崑崙[illegible]人耳繁古今評賞品漢魏討詩源草閣須臨市僑居宜似村自慚孤陋質名士厭盈門
道光[illegible]檻[illegible]二[illegible]四[illegible]低　蠔[illegible]千疊[illegible]時辭似泥幻惜花頃刻老寄粵東西何處迎神過嗍噴闢鼓鞞
白頭猶俠氣風雨撫[illegible]泉鄉有思讐報聊將詩句傳才名聞遠近甘苦激中邊莫更求榮遇昔師孟浩然

袁崧與黃頗 謂醴庭及雲湄 暌違各一天相逢春夢裡不見雁書傳劍氣澄江練琴聲幽澗泉停雲詩思好知落阿誰邊

宇傍松篁結盟尋鷗鷺群夢生池上草吟對嶺間雲短檻荆花謝長空雁影分壎篪誰復奏腸斷不堪聞

江樓真閴寂終日飲波光書讀梧桐月煙籠薜荔牆石愚觀舊說 李進士厚參有愚石居說 醉古近顏堂廡下居雖嵜偏增野趣長

小別何曾遠他鄉胡不歸殘荷留吹息滿月減清輝乘熱荔奴熟將雛燕子飛腰弓還帕首背欲佐軍威

感憤成賓戲訴諸著客難一生招物議四體廩中乾作字功殊苦爲官職尚寒珠槃與壬敦吟伴約登壇 時館春嶺林南垞林雲湄共結吟社推予執牛耳云

半百年將過窮通尚未知身猶牛馬走日狎婆娑兒曉浪侵衣蘚宵濤入被池頻來念舊雨談柄提松枝

送林厚山遊南山

送子探幽去言尋廿四峰獨攜赤藤杖踊躡碧芙蓉行入雲深處仙人遇葛洪前遊題句在爲我剔苔封

閨夜

千林葉亂飄獨坐正無寥茅屋西風老江鄉旅夢遙潭深涵古月峰峭逼前霄彈鋏無家客游魂此際銷

春望寄簡秋農

春深花欲謝夢覺句初成一雨昨宵下半江新水生群山青作意野草碧無情尙有思歸客愁聞杜宇聲

泊清遠

日斜殘枕冷山映照樓青峽勢撓天險江聲攪夢醒我來三月暮又上大觀亭煙草無情碧浮江到客舲

題水墨障子

山高煙一抹上下翠嵐濃昨夢青田鶴飛來百尺松雲林高士宅樵牧野人蹤相對疑眞境行將策短笻

鉅山書屋夜坐

與子忘形跡高軒得屢過酒香遲醉客花妥逐愁魔今夜空齋宿依然風雨多壯懷期不負莫厭飯牛歌

行經山村

探幽忘遠近杖策畫圖間紅樹一溪影白雲何處山西風吹瑟瑟十畝賦閑閑輸與耕田者黃昏便掩關

冬日塾中作

偃蹇空堂靜逡巡日易斜故人一攜手招我問梅花韻落柯亭竹香澆石鼎茶賣文生計薄歸種邵平瓜

題黃雲湄江村竹閣圖即送其入都

作客金堂下相思帶水濱夢牽千个竹情戀半溪雲何日歸三徑傾杯撫此君主人懷遠略莫更出彈文

送蒙松龕北上

松龕吾世好不見恰三年今日衝風雪驅車去北燕歌驪南浦畔分手古梅邊燒尾蓬池後鴻歸寄一箋

劉　生

三秦遊俠地倜儻有劉生結客千金散論心一劍橫屍期歸馬革戰擬下龍城買醉倡樓上無人識姓名

傷歌行

雨雪霏霏北風烈烈旅館孤眠襟冷如鐵一解閉門枯坐飢腸雷鳴無衣無食何以爲生二解亦有故人孤裘蒙茸我獨藍褸無以禦冬三解義不可守俠不可行人窮我濟我困誰矜四解昔有裘裳暖及比鄰今也落寞不庇一身五解散則有羽狐則有皮英雄失路誰憐我爲六解

春暮偶作

坐惜青春去旋驚白髮添學荒文字薄性僻俗人嫌夜聽蕭蕭雨歌酬昔昔鹽升沉應有定凶吉不須占

早　行

野店聞鷄起挑燈自撿裝月斜人影短露重帽簷涼漸見東方白懸知道路長仕途同服賈一樣恣奔忙

少年行

身敬千金裘腰懸玉韞具結客得劉生長歌出門去

寄還江司訓黃德湄

積久不相見翻思初別時江千乘掉穩縣僻得書遲欲定千秋業難尋一字師故人今遠去吟苦有誰知

清明日雨

最苦清明雨連宵滴到明身羈千里外愁向一時生麥飯誰人薦餳簫何處聲自憐新蠟屐未得踏青行

漫成

綿花牛樹亂鶯啼滂沱春光客思悽隔斷故園音不見夕陽山擁女牆西

偶成

客中曾記泣牛衣干祿誰知作計非腸斷紅閨書札到一緘客自寄當歸

五屯江夜

打槳隨江入維舟水石濱可憐今夜月偏照獨吟人鹵莽殘生事艱難久病身翁山曾此泊母子夢相栽先母久不入夢是夜相見如生平

秋夜懷黃茂才一齋袁進士

孤村秋色早葉落半庭陰好友隔千里相思同一心晚風漁父笛明月女郎砧獨夜不成寐蕭然寄遠吟

藤縣

亂石堆江面空亭倚岸偏孤舟三日泊小雨五更前樹樹啼桑鳩山山響杜鵑故人烟水隔悵

望倍悽然

哭陳愼泉

可惜陳驚座青年地下遊未曾成一事如此即千秋撿篋高文在題詩老淚流魂兮招不得風雨北山陬

秋夜寄王春田林小坡王鳴山

官冷嫌寒早霜濃惜髮皤歡娛如夢短詩思入秋多照影梧桐月澆愁鸚鵡螺故園歸未得彈鋏獨悲歌

白沙驛用李空同舊韻

碕岸圓沙白江空徹骨淸荒榛迷野戍古寺照孤城夜靜杯重把天遙雁北征晨鐘來枕上百八聽分明

送林形則孝廉司訓懷集

司訓咸州客欣登仕版初盡攜梅鶴去宜結水雲居祿薄堪將母官閒便著書槐陰秋氣肅懸榻或遲予

過賓州司訓藤廉齋署中作按藤廉齋名問海土江州人能詩有湄溪詩稿

同有吟詩癖因循歲月殘身常存傲骨老始就微官末俗尊科第高懷薄綺紈相逢憐太晚語

語吐心肝

除日還家戲用病起舊韻

梗斷經年倍愴神客情侘傺宦情眞自憐冷落塵生釜个信揶揄鬼笑人白髮愁來添短鬢詩篇失後惜長貧堂羅臘釀妻兒勸一攬郊原浩蕩春詩集被李望峰借失

初冬述懷

年來名勝斷幽探懶似三眠箔上蠶豈有還丹能駐景且教彌勒與同龕耐將官冷貧何病但得詩新死亦甘記取當年謁錢起謂裴山郎中曾勞嘘拂在天南

秋杪登樓

白雲紅樹山容慘落日孤城客思哀少不如人今老矣秋之爲氣最悲哉明江獨鼓寒流棹異地還登古寺臺可笑連横蘇季子黑貂裘敝未歸來

春感

江城曳杖正春陰覽鏡旋驚雪滿簪已死親朋常入夢未删詩句最關心多循理定營謀拙盡信書應侮慢深安得凌風出天外玉根鵾鳥自長吟

題朱丹山畫冊丹山名嵛桂林人

白雲紅葉自迴遮小閣臨流一道斜只少長松三兩樹不然風景似吾家

黃體正

桂平人號雲湄嘉慶三年鄉試第一官至國子監典籍著有帶江園詩草以上見阮盦筆記五種

述先志詩

春草何萋萋依然舊根綠春樹何蒼蒼依然舊條沃草不離故根樹不離故條歛廬草樹多風雨息無聊

吾家識永濟先人讀書處讀書學古人不以干浮譽抱方弗如圓主忠而行恕貧居族黨閒恂恂孝弟著

文章因科名根抵異俗學屏絕無穢詞名理究淵博至今讀遺書墨朱尚端楷煢煢予小子少孤懵無覺

園林謝朝華夕秀猶未振匪我而伊蒿春暉有餘潤年年望春暉春在青山頭青山不見人白雲如水流

春草用阮亭秋柳韻

只宜清露不宜霜夢飛萋萋謝客塘三月閒愁生白髮六朝遺跡付青箱美人陌上新歌舞石馬山中舊霸王惜得當年行樂地海棠開遍碧雞坊

遊子天涯戀故衣春暉如此寸心非暖歸寒北氷都辭人帶江南信亦稀野水斷橋迷鶴步閒
園幽館待花飛風前冉冉甄塵跡回首尋芳幾度違
染翠抽黃劇可憐鷓鴣聲裏欲飛烟閒隨野色分濃淡遠共閑情寄邈綿上巳踏青殊草草洞
庭孤客自年年王孫莫漫耽遊冶記取承恩輦路邊

家居次韻和伯兄一齋

浮雲過眼不須論坐對青山氣自捫感慨漸平知閱歷性情困苦得温存春園夜月花三徑矮
屋疎欄酒一樽舊日清貧門戶在庭前荊樹是同根

咏懷

入世才疎事事乖聊于莊叟學安排花當半吐看逾好詩是無心得始佳滿眼春雲過富貴照
人秋月當襟懷鼠肝蟲臂隨天付落落吾生也有涯

古琴歌呈潘丙崖師

我聞龍門之桐高百尺直幹亭亭揷空碧又聞孤桐之貢産嶧陽朝華燦燦輝扶桑材之良者
生使獨不與凡植同蒼蒼霹靂何年震靈木柏皇巧剖雷威續軫鬆脆滑四善兼斷紋鱗皴現
蛇腹聲能治耳耳不聾便是無絃聲亦足衡華人評昔時名襄陵世遥舊傳由太古元音知者
稀誰譜芳蘭慰幽谷鳴呼噫琴兮琴兮鳴何時我欲抱琴將安之鶴怨鳥啼不成噪朱絃寶匣

焉可期欲訪成連之師海中去師在蓬萊山上縹緲無人處欲學雍門變徵彈與朱門聽朱門
嗷嘈多新聲一日松風招我來青岑天然妙響山公琴山公雖醉不忍剖按眼相對橫膝吟高
山一何高水深一何深一彈再鼓山水寂冷冷妙起絃外音吁嗟乎惟有白雲片石知此心不
獨日知此心

春日訪譚茅村

拔霞嶺下碧林隈繞徑清流踏古苔數畝田園耕事有東風時節菜花開先生飲酒不隨俗稚
子吟詩都愛才相送柴門歸路近滿溪烟月戀人來

桂林秋感

叢桂香飄洞壑幽依然蕭帽稱閒遊十年文墨迷靑眼半第功名滯黑頭風捲一林黃葉寺雨
分千嶂碧雲秋來朝又放孤篷去水帶灣灣繫客愁

早春小園即事

料理園林十畝間數椽茅屋一柴關家風淸似門前水春景濃開竹外山有酒便成今日醉無
錢翻覺此身閒梅花落盡桃花放灼灼牆東學笑顔

初　夏

猶是輕寒薄暖時眼前風物總相宜烏衣欲舞憐雛燕黑葉成林逗荔枝病只三分能養性心

如一水正平池疎疎又過黃梅雨午枕貪凉睡起遲

秋懷用東坡秋興韻（時西隆州苗匪不靖閒有秀才從軍者）

斗如飛鳥倦知還水竹蕭條屋數間春思蒼欒南浦草秋心初繞夕陽山露驚寒白生華髮酒借微紅壯病顏鴻雁嗷嗷關塞遠征人淚洒葉俱斑

夜頭明月可憐光半榻新寒入被囊投筆競傳功萬里懷人都在水中央誰家砧杵擣殘夢一夜園林飛曉霜籬菊未開叢桂謝孤吟空負此心長

秋　發

木落霜天高壯懷蹶然起慷慨就長途殷勤别閭里母曰季行役爲我視行李兄曰弟行役爲母供甘旨親故紛沓來饋餞情無已遠遊詎云樂無稱實可恥所以古之人與懷岵與屺男兒七尺軀安能謝弧矢行行莫遲留壯風吹馬耳

登岳陽樓

十年湖海志今日洞庭舟登眺成千古蒼茫共一樓暮雲三楚合邊事數人籌（敎匪未靖）便欲乘風去逍遙萬里遊

岳家湖遇風

百里魚龍舞舟仍逐浪行野雲分暝色寒月碎江聲閱此風波險因之意氣平茫茫何處泊遠

火透船明

抵都見壽庭師識壁間見懷詩步韻呈答

萬里風雪欲白頭征鞍甫卸快從遊門前箸是經旬積紙上名如夾袋收那得明經同李謫何期騎馬値孫郵長安未貴居偏易粉壁雲窗一榻留師治書室待予下榻

揭曉下第呈別壽庭師

孤負詩門說解頤鳴春無術但鳴秋髫齡座下羊公鶴凋敝塵中季子裘有道敢忘貧賤恥近光終戀帝王州臨岐願得仁言贈或可他年遠侮尤

雨後登蕪湖縣

帆飽蕪湖縣遙天薄暝分風蟬喧岸柳雨氣濕江雲牛渚袁宏詠青山李白墳不堪懷古意歸思共紛紛

卷五

陳倜

鐔津八號筠圃著有黎山詩集

賦得數點梅花天地心得春字

寂靜寒齋生意新梅花點點露天眞數枝疏影留明月逗漏江南一段春

夜登江月樓樓在藤縣城

月白江清幾度秋高開眼界夜登樓一輪皎潔明霄漢千頃蒼茫滿荻洲挖冷波光環檻徹風

微潭影到窗攸蘇公無復聞歌詠氷鏡懸空水自流

指甲花

風娘情重近鬟幃去手綢繆不忍揮最是曉窗春夢斷自彈紅淚落階飛

姊妹花

生成紛除喜同胞不肯伶仃一個抛堪惜看花人獨立轉添離思上花梢

江月樓懷古

東坡詩句久名樓悵望蒼波憶昔遊堪歎龍圖春夢短翻看藤水月華幽日斜樹影孤城晚風

急蘆花兩岸秋歷盡滄桑人已邈倚欄惟見打魚舟

舟泊源潭旅懷

歸途猶邈夢難成夜永潭空舟自橫寒我旅魂風雨峭懸人鄉思月三更遠川衰草聞蛩語隔

溥孤村到犬聲翹首故園何處所天南遥見數星明

桂林懷古

桂管古來名勝地千峰遶郭插青霄剪除苗獞開秦郡招撫猺蠻繼漢朝江走平梧商櫂集山連柳慶驛程遥而今世際雍熙日刁斗無聲瘴靄銷

灕江道中

江榜曲折水騰奔人語灘聲盡喧兩岸雲横山列壁中流雷走峽分門擢停荒驛依漁筏夢破寒崖聽野猨却喜艱危安穩歷呼童沽酒慶開樽

寄鶴亭黄孝廉蒼梧人

燕都旅館喜追陪别後相思日幾回落月一梁新夢破暮雲千里舊愁來江湖自放高吟櫂林屋頻停濁酒盃兩地拋離空悵望魚書採燭爲君裁

蒼梧懷古

仲翔直諫古傳𦕅憔悴南遷卧嶺雲白首含愁拋故國青蠅作客弔孤墳每傷流俗無知己肯信神仙說附君千載令名垂著述紛綸易傳見遺文

題甘侶堂詩集後

不與論文久新篇著藻思鶯花三月錦風雨一簾詩古寺青山曲幽窗白日遲還堅磨礪志莫負昔年期時讀書于山寺

紅豆曲

古道離人淚結成紅豆枝而今枝上豆化作鏡中絲

和秦玉娥伏波巖題壁原韻

身似飄蓬命似花流離荒徼恨無涯粵山粵水縈心緒秋月秋霜上鬢華萬里飛鴻天外字三更蝴蝶夢中家鄉關欲問無消息絕壁哀吟比塞笳

與諸同學重遊萬壽寺

西澗東西去蒼然古刹幽繞門池水碧對岸野烟浮院曲迴三級林深疑九秋年年塵事絆今日得重遊

中秋宴集惜陰書屋玩月同胡蔚島恒明霍菊香孫翼明家卓玉聖階同賦

百年幾見月中秋秋節方中月正幽豈待深秋聯白社共邀好月到南樓人如疎雨微雲會詩向蒼葭白露求我本含愁不忍玩愁看流照入齋頭

當空月色霽光浮人解歡娛未解憂羽曲全虛唐殿樂金風半老漢宮秋關山笛奏長征淚門巷砧生午夜愁戎馬西南猶未息悲歌且漫唱涼州

賦得鴻雁來得鴻字

清天無際見鴻飛嘹嚦驚寒過碧空關月遙懸萬里影衡雲初破一行風聲樓觸夢鵬方斷旅

邸懷書思不窮秋到南遷非獨衛先來作主楚湘中

散館日留别

終年越畔舍而芸每祝辨香德有鄰程珣賢兒偏易敎曼容多友半前因早梅有字師丁卯修竹無書誌癸辛向曉掛帆歸故里不堪回首望江津

松聲

蕭蕭晴吹起寒巖聲入喬松便不凡測聽龍吟雲自散山驚鶴夢月初銜引攜琴曲彈高閣捲落江風載短帆逸韻茅山幽趣在科頭箕踞未拈鬚

燕剪

磨天鋒及影差池雙股橫斜巧自持南國繁華春似錦東風烟景雨如絲雲衣搖曳衝空急江練平鋪掠水遲底事秋來便歸去祇勞刀尺寄邊垂

次吳紫庭使君遊水月閣原韻閣在廉城西

名藍積翠鬱瑽瓏探勝雲林訪遠公高閣遙分千嶂月迴廊斜受半江風何年法界初開地此日禪牀借四空政有餘閑秋又好山光潭影入詩中

花韻

氣欲撩人味亦清小欄垂起雨初晴分明解語終何語莫是忘情却有情半檻雲開春晝靜一

簾香散午風輕後庭歌曲無消息愁聽高樓玉笛聲

落花

園林蕭索曉光殘已了烟絲續再難蝴蝶夢驚紅雨亂鷓鴣聲急綠陰寒香銷南國家吹笛簾捲東風客倚欄餘艷不隨芳草歇多情爲築返魂臺

清明

喧和天氣滿郊坰讀罷抛書立竹屏風靜爐烟依檻白雨晴山色入江青一群蝴蝶迷芳圃三月棠梨映野亭南陌踏青東郭器不知聾耳爲誰聽

春夜聞笛

入夜遥聞玉笛聲和風和雨劇凄清春深楊柳風前落月滿關山雨後明逆旅有人懷舊感倚樓何處動鄉情曉來欲譜梅花調一徑蒼苔印落英

龍殿寺中秋賞月卽事 寺在隨化上里

不知秋夜月偏照幾人心清氣存天地流光閱古今似予疎懶客對爾短長吟料得家中坐相看更亦深

秋夕集友泛舟石壁聞漁歌 限歌字石壁在藤城東緖江中

邀朋探勝泛秋河石壁淸宵寄興多數點漁燈人倚棹一川明月客聞歌秋風名句思前輩滄

淚遺音感逝波笑問江湖舊知己蘆倚高調寓誰何

題山水小册

生平不識畫乃愛泉石清看此畫中趣儼如山上行林屋自太古嶺雲非世情抱琴誰家子坐

彈山月明

舊館題壁寄諸舊友

舊館依然近水涯登堂已別廿年賒文章屢變無常主子弟新成有幾家水巷月明聞犬吠野

塍烟煖亂鳴蛙舊遊同調音猶在玉笛聲中吹落花

哭家夏玉

人生不料竟如斯三十三年永別離忍舍妻孥尋故弟先年喪弟難依父母待重慈祖母尚存尤可憐

執手辭君日轉憶高堂弔我時從此思親雙淚點山陽更落笛中吹

對花

今日落花前日好今日開花明日掃花開花落春復春可惜新花對舊人

龍隱巖懷古用家邦憲韻

陵谷幾遷移空岩剩黨碑禍沿更法日人數中興時王氣江南盡高名嶺右垂可憐漏澤畔寂

草野風吹

采蓮曲

少郎江上來儂艇離江浦蓮花葉上嬌蓮子心中苦

懊儂歌二章

昨日歡會時邀儂照嬌面願留鏡裏容待歡再來見

其二

昨日歡不至雙眼神淚乾歡方爲儂過枕歡臂上看

漁 自注以溪西雞齊啼爲韻每句以入音起不許倒亂

金殿歸來臥剡溪石臺高臥富春西絲緡風月桃鴒鶺竹箸烟波斷尾雞匏繫尙盡韓輔漢士封謾罵呂開齊革車佐命王孫縛木落淮陰鳥夜啼

樵夫歌

不種田中禾門中有催科不學釣魚翁江上有盡風手持斧刀入山去一入深山不知處丁丁斧響驚山風吹動山雲作山雨得柴喚酒來雲根擔頭猶帶山中雲歸來醉酗捲雲臥一曲山歌人不聞

王維新

■容管人號竹一著有十省遊草詩集三卷采猗閣初稿二卷嶠音二卷宦遊草八

舟過疊山

一幀高掛在荒陬直作屏風付臥遊仙洞雲深朝潑墨滄江虹貫夜浮舟巨靈小試丹青手皇古先開逸妙流睹本倪黃皆可棄此山大筆足千秋

同李曉谷莫小山登妙明塔

暮雨濕林杪時聞梵鐘聲振步入雲端耳目爲一清湘源曲如帶東下達孤城福地開五華古木參天平塵根未能解每爲世網嬰暫此出樊籠選佛亦吾情泉脈暗中動雪花空外晴卓爾見群峰淒然含夕明憑高似無著得路非冥行好共下階梯豪吟尋洛生

過浯溪

鏡石照穿膽溪流邀濯纓銘吾非自隘與世可同清藥臼飛仙事窪尊太古情如何寒瀨水急要送人行

長沙弔賈太傅

宣室高高禁樹蒼翩然旋命在南荒少年經濟關宗社才子文章感鳳凰芳草近隨汀渚盡白

雲遙接水天長空祠冷落依斜照千古征人幾斷腸

夕次陸口

雲向楚天遺烏林西日斜橫穿千點雨斷照幾人家市隔船沽酒溪連水狹沙不知風順送反

正認蘆花

抵漢陽

一夜春風到漢陽晴川佳樹鬱蒼蒼梅花落盡江城晚柳絮飛從酒店香土宰帳中宵弄笛謫

仙樓上日傾觴莫將游女生芳恨江永烟波不可方

仙觀

邯鄲仙觀柳垂青多少高吟向此經畢竟夢中來說夢曉風殘月果誰醒

贈卓寬甫中翰

傫直緣多暇齋居肯共言錚錚滑節在耿耿素心存月色臨薇省花光隱掖垣宜猷如早茂不

久看承恩

留别卓中翰陳别駕

三月黄鸝空好音蒼黄遊子動歸心傘留美酒汪倫送郊外桃花雀護吟萍逐香泉趨澗道雲

從芝蓋駐城陰欲知别後情關處西苑蒼蒼樹色深

出都

都門尙好春一別出城闉去去復何道遲遲原有困碧桃花笑客黃栗語留人拌斷非難事惟憐背北辰

泊淮陰驛

岸長王孫草天低上將臺深憐飛鳥盡不肯釣魚來自結鍾離恨難邀呂后哀荒祠明日去雲樹鬱成堆

漂母祠

四百開基佐端由母所貽惟憐春草長偏値雉來時

露筋祠

湖邊天不夜祠畔草長青可有中唐地能安外史銘晚風吹荇菜曉月冷沙汀愁絕淮揚客勞勞夢未醒

客維揚

淮南江北海西頭小杜三生續舊遊十里春風綠楊郭二分明月碧雲樓晶鹽魚貨朝成市珠箔羊燈夜放舟却憶雷塘喧戰鼓當時士女可勝愁

舟泊閶門

七里山塘雨氣逢錦葵花發殢嬌容徒令越客吹橫笛不遇吴孃唱阿儂圖有辟疆思徑造廬
非皋伯莫爲傭晨光隊理金亭耀烟柳誰能認去蹤

遊虎邱歸見吴孃作畫口占

阿㑚風流別處無紫藤花下寫吴姝前身若是唐居士合畫劉伶乞酒圖

將別西湖

淡抹濃妝比西子詞流總爲西湖死岳墓林塋事偶然花翁菊𥳑胡爲爾天將名蹟與流連亦
視乾坤何歲年今日不同南宋代故宜沉醉百花前回身忽若拋明鏡水仙未免無權柄歸向
微之莫浪誇鶯花入社無名姓

泊衢州

捲雪烟灘急春雲水碓工天開姑蔑國人問逸平翁琴鶴身將隱關山通可路莫如殷浩輩咄
咄學書空

登滕王閣

長風萬里送行客陽變陰合誰同遊湖光澹淹媚少年地勢硉兀雄南州龍門三珠勃居幾垂
拱四傑王當頭閻公愛才固不誤蘇轍冷笑疑殊流洪崖摩天羽蓋下章水帶地鳧鷖浮心靈
七襄會雲錦氣盛一抹無瀛洲元工日運泯成迹餘唾拾取眞卑陋宜與陳暠頗解事新賦亦

欲名千秋

　章江

何處分天水中流見鶴汀思鄉常赤白覽古眼長青耗發綠鼎圖風高孺子亭幽尋歸正晚江

上火零星

　惶恐灘弔文丞相

五雲城邊風勢急一波一平一波立宿國流驅万古旌旗結光江水流我來中夜若多情睡

起月當寒磧明低徊嚴歎有誰登閣斫香隔樹隣老

　東山講院

牛機毬草滿真熹壞□傳營道興來懲姚江豈部禪日師花影亂春寄鳥聲聞翔步空亭上林

皋直午天

　宿淩江館

驛使音難寄邊城夜正長蕭鼓三兩老風露十分涼旅思猶王勃高吟少鄭莊迢迢江下路烟

水雞晨光

　曲江二樓

張風度余風采二公之風果安在曲江樓高聳相待憑欄立兮若千載鐵鼓向夕聲沉川一行

白露飛上天歸來託意有神仙錦石靈池何處邊

發韶關

古驛昔由北孤帆今始東非從廣州去期與鬱江通綠水迎朝日青山落晚虹巍巍雙闕右留付曲江公

抵里舍

浮雲在天際飄薄誠無端萬里獨歸來貧窶亦可安同懷得共聚生我心爲寬關山免瘖思家室成團圞亦知赫耀貴足博閭里覩破甑既如此遠道胡盤桓因茲各笑談不及遇合難征衣倘未浣近午仍具餐勾除世俗情引取酒杯乾蕭蕭徑內竹送影來闌干

藤江夜起對月同弟景武

團圞鏡月色浩浩鐔江流月有圓缺珠江無日夜休坡翁昔看見何止三百秋至今縣東門倘有江月樓遙思至梧日哲弟來子由雲水將見逢不免恨悠悠因緣我自旅兄弟同一舟家尊昨經營使得東北遊諸端既無與於世將何求寒光照客懷急鎖鳴灘頭杯明浩如雪酒便非新芻今古景不異起舞揚清謳隨行三尺琴足雁徽蝸牛倚床鼓一曲音韻清以遒風微氣不寒露白光仍浮晨朝問去路料得由梧州

錦石山

擱江蠹起峭甘圓女媧擲下從何年西瀧借此爲鎖鑰九十九灣無直前漢代陸生來款禱老夫臣佗去尊號丈夫得志錦包山不獨還鄉及交好鬱江東下泛仙槎禿稱對我披烟霞頭陀形貌衆皆呼石天將軍誰或詩壯懷朋具肯相就再向絕壁栽名花

西江漁父曲

朝陽萬頃玻瓈紅半江春水桃花風香鑪峽口轉孤篷轉孤篷欲東往婦語炊子搖槳

謁包孝肅祠

直道世稀有清心詎可忘一湖因硯積七井愛泉香鬼哭荒祠月鳥啼古木霜黃河清幾叐臺鏡日留光

羊城懷古

颶風吹損木棉花開府威嚴此建牙番舶十艘通海岸錦帆一片蕩天涯珠璣巷口名猶在歌舞岡頭蔣尙斜欲問孫黄舊詞客南園寂寞亂啼鴉

客廣州

舊苑失昌華城西何代花艷[illegible]丹荔宴香筵、素馨斜燈艇玻璃舒、妝匳翡翠遮船高海潮起似浮斗牛槎

陽朔道中懷曹鄴

山川何地可無才祠部驅騶出草萊唐代文章原後起嶺西風氣實先開烟深翠壁寒猿叫日暖春林好鳥來上下千年情豈隔沿江去訪讀書臺

謁翁孝子祠

不祀孤兒祀老親武陟孝子宰此心事始能伸得逢度尚爲賢長堪對曹娥作比鄰苦竹山頭千樹晤老梅窗外一枝新煥然祠屋重修建欲向碑陰署受辛

[illegible]解元[illegible]正徐孝[illegible]以舟中小飲即事

鏖[illegible]既[illegible]復少[illegible]情鬱江底浩蕩可[illegible]遙遙烟消適[illegible]空似[illegible]發[illegible]衰[illegible]又[illegible]復崩足使峽猿驚何妨山鬼嘯蒼茫塞雁[illegible]臙脂荒雞[illegible]浩浩漢南天兀兀黃陵廟今宵一小聚十里皆光耀

正陽曉發

夢斷城頭噪曙鴉傾殤故地起登車半天好雨息塵霧十里春風吹杏花有道食貧吾自恥封田上表衆同誇一鞭病向夷途去回首高樓碧樹遮

蘭陽渡河

伊洛桃花水西來向北流下隄無住處立馬待浮舟鴉影拂朝日人聲喧渡頭雲山如窈窕極目咏河洲

聊　城

地斥河流斷天青嶽色分射書傳浩氣賜履憶元勳有隴皆黃犢無亭不綠雲揚鑣從武水誰與逝前聞

趙北津

曲欄[illegible]鴨思離表裏人[illegible]諸任[illegible]蛙欲效蝸牛來築舍故鄉無此好生涯

[illegible]寺[illegible]

日從樓葉透光明獨坐空園在[illegible]城數尺[illegible]垣圍[illegible]徑[illegible]卷日[illegible]

題[illegible]湄先生江村四時行樂圖

檻外孔寒五色天偏臨院舶有鷗眠駢絲添得菰蒲漲畧約何人就繫船

南城同黃解元徐學博

塵侵車幰馬蹄忙路過南城日紙坊勝日尋花同入寺新歌疊壁欲登場四家後勁推文獻七子高才說偉長多少鈎簾豔妝女相看一笑是清狂

別都門

樗林非適用飲馬出城基色若西山戀心猶北闕思榆槐風葉葉楊柳月絲絲曾向天門落重雲豈得知

河間

喚曙鷄鳴及早催登瀛不見舊時臺紅燈遠送鑾鈴響知是邊臣奏摺來

清浦樓同覃心海周垣

飯美魚香只河清海宴秋更從淮水闊一上酒家樓聒耳隨黃雀忘機對白鷗半酣逢月出當

不動離愁

月夜偕覃三下高寶諸湖

借得安流水乘兹一尺篷長淮明月送遥夜故人同林隙珠光射窗櫺露氣通不愁蚊蚋螫刮

面是清風

重宰維揚

軒名凝翠觀蕃釐笑罵猶存董竹枝山色光連禪智寺梅花香傍史公祠三千殿脚螺鬟擁廿

四橋頭玉笛吹重向西門尋舊蹟夕陽衰柳數株垂

裴公洞

歘然浮玉山上有裴公洞居此復爲誰烟雲自迎送

玉帶橋

玉帶橋邊水冷冷濺石磯松風遠相答不落箭鋒機

遠帆樓

帆影朝連檻濤聲夜隔窗上皇巡幸日燈火滿長江

瓜洲泛棹

南部繁華地從容蕩畫橈蘋花飛曲岸樹色隱平橋噫噫新蟬起婷婷倩女嬌李三吹笛好坐needs願相邀

泛　棹

泛棹江南好烟村復水村蟬鳴垂柳岸鶯囀雜花園度曲遙聞笛澆書近有樽隱間大自在宕處覓桃源

江　行

岸闊青山遠幾層寥天向晚紫霞蒸蘆花陣陣風來急吹送游人到秣陵

謁方正學先生廟落

門敞金川燕啄雛半邊新月落江湖麻衣慘洒千秋泪草詔嚴將一字誅聚寶岡前殘照近嘯風亭上鳥聲呼景公氣節凌霜雪隔院爲鄰義不孤

長干行

朱雀橋邊路誰家是妾家年來品歌曲不取後庭花

遊青溪

板橋零落更誰知輭綵溪流似舊時苦雨淒煙僧綽宅清風明月小姑祠燈燒夜半通游舫柳拂春三阜酒旗莫管入城分幾曲吹來一曲一相思

金陵雜詠

好月名花照畫欄西湖歌舞本長干江南自是風流地王業何能得久安

文德橋邊夜月光師師簡簡共宮塲笛中莫奏家山破此曲分明易斷腸

莫愁湖邊修竹林鶯聲清切婦入心手持荷藥待郎返郎不來時空好音

樂苑苑名人家不掩扉蜀葵花間紅薔薇晚來捧著嬰兒立仰望半天鈴鴿飛

住承恩寺

遊駕片時息城中飛甍罘罳垂花影亂院隔磬聲沉逆旅誰相識滄桑我自吟東山謝安石應許作知音

過杏花村

名園非舊日好景列芳鄰綠樹牆頭影紅衣巷口人居亭誰賣酒逆旅自尋春暝色催烟雨歸時墊角巾

金陵懷古

句容舊迹此爲家自勝歌風駐翠華王氣石城終有盡長江天塹敢無涯名昭白日逢鈔蔓候傍青門學種瓜何處飛來新燕子啣殘猶逐後庭花

蝟磯孫夫人廟

環佩灤江肅何年溢典崇水肥長樂渡雲傍永安宫不見峨眉翠惟聞杜宇紅英皇同此恨春漲遠相通

夜聞絃索

鵲岸空懷萬里橋家鄉夢到不知遙仲文老矣丁張死誰聽絲絃半夜調

客皖城

不第羅昭諫遨遊吳楚間舟隨雙槳去人似一鷗閒細雨湖中荇夕陽江上山半空遙翠接仗鉞羨當關

余忠宣祠

保障心猶切孤軍力弱單文非徐庾匹事作卞張觀嗚咽江池遠蕭森墓樹寒可憐危學士終歲此盤桓

大江月夜闻覃心海

好月照蘆荻白露浩已盈潯陽九派流濯我心懷清天地肅寒暑山水含虛明漫尋廬阜賢所

與爲平生五夜駕飛龍千里逐長鯨意氣件雲散肝膽以時傾世事有消長方寸無虧盈追光逢此時莫問夜幾更斐斐氣若霧浩浩風爲迎汀洲有鳧雁稻粱固其情所志雖云殊豈礙隨爭鳴

鄱陽湖中

直跨三州地平吞九派流言尋豫章郡因上木蘭舟客夢富吳楚孤帆宿斗牛南風吹獵獵知到幾時休

遊大孤山

一瓢浮湖中領得大孤山道人卬然駭謂是蓬萊班風浪湧四圍塔影懸雲間景奇或可測道絶何由攀齒然笑不言第與緣屛顏金蹬倦拳貫水族思回環一足蹋中央百怪咸佊跉硌硌米家石茫茫落星灣摩挲出孤亭指點窮烟鬟龍已降鉢意焉俱伏就閑仰看仙鶴飛方寸有餘閒秋花散蝴蝶曲徑紛斕斑瀕行折一莖恍自十洲還

泊紫陽閘

匡山清繞郭湖水白通城靜對落星渚難騎橫海鯨雅懷周茂叔歸念晉泉明數日新堤外風濤尚未平

南康府城上集句

百年多病獨登臺只得流觴酒一杯且欲近尋彭澤令不知誰是謫仙才

暮至[illegible]城鎮

夕鼓南康頻衝波盡如風蒼煙孤嶼外殘月半湖中客臥殊難穩愁懷足暫空相看烏榜過燈火數星紅

平岡晚望

浪湧不厭[illegible]接在長江上晚際漫斜紛紛紜幾奇肽搖舟過平岡靜念[illegible]元相見山如見人心

[illegible]得超[illegible]

張文獻祠

南北梯航器名臣手獨開千秋金鑑錄一座石爐臺[illegible]鏡當[illegible]燕相知更有梅猶憐上皇意遣使此中來

清溪道中

宿鳥[illegible]何[illegible]屬芳[illegible]溪[illegible]鑑帳野[illegible]鏡[illegible]不是處村烟水幾家當在林三灣亭子在佳

只好追蹤

題覃[illegible]吟卷

都下花開金帶圍酒旗歌扇幾芳菲[illegible]摹編成夢夾取吳山楚水歸

萬里飛行感吳欣絕無一僕共分分䕶家各驗詩絲履帶得匡廬幾處雲

乙酉冬容江初發

市釀新添江魚出小鮮丈夫思建樹鄉物敢流連朔氣梅關盡陽和黍谷旋風雲萬餘里爲

著祖生鞭

偶見

隔箇蓬船諦認眞想在雲外一枝春半生每相情累莫把秋波誤眾人

次照潭驛

紫山烟樹擁晴嵐沿路看來到驛南鎮粵臺前天尺五籌邊樓上月初三徽行曲巷無相識小

酌明窗得半酣片席肌將沙岸去瀟瀟暮雨鎖江潭

雙月橋

市斷溪橋接澄波幻素輝若憐天上月夜夜一輪飛

與平渡

懸崖紫閣漾漣漪風日晴和似漢陂華蓋北臨山屬楚寶峰南下水歸灕江流縈曲舟行樂嶺

勢回環雁度遲安得巨靈通一線早從湘浦赴程期

丫髻山

綠雲吹不了綰作髻雙丫秋水涵明鏡春風綮翠花飛瓊朝玉闕越女浣溪沙嬾作陽臺夢徒勞暮雨遮

遊風洞

亭閣因時改徒勞說馬殷草迎南浦色苔積北山文崖谷無今古鶯蟬各見聞留將一時興掛住在巖雲

謁蔣文定公祠

湘水春暉戀瓊山舊雨思投簪因議禮歷世有專祠著述空巖守聲名太史知雲礽陳俎豆非爲一家私

舟次胡粟兩同年

分袂十餘載相從宜惘然異舟同雪月共路各風煙艷杏春光近寒梅臘信傳縱橫三萬里建續看誰先

贈鄭小谷

小谷山人鄭善夫涵橋風雪樂爲徒兩晉花落湘江曲好句看誰續鷓鴣

石鼓山書院

二水羅紋錯千秋講院開曲流觴詠地疎樹舞雩臺舊愛昌黎作新從茂叔來前朝題句在搔首獨低徊

忠烈祠祀宋李芾

夢炎何處去尹穀此間同不念巴山遠安知楚水窮芳祠臨碧杜魂氣託丹楓千古衡陽樹猶吹激烈風

贈黃給亭

太和元氣蘊風雅此道自在誰尋真建安黃初尚風骨後來綺麗難同珍齊梁衆作等蟬噪李杜二公稱可人潯江有黃九精明出渾厚一片老婆心一雙霹靂手當其寂寞無所爲淵𡽪泰岳罔可窺及其勤將有所用鰲擲鯨呿無不縱自言古調當變通生平最愛白沙翁黃雲紫水得眞契江門丹色非虛空放棹衡陽好夾岸多芳草示我橐中篇共赴巴陵道巴陵湖水向北流聲連晝夜無時休相期隱作中流柱免使狂瀾不轉頭

抵武昌

圾歷知無幾江流尙有情𨚗垂陶侃宅雲起鄂王城東望紫桑近南瞻楚塞橫樊山人釀酒沽取一樽傾

宿州城

初覽中原局勢寬征車未倦此來安郭田邑傍戰場關何子不歌行路難景明有何子十二篇行路難四首 楊柳曉烟三徑濕杏花春雨一樓寒淮流轉處青山好都作河陽畫裏看

讀何大復集

朝霞點水自然工白雪居然在郢中半面主人情若素一燈孤館閱方終奴看錢廖當中禁弟覩邊徐拜下風惟憾釣魚臺北墓銘碑未有李空同

確山三里河

蕭疏柿栁挂斜暉北往南來識者稀樂秀兩峰殘雪在陽安半壁暮雲飛人情閱破惟思酒王道寬行莫拂衣不見橋頭賓館裏翩翩裘馬各輕肥

許下

春風吹許下白日曬城隅楊柳絲空轉烏飛尾畢逋佳人譜劍器才子飽鴻臚策馬高原過星占太史無

風帽

面目無從識蒙來取禦風幾絲藏老醜頭腦謝冬烘笑免塲中落携將馬上籠灞橋衝雪過誰認是吟翁

朱仙鎮岳忠武祠

宋室全無地將軍尚有祠萬人齊痛哭五國共愁思水至沙場盡風來古鐵悲片雲翻樹杪疑
是舊旌旗

客大梁

梁園賓客散枚鄒詞賦相如最行遊莽莽洪波飛鳥下蕭蕭修竹古烟浮徵歌尚取黃金贈抗
疏空期白璧酬貧賤驕人非易事平臺冠蓋欲封侯

汴京懷古

禾黍誰尋五代宮龍盤虎伏洛陽東蜉蝣世界原難任蠻觸君王但自雄夾寨威聲傳亞子親
軍浩氣仗韓通思量百餘年事可入希夷一夢中

萬歲山成變夜遊滿天星火到樊樓行歌白雪徵坊妓建醮青詞付道流百六年來重屈指三
千人去幾回頭豈眞金匱藏書誤皇弟鴻圖此已休

定州

路到中山半柳陰聞鷄臺畔去駸駸西溪月照清泉井冷入征人一片心

寓四川營

石砫勤王白桿兵平臺玉帶錦袍榮羨渠生是閨中女鄉土能從此處名

貞烈吟爲馮女秀瓊作

蒼梧雲長洲月馮女聲名冠全粵彝敎相承本孝廉讀書織素無不兼十五許字羅家子夫死
聞之早自失過門不許披麻裙潸然涕下從湘君嗚呼牂牁江水常如注綽禊芳祠耀大樹碑
陰黃絹誰題句

都門悵別

是誰推擁出都門抱璞心情不可言走馬新郎明適意送人舊雨黯銷魂慶雲自繞蓬萊島好
月相期水竹村從此壓寰成永謫莫將消長問虞翻

尉氏途中懷蔡郎

絕代淹通客身名一哭休是非誰更管書史我曾搜有女能傳業無兒可匹儔仲宣雖轉徙寧
不念羈留

驪陽曲

潛邸人安在長楸馬亂嘶欄街小兒在莫唱白銅鞮
欲作習池遊更買宜城酌花下白素羅是誰敎留著

漢皋城

終古遺留佩何人辨暗珠月明寒水闊風定片帆孤隄柳先秋悴沙禽入夜呼多情鄭交甫搔
首獨踟躕

舟下鹿門

漢水曲如帶扁舟吾欲東山雲飛若巽汀樹立多同正憶孟夫子兼懷龐德公鹿門人莫指倚棹笑清風

次仙桃鎮

香風何處度錦浪此時空烟柳斜陽外人家斷港中一枝搖月棹三尺釣魚篷莫踐桃花約流連楚水東

登湖上山放歌

我欲騎龍上青天守關使者不許前我欲東行至吳越江形遠與空烟沒我欲西至峨眉巔荆門巫峽鬱相連不能竟向天南路湖神日夕留人住雲根直立不相離大風一至洪濤生怒濤生怒兮誠駭聞有時却喜近斜曛千端萬狀乾坤彩十色五光龍鳳文目迷意戀美無匹不覺匆留日復日今朝躡足傍高虛浩蕩精神上飛出湖光閃爍如雲霓乍離乍合無端倪若非借此作收拾不免掩蔽隨凫鷖人生志氣不能遂合就江湖作長醉君不見李白身流楚漢間何曾肯把茲湖棄

夷門歌

夷門大梁之東門史公一問千年尊人生最重惟知己七十老翁非感恩平原春申能待士璩

琑爲簪珠作腰出方尚書魏文侯（心海語程中丞）借我停車將老矣黃金臺上日初升推心置腹任賢能作脊寄夷門褒舊劍熊熊氣欲騰

夾車騎關

荒屯舊賀蘭載策輕車度行出出烟底我在天上顧清光依樹林淦水日東注郊坰自明顯胸隨遊宣布地險防伏戎時平倘留戍翩翩佳公子兵法孰能喻一群白頸鳥飛下岡巒暮

風霾行

大風揚沙一千里欲渡滹沱與易水須臾即壓眞定城驚走朋儕各殊軌我遊古寺爲耽奇歸去惟餘二友隨追粟前車已不及仰望：歸心酸慕迷茫世界將安極幾陣昏黃幾番黑天公不肯爲詩瓢回頭更昏夾日色路人股慄不能言壽屋千間盡閉門乾坤火劫猶如此冥坐牆陰老樹根旁有一人非識者看殊善類氣潛惹衣塵倒去還復増匪兕匪虎率曠野鼻端籠住眼莫開今宵何地足徘徊忽聞前有車徒往欲追不覺生疑猜友人記得車輪側隱有一釘隨地識尾之果見隱空房飛鳥失枝今始得朋儕觀定各無言面目那有斯人存但聽寒風戰木末內外篷勃揚晨昏颯羅竹戶圍空宅破帽支更人杖策波紋浪影滿庭階馬磨槽鳥飛拍拍晚來豆粥進一甌和羹欲嚥不自由吁嗟乎屋尚可樂當思塞外屯貔貅

卷六

彭昱堯

平南人字子穆舉人著有致翼堂詩文集

淮西精舍晤袁衙堂

夜半笙歌羅屋[illegible][illegible]路頓飄零官如殘夢真嫌短心似濃醺酒未醒人我貪嗔誰解脫風
塵邂逅白蛉蝪投[illegible]秘訣[illegible][illegible]一卷[illegible]嚴譯梵經

廣州秋感和袁銜池同年

牂牁奔注[illegible]門東如芥三山縹[illegible]中蛟蜃[illegible]台搏頌刻魚龍變幻入虛空西陲雨好兵應洗南
國壘勞甆易蓬秋到炎州風物異桄榔葉蔭佛桑紅
高台朝拱鬱崔嵬趙尉雄風久寂寥伏櫪[illegible][illegible]爭驥粃摩天鴻鵠厲雲霄百年夢裡侯王貴一
例墦餘醉飽驕蕭寺菩提南漢塔夕陽鈴語颯瀟[illegible]
可憐下士苦蠅笑怪底微蟲[illegible][illegible]肝膽天涯分楚越爐錘水火自煎熬買來鼠璞重函襲繡
盡龍文一劍韜洴澼新方終有用[illegible]中珍重鷦鷯窩
登山臨水送將歸黯黯愁雲縷縷飛蘿[illegible]荒涼山鬼語竹花寂落鳳凰飢燈昏垂穗[illegible]殘夜人

瘦先秋怯袷衣徙倚空階攬明月滿匜凉露浥薔薇
洞庭木落雁聲哀萬里西風度庾台華屋鶵椽巢燕雀名園何處著鄒枚江山絢美愁斜照塊
壘難消托酒杯詩卷釣竿商去住樽頭雲海且歸來

藤縣訪蘇亭有懷明府温錫弁先生

髯蘇昔賦藤州月寥落風流七百年幸有江山娛逐客更從台榭訪前賢畫圖笠屐人俱古簿
領雲霞吏亦仙憶昨明陪展举會惓懷遺跡總茫然

樓前曲八首和黄少蘭同年

樓前芳草傷心碧鄧鳥蕭蕭沒行跡芳草年年萋復萋腸斷天涯人未歸蕣華朝妍春已暮萍
芷漫池柳飛絮楊梅垂實味含酸蓮子守房心太苦
東飛伯勞西飛燕惟参與商不相見填海冤禽老可哀補恨媧皇石空鍊黄姑織女私自憐銀
河欲渡愁無船八間漫怨經年别天上猶逋十萬錢
江南二月東風驟梅捲垂楊穠紅豆寶鴨燒殘艾炷香綠鸚語過金輪咒洞天縹緲華冥冥銀
雲吹冷　由笙禁魂[illegible]化天涯草伴過長亭又短亭
東邊日出西邊雨有時無晴奈何許支輪貨角怪底行石闕銜碑為誰語蔦蘿板附松柏枝拔
心顫額怨蓀蓮菂薏辛寸絲縮未燒蠟成灰淚愈垂

孤鸞怜宿桐華枝含情遙約東風期鳳兮鸞兮汝何戀轉眼已巢鳩與鴟鸞去不來枝尚在綽約葳蕤春不改祇愁重訪頓闌珊華落水流付東海

木棉紅泣春山羅鷓鴣格磔呼哥哥華飛漸啼碧窗曉萬轉千迴秦吉了宛轉嬌啼亦可憐乍聆孤調亦茫然底將栩栩迷蝴蝶行矣聲聲怨杜鵑

茅龍騎入仙人家滿堂窈窕顏如華玉妃含睇似相識嫣然勸我餐流霞天風冷冷酒初醒山月夜生萬松頂胎仙洗鍊曾有時石鏡濟心發深省

虎抱天關龍宿直天上白榆森歷歷欲移北斗不挹漿手摘匏瓜不能食錦圍夜靜宮窗織欒字織成爛可惜雲纖璀璨字縱橫示與旁人眯不識

感春

春風攪思愁茫茫我所思兮道阻長登高可以眺四海礙以却曲傷迷陽稗瀛繚繞紀兩戴但見一氣浮青蒼蕣華飛絮惱客魂流鶯嚦嚦乳燕翔蠶絲如草日夜出豈有鏹白傳仙方眼前得失且勿道東鄰黃酒傾千觴

三年留滯滄海湄釣竿空拂珊瑚枝僮奴怪我戀此土紛紛爭說今何爲我聞此語感不怡內省亦復窮干詞强將書史破愁悶孤燈昏澀双眸眵

男兒墮地先號咷能言已解金錢刀貪夫殉此作性命暑沒更復焚芸膏井田既湮耀貧富逐

末擾擾空紛撓彝倫缺憾以幹補嗟汝魄力眞雄豪豈無陸沈不火食熟視無睹輕鴻毛中谷
有　國有殤詩八既憂俗所驚桃華流水不我棄巻娑便泛仙源

讀史雜感

陵壘荒楊古戍槐梅華消息又天涯風寒遼海濤驅鱷日落荒山路長針鬼道易訛張角術愚
氓偏奉太常齋湘源一碧愁雲合腸斷旁人拾箭釵

拱極高台接暮雲羽書金鼓正紛紜沙蟲遺恨師無律雞犬關心憶社枌西塞夙驚新驃騎北
平秋老故將軍夜行醉尉休呵禁射虎南山恰夕曛

孤子桃弧雨劍功誇饑溺畔蠹哀鴻告結令縱諭將竭平準書愁積貯空少府有金頒賑邮大
農無術救綴豐沛自古雄藩鎭安集還須倚上公

遙聞

遙聞瀛國又寒盟風鶴傳來信無驚魏　和戎原有賚吐蕃入寇本無名邊防每　雲中守閫
內空談紙上兵忍問仙槎問消息愁雲懷斷不勝情

寄王定甫

二月東風捷信初海天消息近何如鯨濤變幻揚塵後烽火關山歷劫餘旁面花門空憶汝絲
波芳草漫愁予明珠大貝知多少懸我空中尺素書

潮州謁韓文公廟

馬蹄雪沒藍田關孤臣遠謫海國間元和天子佞佛骨天以公學開南蠻公之斯文若日月豈以私照遺榛菅羲輪徹空有不到蒼翳毋乃嘲天慳狂瀾手挽濬學海筆弄明月珠爛編筆端霹靂淬精鍔鱷能感動靈不頑惡溪瀹宕瘴毒霽暴戾可以精誠刪潛鱗信矣廟堂忌於天能致人斯艱皇甫逢吉蟲豸耳豈有痲痒區賢姦莫嫌瀧吏誚蠻蜑湘子萬里長憂患椒橙芼烹馬甲柱聊假南食慰愁顏揭陽趙子詩書嫻大顛阿師時往還偉哉吾道孚萬有虬蟒張喙空譏訕姦訣之骨久灰燼北斗芒掃韓江灣昔公貞元放陽山此邦學校公所頒留潮八月廟百世筐蕉筥荔盤登薦邈來風俗漸敗壞誰繼公治蘇痌瘝騎龍大海翔雲旛海風入林聲戛環廟前橡栩舊栽植樹老花著珊瑚殷龍鍾將老未聞道每拜嘉樹愁躋攀頡頏藉湜吾豈敢有句不傑慚詩孱

自嘉應至潮州雜詩

縣網秋羅畫不成微風斜曳半帆輕似曾相識峯巒熟一路青山迭送迎

鯖剪秋聲入水湄鄰舟仙侶有袁絲客懷似樹同搖落燈火連檣夜話時

柑盤剈後人千里椰酒溫時夢六逢歲歲黃花作重九祇今寥落暮烟中

潮羅定江

酒旗茶鼓春無價水郭山村路正遙一樹刺桐開似雪東安江上又花朝

連州江上雜詩

水如嚴瀨湍猶悍山似湘南銳且尖萬疊遙青千仞碧摻空花雨落纖纖

崽妃祠畔烟嵐合貞女峽邊風雨淒不斷江聲又灘石亂山如暝鷓鴣啼

亂山如豬不知名迸入窗扉撲面迎腸斷蹄涔作江水稻花風裡踏車聲

端州書院作

風簷官燭卷如絲藤鼓聲沈玉漏遲可有蘭榛供採擇最難縞紵共天涯（謂鄧湄防袁芸淦兩同年）土花銷蝕元嘉壁澗草萋迷孝肅祠如此江山好憑眺勝遊孤負海棠時

浮湘寄唐子實啟華同年

浪花無際暝烟浮楚粵關河路阻修殘夜苦寒應念我瀟湘孤客洞庭舟

道光丁未正月初八日赴廣州

昨飲屠蘇酒高堂笑語融春來能幾日客路又孤篷獻賦金門遠浮槎海島通（時應余小汀學使之聘）江花踐遙約詩思木棉紅

羅定道中

縈紆山嵴如綫繞青蒼百折盤危磴千峯落大荒叢祠㯉櫟抱蠻洞麝烟香欲訪唐賢宅巖

花映夕陽

舟夜

夕照澹春蕪荒山語鷓鴣遙天明月在岸棹客星孤江暝涵烟白頽顔借酒朱故鄉杳何處歸夢繞菰蒲

春日懷王定甫

東風不相覿湖海逐征橈作客防瓜李維駒懷藿苗遐哉斯意邈愼爾令名劭佩玖曾貽我平生重久要

藍關謁韓文公

峻阪臨關陡喬柯百尺蒼丹青圖骨鯁仙佛濱荒唐舊夢空懷闕新詩每憶湘我行羸馬倦夕照黯潮陽

沙鷗

失計謀千澤奔波悔遠遊峰巒平地拔風雨大灘流孤艇搖殘夢秀樽破積愁岸花空送我浩浩愧沙鷗

發廣州

客遊未云樂垂橐亦言歸舊夢淹珠海新綸荷釣磯久居眞戀戀長別轉依依行矣猶餘戀江

飛蟹蕭肥

贅水鄉中住跡裝祇有書千金售翡翠三篋飽蟫魚白髮頻看鏡青山正倚閭涼風動蘋末天外渺愁予

七情難割愛白感易傷離怕流青衫淚偏對白玉卮浮生嗟絮梗不死怨萋萉好待東風信垂楊綠舊枝

冷暖人情判都從閱歷諳早梅開嶺嶠殘柳感江潭美惡緣曾累盈虛理互參閻浮悟消息彌勒約同龕

無恙平津館年前橐筆曾高樓校奇字孤艇伴殘燈風月一帆共江湖載酒仍侯門踐珠履任事總蕭騰

故人同假璺垂釣在滄洲送我燕台路言登鎮海樓菊花餘夕照蛩語餞殘秋葉落一樽酒徧將慰客愁

江樹烟將夕羈禽覓舊柯平生務意氣此日惜蹉跎入耳淫哇湊盟心悔吝多吳鉤猶未鑄繙鋏自摩挲

涼雨

涼雨吹高館遙天積暮陰燈花圍夜永蟲語架秋深灺幃孤枕夢求仙出世心枯魚空飲泣竭

沬仰踏濤

潮州謁陸丞相祠

朋換興亡局間關遯水濱峯含黃屋瘴浪拍翠華塵南渡紅羊刧西風白雁嗔五坡師已潰半

壁浪無垠閔粵孤孩託江山寸土淪殘棋愁國手餘燼付斯人檣燕巢同破宫花島不春泣憐

一塊肉殉致百年身淚拭朝衣溼波騰戰鼓振厓門沈日月海底正君臣潮汐薶殤骨風濤盪

鬼神屯原依豹尾死亦抱龍鱗大節侔文謝窮奇恨賈秦斷霞盟碧血流水送丹宸遺廟陳芻

狗荒墳卧石麟滄溟義鏡曉終古照嶙峋

出門三首

倦遊戀吾廬乍歸復言别惓斯千祿心升斗悃可悅高堂正垂白勗訓殊切切家孥怜遠行餺

酒爲予設治生計已疎獵取謀亦拙縣程以爲的思之增内熱百尺黄金台天末淜高揭去去

崇修名守身紹前哲

睠焉惓高原鴻雁求其群我生鮮兄弟形影眷所親君材輒轗軻我亦嗟邅屯旅食常異縣槖

衣惜風塵艱難得歡會此會良足欣向榮曝溫曦傾此薄酒釃念當舍君去臨發重逡巡廿載

爲夫妻蘼蕪此瓊堵終歲計米鹽纖屑恰濡呴采蘭以將母馨香亦賴汝稚子垂六齡聰慧頗

不魯但知索飯嗁豈識别離苦丈夫輕妻子青雲浪期許富貴不可期亦復念終窶漫云衣鐵

歸日暮倚門佇

舟中夕照

夕照黯山城東風盪櫓聲揀花春有信芳草碧無情帆挾孤雲宿江涵片月明連檣燈火夜倚
枕數殘更

得綠亭四首用翁覃溪學士韻

有美翁夫子停軺浩以吟庭柯春自茂傳舍古猶今閲世攀條感懷人拜樹心蘇齋誰箸錄桃
李儘成陰

莽莽𥣞䄅示雷碌昨夜聽烟涵一葉碧峽鎖百巒青我自蒼梧道言懷帝子靈星巖期羽客瑤
草綠山廳

紫雲誰劃取鑿險更窮搜研譜巵言出茗華洞壑收薜蘿仙竇邃風雨峽山秋攬勝崧台好高
瞻豁石樓

海國春風暖山城夜雨涼開檐聊蠹辟秉燭未渠央有象皆生趣無言晤妙香掩關斜月隊寒
碧入虛堂

湖連州江

湞湟之字水穿峽折而東嶂複江無路屏開楫始通灘聲強弩末春色大荒中身世艱危感寒

宵雨掩篷

清遠縣舟次

關津通百峽水郭碧玻瓈江挾春濤壯山含宿露低木棉紅綻雨岸柳綠垂梯天上桃花浪征帆曉鏡迷

挂席日未午好風吹亦喧野花明土堠深竹暗江村雨過雲歸岫沙留水劃痕蒼然烟岸曲耶趣向誰論

羅定江

灧澦寧可涉渺渺僅容舠江挾黃泥濁崖懸綠樹高枯槎樵子徑活水榜人篙生計慚傳食衡盃醉濁醪

宿羅定州

萬山攢兩粵一水抱孤城巖洞能生瘴猺獞易弄兵壑深豺虎跡春曉鷓鴣聲底事嗟荒外雲霞鑠石明

鬬蛙

猶憶山齋雨池塘夜聽時十年涉江海一夕笑官私閣閣聲偏遠沉沉漏獨遲不須嘲井底鼓吹草堂貲

三月二十五日同朱伯韓琦侍御王定甫錫振農部王子壽柏心馮魯川志沂兩比部唐子實啓華孔繡山憲彝兩孝廉秦澹如緗業上舍集龍樹寺爲梅伯言曾亮先生作生日次邵蕙西懿辰舍人韻

大道如青天妙者晤於靜六經擷其腴不朽在眞境先生嘗述作高文日星炯孤翔苞栩鳳俯笑蛙黽黽文囿叢荒蕪爬疏豁芟屏一官亦拓落蕭然疎朝請既忘炙轂熱豈覺飲氷冷海陬孝無事風韻稍戢醫緣阮長著書睠茲文鐸秉蔎蔎開僧寮鳥語破虛靜春風吹菰蒲綠滿招提境良會誠足歡心月湓高炯自慚集蓼蟲思奮努力黽饑寒駆行役鉛槧未渠屏挾策遊京華竟獲文字請群雅羅英豪吾道慰孤冷思柔旨酒酣振憤梵鐘警余生豈蹉跎爇燭夜須秉

三君子歌贈伯韓侍御

今之鐵面昔蕈狐爲君耳熟陳與蘇謂陳頌南蘇賡堂兩御史磨牙吮血流毒痛大帥載贄亡虎符調停濕沫費呴濡蜉蝣掘閱玩細娛言利析及錙與銖誰倡正論笑曰迂君乃抗疏伏彤除搜抉根本誅姦諛權奸膽落御史朱錯愕相戒驚懦夫目橫舌撟口則呿謂捋虎豹雄牙鬚惟仁有勇肝膽粗以詩託友訣妻孥自分罪待斧越誅豈知梟贊遐帝俞我皇有道忠佞區姦凶破碎謫沙車主聖臣直天佑予用以敢直致令譽擢哉緘默眞庸奴蒙面奔走形勢途炙手之熱爭附趨府

中潭潭足趑趄火齊金盤堆珊瑚千金上壽笑胡盧自君覗之藐蔑如不羨富貴敢我汚朝韲夕盥讀楹纍杜詩韓文心手摹牛毛繭絲紛爬梳惟其積胸積理儲心之所得沛有餘眞氣磅礴盤鬱紆瀠瀠渣滓存醍醐瓌偉金石鏗瓊瑤自言萬念能掃鋤愛才不與饑渴殊有酒獨飲良不愉沾唇亦復招朋儔詞鋒飈舉雷電驅文章得失互剖析如我僂蹇慚駘駑九衢躑躅駕羸驢出輒造君傾淪觚我有小遊君迎予使我胸次鄙吝祛賢人植幹盤所須活國心瘁貌易癯佩銜德華中實腴安得君等執政樞培養元氣翼皇圖潤色功烈宏遠模

送子實南歸

伯韓詩學杜子美完甫文似曾南豐翰臣秀句出綺詩筆酷肖蘇翁以彼三子信卓犖顧視高穩清且雄尤於定甫更稜稚妙與古會神理融鄉邦豪俊萃京國得非吾粵山所鍾子年最少所得厚譬日初出搏桑東讀書疾於飈掃籍眞[illegible]輒復能寫碧姬周以來羸劉晉古有作者羅心胸海內人才指可屈子每下筆驚諸公國子先生早賞識司業陳簃庭先生惜不見子毛羽豐文章不遇亦命耳豈以頭腦怨冬烘生平鑽研嗜史籍流連書肆飢忘饔白金購書收散佚紙本精善如金鎔車箱滿載數馬馱道遠詰屈愁駑驕吾生師友待性命惜子之去行匆匆輭紅塵土厭跰踏世事馬耳吹東風邀人賚稟勿自棄學海波劃蛟龍宮深山窈窱太古邃萬卷坐擁書城封石泉爲我釀春酒行矣訪子仙霞峰

龍翰臣啟瑞修撰以詩送行賦此奉答

吾友定甫人中豪群倫藻鑑區秋毫居常爲我稱説君謂爲淑粹英瓊瑤我初識君在辛丑是歲君亦踏金鼇平生志不在溫飽殿前作賦聲華高翰林濕薪官燭淚雕鏤聲偶技亦勞儷青妃白竟誰是譬彼原野皆蓬蒿掃除習氣力何舉古文辭理能爬搔敦溫仲淑清且婉遠揖歐曾近方姚吾鄉春秋學久絕專經君乃芟紛淆經訓菑畬在鋤治厚植根抵基愈牢比者海壖夔皋事權到手好建樹豈僅歌頌颺中朝不材如我櫟社木臃腫合置山之坳故人敦愛不瑕謫禮數往往袪皮毛京華最惜文字飲重以惜別醉松醪長謌送我意瓌偉投玖僅能報木桃

出　都

故人重惜別樽酒且淹留塵土曾離索關河悵阻修含愁辭邸寓觸辭度蘆溝日近長安遠垂楊樹色秋

涿　州

兩日畿南路車聲轣轆礮勞人眞草草驚馬正紛紛遠樹漸秋意好山猶夏雲石梁偶憑眺蘆海濟斜曛

邢臺縣

大行山不斷一碧送南征吞翠聯幾輔清蒼滿驛程烟寒潭水渡日落柏人城舊店如相識秋風颭酒旌

過大梁

鴻雁幾時到西風動大梁河流初允翕歸思正蒼茫日落夷門暮秋高銀嶽凉古人不可作鐵塔矗斜陽

東里謁子產廟

尼父曾流涕登堂敢論評裁祠誰潤色古柏自崢嶸滴草春波綠岸花秋水生輿車渡溱洧日暮嘆孤征

過朱仙鎮

萬人齊鍤肩相摩役徒挑濬賈魯河石梁出土見其背豈有盈坎跳盤渦自從大河潰糜爛十室九漂洪波岳王祠宇屹不壞豈非正直神撝呵當其咆哮破隴阪平地歔浪高嵯峨時移力到過縷壑淤泥填岸沙壓陀頻年塞決耗泉府薪芟茭楗紛駢羅千金一掃擲虛牝功以鉅艱庶不磨朝廷亦祇爲黎庶厪拯胥墊民猶瘥黃鉞稿項託營窟散處卑濕如鵝鴨我行蒿目重欷唶土木顛病奈汝何

黃鶴樓

謫仙擱筆無人賦千古高樓在水隈詞客南遷芳草暮大江東去浪花開側身天地憐蓬鬢極
目關山感霸才日暮憑欄愁徙倚白雲飄緲笛聲哀

秋燕四首 道光間先生為池生春學使所賞識招致署中作幕客學使卒于署故先生作此詩以自喻

金井梧桐昨夜飄離懷別緒黯然銷欲辭舊主偏猶戀曾問烏衣路更遙高館空梁人寂寂夕
陽流水影迢迢呢喃休話當年事王謝風流久寂寥
曾從華屋寄幽栖霜露簾櫳軟綠低只道春風吹柳絮不堪秋雨落巢泥遼東鶴是何年返城
上烏猶入夜啼知否梁園賓客散玉階涼露草萋萋
高秋征雁漸參差颯颯涼颸起白蘋此去渾如千里夢再來非復昔年春天涯有伴皆愁侶塵
海無門覓主人故國只今消息隔河梁分影莫逡巡
江山如此不知歸隴首瀟疏木葉飛蒼茫關河秋色老寂寥門館舊人稀玉鈎銀蒜簾無恙社
鼓春旗事已非天末差池試回首故家何處不斜暉

大梁秋興八首 見阮盦筆記五冊

日落蒼茫上吹臺太行秋色渡河來登車空抱匡時略入洛誰憐作賦才高館琴尊懷李杜梁
園花月弔鄒枚酒酣激越風雲氣拔劍長歌未盡哀
芙蓉花墮海門低萬里鋒煙震鼓鼙有道豈能容魍魎出師不憚鯨　鵬空鐵舳屯蒼兕下

瀕戈船練水犀刀斗聲嚴歌管寂越王臺畔夜烏啼

簫鼓樓船豔綺羅颶風頃刻海揚波持籌大賈仍懷土專閫元戎竟議和十里吏氛迷島嶼百蠻兵氣湧關河嶺南台古繁華地珠市荒涼弔尉佗

旌旄坐擁鎮南天玉壘霜明棨戟鮮養寇縱橫驕猰貐列侯恩寵濫貂蟬三千鐵弩何曾射八百胡椒不值錢聞道聖明嚴賞罰火山倒總雲煙

羽檄交馳鵠夢驚故鄉偏近五羊城但聞鐵礮轟檣櫓誰挽銀河洗甲兵漢將幾人追博德秋風何處訪侯嬴吏門沽酒空惆悵斜日蕭蕭牧馬鳴

花石摧殘艮嶽高故宮遺跡噎蓬蒿客中弔古憑雙屐夢裏從戎誦六韜邊徼風塵猶澒洞中原屠販半英豪請纓自許終軍壯欲散千金買寶刀

一劍無端入豫州感時獨立望京樓迂疏深愧書生策宵旰空貽聖主憂[illegible][illegible]呼滄海動魚龍寂寞大河秋漢家新拜嫖姚將屈指膚功望故侯

亭皋木落雁南翔故國京華總斷腸爭奈浮雲遮北極祇期妖祲落西洋關山作客愁孤騎富貴何心羨萬羊漫把文無勞遠寄天涯歸夢渡瀟湘

鄭存枒

象州人字獻甫號小谷

寶墨樓詩題詞

攻古無横議鎔今有[illegible]哉人臨[illegible][illegible][illegible]時[illegible]讀才[illegible]憶山中[illegible]君探嶺外梅相逢幸相識同上望鄉臺

經術推二士詞章薄一賢[illegible]圖多[illegible]究孤穴[illegible][illegible][illegible]竹素藏駒富梟盧出手高故鄉留後勁珍重奏雲璈

王　拯

馬平人又名錫振字定甫號少鶴道光廿一年進士官主通政使著有龍壁山房文集

寶墨樓詩題詞

學海人來抱一編光芒[illegible]萬珠船出[illegible]黃獨詩偏瘦井洌丹砂夢欲仙新學又逢元祐日高歌還話永貞年鄭[illegible]漸老彭生死南閩經學[illegible]子賢

倪　鴻

臨桂人號雲癯

題寶墨樓詩集併送琴舫先生回里

披君一品集，勛我百回吟。河嶽英靈氣，乾坤正始音。才推桑梓重，業付棗梨深。蘇筆傳家健，淵源玉局尋。

是我還鄉路，君先鼓棹尋。江湖千里夢，風雨兩人心。藏拙無詩贈，臨行有酒斟。紅鱗三十六，好寄短長吟。

蔣　達

灌陽人，號霞舫

寶墨樓詩集題詞

風雅久淪落，誰將作手推。名山傳絕學，空谷老英才。下筆有神助，觀書得閒來。平生少青眼，今日爲君開。

寶墨留詩史，文山躡筆縱。金臺重待價，玉局早知名。萬卷讀已破，一家能自成。嗟予猶故我，卅載愧蘭盟。

高迺聰

桂平人號兼侯

賫譔樓詩集題詞

貽我眉山集爭誇拱璧珍鶯花三月酒裙屐六朝人陶令吟先醉稽康懶是眞蕭然書畫舫妙何必諱淸貧

獨祭徒勞耳吟篇手自删淵源蘇屬國風度白香山句向眼前拾心從天外還點頭吾似石妙語破堅頑

龔澤遊記題詞

走也停車百粤中儵然杖履惜忽忽一編入蜀當年記省識人間陸放翁

生平幾緉屐方休司馬相遭尙黑頭相見胸中饒五岳先從平處豁雙眸

風泠泠處賦游仙勝地登臨本偶然山意似從君借重一登落雁便千年

空山流水話襟期點綴髯蘇筆一枝箇是古人眞著作龍城錄與劍南詩

蘇琴舫寄贈依韻奉和二首

雅意千秋業渾忘兩鬢華著書胸有竹閱世眼無花似玉難藏櫝如金已揀沙眉山宗派好我欲問津涯

瓊緘欣貽我珍重比瑤華想見三蘇筆能開五色花古心銘鉄石詩骨法塵沙和得陽春曲相

思永有涯

伍佩芳

蒼梧人號紉秋

題蘇琴舫先生襲濤遊記

嶺海歸來發江山閱歷深君曾舫海入都復取道江浙而返　鄉關容嘯傲筇杖復登臨璘石儼如畫龍潭清至今

仙巖天咫尺遲爾更高吟河郡會仙岩即白石洞天君素欲往遊故及之

題李鐵琴餐月山房詩草名傳奎江西臨川人

本是林泉自在身無端作吏混風塵六州鐵鑄都成錯百衲琴沽不濟貧先生有禦琴圖小影今古論衡歸

月旦性情流露見天眞中郎遺帙曾誰檢片羽留光賴故人身後無子以詩託蘇琴舫

題蘇閎之雌伏吟

一撫遺編哀更哀茫茫弱水隔蓬來登堂介壽詩猶在丁卯余六十初度君贈壽言五律五首　觀漲聯吟韻別裁甲子夏漲

曡部李軸廷以觀漲詩十八韻索和君與余及呂竹溪俱有和作　春暖烟花成獨賞君訪余宿花影處論文讀畫無間寒暑　夜寒風雨復誰來玉樓縱有文

章選天上何無作記才

李守仁

容縣人號若山

題蘇琴舫先生遊猺日記

豔花恰比雲娘[illegible]花鳥[illegible][illegible]蠻音欲采猺歌編入冊行蹤不厭萬山深

妙品都教錦囊收新詞還[illegible]錦箋[illegible][illegible][illegible][illegible][illegible]香草總入詩家寶墨樓

題蘇爻山龔濤遊記

曾經觀水來滄海幾度看花到帝京今更遠遊絕國外嶽雲川雨亞閒情

猺陵疆域流傳舊合浦輿圖[illegible][illegible]今羨爻山多妙筆一編遊記話龔濤　大著有爻山筆話

題蘇因之[illegible]伏吟

蕭颯西風玉樹摧禾黃先隕事堪哀[illegible][illegible]不與長宣發造物生才亦吝才

雄飛也只辱當年雌伏原[illegible]夙昔心擊缽狂歌三十載淵淵金石有遺音

王宸

容縣人號[illegible]卿

題蘇爻山遊[illegible]日記

君曾航海到長安歸路還從五嶽看天下有山游欲遍蠻疆風景又奇觀
沿路山名與水名游踪歷歷記分明携將一管風流筆寫出蠻天子女情
言語侏㒧迴不同狪花犵鳥路迢通此行如入豺狚窟買箇書生膽氣雄
菉竹成林桂樹叢山花三月杜鵑紅蠻煙細雨新詩境總在先生笠屐中

陳瀛藻

桂林人字象九又號伯文又號麐魚

題蘇琴舫遊猺日記

猺疆風土記誰詳赤雅堪爲史乘光若把此行方湛若憐才應更有雲娘
山川風物苦難知爲語僬僥我亦疑樓上人家樓下豕要將學述證君詩

題蘇琴舫龔潯遊記

龔潯一水辨西東賴有新詩誌雪鴻疊舸邊搖雙槳碧斜陽紅上隔江楓
派接昆吾第幾枝譚江人物溯風儀扁舟來去藤城下可億髯蘇弄月時
選勝探幽興匪孤携將筆硯伴雙鳧他年更撰虞衡志不數平江范石湖

鄧錫俊

灌陽人號袖南

題蘇琴舫羊城日記

南來渡海印泥鴻落落千秋一長公誰向珠江尋舊雨又傳笠屐證宗風白沙弔古心源合青社聯吟眼界空我識髯蘇家法在紀遊詩徧嶺西東

題蘇琴舫龔濤遊記

遊蹤彷彿証坡仙到處都留雪爪緣好倩圖畫墓笠屐直教題詠遍山川龔濤搜剔諸巖秀灕洛追尋一代賢想見胸中邱壑滿揭來筆墨幻雲烟

題蘇蘭仙女史綠窗吟草 名念淑

蕙質蘭心有夙根玉臺待選一編存祗今綠綺窗前草如見亭亭倩女魂

伴讀尊人早著聲老泉最愛女相如思頭三十三年事遺藳編成痛有餘 女史遺詩係尊甫琴舫先生編輯

惆悵聯吟柳絮時一家姊弟盡能詩女須旋繼靈均沒誰爲騷人作誄辭 阿弟因之宗嘉雨茂才皆能詩先姊趙召玉樓

織錦迴文字不刊自來蘇蕙重詞壇吟箋一卷名千古才女稱應並若蘭

題蘇因之雌伏吟

書生無命不須才空負才華劇可哀一卷遺詩千古恨那堪賚志入泉臺

治春詞唱古琵琶歡樂場中半怨嗟淚滴早知成讖語眞同痛哭賈長沙

文章幾輩點朱衣漫把科名定是非半世沉吟雌伏日此才何竟不雄飛

杳令莫悼喪中途老鳳長鳴德未孤信似斜川有遺集一家著作重三蘇

周於德

靈川人號子據

題蘇琴舫龔濤遊記

猺山遊倦泛龔濤半月郵程勝地臨小艇載惟詩共酒長途伴有鶴兼琴烏江感舊懷先子馬

驛悲忠怨孔壬要識此行非漫記他年鴻爪易追尋

挽蘇炙門詩

瑤琴調絕冷金徽詩舫重登事已非公享大年心已慰我來遲暮願多違修文天上誇詞貴

墨樓前溯指歸惆悵賜書猶在篋一番展讀一沾衣

侯振儒

岑溪人號立齋

題蘇琴舫遊猺日記

挈伴行歌賦采薇，遙遙雲鶴羨高飛。奇人竟遂探奇志，遊遍猺山綏綏歸。

水程幾罷又山程，我輩誰曾到此行。化外若教知秉筆，應將逸事紀先生。

題蘇因之雖伏吟

藉甚機雲侶，同嗟零落悲。君與弟少舫同擅才名，弟先一年卒。酸心千古業，幻影一編詩。鴛水添幽恨，君歿于梧。龍洲騰偉詞。君有槃龍洲詩讖論甚偉。人琴生死隔，何以慰相思。

握手風簷下，相於誼倍眞。丁卯秋試貼經，予與君聯坐席。月光聯袂賞，燈火隔簾親。未作攀龍客，翻成跨鶴人。湘中遺草吟，望獨傷神。

謝銓

岑溪人，號子衡。

題蘇因之雖吟伏

德祖曾教喚小兒，當年試席仰孤標。火山冰井龍洲畔，想煞蒼茫獨立時。予長男玉琳與因之同試古學，相識場中，曾手錄其火山冰井槃龍洲諸作，今案頭尚存。

長爪兒郎有異才，恩恩跨鶴幾時回。唯餘古錦囊中句，邂逅三生杜牧來。從鄧時雨先生處得觀遺集。

謝玉琳

岑溪人號西雍

題蘇琴舫先生遊粤日記

猺山歷歷紀遊蹤湧出雲端矗翠峯想見巉巖同赤壁東坡有客莫能從

水憐花影漾波光畢竟花憐水趣長君卻憐花復憐水賞花舟泛水中央 題花憐水

前咸豐辛酉予與因之兄同受知於張友樵宗師補弟子員後同治丙寅年以詩賦同爲孫師竹宗師賞識今讀遺編悵然有作

重對遺編劇可哀一樽遙酹故人來私心欲許延陵劍可有光芒照夜臺

年少工吟句老成伏雌多少不平鳴彼蒼縱奪雄飛志難奪詩人不朽名

品詩今古論縱橫哭弟詞尤見性情太息雙珠光易斂眉山大小舊齊名

爲勸西河勿過悲修文作記古如斯一編風雅傳身後即是千秋有道碑

蘇業崇

容縣人號琵泉

題蘇因之雌伏吟

吾家叔蘊最豁謝心有靈犀背有仙可惜凌雲一枝筆偏教賦鵩淚潸然

西堂夢覺了無痕重對黃壚釃一樽寂寞孤山吟卷在梅花開處爲招魂

扁舟重過訪蘇亭自撥銅琶忍淚聽一鶴橫江人已杳古藤州外萬山青

卷七

李傳奎

■■咸豐時人原籍江西臨川號鐵琴以仕宦來廣西死于梧著有銀月山房詩草流落此間余不忍其泯沒故錄入之並錄邑前輩蘇艾山先生墓誌銘及黃子靖先生序文于后使讀者知其概焉

墓誌銘云先生諱傳奎自號鐵琴系本臨川李氏先世名德多有聞而曾祖穆堂尚書最顯按穆堂名紱字巨來康熙己丑進士官至內閣學士兼禮部侍郎著有詩文集及陸象山年譜二卷　先生幼承家學嗜讀書不喜帖括而獨以詩名嘗援例得尉官越中俄以憂歸家益落閩弟安之客粵西運館馳往省之闕數稔無所合往來梧桂間益侘傺不得志遂以君平術隱市中併作鬻琴圖以自悼蓋傷遇

合之難若是終以老病無子卒於蒼梧年七十一時道光己酉某月某日也同志者哀之爲卜地蘇山之陽窆焉其山以坡翁南遷艤舟其下故名其旁爲始安左樵墓樵亦以詩聞者與先生隣幸交始先生深懼其詩勿傳自定爲銀月山房存稿歸於猛陵山人蘇時學其後遭甚殷已而流離兵燹卒得梓行以廣其傳可稍慰先生於泉下顧先生體魄所藏無一言以徵其實將數傳而後視先生何如人者乃敬書涯略以揭諸阡而系以銘曰宗派西江宦遊西浙詩衍西崑身老西粵鍾華蓋之英靈守尚書之衣鉢雖阨於人者嗟亦遇之輒窮而爲於天者喜斯文之不滅誰爲謫仙視此銘碣同治十二年猛陵山人蘇時學撰

序云丁己春日居東軒與友人戚三龍舍論詩忽翻舊帙得叔父手鈔李鐵琴詩稿蠹蝕剝然鐵琴名傳奎江西人死梧州葬蘇山中先叔父酷愛其詩嘗與同縣蘇琴舫詩並稱並許爲詩人叔父又謂嘗獨訪其墓聞蘇琴舫與蒼梧許學樵留碑石墓間既而叢塚纍纍不可辨並蘇許碑石亦爲人移作柱下礎久矣華元自己酉遊[illegible]津凡九年篋中時存琴舫詩一冊亦先叔手鈔者也嘗欲復求琴舫詩刻本而版已毀不可得詢之近地人但知琴舫詩名而不存其詩問鐵琴之詩近地人固無見者且不知其詩名而先叔鈔本聞得自賫墨樓中先是清道光時鐵琴以丞尉來梧州既失職隱於卜與

詩人蘇舫琴許學樵輩友善後貧病將死無子以詩託琴舫琴舫築寶墨樓藏之吾叔遊學藤城鈔得數十首忽忽數十年間吾叔既沒而舊遊如寶墨樓者其中藏書數萬卷亦如烟雲散并琴舫著作亦滅沒而不可收鐵琴詩之散失亦在其列矣不謂於萬卷書樓散盡之餘而僅存遺稿於吾家吾與龍君安得不愛惜而增慨也龍君雅善書因不忍聽其泯滅復鈔叠完好以付予雖存一二於千百然鐵琴可傳之詩在是矣夫鐵琴非學產也而倚吾地詩人以傳其名至託其遺稿以吾地之人能知其詩也而竟無復有能知之者獨留殘編於深山老屋中兩餘生知爲諷咏嘆賞至不忍其遂亡豈不大可哀哉然前此數十年鐵琴詩之傳不傳已如此則數十年以後而此編其果存耶亡耶傳耶不傳耶復有愛惜珍重如吾兩生其人者耶是不可知吾但盡吾知之不忍忘之之心以待後之知者而已此把卷沉吟每與龍君相顧長太息也民國六年丁巳黃華元序

月　下

明月無人伴清光轉寂寥我來吹玉笛萬里碧天遙昨夜瓊樓夢涼風滿袂飄今宵彩雲現猶訝素娥招

禽言二首

行不得也哥哥朝登山兮暮渡河行不得也哥哥無衣無食將奈何將奈何心惻惻一聲聲行不得

姑惡姑惡姑慈爾不知姑惡爾不樂姑惡姑惡爾亦惡忍向人前說姑惡

敝廬

莽莽乾坤內浮生此敝廬庭除雙樹桂人擁一樓書薄俗文章賤貧時骨肉疎瘴鄉吾弟在客況近何如

閒居感賦

願招天上月照我此時心任俠眞成悔求仙杳莫尋人同秋水淡門掩薜蘿深客問窮通事無言正鼓琴

東張伯治少府

我飲湘江水君遊桂嶺山計程三[illegible]近良晤十分慳昨夜梅花發遙知鶴夢閒徘徊屋梁月幾度憶淸顏

偕書雲史明府永州曉發

巨魚歸大壑病鳥出孤林客路有如此予懷樂不禁回頭念往事放膽一長吟嘉惠何由報君情似水深

寄張伯治少府時余偕雲史明府往楚

文章交誼最情深君與滕侯兩足欽豈乏高才堪刮目獨於賤子屢關心甞霖蟠處言偏摯肝

膽傾時淚滿襟倘念淮南奮雞犬瀟湘雲夢好招尋

薄宦如予獨可哀西湖十載爲鷺騎探梅問水頻年夢捧檄彈冠鎮日猜作客本難非但拙媚

人無爲況須才朱門爭笛紛紛鬧只合攜琴歸去來

衡陽道中偕雲史明府作

三十年前一往還續湖風景認依稀今朝把酒船頭坐放眼重開九面山

遠峯浮碧疊飛黃篷外烟嵐一味蒼看取寒波飄渺處瀟湘船上望瀟湘

天光低映碧玻璃一片平沙雁落時柔櫓也知山色好搖烟搖月更搖詩

客衣添到幾分寒細雨聲中夜未闌雁自南歸雲自北衰年聊復報平安

始見梅花

直從雪虐風饕候傲骨峻嶒獨負擔百折不回無乃似一寒至此又誰堪古松問伴鶴無語疎

竹偶遮烟半含莫訝賞心尙寥落有人驢背遠相探

張伯治少府以同蔡茶雲明府纂徐雨田少府世熙榕城對雪詩見寄索和肥字韻

琢句當如稱體衣幾人宜瘦幾人肥淸吟猶更冰心眴戰寒宵酒力微桂嶺群山皆玉立湘

江一鴻正孤飛郵筒傳寄陽春曲滌卻梅花識者稀

一官長不易辛苦到邊陲越俎臣當罪懷瑜衆莫知青山羈逆旅白首誤前期更有傷心事哀絃忽斷時

贈徐宇田少府世熙

少府存高誼謂伯治　孤舟宦海安與人憂樂共此事古今難我亦窮途困君同苦調彈寄鷗今暫寄伯片寫題寄鷗水榭相對淚汍瀾

舟抵湘潭既而所圖不果雲史明府復拉往長沙感懷賦此

又逐仙舟出水湄浮蹤泛泛究何之郵程冷落𦆭愁到客路寒風撲面吹一領縕袍人慼縮連宵短枕夢迷離非關去住心無定事在羝羊觸首時

讀書讀律兩因循五載全歸噩夢頻過眼烟雲曾賺我打頭風浪正愁人漫勞大雁遙傳信爲報江梅早放春行李蕭條吟篋富青山莫使笑清貧

排悶蕭窗憶簡編善哉隗也策强乖倫求駿馬全憑識徒羨黃金未必賢屠狗得時偏自貴英雄失路竟誰憐區區何況衰羸甚那不臨流一黯然

遠道提攜托賞音君情千古大江深聆聲早救枯桐爨分潤先安涸鮒心未必此行仍寂寞還將退步一沉吟稻粱但飽歸鴻願差免人嗤鍛羽禽

和書雲史明府兌懷原韻兼以述懷

道阻無由拜起居天涯去住已全疎鋏兮彈處空磨劍錐也無時不賣書塵夢醒於殘醉後人情淡到夕陽餘請君玉潤珠圓句憶舊憐今若箇如

落花聲

情難默默意難平想像從教耳欲傾何處玉簪敲細碎有人蓮瓣步輕盈飄零畢竟憑誰訴嘆息依稀入夢驚爲報知音還聽取一枝風笛在江城

飛絮影

兒童捉處笑空拳不定光陰四月天託質本來纖屑甚寫情偏到渺茫邊池塘悄悄風初度庭院閒閒日正妍蘸向畫眉窗下過菱花一閃又飄然

古　意

郎愛天邊月妾愛江中水月好不常圓水流終未已妾貌不如花阿誰顏色好妾貌亦如花阿誰風雨早

江樓感懷

計拙眞憐作客非江樓憑眺寸心違一春細雨桃花落三月輕風燕子飛好景都從忙裏過故鄉曾自夢中歸爲盈帶水空愁絕天外征鴻望轉稀

晚　春

悄無人處任簾垂午倦拋書日影遲燕子不歸花又落膩人天氣晚春時

竹　杖

漫將遲暮畏崎嶇小立徐行勢未孤於國有人皆譽考此君無處不康衢周旋具見虛心在顛沛還將直道扶我是風塵奔走吏偶從殘醉亦相須

惶恐灘

世間何處無惶恐却向灘流喚此名我自生平仗忠信回頭笑指萬安城

舟中立春

細雨輕帆送客程酒波瀲灩水波清不須迎向東郊去（舊用句）我向梅花嶺上行（將抵庾嶺）

過庾嶺見梅

勾留處處笑多情今日勞君客路迎轉憶孤山香雪裏十年拋却舊交盟

仁化舟中

細雨春風路扁舟四日程川迴難計里山好不知名野竹自成趣幽禽相對鳴我看江上水先識使君清（謂鄭榕生明府）

一齒落

摧堅那不伐群材獨露蕭然竟早頹恰似井桐飄一葉人間從此識秋來

秋院

小院月朦朧披襟坐晚風蟲聲疏雨後花氣嫩凉中此樂獨相喻清談誰與同餘閒消茗椀吟罷夜燈紅

團扇

新製齊紈巧更工團圞宜在月明中衣香人影曾消受多謝雲鬟一笑中

初夏

獨居何計撥閒愁靜把湘簾豁遠眸一徑煖風蕎蛺蝶滿園晴日喚鳴鳩新詩吟罷茶初熟古硯磨餘墨半留更有情懷消不得遠書欲寄更無由

偶見園花

偶因牆缺處忽見隔園花一蝶悄然至淡烟空復遮無人還日暮遠我似天涯欲採何由得相思歸路賒

夏夜吟

一雨生微凉芰荷香暗發流雲亦已散忽露娟娟月澹然烟水空素輝滿林樾同調惜無人詩思清到骨

舟中偕友人作

數聲柔櫓放舟時水色山光映酒巵此景此情須記取君留畫本我留詩

河干送別

離情已盡言執手胡爲者不敢誤君行辭君先上馬上馬復回頭雲山起暮愁今宵明月下何處泊孤舟

近　況

近況年來懶更迂閒中結習未全除詩如鶯舌調猶澀價比蕉心捲不舒暗典春衣留客醉遍尋佳帖課兒書荊妻也愛談風雅瞞我家無隔宿儲

村　女

村女正年芳春風大道旁見人迴半面無語立垂楊鬢掩新花媚籃攜野菜香芳蘺應不遠未敢問行藏

田家留飲

故人偕我過田廬農叟殷勤識面初閒坐偶談城市事全家如聽古時書村醪滿酌情何厚野菜新嘗味自殊日向畫圖求樂趣今朝親到畫圖居

不　寐

我心同片月入夜獨分明一榻悄然坐深懷如此清轉因眠不穩翻免夢多驚近日新詩句多從枕上成

秋蟬和韻

胡不更仙去寧因風露留夕陽無限意疎柳可憐秋涼氣漸相逼殘聲猶未收徒令懷舊者爲爾動離愁

題洪平泉畫

一抹半山淡靄間疎疎秋柳覆江灣分明有箇漁舟在爲賣鱸魚去未還

張留侯

鷙椎亡命貴僥倖幾誤人傳圯上書功已成時仇已報不求仙去待何如

司馬相如

色隱誰知寓意深千秋只說隔簾琴茂陵風雨文君酒聽話當年諫獵心

陶淵明

東籬採菊爲知幾初志寧嫌五斗微若使折腰當盛世先生何必掛冠歸

袁簡齋先生讀淮陰侯詩云英雄第一開心事撤手千金報德時余更作一轉語各抒己見非翻案也

貧窮一飯恩非易富貴千金報未奇重對少談跨下客英雄纔是快心時

懷舍弟安之

話到家園淚暗傾那堪雁影過江城百年骨肉離三地千里親喪痛一生粵嶺音書遲近日柯山風雨坐深更遥思嬌小堪憐處客裏應添憶女情

誰無室家

誰無室家誰念室家室家不念如無室家

誰不念室家誰能念室家室家不能念不如無室家

山　行

斜風吹細雨散漫入嵐光不覺衣裳濕悠悠道路長天寒行客杳山靜野梅香高詠驚林樾輿夫訝我狂

寄　內

夢魂夜夜到盈川一度書來一悵然報道平安身似竹可知如竹瘦堪憐

漫將蝸角笑名虛蝸角虛名尚不如寫到歸期還擱筆負心那似去年書

薄酒難醲興易休天涯何處覓羊裘近來冷暖無人問只有梅花替我愁

尋　梅

深雪隱寒香遥遥識花處隨月過前村疏林又烟暮

贈俞古水茂才

之子胡爲者頭顱未老時還家翻似客無事即吟詩蕭寺靜復靜俗人知不知偶然逢酒伴傾倒碧玻璃

我有昆吾劍藏之數十春無人共肝膽終日在風塵此意獨相喻爲君聊自陳仰天同一笑所契但情眞

題安之舍弟幽篁獨坐圖

鳴琴嘯月少人知愛爾幽篁獨坐時畫外不須添一語深懷都在輞川詩

猶是風塵寄此情轉從靜境感吾生有山堪隱未歸去竹色琴聲空月明

元宵

笑語聲中雜管絃銀花火樹照無邊只因貪愛紅燈好忘却南樓月正圓

秋柳

天涯原易感風霜漫向青青問短長無限繁華經閱歷偶從搖落倍疏狂渭城客去鴉空噪彭澤人歸菊正香一片夕陽添遠致哀蟬何事話淒涼

托根本自在靈和老矣張郎可奈何感慨相仍緣命薄風流雖減尚情多已無密葉和烟捲猶有長條帶雨拖莫訝笛聲唱嗚咽祇令憔悴滿關河

折腰心跡竟何如世態秋風領略初一片新豁情太冷半輪殘月影全疎迢迢古道愁驟馬渺渺空江伴老漁大與栽培人不識要能綺棄付消除

相逢莫使嘆飄零姓氏誰知應列星一第有人曾掛綠三春無處不垂靑關心萬縷還千縷回首長亭更短亭佇看東皇重點染烟籠月篤遍郊坰

戲詠雞冠花

不須高唱五更風深院初開曉日紅却笑衆花盡巾幗峨冠一項獨稱雄

題畫梅

冰雪世界鐵石心腸一枝禿筆一片古香

贈宗姪家吉茂才

六十餘年困一衾蓮花幕裏夜燈深多文縱助才人膽數米殊傷雅士心我亦閒雲空出岫君如倦鳥未歸林窮通莫向君平問曾被君平誤到今

寄舍弟書漫成

積愫聊憑尺素伸關山雖遠夢魂親弟兄以外孰知己名利之中皆苦人近愧鵬程難奮翼遙思鶺料好容身餘情更囑洪喬報兩字平安一字貧

觀奕禁用黑白勝負等字

攢眉尋妙境此樂記吾曾手眼心俱到琴書甕並稱閒消千日酒靜對一枰燈却笑成功處忘
機却未能

春雨

樹欲粘雲雲欲垂潺湲送响冷侵帷有人慣作江湖客絕似烏篷悶坐時

新晴

啼鳥帶寒意林間三兩聲斜陽遥微影小步踏新晴却向野塘立閒看春水生流光驚轉眼來
日正清明

閨情

半載定相見君言金石堅去年寒食節今日暮春天來信匆匆寫歸期屢屢愆妾身何足念兒
女劇堪憐

述夢

若有人兮香風吹雲鬟霧鬢明璫垂是何衣裳光陸離嫣然手把桃花枝以花招我前陳詞天
台有路仙應知君何爲者愁雙眉劉郎阮郎皆在茲君何爲者風塵羈胡麻之飯爲君炊青鸞
白鳳無人騎君何爲者來遲遲我聞斯言情如癡口不能答心則怡躊躇却顧幾移時彼姝怨
然騰蛟螭若怨若笑若嗟咨桃花萬片霞光馳耳中但聞鳴蟬嘶槐陰正午日未移徘徊兀坐

還凝思老妻愁腸方苦飢

思神仙

思神仙其樂不可言貧賤思富貴富貴思神仙神仙杳杳不可見昨日富貴今貧賤

詠貓

薄暮歸來向小厨數聲嬌怨食無魚魚盈衆鼠翻騰碎努爾深宵一問渠攫食常爲不速客粉牆高處羨輕身閒來四脚撩天臥一任隣家罵主人

懷毛樸齋

毛牛蹤跡信奇瑰曾捧黃金踏雪來薄俗訝君能仗義深情愛我爲憐才媿聞此語頻拋淚恨別經年未把桮欲寄想思託明月江郎山下一徘徊

贈少年

半醉折花枝翻身上馬馳羨君行樂處憶我少年時豪氣黃金助雄心白髮欺莫將今日事重向後來悲

清明後一日途中作

一番風雨度清明客路迢迢喜乍晴草色自青山自碧杜鵑紅得可憐生

鷓鴣

詞客朱門老同君一例論可憐文采累猶說稻粱恩野鳥自飛躍故山空夢魂好將欲歸意一一向人言

桃　花

似笑如顰欲語時晚烟朝露總相宜春潭千尺情無限說與垂楊却不知

村居即事

傍塍瓜豆及時栽燕子將雛去復回沙路淨隨流水轉柴門齊向遠山開牧童驅犢烟初散鄰嫗呼雞雨欲來地少蠶桑饒布縷紡車聲裡女工催

雨後作

疾風捲陣過岡巒雨後憑闌放眼寬剩有嬾雲飛去天邊留作遠山看

夏日望

黑雲翻黑欲滂沱隱隱雷聲天外過催陣片時風乍緩傾盆何處雨偏多略分凉意到苔蘚忽有遠香生芰荷試上高樓一憑眺今宵月色滿烟波

岳武穆

十二金牌縱促行何妨一戰始回兵要知氣逞風雲壯誰信心昭日月明君命倘違功亦罪臣身莫保死猶生所嗟不獨偏安失忍令中原棄父兄

贈宗姪家吉茂才

蟠根仙李萬繁枝眼底才名獨數誰支派我慚居叔輩文章君可作師資勞人屢下窮途淚貧女偏多絕世姿所惜天涯同作客相逢俱是白頭時

秋雁和韻

獨坐罷瑤瑟悄然生遠愁一聲聞過雁九月正深秋夜雨瀟湘路西風蘆荻洲江湖足矰繳慣爾稻粱謀

雞群鶴

雞羣鶴飲且啄泉則貪食則惡低頭却顧情殊不樂鶴兮胡不振羽翰鳳凰待爾青雲端

村居即事

結廬好是絕塵囂漫道村居太寂寥人似閒鷗常自適友如明月不須邀耽吟那論詞工拙散步都忘路近遥屋後青山門外水農家生計雜漁樵

晴日和風事事宜綠陰門巷晚春時鬧群鵝鴨喧朝浴散學兒童促午炊野竹幾高八九尺園花忽放兩三枝趁墟自有常沽處買醉無須認酒旗

張伯治贈詩次韻奉答

妬猶難免更誰憐蹯去仍無負郭田幸爾樓臺居水近任他楊柳受風偏金因減色翻成鐵琴

果知音不在絃自笑茫茫蕉下鹿夢中瞞過幾多年

再疊前韻述懷

升斗微才不自憐伯治贈句云從來才大功名薄莫謂官微雨露偏　那知滄海郎桑田縱教船向灣頭曲生怕帆從轉脚偏

失路關心惟古道近時悅耳是繁絃看山苦憶從前樂拋却西湖已十年

馮少渠明府慶調任岑溪留別詩依韻和之

瘴癘今消毒霧沉邊城風景變於今雲霞每帶文章氣猿鳥都知撫字心濃暗千尋榕蔭古凉生六月水源深去郡二三里有水源洞爲治郡名蹟　遙思竹馬欣迎處畫鼓蘆笙盡好音

椿鏡人公子壽詠落花詩乃寓意之作依韻和之

離恨從來別有天塵寰小謫已堪憐況教艷質隨流水生怕芳魂化杜鵑蕩月檀雲人渺矣珠簾繡闥景依然亦知暫別還相見無那春風又隔年

憐香心跡漫論評轉眼流光亦可驚滿地綠陰烟欲活一簾紅雨日初晴柔情萬片還千片薄命前生又此生天氣困人春畫永夢回斗帳但聞鶯

施彰文

蒼梧人字美蘅號香海著有挹蘇樓遺集按挹蘇樓詩多殘缺民國十二年歲癸亥子靖族夫子設教于余都闕山房課罷無事取挹蘇樓詩殘缺處效束晳補白華之例以

己意補之原詩殘缺之處因以『 』爲號在『 』符號之内乃吾師補亡之詞無『 』符號者搨蘇樓之原文也用誌數語俾閱者知其凡爲并録吾師序文于后

序云余至梧州城出東門過會仙橋拜施香海先生墓觀李公山所刻墓碑慨然想見先生忠義之風矣及讀蘇岑舫饗罌樓詩始知先生嘗以詩自鳴有搨蘇樓詩稿不徒以忠義著也嘗恨未見全集隔十餘年余來藤城時在民國十年之冬同志蘇貫翻捐饗罌樓詩于蠹簡中先生搨蘇樓遺集詩板存焉剝蝕模糊不可卒讀余悲先生忠義而恐遺墨不傳于後也乃搨一本藏諸篋 暇時檢校披讀然字多缺更無善本可以校正因不揣冒昧間以己意續成之竊附束皙補亡之例其有斷句脱簡無端緒可以復續者闕焉蓋余敬先生爲人非徒以其詩也然讀先生之詩 可見先生爲人矣詩以人傳人亦以詩傳其是也乎夫先生在清咸豐朝以諸生殺賊守梧城城破投水死忽忽 十餘年天下又大亂吾輩居亂離中抱先生遺書補苴掇拾與先生當日處亂世託興吟詠其情景未知同異若何也是可感矣民國十二年癸亥夏月黄華元序于郝闕山房

錦石山

粤地小於掌焉能抗九州山靈終護趙大長始降劉石路盤空險岩花覆澗幽南天支半壁尙

懷使臣遊

夏夜小園獨步

四鄰寂無聲月夜涼於水露簡柳葉光風送荷香美佳期渺河漢幽懷托蘭芷颯沓如人行墻陰孤鶴起

救火篇

北風烈烈刮地起妖鳥通宵呼不止居人失火共張皇救火之具排滿市初起熒熒撲不息須臾氣焰忽騰燄憑陵一氣薄雲霄衆星無光月色赤風憑火勢爭怒號火藉風威飛霹靂披髮跣足沿街啼父母喚子夫尋妻黑煙一陣捲地至近者盡作遠亦迷焦頭爛額爭奔走後人足踏前人首疾雷滿耳聲隆隆水車縱橫塞路衢挽牌立虎負蝎執杖疾行柳貫魚火氣相逼猶兀立勇似赴敵不顧軀車中機發水亂吐手力不足按其股倒吸長河白天瀉鼓盪波濤作風雨水鎗之用捷且奇似發千枝與萬枝弩玉龍拏攫擊空飛水面魚鱗亦跳舞將衰復盛勢轉烈飛燼無處即焚爇火光一派如長蛇左右狂奔爭堵截頃刻炎威氣盡銷鳴鉦收隊各兒招災者悲免者喜哀樂一時同腹腸吾洪綱致歡悅風勢疾轉若籌毫奮力強與祝融鬥舍命相救賴汝曹吁嗟此梧城居民半竹木每年秋冬禍機伏安得黃金千萬觔垣墉百堵登登築勇士不必施其勞熒惑無所恣其毒日間安作夜安眠縱使饑寒心亦足

詠紅豆

室邇人遐倩人邀何處血淚灑東風飛上想思樹

度松林峽

一水奔如馬轉灘猿似門避危神鬼集山僻虎猨尋瘴起林俱黑舟遲浪欲吞須臾出險阻猶有未招魂

假山歌

陰陽互結凝石髓洞中溜鍾乳懸倒垂森羅若星宿誰持『鬼斧向山腹偷鑿』奇峰出雲谷鑿時應與山神爭取去或聞山鬼哭一卷突兀豎劍戟氣勢欲與太華敵何時盤龍上天飛邏約猶存鱗爪跡孤峰何處稱斗相依稀湘故友晴朝疑有烟霧生夜雨若『作風泉吼』昔見桂林獨秀峰巉巖蒼翠插天底空雲際一朵青芙蓉問石托根何所從面目嶔崎將毋同發我烟霞癖猶嫌泉石之音盲對此忽覺遊興狂我將登王屋陟太行坐觀紅日凌扶桑三山五嶽須登覽懸絕猶奇歸詩腸歸來作詩石不惜字句把『之如石』稜石兮以汝爲詩朋

樵寸吟

一徑入翠微芒鞋踏清曉古木寒鴉鳴亂石飛泉繞山深虎豹馴習見如禽鳥帶花折生枝和烟斫叢篠日暮趁墟歸壺籃載清醥

山行偶至友人別業

滿堂長夏氣蕭森屋後花簪落晚陰思入「青山詩有骨行隨」流水客無心溪雲乍散雨叢黛
天籟忽鳴風觸琴更喜主「人幽意」愜村醪沽得對相斟

題杜西林長石孤雲圖

陰[illegible]地窮洪爐女媧煉頑石無痕補太虛餘氣成雲霞隨風散九區西北天既全石
尚缺一隅[illegible]雲游落託體殊雲非尋常雲[illegible]不敢居石非尋常石秦「鞭不敢驅」雲
我[illegible]石瑋驅常補於[illegible]亦謂此雲君身即是吾飄飄洪崖生采藥來天都雲石忽入眼繪就
水墨圖烟雨[illegible]紙潑滿寒貽眉鬚突兀乘巉岩形「容欲槁」枯我去御風遊彷彿曾見赭寫擬
鴻雪跡藉證雲林迂

中秋夕邀同潘臥巖左香生鐵秋潭嶽登山及家弟逸漁挹蘇樓玩月分得樓字

清影忽盈水寒光已滿[illegible]人尋桃葉渡笛怨木蘭舟賭酒愁瓶罄談詩愛客留聯吟「休感慨」
狂士少悲秋

題左荔山奇鑪英山墨竹

翠袖影珊珊輕衣怯暮寒相思人不見珍重對琅玕

題淮陰乞食圖

天遣王孫徹骨貧英雄終始挫謀身漢家四百山河固一飯功先屬婦人

讀于忠肅傳

紛紛建策議和戎隻手能回造化窮北狩幾成南渡勢生還偏賞奪門功朝廷不惜誅良輔胡虜猶知拜下風何必易儲留諫表英皇當慶况儲宮

客談役行所見之狀詩以紀之

雨颯颯雲冥冥陰風刮地草木腥燐火撲「面青熒熒」馬足如行碎石裡四蹄跼促不得寧鬼影左右啾魂魄耳畔若聞呼吸聲須臾僕「夫把火」至始見白骨滿地相支撑

中秋夜偕友人泛月

人壽卽百年中秋祇百度保抱與提携焉知風月趣及至六七十時衰「畏霜露」風雨並憂思名利爭馳騖塵事相縈「懷時光倏」已誤良朋遠方歸雅興欣有助小艇泛長江「拍波驚鷗鷺」波光忽烱爍華月東山吐皓魄麗靈臺對之澄「肺腑高華玉」宇寒人影冰壺渡回頭望城市燈火相參互「萬瓦鬱凝」「霜千街寒積素淸」「風送管」「絃畫船柳陰遇佳人」「來不來娉」「婷禮寒兎龜年齊踏歌曲喜珠娘顧迴舟」「溯中流我欲乘」「風去狂吟裂金石聲吼潛蛟櫂塔影臥江波驚」「鴻出遠樹行」「樂正未央東方旦休曙

「秋夜宿陽」「朔

「青屏布江岸」誰削一峰平怪鳥啼山市狂濤撼石城夢隨「鄉路遠」月似去□年明一夜添秋思寒砧斷續聲

「□□□」西門外廻環數里遍植荷花秋夏之交遊客如蝟迨壬午八月偕同人載酒往遊因紀以詩題目起首缺三字因未知何處故也

「□□門外江」波繞十里香雲生曲沼畫船簫鼓聚遊人隔「浦聞歌聲悄悄」良朋載酒數相邀□涼深處好停橈寄耦「冰絲調活水」藕中詞客嘗鮫綃紅裙翠袖誰家女手折蓮「花聞笑語本來顏」一色妬蓮花猶采蓮花向烟渚夜深公子「惹相思燭插金蓮」服路岐金波風定鴛鴦睡銀漢月明星「斗遲月落參橫天欲曙」蓮花蓮葉也依依

重陽日邀同潘臥霞鈕思泉李碧瓊左笠叟鍾英山羅瑩山把蘇樓賞菊遲笠叟英山不至

「與子久相約逭」遊今始黯遙憐重九日猶與故人違歲晏「身將老花開客」過稀幽香與良夜相對總依依

七星岩歌

「我登桂林峰山」勢奇嶷□百怪兀立蒼烟中拔地亂插青」芙蓉狻猊獅「象龍蛇虎刀鎗戈矛劍戟弩横奔直突不肯「降勢壓蒼冥」蕴抑恐想當混沌以前鑄奇迹水火風輪煉「交迫

颭飄水洗，皮肉盡瘦骨堅凝化爲石。其中小陂陀或似手可招，近看忽削瑩目斷心魂搖。

始知山形變化不可測，以咫奇情幻，影在碧霄。大公尚嫌奇不足，更遣丁甲鑿山麓山麓，

有洞洞有山驅鬼招邪人其腹以火來照神迷，離萬象于形，爭起伏山腹空洞山骨輕黃土

剝落雲鬟蒸，濁氣既盡，清氣凝祇愁化作雲飛騰安得剕關爲出青蛟，任他化，去留其

形

藤鼓歌

韓公帳中，殺氣黑三軍蹈陣呼殺賊賊衆敗走綠大藤伏匿投荒歸，不得墜崖塡谷死紛

紛餘者殲之。賊所匿自從，猺匪勢，憑陵每恃此藤窺官兵淩空千尺跨虹霓我軍動息皆分

明四圍削藤藤作路藤亦圓滑人難行彼寇猱捷如猿狖戰守得地孰敢攖不虞一旦遭撲滅

藤與強寇俱誅刑。斯藤想宮盤古之前已萌孽歲久盤，根兼錯節綠葉陰，森四山暗虬枝

拏攫厚石裂風雲雨出其巔魑魅魍魎藏其穴怪物倏，忽受斧斤應有，鬼神泣幽咽將軍

斬，藤誌戰，功蒙以皮革配以鏞皴皮瘦骨臥積鐵斷處閃爍血光紅暈中。宸武時一擊雷鳴

擺吼聲隆隆輪囷已歷數百載猶復餘威赫赫驚總戎

上灘謠

磊硈磊磕水石相搏船向石上水向石落

下灘謠

水急如電石利如劍舟去如箭

江村曉發

戍鼓聲催落月黃滿天寒「色滿篷霜」舟隨鳧雁歸前浦人與琴書共一床平野烟消甘蔗潤

疎林風度早梅香孤游昨」夜思遊子」遙識燈前話夜長

舟中立春

陡覺嚴寒減樽前解舊衣故園花漫發留待旅人歸

登康州浮屠

鈴鐸響霄漢門戶鑿虛空登臨條物象世界開鴻濛始「知置身高」能睹萬化窮伸手盥銀河

縱足踏長虹鞭日去羲和驅雲奔雲霞下」視往來」人渺少如螻蟻閭閻不可排天門深九重

仰見衆仙官各具跛倚容仙凡分隔絕無由達帝聰拖此萬古恨感憤何時終

端州謁包孝肅廟

濟風肅肅生虛室廉吏千秋宜血食當年守郡著深恩吏畏威靈民感德端州之山端硯良太

守鑒之如球琅驅民荷斧鑿山骨厥貢之外歸貪饕縋身啣火入坑底作「者十人一二三」死舉

頭不見天日光手捫石稜身漬水公之莅政在循循發奸摘伏皆如神蠹吾百姓乃此石怒曰

弊政宜更新歲取祇以供內府餘「者不必煩吾民令出」如山服勇決流亡者歸居者悅銘心
刻骨矢勿諼今猶道路津津說憶昔東宮虛位國本危議建儲者皆曰私韓富司馬尙無策餘
子紛紛都可知臣年六十都無子一語盡釋君心疑他日英宗繼天位得非「此語爲之基片
語」悟君臨天下况此區區數萬戶如何當日疑公者猶曰不可居政府我公綽有大臣風致
「君澤民非小」補郎如此地書麼能清操亦足超前古再拜題詩疥墻壁以告後來之守土

羚羊峽口遇風舟幾覆沒夜深始能抵岸作此示同舟者

「峽口風」波足「慼予」夜「深舟始泊萑蒲隔林燈」閃村龐吠「半夜」潮生水鳥呼身「外鄉
關人絕少」舟中吳楚客非孤鶩」魂定」後俱安枕會「記今宵景象無」

馮烈女詩

蒼梧之水清且漣蘭「蘭斑竹淚」蒼烟英皇死後馮女涕啼「痕新」舊夙殷殷女生「十一誦
經史十五許字羅氏子兒夫未「冠兒甫」笄地裂天「崩竟天」死昔誦柏舟詩兩髦實我儀清
清江中水亦有曹「娥碑女」歸於俗得立後寧忍夫歿「爲殤」兒紅粧卸郤穿麻衣出門四顧
皆路歧夜色慘「淡神迷離」父也天只不相諒奮身自擲河之湄吹參差擊鼉鼓湘「君迎馮」
姨舞雲軿倏忽歸南浦唯有江月澄清自千古

袁晤湯柳門序

「如此窮」愁尙苦吟知君能保歲寒心文章風格陶兼孟貧「賤交」情淺亦深五載相思欣慰藉十年身世任浮沉遙憐交臂相違處秋雨秋風滿桂林

秋 懷

秋風攪我愁秋蟲煎我慮秋夢渺難憑秋心悲莫訴攬衣出「門望荊棘」森行路大江揚風波舟楫不可渡趨營昔未能慷慨今又誤胡爲「蘭蕙」姿偏「招謠諑」姤一飯三嘆息十步九回顧獨自佩芳蘅修飾待君悟

城東有畸人原非道者流結屋依「草木舉世苦」無儔豈不慕仙眞所厭居瓊樓亦嘗學韓康買藥都市留奈何世間人美疾不願瘳反惡冰雪眉高「潔成愆」尤不如歸空山決與猿鶴遊

重陽日酧左笠叟穉基

野色蒼茫處登臨日欲曛聊將彭澤菊來薦杜陵墳「短髮今憐」我題糕昔讓君夜臺貧似昨誰「更買奇」文

瘦 菊

籬下誰知己蕭標入世難花從霜後健人向靜中看高士貌原瘦詩人格不寒幽姿堪擬處石「谷有」秋蘭

登鎭海樓

潮來大地湧銀濤乘興登臨亦足豪一水平香花縣潤萬艘飛渡海門高沿江客子群通賄入市番奴半帶刀未雨綢繆誰復計闌干倚遍首頻搔

宿小店

日落千山寒秋氣凄以肅平疇路屈盤我馬行不速右田收苦晚鳥雀果其腹暝色初上衣月影已顧轂處響生空林落葉聲槭槭宵分至茅店延客薪代燭我枕尙未安我僕睡已熟避客鼠嚙燈窺豚虎越屋霜氣吹茅檐覺寒足應縮昨喔晨鷄鳴早晨餐豆粥驅車迷前途曉烟障林麓

遊都嶠山遇雨不得山

天窄路忽窮入山疑墮井濃雲迷衆峯如夢喚不醒大風偶撼之雲裂峰露頂風息雨溟濛又失前峰影路危雙足疲衣濕一身冷探奇遊興豪歷險退心猛嚐昔觀道書茲山本靈境是眞畏我狂咫尺不相引回首望烟雲變幻在俄頃明春定重來不被山靈哂寄語爛柯人桃開煩爾請

再題卿西林聽泉圖 西林名祖授字秋衣瀋陽諸生 有序

聽泉圖者亡友卿西林所珍物也西林沒後家人不甚寶惜歐陽鳴遠以佳菊數種易之予與諸君子曾題詠其上鳴遠旣卒至戚二人謀其產業此畫亦被其外弟李某攫

去予偶見之不禁泣然

虛堂陡覺烟雲生雙峰插棟高冥冥堂上之人畫中叟滿耳彷「彿聞清泠佳畫」突入市人手如痛名士還凋零憶昔西林嗜書畫家藏卷」軸別宗」派我愛此圖筆力遒每一觀之輒稱快西林號我為詩魔天指「此圖索我歌我時病」肺疎筆硯兮」圖兮奈爾何」歐子善種菊繞籬堆砌香芬馥卅年無主西林亡以菊易畫事非俗歐子好畫兼好奇廣邀名士爲品題見畫忽憶秋衣子我亦含淚吟好詩菊圖秋深氣蕭爽張尊把酒狂歡賞座中有客揮蕉桐怪「石流泉俱答「響大「道茫茫何」可論歐陽宿草生孤壙膝下遺孤狼虎吞區區圖畫安能存西林孫子餘老親翹首天末淚潺湲撫詩感舊心煩冤對畫如對故人語擬向畫裡吟靈魂

陳節婦詩并序

節婦姓某氏邑人陳某妻也歸三年某卒無子婦守志祖姑貧廹之嫁不屈遂虐遇之終月恒不得一飽陳之家族居與隣者亦不能周恤之嘉慶某年婦以嘔血疾卒予少時聞諸父老云

妾非風中花飄飄東復西妾如江心石可碎不可移妾心願作鴛鴦死妾身已化杜鵑啼杜「鵑啼聲」悲東風血」滿紅」棠枝誓志殉夫不願飽試問鄰人知不知

舟中立秋感懷

歸夢不可作危灘徹夜喧秋從涼雨至人抱紙衾溫親老慚爲客途窮肯受恩年荒多餓殍誰擬賑饑魂

遊七星岩

我聞天上之星名白榆內有宮室羣眞居珍奇羅列不可以名狀恨乏羽翼翔天衢何年星落化爲石七峯參差光的皪山僧秉炬導我游星岩星岩窈窱不可測撾大鼓排天門星內有天天可捫是誰觸天裂一縫明星閃閃如朝暾擧頭忽覺前路險星光盡被群峰掩攀躋笑我同猿猱手足酸疲氣漸喘須臾山盤地勢開地中湧出金銀臺龍蛇仙佛乍隱現奇鬼兀立青崔嵬千形萬怪雕鏤出我歎造物眞奇才局居斗室論眉睫俗士每被天公咍仙鼠如箕白勝雪衝人往來電光掣以翼扇火火欲絕急尋歸路走踉蹌一二線羊腸紆還折恰似夢游天姥探禹穴變戚歡娛止一瞥出洞天宇已豁然猶見星光半明滅

風洞山弔古

古洞穿山腹天風六月寒危欄縈樹杪飛閣聳雲端智勇五年竭山河半壁殘岩前雙烈士熱血幾曾乾

寄　遠

松上蔦蘿枝水中浮萍草兩心雖纏綿離合安可保憶昔彩子初十四嬌盈盈蘭房夕同戲欲

昵伴生叢幽意托微言愛重身亦輕蘼蕪盾雖柔蘭蕙香本清欲折不忍折保『汝蘭性貞』雖未結綢繆恩『愛原分明一朝各離』散佳期渺銀漢梧江流向東珠海潮向西兩水會有期人生長別離不如齊紈扇今『猶遮子面不』如越羅巾今猶繫子身緘情寄天末路遠何由達安得綵翼雙倏忽至子傍離恨積方寸亘古不相忘

銅鼓歌

山頭鼕鼕擊銅鼓黑猺跳梁白猺舞群猺得鼓稱豪雄敬鼓如敬諸葛公鼓腹空洞鼓面澗蝦『蟇躍躍看欲』活土花食鼓鼓色青花紋凹凸銅不腥征蠻五月渡瀘水瘴氣蒸蒸革鼓死鑄銅爲鼓驚蟲雷七擒七縱蠻寇摧此後聞鼓心胆戰跪拜摩挲奉斂釧八排負固今陸梁我勞彼逸能我傷僉謂一鼓可撲滅豈知士卒群潰殃曠持日久師漸老刧營『黑夜難周』防嗚嗟乎安得諸葛秉節鉞銅鼓一擊妖氛滅

六月二十三日聞賀縣風霧山猺匪數千搆亂已至石塔墟將薄蒼梧界感賦

伏處山林祇力耕彼雖殊俗亦蒼生不緣蠹役奸胥撥那肯提戈歃血盟百里倉皇人避難一城搶攘夜徵兵城虛兵寡人皆懼滿『耳愁聞歎息』聲

聞猺匪欲走入八排二十六日官兵進剿殺賊千餘生擒數百餘黨四散喜而有作

如雷巨礮發行營水面山頭盡哭聲據險我軍『先得地渡河狂寇』豈知兵（賊衆渡河官軍從半渡擊之盡殲）師

行五日功名立甲鮮千軍父老迎牛酒勞軍鄉民爭送最喜桓桓易司馬身先士卒斬長鯨梧州府丞易公手發巨礮殺賊甚衆

蒼梧賀縣猺匪漸次投誠喜賦

馬前泥首亦何因誠信由來易感人走險偶然爲劇寇荷鋤依舊作良民

大寒日偕梁大蘇遊太平菴看梅歸就旗亭小飲

百年難得此身閒禪院重來鬢已斑久約烟雲爲勝侶何辭風雪入空山香生破屋僧初定夢覺荒庭鶴未還買醉莫嫌歸路晚旗亭佳句付雙鬟

嚴烈婦詩并序

烈婦區氏友人嚴而和婢作妾甫一月而夫主病歿適水汎濫樓下婦自溺以殉年十九歲時道光己亥五月二十七日也距夫死時纔七日

悲號七日樓前墜三斛明珠爲君碎事夫一月失所天不如事主猶經年白楊作柱方一死半生願望希誰憐悲風慘慘燈欲滅人語寂靜鬼嗚咽以手扳檻檻將折樓下波光皎皎如雪江妃招我同徜徉敢衆人間呼作烈

哭黎雲畊孝廉名文田臨桂人

疑假復疑眞傳來惡耗頻無兒誰送死有弟尚依人白眼知心少黃泉徹骨貧平生詩酒興猶記胆輪囷

答王介臣

何來雙鯉乘長風出沒波浪驚潛龍赤文綠字口中吐陡落几席疑長虹我欲捫之不敢近中
有奧彩光熊熊故『人』『五』嶽胸中貯萬里滄溟倏吞吐新詩寄我懷人篇揮毫落紙如風雨我
昔未遇王新城鐵馬『馳突縱復橫一』朝卜陣逢大敵千里辟易人馬驚丈夫結交有眞意那
許傍人妄軒輊暗中摸索知君『賢肯使奇才失交』臂我詩未必當人殊君胡稱我韓與蘇竿
頭百尺不更進倒退深谷何其愚愛君襟期常磊落經濟不許人窺度胸『藏利器』三十年欲
『向何方試盤』錯人生豈必公與侯寓貴功名焉可求君詩許我能殺賊我志豈與管樂侔開
君之緘爲君愁人間處處輕驊騮我之於世亦贅疣千載之後寄良儔倘舍吾子孰與遊讀詩
且將大白浮

正月五日梁勳廷攜酒挹蘇樓邀汪劍峯小飲

人生得『失豈憑』內昨日『饑寒今日』辭故人春日賚春醪詩仙久別忽相對老臉開顏春風
來樓前幾樹繁花開風流頗勝杜陵老不必健步移遠梅劍峯落魄就於酒勳廷半生苦墨守
惟餘香海豪且顛嗁囂時人亂開口正『平剛直會殺』身胡廣中庸今存否悠悠今古難具論
坐吸瓊將水斟北斗舞如意擊唾壺酒酣耳熱頻歌呼英雄豎子皆已矣學仙學佛非良圖衣
冠優孟眞人奴扁徒小畜轅下駒噓之不生吹不枯吾『生聊且從吾愚世』人皆醉我獨『醉』

我能痛飲即酒徒噫嚱吁我雖痛飲非酒徒

雜詩八首

美人生南國顏色如朝霞不解絃歌音肯浣耶溪紗新粧競時俗艷色相務誇弦反曲如鈎蓬

乃直如麻玉兮保其貞青蠅難疵瑕

人既非金石榮名何足誇晝短秉燭遊何如安息好嫱嬙寄生枝自誇致身早枝條雖暢榮根

株漸枯槁驅車上北邙滿目悲秋草

驚蓬任飄風隨地得所托豫章守本根斧斤或摧落天地本無權萬事付冥漠如何賢智徒強

將混沌鑿

群眞信多才遊戲壺中天連袂幛日月變亂星宿躔霹靂出指掌呼吸生雲烟珥筆看案旁著

作有其纍綠文字蝌蚪語本無爲篇再拜敷彤墀祝君千萬年

賞當貴少節松柏惡有心炙手嫌火寒滅頂願水深寒冰豈愛炭磁石能引針軼指佞人忌蘭

芳君子尋安得古哲人明鏡懸當心休學賈生哭聊鼓猗蘭琴

赤日正當午雖照幽谷幽天心雖仁慈難活枯髑髏毒物殺凝味衽席生戈矛嗜痂有眞癖亦

死誰能休天子憂黎庶大臣鎮遐陬三五賢智士帷幄相運籌

運籌將焉如東障西則流精衛緣滄海木石嗟頻投是否關氣運抑或皆人謀猛戰歷公念洪

水增堯憂治世多良才况當聖慮周任賢如禹旦坐見奇功收
寒蛩吟短草衆注非一鳴群鳥噪高枝千吭同一聲豈盡化機鼓疑有造作情澄徹瀟湘水源
潔流自清奕『兀灩澦堆石削』波始平廬山有眞貌觀者宜分明

題區曉崖學博松陰聽瀑圖

誰張偃蓋　青空晴天斗室生白虹幽人側耳松石下呼『吸直與銀河』通曉崖先生負奇氣
『與予同具遊』山志匡廬相約着飛泉雨笠烟簑恣游戲我昔冒雨游鼎湖蒼梧夾道雲糢糊
懸崖陡見白龍挂張口倒噴明月珠千『軍萬馬勢湧』洶疾雷飛電生空虛奔流數里勢漸殺
餘韻彷彿琴箏竽野客倏聽鈞天奏欲換凡骨超天都君今枯坐神寂寂衣裳半染莓苔色前
遊悔不與君同今『日披圖增太息』人生有意事竟得鼎湖之泉奚足憶何不叱松化龍騎向
三山遊與君濯足萬里流

游繫龍洲寺次蘇琴舫時學遊氷井寺韻

江涵秋影碧人與白鷗來石磴梯雲上松門擘浪開僧形癯似鶴佛足潤生苔留客因風雨山
靈解愛才

冬夜獨坐

滴瀝聲初斷茅檐雪壓斜滿林寒月影鶴夢傍梅花

送別分賦得雁

一生辛苦歷星霜弓繳叢中覓稻粱春日南來秋北去問君何處是他鄉

遊大雄寺

海角方多難登臨亦偶然殘虹收霽雨獨鶴破江烟草野憂荒唐敢問天願言行樂者詩酒莫流連

偕友人遊養正菴

獨樹勢崚嶒遙疑塔幾層山雲低作路野鶴靜如僧淹蹇輸人健疎狂任佛憎戲從籬落外攀果學猿騰

我豈參禪者閒中趣本深何時與朋好同住此禪林野性山都笑天寒木客吟歸歟休悵望春至復登臨

送汪劍峰孝廉運歸桂林省親後北上應試

江樓冬日風凄凄梅花落地成香泥主人日晏尚高臥門外忽聞征馬嘶單衣被體風欲裂衿袖斑斑淚如血可憐遊子苦思親叩門向我匆匆別思君數載情鬱紆今年託始遊蒼梧賈璀衡毅遺跡渺三陳六士墳亡蕪傷心弔古懷東湖荒烟蔓草尋故廬剩桐花下酒滿壺與君相對同欷歔百年聚首諒不厭胡爲冉冉歲月徂慈親年老思遊子片帆飛渡灘

江水三年千里忽歸來囊內無『錢亦歡喜』愛君不敢要君留南陔相娛顏色柔臨風把袂
『泣相別江前』目斷西行舟君乎饒有航詩癖奇才皤右知『無敵駕雲』叱雷鞭蛟螭六甲五
丁皆辟易腹中燦燦羅星辰『腹內森』森挺矛戟平生君更有眞識來年天子定前席豈能垂
首甘伏櫪若教執卷千時賢歸侍庭闈老亦得

牡丹

誰家豪舉寶堂開品格端凝下玉臺國士無雙人閣目春『風得意客卿』杯位尊合受群芳拜
衣好何勞豔錦裁漫說園林誇領袖文章到此亦仙才

山行逢友人采藥

行盡青山忽見君山間紅紫落紛紛昨宵雨過靈苗長指點樵青劚白雲

題伯樂相馬圖

駑駘騏驥色相侔須向人間着意求一過卽云空冀北鹽車安不困驊騮

同人集挹蘇樓送春時叢卉已凋而海棠猶盛

絃管將殘酒半醺出簾香篆淡於雲花神亦解離情苦不遣春光去十分

讀書

豈敢薄富貴棄擲爲編氓科頭對南山斗覺雙眼明村樹鳥雀喧雨過禾黍生春風本無私草

本皆含榮吾意亦欣然開卷咀其英寸心若有得憂樂俱亡筌

捉船行

朝捉船暮捉船富船未破貧船穿富船滿河捉不捉胥吏得錢官府樂貧船捉之云載兵三日枵腹篙難撐速賣妻兒買櫓槳君不見縣官竹篦大如掌

送梁大蘇從軍

殺風慘淡東海生海波倒捲奔雷霆英雄投袂草間起欲斷鰲足誅長鯨妻孥號咷俗子誚壯士共賀書生弔片帆直指番禺城越王臺上罵清嘯我朝操縱笞群雄金川青海多奇功西域拓地二萬里麟閣姓字標元戎揭來修「文暫偃武[illegible]類同」隙來相攻蠢爾英夷敢恣虐我軍豈必皆疲癃初猶俯首桀帖耳[illegible]瞷讐張究竟恃忽縱[illegible]入恣憑陵礮聲夜徹虎門壘虎門將軍勇且毅鐵騎突出揮雙刀指揮士卒發大礮賊艦解散飛蓬蒿斷頭折臂聞呼號水深路絕難藏逃天吳罔象恣吞噬犬羊之肉皆腥臊鼓鼙忽死大旗折矢竭藥盡礮復裂狹巷相逢短兵接北面再拜臣方竭劍光一閃項飲鐵嚼齒兀立皆流血烏冲黃浦送土崩醜徒呼嘯羊城月知君幼讀孫吳書千里挾策轅門趍彼我之勢亮於譚談笑可靖東海隅我嘗籌度兩軍勢以我攻賊之計彼舟我陸勞逸殊反客為主孰可制賊乎敢恃舟楫堅孤軍深入將三年財窮師老變必作斯爾歸路策可殲伐謀伐交計倘用制勝我獨操其權請將此意達幕府軍門

從此絕桴鼓戚胡之功安足數

寄王介臣軍中

長鯨翻波海氛惡將軍戰死健兒號書生聞雞起舞䘏腰間寶劍騰精光力掃欃槍靑天白日飛嚴霜指揮四面伏兵起礮聲晝夜纖兩耳賊衆辟易千百里軍門壯士走紛紛奇謀君獨超人群郤從掌上覘敵軍沙場月黑風雨急殭屍夜半爭起立手提髑髏作人泣

夏日內子爲予補弊衣感賦

敢以炎蒸日而忘栗烈威雪霜猶可傲貧賤久相依補袞心猶壯更新願早非幾經慈母手深夜尚鳴機

訪山家

獨步訪山家山高日易斜幽林人跡絕滿地落松花

九月十六日梁勳廷偕雪舫上人邀遊繫龍洲

孤舟載酒衝波濤波勢欲與舟爭高漓流東注石西上江心突兀疑巨鰲金焦蕩漾綠波裏三山海外相鼎峙此獨中流一柱無所倚狂瀾欲倒挽之起勳廷梁子逸者儔欲向江上尋清秋雪航上人興勃發十日邀我兩度遊洲「風號怒翻」江流出沒巨浪輕於鷗忽然吹我到峰頂共立排空縹緲之飛樓欲假秦皇鞭乘煩巨靈手萬山驅之如雲走縱目千里曾吾有更縛巨

帶從天來靑冥絕掃無纖埃波光月影相激射此洲化作金銀臺叱龍負之游八垓嗟爾太白騎鯨去何處玉京』萬里相追』陪一日與爾痛飲三百杯二子聞言各驚喜五』嶽之游從此』始

園中菊花爲友人竊去

浮生亦多情偶作園林主籬邊菊數叢依』我若儔侶』月夜相徘徊霜辰共延佇客適從何來非有競貪取結根非不牢竊之運尺土今』朝登玉』盤昨日依老圃回首望故園恍疑隔今古嗟爾柴桑賢勉旃愼出處

盆松

誰移寒澗姿尺土培靈根虬枝蔽疎檽陰森寒晝昏風雨颯沓至渴蛟勢欲奔皓月印淸池怒龍攫珠呑肯作耳目玩聊長莓苔痕高人寄廡下身卑道彌尊何』必居深山均受』雨露恩

雨中懷劍峰

回首蒼梧萬里程新詩猶帶別離聲遙憐此日征衣濕行到關山第幾程

春閨曲

又見庭花發春歸』客未歸』身隨蝴』蝶化夢裡作雙飛

秋閨曲

昔共兒夫去今『朝汝獨』飛無情是鴻雁不與客同歸

漁　翁

水長『溪頭失釣磯』扁舟來往趁斜暉阿婆大笑兒孫樂網得鱸魚入饌肥

閒中偶成

貧中有清趣靜裡多悟機城市如山林懶者得所宜雙親幸健飯妻妾司盤匜小女兒姊隨出『入牽我衣』幼孫聲咿啞山妻日含飴庭前甘菊花小朵開繁枝雖云得地偏『均受雨露』滋秋花春不榮采摘致愆遲物各有本性開落須其時采之奉高堂延壽過期頤稚子插滿頭庭院相酣嬉會心豈在遠願此忘渴饑

偶　感

自『憐兩鬢有霜』毛耗盡雄心賣寶刀不着短衣看射虎滿天風雨註離騷

偕林友樵遊冰井寺林名新昌嘉應州人

山翠撲人衣一身沁寒綠老僧閒無聊畫石媚幽獨冰『泉掃葉』烹禪榻梯雲宿相對兩忘言

微陽在喬木

汪孝子割股詩并序

孝子名運宇任之臨桂人母病割股三次療之母竟不起

兒身母身兒心母心鞠育顧復恩如海 解一 兒兮無父母兮無夫父母遺疾是兒之辜 解二 母疾不起兒兮何恃以刀割肉刀齒齒 解三 一割兮疾不瘳再割兮割兮恩難酬母疾未愈兒之割兮何敢休 解四 刀割肉如冰凍肉雖盡兒不痛惟願母疾蘇壽與天無疆 解五 兒肉雖盡兒心可剖嗚呼皇天竟喪兒母 解六 以子之肉療親之身孝子之愚孝子之罪 解七

棄婦篇

青青楊柳枝灼灼桃花姿容華勝桃柳羌妾初來時登堂拜舅姑進退嫺禮儀親手裁衣裳長短得所宜小心調羹湯酸鹹應自知年華甫十八顏色未凋衰胡爲讒謠詠棄我忽如遺再拜辭高堂三年膝下依無才事夫子罪誠當治潑水豈再收切藕難斷絲願作貞松老不作浮萍移回頭語新人織素猶在機惟望早成匹休貪畫蛾眉不怨恩寵奪好將門戶支妾去夢魂來豈云長別離

雜感

蘭蕙秀空谷甘伴衆草枯非辭灌溉恩恐作耳目娛燕去鴻則來道同各異趨卓哉首陽餓不與妻子俱

良馬行

嗚呼龍驤鳳臆不復見穆王八駿入空羨誰驅天馬從西來飛出天閑如掣電形超神逸目朗

星口內閃爍奇光生霜風六月起朔漠獨立驤首時一鳴憶昔唐明皇終年敎舞馬可憐汗血姿老死華屋下與車兩頓休與哀時無伯樂誰憐才物生於世不見用驊騮騄駬皆駑駘」君不見虎頭將軍飛食肉猶嫌千里行太速

月色甚佳挹蘇樓中無一客有蘭香入戶獨坐儵然

月色淸到心波光白成雪瘦影貯冰壺」我吟魂」潔同「心一三子渺」若隔胡越玉露滋叢蘭夜靜幽香發欲以貽所思臨風不忍折

渡　江

柔「櫓向江中徵聞」郢客吟推篷開縱目山色雨中深

蘇琴舫來書奬許拙詩過當甲辰秋舟過梧城索取全稿云以付梓予雖愧不敢當然其意亦可感矣作此奉答

「入託詩」傳世已艱苦吟未必有詩名如何大雅扶輪手許「以千秋國」士聲五十著書愁太晚三年刻楮愧無成從今再守丹爐火或有光芒射斗明

羅浮道士葉延齡以梅花杖見贈

昨宵夢至羅浮巔瑤臺仙宅裕留連暫放仙人綠玉杖子」捧赤白身登天有客」叩門驚我「起黃冠」草履鬖髿紫手把」羅浮綠玉來霜骨瘦」疑凍不死細視乃是梅花枝體堅節密形

雖奇登山臨水添一足乘危躋險貴相宜昔有杜少陵生平畏豺虎囑其雙杖莫化龍恐欲尋之無處所昌黎韓子好奇古手操火鞭驚欲舞驚神詭怪將典數倘能見此吟更苦山人贈我似有情將欲邀我登蓬瀛親在子有遠遊戒敢策此杖朝太清歸奉高堂聞笑聲優遊杖履花間行汝能助我朝夕扶持力杖兮杖兮我當呼汝弟與兄

偕梁勷廷往粤王廟訪葉鍊師不遇遂遊沭井寺歸過潘臥霞同赴旗亭小飲醉後書懷

詩仙猶戀白雲鄉路轉榕陰夏日涼小睡恰宜禪榻靜清談偏愛酒人狂士甘乞食羞彈鋏琴遇知音偶解囊他日拂衣同隱處五湖烟雨泛輕航

懷桂林諸山

十年不獲躋攀柔腸盡日迴環似與故人久別前身我亦青山

羚羊峽口卽目

豁然舒眼界出險斗開顔江潤船爲市洲平樹作山馬知行客倦鷗傍釣人閒不共春歸去鶯花笑我顔

偶　成

栅底掩柴關浮生祇愛閒幽居宜傍水秋夢不離山得句憐詩瘦爭棋笑客頑久忘恩與怨黄雀莫啣環

水　燈

歷盡風濤險丹心一點明漫云寒燄小未覺此身輕波閃魚龍躍光『騰罔象驚』升沉何足計休更問前程

讀潘臥霞諸葛武侯紀事敬賦五十韻臥霞名晬蒼梧諸生

孔聖不復作誰其繼春秋紫陽與涑水群頌第一流是非有愛憎筆削盡當否史才稱班馬文體居上游律以春秋法鸞鳳擬鷹鳩其餘諸作者褒貶或自由卓哉習鑿齒直筆神鬼愁不爲本朝諱正統尊蜀劉陳壽工營私厭罪過魏收善惡多倒置案米生怨尤其父佐馬謖雖偓相連罄兵敗死其髮積怨詆武侯堂堂諸葛瞻善政民歌謳壽昔爲屬僚削藉因受賕一日將略短：日名虛浮橋梓均被毀所尊唯譙周糾謬雖有人典籍未全搜況我諸葛公秉德天民儔吳魏稱多才宣布皆奇猷衆星繁麗天敢與皎月侔曹瞞仰高士矧茲孫仲謀集忠類吐哺伐魏等缺鉠倘父餐鷹揚剛德雖和柔公則涵養粹神武匪迹求炎漢天苟祚吳魏難久留功成作禮樂再覩風俗休一朝大星殞使我心悠悠奈何論古者聒耳如楚咻群欲議公短撼樹多蚍蜉不有卓識士焉刖叢與蕕若文者潘子淹博通九疇才高與俗忤下士視若讐著作不示人明珠防暗投販膺諸葛相十載什藏修輯『作紀事書文筆追韓』歐考据必詳確議論非贅疣敢曰擬麟經南董稱好仇脫稿先示我金篦開雙眸如渴飲瓊漿如冷披貂裘公名昭日月

公德如山邱，豈有藉於此，亦可彰微幽。然而與陳志相較，孰劣優？壽若死有知，地下應慚羞。小儒亦自悔，苛論成浮漚。茫茫大海內，齊溺得巨舟。久病逢藥石，痼疾亘瘳。君也功匪細，可贊如天球。體制仿二謨，益稷偕咎繇。非敢變凡例，才大生矯揉。敬以盾公靈，含笑或點頭。

挹蘇樓望左笠叟墓

挹蘇樓外月，曾否照重泉。笠叟臨終詩云：從此挹蘇樓外月，故人無復倚闌干。舊作三千首，孤墳十五年。流離悲骨肉，笠叟家人多失所。零落感詩篇。笠叟詩遺板存羊城，因亂失。又酹尊中酒，招魂在柳邊。

瓦塔歌 梧城之俗，中秋夜以瓦砌塔燒之，名曰燒塔。

火雲壓地地軸崩，地中吐火光燄升。火勢抑塞火益怒，千孔百竅爭飛騰。魔耶佛耶不可辨，但見浮屠火裡光崚嶒。昔有梁武皇，造塔竭民力，塗膏釁血化作鬼火青熒熒。讖言燭天舍利成五色，中宵火發靡非魔天怒人怨悲檀那。後人借作佞佛戒，堆砌瓦礫成陂陀。聲秦聲，舞楚舞，金樽初倒月當午。群兒百化如環堵，火光匝地翳復吐。炎威頃刻生光芒，七級玲瓏燦可數。火勢激烈助以風，瓦色片片朝霞紅。火光蔽天天色改，不覺有月行空中。追思當日同泰寺中火，其勢與此將毋同。曾聞韓公有疏諫佛骨，瓦塔於火何足恤。此中有無佛骨與佛牙，何以火色照耀如碧血。兒童歡笑喧春雷，遺樵爭拾塔裡堆。不見古剎浮屠高突兀，風雨剝蝕多崩頹。此獨不見成飛灰，年年秋夜高崖嵬。

紙鳶

分付東風好護持晴空千尺媄遊絲兒童掌『內頻操』縱是爾雲霄得意時

題梁星舸印章譜 星舸名漢標高要人

日月合璧星聯珠二十八宿羅天衢蛟螭盤拏蚪蚪躍滿目烱爍生芒角代耕誰把金石鑄刀作耒『鋁石作田能於古』法出新意直向斯籀鉤其元梁君星舸奇而古萬壑千岩倏吞吐以鐵畫石如畫沙臺閣山林均入譜梁君梁君汝胡不刻座右銘文章維世垂天經汝胡不刻燕山石筆陣森嚴挺矛戟生平汝本能雕龍今將絕技矜雕蟲大才小用非英雄君言此固小技耳才非博雅應難工來年我定殺賊立功垂不朽更『勞爾刻金印峨峨大如』斗

漁舟

數艇沿洄合又分鱸魚聚處水生紋鳴榔驚起溪中鳥飛『入青山作白』雲

秋夜

『風雨樓』『臺靜燈殘酒尙醺吟懷孤似月秋夢冷於雲葉脫』『驚霜早』『烏啼覺夜分誰家鼓瑤瑟幽怨感湘君

山中老叟招予偕隱作此以贈

『未得長生』訣看雲悟化機饑來惟飲水寒極不添衣山酒『憑鳩醉』松花飼鶴肥結鄰如待

我相與掩荊扉

偕潘臥霞梁動廷星舸大蘇遊繫龍洲諸君子屬初次遊予則數至矣

「勝境」如奇書百讀百不厭危途縈百盤怪石挺千劍大江「自西來」水力駛於箭挺然扼中

流水石兩交戰石勢如虔「波扁舟」類激電遂使登高人頭暈兩目眩草木破石出根「露氣

力倦」水氣日薰蒸枝葉轉蔥蒨如津升丹田能潤鬢「與翁初遊」情固怡數至心亦眷倚檻

月可呼舉杯旨堪餞「日月相」交輝山水狀百變好景須數來勿遺僧獨占

與賀東橋林友樵議尋草堂地（東橋名明章蒼梧人友樵見前）

「良友謀偕」隱安居欲買山親慈爲子易地僻羨身閒鷄犬「桑麻外風」雲月露間結鄰君莫

笑木石我同頑

「謀欲歸隱夢中尋」獲草堂地

「尋山未有山夜枕發奇想」夢中得仙源如以爪搔癢清溪「妙廻環鳥鳴山花放傍溪」一里

餘有地平若掌陂池十之七花竹占其兩一分可置屋原野岸森爽有石皆清泉有土皆沃壤

民風淳而樸山氣清且朗方將議誅茅徹耳寒柝響夢迴塵世喧終日心悒怏

賞花偶成

願與花同醉觀花酒易酣今宵花下夢有「約到江」南

讀漢書有感於白登解圍事

守邊猛士豈無人孰肯匈奴不顧身羨爾健兒三十萬和戎都作漢功臣

挹蘇樓幾爲西潦漂沒

前宵没階祇數尺今日將及樓之巔樹杪出没黿鼉戲檐端縱横荇藻牽搖搖不定樹半折岌岌欲倒壁已穿聊作乘槎泛東海免生醉枕蛟龍眠

水退後挹蘇樓略加修葺客有嫌其朴陋者作此示之

太巧豈須雕至文幾曾露不足示有餘曷若守其素河水昔爲災十室兩傾仆馮夷雖悔禍我宅已沮洳傾囊聊葺之敢望新此故蟻拏一粒微己敵千鈞數尚憐無家者結屋傍墟墓休望丹雘華且領風月趣

約賀東橋潘臥霞蘇友樵吕竹谿梁絳芸曼卿兄弟遊祀塘運東橋不至

年來始覺此生浮愛傍魚磯繫釣舟白酒雖期高士醉青山如待故人遊雲埋澗壑晝疑暝雨過陂塘夏亦秋何日耦耕同結屋叢篁陰裡任淹留

高望村偕友樵訪前明桂王墓

滿目蓬蒿鳥雀平村氓指點説前明尚留一手支殘局可有孤魂泣舊京水殿荒終涼古堤山陵尊奉昔年情滇中欲望無歸處回首蒼梧淚暗傾

宿山莊

獨鵠唳蒼冥寒塘浴亂星壓簷山影黑照『路鬼燈』青村酒沾唇辣江魚入饌腥夜深眠不得霜『氣薄疎』檽

友人問詩賦此以答

至文天地心造化所秘惜舉世皆茫然惟許靜者識凌空追月魂入地攝鬼魄性命與之爭毫釐始有得如彼田舍翁錙銖所必積如彼八陣圖奇正不可測莫學上灘船進寸或退尺莫學剪綵花徒然耀五色多財方善賈枵腹愁告糴富享萬羊群貧矜一臠炙王門休曳裾金閨許通藉帝曰開秘府爾可讀瑤册追隨李杜遊揖讓韓蘇席遊戲大羅天雅「號文章」伯

觀鬬雞戲作

『一雞』奮迅怒如火天下無人敢敵我一雞兀立靜若山收「視返」聽神偏閒怒者之勢不可抑努目展翅恣騰擲靜者『主守不主』攻『俯首斂』翼避其鋒倏然強弱兩相角弱者忽「強强忽」『弱此而志目彼攻心蹶而復起縱復擒乍前乍郤『兩追躡』含枚入陣冤兵接我盈彼竭勝負分轍亂旗靡猶『能軍三戰三北』力始竭羽毛擺落骨欲折君不見中原逐『鹿劉項』爭垓下一戰帝業成又不見『明祖大戰陳友諒』鄱陽大捷軍威壯汝雞豈讀孫吳書能立「『戰功如丈』夫

九日偕賀東橋林友樵登白鶴山

安得此山高主天與子『共立山之』巔『下覽九州點』點如輕煙越王劍氣光燭淵此際一覽

『心』茫『然泰山華山』突兀與齊肩秦州公子開華筵插我烏帽黃『花全一聲長』嘯招鶴返

乘雲駕鶴訪幄佺歸來渴擬香酒『瀝今』宵醉枕松根眠

遊白鶴山

『近水』連雲氣蒼茫日欲昏枝高猿『覓果』林靜客開樽繞檻『雙峰過』凌空一塔尊平生幽

隱意細『與菊』花論

『樵子』吟

『樵子無心也』自閒一肩挑得白雲還相隨猿鶴歸何處踏『徧凌空十萬』山

『夜行郎』事

『月色影濛朧』人行暮靄中離魂隨『去燕鄉』思逐歸鴻水邊『船爭岸山』搖樹拜風書聲茅

屋裡『夜讀美村翁』

『送客』

『夜鳥啼舊林』鷄鳴天欲曉遊子別故『人欲往』青烟島秋風『滿江千輕帆』疾於鳥臨行千

萬言兩『情俱』未了引領西南『方世亂遊入少』行矣愼風波守身以爲要

輓雪航上人

朋好連朝逝傷心淚未乾如何三日別又作古人看多病緣躭酒招魂麼撫棺繫『龍洲畔』月從此不勝寒上人屢邀予秋夜再遊龍洲予以事未果

病起

雪霜何時至漏洒梅花枝香風吹衣裳寒氣砭『我肌設饌』具樽酒雛尾盈握肥高堂頻撫摩囑我添新衣』舊疴時間』作瘦損雨其宜憶昔羊城遊與母三月離中『間數月耳望』極生涕洟今幸在母旁如鳥得所依況當病『起時侍坐甘』如飴

偶感

黃金有至性不藉文『章華』朔風如高人不入富貴家蜣蜋喜轉丸綵鳳慚隨鴉嗜好各有別易地成疵瑕我笑禰正平徒弄漁陽撾

百舌鳥

百舌矜能言得意林間呼『舉世』惡不祥以汝方訓狐人生『有定』命讒諂胡爲乎損人不益已秉性何其愚鳳兮具五德旦夕棲高梧

捫蘇樓睡起望東面諸山

黑雲『布天天有棱』豆風吹雲雲更凝須臾日色上雲頂罅見『扶桑』朵朵青崚嶒嬴秦之政

慘復裂赭鞭鞭石石流血萬山避虐趨炎方藏匿退陬形兀颿三峰卓立餘者平一峰凹凸如觸形想是當年仆且走力竭仰臥猶未興山腰一綫濃雲起頃刻瀰漫迷山趾仰觀山頂猶淸明恰似蓬萊方丈浮弱水我生未陟五岳巔局居斗室眞可憐今朝放眼覽諸所快如騎鶴升靑天我將張石帆駕鐵舡乘興醉枕崑崙眠囊括六合呑四海群眞稱我仙中仙歸來俯『瞰萬』峰小一邱一壑何足傳嗚呼一邱一壑何足傳

『楊柳』花輓藤江錄事黃阿鳳

楊柳花飄飄落誰家誰家高樓臨道口欲種楊花作楊柳罡風起楊花飛楊花一去不復歸『楊花飛』盡楊枝折不化浮萍化爲雪

重訂挹蘇樓同人詩鈔書成自題其後

江樓夜夜光燭天赤虹紫電俱赫然是何異物發精采心花新舊爭鮮妍文人著作世所寶雕刋欲使後天老祝融一炬成飛灰六丁攝取歸蒼昊乍驚失卻明月珠又疑擊碎紅珊瑚但見精光閃爍化星斗萬點錯落羅天衢諸君都是落魄者不愛功名愛風雅鐫劖造化神鬼愁人厄天窮兩非假我『持寸管與天』爭天閽乍擊天鼓鳴玉女卻步霹靂驚再拜伏地輸其誠曰下土之士非好名既不能立功以經朝廷修德以垂典型私竊秘鑰開元扃立『言思欲求其』精唐突眞宰辟豈寧所恃上帝之心如水平不以細故傷人情而况上天之文日星紀大地之

文山與水一草一木成文理虎豹亦以文變美韓蘇李杜文名起曾編元精歸筆底胡爲獨厄二三子言之激切臣當死帝可其奏顏色溫巫咸天外招詩魂歸來開篋如有神手采若瞻笑語聞舊雨無恙新雨繁闈中才士皆天人頌椒咏絮何足云從今再付梨棗壺永久任爾海枯石爛此集長不朽

春游次張甯山先生維屏原韻

黃金誰爲築歌臺招得神仙入座來聽「曲豈辭明月上」當筵剛報好花開青蓮偶寄游春興白傳原稱濟世才從此園「林增景」色翠芳爭發底須催

久聞聲價重鷄林海內名流盡賞音讀「畫我慚知」雅意吟詩君本有仙心薰人花氣疑醒醉媚客春光半淺深倘許重遊分一席越王臺畔好追尋

黃心餘七十壽詩心餘名學文茗梧人自號大雲山樵

大「雲山高高掃天瑤臺」璇室居羣仙琅函萬軸堆几席瓊林玉樹生崖巔何來樵者撥雲入私啟元扃開秘笈羣眞含怒驅六丁追逐山人星火急肩頭拋下琪樹枝頭上遺郤青箬笠歸來仙意滿胸中詩書畫法皆精工有時興至握鐵筆巧將頑石鐫魚蟲年當杖國神氣足朝朝礪斧霧烟竹懸弧恰値梅花開山妻共奏梅花曲樵乎樵乎莫恃精力强我將奏天帝命爾代吳剛萬年持斧丹桂傍不然罰斫白榆樹地老天荒始歸去老樵聞言大笑酒滿斟惟有雲山

草木知予心

題黎崧山孝廉白雲親舍圖黎名申產寧明州人

家鄉回首白雲深遠望庭闈何處尋滿地干戈遊子淚一天風雨老親心白華此後添新咏青

草當年續舊吟我亦不勝離亂感可能重聽伯牙琴

題許月樵孝廉懿林風雨懷人圖

美人翹首隔雲端楚水燕山入夢難欲采芙蓉寄天末滿庭風雨不禁寒

吟魂難把古人招賸有遺編伴寂寥夜夜㟁思眠不得倚闌閒聽雨蕭蕭

題楊小棠明經懷治小照

怪底新詩萬口傳項斯風骨本神仙若敎團扇家家畫妬煞人間美少年

勘誤表

目錄　第七頁　三行（一首）誤作（一百）
卷一　第四頁　五行（醫）誤作（毉）
卷一　第四頁　十行（已）誤作（己）
卷一　第七頁　八行（自）誤作（目）
卷一　第七頁　十五行（倚）誤作（倚）
卷一　第十三頁　七行（中）下漏（影）
卷一　第十四頁　十一行（絲）誤作（鎌）
卷一　第十五頁　十一行（早）誤作（旱）
卷一　第十七頁　二行（照狐）誤作（狐照）
卷一　第十七頁　七行（候）誤作（候）
卷一　第十七頁　十五行（緇）誤作（緻）
卷一　第十九頁　一行（志）誤作（老）
卷一　第十九頁　四行（合）誤作（會）
卷二　第廿二頁　九行（主）誤作（王）
卷二　第廿三頁　六行（字）誤作（宇）
卷一　第三頁　十三行（繖）誤作（繖）
卷一　第四頁　九行（買）誤作（置）
卷一　第五頁　五行（造）誤作（叢）
卷一　第七頁　十三行（丞）誤作（兎）
卷一　第十頁　十一行（炎）誤作（炙）
卷一　第十三頁　九行（散）誤作（期）
卷一　第十五頁　九行（侯）誤作（候）
卷一　第十六頁　五行（自）誤作（目）
卷一　第十七頁　七行（嗚）誤作（鳴）
卷一　第十七頁　十行（欸）誤作（欲）
卷一　第十八頁　五行（辭）誤作（亂）
卷一　第十九頁　三行（與）誤作（如）
卷一　第二十頁　五行（禾）誤作（呆）
卷二　第廿二頁　十五行（鼎）誤作（鼒）
卷二　第廿三頁　七行（朗朗）誤作（溯溯）

卷二 第廿四頁 一行(花當)誤作(當花)
仝上 第廿六頁 十行(倚)仝上(侍)
仝上 第廿八頁 七行(無)仝上(爲)
仝上 第廿九頁 六行(斷殰)仝上(斷煙)
仝上 第三十頁 五行(兎)仝上(兊)
仝上 第卅三頁 四行(露)仝上(靈)
仝上 第卅七頁 十四行(裙)誤作(裾)
仝上 第四十四頁 四行(賜)下漏(縣)
卷三 第五十六頁 四行(亡)下漏(一)
仝上 第五十七頁 十行(治)誤作(冶)
仝上 第七十一頁 一行(欲)下漏(栖)
仝上 第七十二頁 十四行(花)下(一旦)誤作(亘)仝上
仝上 第七十九頁 二行(忍)誤作(忽)
卷四 第九十四頁 十三行(霜)仝上(雪)
仝上 第九十八頁 三行(慨)仝上(概)
仝上 第一零二頁 十一行(猩猩)仝上(猩猩)
仝上 第一零三頁 二行(來)仝上(耒)

卷二 第廿六頁 五行(廻)誤作(迴)
仝上 第廿七頁 十二行(容)仝上(客)
仝上 第廿九頁 三行(買)仝上(賈)
仝上 第廿九頁 七行(迴)仝上(迵)
仝上 第卅一頁 十三行(高)仝上(商)
仝上 第卅四頁 七行(字)仝上(宇)
仝上 第卅九頁 十五行(何)仝上(向)
卷三 第五十四頁 十行(東)仝上(東)
仝上 第五十七頁 九行(比)仝上(此)
仝上 第六十頁 三行(仙(下漏(陵)
仝上 第七十一頁 四行(竝)誤作(站)
仝上 第七十三頁 七行(徧)誤作(編)
卷四 第八十三頁 五行(言)下漏(言)
仝上 第九十七頁 六行(衷)誤作(裹)
仝上 第九十八頁 九行(來)誤作(耒)
仝上 第一零三頁 一行(昔屋)仝上(書屏)
仝上 第一零四頁 二行(未)仝上(禾)

卷四　第一零七頁　十三行（娼）誤作（倡）
卷四　第一一四頁　四行（日）誤作（日）
卷五　第一二八頁　九行（篩）誤作（節）
卷五　第一三十頁　一行（銃）誤作（鉫）
卷五　第一三四頁　四行（槐）誤作（挽）
卷五　第一四一頁　一行（來）誤作（来）
卷五　第一四四頁　八行（名）下漏（一）
卷五　第一四六頁　二行（昨）誤作（作）
卷六　第一四九頁　四行（竽）誤作（茅）
卷六　第一五〇頁　十一行（恷）下漏（憶）
卷六　第一五六頁　三行（楝）誤作（揀）
卷六　第一五八頁　一行（侍）誤作（待）
卷六　第一六三頁　五行（山）下漏（顛）
卷六　第一六六頁　三行（舫）下多（妙）
卷七　第一七四頁　十行（爻）誤作（爻）
卷七　第一七四頁　十三行（侍）誤作（待）
卷七　第一七六頁　七行（中）下漏（得）

卷四　第一零八頁　九行（那）誤作（綵）
卷五　第一一八頁　五行（鑿）下漏（日）
卷五　第一二九頁　十行（孫）誤作（珠）
卷五　第一三十頁　九行（城）誤作（成）
卷五　第一三六頁　一行（侯）誤作（候）
卷五　第一四二頁　十行（白）誤作（日）
卷五　第一四四頁　十四行（定）下漏（片）
卷六　第一四八頁　十三行（冷）下漏（緣）
卷六　第一五〇頁　六行（風）誤作（夙）
卷六　第一五五頁　十三行（逖）下要「括弧
卷六　第一五七頁　五行（碧幽）誤作（幽碧）
卷六　第一五九頁　十四行（簃）誤作（簃）
卷六　第一六四頁　五行（兎）誤作（兎）
卷六　第一七二頁　八行（中）下漏（有）
卷七　第一七四頁　十三行（己）誤作（亡）
卷七　第一七四頁　十三行（齋）下漏（惟）
卷七　第一七八頁　十五行（朗）下漏（白）

卷七　第一八四頁　十四行(抒)誤作(杼)

卷七　第一九四頁　十行(向)誤作(白)

卷七　第二〇二頁　八行(質)誤作(盾)

卷七　第二〇六頁　一行(質)誤作(盾)

卷七　第二一〇頁　六行(胄)誤作(胃)

卷七　第二二一頁　二行(疾)下(一旦)誤作(亘)

卷七　第二二三頁　十二行(壊)誤作(壞)

卷七　第一八八頁　十五行(鳴)誤作(鳴)

卷七　第一九四頁　十一行(用)誤作(川)

卷七　第二〇二頁　九行(綦)誤作(基)

卷七　第二一〇頁　五行(蓋)下漏(撩)

卷七　第二一三頁　十三行(亮)誤作(兗)

卷七　第二二一頁　十五行(崔)誤作(嵟)

卷七　第二二四頁　十四行(凉終)顛倒(終凉)

下册目録

廣西北部灣歷史文獻珍本叢刊

下

張震英　陳銘彬　編撰

國家圖書館出版社

廣西北部灣歷史文獻珍本叢刊

中

張震英　陳銘彬　編撰

國家圖書館出版社

中册目録

古藤黄輝清撰

廣西詩見録十三卷（卷八—十三）

民國二十三年（1934）鉛印本

卷八

蘇時學

藤縣人字敦元別字邇裳號斈舫又號爻山亦號猛陵山人道光丁酉副榜某科舉人著有寶墨樓詩集墨子刊誤爻山筆話遊猺日記龔潯遊記羊城日記鐔津考古錄等書

江上曉發

水上啞啞柔櫓聲草間唧唧莎雞鳴五更搖夢渡江去殘月滿船天欲明

晚步

斜日渡溪橋離離綴霜果稍聞歸鳥喧亦覺清興頗誰歟候柴門籬落見燈火回首萬家煙聚成雲一朶

冬日遣興

閉門覓句凝寒候靜炷爐香消白晝詩情比酒淡猶濃山骨如僧寒更瘦楓葉斑斑紅已透帷有蒼梧苑如舊隔年陡覺春光漏巡簷笑把梅花嗅

採梅偶占

薄暮濛濛四山雪翠羽聲寒隔林樾斷橋流水遶柴門看到無人還有月

早春曲

溪柳弄姿梅點額畫眉小試春山色行經陌上未逢人隔竹遙看李花白菱葉青青塘水滿浴鳬爭唼蒲芽短酒力健時風力輭孤悶猶能禁茗椀

蝴蝶詞二首

爛熳五色衣無縫消受名花日為供驚看綠葉未成陰誤入紅塵終是夢美人惆悵隔黃昏啁啾翠羽空銷魂前身合是月梅影家住羅浮山上村

睡鴨裊烟春晝靜仙吏蘧蘧夢初醒孤山去後月無痕禁院來時花弄影芳草萋萋簇畫裙只愁舞罷更為雲短牆莫逐流鶯過還有東風最識君

新漲

一溪新漲失平沙烟水茫茫映晚霞傳語檀郎須記得綠楊深處認兒家

秋江

烟波清冷臥秋江遠槳閒飛蝶一雙風雨乍來人未醒亂吹紅葉入船窗

寒夜吟

一縷寒月上遲遲老鶴無聲睡不知我與梅花同寫影滿山風雪立多時

楊柳詞二首

章臺烟小未成絲競語盈盈十五時爲語流鶯好相護莫教啼上別家枝

年年離恨滿關河一領青衫瘦奈何三月紅橋烟雨裏誰家門巷得春多

送春詞二首

彩雲留影太匆匆過眼韶華霎已空鶯囀一聲春去也桃花含淚嫁東風

殘紅無復戀枝頭葉底金鈴護已休尚爇名香向天祝替花懺悔替花愁

夜坐

美人清夜怨瑤瑟寂寞小庭空綠苔窗紙忽生搖竹影天教涼月送詩來

戒詩二首

洗我舊詩筆閉門應罷吟妙明三世業恬澹百年心流水月常靜密雲山更深逌然獨長嘯鸞鳳有同音

去此百思想道心清更清水平波淡定雲散月光明醇酒養眞性古琴留正聲春風欲多事隔樹送流鶯

春閨怨

重門深鎖綺羅香坐對韶光惹恨長聽說鄰家諸姊妹春來又辦嫁衣裳

小園絕句三首

詩趣閒從靜處知春來無物不風姿新生樹亦如花好淺綠嬌紅嫩葉時

睡起憑欄愛午晴不聞人語不聞鶯閒來手拾青蒲扇試向花陰撲蝶行

靜裏生機悟化工今年花事未全空夭桃結子酴醾老又見牆頭百日紅

田家

犖确閒尋野老家繅車聲裡話桑麻空山三日濛濛雨開遍沿籬扁豆花

冬日村行二首

物外有餘清蕭然帶笠行人愁三日雨天放萬山晴暖氣浮花麥冬心入蔓青樽前諸野老深坐若爲情

短策自逍遙衝寒過野橋老梅尋有伴薄酒醉無聊風雪獨遊往溪山時見招忘機亞鷗鷺隨意狎漁樵

殘月

忽綴欲成夢殘月催人醒美人來不來滿地梅花影

論詩絕句八首

人世重教面目開甦無依傍是仙才須知詩筆如刀筆一字能翻鐵案來

妃紅儷白也生姿梳裹家家競入時我道不如眞更好亂頭粗服愛西施

一彈指頃現全身忽作英雄忽美人悟到詩家空色相須知無想亦無因

非唐非宋自名家落落胸襟皓月華修到神仙會幾世天然風骨是梅花

詩外原來更有詩此中消息幾人知偶然參破菩提旨只在拈花默坐時

神女荒唐莫認眞微詞感動是騷人曇花一現怱怱耳未必禪心果染塵

蒼芒風雨夜迷離詩鬼詩仙雜怒嬉一片靈光躍飛電神龍鱗爪破空時

風入寒松夜鼓琴朱絃疏越有遺音鍾期未遇伯牙老流水高山何處尋

詠竹

生來瀟灑絕塵襟邂逅名賢喜入林月好自搖環珮影風高忽聽鳳鸞吟汗青終古有奇氣虛白此中無熱心俯仰雲霄一彈指驚看勁節已森森

春日即事二首

落拓青衫被酒眠起來又是嫩寒天山窗一片濛濛影金彈花飛白似棉

穩坐蒲團晝漸長無風臺榭暖生香女兒笑指舊栽樹花滿頭如新嫁娘

言情二首

最關情似總無情祇恐情多惹恨生至竟無情情不盡澄江一月最分明

鍾情最苦是情多情到多時可奈何試向情禪參轉語到無情處水無波

春草八首

江城無處不芊綿騷客登臨悵日邊別浦乍晴還乍雨春心如水亦如烟黃沙漫漫空千里紫陌萋萋又一年莫倚宮袍誇早貴傳家曾守舊青氈

離情終古悵悠悠每替王孫賦遠遊一領青衫詞客夢三生紅粉美人愁新晴躍馬層城外落日呼鷹古渡頭好向東風訊消息幾時吹綠到瀛洲

芸窗書帶兩三莖催入池塘夢亦驚寒暖自知先有約高低不信總無名晴迷幻蝶雙雙影雨亂啼鵑處處聲回憶綠蘿村畔路茜紅裙色最分明

燒痕回首認依稀山北山南綠漸肥當路何嘗無遠志寸心終是戀斜暉吹來舊雨還三徑獵盡平原又幾圍試捲畫簾閒眺望年年長送早春歸

一聲鷓鴣客中聽撩遍吟鞭馬不停野[illegible]遠依山店綠孤墳長傍女兒青閒愁鬱鬱誰能種大夢沉沉我獨醒自是不甚芟便好豈容荊棘到門庭

蠟屐相尋最斷魂還從白板認蓬門家家社燕來時路處處泥鴻去後痕載酒船偎春水渡題詩人指夕陽村新愁舊恨知多少總是東皇雨露恩

歌傳采采白雲生陟彼高岡寄遠情紅袖拂來晴有影青鞋踏去膩無聲鬆防蟻穴深深護輾藉羊車緩緩行多謝金閨諸女伴懶將鬬草較輸贏

綠遍長橋又短橋闕山一笛最魂消和花和絮逢三月爲雨爲雲憂六朝幽鳥自呼泥滑滑明駝空怨路迢迢窮廬萬古英雄氣敕勒蒼茫故國遙

咏爆竹二首

誰敎東縛幾功名磊落心從熱處爭擲地豈無騰上氣驚人還有不平鳴能催草木三春色解作雲霄萬里聲漫說文章多爛賤已看紙貫洛陽城

迅雷一怒竟同科驚起人間春夢婆浮白江山濃霧隱殘紅門徑落花多鑽來故紙看終破散作流星認每訛容易聲明驅厲鬼只愁無計遣詩魔

春遊渡江二首

有客雲間鶴翩然向水濱重携舊時友直渡大江春竹艇小於葉菜花高過人前溪頻指點無數好山新

滿地踏人影夕陽吟興高春懷原洒落詩骨共蕭騷坐覺清談久行忘跋涉勞萬家烟火裏回首認江皐

春日偶書二絕

殘紅欲去院猶濕啼鳥忽聞山更幽含雨花如初嫁女任人看殺只垂頭

繭黃小蝶遠籬去雪白野花沿路開愛煞一溪新水碧幾人清興覓詩來

飲酒六首　錄二

明月老知許曾見太古人舉杯爲招之流光何滿新我屋有梅花我門無雜賓千秋萬歲中今夕與我親

醉鄉去中國不知幾萬里惟有小戶人易達醉鄉耳沈沈詩百斗兀兀矜千鐘何如我一杯乃與公等同

野望二絕

野色空濛濛閒雲颺飛絮渡口不逢人風帆自來去

雲水相逢處悠然野趣眞釣魚竿在手閒看釣魚人

觀漲三絕　錄一

幾朝不踐郭東路舊日漲痕今又添極目烟波雲水裏人家幾許露茅簷

晚步

負手閒追郭外涼隔溪遙見舊書堂新生野竹綠無葉突兀一梢高過牆

泊舟出雲塘遇雨

泛棹淸溪風颯烟烟波去去聊隨溕濕雲忽滃竹閒寺猛雨急跳江上船隔水濛濛見孤塔空

山咽咽咽涼蟬瘦吟詩客類鷺鶴高踞荻蘆叢裡眠

暑雨

最苦人間午熱長風雷一霎洗殘陽天教暑雨瀉溝劃半日炎敲半日凉

早秋寫興

霜果離離綴早紅新凉滋味酒杯中香生幾點稻花雨綠沁一窗蕉葉風瀲灩溪光曾我約嵯峨山色爲誰雄此間水墨自佳絶小李將軍殊未工

夜吟二首

虛堂夜撼濤聲急砂石能飛水能立雷霆怒攫驪龍珠紫電光中破牕入

幽豔荒唐妙解頤亂蛩半語早凉時一燈餘綠光如豆試聽秋墳鬼唱詩

早吟二絶

萬卷橫陳處山窗盡日開朝陽如有意先上讀書臺

睡眼暈黄雲團圞如太極倏忽生祥光非空亦非色

看花詞四首録一

走馬看花興未休送君花埭覓花遊遊時多少如花女綠鬢盈盈花滿頭

續看花詞四首

陌上閑花豔豔開開時有客覓花來客來莫管花深淺處處逢花餞一杯

一杯酒泛百花香滿座名花勸舉觴秉燭看花花更好隔簾花影斷人腸
斷人腸是散花時妾爲餘花醉一巵人自多情花自老明年花上去年枝
去年花下踏花驄妬殺花枝姬姹紅一笑問花花解語數聲鶯囀百花中

秋日藤江小集二首

暮江風颭酒生鱗羽與湖山結淨因小飲恰邀題鳳客多情偶現散花人溪橫老柳明如畫座
繞清歌暖當春非日龍潭詩竟濶蕭蕭凉意滿青蘋龍潭在藤江中
幾叢蘆葦隔前灣野客清如載鶴還兩岸漁歌秋水渡一行人影夕陽山簪裾小集羣仙隊杯
酒能消半日閒頃刻帆檣生遠色拂衣歸去暮雲間

人送盆菊詩以誌之

入座寒香靜裏生風前小立爲多情如何一種黃金色移到儂家分外清

春夏之交每多睡思口占二絕

春心忽忽渾無着吝睡昏昏苦未醒幸有好音爲洗耳一聲黃鳥隔花聽
掩關長夏自生睡睡味中人如着處滿院松風凉似水北窗高枕傲南柯

己亥夏寓山雲寺題壁五首　錄二

石室幽棲處當年解大紳明解縉被謫過藤曾寓此江山延過客臺省謫斯人獨鶴已長往孤花猶見春我來

垂下榻懷古意酸辛

晝靜閒無事看山當讀書小樓堪坐夏長日此幽居松冷不知暑水清時見魚宛然濠濮想吟罷意何如

藤江端午詞四首

小扇輕衫汗漫遊淡烟微雨木蘭舟雲誇石壁涼如水消受藤江五月秋

水嬉連日趁佳辰霧縠冰紈作試新一笑紅兒梳洗罷捲簾先喜送花人

入家賀節競傳喧誰爲湘纍釃一樽三楚不知亡國恨年年簫鼓樂忠魂

溪流曲曲遠謳歌夏木清於十里荷容我瓜皮新艇子受風多處背花多

夏泛四首錄一

落日閃金鴉停橈訊酒家暮江喧荻葦新水漲魚蝦山月夜尋寺客船春載花披衣坐涼露折竹更煎茶

夜景

古寺無月風冷然閒移竹榻臨風前夜涼不覺手書隨入與一鐙相對眠

灘江雜興五首

亂篙聲裡咽潺潺鷗鷺叢中客自閒聽水聽風無一事開篷終日臥看山

無端觸石散氤氳不見青山只見雲奇絕一峰真意外飛來天上立將軍

秋水空明不上塵一奩磨鏡日清新秋山秀絕如嬌女淡掃蛾眉盼遠人

層巒曲折路高低芳草無情綠滿堤羨爾牧童雙赤脚一鞭呼犢夕歸西

幾家漁艇泛斜曛一路漁歌隔岸聞我亦扁舟山下過吟聲高入萬重雲

月夜泊桂花灘

涼露滴篷岩氣清桂花灘水光泠泠秋心到此十分滿枕上萬山皆月明

見捕魚者

青山綠水一漁簑世上閒愁奈爾何却笑鷺鷥空潔白不貪名利也奔波

午睡

懶作清談懶賦詩日長真與睡相宜簫然一枕涼篷下過盡千山總不知

下灘吟

上灘何其遲下灘何其駛舟行風水間一日三百里飄然浮海更無難直到蓬瀛片帆耳把酒看山山亦喜幾點煙鬟波中是濛濛不辨雲與水但聽灘聲若留我且放歌和舟子鷗鷺閒坐沙尾中流忽遇上灘船一步一却如登天作詩大笑心茫然人生苦樂何殊焉

余孝子歌

藤義昌鄉有孝子明天順間爲余全風流文采未弱冠已補博士弟子員父玠作官宮順德父歿遂鄉遇流賊母李陷賊矣追呼莫能得仰首高天空歎歎沿路烽烟慘昏黑返我田中廬舊我舊琴書傾家贖母當何如賊曰爾係宦家子豈與齊民齒不贄金如山爾母終不還泣向窮蒼還獸禱嗟爾豺狼竟難飽流涕向賊言我生本孤苦我室有藏金我母未肯語不若縱母歸持金當贖兒以目視母母會意賊縱母去子爲質母去矣久。不來羣賊始驚疑知爲孺子紿轉詰孝子孝子瞋目大罵安得有此不義財吾父作官清白吏家中未築黃金臺吾恨不能刃爾手萬段烏能以此纍纍之物奉爾哉嗟哉孝子罵賊死百世清風播蘭芷我爲作歌歌以紀傳流人間備靑史

題浩氣吟二首（明留守瞿忠宣公式耜督師張忠烈公同敞殉難桂林時作）

當年將相重臣俱保障西南守一隅運去朝端爭洛蜀天留晚景見桑榆荷戈百戰心猶壯捲土重來勢已孤剩水殘山成底事可憐勉強尙支吾

孤臣力盡自登陴諸將流亡事可知百粵河山留正氣千秋風雨護靈祠易名早見昭忠錄（國朝曾予謚）槑若空吟絕命詞憑與宋元分鼎足（宋末馬塈元末也兒吉尼並守桂林殉難）一堂終古凜鬚眉

元日口占

守歲家家送除夕春歸尚有一燈隔誰家爆竹最先催却似葭灰動消息初聽一聲猶可識須臾散作萬千億怒濤決岸雨壞墻急雹擊窗崖裂石轔轔車過門隱隱雷動壁驚起塵寰夢中客爾時世界猶鴻濛莽莽乾坤未開闢獨向空山破岑寂夜漸闌兮聲漸迫忽聽一聲如裂帛晨雞號矣銅龍滴銀燭搖紅窗紙白千門萬戶陽春色

題元祐黨籍碑

我讀遺碑百感生一朝恩怨不分明如何洛蜀交爭外更有章惇附姓名

題堯兒洲避雪圖五首爲李旭亭作錄三

舉杯隨意坐船唇晨暖入重裘早覺春勝似灞橋驢子背青衫寒瘦一詩人

六花飛傍水邊多烏鵲無聲鏡乍磨好去乘槎訊牛斗人天兩界總銀河

模糊一幅醉中披尚記論文被酒時今日閉門梅樹下滿山香雪獨題詩

野燒

樵牧閒遊古時墓白草漫漫不成路野棘鉤衣人却步落日空山聚狐兎祝融一怒驚逋逃嘻嘻出出山鬼號妖除孽盡無纖毫童山突兀何其高火盡風停聲亦止天半餘霞散成紫小草有心心不死一雨明朝新綠始

自嘲二絕

神來落筆千篇少興盡題詩一字難此事屬天非屬我閉門何用嘔心肝

苦語何如夢語眞池塘草暖謝家春從今好借盧生枕想到非非更入神

舟曉

背燈閒聽雨雨意戀高峰船響一艙水天明三點鐘鷄聲寒未歇鶴夢警猶濃回首鄉關路涼雲隔幾重

鶴蘭

一種幽姿入畫難僊僊止許鶴同看壑中迴出心原潔雲表歸來頂已丹對竹恰添鸞鳳伴守梅曾耐雪霜寒春風又作蹁躚舞翠袖何人獨倚欄

苦瓜

小字應呼錦荔枝有致瓜苦上盤時材非瓠落甘無用嗜比蒲菹癖更奇諫果箴規千古美寒儒風味幾人知熊丸我亦深嘗遍爲爾重添醋甕詩

消夏詞

門巷深深掩碧紗曉分荷露自煎茶小鬟驚喜覓香雲抹麗新開一架花

題施香海彬文挹蘇樓詩集二首

今世愚山老論詩自一家奇情紛磊落淡語亦風華雲潤石生骨爐鎔金鍊沙蒼茫風雨夜字字躍龍蛇

貌朴心尤古神寒骨更高孤吟舒朗月萬象洞秋毫畫鬼見奇筆屠龍藏寶刀生平風義重羞唱鬱輪袍

題汪劍峯孝廉運詩卷桂林人

不屑作平語天然格律新槎枒難入俗瘦勁直通神獨鶴抱仙骨老梅含古春西江好詩派衣鉢此傳薪

夏日遊冰井寺

香霧空　透衣濕石有路沿溪入客來消受白蓮風驚起水禽沙上立

書感

久作村亭羈卜築頻年感歎爲知音秋山送客日來去老樹閱人成古今詩酒此生防過合乾坤何處卜升沉臨風欲寫湘靈曲日落滄江水又深

七夕舟次

萬古西江水扁舟此一涯百年重作客七夕倍思家細雨淹行路飄蓬感歲華迢迢銀漢隔何處逢星槎

過松林峽

客枕蒸濤生扁舟入峽行灘高壘石鬬水急萬篙爭大壑魚龍影空山鸛鶴聲凉風倘相助容易過昭平

平樂舟次

雨竹蕭蕭生遠凉扁舟容與清溪長兒童浮水學鵝鴨胥吏抱關如虎狼窺客秋山落蓬底積雪野花飛岸旁閒鷗與我共高臥臥看白雲思故鄉

陽朔舟夜

衆峰突兀傍江滸山鬼跳踉夜叉舞一峰仰窺一峰俯一峰卻立絕儔侶最高一峰若爲主約束群峰成隊伍誰歟一峰敢予侮突然相攻劇刀斧戟槊戈矛弓劍弩作勢洶洶若相拒靈來飄颻去爲雨一霎迷藏向何許白霧漫漫遍山塢急拆統如夜三鼓悄聽山精月中語

偶感

螻蟻慕羶蠅逐臭可憐昏旦太營營無端卻笑秋蟬潔飲露餐風過一生

讀南唐書

禮樂衣冠大寂寥當年史筆亦昭昭分明漢晉春秋例誰說南唐是僞朝

寓齋即事二首

寂寂掩柴門窗深盡日閒酒爐傾白墮籬落借青山凝睇獨搔首短歌聊解顏昨宵鄉夢遠心逐雁飛還

秋燕眞如客梁鴻廡下來白雲留我住青眼為誰開却扇風三面澆書酒一杯重陽消息近籬菊要詩催

齋中坐雨

竹床横[illegible]琴危坐竹樓陰雲氣滿窗入雨聲三日沉老梅撐傲骨小酒養冬心笑問前溪水新添幾尺深

種竹

歲歲看花遍六街最憐花片逐天涯歸來種竹山窗下臥聽瀟瀟雨自佳

老松

山意高寒入畫宜老松傍水瘦横枝若添幾點巢雲鶴錯認梅花映竹時

小酌

水閣涼多酒易降一杯人影淡成雙愛看萬月娟娟竹新粉墻頭十字牕

題扇頭美人

班扇團團手自披宛然林下見風姿一聲啼鳥睡初起簾外薄寒知未知

題畫

畫到溪山便有情岡巒深淺最分明何當躡我萬峯頂笑看雲霧足下生

家園雜興

瓜菓堆盤手自拈可人風味極清嚴荸薺削玉作冰脆橘柚飽霜如蜜甜架上圖書差免俗樽前妻女幸無嫌同煨榾柮消寒夜品字柴頭火並添

懸我簞瓢亦足誇食單何苦競豪華玲瓏雪藕清心肺潔白霜菘沁齒牙中饋勤勞原婦職山廚風味類僧家書生自飽黃虀甕未羨龍團八餅茶

春日遣興三首

卧看晴日上窗紗旋汲清泉爲煑茶深掩重門無客到侍兒扶帚掃閒花

却憑書卷坐清晝瘦石一拳如老翁昨日雨晴今日暖水仙香透滿簾風

朔風十日作嚴凍誤却小桃今未開隔水忽喧鶯燕語雙鬟含笑拾花來

元普顏尚書墳四首

尚書名普顏帖木兒順帝末以便宜行省事於粵西適明兵下梧藤尚書率所部力戰死之邑人葬之登競之原

何代孤忠烈藤州獨此墳空山尋舊跡故國補遺聞名僅存青史身還裹白雲殘碑零落盡讀

酒立斜曛

一代奇男子元時老尚書臨危偏慷慨憑弔爲欷歔馬鬣封猶在龍章寵已虛江南余闕廟比擬定何如

閩廣淪亡日烽烟慘淡中表雖通絕域臣自効孤忠湖海清流盡（時同官張翔赴水死）乾坤浩刼同君恩酬一劍熱酒洒西風

父老哀忠義衣冠瘞異鄉魂應歸朔漠世已歷滄桑古墓樵蘇禁空山俎豆香精靈在南斗夜夜吐光芒

孫典史

孫典史懋慈谿人明正德年爲諫臣立朝蹇諤有奇節手折鹿角批龍鱗世廟繼立朝政新建言風骨猶嶙峋豈知群小競側目一官遠謫鐔江濱鐔江何遙遙倏忽萬千里故國蒼茫陷雲水人言謫宦宜委蛇與世浮沉斯已矣公曰官無大小唯効忠彼都人士未必無豪雄遂興鄒魯講仁讓詩書亦足開愚蒙一朝公去名不朽典史得公焉未有至今三百二十年尚有遺碑在人口吁嗟乎南麓書院久已荒公澤在民民弗忘何人爲立文翁廟重築當時舊講堂

黄海棠

花影沉沉月滿廊不須銀燭照紅粧金樽滿座鵝黃酒笑倚春風嫁海棠

一□□秋

雜夕秋聲起風聲又雨聲聲聲上蕉葉葉葉聽分明薄海征人夢高樓少婦情相思隔千里猶
聽向此中生

江月樓懷古

萬古自有（板作）蘇江月先生到始知艱難方遇弟遊覽尚呼兒湯餅留佳話山雲感舊詞浮金亭下
水隱隱見鬚眉

秋色

誰寄鄉心入雁先風光無處不澄鮮遠山排闥似生容老樹著花還少年設色畫圖皆慘澹傳
神詩筆費蒼堅何人爲倣倪迂筆幾度含毫總邈然

秋興二首

支離老叟苦多事日日悲秋歸院來萬古窮愁容我寄百年幽憤自誰開兵戈滿眼疑天運烽
火驚心憶將才無限蒼茫時世感瀾滄祇合杜陵哀
萬竿新竹樹□橫逸□夕戰風狂不休颯颯虛堂供遠籟蕭蕭大地滿清秋雲山邀客抱琴去謀
月催人如水流總爲君壽志未得此生何處著鬢

詠水蔌花四首（錄一 自注水蔌一名游龍俗呼紅蓼花）

秋江伴蘆花憐渠少顏色如參皤髮翁旁侍少年客

重九日江樓小集二首

朔風吹帽冷颼颼笑爲重陽上酒樓九日何關吾輩事一樽聊借菊花秋寒山入畫開青嶂舊
雨相逢感白頭嘆息光陰似流水題糕佳話幾人留

薄暮入踏喧渡頭蒼然遠色供吟眸窗臨江水靜聞櫓座繞菊花香滿樓隱約疏鐘動遙夜空
濛細雨生涼秋長街月暗暫揮手火急索詩明日愁

寄懷黃晴村

歲暮送君去濛濛雲水間春歸一夜雨綠遍萬重山別意此時滿故人何日還相逢舊遊處握
手定開顏

止酒吟

百年三萬六千日日醉一壺能幾何我欲蕭然成獨醒藥爐經卷伴維摩

蔡貞女詩

鐔津女自蔡出字阿聰年十七頗讀書解拈筆冰雪姿蘭蕙質近閭閣伍藻葦寡笑言嫻禮律
痛慈親違兩膝茲見嫂戚我嫉罪伊何勞勿恤受鞭笞恣呵叱許楊氏奉巾櫛忽輸盟絕琴瑟
女無言唯飲泣月重圓恐難必思古訓敢自逸女有家男有室爲女子貴從一嗟此生何抑鬱

願良齋依繡佛天高高遠難詰不如歸父母側劍江水清徹骨石粼粼波汨汨魚鼈藏蛟龍屈女居之安且吉笑此生昔事畢歲癸卯月壬戌庚午朔越某日夜半時良女卒湘妃倫曹娥匹此邦人能具述我爲詩傳勿失

雜詩二首

西粵爲歌詩自昔稱二曹鄴也刺洋州居官勵清操唐也賦游仙富貴輕鴻毛偉哉彼二子矯矯洵人豪清氣散宇宙苦語餘詩騷苟非曠代才未可輕譽嗷北宋有嵩公落筆尤清高此外傳者誰滅沒隨風濤吾生千載下懷古心忉忉

百年能幾何飄如遠行客行行重行行倏已返其宅精神付冥漠萬念盡消釋奈何愚昧徒辛苦爲物役學仙罔無成飲酒亦下策不如垂令名身沒名不息君看古聖賢壽已堅金石

題桂林寓舍小樓

小住何妨近市氛樓高未許世人聞塵心自向秋江洗日日開窗寫白雲

題釣雪圖

蕭蕭風雪不知寒盡日披簑把釣竿滿地蘆花一溪水隔江人作白鷗看

過田家

過盡千山始見村村前流水日潺湲客來但說田家樂老死何曾識縣門

太白讀書巖

天上酒星謫光芒凌太虛魂應化爲石仙竟讀何書大夢乾坤小遺聞史傳疎桃花一潭水風景近匡廬

鐔津三烈吟

黃懋文妻陸氏

黃懋文妻厥惟陸氏冰雪其姿日星其志猝遇強暴有死無二蕙折蘭摧璧完玉碎夜月傷心行人墮淚時維乾隆庚戌之歲旌其門閭以風來世

黎司坤妻梁氏

邑感義鄉鄉人能說曰黎司坤有婦義烈生於梁門早嫻禮節十八于歸逾年夫沒懲彼何辜橫遭短折慟哭撫棺肝腸寸絕視死如歸何曾永訣生既同心死當同穴唯古丈夫有此明決一日冰消千秋玉潔于今冢樹交柯盤結宿兩鴛鴦雌雄各別夜夜悲鳴泉臺淒咽合表行狀大書於碣陵谷可遷斯名不滅

吳斯茇妻李氏

宛彼鳲鳩在河之涘將翱將翔爰集于李李既有花李亦有子憂茲長鳴藥余逝矣曠此遺孤何怙何恃鞠育唯吾嗣續唯衛胡然皇天降災不弔鳳去巢空鴟來室毀罹此百凶欠余一死

人亦有言愍懃相慰妾命如冰妾心如水卓哉首陽絶食而餒烈女忠臣古今一軌伊人維何隴西姑姊厥家維何延陵之士谷嶺峨峨鐔江瀰瀰爰作歌詩以昭彤史

題陽朔諸山二首

洞壑玲瓏萬竅此間疑隱仙靈何日驂鸞來往石床夜講丹經

絶壁緣何置屋長令萬古懷疑欲效猿猱飛度蒼藤裊裊垂絲

咏梅

朔雪滿南山蒼茫雲水間夜深霜月皎萬里鶴飛還

山家雜興十八首 錄十首

玲瓏玉綴丁香絡索珠排卐字莫論芝菌春秋目掌蕉桐書記

玫瑰香徹肌骨蘆菔寒侵齒牙千里羹宜蒓菜一甌醬是桃花

香秔滑比瓊漿鱗筍甜如蜜汁樹雞寂寂宜烹木蠁纍纍可拾

波稜厥狀維何紅嘴綠衣鸚鵡儘教王販同參宛若蒼龍白虎

爭傳菜出東洋能洗人間暑熱凝脂滿椀甜冰醒骨一團冷雪

黑脚蕨芽軟捲白頭艾葉蒙茸登山偶遇童子采藥還尋老翁

並頭蓮笑迎風三角麥香過雨滿天星誤晨光六月雪忘炎暑滿天星六月雪並花類名

庭花高聳雞冠矯草低垂鳳尾紛春淺纔能添喜見斑斑魚子蘭名
青纈黃綬朱橘白茄紫莧紅蕓箇是山林富貴晶盤五色生光
筍脯每懷容管茶槍最著岑溪天涯絕少知己應俟高人品題

種荳

厥豆種實繁黃綠白黑赤蔓延籬落間粲然陳五色或如羊角彎或似蛾眉畫或種傍南山或產自西域或劚土田畝或寄樹間摘離離挾刀鐮采采趁蠶績名品難具詳形模費箋釋幾令老農問延覩莫能識君生鄉黎藿未能分菽麥自拓數弓園殷勤課臧獲帶月常荷鋤臨風時散策非稱飽腹羹尤宜供賓客夏雨荳苗肥秋露荳花碧遙競夕陽影荳角長一尺

望大梳小嬛二山

大梳形似上弦月應是小娘遺下來忽被罡風吹作石年年石髮長蒼苔

鴨爪粟

粤中鴨爪粟厥字實纍纍夏綠佈高原秀色日可覽秋黃忽垂穗采掇易盈擘遙聞磨聲轉礁作糍花糝湯泉滑流匙咀嚼動頤頷清風腋下生滌暑座中減着鹽非不佳真味貴平澹

咏狗尾草 幷序

山間草花厥花惟肖詩以謔之臨風而笑

空山遥地莽蕭蕭，怨漫相逢慰寂寥。莫笑蒙茸垂狗尾，他時許爾續金貂。

蘇時學詩頗多，余以省篇幅計，擇其最佳者錄之，俟全集出刊，乃享讀者愛慕焉。

廖鼎聲

臨桂人，號韻叔，官至刺史。

題蘇爻山舍人寶墨樓兼令子因之茂才雖伏吟兩詩集

於詩論吾粵壇坫，首推怡志執牛耳。象州才人甙傲兀，志矜性僻吾弗喜。京兆二蔣兼王龍，盛名猶藉科第美。論詩無所藉科第也，俗子既以此爲衡，即士夫亦不免耳食矣。那知蒼梧一布衣，謂潘臥霞。潘生偏是窮厄士。寶墨挹蘇兩高樓，纖香海者爻山子。名位不爭附驥稱，學業已具屠龍技。鼕鼕鼙鼓郡邑陷，荒江碧血香海死。獨賸爻山氣仍豪，奢書流離顛沛裏。是時携詩走天下，我亦微官滯邊鄙。滇風黔雨方歸來，猛陵訪舊君歿矣。君才信可了十人，晉齊迭霸儘堪擬。郎君矧又出群雄，所惜早摧空繼起。荆花涕泗收遺編，雖伏吟靈更料理。老鳳悲餘悲雛鳳，我心鬱紆曷能已。我心鬱紆歌復歌，豈徒標榜有微旨。自我談詩江海皆，放胆任俠爲氣使。每覺虛聲莫我溷，古人尚不輕諾唯。而況眼前無古人，紛紛耳食聊爾爾。譬之黃河源崑崙，請以言詩要根柢。爻山讀書最卓犖，雙丁膝下過庭鯉。那不萬有全包羅，古香古色綴滿紙。超然儀庾得緒餘，風雅一家乃如此。粵風後勁爾

老懷此情汪汪桂之水安得更餘天地秀巨公等輩在桑梓遙瞻萬古共馳逐横睇九州隨鞭捶交山交山吾謂君先驅地下何太侈豈定踉蹌從鬼伯不留麟角與鳳觜君家父子所作詩令我讀之慨憑几欲返君魂問九京九京不聞淚流泚贈以狂言君倘聽我本眈詩夙虎視偏於君也情獨親頗謂前修一同揆自鄶以下無譏焉錚錚似敵眞御史今茲傫然傷頭白故人何處相礪砥趨來寶墨及雌伏含悽逝者已如彼我詩近日拙彌拙除郤雄直多不以強撐奇骨角衆彥粤中有我也屈指吁嗟乎粤中有我也屈指奈何茫茫增馬齒吟成一笑質騷人且看曹劉壁誰壘藤州山青巉巉藤州水碧瀰瀰攙身南望告同志勗哉正聲非靡靡

黃家德

淩雲人號達三

題寶墨樓詩集

獨來獨往翩翩百粤詩名海外傳文萃一家蘇父子字經三食蠹神仙湖山眼底皆成畫風月胸中別有天古錦滿囊書滿架吟樓高臥不知年

萬卷書攤萬里尋探奇無處不清吟一邱一壑亦鴻爪是色是空皆佛心蘇老功名曾寄海謝公山水自爲琴象州詩伯藤州叟合振西江大雅音

卿祖授

灌陽人字秋衣梧州學博雲亭先生之子儀容奇偉好騎射拳槊性情狷介談吐如雲自言生平有三惡一俗人二時文三僞理學也居恒手不釋卷爲詩務刻削年二十八卒著有西林詩草見挹蘇樓同人詩鈔

彭岩寺

絕壑嵐陰重疊叢石磴荒岩虛磬響欹松老孕寒蒼水影侵崖綠鐘聲落澗涼山僧了無事應笑出雲忙

秋閨

羅衫初試晚涼天楊柳梢頭月上弦妬絕嫦娥風致好寫人雙影太纏綿

閨情

玉窗清曉拂多羅滿鏡春容眼欲波儂自看儂殊有樣不知人看定如何

遊火山

一坂斜通處溪深水暗消石田耕樹頂野屋鑿山腰蘿翠崖門滴藤花澗曲飄予將慕高隱何處虎溪橋

馬嵬坡

弱水蓬山萬里遙並肩私誓憶秋宵情深始信雙星好世世夫妻渡鵲橋

夜起

檐鐸風清夢乍醒階陰蟲草際作聲微一鈎新月樹梢挂紅豆花間螢亂飛

舟中

荻花楓葉滿溪灣遊子西行雁北還一艓清風數聲櫓何堪回首望青山

上灘

木落西山清風聲激水聲石牙扶浪立舟腹擱沙橫弱纜蜂腰緊餘魂虎口驚幾回經險處身似白鷗輕

別友

白蘋風急浪冥冥回首鄉園望眼青幾輩故人成棄置一番今雨又飄零家如海客槎常泛身似泥鴻迹偶停頃刻江程人兩處寒猿蕭瑟共誰聽

秋柳

金縷毿毿露氣昏六朝遺恨不堪論西風畫舫春如夢曉月長亭客斷魂倦態自餘空殿影凉蟬猶咽夕陽村飄零別緒知何限休更攀條洒淚痕

夜坐

冷螢飛盡夜三更隱几風廊睡欲成却怪鄰家雞唱早誤將殘月認天明

坦川祠去富城五十餘里四面奇峰如畫前臨深潭村人於階下引流作池池中築一小樓石梁度焉堤邊植竹柳松桂數十株人入其間面爲之碧洵佳景也祠甚暗所祀女郎曰黃姑問之士人亦無知者豈牽牛之誤歟或卽紫姑之亞歟

偶拾春香入翠微空山雲去復雲歸藤花幾處開無主間逐東風歷亂飛

修竹琅璫響檻隅春山如髻水環鋪不知明月青溪夜倚袖何人伴小姑

清明日郊望

麥飯提攜野祭時他鄉人起故鄉思垂楊萬縷青如許綰盡春愁苦不知

左樵

臨桂人字稼薪號笠叟梧州廣文鐵崖先生之孫茂才桂舟之子生時異香滿室故又號異香生云體清羸若不勝衣而丰神秀雅似晉宋間人性孝友廉介與物無忤而胸有陽秋家綦貧周人之急典及衣衾無所惜嗜讀書苦吟詠遇人佳句必手錄之年二十七以疾卒家人于席下得詩云空餘病骨生何益得葬蘇山死亦安從此挹蘇樓外月故人無

復倚欄杆葬於蘇山之麓僞曰詩人左笠叟之墓好事者往往以酒酹之著有河干吟草

三卷見抱蘇樓同人詩鈔

秋　思

月色上窗紗離離弄花影涼風動繡幃鴛鴦夢初冷

喜湯柳門至即以贈別

幾解征鞍又遠離焦桐斜抱欲何之客中風雨愁分別病後精神好護持名士于今嗟薄命窮途自昔重交期疇憐他夕相思苦月湧層灘半渡時

灘江道中

險絕灘江道朝陰瘴氣昏石橫波起舂山裂樹盤根過鳥驚魚影啼猿怯客魂十年飄泊意剪燭共誰論

春　草

春風吹舊燒昨夜忽抽芽碧影隨流水香魂伴落花王孫遊未返宮女鬬初華最愛西湖上裙腰二道斜

山齋獨坐懷友人次韻

隔林度疏磬蒼然暮色暝月出露光寒風歇松枝定待君君不來獨坐成清聽

宿山莊

山莊夜氣淸寂寂空堂古槭槭秋林風時聞響疏雨靜悟道機深遂忘塵網苦起視夜何其屋角星光聚

寄珠江女校書

半墮香雲花滿頭銀箏輕撥唱涼州自從靑鳥無消息知在春風第幾樓

回首紅牆隱碧霄彩雲吹散海天遙珠江江水應如舊潮去潮來恨未消

上灘

出險還踰險驚心風雨來浪花高噴雪石罅吼奔雷力盡篙妨折山旋柁忽開中流須直上一下勢難回

陸賈大夫祠

敢輕炎漢謂無人折服蠻夷仗此身奉使再通秦貢稅剖符初定漢君臣能教桂蠹來南海共美金裝作上賓此日粵人懷往跡歲時俎豆尙如新

代女校書題桃花便面寄人

紫燕歸時思悄然珠江愁絶雨如烟碧桃開謝無人管小別春風又一年

獨坐空閨早閉門瀟瀟風雨易黃昏妝臺點染春風筆半是相思血淚痕

潘臥霞施香海二君冒雨送行别後却寄

江干分手倍依依惜與同心故友違春雨無情催客散沙禽隨意傍船飛一江白浪連天闊兩岸青山出峽稀幾日篷窗開不得寒風壓肩冷征衣

秋感用鍾英山韻五之一

愁人不寐攬衣衾中夜低徊思不禁地下親朋常入夢天涯弟妹最關心泠泠白露三更滴耿耿銀河萬里臨會説兖州風景好年來秋氣亦蕭森

秋　望

秋風吹野水斜日冷荒城木落山容瘦天空雁影横疏鐘僧獨返匹馬客長征翹首碧雲合時深萬里情

登大雲山

登臨開眼界危徑碧虚盤山勢圍天遠江流入海寬掀衣風力勁蠟樹葉聲乾欲訪赤松子白雲深處寒

遊氷井寺

我愛炎山叟當年此地過流泉尚無恙斷碣更如何萬木秋聲遠千山落照多登臨懷往蹟搔首一高歌

隔岸叢篁裏炊烟幾縷生殘虹收遠嶂新雁度孤城流水何時返白雲此際情謀歸牧笛急晚磬一聲聲

溪上書所見

牽伴陽低頭誰家浣衣子手折芙蓉花顧影照流水

舟行

帆疾箭離弦千山送客船江雲昏欲雨秋樹淡浮烟去鳥空中沒歸人渡口喧推篷回首望新月碧霄懸

登白鶴崗

不見昔時鶴惟餘野草青亂山含夕照遠水入空冥鷗鷺飛何疾笙歌響未停松株今已盡何處采仙苓

春日送荔山兄之羊城

客中送客不勝悲況復飛花撲面時繾綣情懷芳草寄別離心事夕陽知尚思攜酒聽鶯共轉祝揚帆破浪遲淚洒臨歧無別語高堂眠食賴扶持

黄濬

蒼梧人號仁軒

輓蘇爻山舍人

六十春光一夢然承家著作似坡仙讀書已過五千卷得句還追三百篇未拉庭堅尋佛印却邀原讓哭文宣知君世德能昌後眼見文孫兩象賢

卷九

許懿林

蒼梧人字升卿號月樵又號焦水居士道光甲辰恩科舉人著有粵樵詩草

弔賣女校書阿鳳詩并序

阿鳳藤州良家子美丰儀善歌曲少失恃因貧流落鴇母頗憐愛之壬寅春避禍梧江某戚家戚逼鳳見客鳳不從備受挫辱因致疾以死死時年十八諸名士卹其母使歸葬藤之東山浮金亭下復徵詩弔之

約略曇雲偶現身蓬萊原是校書人空明水月歸無跡惟有江花白似銀

藥爐烟冷近黃昏着地瓊瑰見淚痕試問呢喃雙燕子啣泥何處葬花魂

零落珠娘舊翠翹鐔江花月可憐宵相思剩有紅心草暗逐春痕上畫橋

瘞玉深憐傍衞公癡教兒女託英雄夕陽今古愁無限都入啼鵑血淚中

題羅星橋墨梅冊子爲家一琴作

星橋先身梅花侶手折梅花入毫楮君自畫梅梅點頭我到問梅梅欲語似嫌昨夜向羅浮親送山人入夢遊誤將縞袂三生面惹起寒林一段愁疊雲偶現都遊戲詎知色相今重記一朝剪紙作招魂氷骨檀心盡轉春天花亂落香風起鏡裏疑來姑射神不殊曩日孤山裏醉被幽人忽呼起悄臨明月整春容尙驚袖薄天寒倚竭來烟雨碧山阿厭把鄣塵問素娥人間未必逋仙在寫照空勞費墨多若從香國論修到那知香色俱無好免教留迹落人間何由對影增煩惱未了情緣總自尤瓊華重累錦囊收月明紙帳霜如水幾誦楞嚴花記籌感此芳情良久立隔簾冷雪吹還入聲裏漸聞環珮遙香中陡覺衣裳濕亟磨麋墨試操觚如夢如烟事有無惟將月落參橫意題上消寒九九圖

區節婦詩

已絕飛蛾一綫延勝他徒賦柏舟篇空留織女機鳴月竟有媧皇石補天蘭玉遠期夫壻立梯楊新卜庶姑賢深謀終慰逕心苦苦忍啼痕四十年

昭平峽

入峽天忽窄群峰望欲迷石頽山墮齒灘折水盤梯野路疑人立寒猿向客啼鄉書何日到千里悵分攜

昭江旅夜寄懷嚴少嵋

村酒愁難醉披衣坐夜闌旅懷聊對月詩夢不離山貧賤交情篤風塵笑口慳長途憐寂寞何日破離顔

落　葉

秋郊無靜樹落葉滿柴關徑僻全疑雨林疎不礙山烟銷茶竈冷風定石床閒莫漫呼童掃階前襯蘚斑

春江雜興

杏花江上酒旗飄幾處征帆卸暮潮閒倚柁樓看柳色不關離別亦魂銷

山塘夜泛

一舸駕寒浪翛然意復閒疏燈明野渡斜月落秋山風荻驚魚散烟林誤鶴還歸來清夢穩依約石泉閒

灘江道中

短篷睡起晚烟和遠近灘聲雜棹歌一幅蒲帆三十里夕陽紅處好山多

春歸

春風好似無家客歲歲歸來尙有期春若不歸儂不恨恨春歸不告郎知

黃心餘先生七十生日同人置酒賦詩率成

跋扈詞壇老更豪詩星爭比酒星高布衣臣有煙霞癖名士妻忘井臼勞閒撰遺著窺彖象愛拈香草叢離騷（君精卜筮著書圖）鹿門偕隱知何日好折梅花釀酒廖（總配某孺人亦七十）

登白鶴岡

笑語鶯匪谷人行杏靄間縱目見城郭隙地拓禪關鶴去青山老亭虛白月閒狂吟雜哀樂佛莫厭痴頑

過南亭驛

秋光如畫岸痕明猶見垂楊一樹青日暮高樓無玉笛寒蟬聲裏過南亭

披雲樓

拳石起樓閣樓高披白雲我來雲上坐一的雲中君俯仰海天碧嘯呼鸞鶴群平生舒卷意煙霧氣氤氳

登岳陽樓

少陵題後詩蕭索百尺崢嶸見此樓秋水魚龍憑檻入春風蘭芷粘天浮我來弔古頻搔首聞

有飛仙在上頭憂樂滿天誰與共最高層處望神州

岳陽樓爲黃道人題呂仙睡像圖

滿吸洞庭月乾坤入酒壺醉鄉原廣大塵世總糢糊龍去種瑤草鶴歸窺汞爐先生那復管知我到來無

都門九日東龍小舟

風煙如此罷登臨強把茱萸酒獨斟白社雖尋新舊約青山都[illegible]別離心還鄉有夢魂常怯於世多情累亦深閒倚西樓倍惆悵鼓鼙聲裏動秋吟

閒情遙寄菊籬東偶影天涯孰與同舉世功名誇射虎壯夫事業恥雕蟲何妨傀儡輸人巧未必文章獨我窮只是蝦肥花瘦日好期莫放酒杯空

出都何楷堂陸飆石兩同年置酒送行

驪歌一曲馬鈴催握手旗亭日欲隤白屋幾人叨祿養青山萬里負書迴酒邊風物談煨筍（是日食筍）笛裏關河怨落梅應被故園諸子笑荔枝紅熟未歸來

答友人問里居

老樵家住蒼梧野但聽樵歌路不迷若到門前訪春色木棉紅過小橋西

邯鄲道中贈答

十年三過邯鄲道，立馬題詩雪滿衫。今夜曾無安枕處，半天烽火望江南。

何曾富貴賺勞人，衞霍功名肯顧身。飽啖黃粱驅馬去，出門何處不烽塵。

交河途次口占

臨河欲濟水漫漫，勒馬風前去住難。一片平沙迷落日，半空飛絮攪春寒。望中帝闕烟塵靖，夢裏親闈寢食安。畢竟沉吟緣底事，天南戰血可曾乾。

贈歌者曹繡鴛

恰恰嬌聲語太痴，臨行爲爾費凝思。重來未必成虛約，今是秋娘未嫁時。

月夜登全州城樓

萬山圍一月，月下寺鐘鳴。石氣寒生雨，江聲夜入城。艱難家國事，浩蕩古今情。歸阻天南路，潢池正弄兵。

四十述懷示同志諸友

鑄鐵無功錯已成，尊前聊復溯平生。盛年偃蹇鬢眉醜，亂後饑寒骨肉輕。蹐地有慚弧矢志，仰天徒嘆鼓鼙聲。男兒不覓封侯去，便合投閒賦太平。

九陌芳塵夢未迷，舊遊常戀燕薊西。春風柳市誰家酒，曉月蘆溝隔岸鷄。路與名場同困躓，山如詩品有高低。一官好逐堦前蝶，飛上梅花冷處棲。

未來夢境尙塵氛已去韶華付水濱偶欲上書慚賈誼敢將下第比劉蕡看山準備糧三月近水商量屋一分何獨周妻何肉累年年詩債負諸君

澆愁誰遣酒如澠[illegible]復秋來感慨[illegible]一綫未圓惟好月時七月十三日百年將半少良朋頗疑莊叟生前夢蝶[illegible]死後蠅賴有知音人過訪牙琴絃重九條冰

春日遊城東諸寺晚憩準提閣

踏遍溪橋路幾灣又從花底叩禪關寒塘細雨三分水斜日春城一角山尙有樹知前代事更無人似老僧閒尋詩偶過雲林社先哲風流不可攀城東有雲林詩社前翟鄧舫舟先生所建

圍城第百日寄南鄉團練局書並賦

十旬桴鼓幾曾休盼斷援師報翟舟孰使空倉逃鼠雀不先險路守貔貅包胥已死疑聞哭曹植多才肯典裘倘許枚皋同草檄彎弧先爲射旄頭

城陷走城南荒山中書破寺壁

滿窗寒雨鬼啾啾寺破僧亡佛亦愁見虎跡時初覓路絕人烟處一登樓風前葉已無家別露裏花還有淚流昨夜江城千萬炬水光紅照血髑髏

晚步觸目

送客出門去扶筇生遠心溪流續今古山色換晴陰村僻牛知路巢喧鳥墮林問誰讀書處一

隔入雲深

感事雜咏

悄無雞犬出閭閻繞郭貔貅萬灶烟多少逃亡蹤未得宰官奉議賑幽錢

追悼季弟升階 城陷太孺人病不能行急奔寓舍被執罵賊沉河死

泣向棠花酹一巵夢中猶見幾多時死難救爾生原幸甃祇招魂祭獨遲地下倫酬烏鳥願人間爲抱脊令悲傷心最是提携日城破家亡母病危

縣漲

洪濤一夜沒郊墟引得蛟龍入市閭直恐亂山排浪走何妨高閣當舟行無枝可借人如鳥得水能飛我亦魚聞說戈船先奪險將軍新草破蠻書開舟師乘漲破賊于濛江

大雄寺

斷碑殘礎日荒凉僧影前朝大道場千二百年興廢外志載寺唐初建教人親眼見滄桑

佛堂燈冷灶無烟三兩殘僧日晏眠約略兒時讀書處手栽庭樹欲參天

廿年鴻爪憶前遊親有題詩樓上頭今日再來人化鶴殘虹霽雨不成秋甲辰秋陪施香海先生遊此先生有殘虹收霽雨獨鶴破江湖之句

南漢乾和字嶄然手摩追蠡問金仙一鐘何預人間事敲過紅羊換劫年寺毀後惟南漢乾和銅鐘僅存

自遣

廣文歸去貧如昨午食從容一啟扉近市酒如租吏酷寒天花似故人稀何防老守鳩窠拙到底官疑蟻穴非但恐口饞思轉計無監州處蟹初肥

春草用漁洋秋柳韻

謫到焚枯易斷魂萋萋重過舊朱門綠雲着地飛難起艷雪如花落有痕望遠疑迷桃葉渡採香知近學蘿村風流無限南朝事金粉飄零不忍論

小雪輕冰凍若霜因風吹夢過池塘誰家金埒營新第客邸青袍換舊箱不掃香泥妨燕子平鋪明月護化王嬉春記得酣吟處朱雀橋邊賣酒坊

香塵那許浣征衣深閉閑門計未非國士賞宜青眼早美人恩到白頭稀傷心南浦鴛猶喚轉瞬西園蝶又飛祇覺在山慚遠志春暉難報願多違

樹蕙滋蘭願自憐捲簾深坐碧如烟故侯事業餘瓜蔓隱士門庭半柳綿憂患難忘仍此日輸贏曾鬧只當年吟成莫向江南寄歲歲春生戰壘邊

九日酌準提閣

極知寂寞負東陽籬菊初開鬢有霜綺語欲從詩懺悔者懷誤入酒顛狂行經絕頂山防險計到回頭路覺長寄語天涯舊朋好賞心何處醉萸囊

題倪雲癯先生珠海夜遊圖

他鄉何處無明月，纔着清歌便斷魂。一夜酒懷天外寄，十年夢影實中論。美人粉壁仍詩草，名士青衫有淚痕。我向珠江重感舊，擘牋同日付江村。時君方赴江村分司任

蘇琴舫先生重赴春闈臨行以言懷詩見示賦此送別

新詩和罷送君行，特借焦琴韻再賡。曾是雲龍同壯志，自經戎馬感餘生。好遊氣得山川助，論舊交堪鐵石盟。到日阿戎應有問，時姪兒隨公由陸路赴京會試爲言努力答昇平。

黎蔭堂招同人集準提閣作荷花生日予不果至承示新詩賦此奉酬

招涼可惜不如期，得讀荷花誕日詩。未必美人無壽相，非關名士好諛詞。幾生修到嫌梅瘦，一榛平安報竹知。想見陀羅歡喜地，花花都現佛慈悲。

贈江星河

祇恐前身是蠹魚，病中猶抱一床書。能呼明月來同醉，未買青山去卜居。廡下梁鴻聊復爾，甕頭畢卓近何如。年來翻被才名累，怕有人人知賦子虛。

呂竹溪詩集題詞

蓬落風塵大布衣，長年耽酒愛吟詩。瓶罌收拾倏歸去，豈壽山頭正鼓鼙。

臨池字字仿銀鈎，更寫丹青化遠遊。游境何如詩境好，亂山穿出一筇秋。

擘碎胡琴酒未消，春風回首鬢飄蕭。狂吟那管傍人笑，戲捉梅龍過鐵橋。集中有戲捉梅龍鐵橋側之句

不遇洪厓不拍肩亂頭粗服傲群仙吟成自寫松花紙跋尾須教五百年

題林子青檢書看劍圖

半生結習笑書癡萬古牢愁有劍知目力大勞心力苦燭花紅炬酒酣時

興亡過眼膽猶驚成敗論人意不平多少英雄與名士可能消得此時情

掉　歌

郎舟望東來妾舟向西去今夜妾停橈昨夜郎停處

蘇琴舫孝廉以其尊甫詠沂封翁所繪漁樵耕讀圖冊屬題率成四句

疑聞短笛鳴嗚嗚擔上壺盧酒有無日暮倘隨田父至看花人過讀書廬

梁朗波學博以畫梅帳額屬題別後却寄

不辨香痕與墨痕春風帳底有餘溫分明一覺羅浮夢醒對梅花更斷魂

養眞菴勝道上人

種得長松大十圍松陰深處客來稀山人祇管山中事暮倚山門待鶴飛

九日同人集準提閣

踏出東門又向東千山遙飲夕陽紅游人那更尋詩去詩在疎鐘冷雨中

火山南望鬱蒼蒼往日傷心念國殤十一二年塵刼盡白頭僧與話斜陽

上象棋灘

簸浪舟輕柁忽偏崇崖斗轉纜飛懸安危輿水能爭命順逆無風祇聽天影壓樹頭橈不動力窮篙眼石將穿世間名利同奔走輸與沙鷗自在眠

題霜根繫犢圖

不道駢蹄骨力遒尚煩羈紲數低頭夕陽冷處芳塍晚古木陰中淺草秋報主敢辭鞭策替人須切牧芻求無田我獨思歸早騎衕溪邊訪舊遊

聞蘇麥舫先生將遊白石洞天期屢易矣詩以戲之

洞口桃花一夜開遙聞仙子識瑤臺如何煑熟麒麟脯見說蘇耽鶴未來

老去

老去如降將愁來抵敵兵身常驚萬刼詩敢恃長城養拙宜休職耽閒且避名肅肅非我福兩字畏人稱

交山子龔潯游記題詞

潯北龔南驛道連記行隨處賦遊仙風流我愛蘇司業日爲青山備酒錢拍手高歌放膽遊知君遊興不曾休枱期從此浮槎始直到天河未盡頭

交山子遊豨日記題詞

桂海詩名玉局高鳳池不去換宮袍看山看到無山處獨立蒼茫首一搔

奉和劉湘芸觀察官梧州象入都留別士民次原韻

大字磨崖筆格蟲桂山題遍返蒼梧重尋經畧元公蹟補寫流亡鄭俠圖課俗政先除害馬傳荒心早及饑鳶流傳況有文章在喜雨亭成記大蘇

題友人養鷴課子圖

花落花開隱閉關絕無剝啄一心閒人情冷煖都休問調攝春風養白鷴

十畝濃陰五畝居近來課予意何如須知樹亦如人老及見先生幼讀書

題溫復初看山圖

芒鞋隨處踏雲煙腰脚如君勝少年我不看山山看我樓窗斜對枕書眠

爲余燕石光署鶚勛題鴛江話別兩圖

好遺垂楊綰別離鴛江江上雨如絲米家書畫美家被難得天涯此一時

剝剝燈前話不休濟川何日更同舟多情比似鴛江水不肯分流祇合流

出恩平贈別春小山刺吏名琛滿洲人

去住無心笑不休又携琴劍出恩州亂山日落城將閉大地雲生塔欲浮置酒肯容狂士醉論文暫爲使君留琴堂別矣春如海何處煙波繫客舟

湘江舟次

近郭非無市荒江舊有橋風寒春泊早村僻夜春遙瞰客狐狸喜爭林虎豹驕祁陽前日路猶及見漁樵

晚至東華菴

一綫通樵徑入林知已深到門無日色積雨變秋陰鶴老愛僧戒猿歸伴客吟還應今夕酒留共月明斟

晤廖秋山與談近況

十年江海別離亂忽逢君明月今猶昔高天喚不聞艱難嗟負米慷慨問從軍頭白今安在東南更陣雲

郡城南樓遠眺

到郡雙江合高城落照間牙檣通百粵鐵柱鎖重關守隘兵增設征商吏不閒流亡雖已復誰爲恤惸鰥

清夜

獨坐懸清夜雨餘疎見星寒蟲時自語睡鶴忽然醒露並山皆白霜無樹可青隣僧最先覺臥滴法華經

江行即目

葦岸圍深竹茆檐聚淺沙鴉爭篩麥地鸛上釣魚槎籬橘霜初熟畦蔬雨未花江鄉論風景太半似吾家

題桐江訪友圖爲宋石根秀才作

披圖示我桐江勝道是將軍小李居萬疊煙雲親潑墨十年門巷此停車人從舊雨宜呼酒家有名山好著書莫是當時招隱處別來猿鶴意何如

長灘阻雨

亂石激奔雷濃雲作勢催帆檣趨岸轉風雨截江來樹側飛疑起篷低忽打開艱危嗟歷試誰是濟川才

將之邕南別幼女 亡妾羅氏出

五齡失母豈無知爲爾嬌憐惹我悲觸緒又揮臨別淚緘愁補作悼亡詩玉釵先冷餘香澤衣篋塵生有網絲留與他年珍重看是孃扶病手封時

望仙坡謁六公祠 在南寧城東祀宋狄武襄安道孫元規蘇忠勇明王文成國朝蔣老國六公

紛飛天外尚征鴻匹馬南來謁六公人合三朝尊饗祀地臨四峒慣兵戎瘡痍正切安全策冥漠猶資捍禦功我到懷賢兼弔古平分雙泪灑西風

題徐道人寓室

縱死便埋骨青山各弟兄棄家携白犬留客煮黃精無事戶雙闔有時琴一鳴近聞多虎跡來是聽經聲

出邕南

臨去忽勾留涼宵月戀不獨眠聞旅雁相待憶盟鷗宦近夢歸得年荒醉亦愁一枝何處笛吹出故園秋

送黃笏山明府調任宣化

河橋惜別太匆匆竟使鄰邦借寇公異政留存書國史新詩感泣到輶童（公有留別蒼梧士民詩二十首）蠻疆此去恰風鶴鬱水重經問雪鴻（前任貴縣）掛到蒲帆留不住夕陽都爲使君紅

黎松珊孝廉以撚髭抱膝兩圖屬題率成

詩解窮人我頗疑怕窮初不學吟詩如何月落燈殘夜偏是先生抱膝時

題松溪夜坐圖

鎮日清閒少客陪舊遊誰與話天台白頭厭聽人間事且向松風洗耳來

四年伴我松菴住住處今猶有鶴飛何惜涼陰分一半坐中畫我水田衣

蘇爻山先生羊城日記題詞

幾年不上粵王臺抗手吟壇數霸才歲月編成詩有史山河看到劫無灰雨乾花塚尋香去日落匡門弔古廻為報迓倪與仙李東坡來為訪君來

綠窗吟草題詞為爻山先生屬作

勝刻金鑾紫石書一編遺稿掌中珠解吟柳絮才非易竟化蓮花相亦無他日徐陵當作序早年蘇蕙有傳圖愁來我為詩人哭更為詩人哭女嬃

孫　㯝

原籍直隸遵化人號丹五又號詩樵以仕宦來廣西詩卷流落梧潯間爰錄入之著有蝶花吟館詩草

花朝出居庸關

客逢佳節更徘徊輪鐵銷磨亂石隈邊塞尚無舒柳意故園應有好花開泳浮積水雙魚杳風捲狂沙萬馬來欲望燕山在何處登臨須上李陵臺

登宜府西城有感

女牆缺處望縱橫萬里關河萬里情衰老白沙新壘地青憐赤土舊荒城馬隨絕塞長風至人共寒山落照平翹首烽烟猶未息書生何處請長纓

土木驛懷古

五里狼墩十里樓荒寒邊景黯雙眸雲中飲馬長城夕雨際盤鵰大漠秋當日六軍會駐蹕今朝孤客獨遷留躊躇欲問前朝事嗚咽悲風起石頭

晚遊

今夕獨無月浩謌來溢亭遙山明野火暗水浸繁星花氣入秋健樹聲當夜醒低徊思舊侶一雁落南汀

夜宿禪房

涼颸隨清露白鶴長空驚月落松影寒孤僧夢欲醒

寓目

十年前此舊曾過憶棟維新感慨多風掣長楊喧鐵馬雨昏衰草臥銅駝無何急遽傳烽火竟爾滄涼委逝波瓦礫摧殘人過少幾時重見築嵯峨

除夕祭詩

歲華何處老數幅剡溪藤風雪離亭酒關河旅館燈行踪多異縣舊雨半詩僧回首俱陳蹟探囊感不勝

別昆兄

大雪滿天地茫茫何所之鄉關此一去雲水路多岐道遠兼烽火家貧仍別離不堪灞橋上握手訂歸期

延秋門外作四首

幾處荒墟隱斷垣十年重到樂游原山河有恨燒難變花柳無愁笑不言在日何人春牧馬於今是處夜啼猿傳聞蜀道多艱險誰遣明皇去故園

當年景物劇淒涼不信孤亭樂未央獨使廟堂馳遠道誰將弓矢衛蕭牆殘碑日落蝸龍暗別院春深草木長差幸文公猶在墓只將雞酒酹斜陽

當年苑囿鳳城西朝罷時聞未午雞花逕曉風調紫馬柳陰春靄醉黃鸝侍臣賜第雲霄近野老嘉禾雨露齊此日可堪回首憶萋萋滿目亂蒿藜

行人遠去杜鵑愁日日空林喚不休在邑豺狼爭跳躍吳鄉鶯燕忍勾留歲華未晚花全落春色難回水自流日暮東風憑眺棄少陵憔悴曲江頭

洞庭舟次紀夢

也欲飛吟渡此湖岳陽樓上乞靈符仙人笑我清狂甚謫向巴陵作酒徒

聞警

今夕抑何夕天容此寂寥雲沉孤月暗風急衆星搖戍馬幾時息飛鴻何處招伊誰將旗鼓車

騎靖黎苗

塞下曲

生爲幽燕兒少壯輕別離請纓去鄉闕一腔餘熱血轉戰三十年摩挲吳鈎欵昔日帳下兒今日入中傑長官建奇勳功高獨決絕昨夜秋風鳴繞盧聲凜冽原頭百酒梧河畔堅冰裂搔首望故園寒雲黑如鐵立馬何茫茫千山暮飛雪

廣東天門

一鞭殘照馬嘶風鳥道蠶叢萬里通奔逐我成追日客往來人似信天翁重關鎖鑰森嚴極三晉山河表裏雄下界白雲寒不動數家烟火有無中

繆　艮

平南人字兼山號蓮仙諸生著有一厂山人詩集　蓮仙詩酒風流交遊半天下遇文學之士必折節下之（見捲蕉樓同人詩鈔）

鄉　思

獨坐即愁生漏長驚燭短寒蛩泣空堦側聽腸欲斷昨夜夢魂歸家山紅葉滿秋風不相憐吹我還孤館何以慰離情寥帷延月伴

落　花

小園殘花落地頻尋春未倦又傷春莫教飛過鄰牆去恐有閒愁似我人

夜過塘樓

何處棹歌發月明烏夜啼一枝柔櫓礙搖夢過塘樓

五十初度自述四首　錄二

已是人間一老翁自嗟頭腦太冬烘名因久困心方淡詩到長貧句未工識字便爲憂患始行年多在寂寥中半生初度三番客冀北江南又粵東

生日空憐馬齒增上元時節試春燈相依骨月惟兄弟得免饑寒仗友朋避客閉門應諒我打包行脚本如僧聞雞尚作劉琨舞伯玉知非却未能

送　別

折柳河橋柳未長春波帆影兩茫茫客中送客原嘗事其奈歸人半故鄉

月夜寄懷

貧到客途易怨爾知己難逢分情不隔衾薄夢俱寒明月此時好故人何處看姮娥應記憶曾照共凭欄

詠　錢

文籍休誇儉腹儲解嘲聊且咏青蚨人甘爲虜何妨守我豈無兄肯淚呼惟有空囊詩易滿未曾挂杖酒難沽買山須趁春時好榆莢風前徧地鋪

西園坐月

貪坐西園月深宵戶不扃樹濃斜拂屋池漲倒涵亭滴露堦浮白含烟岫失青漫空飛蝙蝠倦眼忽然醒

園林晚眺

園居漸覺晚凉侵烟水迷離一徑陰人以無聊方覓句鳥如有約共投林山高空極思鄉目日落平添望友心自顧頭顱傷老大每看嵫景費沉吟

覃朝選

蒼梧人字晴川諸生著綠蔭堂詩稿

夜坐

明月上林東遙天門遠暝好風松間來流水憇虛聽宿鳥時一鳴濕螢飛不定坐久生微寒白露滿蘿徑

山行

輕雲翳日影古木淡秋陰一路山行好泉聲雜磬音松杉多古意猿鳥亦仙心舉目炊烟外人家黃葉深

水仙花

素質亭亭衣縞紵黃昏獨自開庭佇是耶非耶帳外人欲行不行江上女冰作精神玉作骨幽懷幾許天邊月含情對月悄無言冷露濕透凌波襪

寄壽嵋弟

連年多外侮賴爾息紛爭辛苦持門戶艱難見弟兄母欣今日健子是去年生底事歸期誤春風吹落英

到昭平

出峽如出戶羣峰次第開城低遥見樹塔古半生苔水急舟難住天空月早來鄉音猶未改吟眺獨徘徊

野處

野處多幽勝桑麻映綠林雲光烘日午鳥語答溪音籬落瓜壺滿柴扉竹樹深太平到雞犬鳴吠亦無心

秋柳

記得分離日長條拂馬鞭相逢搖落候猶有故人情黃鳥春前夢寒鴉雨後聲可憐行客意寂對淡烟橫

夏雨

濃陰日色收晷綠滿墻頭雲重晝疑暝雨多凉似秋庭花開乍落溪水漲初流盡日沉沉坐簷行響未休

庭樹

庭樹凝新綠招凉滿砌陰枝疎微漏日葉密靜藏禽坐對得清趣興來時一吟幾番風信過階下落花深

覃朝年

蒼梧人字譽嵋諸生著仰古堂詩集

昭君曲

北地風霜慘長門日影深紅顏原薄命不獨妾無金

書明史靖難事

稱戈南向竟何名大內灰飛恨未平不信蒼天眞好殺可憐骨肉太無情九原縱憾高皇意一

字難逃後世評偏是象賢能步武再傳又有樂安兵

冬日遊銅鍋山

歷險尋幽勝探奇拂亂條溪聲宕石壯風勝入林驕谷窈雲相得叢深鹿見招前岡烟燄起知是獵人燒以上見掇蘇樓同人詩鈔

石漢

藤縣人字珠浦諸生著有溪香集　珠浦性不好帖括終身以吟詠自娛見掇蘇樓同人詩鈔

贈麥章泉

過我心頻喜思君情益親一燈雙照夜萬事總輸人少日能安命年來覺更貧勉傾今夕酒盡醉莫傷神

題凌雲齋

日落幽齋靜虛簷夜氣清月遲山藏影溪小水吞聲活火烹春茗村雞報早更興豪雖漏短詩罷遠鐘鳴

徐濟

蒼梧人字巨川　巨川性峻峽不能容物朋儕有過必面折之或稠人廣座中稍有不合艴然竟去工書畫好吟詠妻喪無子卒於友人家中詩卷零落僅獲存一首見提蘇樓同人詩鈔

筆牀

四管象爲模中書倦欲扶靜涵花氣潤[illegible]借墨痕鋪風雨情偏洽龍蛇夢未孤青隨吾道拙高臥薄珊瑚

黎文田

臨桂人字孟先號雲[illegible]道光甲午舉人　雲[illegible]敏而好學兄弟怡怡生平以著述爲己任年僅四十賚志而歿士林惜之見提蘇樓同人詩鈔

夜上欄馬嶺

荒村朔風急行人夜半食出門不見山突兀半天黑緣炬上危崖捫路入叢棘深谷墜虎狼懸巖盤蛇蜮風吹星似燈月隨雲[illegible]羅中夜樹盤旋忽在高峯側俯視鵂鶹巢仰看斗牛極海日射天紅漸辨山川色逢人問前途中心復惻惻歸家履席安寤寐夢中陟

閒居

九州泛瀛海不知何時泊六鼇冠三山毋乃貫以索天地似青萍大勢[illegible]無薄我如蚱蜢飛忽

作萍中落勞勞千萬日靜中每有獲哀此世間人一一分憂樂豈知身未生百事何所托若使居三山且憂滄海涸

和汪劍峯再飲酒詩

筆陣走風雷文詞煥星斗古來絕世雄終化爲烏有不願腹多才但愁甕少酒貧賤鬼所嗤富貴仙可友由來造化兒久作痴聾叟與子自今日非酒莫開口

贈汪劍峯 自注卓夫號劍峯予號斧仙以詩相謔

我從采石捉月來海邊一一生青苔君在蓬萊數星斗時時觸怒天門狗貪狠封豕影縱横一劍揮之東北走平生志氣高如山更無人石弓可彎秋風一旦吹毛髮便覺兩鬢成斑斑九邱之山草生乳上有仙人騎雙虎與君采藥供天姥礐綴殘雲衣可補半途若逢贑巨人君有劍兮我有斧

白雲謠

山之雲兮不可招胡爲屋上來飄搖白雲飄遙近我屋我欲因之抱雲宿天風吹雲雲去速雲去速難相留長空遥見飛悠悠安得天梯長百尺抱得白雲歸我室

登黃鶴樓作

鐵笛響驚秋淒淒卓滿洲一江惟夕照千古此高樓我欲借黃鶴因之寥廓遊仙人不可見雲

氣但悠悠

秋夜偶成

秋氣逼孤燈秋光冷欲凝夢魂清共鶴詩骨瘦於僧銀漢似流響凍雲將作冰應知霜隕處木落見山稜

聞蟬

永晝正寥寂忽聞清韻飈滿庭惟綠樹三徑自斜陽我亦苦吟者終朝歌嘯忙佇宮吸風露共爾洗中腸

題李璞完女史詩稿

天地英靈氣芳閨竟得之儼然丈夫概不似女郎詩慷慨談兵夜（自注女史有和外子秋夜讀兵書有感詩四首余最喜其千秋兵陣無成法一代英雄豈讀書之句）蒼涼弔古時（自注謂稿中詠古諸作）如椽揮大筆愧煞衆鬚眉

春草

連天獵火舊曾燒此日萋萋色又饒遠浦織生疑翠羽美人相贈抵瓊瑤淡烟疎雨逢三月流水斜陽送六朝猶有不此山下路風吹書帶綠條條

登岳陽樓

胸中雲夢呑八九醉擘青蛇獨倚樓三楚湖山一窗納滿城烟雨萬家秋誰能憂樂關天下我

學神仙到上頭明日扁舟武昌去更騎黃鶴碧空遊

遙題挹蘇樓寄施香海

先生大開詩世界挹蘇樓起當蘇山蛟龍造次欲手攬雲烟朝夕陪身閒有時吟客偶然集無事柴門長自關我擬扁舟一相訪晤君楊柳芙蓉間自注閣樓下楊柳芙蓉甚盛故云

月夜有憶

月明村舍犬無聲沽酒歸來夜二更遙想山中人寂寂一爐松火煮黃精

訪黃雲峯道人不遇

應在前峯採茯苓洞門空付白雲扁林間飛出千年鶴瘦骨峻嶒似爾形

宋琦

臨桂人字瑞堂道光戊子舉人

弔女校書阿鳳并序

阿鳳姓黃氏藤江歌妓也容華娟好性躭翰墨邀其侑酒者非文士不往仇家欲刼之鳳避禍於其戚家戚得鳳逼令見客鳳不從不堪其虐遂鬱抑而死年十八猶處子也悟禪居士徵詩弔之

樂府翻成子夜歌散花會伴病維摩詩人老去風情減一曲東東奈爾何

闌珊紅雨弔春殘美艷風情不耐寒慚愧當年狂杜牧杏花狼藉不曾看

天涯芳草怨王孫金管銀簫有淚痕為問眞娘今在否梨花寒食掩重門

一江春水碧生紋曾浣當筵白練裙流出浮金亭畔路傷心潔抱小青墳

蘇錫齡

藤縣人字夢棠嘉慶丁夘副車官北流教諭著梅花百詠詩集

雪梅

任[illegible]寒威徹夜加香禁人[illegible]更清華影浮東閣非關月香滿西湖不見花臨水倍驚銷骨冷巡簷低壓玉釵斜袁安此際休高臥好向孤村問酒家

鍾彬

蒼梧人一名毓之字康民號英山諸生

秋感

桐葉初飛[illegible]宇清[illegible]天老樹變秋聲樓頭孤鴈三更遠江上西風一夜生作賦慚無才子筆悲

秋如見古人情囘思身世難成寐每聽溪鐘坐到明

美人渺渺白雲端愁向江樓獨倚欄幾處菰蒲霜氣重數星漁火漏聲殘看來傀儡輸人巧老去娥眉悅已難何日清溪苔畔石相逢同把釣魚竿

聞蟬

天末正懷舊寒蟬忽爾吟幽含清露咽遠逐晚風沉滿地夕陽淡無人庭樹陰可憐聲斷續都上別離心

舟次陽朔

日暮停橈處思鄉百感生雲封橋外渡山壓水邊城羇旅關親念艱難見世情何堪江上路嗷嗷夜猿鳴

別左十四麗生

一見欣如故含愁那忍分舟移寒渚月心逐亂山雲贈別無多語論交豈在文南來有鴻鴈書早寄同群

題聽泉圖爲歐陽鳴遠作

無意成清聽潺湲靜裏聞疾穿山脚石低濕水邊雲潮長平沙失江橫野色分問渠傾耳樂可否贈同群

重九登南山觀同施香海并及門諸子

漫道山高絕登山客更高狂呼通帝座沿路聽松濤谷邃鐘如答江湍石怒號興君携酒榼乘興莫辭勞

開樽開席地坐對郡城東遠水浮孤塔炊烟盪晚風一天青鏡似萬瓦碧鱗同醉把茱萸看茫茫大塊中

秋色蒼然滿秋心更若何梁鴻猶在廡宋玉漫高歌芳草美人遠窮途名士多放開雙眼白我志在鷗波

縱目

田園開縱目杳靄總無邊風過依松住雲歸在鳥先山花連細草竹屋繞流泉我亦懷高隱何時卜數椽

左麗生招飲風洞山同邵石鯨蕭漢生宋璇亭

亂石擁危樓天風四面秋雲深衣帶冷洞小逕通幽山鶴昔誰駕元公此舊遊多君携酒榼那復厭勾留

醉倚雕欄望虹梁疊綵生諸天開色相福地占孤清遠樹多藏屋奇山不出城謀歸緣底急鐘打暮烟橫

與左桂舟師夜話

竹外漁燈幾點紅酒闌同話小樓東三千里外欣回首一十年前歎轉蓬門戶看來唯我冷文章未必獨師窮天涯尙喜逢迎好漫道今人薄古風

贈潘臥霞

沉沉寒晝陰杳杳神龍燭娥眉工笑嬖後庭肆予毒勿吹齊門竽勿炷荊山璞匪惟妨魑魅亦堪憂洛蜀期君作冥鴻高舉凌雲躅

于忠肅公墓

隻手能成奠國功翻將刀鋸報孤忠英皇復辟終傳旨徐石何人敢殺公水繞台山湖月朗草侵石馬墓門空偏安和議殊南渡戮岳奇冤一樣同

秋夜與潘臥霞左笠叟同賦得佳字

對酒忽不樂寒霜已滿階月低江樹暗山鎖宿雲霾愁味緣秋重詩情入夢佳美人何處所相望各天涯

哭左十四麗生

情深翻自累萬里挈家行春夢一官短高風雙袖淸妻兒艱旅食文酒憶平生孤櫬幽燕北憑軒涕泗橫

方慰飛揚志誰知返國難青楓幽塞黑朱鳥夢魂寒宿草悲何極荊花影更單可憐生死隔猶
作別離看

成子剛

懷集八字羅圍號近齋拔貢生著樵廬詩集

舟中聞鷓鴣

相呼湘喚碧江隈斜日篷窗各夢回怪底聲聲行不得行人那自異鄉來

初聞秋風

蕭條無語對孤檠颯颯金風夜幾更萬里關山悲木葉一時郊野漏秋聲深閨少婦愁先覺孤
館離人夢早驚最是關心空際雁飛飛月下又南征

采蓮曲

誰　年少隔花望蓮子蓮花空斷腸且莫漫猜花解語是儂身在水中央

曉　晴

春山一夜雨洗出前峯碧旭日上層巒晴烟散平澤尋幽不覺遙草沒騷人屐蹊徑寂無人時
有鹿行跡

欲別

欲別牽郎衣問郎何日歸郎指門前梅約以花開時那堪一別後人遙信亦稀昨忽憶郎語起看樹上枝梅子已如豆遍樹青離離

送春詞

留春不住送春行春自無言物有情葉底黃鸝梁上燕一時都作別離聲

秋興

幾日庭柯換綠陰捲簾人覺曉寒侵露涵商意橫林薄風併江聲入暮砧身世蕭條他日淚名場潦倒十年心知君秋士悲秋慣寫出秋懷爾許深

卷十

汪運

臨桂人字任之號劍峯道光壬午舉人著沐日浴月厂詩存

離詩

兒時視青天謂僅高於屋徑欲借梯登星辰携一掬長成始自笑神志太超忽忽忽廿餘年且

捭塵中足青天不可上兒時不可復翹首望長空依舊凝蒼鬱

到　家自注時自黄州旋里

我學大鵬飛水擊三千里一路風兼濤送我還桑梓洶洶打船聲至今猶在耳三旬不見地由來地在此夜半庭間松奔騰喧不已幽夢乍驚覺猶疑臥篷底

掃我讀書室開我貯書厨築我種花隝鑿我澆花渠朝來書叢中如與古人居暮來花叢中如對傾城姝宜何號我身書癖與花奴宜何號我屋書庫與花廬

游仙詩并序

少小好仙俗不吾賞採藥石林扶雲來往歸吟此歌天風答響

冷然御風來漸入清虛天天影映衣裳葱葱翠色鮮仰視白玉京仙僚滿帝前掉頭去不屑隨意探雲烟惟與造物遊不受韁纓大笑出天外洶是仙中仙

天公掬萬里洶向滄溟中一一插青冥狀與蓮房同我欲摘以餐芒角羅心胸咳唾落九天化作光熊熊一笑太多事徒驚群倮蟲不如摘作錢天酒沽雲中

身老天地後心遊天地先天地自我出不愧稱眞仙傲睨紫府中狡獪諸少年鞭山驅雲雷誇奪造化權我識惹天笑未底玄中立今者吾忘吾焉知坤與乾

贈趙太初即隨其小照

山澤癯仙碧骨綠髓何處爲家太古雲裏有時展書鳥篆龍文有時援琴籟動泉奔我往從之歎不一語羽袂風飄凌空欲舉山何高高水何深深徒奇君貌莫識君心

祝融峯頂觀日出歌

萬星燦燦石上生我來與星爭路行大呼罡風起碧瀛好吸火輪昇太清金雞怒號眦欲裂天紫天黑倏明滅祝融雲氣不掃絕我有秦紹濺爾血自注峯頂雲氣四時不散

任之生歌四章

任之生手把芙蓉朝玉京彩雲足底光幾生罡風天半苦相阻鞭笞鶴背難前行任之生宜爾五嶽胸中撐

任之生南山有湫濁不清瘴烟毒霧紛縱橫木葉落水爛如墨蝮蛇貪飲時來行任之生爾朋拔劍將山平

任之生崑崙玉禾千尺莖玄洲珠醴香且清有人竊食換凡骨爾甘辟穀饑腸鳴任之生露華霞實難充盈

瑯環洞裏書縱橫六丁欲取威難行蛟龍守戶人絕跡奇文夜夜騰光精任之生任之生爾盍居此聊娛情

春夜月下獨酌偶成

梳茗澄微碧爐烟裊暗青花薰三徑月酒侵一杯星壯志憑看劍迂談聽說經（自注時聞鄰塾誦經）醉來思跨鶴瑤島訪仙靈

松

峯頭千古立無改葉森然月影不到地濤聲遙在天往來深蔭裏時有綠毛仙贈我如拳實餐堪駐大年

桃

仙源尋不誤望裏絳華新流水有仙意洞天含古春一溪紅雨亂十里綺霞勻我欲花中住非關慕隱倫

道室

松子如拳墮十畝清風肅靄生岩扉澗雲漏入破窗濕山氣化爲綠雨飛移白石鐺承寶乳剪青蕉葉補秋衣千年老鶴具靈性從我休糧亦不肥

夜雨

讀罷陰符倦倚幃爐烟漸瘦燭花肥前溪半夜老龍出風雨一窗愁劍飛

野人

野人野性猶如昨來向溪山步月歸夜半石床涼似水幾回夢繞白雲飛

題黄雲峯煉師道室自注在白龍洞

靈岩借得好棲眞元牝門中細問津鬼眼瞰丹青射牖鶴身向月立如人草當靜夜生靈燄烟散晴朝化綠塵吟罷秪愁龍出靈繞爐雷火燄如輪

俠客行

風簷前墮片瓦非片瓦乃客也仇頭一生前擲仰天笑吾事畢矣伏地謝客愚客已去杳無痕風騷騷箏援援漏沉沉夜悄悄

白燕

軟語還應似屑霏綺簾爲爾換珠璣三生感舊餘紅縷千古封侯出白衣玉雨和泥營壘冷銀雲入夢覺魂肥秋來歸路知何處月黯深深任奮飛

贈人

散髮披襟爲率眞謫仙雖謫寧沾塵寄身天地同逆旅放眼古今誰可人詩豪酒豪喚俱稱花史眉史編常新清風明月不用買一笑先生奚患貧

晤王介臣郎別

相慕少已久相逢情自親酒懷偏磊落詩膽更輪囷小徑夕陽淡遠林霜葉新驪歌聽不得愁送暮江濱

李佩蘅

荔浦人初名崔字蓉舲由翰林改官安鄉令因詩罷官

關中雜詠

崤陵山色鬱蒼茫封豕連雞事可傷豈有戰爭能樹國漫從升降等興王草深雨濕唐碑字樹老秋飛漢瓦霜無限古懷銷不得樂遊原上望斜陽

依然雞犬戀新豐竈旺兒童唱大風千載霸圖塵草草五陵秋色雨濛濛松槐夾路眠銅狄楊柳排門繫玉驄莫上咸陽橋上望四朝宮殿亂煙中以上詩見于況周頤阮盦筆記五種

唐榮業

臨桂人字月山諳生

采蓮曲

沙棠划子木蘭橈采蓮姊妹隔江招羅衫薄薄香風飄香風飄無遠近早歸家免郎問見于阮盦筆記五種

左乾春

臨桂人字麗笙道光乙未進士官直隸知縣見于阮盦筆記五種

采桑詞

朝煙暮雨約提筐竟日提筐陌上忙陌上正愁忙不了妾家還祀馬頭娘

柘館蠶眠怕葉稀相邀人趁夕陽歸可憐入扣絲絲日知是誰家蕩子衣

三起三眠知未知采桑直到最高枝時清不作遼陽夢傳語金夫莫浪疑

封　豫

容縣人字望仙歲貢生著翠園山房小集

鴛　鴦

共宿來烟外雙飛拂水低月明春浪靜逐夢入香閨

好　夜

春風別自閨良宵塊磊時時仗酒澆翠箔隔來燈不斷玉笙驚破夢無聊愁多衛叔清談廢瘦劇休文腕肉銷同志幾人曾見憶芳辰爲謝東相邀

舟泊梧江聞鄰舫琵琶

輕舟帶雨泊江城江上琵琶寫恨聲纖手玲瓏珠一串氷絃悽惋夜三更雖非遷客曾多感九

有塵緣易動情明日掛帆灘水上暮濤猶認紫檀鳴

懷覃愛吾

傲骨英姿創不平牢騷心事向誰傾項斯何用逢人說恥與庸流識姓名

編詩戲作

當代誰高手文章憶上流著書聊自適不必有窮愁

殘秋夜中隨筆

十二瓊樓弄玉簫美人曾憶董嬌嬈重門深鎖清秋夜未許芳魂度綺寮

絕　句

晴搖綠樹暗颸紗浣粉研香浥露華莫道東風不相識幾回吹夢上梨花

嶺　上

嶺頭榛莽一孤墳瘞玉深深怨淚紛斷粉零香那復有半山松葉落寒雲

賀明章

蒼梧人字尚文號東橋又號大殊著覺夢樓詩草

遺　懷

淵明不解音愛弄琴無絃我却不能飲每吟必酒先好色而不淫此語味通玄伯牙性本癖劉伶情自偏但得物中趣豈爲嗜欲筌

闌干

臺閣亭亭遠絕塵朱闌糸曲不勝春花開月上頻相倚不是詩人定恨人

尋詩

尋詩緩步趁晴春傍柳隨花繞澗濱身在景中吟不出輸將佳句與傍人

嚴烈婦詩并序

烈婦蒼梧人嚴亦和婢也嚴納爲妾甫經月夫主病死婦自溺以殉

[illegible]容[illegible]義[illegible]樓人[illegible]月[illegible]千山慘[illegible]春桃[illegible]寧逐水絮白肯沾塵豈與懷沙恨娥[illegible]

晚眺

仙橋閒立處四顧景蒼茫遠水生香霧歸雲帶夕陽鳥聲毋樹開人影落溪長幾度微風過開襟納晚涼

秋蝶

白露凝芳草南園心事違寒花棲不穩殘葉偕同飛金粉光憐減齊紈影覺稀繁華春一夢同

首憶芬菲

秋樹

一種蕭疏致雲林得意圖高枝涼月澍殘葉晚烟扶驚鳥聲還繞吟蟬影自孤遠疑花再發紅處望模糊

述懷

振翮無人一奮飛艱辛歷盡志多違不經盤錯難成器早判升沉易息機射影暗傷謠諑衆忘形相與友朋稀膝前時作兒童舞肯把朝衣換綵衣

閒愁漸少上眉端限界多從閱歷寬一見花開頻喚酒每逢月上卽憑欄路於過後方思險事到當前始覺難隨遇不勞深着意但能安處便相安

冷暖年中幾變更循環頓悟慮皆輕觀多書史才方壯歷盡艱難氣自平美酒只求歡客意好詩不過近人情憐他蘭蕙幽貞質却向當門伴草生

遊興還將睡興兼天教貧病莫相嫌鳥聲差比琴聲逸軍政如何酒政嚴閒事少知非癡博好書多讀不傷廉三旬九食尋常事詩若能工死亦甜

落葉

綠暗紅妍滿露餘紛堆門巷未曾除蘭成多恨空能賦杜牧深情暫駐車雨過庭前聲細細風

來欄畔影徐徐不須重向秋林望一種蕭疎兩鬢如

一聲聲聽響空階幾度臨風動別懷莫便亂隨流水去好令深共落花埋美人傷晚魂空斷名

士悲秋韻自佳多恐前身原蕩子年年漂泊向天涯

婆娑何日志重伸落拓形容總失眞嗟爾寄身依草莽還誰取士向風塵望來霜妬偏增色話

到風流只慘神相對孰無遲暮感金城司馬亦猶人

清宵惆悵落繽紛靜觸書齋我早聞欄外綠陰消一半隱前明月長三分蛛牽當戶疑花片猿

藉空階亂蘚紋風送自應歸上界漫從林下去尋君

婀娜飄蕩儼遊仙去證三生石上緣環珮幾曾歸夜月枝條空自鎖寒烟好題佳句溝中和慢

捲胡笳塞上傳欲掃呼童還駐帚匆匆忍使付長川

晚來白髮暗相侵惆悵西風別故林幽恩未能隨月淡閒愁自覺向秋深開門頓改園林色讀

易徵知天地心回首淒陰成一夢瓶中有酒莫辭斟

落　花

記曾相訪過前邨忍見飄零可閉門鳥自多情啼白晝人誰無淚怨黃昏賦成南浦空流淚送

到東皇從斷魂漫道匆匆輕別去長亭曲沼盡留痕

相妬何堪悵尹邢柴門日永盡常扃撩愁風攪半天雨勸別春歸十里亭既有盛開原有落只

須長醉不須醒尋春杜牧來何暮青帝匆匆去不停

塡門堆巷落層層舉步生憐意不勝影響悟來原有着色空參破得何曾多情我尚塵中士無

繫君誠化外僧滿地綠陰蟬噫噫高樓此後少人凭

春日偕友散步郊原並遊城東諸寺

雨後芳原鬧池塘響亂蛙燕飛低掠火蝶舞不離花於世吾何補逢時物自華浮生總孤負俯

首思無涯

三五城東寺今春第一遊鳥聲含樂意山色豁吟眸樹老多空腹僧閒亦白頭流連無限興獨

自倚層樓

送朱振全先生旋里

識君方恨暮年時相聚無多又別離春水綠波歸興早夕陽紅樹繫船遲勝遊豈及鄉園樂得

句翻因道路奇嗟我欲歸歸未得天涯分手悵臨岐

唐任龍

臨桂人字虞臣

過余二墓有感

異地孤墳在誰防牛馬侵上因入塋薄碑爲咨鐫深篋剩生前藥鄰分死後金征魂杳何處寂寂暮山陰

梁懿藏

蒼梧人字絳芸諸生著絳芸詩草

題畫

白雲横山腰清泉注山足雲泉本無心青山自然綠

秋風詞摘句

江上秋風寒園中柳變色（收句）春情與秋意相去何迅速（收句）

按秋風詞原五言絕句二首起句已脱落無從全錄今止錄二首收句（健澳氏誌）

黃鵰穎

容縣人字季櫂號星槎諸生著知不齋詩稿

輓深亮禪師

憶昨曾遊地論交已數年酒傾涼月夜琴弄綠陰天采藥非關病談詩不礙禪名山今寂寞同

首淚潸然

蘇錫錞

藤縣人字虛谷諸生

抵皐華江遂至田家

乘輿入皐華飄然泛客槎水飛灘面石船擱渡頭沙鶴靜松爲侶山深竹作家我來農事畢一徑入桑麻

區博

蒼梧人字文開號晴崖諸生

春閨曲

睡眼朦朧忽驚覺落花亂點芙蓉幙心頭春夢半糢糊倚遍欄杆思不着南園幾度草萋萋何事征夫不憶歸他鄉應無杜宇啼

遊塔影園懷友人

踏遍橫塘路秋心滿夕陽當門山影瘦隔竹水聲凉妙句閒中得幽花靜裏香懷人千里外昨

夜夢瀟湘

弔鳳吟并序

女校書阿鳳藤城人本姓甘鵠母黃絕憐愛之因隨其姓焉品輝春雪色麗朝霞每於燈灺酒闌其色若有不足者詢之曰此地可久居者耶儂欲得有心人事之耳遂其衒酒者非文士不往雖雅謔紛紜而不稍及私昵年十八猶依然處子也藤之惡少年思見鳳而不可得戚欲以威刼之遂避於梧江某戚家客聞鳳至求見者戶屨恒滿戚遂廹令見客鳳矢志不屈戚虐之其母不知也及疾革母詢之曰兒何言耶答曰兒何言死固兒命也兒死後惟願瘞於浮金亭畔衛公祠側庶千載得與英雄文士爲鄰兒死且不朽矣言訖而絕諸名士作詩歌弔之且於塚旁遍種梅花以娛其魂魄云

舊恨憑誰訴新愁幾斷腸怪他名阿鳳羞作野鴛鴦

一病經春久深愁玉有瑕豔魂應瘦盡秖合伴梅花

打槳月黃昏羅衫染淚痕夜深人語靜誰與賦招魂

亭畔莫迷離孤墳傍古祠祠前紅豆樹休更喚相思

黃學文

蒼梧人字萬秀一字心餘著大雲山樵詩集

過鄧方翰明府吟樓感賦

裙屐風流事渺然危樓空倚夕陽邊一官轉誤文章客廿載誰修翰墨緣山水有情餘舊社鶯花無主續新篇投壺擊缽消沉盡習靜蒲團劇可憐自注方翰有蒲團習靜圖

李白巖

天闢靈巖作醉鄉謫仙人渺樹蒼蒼屬車萬里懷雲棧明詔三徵悵夜郎京國艱難生感慨江山牢落賸文章都將樂府烏棲曲付與猿聲嘯夕陽

登平南城南文閣同家竹君賦

雲收雨色開晴擁萬山來高閣凌霄漢何人闢草萊臨江沽酒市隔水讀書臺每憶南朝客風流獨擅才

秋江夜泊

山崦泊孤槎飄零感歲華寒蟬隔楓葉漁笛出蘆花夜月愁中客秋風夢裏家何時賦招隱揮手謝天涯

過獅子洋

極目浩無際長風吹怒濤雨昏龍氣合山峙虎門高心膽依帆壯襟懷托酒豪茫茫天一塹延

望首重搔

旅夜懷家樊縈

殘月墮西林輕寒生客衾亂山千里夢長劍十年心囊槖無餘累風塵尙苦吟美人隔秋水獨坐一燈深

寄懷潘紫虛外翰

富貴竟如夢先生歸去來一官頭易白三徑菊堪栽山月延書榻春流泛酒杯輿酣發長嘯猿鶴共徘徊

已往不可諫從茲惜歲華天應無棄物詩即是生涯大雅承三愛（自注：紫虛刻其父兄詩爲三愛堂集）風流屬一家何時侍吟席載酒入烟霞

送鄧芝田歸南海

風雪滿關河輕舟逐逝波共憐知己少深惜別離多珠海月初上花田夢屢過順時須努力莫使老蹉跎

村夜

夜半山月高山中習幽靜清風時打門一犬吠松影

李其昌

蒼梧人大興藉字明農諸生著詒卿詩鈔

月夜宿孤山

空山寂無人妙境心自領一鶴踏明月滿地梅花影

將抵都門先寄大姪正鏞

還鄉有夢到柴扉憂患年來減帶圍親老豈宜爲客久家貧始悔讀書非白嫌負米歸何晚敢道憐才遇竟稀生計無多頻累汝勉持舊業慰重闈

月　夜

屋角挂殘月天末微雲生雲來月微隱月吐雲俱明須臾一廻顧雲散天爲清露華綴蘭葉下有秋蟲鳴

訪李冰如孝廉

日暮碧雲合杳然溪水深我來訪蘿屋秋色正陰陰樹冷泉鳴澗山空鶴聽琴遠峰相對綠與約共清吟

春日遊釣魚臺順道入白雲觀訪長春子彈琴處

長安風日美一路馬蹄驕春樹綠於水桃花紅過橋溪光圍鷺影雲氣湧山腰何處尋沽酒從容問野樵

沿道栽官柳清風萃路長堤形隨水曲濃影入花香野店飄青幟春波媚夕陽釣臺留盛蹟父老頌純皇

前村如畫裏遙見兩三家牧豎臥春草耕牛飯落花短牆編竹綠芳樹到門斜知是清明近時逢上冢車

欲訪長春子雲深何處尋泉聲落階石松籟瀉瑤琴白鹿飼蕉葉青牛眠樹陰此時有仙意不覺日西沉

題秦鼎臣先生所藏山水幀子

我聞宮錦之袍不易得中流忽見千峯懸豈知山水有本色扁舟草履皆神仙此境幽寂無人傳龍眠下筆純自然一峰宛轉向人立一峯突兀高插天其餘衆山亦縹緲凌空朶朶開青蓮草木堅瘦隨蜿蜒橫側向背尤鮮妍下有浣紗漱石之流水上有跳珠戛玉之飛泉鳥啼花落不願呼僮掃草堂恰在清溪邊阮孚屐伯牙絃想見讀書嘯傲年六朝山色新詩卷半棹漁磯舊釣船舟中更對一壺酒一聲欸乃雲爲穿不挹浮邱袖不拍洪崖肩百年三萬六千日明月清風不用錢放鶴去抱琴眠美人螺髻相廻旋竹籬茅舍亦自得何須青龍白鹿來蹁躚枕流

未許看松色經世曾聞仗大賢（自注：先生奉檄武定查辦難民初歸）君不見鄭俠流民圖願飯桃花燕子田又不見汲黯莅東海臥治獨結青山緣壁間此畫不可少政餘覲道神安全我愧詩才未有江山助但見淋漓潑墨如雲烟

除夕入大明湖登歷下亭作

天公謂我齷齪看妻孥驅之歷下形影孤天公憐我無地可吟嘯東風吹破春冰湖我知今夕是何夕桃符換盡辭金碧圯下曾爲進履人市上猶作吹簫客未曾彈鋏歎無魚華陰月自倒騎驢臨水顧影忽大笑身如萍梗心淸虛半嚮劃入鏡中去一亭招我來箕踞豐碑屹立蛟螭蟠金爵孤飛鸞鳳翥安能種得千樹梅盡興須傾三百杯珠斗橫空向寅指玉山自倒非人推此時有酒胡不醉此地無臺債堪避奇錘自詡劉伶來倚醉誰知吏部睡山風吹面酒忽醒遥欄遠對千佛青有如高人偃蹇不速至四仙五老攜手來亭亭相揖一俯首願作林泉友嵐光剛染青霞碣市聲又過金隄柳詞客爭爲栢葉銘春杯遍釀屠蘇酒似憐歲去惜年華此湖以外半人家團欒笑語黃金屋豈知寒樹仍啼鴉寒鴉啼甚苦彼此青山一抔土歲去不可留優鉢紛紛花落雨縱教採芝入商山未必常能駐大顏百歲光陰亦彈指浮生能得幾時閒何況臾婁尾耳迸入爆竹聲聲裏閨中若卜鏡聽詞獨立蒼茫看烟水

書楊忠烈公集後

紅丸進後臣心傷同受顧命由先皇但願許賜上方劍一爲朝廷斬逆璫官拜左副都御史國
恩未報身先死太阿倒授東廠臣當年豈復知天子方公草疏燈青熒舉家漏盡聞哭聲二十
四罪登彈簡雙手欲挽蒼天傾不剸公腹怨不息飛詹入至月如漆孰知奉命却空還夜半宮
中出墨敕竭來策蹇辭都門小帽青衣行得得是時閹豎恨未平尋釁難借移宮名第一廉吏
擢天[illegible]坐以贓賄飾人驚公也道遙持皴節被逮頸繫銀鐺鐵婦孺猶自望公歸爭奔奇冤不
可雪袖抄成案許顯純淋漓紅濺朝衣血老臣一死何足言可惜國勢金甌缺熹宗鬆漆知未
知味心堂前三木折二祖十宗鑒此心血誠還比江漢深茄花委鬼紅滿地爲公翻作應山吟
[illegible]今刑部血彩石猶是先生舊魂魄怪底黃芝生獄中天風吹落渾無迹獨留千古寸心丹信
[illegible]招魂　[illegible]一杯酒撒[illegible]笑參[illegible]

登鑪女子

堂前畫鼓聲聲擂堂中女子嬌如花輕裝結束赤驍悍[illegible]
女從容托以手自言不似宜僚丸乃使脚底風輪走少[illegible]
脚上脚不知以脚運鑪鑪轉旋鷹脫鞲箭離弦飛[illegible]
一落勢千丈不聞蘭氣嗌風前吁嗟乎擔荷之肩且欲息[illegible]玉趾高
對此應亦無顏色

張鶴樓讀書處

先生遠謫都匀衛手把奇書慰寂寥一自彈章登殿陛誰將忠悃採蒭蕘小臣淚下蘆笙苦丞相冠仍荷葉嬌今日龍山遺墨在清泉磐石憶逍遥

姚澤涵

荔浦人字雨人道光庚子舉人

擬唐人宫怨

羅衾輾轉欲眠難水殿秋深夜漸寒三十六宫明月滿幾人閒倚玉闌干

劉烇

臨桂人字子勤號少寅諸生著味鹽梅吟館詩草

傷肌二章

吁嗟厬兮忽不支兮豁然墮兮傷我肌兮我命危兮我神疲兮我神疾兮毋使我親知兮

吁嗟創兮血沾裳兮治以藥餌處不遑兮天之殃兮人難防兮母如知兮母心傷兮

區連瑜

蒼梧人字佩瑾號小崖晴崖子諸生

遊養正菴

悟得閒中趣招提結伴遊樹環村路曲花隱佛堂幽入定僧原古眠雲客欲留醉登峯絕頂長嘯萬山秋

蘇念禮

藤縣人號囚之諸生著蝨伏吟

汾江晤羅省吾硯友有贈

憶昔垂髫同筆硯風塵一別十年餘劍江春水汾江月慚愧曾無尺素書

梧江觀漲步李輔廷農部仕貢原韻

愁霖經月不窺牖日效曹參飲醇酒關心舊雨幾時來獨酌猶能傾升斗今朝天宇稍晴霽散步城南出亦偶懷襄驚見浪滔天孰障狂瀾溯隻手潛身巨鱷爭磨牙銜尾群狐戒濡首何人泛海意獨豪令我觀濤神愈抖俯仰乾坤合爲一恰似元黃未分剖嘆息臨流數萬家雜沓竟與魚蝦友寄人籬下住應難家具不完完亦苟回首洪濤沒舊廬酖毒懷安戒毋狃但愁米價

爭沸騰多少餘糧倚棲畝天公何事逞雄惟鞭撻魚龍學飛走憐余同病苦相關爭忍怡情向花柳萬間之廈萬丈裘紙上空談意何有幾回搔首向蒼茫注目哀鴻凝立久因端感觸遂成章次荒聊記日月某欲令消息達穹蒼嗟爾心肝爲誰嘔瘡痍滿眼淚潸然沿街哭煞窮途叟

繫龍洲 自注以下六首並孫師竹學使科試梧州考取古學作

鬱江浩浩聲摩空牂牁萬里開鴻濛灕江百折彎強弓直下梧郡交相通合并陡覺氣勢雄千軍萬馬避其鋒誰歟著力漏師攻孤洲一柱橫當中劈開巨浪飛魚龍惡聲震人三日聾我獨扁舟凌長風憑高一覽開心胸左顧右盼目力窮乾坤四面歸牢籠直欲舉手攀長虹獨惜蠻方設此雄提封誰將微意窺蒼穹重兵屯住長江東鎖鑰關隘無傳烽城郭屹立崇垣墉海嶠一併銷氛雾豈特防閑容與邕得其要者易爲功儻不微賤識寒蟲探我無堯達聖聰勳名直壓衡華嵩信今傳後垂鐘鏞紀事十丈碑崇隆粗沙大石相磨礱援筆作文吾請從千載一時此遭逢仰天吐氣殘霞紅

董　帷

西京人物多儒雅經世文章仰賈生何似一朝開道學竟爲兩宋作先聲三年久絕荒園蹟千古猶高博士名今日書帷留故實論功不數鄭康成

馬　帷

綠竹聲兼誦讀聲風流當日冠群英升堂每值窺簾燕入幕遙聞隔座鶯差喜東京傳絕學可憐西第誤生平炎涼世態須臾耳李杜光芒北斗橫

伏波灘

漫大驚疑風雨作簸蕩孤舟人膽落瞥然直向波心躍怖煞伏波灘險惡此時競說將軍名姓命敢與洪濤爭何來鐵石聲錚錚突騎怒作刀鎗鳴恍疑上帝朝白靈河伯騎龍昇太清天吳罔象相隨行跋浪飛出蛟鯢鯨仙人跨鶴吹玉笙鳳簫龍管琵琶箏吰哈鞺鞳聲交并青天白日喧雷霆如聞韶樂觀九成我時不敢馳心兵逢聰癡坐同寒蠅寂然一落千鶯聲戈矛劍戟交支撐　躍鳥舉沖天爾憂危去矣歡樂生自以所葆存忠貞入險出險已無驚但願風伯鑒至誠片帆倏忽越前程從茲水穩山亦平江神笑遣沙鷗迎

火山一名沖霄山

沖霄氣燄拂星河鬱鬱蔥蔥秀色多貼地群峰盡俯首燭天一柱獨嵯峨曾聞古劍理荒服勝有遺蹤試將佗終覓光芒逼文字江山奇處著東坡附近有蘇山爲東坡泊舟處

冰井

瑩然一勺最澄清邂逅光公得此名今日令人解塵鞅當年曾此濯冠纓嘗來宦味如冰冷照徹臣心似水清澈弔荒源尋斷甃徘徊顧影不勝情

偶 作

閒園屏迹學魚潛兀兀騰騰喜養恬人笑烟霞成痼疾我耽山水亦傷廉閒來濁酒隨時飲興到新詩信口占所幸庸流稀見面疎狂猶未惹人嫌

紀雪長句

夢醒忽驚雞唱月一道紙窗白光洩布被蒙頭冷如鐵終夜屈伸踏欲裂左右過遭熨不熱忽聞童稚詫奇絕搶攘庭前拾玉屑小犬隔窗吠聲徹張口磨牙如欲齧我急披衣起巡閱燭天光散漫漫雪林岫皓然一飄瞥此銀世界誰所設老樹夐然凍將折僵立枝頭拳百舌願近爲燖厭生活龜龍鼉蛟魚與鼈涸到九淵欲移穴何況微物細毛髮極桔乾坤不戰慄眞覺天公逞酷烈飛潛何知一網滅草木何辜一刀截寶樹琪花何足悅稍喜豐盈上可决釀酒江河米邱垤紀慶詩成句傲兀吟餘把酒觥心凸

咏雪七律

彈指瓊樓忽斬新倚欄憑眺亦精神卻疑皓月夜無色恰喜寒梅今有鄰酒渴更添胸磊落詩成倍覺句清眞幾回搔首蒼茫立一任風花落醉巾

披閱本年詩戲題

流傳未易到勾臚自笑耽吟本太癡底事近來風味減一年纔了十篇詩

和黎沛田除夕見憶之作併次原韻

忽看斗柄轉仰視蒼蒼天通國市聲沸終宵爆竹連愁多銷有酒債重折無錢孰忍此寂寂空
過廿五年

我友我城隔孤吟遣此宵人忙還有興詩到豈無聊日月壺中度雰雰天外消吾儕作霖雨惠
澤徧崇朝

有觸

寒燈暈昏花飛蛾自戕賊鼎鑊甘如飴束手救不得

春日紀遊長句

兎之年虎之月彈指新正五日越秀色爭輝蕊林樾與客共談春活潑何來閽卒報相謁兩箇
詩翁半蒼髮把酒豪吟坐超忽遊心矢向絃上發棖觸家君與蓬勃著屐共探山水窟走也追
隨脚不礙一路苺苔驚滑闆流水聲中短橋達拾級爭登大寶刹平生自挺錚錚骨首俯心低
衆菩薩老僧異相石肆瓜道貌恂恂近仁訥小室招邀坐十笏遠市盤飧應亦猝當酒茶甘止
消渴談餘諸老氣凌奪一句詩成一擊鉢初聞機杼聲軋軋忽驚轉調銅琵撥快如萬馬陣中
突矯若游龍波底活語探天根窮月窟瞬息摩空見秋鶻強弩夾射長鎗戛南海車乾北山拔
是何異樣秀才辣裁剪蕪辭屏斧鉞白戰不將寸鐵殺乾端坤倪見軒豁令我三緘稟甕括自

愧江淹才力竭怪事當空書咄咄試席孤飛敢傲兀忽見虞淵日輪沒天公一目儼欲瞎鐘磬飛聲振林末我亦歸心起倉卒濶步猿騰兎跳脫歸坐開窗膽猶慄強作偏師肆撻伐滿紙模糊見凹凸

冶春詞 按冶春詞原二十二首因板毀止存五首

漫道春忙我亦忙逢花處處費評量所慚艷筆輸徐庾枉作風流夢一塲

花花綠綠重重見白白朱朱色色分景在眼前詩在口一聲聲裊入青雲

盈盈一水夜聞歌觸撥閒愁喚奈何殘酒未醒窗欲曙可憐人已隔天河

何來百沸市聲狂是否名塲與利塲兩字標題看棹楔賣花亭子水中央

似曾相識燕依依迎我來時送我歸髣髴朱牆東畔見一枝春雨杏花肥

偶占

一盂白粥一青氈困守蓬門亦適然休說囊空恐羞澀滿池荷葉疊青錢

仿元遺山論詩絕句

主客圖成各有朋十年面壁愧吾曾分明認得廬山貌未敢隨人作愛憎

兩漢三唐格已陳宋金元後又翻新何人獨抱神仙骨秋水芙蓉迥絕塵高青邱

太息宮詞是禍胎豈眞造物妬奇才王楊盧駱皆相似恐是唐家再世來青邱楊孟載張來儀徐幼文

閨情兒女寄風懷臺閣文章品更佳一代才名新樂府鐵崖以後又西涯楊鐵崖 李西涯

誰倡復古說來今直比秦坑禍更深儻援岳王墳故事李何難免鑄烏金李空同 何大復

荷樵有客聽彈琴流水高山妙賞音可惜廣陵成絕調幾人窺見古人心高子業

苦教妃豨愈失眞誰將脣鼎辨周秦一時槐國衣冠古鮑老郎當祇笑人李于鱗

隆萬詩人格律疎翻教點竄到韓蘇燃黎結綠猶輕視莫怪甘心作珷玞王元美 汪伯玉

文宗永叔氣原豪詩近韋郎品更高不著人間烟火語紛紛輕薄笑兒曹歸震川 歸季思

謬種流傳不讀書楚人一炬竟何如三袁零落鍾譚起依舊浮雲滿太虛袁中郎 譚友夏 鍾伯敬

傀儡登場久失眞乾坤淸氣屬何人蹈虛一變歸徵實甘與楊劉作後塵陳臥子 陳其年 宋荔裳

北地馳驅一世豪三家江左更名高若從詩品分眞僞終讓吳儂得錦袍錢牧齋 龔芝麓 吳梅村

一編疑雨悵冬郎暗室明珠夜有光婀娜風流才絕艷仲初宮體擅齊梁王次回

遺篇蜀學久相推積習何因掃未開到底仙才脫塵鞅半空彈指現樓臺王阮亭

赤文綠字網無餘那有人間未見書今日曝書亭畔過何人不仰千雲居朱竹垞

我愛匏山是我師劍南遺派見今茲時流競尙西崑體王後盧前悉未宜查他山

競追漁洋七字奇苹田新句有誰知論詩若倣旗亭例醉聽雙鬟絕妙詞黃苹田

三生金榜已無名幾載京華尙有聲太息遺篇竟淪落文房五字抵長城沈方舟

九十詩人際遇隆可憐頭腦太冬烘宗唐祧宋胡爲者韓孟歐梅一例工沈歸愚

蘇黃楊陸筆嶙峋誰愛唐賢薄宋人氈毯一編留晬語暗中摸索恐非眞

子才原是妙才思何必吹毛更索疵一片奇光動魂魄幾家成就性靈詩袁子才

誰拔螯弧主坫壇驚看飛將出鉛山黃楊去後西江冷五百年間一大觀蔣鉛山

面目雷同了不知一時風氣盡如斯蟲豪掃盡靈光出盍奉雲松作導師趙雲松

別翻新派衍吾宗入杜由蘇始見工供奉眉山香一瓣畫屏處處畫髯翁翁覃溪倡由蘇入杜之說

隨風簌簌落瓊瑰爭羨黃滔有逸才未必人間勝天上三生淪謫卻歸來黃仲則

不同格調不相嗔仲冶聯吟有穀人自劃鴻溝分勝負仙才終竟讓莪民張船山吳穀人

舒卷雲霞絢太虛西江才子馬相如神仙眷屬風流甚紅袖青燈伴著書吳蘭雪

涪翁嫡派示淩夷奇絕藏園筆一枝更喜馮黎誇後勁尹邢避面恰同時馮魚山黎二樵

休說兒孫媚祖先文貞少陵文節山谷亦差肩爭教何李登壇後法曲消沉二百年

靈芝無種醴無源誰闢鴻荒品獨尊拔地一峰雄嶺外遙遙萬里跨中原鄭小谷

排比鋪張力有餘詩成一字一珍珠問渠那得才如許寄語王恭好讀書

一波生後一波隨百變何曾有盡時許到積薪原不錯國朝詩勝宋明詩

看梅

重門深掩靜無譁忽覺微風透碧紗勾引暗香來入座翠偎扶病賞梅花

哭弟宗壽

驚心一別最銷魂大被聯床尚覺溫仰首問天天默默幾番聽雨又黃昏

子晉吹笙已返眞女媧摶土更爲人恩深易了今生債可有來生未了因

猶是妍朱滴露時一燈知覺雨絲絲十年舊夢同誰話咿喔鄰鷄聽尚疑

采采芹香喜色新九年回首已前塵當時魚貫登門道總角襴衫少一人（弟年十六進庠）

熟讀韜鈐喜論兵懷才不遇亦虛生彼蒼妬爾緣何事未許孫吳更擅名

可憐好武更能文妙手驚看筆落雲一片靈光行紙上羨君何必讀三墳

幾載槐黃試建陵九秋忙了竟何成莫言桂籍無名分猶限頭銜廩膳生（君試優等未及食餼而終）

畫槳春波幾度遊笛聲燈影木蘭舟黃金散盡成何事惹得桃花淚也流

幾人愚魯忝公卿天遣沉淪過此生屈折每教成短折恨君眉目太分明

不屑迂拘不信仙平生爾自覺超然只今撒手靈芝殿想煞蓬萊別有天

了無魂夢共相徉想隔蓬山路阻長雲可爲車風作馬無教長住在仙鄉

濕透重衾知未知茫茫泉路究何之癡心尚想爲仙去丁令還鄉可有期

鶴馭歸來是也非承塵猶掛舊時衣無端攪得傷心話沙上別鴻留句飛

煉藥燒丹可衛生旁觀束手竟無成苓連味苦椒薑辣付與庸醫殺有名
思子臺邊痛有餘老親血淚夜盈裾遊山此後添新興更與何人共舁輿
世業詩書尙有期何須生女作門楣虧他老母含飴苦抱得孫兒當抱兒
嗷嗷中澤了無聞鴻雁哀鳴悵失群膝下四齡兒在抱何人負土共成墳
傷心何忍誄新辭痛絕荆花委露時月落烏啼霜滿院寒燈和淚寫相思

幽居

亂泉聲裏掩荆關心與孤雲日往還陶令有時還止酒尙平無事只看山鑪添柏子邀僧話瓶供梅花伴鶴閒一笑塵勞空擾擾幾人身在畫圖間

題畫

秋水揚清漪秋山莽重疊幾行秋樹更蕭疏著箇茅茨隱紅葉

遣興

長日閒無事蕭然此索居忘情餘麴蘗味道尙詩書迹類禪藏蝨心眞水養魚何須慕懷葛寄興在皇初

宿田家

滿眼投林是暮鴉夕陽紅處到田家香秔炊就新蔬熟爲我閒園摘菜花

寄懷徐小川 繼達

轉瞬河梁閱歲時暮雲春樹切離思雞窗風雨蕭蕭夜點筆何人共校詩
只今愁見柳絲絲憔悴張郎異昔時何日文園消渴減與君重唱冶春詞

幽　居

形影相依亦適然幽居本擬絕塵緣世間多少難言事何事風吹到耳邊

排　悶

僻處蕭然著此心何緣俗累頓相侵今朝掩耳已不及前日入山殊未深抱膝有情供嘯傲振
衣無地可登臨雲中嘹唳一聲響更聽飛鴻天外音

病中自遣

守拙無人爲起予蕭然四壁僕相於十年落魄人間久空有窮愁未著書
蒼茫獨立最消魂片月無情尙傍門誰把少陵詩畫出浣花溪畔客愁村
雌伏經時懶出行今朝處處問花名定應惹得佳人笑那些迂儒尙有情
跳蕩生龍筆始奇休參死句襲毛皮何因學得欺人語兩字乾坤眩小兒
徵辟何曾到隱淪歸來仍作太平民可憐生就奇窮骨不是金華殿裡人

題松林

誰遣空山作蓋來婆娑蔭滿亦奇哉可憐才大難爲用風過濤聲特地哀

閉門

深閉衡門與懶宜虛羸一病費支持迴春上藥參著易病我烟霞作麼醫

有感

雙輪日月擲飛梭卅載春秋頃刻過就享大年若彭祖較伊所得亦無多

陟廢邱

陟廢邱之舊基兮噫莽芳草之離離兮噫拖予槼其何之兮噫

秋夜

無月又無花兼無酒可賒何來一聲笛秋興屬誰家

閒居

苔點綠階上梅花入戶低身閒宜養拙地僻愛幽棲得句僕相賞看山壺並攜夜窗更清絕作件是寒雞

好睡肱頻曲眈吟手自叉病多常謝客詩少未成家澹泊從吾好淸高任俗誇莫愁無長物書卷送年華

卷十一

王必達

臨桂人字質夫號霞軒道光癸夘舉於鄉授資政大夫甘肅安肅兵備道調補廣東惠潮嘉兵備道著有養拙齋詩集

出門咸豐甲寅

蒼莽時猶亂遲迴仕爲貧敢存肥遯志更作遠遊人姓氏懷循吏箴規秉老親男兒重弧矢休自歎勞薪

五嶺風霾暗孤城草木譁如何逢歲暮竟欲去天涯落葉瀟湘棹飛塵京洛車艱難行路日回首更思家

野曠天飛雪江寒夜有霜著鞭從此去稅駕問何方世未占平陂人還誑顯揚時清山澤好異日任徜徉

全州

白鶴歸來問故鄉空餘城郭對斜陽菰蘆江岸秋聲急苔蘚山門野色荒元老旌旗揮慘澹神州鎖鑰墮微茫忠魂毅魄丹霄上欲薦蘋蘩錡釜香

柳浦

維舟盡日碧湘濱湘上青山似笑人一片風烟辭故國十年簑笠老吟身友朋零落休回首子方宦滇南桂舫宦山右容安冬生居里門皆十載前同舟經此者詩句荒涼只愴神此去鼓鼙聲漸息楚天緜邈倍思親

出永州河口

烟際水禽飛孤帆帶落暉江從遠天合人與故鄉違遠勢雲夢濶流風屈賈微蘋花秋兩岸猶憶昔年歸

永州河口阻風

零陵遠接洞庭波木落風號讀九歌暫駐蘭橈一廻首故鄉猶近白雲多

烟雨瀟瀟楓樹林騷人悽惻別離心中宵知是湘靈過一片風濤哀怨音

江上覊情入夜添新寒千里朔風嚴家人此夕懷行役花晃銀燈早下簾

湘中雜詠

寒鎖篷窗曙色分雙橈暗撥水沄沄雞聲咿喔來何處知有人家隱白雲

篷背淒迷夜有聲朝來微雨一帆輕空林落葉瀟瀟下絕壑寒雲細細生

酒醒深宵何處鐘數聲縹緲出遙峯寒衾獨戀愁無寐篷背霜花比雪濃

湘上晚泊憶子宣五河

怪石危灘徹夜鳴旅人欹枕遠懷生時危已作三年別親老俱爲萬里行小邑帆檣浮纜浪孤篷風雨送雞聲相期努力艱難日憂樂江湖共此情

豺虎江鄉欲暝人蕭條三管偏荆榛汝方捧檄河梁遠我更辭家涕淚新陟岵同懸遊子念對床重訂異時身清淮片月今宵冷知否征橈泊水濱

書來官閣初衷勸我車乘下澤中霄漢何心逐黃鵠泬寥無處寄冥鴻大江樓船浮雲白故國旌旗落照紅此際孤帆指天末蘆花楓葉感飄篷

白魚磯夜泊

孤雁入長天茫茫萬里船魚龍迴靜夜蘭芷送華年鄉思隨雲遠吟身傍月圓回頭期十載有約在林泉與黃君諸君子夜話共期宦游十年即當歸裝有莫忘白魚磯畔語十年有約賦歸來之句

調關夜泊

疏林遮不斷一片好山青雲氣吞鄂郢湖光枕洞庭江豚來躍躍塞雁去冥冥暮靄滄江上愁多酒易醒

明月大江橫危檣五兩輕羈人南國遠永夜北風生葭葦蒼烟色黿鼉白浪聲渚宮何處是懷古句難成

涉汝水寄子宣

汝水出魯陽迢迢赴清淮淮濱古𡍼縣邑小雲烟佳中有學道人彈琴坐江郭不見今三年望遠心脈脈今朝乍涉汝殷勤詢賈船去𡍼尚幾何答云路一千便欲沿流東長風送輕櫂排闥不期來一握粲然笑百端羈紲多此願酬未能飲馬行徬徨徒使憂心增憶昔孩提時庭闈日携手成人年既壯各向天涯走慨然吟陟屺遊子逾怨親出門遠離別在家長窶貧塵勞非所辭干戈尚紛擾鄉園况苦兵安得開懷抱同車是何日悠悠去關河同秉義方訓相勗勿蹉跎

汴梁旅舍

斷渡顛風萬楫收更馳匹馬入封邱河濱阻風宜入汴城空桑何意重來復汴水無情自在流上將雄藩宣武節黎民遺憾靖康秋黃塵舊事知多少急管繁絃破客愁

一邯鄲

天外落斜陽同車看太行風沙仍逆旅兄弟各殊方庚戌偕子宣南歸憶抵邯鄲日已曛黑鼓瑟人如玉挑燈月似霜客愁渾不解獨酌詠蒼茫

渡滹沱入正定

名城百仞大旗揚莽莽滹沱古戰場帝子來時冰有迹貴人去後竈無光雁聲一片歸河朔山色千秋枕太行成德雄藩驅馬過塵沙迷目更斜陽

房山懷戴大令

花暖長安把酒巵平生風義託親知如何更聽山陽笛滿目虞淵日落時

過琉璃橋

不踏虹橋又五年紛紛人事幾推遷葱蘢一片西山好依舊晴霞落日邊

定甫九叔招同館閣諸公於野王村館續斜川集拜淵明像

杉湖雲水深我有三畝宅蓬蒿長似人嘯傲足晨夕飲酒時復醉兀然枕群籍頗謂平生懷優遊託泉石一朝走跋踐心迺爲行役未見鄉里兒已覺身名窄虛堂拜先生謦欬接咫尺微雲方出岫倦鳥難息翮浩歎把清樽爐烟裊空碧

先生歸去來無酒苦獨醒田家偶召飲杖履曾未停吾儕一樽酹豈不來英靈斯時春氣佳柳條初荑青主人古詞伯觴詠超籍侖對此如不醉先生笑頑冥放懷就杯杓脫然去畦町世知我爲誰吾亦忘吾形以上錄于北上集自咸豐甲寅冬起迄乙卯夏詩

由都赴五河視子宣叩之建昌定甫叔用續斜川遊原韻贈詩謹叠韻奉和

西風吹塵埃何處爲安宅帝鄉不可留秋聲撼朝夕一官詎成名悠悠笑通籍非欲奉簡書家苦無擔石江湖渺茫茫長歌復行役尙堪詩酒汚但覺宇宙窄迴首瞻闕廷春雲低咫尺浩蕩白鷗心徘徊黃鵠翮驅車淸晨去西山照人碧

舉酒澆離愁酒盡輒復醒連宵對剪燭話未須臾停論詩入微茫故紙慚乞靈坐久皓月涼起

視天河青余生本孱弱獨客尤儚伶韓門一追隨始若登蒼冥情親比翺湜披豁無畦町萍蓬又飄泊孑孑影與形

夕抵涿州

白日黯無影太行山氣青重橋跨金古雙塔入蒼冥北地秋將老南轅客未停蚩尤何日戮晚霧塞郊坰

柏鄉

日落柏人城不見高與午四面白楊風蕭蕭天欲雨

寓定甫叔宅中欲作小詩未果途次補成

槐榆兩株高離離弄疏影横枝上窗紗虛室頓生靜端坐理柔翰秋涼動俄頃翛翛雲氣濕簾簾風力猛孤遊抱百感節序中心警小住豈不佳歲暮江湖永日夕盼庭柯身世悲萍梗故鄉在何處青天渺漫漫萬里歸何期盲風倏已寒緘書豈不達中夜起長歎我弟已遄征棧道雲千盤客衣纔掩骭孤露愁風餐家人念行役豈復一日安蟋蟀四壁鳴發聲抑何酸披衣對短檠掩書慘弗歡遠遊不稱意使我摧心肝

晚抵鄴郡

幾朝宮闕付荒涼官道塵埃淨不揚斜景晚雲無限好朗吟名句過安陽

匆匆時節近黃花晚圃秋容宰相家獨上危橋尋舊迹一灣溢水映明霞

愁思岡懷古

廣陵琴聲吁可嗟天心已釁司馬家山尚書言大有理昂昂白鶴雞羣跨侍中一官宿衛耳殺身豈類頵與華章駿天子亦知痛出言迴與公私蛙萇宏沈寃迹不泯杜鵑哀怨枝横斜愁思岡前一片血炳靈英氣誰復加至今白日照凛凛後來議者猶疵瑕匹馬西風蕩陰道蕭晨爽朗無驚沙川原蒼莽極天濶太行西走如龍蛇想見羽林群莽鼓聲死妖氣直逼乘輿譁男兒剖心報王室機雲文筆空生花惟晉有臣嵇有子令我慨懷忠孝思無邪

萑隄夜起

四更寒雨天欲泣瀟瀟荒戍雞聲急我僕我馬噤不前更愁欲渡無舟楫關河羇旅令心哀此際蒼茫百感來太息萍蓬復何往東南天地任徘徊

潁上夜泊九月十六

獨客秋將盡西風潁上行猶餘圓月好祇傍旅人明荻岸寒蟲語霜天遠雁聲雲沙飄泊慣滅燭坐三更

南望濡須塢危旌夜色搖霜痕侵野幕風力撼江潮翰墨元戎貴薪芻戰士囂水雲今夕客詩境得逍遙

枕上

論文重入少年場目短曹劉氣頗揚枕上鐘聲催夢醒不知身世在何方

宿趙州橋用去歲韻

漠漠孤城細雨絲重來已是暮春時樓臺蜃氣須臾變不繫虛舟任所之

似聞楚幕有棲鴉章貢雲深浪沸花半段綠沈揮不得枉將筆力門詩家

余仍出宰江右定甫叔贈詩索和夜闌依韻賦此

悲歌涼夜動青霙月過虛窗淨俗氛江上貔貅兵氣惡天邊鴻雁客心紛掖垣春好辭花竹高閣秋來賦雨雲莫厭鳴雞聲聒耳他年獨自枕戈聞

洪澤湖棹歌

朝來水氣白濛濛棹發盱眙東復東日出烟消更迴首人家嵐翠畫圖中

茫茫欲覓泗水城斷石奔濤叢葦生父老傳聞雙白鶴歸來水上幾悲鳴康熙十九年泗州淪於湖

湖濱颺網笑紅霞又撥雙橈入浪花與子徜徉老雲水漁家眞樂勝田家

雨來湖上忽昏昏夜黑蛟螭帶雨奔可惜平田秔稻少祇添新水打雲根時旱甚無禾

洞庭葉下各舟稀彭蠡霜寒斷雁飛安穩風湖三百里蒲帆來往送斜暉

高郵湖夜泊

狂風激水勢巉巉失却漣漪鏡一函雨後涼痕侵畫燭天涯秋思起征衫兩年淮海詩多債萬里雲羅札少緘底事蛟龍連夕怒落霞孤鶩盼征帆

一枕濤聲撼不休茫茫似上洞庭舟更尋芳草違京國獨詠蘋花遣客愁澹月觚稜今夕夢嚴霜鼓角隔江秋平生已若風波惡還向鄱湖作壯遊

虎邱

石徑脫黃蘖亂蟬相續吟池光含黯淡山氣逼陰森諸老風流極華堂掩映深憑高還獨詠莽莽五湖心章白諸祠相接塔頂見太湖

石門道中

隱隱臨平山色青故鄉雲樹望冥冥人如春燕歸應識身似閒鷗去未停風雨蕭騷瀰城郭綺羅明豔幾林亭驚峯高處天香撲斗酒狂歌且莫醒

西湖絕句

蕭瑟西泠接斷橋幽人放鶴幾逍遙寒泉一盞巢居閣可惜梅花白雪消

孤亭寥落斷崖蒼居士騎驢跡早荒我與飛泉出山去人間何處覓清涼

兩日雲霞亦夙因不知屐齒幾番新芙蓉楊柳都留客白鷺閒鷗定笑人

重九日偕甯仙槎登吳山仙槎先作詩而未成郎用其首句續成之

吳山佳景勝稽山（仙槎句）共倚危樓縹緲間塔外殘陽臺寺遠鐘邊細雨暮潮還幽崖秋氣楓將落曲檻天香桂許攀明日西興飛棹去嵐光回首碧孱顏

富春江上作

瀟湘水碧秋生烟群山縹緲青插天姑射眞人一笑粲塵世無與爭清妍維時陳侯並倚棹（桂舫刺史）謂我富陽山色尤便娟吟魂飛墮天目外秀語欲作洪潮邊何意扁舟入吾手林巒杳靄浮樽前但見諸峯蒼蒼出復沒芙蓉欲斷青忽連北山嵐翠撲面宇寒雲遮卻南山顛孤帆嫋嫋風冷然綠波新漲琉璃穿小鬟停箏泛美酒高歌眞坐天上船回首洞庭在何處芷蘭哀怨空盈篇浮漚八海閱幾年名區多結雲霞緣陳侯遠去筆力好（桂舫善畫方收岢嵐）安得淋漓圖畫如遊仙羊裘咫尺招我隱會看漁竿在手同蹁躚

桐廬絕句

蒲荷新漲綠浮槎萬頃鞾紋沒岸沙折葦枯荷隨浪出仙源深處有人家

嶺背丹楓全障日峯頭苦竹半遮雲平生未作巫山夢髣髴哀猿滿耳聞

乘風更向碧天西城郭亭亭夕照低今夜灘頭雙白鶴羽衣入夢水雲迷（以上錄于過江集自咸豐乙卯秋迄丙辰冬詩）

赴建昌舟中和仙槎韻

檣燕弄新晉春光水面尋草痕前夕夢花事故園心鼙鼓喧猶昔文書擁自今荒城苔蘚滿愧

語坐鳴琴

欃槍夜夜明日暮嘯山精白浪千艘餉黃雲萬幕兵荷鋤皆赤子折箠亦書生詎見勳名壯徽

爲漢室卿

舟入修江四絕句

谿流屈曲碧雲生風送前谿櫂唱聲尙憶蘭橈泛西浙青青山色照臨平

蘼蕪嫋嫋綠痕齊紅雜飛花一片低新水畫船人坐穩春光偏在五湖西

人來箬笠帶風斜新柳疎籬露幾家臨水菜花黃不斷前村應更放桃花

一抹青山絳雪痕杜鵑花萼照黃昏雲陰忽作瀟瀟雨似欲催詩入縣門

守盱江四月□編修子序王大令少巖皆用康舫韻贈句舟中仍步原韻奉酬留別兼呈

嚌守

揚州閣裏詠初開秦鶴清琴共載回四面名山青漸識千門芳草綠猶埋風聲頓喜狠貙遠春

氣須從梓杞培京兆堂堂慚五日朋簪幸接不凡材

斯文消息自千秋老去軍中寫百憂祇道明堂播金石那知塵世閱泡漚孔羲精蘊辭觀象編修

習易之象數猶詩之比興也語創而確 鄉國高年杖攤鳩聽到柯亭當日事元臣風度貴休休

春暮江南未可歸空憐草長復鶯飛清吟幾日緣詩瘦上考他時卜國肥課士苔痕消廢院談

兵柳色映牙旗平田靈雨新霑足歲晚豳風詠授衣

哀鳴多少未歸鴻愧我文軒忝肅熊履道敢忘冰在下懷清最愛月當中牆桑幾處抽新綠窖粟誰家剩朽紅莫慰窮閻呼籲苦馳驅徒自冒霜風

題褚千戎守然集

斜陽欲墮笳聲高孤城隱隱天風號入營下馬何所適褚侯一見驚人豪雪裏梅花幾樽酒春來畫戟千株柳如雲之氣與我親舊律新詩擊節久自古從軍有苦樂談笑如君殊磊落要從競病見雄姿休向尖叉逞奇作晚霞樓外山森森鬱孤臺前芳草深江頭煙雨不堪望匣中寶劍知余心

登擬峴臺懷滌生師

西風已寥落況復上高臺文藻前遊壯江山望眼哀千秋寒雨過一雁曉霜來歲月侵如許驚人首重回

晚霞樓自好獨客莫登臨嘯傲詩留壁淋漓月照襟楊花如夢轉楓葉向人森謝傅風流劇還應洛下吟

流水出潺潺披雲入碧山侵人惟石氣看客已丹顏瑤草諸天外蒼松太古間詩成才子去綠字尚斕斑

飛盞醉流霞千巖夕照斜青禽時弄羽紫菊尚開花談笑王皇吏莊嚴金粟家雲烟又揮手碧漢一浮槎

玉山題壁自注一九　舟中歲暮孤詠消寒腦底旋規或有同氣以爲後集

越酒淋浪尚在衫江樓入至盞電銜三年心跡波中石五夜吟魂雪外帆偶揖匡君醉金黛幾罨仙子坐松杉南來山水偏多韻祇愧狂歌與不凡

畫欄桂樹倚淸秋記取鴻泥先後留地逈碧雲迷客思天明紅蠟照人愁刀環遠夢頻廻枕雪片甖寒乍上裘鏡水蓴絲吾舊宅綸竿何日共扁舟

東河絕句自注二九　盱江自廣昌來獅江自玉山來合流於餘干入彭蠡西江之東河也

前溪後溪照眼明丹楓無際秋有聲漁人祇說桃花艷那識霜林送我情

潦水已落寒潭澄細細游鱗傍棹行陡憶畫船天上坐春風吹笛快詩成

眠水狎鷗怨不耐停橈徑去白雲隈山陰豈是無遊興且看黃花載酒來

幾年不上瀟湘船蓬底蘭泉夢裏天十幅雲帆五尺水餐霞煑石我依然

鄱湖阻雪自注三九

人生幾番雪歲歲落江湖關塞黃雲困功名綠鬢輸旅情沙雁共晚節嶺松孤何處吹長笛龍吟壯與俱

片帆飛木葉一棹採蘋花湖海仍如客風烟那有涯開樽辨清濁說劍懷千邪絕好廬山色誅茅可問家

康山忠臣廟

白波接天沙鳥飛斜陽紅上賈客衣菱歌漁唱盡愁思指點朱甍淩翠微玉樹沉沉王氣歇大功坊前野花發祇有丹霄一寸心江月湖雲俱不滅昨夜飄風滿壑哀滄溟知控玉虬回尚憑英烈潮頭氣天塹沈霾爲掃開

發饒州

急浪遲人來青山照客回王程雲外計詩思日邊催花柳春猶閉旌旗凍欲開珠簾高閣捲宿鷺且徘徊

湖中詠雁

入暮鳴何急淩晨飛不前稻粱能幾許結隊在寒天雲沙漏春信拍翅又遙飛歲晚人蹤滅冥冥暫息機以上錄于豫章集一

題桃花楊柳畫幀爲番瀛槎太守作癸亥

好對東風把玉卮嫣紅片片綠絲絲披圖忽憶逢韋偃揮雪蒼松絕代姿

浮家早在白鷗邊兩岸芳林一葉船把臂期君逐雲水春風何處不遊仙

題李小蟹西山招隱圖

今年猿鶴不驚秋山自孱顏水自流付與龐公樂栖隱携家當作鹿門遊

杉湖自有屋三椽手種松篁欲倚天昨夜短檠孤夢裏棕鞋踏破碧溪烟

大人來郡夜迎至夏步口

扣舷凉夜出江潯漁火茫茫露氣侵泛宅眞爲五湖長望雲乍慰两年心舵樓人語風潮淺野岸雞鳴荻葦深莫負蒔清還學古好將詩禮試彈琴

章鄱舟中作

江上層冰欲泮時人家寒色隱茅茨荻芽未茁沙禽伏惟見枯林入畫枝

七年貢泛康郎棹不辨風烟路幾灣曉上危樓窮遠目依稀釃酒對君山

櫂歌宛轉近黄昏遠渚依微指幾村莫道人烟太蕭瑟此間花草類桃源出湖爲遭河頻歲無賦

芝嶺高如擁螺髻閣山澹似列脩眉虛堂自足迎朝爽且賦焚香掃地詩

梅溪曉發丙寅

風隨初日上帆遥片雲西戍鼓津邊斷明缸帳外低何人談塞馬無意舞宵雞朔慶堂前樹花開伴我棲

章門返棹

夕陽芳草最多情似送歸橈緩緩行昨日春寒猶太逼欲將風雨試秋聲

周松亭先生贈畫

扶笻緩度小橋來萬壑晴雲傍晚開盡豁軒窗窮遠目何人辛苦覓蓬萊高閣雲嵐

葉葉雲帆去不休何如竹外弄漁舟孤吟似與梅花約一樹垂垂欲白頭扁舟泉石

鐘磬泠泠似有聲綠陰如水入門清老僧心似閒雲靜不向高峰杖錫行綠雲山寺

賦詩曾擬續斜川休說家無下潠田但願平蕪春盡綠杏花紅雨自年年紅雨江村

陸心農自杭來留飲賦贈

小閣寒天酒意微故鄉情話最依依舊巢初定人還出長鋏仍彈計未非彭蠡雁來霜葉脫孤山鶴去雪花飛男兒自有終纓志莫憶刀還卜早歸

章門返棹

雁聲晚帶雨聲高草色初青水半篙廿日萍蓬真忽忽百年舟檝總勞勞名心合比琴音澹故態休如劍氣豪昨周甚非今未是春風回首悵林皋

舟夜與楊少文李鐵帆兩君共話

畫舫雨瀟瀟春寒助寂寥湖天雙塔近匡阜一鐘遙懷古情何極知難意漸消同心多苦調更聽笛聲飄

三月二十二日作

回首前塵事總河山滿目淚空揮花枝遂與人俱盡春色仍逢雨送歸夢轉幽宵徒倚枕寒生清曉自添衣鏡湖新水盈盈綠枉說輪竿拂釣磯鏡水葺茲吾舊宅輪竿何日共扁舟己未冬在玉山贈內之句

偶成

湖上萍蹤十五回西風白髮老相催煙波最是前秋樂笑煞鮎魚並櫂來以上錄于豫章集二

即事自注禹城道中

拂抽香風折棗花新泉潄潤不須茶清涼自在黃塵裏欲憶前遊感鬢華

麥氣晨浮疑帶雨柳陰午靜自搖風行人緩緩垂鞭過席帽涼衫在畫中自注附錄乙巳年舊句

讀畫

蕉葉遮窗雨送聲犹如署鼓欲三更擬將縹帙從頭讀故剔蘭缸照眼明微尙幼思泉石寄道心老爲水雲生誰知俗吏今尤俗海嶽扁舟空有情自注余十二齡登容管故城塾師問曰小子何志余指都嶠山曰願在此中塵俗蹉跎山林佳趣惟遇之水墨間張淑雲先生語余曰益人福壽養人性情蓋莫如畫知言哉微尙一聯尙非虛除

桃花下作

芰湖春到萬重霞畫舫相期泛若耶騎省於今憔悴甚倚闌和雨獨看花

鮎魚漸上竹竿來鏡檻空持酒一杯十里壺山花似錦春風春雨爲誰開

閒階即事

老樹蟠奮柯鄰牆花片過幽禽鳴不已爲得綠陰多

芭蕉陰未展庭曲見莓苔花落無人掃春風去又來

三月十五日得詩二首

孺子自千古築亭雲水邊斯人不可見餘韻在湖天當代豈無士伊誰能好賢緇衣擬三復一

榻莫虛懸徐孺子亭

往昔朋簪盡風流翰墨佳落紅仍在水嫩綠自緣階文獻開新論琴樽觸舊懷堂前雙燕子簾

模記安排徐柳臣宅今爲省志局

蕉窗

爐煙細裊墨花馨韻展蕉窗寫復停新綠重看抽幾尺瀟瀟夜雨不堪聽

夜坐

扇柔風招細茶甘雪沸輕祇緣人語寂遂覺夜涼生歷歷思成績茫茫矚世情如何川澤裏猶

未樂時清

移家候替空署蕭然廉訪俟君遲久未至

書劍攜俱盡蓬蒿剩未刪當官如獨客閉閣即空山道在希夷處懷與俯仰間人生一飲啄渾

興數相關

對　月

良夜風清月更清狂歌搔首少年情那知水鏡不堪照無數霜華兩鬢生

晨起聞樹間禽聲甚美乃黃鳥也

年來蹤跡遍山林斗酒雙柑木賞音睍睆忽聞天際囀鄉園夏木綠陰陰

何鏡海招同李若農學使許星臺楊素園兩太守李芋仙刺史宴集學圃泛舟至百花洲

謁蘇雲卿祠

微風入幔勸金卮涼動羅衣尚可支一代幾人傳韻事百年何日得閒時青荷雨響經秋葉老樹霜低臥水枝同採蘋蘩薦高隱湖天詠罷有餘思

舟發章門可晤兩弟倍思老親

回首雲山紫翠巉瀟瀟木葉送輕帆十年契濶人將近數子崢嶸氣不凡安昇元諸姪皆漸長成籬落黃花尋酒盞池塘碧草話春衫對牀更結隨陔念早賦歸來即至誠老親所諭

登望湖樓遇風揚帆出湖

高樓拾級快重登天際長風喚叉膺縱楫天光開詄蕩壓篷山色逼崚嶒魚龍晝靜千帆去蘆荻秋疏百戰曾左顧昌江右脩水雲烟眼底過層層

秦淮夜泛

一曲琵琶響未終催將明月出天東涼浮水氣雲迷白秋入燈光酒照紅狎客當筵狂欲倒玉人吹笛倦猶工清遊半夕渾如夢千古齊陳憾不窮

梅小巖方伯招同楊子穆袁篤臣觀察登瞻園高臺用惜抱軒陳方伯招飲瞻園韻

六代雄處何處尋憑高四望快披襟沉寥秋霽煙霏淺城闕兵餘蔓草深蕭瑟孤遊盛簪履委蛇雅詠即山林清池怪石誰留賞白葛生涼夕又陰

發金陵別雨軒

江海去悠悠同懷獨遠遊一官居耐冷十日對消愁明月天邊夢新霜鬢上秋離帆晨遽發珍重在滄洲

新興驛自注在西山之麓

清溪橋轉入嵐霏屏幛天然欲合圍千里名山看不足征衫帶得片雲歸

中隱廬夜坐

絳蠟燒殘夜寂寥不知簾外雨瀟瀟江關人返機初息山郭秋深暑始消詩偶紀遊風景在書難補讀歲華遙莫賢聲欸猶如接叢桂花開試一招戴可亭相國劉金臺侍郎諸名流與宋梅生觀察爲九老會于此廬

木樨

碧天如水露華涼命酒鳴琴夜未央舊夢猶餘明月在秋風又送木樨香

劉松徠主政與予弟子遜同庚申榜是歲乞假祭於豫章往還至樂今乃題松徠海上群仙遺圖倍憶子遜不已

天仙蹋世如浮漚不知何者爲春秋擘麟騎鳳任所適落落塵寰隨去留穗城花發春如海蓬島瓊姿笑相待攔箏摘阮劇風流弄粉調鉛剩文采我從南州初見君飄飄意氣超人群咳唾堪生九天玉臚唱幾騰五色雲惠連同射金門策宮袍來自長安陌簪裾晝接喜交柯蠟炬宵明照連璧那堪白日馳驚飆華屋生存不可招庾嶺梅花香寂寂燕臺雪片夜蕭蕭紫府謫居原不偶脩文長吉仍爲友同把芙蓉朝太清下視人間有情否搖落風雪存此圖秋聲瑟瑟淒庭梧披吟一度一回首悵望重霄淚已枯

劉養素方伯招同人晚香圖看菊

九秋放晴日杲杲庭[illegible]無塵埃[illegible]塲菊花時節主人閑千盆光潔新如濼洛陽牡丹品無雙夜紫朝酣宜所貴於今寫賞到清寒秋花更比春花好丹砂白雪樣頻翻蟹爪鶴翎名可考巾峻方遜仙子談香奩又觸佳人惱直教穠豔目爲迷誰信幽芳根自保愛花從古數淵明回視東籬太枯槁佳容紛來非白衣長風坐拂疑瓊島霜寒命酒豈憐遲月出停杯尚嫌早禿翁五十天涯老杉湖舊圃餘荒草群公相遇豁畦町半日清遊縱懷抱滄蕩同聞晚節香淋漓誰作玉

山倒明燈樺燭不須多恐破花魂訴爇燠

中露廬對菊戲柬許星臺太守

雨聲曉滴芙蓉樹開階又覺秋容暮黃花佳色動人憐多情爲織疏籬護娛園昨日宴嘉賓紛紛紅白開無數羅列爲屏堆作山玉佩瓊琚邀一顧燈光酒氣暖花魂夜半樓臺繞香霧宿醒未解起看花自覺霜風緊寒柔瀟瀟木葉落當門黯黯苔痕荒礙步餐英尙讀離騷經飲酒還賡彭澤句由來澹泊神應笑祇是疎狂天所賦此間耆舊屢吟哦斜鬚風流仍可遇

何鏡海共登江樓 自注樓在繩金塔之西

千林黃落雪晴初共倚危樓眺望舒峻塔凌霄疑上界青山對岸似南徐年華逝水驚心晚人事浮雲過眼虛江上桃花明歲好乘舟佳興定何如 自注鏡海明春有北上之議 以上錄于豫集三

楊少文爲予饒郡記室索周松庭湖上尋詩圖作去郡後爲題並寄松庭

湖雲粘天今古白有此江山少此客茫茫襟抱詎可論不見景盧與白石松庭乘興圖滄洲能爲幽人寫心跡蘆花瑟瑟波自青楓葉瀟瀟霜乍赤牛渚如聞吳會吟鑑湖本是神仙宅眈詩我亦夙成癖來訪番君幾朝夕清風入郭爽吹衣明月陪人涼照席覲梅登閣尙徘徊看竹欵門難縱適那如杜牧恣尋春一任孟嘉狂岸幘浮洲寺前樹若薺靈芝峯外天低尺此時展君古錦囊短句長謠盡獲匆匆人事鴻踏泥浩浩光陰駒過隙有情魚鳥不能忘無限煙霞等閒

擲三歎寄語老畫師秋水蒹葭夢中惜

昨題少文湖上尋詩圖未盡松庭作畫之意仍用十一陌韻再題一篇

人生當刺成連舟碧海琴聲傳爾招不然宮錦騎鯨魚樓上金樽醉李白太湖三萬六千頃茫茫尙比宮亭窄陽開陰閉星辰涵龍愁罷懽風濤逆叔倫不返十朋去更有何人來作客剡藤揮出不盈尺飄然淩波一詞伯片席排空任所之寥濶無方覓吟跡明月湘娥鼓瑟聲銀河織女支機石載酒眞堪汗漫遊狂歌疑是神仙謫百年行樂爲佳耳何物浮名被相責蠡區兩隨王喬舄良辰空蠟謝公屐輕篷綠藻上潮時斷雁平沙飛雪夕縱教放眼眺乾坤竟未成詩寫圖冊我聞秀句出釣徒流水桃花好風格此身便欲老煙波簑笠相招同泛宅

子宣同舟赴金陵拈韻得三肴

廿載蒼茫話故交幾人榮悴水中泡時危往事驚磨涅歲晚同心樂漆膠天際翔鴻辭下澤春來語燕構新巢聯床莫遣吟懷惡一片東風上柳梢

春草池塘句細敲清淮如席歲華拋扁舟水濶重聽雨故里雲深未結茅佳境誰騎腰下鶴滄波擬射眼中蛟慚非公望頭初白平陂還占泰幾爻

章江絕句

長堤草色綠猶稀三兩人家對落暉蠶豆花開新雨足懸知味比菜根肥

垂楊何事最多情早自靑靑送客行白下春風千萬縷吹花如雪聽流鶯
遥靑尙未見匡廬回首西山入碧虛一片雲沙人跡渺微風櫂唱送徐徐
煙霞秀語抱仙心待向名山仔細尋惠遠已如元亮約幅巾載酒入東林
一夜風聲雜水聲烏篷燭炧若爲情春波蝦菜不歸去空與閒鷗訂舊盟

春江

羌笛聲邊江水流離人遠上木蘭舟不知春色來多少一夜思鄉欲白頭

惜抱軒有過劉海峯樅陽故居二詩予過樅陽敬用其韻

鍾山講席豁心茅六籍諸生飫饌肴通德儒宗天下望起衰文字俗人嘲百年獨唳雲霄鶴幾
扁舟重放大江濤落寞山川憶兩君興起於今託私淑唱酬在昔出人群幽居蔣詡招求仲絕
輩誇騰羆沼蛟自此桐城傳正術支離衆說那能淆
學侯芭重子雲欲問草堂斜照滿漁樵應亦識斯文

久不出門行至內橋偶書所見

夜雨春聲客舍聽昏昏一月不曾醒秣稜今古無窮恨猶見鍾山草樹靑
池塘煙綠水痕新瓦礫千門野草春愁絕呢喃雙燕子飛來不見舊時人

赴高橋門同人並集

長橋宛轉臥晴虹水向西流路向東六代鶯花何處覓兎葵燕麥蕩春風

樂化道中

人間何境不翻新傳舍悠悠寄此身往事歸虛原一夢當時舉重等千鈞衣霑花雨誰知妄心在冰壺却是眞倘有泥痕待鴻爪勞勞怕作後來薪

江南曲同雨軒弟作

臨觴暮雨霏入幔朝雲落桃葉渡前舟不解風波惡

儂心冰玉潔儂質蕙蘭芳雙飛更雙宿水上看鴛鴦

人言青樓好儂自愛貧家不見青溪女朝朝出浣紗

朝看鍾阜來夕指石城去妾住莫愁湖君行向何處

舟中曉起看山

溼雲罩山山露底巨艑沐漓大小米帆開激激浪飛花岸隱茫茫樹若薺日輪倏忽生於東晶光下射江爲紅彩翠氤氳闔復闢高低一一分群峯年來愛山更愛畫置身頓在丹青界擬翦山川上齋壁祇恐天公不肯賣漁翁日日搖扁舟欵乃聲中勝臥遊鼓琴願宿匡君側煙霞以外吾何求

晚登明遠樓

秋空日落碧寥寥嘹嘵賓鴻目送遙新月淡黃臨樹杪遠山洸翠隔江潮風簾寸蝋吟猶熟圓嶠方壺夢未銷高處一層須更上銀河星斗似堪招

夜坐

高樹霜寒月下遲青燈吟苦不成詩人間何事驚心最又聽蒲牢夜吼時以上錄于豫章集四豫章集詩自咸豐丁巳起迄同治甲戌止

靈川道中用丙午過甘棠渡韻

西北高樓近擁城灤洞一水遠烟生楓林石徑重重上行向青雲第幾程

附錄丙午原韻

江水南來綠繞城離人北去暮潮生津梁風雪知多少纔是潺湲第一程

中途南顧二首

征騑去不已栖霞試回顧再訪日華君巖花開幾度

山氣夕氤氳松聲謖謖聞淒涼華表鶴已隔萬重雲

自大榕江至唐家市是甲戌秋陸行之路

素旐飄飄苦問津辛酸歸路認猶眞如何琴不成聲日又作東西南北人

湘源雜詠

竹樹蕭蕭楓葉丹柴門煙火不知寒清湘一曲人家樂便作桃源畫上看

倉卒移船日欲斜蒸鑪茗碗似移家夜闌燈炧人無語風雪蕭蕭荻葦花

自下廠至瀟湘口兩岸多峭壁其景甚異雨後作此

舟行忽訝逢窗黑嵩盡初疑日輪昃豈知夾岸崔嵬高照人眉宇蒼山色一峽峭絕稱兵書勢壓壑峰更另崩上逆青霄不可攀下俯沉淵莫能測奇鬼猛獸森然來綠藻明漪渺難得陰風怒號急雨飛夜泊危灘盡屛息千林曉漱驚鬅鬙百道流泉競組織喬柯餘滴鏗似玉寒天遠翳昏如墨客路貂裘倣弗溫此間山水淒清極石多人少柳侯記到此方知語非飾鈷鉧西山未遊宴角者牙者已得識與如更作嘆如觀浩蕩揚帆洞庭北

衡州絕句

種竹藝蘭千古心烝流依舊一亭臨南遷多少征人淚水思山哀路入郴

珠廠雪霽行復雪至湘潭

青山雪後似含愁山與行人俱白頭曉發寒江照明鏡五湖清夢付閒鷗

酒鱗泛綠燭花紅說劍攤書氣似虹（咸豐甲寅予與雨軒弟偕黃用侯顧寶夫諸君泊此）二十三年成底事垂垂楊柳尚搖風

登黃鶴樓眺鸚鵡洲謁官胡二公祠拈韻得心字

天風吹袂乍登臨黃鵠磯頭感慨深萬里東南誰籍手一時成毀最關心帆檣渺渺分吳蜀江

漢滔滔自古今雲白樓高窮遠目詩人辛苦費哦吟

汗漫盧敖詎可尋每思天際輙長吟海山樓閣非無夢蜃氣煙波空有心枕上榮枯原恍惚笛中風月未銷沈求仙誰肯逃名去雞犬雲閒笑不禁

東沈眉生

一片桃花乍問津高樓殘雪欲消春姍姍若是逢神女願乞明珠解水濱

回首東湖奏曲高當時金谷飲猶豪錦江春入眉峰冶擬向花間訪薛濤

雙廟曉行 黄陂縣境

何處隱禪關微雲縹緲間不聞鐘磬響一碧木蘭山

武勝關題壁

遠指神州域雄瞻鄂扼關香膠村店熟芳草戍樓閒茅土元勳錫風雲壯士攀祇今門外水南北各潺湲

重宿李家寨

雪後清澗鳴寒山倚茅屋小院迎春花含風初弄馥山村一夕留卅載重來宿前遊尚宛然流光一何速

明巷阻雨再宿曉行

朔吹颯平原殷雷發深夕簷滴嗍有聲徘徊遠行客聽雨良亦佳玉壺勸春色汝南雞再鳴曉風颺柳陌四垂翳雲陰黯黯天如幕道旁文杏花鞓紅閒粉白嫣然笑韶光頗似慰勞役王程敢云瘁饑渴詠自昔晨曦隱微茫遙山鬱蒼碧

途中杏花

客路不知春花枝照眼新香飄孤店酒紅倚隔籬人細雨江南巷晴雲日下闉芬芳隨處賞莫負豔陽辰

河北絕句

梨花如雪媚深春客裏風光又一新夕照遙青天外出蘇門山色乍迎人

洺水垂楊塞上春太行夕照馬頭塵傷心滿目山河在不見同車促膝人贈子宜弟

墓門松柏鬱蒼蒼如是環溪世澤長回首棲霞東去路何年歸櫬負斜陽

消魂橋畔柳絲絲髣髴尚書吮筆時汶水依然流碧玉何人走馬更題詩以上錄于北上後集北上後集起自光緒丙子冬迄丁丑春

西涯故址

萋萋芳草覆長隄隄上山光看欲迷解事何人能載酒畫船繫在綠陰西

雨後出都門

廿載西江水滔滔往事過自憐壘塔重人説稻粱多騄駬鞭重整干將劍乍磨桑蓬懸自幼今日敢蹉跎

車中口占

寒雨瀟瀟送遠遊乍攜書劍覓封侯南飛新雁知離緒萬里青山拱極樓去冬出桂郡日遇雨適值及之

雙橋道中

驟雨槐花踏作泥桑麻陰裏問途迷一鞭方指龍堆北百口同依鳳闕西惜別林泉高侶出敢思鍾鼎古人齊盃堅銘與裴岑紀快覩摩崖鉅筆題

禾麥

禾麥高於車搖風入油壁畫舫江南行瀟瀟打蘆荻

蘆溝橋七月二十六日

桑乾滾滾自東流那管行人賦遠遊一片鳴蟬疏柳裏蘆溝橋接灞橋秋

道傍荷花

芙蓉媚幽渚留豔已涼天十剎餘風露紅衣得氣先

望都縣早發

蓴菜何年狎五湖毿毿秋柳拂征途微雲送斷宵來雨滿目晴光過望都

黄　鳥

黄鳥披金衣翩翩在林樂清吭弄夕照濃綠園如幕萬仞青雲霄廻翔雙白鶴

河内車中

青山未厭馬頭塵席帽涼衫兩意親鞭指太行雲盡處隔河二室笑迎人

王屋依稀擁曉煙眼明乍見竹如椽茫茫華蓋君何在擣藥燒丹枉學仙

宿洛陽曉發望嵩山

漢闕周京寤想間平生入洛悵緣慳西風一夕銅駝陌懷古傷秋付等閒

回首朝霞天際紅嵩雲一片碧濛濛歐陽軼事韶齡賦心在神清紫府中自注永叔游嵩山見蘚書成文有若神清之洞予幼時曾賦之

新函谷關

秋高無雨亦無風慨想周秦事早空佳絕游人今夜枕滿階明月二陵中

度嶠是夕宿廟溝

村氓索餅話依依爲我扶輪入翠微幾趁斜陽送人出又隨明月上山歸

宿華山下華陰西二十里

倚徒山之阿娑羅明月上白鹿如可騎青巖夢中賞

未躡山頭雲且眠山下月願見希夷翁名言聞恍惚

灞　橋

垂楊縷縷拂清秋水爲征人咽不流此去陽關無萬里銷魂回望是蘆溝

咸　陽

蟬鳴黃葉到斜曛渭水晴沙暖氣熏不用阿房三月火秋來秦地已如焚

永壽至邠州絕句

五陵北去近黃昏點點歸鴉亂葉翻嶺上雲霞村外樹吟情髣髴在荊門乙卯過荊門有句云遠樹雲霞淺遠村竹樹齊此甚似之

迴環猶未見山城日落煙昏不可行絕壁蒼藤車陡轉人家燈火似星明

平涼曉雨

紅燭五更燒荒雲入牖飄隴頭幾遇雨愛聽響瀟瀟

莊浪集福觀

百戰荒凉地巍峩古寺存空階榆柳暗秘殿鬼神尊綠字碑堪讀黃庭客與論晚來鐘磬響冷日滿邊屯

水磨川

高林濃染曉霜痕一簇人煙水畔村行過小橋炊黍熟平陂放牧散雞豚

飛泉下嶺散爲絲嶺上冰寒望眼迷萬里賀蘭誰入夢不知身在賀蘭西（以上錄于庚隴集自光緒丁丑夏起迄秋止）

蜀建昌王烈婦詩（烈婦氏張不爲人妾歸王茂才夫死一痛而絕）

女蘿雖柔姿青青施松栢豈若枝頭花隨風落阡陌

哀猿一長號迴腸已寸裂何苦子規聲夜夜空嘑血

十二月初六日家祭詩

廿載爲遊子三年伏里門每當踈酒醴猶似奉朝昏紫塞勞行役青山愴夢魂初心曾誓墓悽絕不堪論

輓馮竹儒觀察

去年冰合送君行今日花開痛死生羌笛胡琴誰忍聽盲風怪雨忽相驚論交范式虛垂涕作誄安仁最有情（均甫爲文以祭）羇骨未埋天未覩九原遺憾豈能平

晚入北郭

芳草白沙圍牛羊放牧肥雲開見樓堞宛自玉關歸

燕（自注有燕巢）

掠水晨知去開簾暮待歸秋高雲海濶忍別畫檐飛

作壘泥猶濕將雛雨乍乾翩翩思返哺紫塞漸秋寒

肅州中秋詞

簇簇霜痕重壓肩闔人爭買不論錢良辰贈答花如錦齊向西風看月圓俗以菊花相餽

雲散霄霄月滿城夜涼裙帶北風生天涯盡處無征戍樓下家家咽玉笙俗重拜月

八月

樹樹梨花一夜開胡天八月雪皚皚清颸木葉長隄蔭赤日征蓬遠戍迴寒燠幾年殊地氣安危萬里重人才小山何處飄叢桂伐鼓摐金上將臺

二十里鋪送客肅州東郭外

東流一片水橫斜似送征人遠上車滿目山川無限意西風不見馬蘭花

陂塘淼淼入清秋荻葦蕭蕭漸白頭酒罷空堂人已去斜陽仍爲水雲留

東行遊子笑伸眉不似西行客思悲人在天涯秋易感離亭羌笛莫輕吹

偶作

霜風獵獵報邊秋暮歲翻教作遠遊舊侶青雲亡越語壯心白髮看吳鉤茄茶映蔗皆無跡得馬亡羊不在謀隴坂千尋河九曲層層詩境試迴眸

二十六日曉雨昨夜宴客

不是風兼雨吟身忘却秋重陰懸大漠薄醉戀高樓天外盤雕去林端獨鶴留家人情婉孌歲

冷共遐陬

客有東來者茫茫願不諧豈辭邊月苦偏覽塞雲佳慷慨紆長策淋漓抒好懷看傳㽵寨首待

勒孟堅崖

高樓秋夕

誰說臨邊苦高樓坐二更雲輝燈火影風細管絃聲虎兕川無休鵂鶹夜不鳴橫空有飛雁嘹

唳向南征

落葉

幾夕霜華重川原落葉多雅寒猶戀樹蝶瘦未辭柯生氣迴根本秋聲出澗阿涼颸捲空去漫

惜逐微波

憶龍翰臣方伯

制策臨軒碩彥來長安名姓重瓊瑰金鑾高詠看花句玉鏡圓登賦若才一代佳人雙璧合百

年同命瓣香哀和羹事業章江水可向雲霄跨鳳回自注方伯歿於江寧任夫人殉焉夫人何氏工詩有集

憶定甫先生

十年高臥桂山雲四海猶知內相勳剩有丹鉛珍弱息擬將金玉衣斯文晴窗榆葉涼陰護淨

宇槐花午氣薰往事鎖沈如夢寐短檠猶自照宵分自注文集乞孫琴西方伯作序故有弟四句

懷朱伯韓先生

玉碎沈沈勇已傷人生一出不能藏衣冠待殮松楸側魂魄含淒山水鄉折檻風裁仍嶽嶽傳經事業悠茫茫少游幸見田園老桂樹凋零又隕霜自注甲戌見先生弟容菴於鄉今亦逝矣

擬行路難

緱山涼夜吹玉笙飄飄鶴背凌風行碧雲可望不可即仙人下睨偏多情解帶邀余巖頂坐金波萬里秋空明如何彩雲一朝散人間白髮披千莖

攸居有鳥厥名陽飛宿思依葭菼鄉汀洲一綠春信起烟波別去天茫茫晝客江南夕冀北鴻問儂奚爲忙雲崗之松招鶴返逸翮何心謀稻粱

肅州新年

塞上朋交襟抱開衝寒計有使車來華筵待酌蒲萄綠祇少梅花照酒杯

人日讀李義山集桂林諸詩

玉溪生入鄭亞府園桂池蓮獨吟苦我本若耶溪畔居近作訾家洲上主三年壘綵停孤雲飄飄又別日華君官舍新年展舊卷縹渺溪山眼中見虞帝祠前雪作堆伏波柱底江如練前人選勝因從戎高閣嚴城感慨中每倚危欄傷北望轉憐越鳥巢南風平生釣遊忽遠棄襟抱彼此甯能同鷓鴣飛飛集朱欄沙禽冉冉栖丹楓清辭讀罷益惆悵梅花芳草邊庭空

送十六弟之官崇信

飄飄辞故國宛宛到殊鄉往歲同千里微官在一方桑麻憐地短風雨話宵長此去彈琴治公私兩莫忘

二月二十一日偶成

猿鶴相嘲不早歸三梁景物又芳菲酒從人日拈詩筆空見山城颭酒旗綺麗流光邊地少飄揚情緒少年非江南江北花開落故舊春來歎更稀自注謂靈泉太守蒞頃觀察

清明日酒泉澄鏡堂作自注乾隆二年冢宰陽湖劉公題酒泉之堂曰澄鏡予尋發碣見之仍以名其堂

新水將生草始青暫抛吏事叩林扃百年碑碣文詞剝五郡河山戰伐腥姓氏悠悠垂易滅韶華冉冉駛難停瑤京花信頻番報誰憶傷春在北庭

酒泉送客

冉冉軺車又向東壺觴依舊綠春風停鞭回首看行客秦樹嵩雲滿目中

相俟疏濬酒泉落成恭陪泛舟

打鼓帆初發徐徐趁好風乘槎霄漢上張樂洞庭中雞鹿疑非塞虬龍頓有宮祁連千仞白倒映夕波紅

畢世唱勞歌仙人笑奈何蓬壺雲出遠關塞月明多鶴控休輕返鸞吟許乍過長齋還繡佛擬

學老頭陀

感逝

鳴雞催我動征塵，便作千秋永訣人。小縣涼風天外信，重湖滄月夢中身。祇今碧海留餘恨，終古青山不再春。慰爾將離辛苦意，當階紅藥一枝新。以上錄于酒泉集一

夜讀惜抱軒萬壽寺松樹歌因憶丁丑春慈仁寺之遊用原韻寄示運豫兩兒

少年腹上夢生松，澗聲懼與凡材同。樗姿罔補頓衰朽，楊柳聲悲羌笛中。桐城壇坫吾猶及，栢梘山房英彥集。韶華卅載馳長飇，鳳城掃徑春仍入。前朝古剎携兒尋，海棠初開細雨溼。刼灰不到元七松，偃蓋翹柯丈逾十。颮飀驚湧波濤迴，陰寒怯踏莓苔立。僧壁紗籠相國文，翩翩筆勢眞淩雲。卻後姬傳已多載，琳宮高唱不相聞。飆祠一角煙霞分，拜倒斯人羅典墳。自注寺有壽陽相公詩林亭先生祠在寺門內吁嗟諸老風流在，吟詩忽落蕭關外。放眼坤維冰雪寬，回頭帝里紅塵隘。松梢白鶴憶余鳴，喚起虞楊話興廢。蒼茫問故國，喬木非所無。豈似齊牛山，斧斤斷根株。此樹婆娑老京闕，我身飄蕩栖汎湖。夜涼乍展惜抱卷，荒闐月暗啼鼯鼪。雕蟲之技非壯夫，舒宣得無陋且孤。禿翁簪冠簪未脫，天涯且向硯田活。自注原用兩中字未解何義今用其一

寄霞溪弟時自皖持服還里

獨秀山南是敝廬，籬旌燈火假成虛。三秋涕淚浮雙槳，萬里艱難報一書。堂上總縫霜冷久，墓

門新碣雪颯初可憐我亦親如子愴含天涯等絶裾簡書飢渴孝思遠有母吁嗟不得歸孤宦誰憐江水飲遠遊空望嶺雲飛生時落寞存環堵死去悲涼見素衣只讀蓼莪堪泣血尚憑何物報春暉

十二月初六日先妣太夫人生辰設祭

寄廬悽惻天涯路荒寒地側身望松楸愴然益哀思少小無庭闈略識之無字既冠遊京華蹉跎偏不試男兒年三十猶未露祿賜每偕計車旋登堂欲涕泗慈親轉開顏歸禽慰垂翅嗚呼北邙山薤露悲歌吹今又三十年墓門無蟲處白髮已盈頭遠受邊關寄親在年日耄冥漠萬事棄告虔肅豆登棗梨兼糗餌恍侍鏡奩傍如作嬰兒戲嗟嗟筋力衰拜跪能幾次美哉鐘鼎入大耋方養志聲名與福履天壤極所至願我能無忝君羹從未食追思負米貧今亦忝高位勿貽在天憂愈恐令名墜靈駕攀俄延焚椒祇酸鼻

夢渡沱湖寄鄂中諸友

沱湖雪後水潺湲夢裏青青大別山天末故人應念我梅花寄不到陽關

對酒憶庚戌春京師頤園之遊

春明偏落拓壯歲忽經過回憶懽娛少空留感慨多人間飽冰櫱天上夢笙歌休酌清樽淺來朝鬢更皤以上錄于酒泉集二

正月初十日用東坡十日春寒不出門一首韻憶家園

杉湖灣裏閉重門幾樹梅花似一村翠羽啁啾空有夢玉人掩映竟無痕江鄉雪片疎還密官閣爐灰凍不溫來歲斜川遊可續女王城畔莫消魂

首春宴集用陶靖節遊斜川韻柬同人

東風吹壺觴吟酌焉肯休況多素心人邂逅遠方遊翩翩佳公子英英翰墨流方爲雲中鶴未狎川上鷗陽關春早暖何異居林邱歡然奏絲竹婉孌翠其儔青山綏銜日金樽酣勸酬往昔高陽徒行樂能爾不醉中笑籍伶有託非忘憂天涯老禿翁汗漫將何求

澄鏡堂宴客晚獨泛舟

蘆花無際白頭時不繫虛舟任所之秋水綠添涼雨潤遙山紅退夕陽遲宫亭楓落千帆轉元武荷香一笛吹莫對烟波尋舊夢羅衣紈扇自吟詩

白髮

莫歎年華似箭催鏡奩笑對雪痕開數莖白髮容吾老歷盡冰霜始肯來淪落人間久自哀凌寒松栢可教陪前身豈是無仙骨尚未冥心若死灰

庚辰仲秋朔憶丁丑出都門是日渡滹沱

蒼莽認滹沱征車幾次過太行勞遠矚雲漢憶興歌此日黎明起當時感慨多悠悠滔額水偃

伯戢干戈

人生懷往事悵觸不能無大雅新堂室支離舊道途風槩仍寤寐冰雪幾髭鬚來日隨鴻雁瓜

伊是故都

登文殊山（自注即崑崙山）

五嶽仙人未許求碧城此日喜探幽諸天低壓陰崖雪絕塞涼催老樹秋終古瑤池青鳥去祇

今玉水白雲浮前因試對三峯證俯仰如陪八駿遊

偶寫蘭亭用丁卯秋饒州即事一絕韻

敦煌雲氣入虛穹芝靖風流歎久停故國無從問遺墨人間珍重此蘭亭（自注張索皆敦煌人）

再用前韻二首

煙波一艇豁窗櫺秋晚蘋花放未停歸向若耶溪上住永和風日認蘭亭

鄉園木葉打書櫺無奈孤雲塞上停身渡黃河山萬仞應留詩句唱旗亭

九日憶丁丑事

險絕崆峒路西風帶雪吹疏籬延客日小縣閉門時萬里遊何壯三秋興莫悲天晴雕鶚舉猶

覺隴雲卑（自注丁丑九日過六盤山過雪宿隆德縣）

郭外對祁連

層巒巨嶂入遙空白雪都含夕照紅自古詩人誰拄笏但誇縹緲五湖中

子久丹青染富春江南圖繪迥無倫憑誰一運淋漓腕揮雪祁連萬古新

黃子樵刺史櫬發奠以詩

君歿初逢兵難消羈魂今慰故鄉招一年蔓草荒荆閉萬里寒雲朔雪飄謝鳳有兒空太息陶潛無誄益蕭條邊塵欲起身垂暮灘上青山入夢遙

冬夜讀子瞻金山焦山詩憶昔過金焦而未登悵然有作

掛席逢名山捨舟願登覽蓬嶠無長緣輙被狂濤撼金焦兩點浮蒼蒼淩風振翼思翱翔白蘋開落汀空渡咫尺琳宮攀謁誤綠雲如幄僧寮開焦山往氣尤崔嵬鼎紋斑剝鬼神詫崖石鐫刻魚龍攙吟懷不自縱青山渺入夢江心炬談過何奇不退爲貪語良病蘇子峨眉人宦遊倘與江山親南人願南不願北偏對祁連作北客塞鴻歲歲望南飛欲附冥鴻飛不得雪花冷撲長公詩江南如見舊山時挈瓶烹薦中冷水他日拜公公莫辭

夜半微風打窗紙不知是雪是梅花謝君紹烈 隸書藏予養拙齋現存江右晨起見雪偶憶及之存於江右者不止此遂寄三兒

梅花久斷羅浮夢祇覺征衣飄雪重侵晨飛白又橫斜關心佳句徘徊誦昔人灑墨珍銀鉤偶寫閒情不寫愁夜半熏鑪微撥火紙窗竹屋想風流尋詩遠出蕭關道惆悵江南歸不早此時

大雪滿西山家僮可向高齋埽齋名養拙富纕緗次乘幾推王與梁夢樓山舟樓臺人巧拙思麗松石天眞走筆狂磊落沈雄誇鉅幅屈指雲烟堆簇簇我乏黃金貽子孫好偕經籍時時讀半歲洪州未見書揮毫遣興渺愁予北風塞雁飛彭蠡定憶浚寒一老夫以上錄于酒泉集三

浮生一首

浮生日月幾盈虧景到桑榆味自知萬事如逢千刼換百年多爲一身悲絕無塊壘休耽酒遇有遊觀輒課詩煩惱能除即仙佛鈍根堪笑出塵遲

讀江西故方伯龍翰臣先生遺集題寄崧岑比部八十韻

人才今古難才成良不易英靈厚鍾毓云何靳所至桂州挺瓌奇早擬巍科利海嶠暨沱潛韜軒聲教被崧楸哀里門風雲變世事百川失東流狂瀾挽弗避初開南國藩頓折九霄翅嗚呼名業終平生託文字琅詞十二卷實抱經綸志墳索搜冥茫倉籀揭幽邃豈無非聖書殫精辨正僞讀史倍興懷彰彰亂與治往復觀編年厥用過經義見之貽友篇叵勉諄此意公學希醇儒公身列卿貳滔滔彭蠡晉莽莽匡廬翠但見蹀黃巾誰堪樹赤幟氣羅連秣陵上游急當備天子選牧伯授以屯邅地廷臣臍旬宣兵食責兩議衷宜大府和政戒同僚忌昕夕百慮勞衆感公誠摯斯時艱鉅役焉暇文辭記秋空陡隕霜滄木千尋萎千鎮倚天鋒吹毛徒小試我哭哲人亡去謁盱江帥嶽嶽湘鄉公聲氣篤同類言忽聞公喪五夜中心悸如公匡復姿崇朝遽

頷領獨揮挽日戈求助誰相爲旌旗飄拂間同灑汍瀾淚乃嘆兩賢人蘭臭等風誼一吐光明
聰長天掃妖慧一留錦繡段金鑾想響弭大集屁邊城白頭餘故吏藻采盡深披鼎鐘且姑置
慨彼王李徒妄肩修明季太僕興荒江刻苦學孤植正派欣流傳濺汙能縱恣方姚文苑英纖
攬澄清轡宣城師桐城梅老淵源懿詩愛黃分甯魏徵覺嫵媚公每稱言翁爲詩體則異傾倒
眉山公馳驟天閑驪文律既森嚴詩懷復閎肆幼上芙蓉樓已把龍標臂京華朋酒歡襟裾寡
麀累與旨商丹鉛高歌動省寺當代玉珂入豔絕皇華使禁林譽畢誠內相推陸贄十九當秉
鈞騤傳江嶺燧震懿臨非常經營靡攸遂倘非湖湘彥半壁嗟淪棄亦或肥遯占初服製荷芰
壯念竟何裨清班惜忝厠公建油幢來時危懼顛躓閉閣夜焚香兢兢告罔墜月高聞讀書憂
樂胸交萃更有鸞鳳儔屏除金粉膩笙磬雅音同典籍璇閨祕前身大羅天人間偶遊戲並駕
麒麟歸群仙拭冠帔惟餘黃絹在篇篇擅清粹上界足官府定軼修文位翻笑我鈍根曉曉說
平陂賤子悲涼多內顧藏何器蕊簡亂來拋鷦枝險處寄寸鐵持匆匆蛟螭怒何剩際遇南豐
賢慕與增吾媿謂將老其才冰蘖淬勇智乾坤茲否傾銘功戴黽肩暮齒攀祁連笑等禦魑魅
激宕歌且謠有作殆盈笥公無江右詩反詫吾耽嗜追溯卅年蹤榮枯恍夢寐春風滿皇都令
名起傑嗣睍貽裹太珍諷詠喜再四因讀彪炳辭愈觸嶔崎思勳伐歸天畀學術由己致鄉國
企殊才休明再鼓吹

閒吟

留人芳草溪邊闊滿目桃花舊海山若道前身是明月早應一咲薄人寰以上錄于酒泉集四

新秋

六十八閒萬慮輕新秋轉盼嫩涼生月明夜息梧桐雨莫使微雲綴太清

白露前三日晚吟

殘暑徘徊去復留有情未肯入涼秋月明滿地窗停燭露白來宵幔上鈎文字兒童除謬解管絃士女樂清謳不知身與京華遠新雁聲中偶倚樓八月齋紈扇未停荒寒何客苦邊庭幾逢野浦甘瓜熟恍入空山老桂馨晝倦偶思摹古迹夜長猶欲校遺經鳴皋白鶴知吾意滿耳秋聲轉喜聽

秋宵看月詞

昨宵看月懸天心光明照徹檐阿深今宵看月微雲遮桂影扶疏乍明暗明月爲能夜夜好看月爲歡惜不早少年燈火閉雲窗窗外淒如冰雪皓勞勞客路是中年山腰茅店江潯船此時見月誰清興此月陪人殊可憐束縛高衙美官苦文書堆案紛如鼓素娥青女鬭嬋娟那有閒懷吟媚嫵邊風白髮今婆娑蝸廬住比安樂窠况復中庭可旋馬夜涼迎得蟾輝多官家事了月初上箕踞誰禁長吟哦身衰未怯新霜露秋高仍賸舊紈羅茶味回甘酒弗進吏人退迹賓

無詞四更看到亦隨意雲開穆穆浮金波栖鴉飛雁物各適菊芳蘭秀時未過來宵玉宇一輪滿當頭不看將如何

酒泉席上作自注鄒軒協戎招飲

人生誰不老可惜老邊州酒憶初來醉詩驚幾度秋齒牙鋒盡挫肉食鄙堪羞賓主宜歡笑看予雪滿頭

夜坐見月

開幔衆星稀中庭璧月輝幽花俱弄影烏鵲不驚飛親懿書難上家鄉夢易歸百年須鄭重莫使露霑衣

重九晴泛舟泉湖遇恪靖舊營諸友

夕陽紅上木蘭舟豈是春三祓禊遊苦被催租人斷興不須風雨滿城秋

湖上人來似白衣雖無尊酒亦依依荻花叢裏停橈語落帽風高事早非以上錄于酒泉集五酒泉集詩起自光緒丁丑冬迄辛巳冬

送　春

頗能得趣酒杯中未必前賢與我同三月綠楊花作雪偏教惆悵玉壺空

湖西莊看梅

墨妙侍郎超風流今已遙寒花猶似昔野客不須招春淺雲仍凍林深雪未消疏籬延佇久誰忍折芳條

零陵舟次

零陵司馬詩無跡蘋花猶向騷人白哀猿聲裏片帆迴瀟水冷冷自空碧故國微茫雲樹邊新凉又近早秋天遙夜灘聲青嶂月清晨漁唱綠潭烟五載寒潮江上路別恨吟情朝復暮斑竹長楓解笑人扁舟何事頻來去

題致襄堂詩後

近來海內幾詞人之子風標最可親殘雪疏梅山郭酒暖煙紅藥梵宮春緘題句摺埋荒篋生死緣慳悵比鄰短褐論交有知己不應名字遽沉淪

與任鐵棠夜坐藏書閣懷子宣之皖江

雲影湖光一鑑平菰蒲遠岸寂無聲微涼似覺侵衣袂起就闌干攬月明

詩人倜儻有任華予季論交古誼嘉百尺樓頭同憶遠三千里外莫思家

淼淼秋江漲白波也思擊檝一長歌書生未怕聽鼙鼓拋卻湖山可奈何自注余亦將北征

郭外

淡白梨花官路傍春來攀折亦堪傷年年見汝東風裏只恐催人鬢有霜

得子宣書

花落庭間自詠詩蘭成蕭瑟異鄉思人寰蒿目憑誰濟家事傷心尚未知笳鼓聲中春苒苒鶺鴒飛去路遲遲遠方尺素殷勤寄愁絕風塵獨宦時

新涼一律

曙色入羅幃新涼天外歸秋懷驚頓起人事慨前非關塞兵戈滿江湖鴻雁稀沈冥欲忘世不惜壯心違

頃賦新涼有江湖鴻雁稀之句盼子宣書也其夕五河人至書成

鴻雁昨宵到江湖秋未深漸消兵燹氣頓慰別離心皓月圓淮浦涼風爽桂林艱難得安穩相望一長吟

九日偕家春農榕湖看菊登西南城

淮水碧粼粼茱萸念遠人時方苦蕭颯我更走風塵幸是同心侶俱為杖策身東籬秋寂寞無酒倍相親

書齋

孤城秋黑柝聲起破窗雞啼光在紙遠柝寒雞夜夜鳴羲娥雙旋馳不已腐儒衾裂眠能安風雨聲聲盡入耳百年若滿當奈何嗚呼前聖誰蹉跎以上錄于篋餘稿　咸豐甲寅九月以前詩

王必蕃

臨桂人字子宣舉道光二十六年鄉試解榜著有桂隱詩存

古風八首

大道歎頹壞望古心茫茫緬懷三代盛規模虞與唐暴秦吞六國苛政威虎狼漢後治日隳南北相弛張紛紛六朝事金粉誇齊梁唐宗與宋祖崛起雄金湯偉矣不世才亦未窺三王聖君不數作誰與修紀綱古昔聖人治貽厥千秋長世久弊萌伏損益期其良所貴君與相惕與居廟堂何爲澆風遠禮樂浸淪亡空令百代人杳杳思羲皇

上古養淡泊人心諧太和聖君與甄陶擊壤欣傳歌悠悠俗澆薄心事如馳波臨流長太息起伏汪瀾多繁文愈滋僞俎豆旋干戈由來眞意漓日下悲江河安得滌舊染咸與相洗磨蒸蒸頌翔洽白叟黃童過三代不可作淩夷知奈何

土階詎云惡茅茨豈不牢儉德思二帝松楝憂心勞如何後世侈競靡誇羣曹峩峩侯王第譎譎千門高旁鄰擊鐘鼓北里烹羊羔驕奢共言好意氣千人豪繁華不常在世事如奔濤昔時貴家屋今日生蓬蒿

三閭千古寃行吟沈汨羅杳杳沅湘雲楚水添愁波賈生少年才絳灌交讒何作傅悵懷王涕

淚空滂沱謠詠歎青蠅千載傷心多悠悠避世者有激悲坎軻環世不再鳴黃鵠青霄摩

力耕始能飽農人祈豐年車塵馳南北賈客帆檣連勞生爲饑驅今古如一然男兒上馬嘆百憂來綿綿心知非蘭膏中夜還自煎不見北門賦入室憂呼天紛紛慨群動起在雞鳴前

白日無停晷流光如車輪悠悠桃李花顏色非長春隨風忽零落昨日枝上新青青鬢成雪百年幾良辰嵯峨北邙墓耿耿含酸辛素車誰家葬丹旐前途陳朝遊洛陽道暮歎松下人古來皆如此誰能長有身

蓬萊居海上宮闕參差橫神山終古高舟至風不迎駸駸百年速羲和驅日行無術空揮戈浩浩今古情仙人王子晉騎鶴遊太清君看西王母歲歲桃花明感彼薤露歌避穀求長生

南山有孤士抱璞山中藏讀書二十載典冊搜鴻荒出門悔倦遊碌碌羈一方醉觀匣中劍矯矯凌風翔盤空無羽翮慷慨徒悲傷結屋臨湖濱昔居歌孃長團團桂花發好風吹古香奈何如轅駒踽踽憂徬徨人生在適意貧亦思故鄉俯仰田園居終老計自良楚水空遙遙遠夢歸沅湘

勸酒行

白日亦易過青春不再來如何晝夜間百慮中腸催灼灼西園花紅紫相爭開峩峩南山石氣象高崔嵬石爛自有時花落顏亦摧舉觴勸君酒日飲三百杯流光歎須臾何弗傾金罍不見

侯玉驄今日青松哀

江　樓

五岳歸來後看山又此樓西風吹雁急落日亂蟬愁帆影匆匆去河聲浩浩流京華回首處千里暮雲浮

倦遊曲

客子苦行役嘶馬思舊鄉驅車何所之中野獨徬徨寒蟬鳴原樹惻愴情爲傷微風從西來欲濟川無梁悠悠歲云暮返駕旋高岡

古樂府

門前嘶白馬去去雙車輪春風不相見願爲車上塵

君意隨楊花飛飛那能主儂心似蓮子蓮子心多苦

瓦落秋霜寒昨夜芙蓉死良辰能幾時芳華去如水

浩歌行

日東升月西伏雙鏡催人無了時人生冉冉風吹燭世間萬事如川流古來有死安用憂勸君莫爲長短歌短歌四座添愁多長歌柰我白頭何君不見咸陽原上多新墓送葬人家朝復暮素車丹旐何哀哀風雨青松白楊樹百年朝露須臾期勸君莫歌亦莫悲有酒不飲將何爲孤

負三春花滿枝

古別離

郎騎白馬去妾向空房住遠夢恨啼烏夜夜窗前樹花開池面蓮感妾青春暮蓮開結蓮子妾作藕花死盛時不再來去去門前水

暮春

風榆錢墜曲欄西柳絮團飛拂檻低幾日尋春倍惆悵滿園花落有鶯啼

秋閨思

殘照西風翳翳生秋閨少婦正含情誰來長笛多哀咽何處孤雲尙遠征千里關山飛雁影幾家砧杵搗衣聲今宵遠夢交河去好語啼烏休夜驚

車遙遙

車遙遙怨行路道旁日落牛羊歸天低曠野風吹樹雙輪悠悠何日駐行人驅車朝復暮遠遊無家未可長家人憶別何能忘夢君馬鳴思故鄉

巫山高

朝朝望巫山山暝江雲度江雲自往來行人去不顧莫聽哀猿聲盡在青楓樹

臨高臺

臨高臺臨高臺多悲風遠望何所見雲氣青濛濛嗟余賦行役三載如飛篷青青門前柳來時繫雙驄灼灼南園花別我不再紅人生如蜉蝣今古須臾同一朝華髮侵持鏡羞青銅勞勞何爲者家遠路自通明當歸耕去去還山中

湘中怨

重華哭不返萬古眞魂留至今湘水上淚與清波流沈沈瑟中意雲氣蒼梧愁夜半靈旗來露冷江之幽

采蓮曲

采蓮今日過橫塘小舟蕩槳來中央低頭弄水摘蓮子芰荷珠瀉沾衣裳紫菱碧荇牽人腸采蓮莫爲浮萍傷含情徊視獨不語見人斜去雙鴛鴦

魚腸行

延陵季子去未回伍員不用專諸來臣光置酒爲君壽魚腸之變筵間開君王何爲失壯士從官雖多安足恃門階戶席皆王親誰知短劍臨王身嗚呼誰知短劍臨王身

少年行

少年意氣輕五侯相逢夜醉倡家樓黃金一曲歌纏頭匣中拂拭看吳鈎酒酣笑別燕姬愁燕姬如花雙淚流停鞭不語誰家去重城已下烏栖樹馬滑霜濃不如住

少將行

雕鞍玉轡垂緺紅羽書迭奏收城功百囘陷堅身不死君王笑賜千金驄隴頭流水嗚咽聲不辭萬里沙場行胡兒拾落射雕箭相看左右單于驚新奪胡姬夜飲豪蒲陶顏熱哀箏高營門半掩潛身起三更斫營提寶刀

棄婦詞

簾櫳日暖花枝香良人入直居明光良人年少妾未艾一朝棄絕悲參商鏡中羞見孤鸞翔膏沐不再爲君粧來時手植庭前樹今日花開恩已忘還君舊賜雙明璫妾巾猶繫君身傍芙蓉夜死秋江霜薄命與之同短長新人歲歲如鴛鴦

隴頭水

飲馬隴頭水水聲嗚咽留馬鳴何蕭蕭似訴出門愁日落隴上黑四野陰雲浮夜火照平原將軍獵騎收道旁不敢泣囘身整戈矛偷淚揮水中盡與征人流

邊詞

射雕雕不飛飲馬馬已死沙磧夜來寒霜華白於水單于又合圍征人半爲鬼

從軍行

行人一宿生離憂明朝發卒邊城收東方欲曙起牽馬雞鳴一聲雙淚流咸陽原上將軍去重

重旌旆千戈矛寒風蕭條塞草死磨刀隴水邊聲秋霜鷹欲下不得下陰山慘淡黃雲浮生兒出門不可留從軍萬里行悠悠年年夢繞關山路生還不願身封侯昨聞武皇按劍怒名王盡縛兵方休詔書更遣嫖姚將行人歸來應白頭

牧童詞

平原淺草青連綿牧兒放牛來道邊歌聲遲迴出牛背短衣半脫笠帽圓牛羊未食勿笑語莫忘主人鞭撻苦風風雨雨早歸來南山日暮多豺虎

醉歌行

秋風騷屑來空房草木搖落天雨霜百年悠悠人事速望古不見心茫茫心茫茫復誰語沈憂莫使胸中來有酒惟期百杯舉古今代謝如浮雲六代風流一堆土我意願飲酒飲酒且高歌安得風爲旗兮雲爲旆笑騎白鳳蓬萊過齊州濛濛在何處俯視大地惟江河如瓜之棗安期與金銀宮闕遊嵯峨持杯不復知其佗朝朝暮暮顏爲酡塵世須臾兮柰老何人間莫問滄桑多

吳宮宴

殘陽暮下姑蘇臺旌旗照地吳王來侍女重重列繡幕宮花欲笑千枝開傳聲捲簾今夜宴罷笙鳳管音相催氍毹紅燭搖輝光麒麟脯擘玉酒香江鼉畫角嗚嗚響宮中不聞更漏長美人

起舞爲君壽自今以始樂未央沼吳莫信臣員狂君恩如山越豈忘再拜願添千萬觴

戰城南

戰城南月色苦鐵騎憑陵猛如虎陣雲慘淡天不高敗馬悲鳴臥黃土前軍大帥旗亂招鳴金不聞但擂鼓軍中此時正開宴錦帳氍毹獻歌舞偏裨戰死橫路傍地下骷髏作人語嗚呼中原露布將軍功帝寵新承詔開府

塞下曲

日暮悲笳起單于兵未休年年荷戈至萬里黃雲浮男兒重許國慷慨肝膽酬昭堅嘗百戰遍體金瘡留論功多所抑食邑何人侯長嘯倚營門太息看吳鉤不見李將軍射獵南山頭

休洗紅

休洗紅洗多紅色少感此思君令人老歡遊何處早歸來妾貌如花留再好

送別曲效張水部體

酒行惜別須臾中未言嗚咽四座同停尊席上征人起門前已繫雙青驄車聲轔轔往不復返上帷闈送行哭天涯悠悠去日遙夢君雙輪何處宿

薄命妾

君恩易盡須臾期白頭未至恩已移盤龍臺上雙玉鏡摩挲笑賜曾幾時貧居夫婦相依倚猶

得同生復同死陽光弗照妾顏華不及青青葵樹花

驄馬曲

五花驄馬神駿姿關山與我同驅馳善逐胡兒不敢顧單于怕近陰山路十年征戰老沙場夜夜嘶風思舊鄉何當侍蓋隨君獵玉鞍金絡過咸陽

俠客行

腰下橫寶刀模糊血痕黲夜出長安門嘯野天雲澹不惜頭顱贈無人信肝膽

隋宮詞

二分明月揚州好千里垂楊錦纜開忘却咸陽天府固官家歲歲不歸來

偶成二十絕句

閒時雜憶古人思其文詞遭際偶有所觸兩韻輒成高歌微吟百端交集初不計詞之未工與人之未偏也

杳杳三閭痛風騷百代長山川幸生色却爲感懷王

意氣雲霄薄身輕萬戶侯可憐著書日感慨爲窮愁

覺動秦王慕文章孤憤傳他年悲下吏悔著說難篇

宣室徙前席沈書感汨羅君王論功業自是絳侯多

五字成千古河梁酒一杯畢于生死別淒絕李陵臺
蠶室千秋恨文章失馬遷珠簾嘆零落封禪枉求仙
銅雀登臺賦清才魏武知如何葛祇帳不學五官悲
都道途窮哭誰知阮步兵蒼茫登廣武豎子嘆成名
慷慨援琴歎誰人倒玉山傷心廣陵散無復在人間
康樂文章美千年弔廣州竄沈土中血不共好聲留
憔悴感塘蒲臺城往事殊稽山一零落魂斷庾肩吾
蕭瑟平生意蘭成恨未伸哀江南賦後猶是北朝臣
玉樹新聲艷風流帝子娛錦袍江令醉還憶舊崎嶇
頭白浣花叟傷心房相多平生憂國意寥落在兵戈
黃蕉丹荔子風雨弔羅池惆悵當年意蘋花無限思
孤士何門薦憐才韓鄭殷蕭條溧陽尉猶幸作參軍
文章才子最相賞得天隨竟爲雕蟲者何人小巧卑
太息劉司戶飄零爲直言無人叫閶闔竟作楚冤魂
多情還善賦南國與叢臺却恨郎君貴相思寸寸灰

漫悔平生讀兩華第二篇如何逢逆旅又復傲龍顏

前蜀宮詞

大帽君王喜豔詞宣華九日宴遊時座中狎客喧闐醉只有嘉王解酒悲

射雕騎

腰弓插箭鞭馬走射雕回時夜飲酒源頭雕落白翎飛十萬征人盡回首

陳宮曲

夜火臨春宴宮扉面面開麗華含笑入江令怒呼爭競唱瓊枝曲齊斟玉斝杯花西殘月下不待曉鍾催

舟行曉起

船頭擊鼓衆舟發旌旆霜寒映戈戟起看水闊雲茫茫溟濛曉氣連江白

旅懷

干戈猶戰壘萬里未歸時小苑人來少空庭鳥去遲茶香風細細花落雨絲絲蕭瑟平生意慚無庾信詞

夏日即事

簾外聲聲鳥語圓庭槐濃綠撲簷前畫廊晝靜人稀過清簟風來客正眠歸思幾回頻夢蝶流

光容易又鳴蟬迎涼懷得杉湖好垂柳陰中喚釣船

山中晚行

空山人跡少向晚樵歸去日落悄冥冥猿啼不知處

秋日縣齋偶成

官衙稀吏事岑寂復何爲庭草閒逾綠秋花放故遲鄉情和雁去心事笑鷗知日夕涼風好蒼梧生遠思

況周儀

臨桂人字夔笙

韶音洞

桂林多古洞每以形得名此洞在城北不以形以聲泠泠清音發足以怡性情恍如奏舜樂鳥獸皆鏘鳴令我獨坐久神氣爲之清

卷十二

王敎成

藤縣人號少之又自號藤厓生翰林著有抱甕吟草

癸巳正月初旬過鎮遠

雙厓環抱水中間鎖鑰滇黔第一關此去詩囊知易滿馬前隨處是青山

梅花八首

明月前身雪後身三生石上去來因高超塵世非無地獨立空山大有人香國芳叢推領袖花封草昧闢荆榛乾坤主宰綱維是帝命寵仙下九閽

寵加特進荷東皇獨對春風冠衆芳用作和羹通帝夢能爲造物破天荒魁奇儀表尊圭臬冰潔頭銜重玉堂廿四番風歸管領求仙何必白雲鄉

跨鶴乘雲王子喬珊珊仙骨凜風標琅函探盡遊三島玉笛吹殘落九霄雅士神清披縞素美人情重報瓊瑤明都醽釀幽都氣莫悵冰天萬里遙

寒地能回黍谷春陽和草木見精神三冬特挺千林秀五嶺眞成萬象新君自繁華歸冷淡誰曾物色到風塵廣平賦寓騷人意鐵石心腸孰等倫

消息陰陽何處尋卻從澹見泊高深天開太素存眞色人挹清芬契道心若使神仙爲宰相那論城市與山林鄒侯出處疇能識欲折瓊枝寄賞音

萬樹春爭萬卉先瓊樓高敞界三千風霜氣骨湖山主氷雪肌膚姑射仙赤道炎州花當雪藍田暖日玉生煙羅浮村上香如海始信南天別有天

開遍南枝又北枝故鄉千里起相思木天禁地非凡境閬苑詞人絕世姿三雅手中傾美酒百花頭上詠新詩良辰樂事成今日回首瓊林賜宴時

白雪歌成雪未飛璇房瓊室已芳菲三分海月銀濤湧六出天花玉屑霏松柏有心堪結友牡丹雖貴合稱妃謫仙久墮紅塵裏誰詠霓裳譜羽衣

秋懷四首 時當七夕

詩成一笑傲滄洲浪蕩年華似水流宿雨淒晨侵竹簟涼風徹夜動簾鈎金鑪香處慵支枕玉簫聲中獨倚樓多少閒情盡拋却茫茫身世任沉浮

作令南荒笑葛仙難從勾漏了塵緣愁懷脉脉韶光老晞髮星星隻影憐縱使含沙來熱蜮何妨飲露學寒蟬月明圓缺尋常有把酒花間莫問天

忠武休燃照水犀清華從不玷金閨前程遠大鵬摶翼狹路崎嶇驥跌蹄遊子情懷都嶠北謫仙蹤跡夜郎西梧桐生在朝陽外落葉空山枳棘棲

牽牛織女限河梁天上人間兩渺茫殘夜蟾蜍空蝕月啼秋絡緯漫驚霜六年菽水慚烏孝千里藤山感雁行從此壯懷都冷淡放歌聊且和滄浪

秋草用漁洋秋柳韻

疆索蕭條欲斷魂曾經離亂莠當門偶逢赤旱根難飽每爲蒼生淚有痕春色幾時歸大地天涯隨處是荒村霜威莫靖萑苻氣滋漫株連那忍論

生含秋氣耐凌霜宦海萍蹤到草塘山縣荒燕衛壘綬蓬壺憔悴貧青緗夜行多露憐苗女日落叢祠弔竹王同是漢唐芻牧地繁華輸與碧雞坊

春暉永托耀萊衣三徑荒時晤昨非芳館青氈今已冷萱堂白髮古來稀願依南國棠留蔭肯逐西風葉亂非菽水可供歸亦得炎涼長與壯心違

便隨衰柳病同憐夢繞長亭十里烟拂地涼飈聲瑟瑟懷人遠道思綿綿踏青已過知多日慘綠相逢異少年猶有蓬心芟未淨盛秋西望論防邊

挽徐烈婦并序

烈婦平越人居城南茶店山夫少而懦上有老姑耕霞之暇緝履以爲食鄰人張某無賴子瞰其姑與其夫出作婦獨居守舍遂來强暴婦拒手挽門關關折復以指剌張掌深入骨血流如注張痛極乃釋手開門外人聲始遁去姑夫歸婦泣訴之姑以婦未被汚欲隱忍其事夫亦漫不知理婦飲忍吞聲時有知其事者欲代昭雪張戚龍某恃三子皆列庠序出而抗阻且肆謡言辱婦婦羞憤莫訴遂投水死屍浮水夫

始知倩人舁至河干有布帕蹔面夫去帕顔色如生時州憲桃源楊公玉峯聞而置
張于法徵詩表揚余嘉婦之節遂成此作
世途多荆棘人心生鬼蜮吁嗟徐烈婦生死皆慘極少小事夫壻貧賤艱衣食舉家老與幼終年惟力穡柴扉時獨掩草履日頻織誰謂此室處竟遭他族偪雄狐綏其尾雌雉舉以色感悦尚嚴防況乃近時腋恨彼掌背血汚我指甲赤縱能禦强暴未免疑形迹微生百年盡一死千金擲濯濯貞潔心寄天白日白潮音閣畔水茶店山下石水枯石可爛長此存浩魄

學池弔杜杏東先生并序

先生遵義人任甕安儒學教諭咸豐七年土匪之亂合家赴學池殉焉是可哀矣戊戌春暮偶過其地慨然憑弔遂作此詩屬諸生和之

芹藻香生勝芷蘭水光終古敵冰寒冷氈半席寄難暖熱血填腔碧未乾大局危機由縱賊一門全節愧逃官孤忠豈爲訛言誤前史傳人試細看

題蜀僧竹禪畫采藥圖己亥

若謂無神仙古今載籍何流傳若謂有神仙問誰曾拍洪厓肩竹禪學佛惟參禪欲從土中到西天脱離苦海空塵緣胡爲采藥求延年慨自滄桑屢變遷番舶萬里騰烏烟五印度頻西海邊紅毛踞地開阡陌徧種罌粟與木棉光明世界座上蓮化爲腥臭與羊毡菩薩慈悲溥淵泉

藥如敝屣無挂牽佛門弟子眞可憐不學浮屠學偓佺我問李青蓮斗酒詩百篇詩中一語探眞詮嘗云服藥求神仙爲藥所誤難脫禪何如忠孝節烈金石堅古今不死惟聖賢題詩一笑心飄然

張三丰眞人石影并序

歲在丙申時兼平越直隸州事石影在城南夜雨灑金橋畔

天地陰陽大陶冶化工肖物畫難寫我從夜雨灑金橋仰見三丰行像懸厓下頭上岸角巾腰際拖長紳百衲之衣露半臂袖色慘綠渾如新手扼麈尾佛麈子足躡綃朶飛雲履青萍寶劍佩肩頭側身北向還西視鬚眉活見望儼然飛行絕跡眞天仙豆腐成橋駕深澗草鞵踢破歔淸泉道行雖高屈下位天上大神難奉事謫向紅塵受刼魔纈有淸山足遊戲漫空蒼翠浮蔾義鬱鬱葱葱佳氣多禮斗斗高杓下指平月月明鏡出磨我聞達魔九年嘗面壁王喬雙舄化飛鳥眞人幻相妙難名萬古長留一片石

題神仙采藥圖

蜀山佛院老頭陀畫筆與世殊臼窠逃蟬便欲成仙去雪中采藥躋嵯峨峨眉山高出天際古松蒼翠蟠岩阿下有千年之茯苓上有兎絲如蔦蘿長鑱劚地手探取喜笑兩頰生微渦禿頭之髮已種種鬚影依舊照恒河大千世界一彈指光陰虛擲如投梭百鍊金丹成九轉猶有剩

奪來群魔后羿嘗得不死藥竊食奔月爲嫦娥成佛成仙總不易拈花一笑問維摩

讀餘觀山水圖即題

我欲不讀書何以便我腹我欲不看山何以縱我目讀罷纔看山惟日常不足今日雨明日晴一年幾日山中行不如借他五色筆寫出山程與水程何用拄我杖何用蠟我屐萬里烟雲皆歷歷上有千仞之懸厓下有千年之古柏中有老翁携古琴呼童直入深山深板橋流水答幽響清冷一聲山月沉

菊

幽徑寂無人霜寒籬落靜日暮西風凉淡烟弄秋影

以水墨寫梅并胡蝶圖成題此

君不見羅浮之上有美人珊珊仙骨玉爲神又不見終南之上有處士積雪滿山臥不起皎皎臨風出世姿繪作畫圖愁不似癯仙昨夜下蓬萊雙袖帶得春風回夢中授我五色筆分付東風爛熳開案頭筆墨皆羅列墨池積滿一池雪濡毫潑墨何淋漓筆下霏霏皆玉屑圖成瞬息無片時風流格調記依稀仙人歸去詩人醒遺下麻姑淡墨衣

舟過松林峽

萬山皆壁立何處覓平原鼓櫂松林下憑空瀑布喧峽低天欲壓灘急岸俱奔擬付青雲上乘

風達省垣

題山水畫

三百六十灘水清灘上群峯天際生灘江山水我曾經憶時嚴壑胸中生何來畫工怡我情遠山一角描瓏玲綠林深樹暮烟橫誰歟伐木響丁丁樵夫歸來山雨晴擔頭濃壓萬山青夕陽隻影空伶俜隔岸如聞呼渡聲漁舟泛泛遠相迎一簾烟雨綠簑輕山巔水瀨各經營相逢世外渾不驚我欲移家結茅亭有書可讀田可耕閒與漁樵共訂盟寸心全無塵俗攖浮雲流水兩忘形

山居

雲嶺山莊山樹斜山人掃葉煑山茶爐烟乍熱微風起吹落籬邊數片花

封祝唐

古容筅人號肩君舉人著有味腴軒詩稿

曉發

曉發黃州城雲開片帆疾洪濤日夕翻東去蛟龍出波光蕩遠煙山影浴初日起視江天寒人家杳蕭瑟

雨登晴川閣

晴川傑閣勢崔嵬濁浪排空去不回三楚雲山當檻落一樓風雨壓江來帆檣歷亂斜飛鳥亭榭空濛畫舉杯向晚郎官湖外望斷虹遥互伯牙臺

舟次大風雨三時始休夜後倚舷作歌

黑雲四壓如車輪電光激射疑攫人萬木無聲盡僵立半天赫赫容垂嗔我時一葉江之濱尺地以外洪濤鄰江豚吹浪浪倒湧飄風颯爾來前津俄焉顛雷搏篷背繼以猛雨傾船唇谿頭茅屋捲入水岸側柳樹摧爲薪此時輕帆貼堤落微命獨與長年親枯槎繫纜亦云幸直憑一髮迴千鈞狂飈轉怒天轉晦欻聞巨石崩崖垠暗中欲與霹靂鬬恍惚萬怪飛青燐高歌未能且危坐縱有意氣無由振篙師迴顧面深墨吾其魚矣隨波臣誰知雨急不逾晷打篷漸止天容皴前峯千丈陡懸瀑隔浦百斛猶揚塵宵深諸變頓澌滅蛙聲閣閣鳴青蘋轉嫌奇景過即逝起舞不覺雙眉伸開窗四望水雲淨大呼明月眞前身

登岳陽樓

高樓上與浮雲切倦客閒從落日過試向湖天空際望君山一點小于螺

三杯濁酒數聲笛半幅輕帆萬頃波莫怪凭欄倍悵觸從來憂樂秀才多

晚泊湘陰縣

暮靄蒼然合離帆轉洞庭荒城開小市孤塔響疎鈴星斗寒芒閃魚龍夜氣腥遙憐隔江柳如爲故人青

三門灘

鷓鴣啼未了一棹泊三門郡遠炊烟直河懸落日奔鐘聲隨夢醒人語挾濤喧不信歸舟寂同傾舊酒尊

零陵途次曉行

西風泱漭撲浮雲秋影涵江又雁群一水有情含落月數峯無語立朝曛古松鬱鬱蔭封堠芳莫萋萋迷亂墳馬上夢殘何處續疏鐘凄斷隔溪聞

全州道中

煙篷雨屧倦孤征回首關河不計程茆屋依山時露脊雲峯迎客各無名村原樹色儀前度驛路蟬聲送曉行苦憶昨宵投宿處月明如夢聽鷄鳴

宿咸水

寒山秋暖輭風沙石逕盤紆日半斜行盡松林三十里遙天一抹麗晴霞

溪流迴處見叉魚漠漠寒墟落木疎返照一鞭鴉數點市橋人語上鐙初

江行即目

朝從青溪來暮向青溪宿青溪悄無人山山浸寒淥天空秋氣深江潤夜痕靜木落野猿吟蘿月散清影

題外祖王望卿公詩集二首

茫茫閱世幾高歌大筆淋漓自不磨白傳才華平淡好杜陵詩卷亂離多身從歷刼翻長健髩爲憂時半已皤兒女情懷鄉國恨一編相對重摩挲

潦倒名場六十年空山風雨冷吟氈貽謀祇仗經爲笥娛老猶將硯作田詩有眞詮如我法生無媚骨受人憐蹐堂幸逐諸孫列分得青箱一瓣傳

扶桑山寺讀書漫題壁上一首

雲蒼蒼水泱泱一峯陡起名扶桑誰從海外割半角和雲擲向容州旁蜒蜿如龍屈左臂背枕都嶠前天堂（都嶠天堂均山名）長松百尺拔空峭四時黛色疑皴皺何年鑿壁搆蘭若嵯峨佛坐濃陰藏幽閣三間瞰絕壑當軒列岫爭低昂小溪繞寺曲如帶波紋滑笏涵天光隔岸人家隱烟樹稻花漠漠平疇香竭來讀書掃塵榻靜覩諸有難具詳晝夜六時世緣淨高枕往往歌滄浪每聞晨鐘發深省郤欣宿鳥舒新吭當其妙悟若有得快意直欲凌八荒我聞海上山巨浸環蒼茫虛無縹渺際杲杲輝朝陽茲峯何者堪頡頏誓將乘槎泛暘谷一覽日出神飛揚詩成山靈似我許寺樓颯爽松風涼

春柳

楚江垂柳自年年展盡飛花媚遠天隋苑春遊驕萬乘漢宮晴態倦三眠清愁合譜桓伊笛妙詠初分謝女牋唱罷陽關無限壘不堪攀折大隄邊

和風和雨送清明綠偏長條畫不成幾度凝粧愁翠陌十年回首泣金城邗溝日暖深藏燕灞岸春歸曉轉鶯爲語韶光好珍重永豐坊角最含情

濃陰深護白雲居似此纖絲獨起予張緒風流年正少王恭才貌世應疏袷衣蕭㲚春波外金縷翻欹夕照餘休向章臺閒走馬青青流盼恨何如

東風作意捲絲匀陌上依依送畫輪遠水澹描青眼漾曉山濃鬬黛眉新閙心離合曾千里彈指穠華又一春知否宮衣爭染汁玉鞭斜指鳳城闉

藤江眺訪蘇亭

平明發獄嶠薄暮蘇亭亭荒俯碧水山色浮空冥緬昔嵋山老高蹈曾此停流觴弄明月舒嘯凌滄溟遐詞豈不若快然知未經我來鐔江側懷古欽芳型俯仰八百年落日風泠泠欲涉采芙蓉聊以薦幽馨狂飈不可渡浪噴蛟龍腥大江從西來文采長飄零一杯爲公酹數峰亭

外　青

抵昭平

雞鳴挂帆起初日到昭平一水綠侵岸萬山青壓城鐘鳴知寺近柝響報濤生幾片蒼烟外漁歌空復情

偕同人遊月牙巖

桂林山水天下無一邱一壑還自殊平生滿擬窮五嶽對此已足供清娛隔江蒼翠空濛處月洞峆岈中有路何年玉斧劈飛仙石棧天梯莽迴互滿巖叢桂玄鶴吟落花如霰秋山陰群峯拂面恣奇氣流水無聲清道心小溪下繞橫如帶溪橋影拂垂楊外疎鐘幾杵天欲搖歷歷烟村界青靄盪胸決眥何雄哉狂呼據石傾新醅要將一盞寒泉味吸取千崖秀色回吁嗟乎名巖不置鄂杜界獨向炎州挺幽怪我亦天南偃蹇人欲起山靈同一慨

獨秀峰

江河日趨下一柱聳南州作勢崑崙小奇觀岱岳浮神仙招上界星斗摘高秋長嘯振衣起蒼茫瀰水流

獨　宿

獨宿江城夜漏闌酒酣燈灺感無端美人挾瑟洞庭暮客子微吟湘水寒征雁那堪秋後聽好山留向月中看芳潭十里波如鏡欲采幽蘭寄所歡

將抵蘄州

征途回首布颿安節候關心近小寒嘗見龍磯情更怯逢人眞當故鄉看

江上

客緒逢春強自支桃花浪湧峭帆遲瀟瀟暮雨江南路愁聽吳孃按曲時

揚州夜泊

廿四橋邊月盈盈伴客舟簫聲何寂寞今夜宿揚州牘有吳趨曲頻添楚望愁雷塘水嗚咽終古向東流

衆興驛曉行

官柝聲沉夜漏忙驅車向曉路微茫殘星數點月初墜零露半衾天正涼樹色朦朧迷野渡烟痕隱約認山庄薄寒未敢搴帷坐愁賦宵征第一章

新泰道中

淩晨動征鐸霽色散林表宿露猶未晞郊塵淨若掃天寒石氣肅郁遠烟痕小杲日忽東升岱宗青未了

春日遊都門城西花墅

賣花聲裏春光曙看春未識春何處深深花塢春城西三請黃鸝喚入去輕車轂轆迴斜街馬頭拂拂香風來藥欄竹柵相向背出牆無數夭桃開停鞭失喜識春面取次芳畦品題徧馬蹬

舊說江南春何似東華關娟豔主人延客開壺觴爲言今歲多驕陽安得春陰十日護乞我夜奏通明章花底沉吟日將夕隱隱花擘如送客拗取穠華壓帽歸九衢踏月籠春色

雨過

雨過纖月生清光鑒書幌穰穰群動裏獨此覩微尚方寸本太虛流雲自來往

曉過十刹海

尺五天邊曙色饒鳧鷖拍拍水平橋分明一幅溪山景千柄荷花萬柳條

通州夜泊與李翰卿同年談都門近事感成二首

旗亭酒醒竟今宵如夢歡塲話寂寥未免有情空目想不曾眞箇最魂銷春鐙記曲拈紅豆夜月開尊度碧簫眼底匆匆成昨恨舞衫歌扇總無聊

曲讌曾陪二月天碧桃花下斂芳筵瓊枝坐對心先醉綺語飛來夢欲顛華燭金樽春似海玉簫銀管夜如年而今相對成相憶惆悵空江憺泊船

渡海

海水東南趨天風氣湍激孤危託神貺飄泊任所適蛟蜃饑呷人往往露其脊軒然大波起响沫渾無跡望洋古所歎我乃慫行役淩虛跳辰韓乾坤勢包坼鵴飛不到處浩浩無終極木華與張融意搆身未歷千古稱賦才徒博馮夷嘯我欲蹐蓬萊復濫水晶域別撰乘桴記一洗經

生僻長諸不覺曙曉日扶桑赤

遊四祖禪寺

一角寒山積翠深鈴聲佛殿晚陰陰閒雲流水自來往皓月蒼松無古今樹色夾城春雨暗湖光吞座夕陽沉綠天青鎖紅塵遠坐聽疏鐘契道心

步　出

步出城東門遍踏郊原路柳條綠始蘇草脚青微護殘雪猶未銷空濛遠山暮指點兩湖中漠漠飛水鷺鼓角催嚴城暝色黯烟樹四顧空蒼茫怡然得眞趣長嘯倦歸來野寺雲生屨

春日漫成

春氣融虛檻池冰漸作澌柳低雙燕舞花暖一蜂知掃石安棊局開軒縱酒卮階前有紅豆小摘最相思

昭君曲

黑風吹面黃沙苦琵琶一曲悲胡虜君王遣妾妾不辭萬里長征淚如雨但得邊關烽火息蛾眉安敢將身惜郎今青塚草萋萋猶是宮庭舊顏色信知作合非偶然畫圖一誤長千年當時未嫁單于去玉顏冷落終釵鈿君不見漢宮多少傾城女頭白長門黯無語

乾明寺江樓題壁

廿年苦戰餘殘壘寥落乾坤復此樓山勢岧嶤連鄂渚濤聲日夜走江州蒼涼殿壁虛銜月寂寞魚龍冷報秋欲擘銅琶天向晚平沙漠漠起寒鷗

秋夜口占

新涼側側沁窗紗秋思無端感物華荒砌亂蛩悽訴月小闌寒蝶暗偎花澆愁莫覓山中酒慰寂還烹顧渚茶坐久忽聆胥柝轉柳條西北一星斜

與熊福民考功談鄂門舊游感成二律用通州夜泊韻

天涯孤負此良宵舊夢宣南寄泬寥落拓不堪愁是伴溫柔眞要福能消看花記按紅牙拍弄月曾調碧玉簫今日因君試回首酒痕詩思兩無聊

旅懷撩亂菊花天猶憶春穠玳瑁筵金谷酒闌鶯語膩玉街人醉馬蹄顛香薰荀令曾三日唱別何戡又一年便欲與君同北去秋風爭泛米家船

晚泊道士洑自注即西塞山屬大冶縣

停舟西塞曲一棹翠屏環流水杳然去桃花相與閒雲根青削壁日脚赤沉山渺渺元眞子高蹤不可攀

春望

細雨霏霏入暮天倚舷春望倍悠然小橋簑笠漁歸浦流水桔槔人種田樹色烟痕澹遙齋湖

光雲影相淪漣韶華如此容高嘯商略閒情到酒邊

武昌縣

五年重作武昌游城郭蕭條半似秋遠浦綠蒲漁父艇隔江黃篾酒家樓煙銷樊口波如熨雨過寒谿翠欲流莫向深宵聽鼓角笛聲帆影不勝愁

泛月湖小憩羅氏湖樓

一曲郎官水還同僕射陂故人方出使遷客此題詩柳色青欺髩湖光綠上眉風流不可作望古意遲遲

漢上忘機叟幽棲此築樓到門山黛活隔岸市聲浮高詠招黃鶴新盟訂白鷗沈吟迴俗駕水竹過含愁

安陸謁故明興獻陵

荒陵駐馬夕陽昏故郡承天忍復論地接荆原形尚拱山連檔木勢全呑寶城華表餘坏土玉匣珠襦閟寢園痛哭遮門空議禮祇教璁萼倖蒙恩

郢中北上同人送別江干悵然有作

離亭一樽酒揮手淚痕多豈不畏行役其如壯志何疎烟橫古郭落日澹長河明發秋風裏扁舟起棹歌

安陸曉發

布帆峭翦秋江水潭底酣龍呼不起石城回首煙靄中京洛之行自茲始郢樹重重入望遙數聲柔艣黯魂銷不知今夜天邊月何處窺人伴寂寥

襄陽雜詠八首

水帶離聲山帶愁放歌獨上仲宣樓也知信美非吾土又向他鄉作滯留

咫尺隆中屹漢陰蕭條異代幾憑臨松風十頃龍鱗老謖謖如聞抱膝吟

希古谿來笑景升高臺百尺聽歌鷹可憐身後留豚犬嗟爾空垂八及稱

裘帶風流詎等閒殘碑讀罷涕潺湲千秋遺塚羊流在魂魄猶應戀峴山

習池秋草尙萋萋落日游人滿大堤梁武雄風呼不起攔街空聽白銅鞮

襄美風流被漢濱布衣長嘯鹿門春牂牁水暖葡萄綠我亦天南一酒民

風度如逢拜石時寒泉一掬薦江蘺行人不識襄陽樂下馬荒祠搨古碑

躍馬雄圖壘跡荒檀溪水竹自清香興亡不盡東流感付與詞人品夕陽

夜至呂堰驛

客懷怯初征驅車日將夕行行煙樹裹知是呂堰驛土室如雞棲解鞍亦云適荒村晚市散下箸甘冷炙涼風何飄颻吹月過牆隙悄然中不怡勞勞感行役

白水村懷古

雷雨昆陽捲怒沙金吾不作作官家英雄畢竟多情甚早辨深宮貯麗華

受命猶傳赤伏符漢家陵闕莽寒蕪君王第一憍心事曾記微時故劍無

博望故城

博望城邊晚駐車茫茫懷古一咨嗟荒城池迴翻禾黍舊國秋深咽鼓笳望裏潁陰殘日落愁

中清水暮雲斜故侯祠宇殘碑在憶爾河源萬里槎

潁橋二首

一言感激便回天融洩光陰大隧前嗟我慈雲淵水逝遺羹何處達重泉

錫類高風久不群行人下馬拜斜曛漢庭我笑東方老割肉惟知遺細君

岡嶺旅夜

不寐聞吹角孤燈背枕寒沉寥羈士感粗糲腐儒餐客久呼童嬾家遙覓夢難可憐今夜月二

處望平安自注謂楚粤及客中也

渡河二首

擊楫淩風百感來太行極目勢崔嵬黃流九曲中原劃紅射三川曉日開應有仙源天際落空

使節斗邊迴梁園東望亂華霧誰是鄒枚珥筆才

一綫河堤百仞高可憐焦慮聖躬勞似聞比歲秋瀾固莫恃中流砥柱牢廣武山寒香雪棘榮陽天潤搽風濤乘楂欲獻淩雲賦矯首東溟駕六龍

湯陰謁岳廟

金牌十二連營吼英雄齒冷莫須有四海同聲忿太師九原熱血傾留守如雲鐵騎響瑚戈父老歡迎遍兩河將帥酒酣方决戰廟堂鼎沸竟宣和貔貅十萬軍聲止戰士回頭皆髮指東窗夫婦祕陰謀南渡君臣忘國恥青衣行酒劇辛酸引領旌旗淚眼乾朔漠宮車長不返靖康王業遂偏安朝門挾刃呼聲起施侯赳赳眞男子傷心寃獄慘羅成父子精忠同日死大厦全憑一木撑宋家何意壞長城騎驢老將身甘隱叩馬書生見早明我來弔古湯陰道靈宮森敬丹青老英姿颯爽酣戰餘遺表重尋涕盈斗階前長跪爾何人蓬首垢面黯不呻奮拳擊賊皆欲裂近前豈畏丞相嗔心香一瓣寫孤憤浩氣如生長凜凜千秋俎豆故鄉存何似黃龍舉杯飲此恨緜緜尙未平西風慷慨眺神京請看汴水東流處猶帶當年哽咽聲

曉發磁州

紞如五鼓打城頭數編寒更黯欲愁獨駕征車碾斜月載將殘夢出磁州

古意二首

青青復青青楊柳生遙汀妾如井底水郎如江上萍

井水何清泠江萍何飄泊不恨還鄉遲只怨離鄉樂

途次薄暮

客心牽遠道況復逼黃昏雲暝不離壑煙低知近村微吟增野思隻影盪溪痕無限平生感愁

同岸柳論

樓桑村懷古

石頭壓降旛銅臺無片瓦千載樓桑村高風獨瀟灑使君落落真英雄兒時嬉戲非常童黑山羣盜苦猖獗提戈一出皆披靡徐州新野幾留滯戎馬風塵嗟拊髀草廬三顧鼎足成魚水君臣託深契益州沃野四塞固天留伯業開蠶叢猇亭一蹶豈人事運移漢祚難爲功吁嗟乎沛邑春陵返鑾輅賜復承恩歌大酺惟公遺恨不生歸寂寞冰霜惠陵樹

長興店題壁

客路艱難飽問程看山看水不勝情開顏明日橋頭望雙鳳雲中是帝城

每逢佳處便掀眉畫遍旗亭學士詞未脫征衫先自笑輕裝留得一囊詩

醉歌行

酒星夜半光芒高嶠西老子呼其曹仰天四顧啞然笑千罍碧釀傾葡萄酒闌意氣共傾倒平觀身世如鴻毛我與漢廷東方號大隱金門據地歌聲豪爛醉騎鯨上天去瑤池西畔偷蟠桃

又聞李青蓮大雅追風騷長安醉眠狎天子洗香供奉揮仙毫古來飲者半不朽會須盡醉歡陶陶何況滿眼一錢亦不值折腰五斗還空勞胸中塊壘結如痞安得日日痛飲當抓搔手持金錯栝盛以玉色醪更擬荷鍤青山遨非朝非市非蓬蒿醉鄉歲月無驚濤

送林内兄南歸

今我忽不樂歎君還獨歸天涯游子倦京雒故人稀素月含離恨青山笑昨非故園休暇好慎勿負春暉

籬菊已搖落嶺梅猶未開西風一尊酒別恨滿燕臺故國且言邁清時無棄材莫將孤憤意脫劍轉徘徊

獻策慚余劣因君輒浩歌官宜蕭寺冷愁比亂山多余時居城南寺中世味炎涼悟年光醉夢過所親如有問憑仗解蹉跎

去矣勿復顧倦飛今始還愁心滄海水歸夢粵門山花月添新詠風塵改舊顏望京依北斗莫使尺書慳

秋日感懷五首錄二

悲來撃劍忽高歌奈此蒼蒼兩鬢何旅燕那禁歸思逼荒雞畢竟惡聲多柔情脈脈搴蘭杜遠夢依依繞薜蘿欲覓靈脩天路阻通辭無計託微波

袞袞登臺大有人衆中低首總嫌身幾年旅食憐浮梗終古名場歎積薪漸覺逢迎知己少只餘形影故吾親季鷹別抱秋來感不爲鱸魚憶釣緡

春日偕郭椿餘太史何子逸孝廉許柳丞水部林梅貞茂才周濱漁上舍同游大雷寺用朱竹垞檢討韻

曈曨曙色開城槐遙山萬笏濃青排淩晨訪勝宏業寺入門駘宕春容佳人海一身苦羈勒怡然命侶樂孔皆崇臺虛朗佛壇背祇園四顧無纖靄花間低掠紅襟燕柳外驕嘶白鼻騧新蒲含茸竹苞籜有如羽箭藏鞲韍雪壁淋漓昔題徧留詩底用分松牌徵吟坦步縱所適同儕五六相與偕憑虛西望更曠遠暖曖煙樹高梁涯今年芳信寒尚勒圓荷貼水輕于錢卓午緇進苦荈蕭條土銼燒枯柴清風颯然兩腋起快聞念佛禽喈喈穹碑何年屹檐際摩剔古蘚披孤懷一塔嵌空制尤異夐絕百尺不可階三千四百風鐸點聲聲直入雲濤壓疊栱華葩互雕鏤神工鬼斧誰所差流觀未覺短景促香厨粥鼓催清齋列坐當軒恣歡讌何必絲竹絃管諧浮生得此會有幾拚令濁酒傾如淮日斜並馬國門返晉黃澹月籠天街

題畫

微陽薄銜門暝色在驢背行歡寂無人澹與秋山對

秋日重有感

潦倒逢人百不如秋風瑟瑟又吾廬絕無知己堪投報猶有名心未掃除乞食怕吟元亮句論交欲廣孝標書侏儒臣朔終何補羞傍金門賦子虛

謝子石侍讀以所畫灕江奇絕處見貽因題長句一首

舍人下直如枯僧扣門剝啄來吟朋翩然示我七尺絹滿堂動色雲濤興峭壁參天若無路峽口丹黃萬煙樹噎㕒一水破峽來云是灕江奇絕處舟中有客方洞簫扣舷聲與蒼崖高浮空暖翠互出沒如聞萬籟爭蕭蕭長安五載苦氛埃夢寐家山好岩壑輸君妙筆寫荊關尺幅雲嵐恣磅礴北風吹雁蒼梧秋披圖惝怳生羈愁何日煙波同把釣相從放棹營家洲

題張楚樵聽春館畫幀

絲柳初梯草始芽好山圍住野人家瀟瀟一夜西窗雨商略春情到杏花

有感四首錄三

東風香國問生涯如水流年感物華世外狂吟聊復爾天邊冷宦尙無家禪心欲化泥中絮幻相原同鏡裏花未到黃昏意猶適樂游原上好迴車

愁裏光陰醉裏過閉門風雨病維摩也知秉燭爲歡好其奈看花失意多金屋未成難買笑愛河無定易生波春風莫誚游蹤減怕聽當筵懊惱歌

慚愧人前百不能年光一例付瞢騰愁多易濺傷春淚官冷眞如退院僧呼馬呼牛聊自應學

仙學佛亦何曾近來頗悟楞嚴理解脫拈花是上乘

寫家書二首

涼風自西來飄忽入羅幌吹我遊子心直到高堂上微官墜入海碌碌苦羈鞅臣飢一囊奉莫逐斗升養記從違色笑幾載勞夢想平安兩字書欲發輒惝怳側身天地內何者勝俯仰低徊愧人子無語獨神往

我祖年七十歸臥南山廬父兮牧蘄陽薄祿仍飢驅天各在一方山川鬱以紆而我復落拓棗米長安居粵山與楚水定省憑尺書明知宦難成巨海茫茫如强言有津畔聊慰望眼舒白月何明明照我下筆餘舉頭忽垂淚三處離懷俱

游陶然亭次周子少華韻

勝日招邀拓客愁高歌周昉獨風流薊門野色千山合京雒才人一座收玉勒醉歸初上月銅琶清唱不勝秋尊前獨醒吾何敢拗取花枝當酒籌

一笑陶然載酒臨上方鐘磬入雲深祇園地僻徵歌好野寺殘碑曳屨尋潦草杯盤供薄醉飄零書劍付長吟蕭蕭萬葦黃成海無那風前故國心

送張子聘表弟下第歸豫章

天涯昆弟難爲別每聽驪駒一惘然舊約漫尋三載後離心況值九秋天薊門判袂風吹帽彭

盫歸帆永拍船見莫平愁歌斫地好將書劍策華年

春　晚

春色竟如此吾生信有涯凍雲偎病樹疎雨落輕花宦拙鮮人事身閒負物華躭吟幾搔首歎數晚歸鴉

絕　句

桃花穠綻杏花飛羃䍥房櫳燕乍歸閒倚金尊數芳信一欄紅雨點春衣

曉過廣慈寺

莓苔滿逕芒鞋跡綠陰深鎖紅闌隔茶煙一縷鶴低飛寂寂禪房澹秋色風旛斜颭鳴疎鈴小池泮衲衫痕青拈花微笑無言旨坐對幽篁讀佛經

長安雨夜四首錄二

愁聽床床屋漏聲千家煙火黯重城何當小試挐雲手一洗天河永夜清

玉壺買醉更何人濟對孤燈影自親却憶故山風景好疎簾聽雨草堂春

喜孫燕叔自通州到都二首

握手經年別相逢感鬢華尺書通潞水尊酒薊門花意氣仍如昨風塵轉自嗟平生膠漆契合併幾天涯

卅載如虹氣浡飄奈爾何相看同抑塞無計解蹉跎入世雄心在登場冷眼多聯床今夜雨一笑醉顏酡

送何少輔水部南還

一掬臨歧淚憂端不可任離筵殘日色孤館澹秋陰此去嶺梅發相思灘水深蘇亭應北望珍重惠瑤音

如卿長安士忘形獨子俱看花春命酒踏月夜連輿忽送錦軒去難爲素米居何當謝塵鞅同結故山廬

同人銷寒雅集許柳丞水部以詩索和依韻奉酬四律錄二

鐙花如海酒如川落魄狂吟亦可憐侍夜香生瑤瑟伴買春人醉玉壺邊祇愁梓澤繁華謝早博旗亭衆口傳一舉十觴君莫笑人間多少奈何天

蠛蠓微名苦去留側身天地一羈囚悲歌骯髒驚燕市遠夢蒼茫繞鄂州許國心雄孤劍側望鄉情折大刀頭書生無愧酬恩怨沉醉風前解百憂

夏初遣懷

芳草未歇青春遐困人時節又京華天邊趙盾日可畏扇底庾亮塵難遮卯飲閉關惟謝客午晴支枕富還家官閒聽事眞如水自起開簾掃落花

題黃鸝翠柳圖

依約山塘二月游絲絲垂柳綰春愁輭雲扶過橋西路叫徹一聲黃栗留

游嵩雲草堂納涼池上

芳蘭爲佩芰爲裳靜對池南好納涼已覺塵心空水月不知夜色歛林塘浮萍缺處星光碎白藕花時露氣香跂脚高吟眞自得臥聽魚躍卽濠梁

杪秋南旋出東便門感賦

忽駕征車喚奈何薊門晴色壓滹沱心隨曉日孤鴻遠愁比秋山落葉多長劍向人增骯髒短衣去國悔蹉跎蕭蕭匹馬城東路回首京塵六載過

舟中九日

北風獵獵流年急黃葉聲中理歸檝美人江上惜生平手把芙蓉峭然立目盡南雲是故鄉天涯寥落幾重陽不知何處吹橫笛倂入勞歌空斷腸

舟泊河西務

月出聞津鼓歸鴉倚棹喧鄉愁銷白墮旅思怯黃昏木落霜前寺潮生海上門蕭騷爲客慣剪紙一招魂

津門秋感四首 錄二

扶桑秋色雨中來橫海騷然正築臺誰識王商爲漢相可憐婁敬是邊才河山幾許新亭感風
月頻聞綠野開歎息武威方習眦澎湖百戰陣雲哀
橋畔鵑啼日欲斜客情無恙又黃花飄零身世餘孤劍浩蕩關河起暮笳投筆有懷班定遠上
書誰繼買長沙何當渴飲番君血淨掃南溟泛客槎

渡　海

濯足滄瀛萬里過冥冥雲物擁鼉鼉吟邊碣石長風送夢裏神山曉日多四塞星河平似掌諸
天島嶼小于螺雄才誰續元虛賦慚愧乘槎一放歌

將到上海快占

遠見吳淞笑口開東溟回望浪成堆盪胸奇氣知多少親向扶桑頂上來

舟中望金山

我聞岷峨之水東注六千里大江中擁孤峯起吾鄉古稱山水窟獨秀遙遙堪對峙上有樓閣
仙人居曲瓊畫棟凌虛無秣陵樹色宮窗見瓜步濤聲隔岸粗憶從九日辭燕市眼中突兀乃
有此鐵甕城邊夕照明萬疊愁心滿揚子玉帶何年紀勝遊令人郤憶蘇眉州風流往事不可
繼星辰迸落魚龍秋我欲登臨帆去疾上方鐘響冷冷出平生擬探五嶽奇勝地胡爲交臂失
妙高臺上月輪孤江天遍望雲模糊何人爲倩倪迂筆畫我金山放棹圖

月夜過金陵

登艫擊楫鎮銷憂目極臺城萬雉浮京口潮來初入夜白門山好不宜秋更無玉樹翻新曲祇有金波扣客愁一霎乘風過采石飄飄眞擬泛虛舟

彭澤縣

四面俱屏嶂蒼然古縣開天連九江遠山送小孤來大地圍秋色明時伏吏材陶公高躅在千載迴悠哉

望廬山二首 錄一

黃葉江南一棹還西風憔悴滄離顏當杯忽發軒渠笑九派潯陽九疊山

九江

一棹潯陽郭西風木葉波山隨吳會轉人帶楚聲多綠鬢長爲客靑衫怕按歌匡君應笑我浪跡幾經過

打槳

打槳趁孤篷煙波路不通自憐妾命薄敢怨石尤風

三日雲濛濛郎行在何許淚眼怯逢人化作秋江雨

守風龍坪

蘆葦蕭蕭秋氣清鯉魚風急夜潮生孤篷細雨龍坪驛悵觸離心直到明

蘄州江中有石台俗傳張志和垂釣處夏日偕同人往游因成長句一首

秦王鞭石向東海鼉堨飆馳萬靈駭獨遺片石墜蘄春突兀江心至今在茫茫叠浪囓孤根瞿塘灩澦相弟昆朝潮夕汐怒莫撼日月盪激雲濤翻流傳唐代元眞子曾向晴江釣秋水鱖魚吹浪碧桃稀簑笠蒼茫竟誰是首春五日猶清和飄然一舸凌輕波天吳穩踏水犀伏中流矢喜懸嵯峨振衣惝步循危磴凌虛四顧何雄峻嵐氣直接西塞山濤頭怒指田家鎮荒基凭眺空悽然惟餘石畔脊燈懸風竿不動勢高矗夜深估船知迴旋石上有天燈一杆徘徊極浦還飛鸞全楚江山此奔赴層城如畫鏡中看雉堞陰森鎖煙霧江天杳靄江雲晡挐舟欲去仍踟躕滔滔滿眼垂綸好誰向煙波作釣徒

初秋宴蘄春官廨

嘉晨敢芳讌天宇豁重陰對此發清嘯因之調素琴花前雙蝭瘦暑後一蟬吟秋色年年好淒其故國心

登安慶大觀亭時客遊皖中

皖公山好落深杯醉倚危亭倦眼開信有登高能作賦更無知己解憐才一江秋色明斜日九派濤聲下大雷壯志不堪頻四顧流波滾滾幾重迴

夜坐

夕煙如霧歛空庭傍砌斜飛數點螢靜坐不知宵漏永桐陰缺處露疎星

出門

又作霑襟別勞勞歎我辰江山殘臘景雨雪獨行身定省煩諸弟叮嚀聽老親低頭慚負荷不敢怨風塵

游東坡赤壁

曉發散花洲暮泊黃泥坂長江萬里瀉胸襟四顧寒空氣蕭散峨峨赤磯橫江邊放舟倘佯峨嵋仙昔游倏忽十三載余癸酉過此十三年矣公去遺遙八百年當年公厭承明直五載齊安忘遷謫天教勝地屬才人要令湖山不孤寂從游二客知是誰樂哉斗酒相追隨登臨惆悵生苦晚銅琶怒擊天風吹須臾皎月東山出清景依稀話壬戌呼公酹酒公應聞大笑孫曹是何物臨皋夜靜雲冥冥倚欄狂嘯魚龍醒明朝短棹渡江去懷古登高九曲亭

登金山寺

江風吹不折萬古此峯懸到寺疑無地涵虛別有天濤喧瓜步鎮帆送秣陵船登陟平生夢來游一灑然

夜渡揚子江

白浪撼遙汀寒蘆夜深語篙師起相喚掛席衝江霧臥聽鴉軋聲暗入瓜洲去

乙酉小除日出京口渡江晚過揚州中宿解維行次邵伯驛數里許朔雪連宵河冰盡結客舟鱗萃枯守江干奄忽歲除悽然賦此

狂飈颯颯哮堤樹深宵勢挾虬龍怒曉起推篷雪滿江玉鱗銀甲紛無數寒氣遙連甓社湖行人已斷雷塘路層冰澤腹高峨峨凍合千檣盡膠固長年束手困朝饔客子攢眉驚歲暮憶昨我登浮玉峯萬里長江豁晴霧飽吸波光入酒杯迴帆欲指瓜洲渡廣陵城下晚潮送計程幾日清江駐此時懷抱何豪雄矚望山川足清趣誰知滕六惡作劇一夕凌寒倏凝沍敗葦叢中鷺殭橈歲朝獨向荒江度東船西舫人語悄屠蘇欲飲沽何處此時懷抱何蕭慘坐歎山川已非故乃知人事有倚伏興極轉被天工妒且釋羈愁付短吟悲懽過眼安吾素明朝杲日暖烘江綷縩韡紋快呈露活活流澌一棹移乘風又過淮安去

淮安舟次

潮落寒江放棹遲山陽城外雨如絲短衣重過淮陰市可有低頭胯下兒

清河縣晚眺

渺渺長河積雨餘依依短堞晚晴初離懷望遠家何在愁緒逢春水不如極浦千檣通北固嚴城一角控南徐可憐廣澤流亡遍誰繪監門痛哭圖時山東水災流亡遍地

沂州途次大風

驅車古瑯琊形勢信奇絕天宇窮四垂川淙倦百折泱然大風起其氣凄以洌或如猛虎嘯或如老蛟掣硬如錢塘射利如昆吾切抵隙既迴旋掀空復飄瞥道旁白楊樹蕭蕭黯成列驚飇起相搏如助語悽咽得非山谷頹毋乃波濤嚙閉置帷車內欲語噤不說惟聞馬蹄聲蹭蹬步殘雪布衾已多年著手冷似鐵坐令皮肉皴凍極痛更徹我生亦胡爲辛苦輕離別三復遠游戒九轉愁腸結

山行叠前韻

入山已三日山行迴幽絕縈紆獸跡交屈曲羊腸折凌晨動征鐸石徑霜氣洌蹋蹐短轅中欲臥肘更掣輿夫憫我瘁執轡意殊切危坡百級下勢若爭一瞥回望層厓顛松栝森森列白雲斷復續清泉凍仍咽怪石如於菟作勢欲相嚙腰無大羽箭沒鏃從何說頗聞東蒙峯上有太古雪痕跡苦未躋空碎輪蹏鐵晨飛鳥啞啞向曉聲更徹喚醒征人夢如歎嶺山別關山別良苦南望離情結

題畫蝶

仙衣五色態生妍栩栩眞從筆底傳一幅輕綃春欲活落花如夢草如煙

與陳俊卿話別

握手古槐下秋深落葉紛天心嗟早達吾意惜離群歸棹洞庭月遠書衡嶽雲懷鄉兼感遇淸淚迸宵分

秋夜庭樹落葉有聲與篤生同年感吟

槭槭庭前敗葉鳴淡雲籠月不分明無情一夜驚搖落瘦盡秋心是此聲

除夕守歲晉陽寺

荒祠守歲夜寥寥斷送年光是此宵千鎰買官空復爾一身作客慣無聊論交意氣輸屠狗落魄功名賸敝貂莫向春明門外望榆關西去總魂銷

醉把屠蘇強入唇蕭然贈答影形神絕無轍跡來知己難得鄉音聽隔鄰此舍爲同鄉新寧士寓類酒能鹽

申江舟次宋藍圃大令以詩見示依韻奉答二首卽送其之官粵藤錄一

都愛我雞弓狗杖儘縱人一官萬里吾何戀認取尊前現在身

矍鑠雄姿四顧生吳淞煙雨話歸程定知來暮歌廉范卻喜忘年契正平飲馬自憐榆塞遠看山爭羨桂林行他時故里舒棠蔭莫忘同舟共濟情

同人餞別於蘄春官舍之藤花舫醉酬長句一首

我欲左挈太白右東坡千壺碧釀傾黃河又欲大兒文舉小德祖長嘯如龍醉如虎人生在世百不宜海濶天空迷處所當盃兄復是離筵沈沈細雨藤軒前群公意氣共傾倒對此不飲應

徒然青山隔江如送客萬笏排空濃欲滴眼前好景任歡呼明日相逢已陳跡酌君酒對君歌良會其如欲別何酒闌一舸秦川去萬里邊城落照多

晚憩四祖禪院因偕寺僧同登鳳山頂觀雨湖諸景二絶

冥冥巖際鐘歷歷湖濱樹歸鳥帶殘雲飛落前汀去

密篠交蟬鳴荒徑絶塵跡時與山中僧捫蘿話危石

丁亥夏將由蘄春之官陝北時仲弟竹君亦侍三叔父南歸惜別抒懷感賦五首

微風颺庭樹吹我身上衣睠言手足情勞燕驚分飛我賦過秦論君濫浮湘歸所適各一天何以慰庭闈親心無遠近懷哉色養違努力互珍重寸草酬春暉

春暉欲報難忽忽已三十一官去絶域失計嗟何及連宵侍親側相對百端集惟我抱疾憂期我修名立慈母拳拳心惜別情更急叮嚀與告戒涕灑衣巾濕佯歡奉顏色欲語吞聲泣更盡不忍別柝響虛廊入

虛廊悄無人別親始就臥耿耿不能寐挑鐙起復坐靜念平生事歲月蟻旋磨少年盛期許挾策金門射蓬瀛咫尺耳弱水飛難過六載困朝衫豪氣半摧挫鬱鬱改官去腰折眞無那何期一尉微萬里稅吾駕捧檄爲親喜茲言毋乃左眞宰不可問苦雨黯殘夜

殘夜行漸明雨勢仍不止一點復一滴咽向離人耳弟今返里門力學信爲美成名固所願道

在立身始務讀有用書趨向戒浮靡人生如駒隙光陰一彈指勖哉崇令聞庶博祖庭喜祖庭昨書來朝暮倚閭望弟今隨叔歸定省庶無曠征途四千里山川各殊狀眼詫粤峯奇胸帶衡雲盪登覽亦足豪須求放心放到家及深秋布帆幸無恙殷勤承祖硯掀髯老懷暢所嗟身世乖微官獨西向去矣勿復道庭樹微風颺

自青山至武昌遇順風瞬息而到

江空風急快揚舲舵鼓聲催曉夢醒淰淰波翻蓮葉白飄飄帆颭柳條青推篷遠岫低昂入倚櫂驚濤斷續聽忽見長天橫鶴影扁舟已向武昌停

漢上與仲弟話別

孤舟風雨一燈斜目盡秦雲感鬢華今夜對床同惜別斷腸分手各天涯

抵安陸

家君作宰地九載復經過落魄江湖感囘頭歲月多潭雲影容裔堤柳意娑娑爲問蘭臺謙流風近若何

即目

淸晨掛帆起連江鎖昏霧郤聽賣魚聲冥濛不知處

客程

落日停橈晚飯粗客程一月罷提壺明朝短舵乘風去為問宜城酒有無

江上對月

月色鏡篷瀉江聲到枕寒徘徊念行役塵夢五更殘

舟泊晚眺

返照楚天低登臨屐自攜遙汀孤鷺起森木亂蟬嘶月出山全暝雲歸樹欲迷幽情忽悵觸橫笛畫橋西

自葉縣至襄城途中得詩五首

蒼莽平蕪一縣開遺蹤猶說好龍臺飄然雙舄城邊路無數青山拂面來

醴水泠泠夕照殷垂楊一路綠陰環數聲白鳥谿煙破知是鐘鳴少室山

尞尞千載耦耕人斷碣猶存古蘚皴我自風塵甘息轍憑誰一爲指迷津

汝南月旦久蕭條落拓關山獨騎遙浪跡匆匆九年事秋風重踏汝墳橋

縹緲孤城控具茨亂山一塔暮雲支翠衣縞舄今何在想像莊辛把手時

郟縣旅夜

柝響層城暮悽然破驛荒愁心隨汝潁征夢繞蘄黃河漢雨微歇關山秋獨涼雞聲何角角中夜起徬徨

白沙題王叟山居

白沙逢野叟爲我款荆扉野秫登筵熟園蔬入饌肥疎星烱虛牖宿鳥濇征衣相顧飄蓬感吾生願息機

陝州旅次和壁間韻

苦雨瀟瀟主夜分那堪征雁復相聞離懷黯澹縈秦樹遠夢惺忪隔楚雲挾策何人知季子棄繻有願學終軍轉輪漸喜西陲罷幾輩凌煙聽策勳途次遇解新疆軍器者故及之

有感再疊壁間韻

玲瓏十索丁娘曲自別燕山更不聞密誓可憐辜皎日閒情何處賦行雲癡獃枉博傳千口詩酒猶堪張一軍解識青樓呼薄倖江湖惟有杜司勳

靈寶縣二首

古邑趨靈寶蕭條駐客驂地形分雍豫山勢控殽函宿雨林霏斂斜陽塔影銜勞勞眞失計零落舊春衫

秋氣颯然變離情不奈何蕭晨淒白露高枕近黃河地迥荒雞惡城空去雁多衡關前路近天險待經過

過函關

關門紫氣尙氤氳遙指陰崖積翠分無復猶龍占尹喜肯容列騎過田文河流捲地噓殘雨洞道參天裂暮雲聖代卽今嗤設險馬頭一路淨秋氛

閿鄕縣

湖城雨過翠成堆往事泉鳩劇可哀一代雄風傷晚節歸來空築望思臺

晚抵盤豆驛

峯迴路轉欲何之下馬郵亭索酒卮爲客獨經盤豆驛懷人剛及食瓜時新吟壁上和愁寫舊侶天南有夢知檢點塵衫憔悴甚一宵潘鬢欲成絲

山行口號

萬疊雲嵐一徑斜晚雷聲裏殷輕車空山日夕無人跡開遍懸崖枸杞花

潼關眺黃河

九曲中原此上游茫茫極目迴含愁濤聲怒撼蛟龍窟關勢遙連鳥鼠秋太華西來天欲壓風陵北望浪爭流傳聞齊右仍昏墊疏鑿誰紓聖主憂

抵潼關

峻絕潼津路遙遙仗策過關河三輔劃風雨二陵多地險難超乘時清罷枕戈雲中華嶽影失喜擁嵯峨

行經華下遇雨

華陰城畔雲冥冥馬頭遮斷秋山青天公何事惡作劇滂沱日日悲淋鈴我聞太華峯高五千仞嶔空倒削芙蓉屏仙人六博鎭來往時控鹿馭乘雲騑平生名岳屐齒遍獨茲幾兩孤山靈萬里一官究何戀失喜太昊羅前旌我欲騎二茆龍昇直上絕頂窮秦坰峯頭玉女招我見重陰一氣霾眞形煙梳雨裹膏沐倦如助旅涕爭飄零安得列子風上界吹泠泠淨掃來塈撑嚨玲銅鉦曉挂碧空峭振衣直躡山蓀亭

華州

日夕咸林道停車拓客蹤地環清渭水秋滿少華峯城古支危堞祠荒臥廢鐘終南遥咫尺嵐翠接重重

午眺渭南萬里橋

孤城吹角遠天低回首風塵舊路迷萬里橋頭一延佇始知身在華峯西

曉行

一望平蕪路幾千薄寒微勒早秋天溪雲淰淰初成雨隴樹濛濛欲化烟荒徑逶迤愁匹馬疏林斷續送輕蟬相逢野老停車話輪輿騎牛自在眠

延長道中

霜風淅淅染征衣滿日蕭條氣象非古驛寒鵶悲自咽荒村飢雁冷還飛廿年浩蕩遺民在九月涼秋過客稀獨有臨溪數株柳興亡閱遍尙依依

辟州除夕用丙戌守歲都門晉陽寺原韻

爆竹聲稀夜寂寥一年將盡又今宵迂慵於世曾何補落拓逢人不自聊冷眼紛紛爭蟻蚌捫心碌碌半蟬貂曉鐘未到春醪熟塊壘還憑仗酒銷

狂歌斫地涕霑唇啼笑無端總入神令節蕭條窮塞景孤城合沓亂山鄰短轅自阨誰憐我舞袖能迴大有人且釋覊愁拚一醉尊前俄頃隔年身

塞上

塞垣北望接崑崙萬里車書戴至尊莫向龍沙嗟謫宦如今絕域是中原李陵臺畔暮雲斜斷碣叢殘話漢家欲譜鯤弦彈別恨東風愁煞蕣囊花

春仲榆林道中

穹廬一望客愁添二月春寒未解嚴老我光陰旋磨蟻困人仕宦上竿鮎雲容傍塞晴猶暝風力摶空晚更尖苦憶故園韶景好桃花吹浪蕨芽甜

衙齋春晚

絕塞風光百不堪無花無酒似瞿曇垂楊那管春深淺猶是依依翠色含

夜宿斷橋驛自注屬榆林口外

平沙無垠日色薄穹廬四顧春蕭索皚皚疲馬踏層冰百里荒寒少村落前有崩崖後巨壑苦霧冥冥雲漠漠荒榛陰翳飢鼠穿古木槎枒怪鴟撲我獨胡爲至於此孤影伶俜旅懷惡黃昏路轉山店拓稍喜窮途得棲託主人延客飯脫粟候門殷勤貌教樸爲言茲地枕長城大磧連谿石磽确山田亂後無人問往往十耕九不穫邇來旱潦歲相仍暑雨祁寒怨咨作未知眞宰復何意忍使邊氓艱飲啄我聞斯語重太息苦憶南中故園樂一官絕域行路難孤負家山好梅鶴誓將去汝從吾好何必風塵苦腰脚夜闌語罷鐙影斜遠戍嗚嗚動寒角

游紅石峽步壁間文蘇亭太守韻在榆林府城西北

樓臺天半矗霞城遺壘猶傳越石營畫壁誰摹吳道子搜奇好錄趙明誠壁間多石刻　名岩瓶鉢留初地絕壑笙鐘接太清莫倚危欄頻悵望東風一笛喚愁生

雲川月夜

一片長城月天南共此宵愁中看明鏡鄉思倍迢迢關塞秋先冷星河影欲搖姮娥似相識作意伴無聊

己丑初秋將由麟州捧檄出山長歌紀懷兼示僚友

男兒既不能投筆希班超立功絕域稱人豪又不能拂衣效彭澤三徑歸來撫松石東塗西抹

總無臧北轍南轅爲誰役徒抱嶔奇〻片心相從到處無人識昔年盛意氣驅馬黃金臺匠鐵
嬾索長安米飄然一尉雲中來雲中遠枕天山界孤城亂後遺民在吊古猶尋斛律臺高歌直
逮郝連絲涼秋纔到木葉乾霜花如劍邊風寒此時側望家萬里令我慨歎愁心肝浮泙無定
蹤小草懷遠志投荒兩載不自聊又向長安跨征騎出亦不足喜住亦不足愁奇才入世本天
賦豈有榮落關人謀我今臨觴忽不御惜別懷鄉兼感遇柳條缺處亂山青明日摇鞭從此去

重過榆林

伏櫪雄心不肯平又隨候雁共南征白衣待醉長安市皂帽重尋統萬城榆塞風高寒有信芹
河霜洌湅無聲宦情絕似秋燈淸耐盡深宵未徹明

魚河驛夜口占

幢幢燈影夜窗虛茅店雞聲月落初寤起呼僮眠不醒暗聽櫪馬嚙殘芻

晚至石嘴驛不寐書懷

暝色倏沉山徹涼虁征袂呀然兩崖豁落日澹松桂亂石瞰荒谿駭彼欲崩勢循崖得茆屋寂
寂雙扉閉勞人此停驂永夕發遐契空梁嚙飢鼠縮瑟一燈細微聞空山中古寺鐘聲遞無眠
攬衣起薄宦感淪滯一身墜窮邊坐惜流光逝何時脫塵覊返我芰荷製拊枕忽長歎幽蛩荅
霜砌

偕李少舟大令同游城南南小雁塔（屬長安）

尺五城南並轡行郊原遠色馬頭迎鴉翻寒日寺門靜雁帶頹雲塔影橫薄宦離心紛暮節閒僧偶語感浮生蕭條龍象虛堂閟斷碣猶傳薦福名（自注寺在唐時名薦福）

謫仙才調本無倫合併天涯亦夙因已倦津梁輪臥佛偶拋城市即閒身青山古剎分晴色黃葉前朝話劫塵莫聽疏鐘愁日暮出門多少未歸人（自注時少舟以天寒屢促言歸）

除夕感賦

餞臘年年慣其如異地何春盤供潦草宦轍悔蹉跎淚落思親遠詩成寄弟多胡爲不成寐歸夢阻關河

晚抵杏林飯罷郊外小憩

日落抵杏林稍喜勞筋息茆店四五家裊裊炊煙直飯餘了無事坦步隨所適春迴氣含暄籬巷長苔色出郭睇高原翻翻滋宿麥膏來微雨過濃翠如欲滴道逢農父言理亂皆不識問我來何方似解憐行役凭高更遐矚四面雲山寂但見牧童歸牛背橫吹笛以茲悟人境未必桃源隔何時歸去來遠企陶公跡

岐山縣

落拓雖招過客魂孤城駐馬又黃昏千重遠樹迷汧隴一片春山指益門無復高岡鳴鳳集祇

餘慶疊暮鴉喧臨風底事增惆悵南望心傷五丈原

村店

幾家村店隱茆茨客到凭軒縱酒巵好是晚風疎柳外梨花如雪颺青旗

寶鷄道中

陳寶銷沈霸業湮祀雞臺圮鎖荒煙春回塍隴周原外人在茫茫清渭邊野曠山光都拔地村遙樹色欲黏天蒼涼落日長安迴回首征塵一惘然

曉發郿店渡渭水

曉色溶溶積靄間河橋駐馬送潺湲人家夾岸臨清渭客路穿雲入亂山差喜勝遊供日錄只憐征侶負春閒垂垂一樹澄潭柳棖觸覊懷不忍攀

益門鎮

七日行秦隴崎嶇都未逢岈然益門鎮橫亘陳倉峯磴道盤千曲溪流鎖幾重不堪天乍雪風景似殘冬

曉宿觀音塘自注入棧首程

昔聞秦棧難未到已心恐行行古益門陡覺山勢壅讀史緬宏治設鎮限梁雍時清罷兵衛川原恣環拱群峯如脩龍一水谷中涌風聲吼白日鱗甲森然動晚趨觀音塘嘐葛齊總總天半

山倒壓庭宇嵐光擁解鞍就旅枕雲臥衣裳重夜半怪鵑啼魂夢猶驚悚

山行口號

鎮日踏翠微沿溪馬蹄緩一山未了一山攔山欲斷時雲不斷濟濟春寒黯夕暉濛濛嵐氣濕人衣暮天何處一聲磬驚起滿川沙鳥飛

自鳳嶺下至三岔驛

天門高處遂登攀（自注鳳嶺高處俗呼爲南天門）旅騎平安向武關細雨乍經三岔驛凍雲遙鎖七盤山寺鐘欲動昏鴉起水碓無聲浴鷺閒擬把塵纓向溪濯不堪清鏡照愁顏

棧中雜詠

夙昔山水懷恐孤幾兩屐七日行棧中目眩意殊適春山如描娥作意迓行客亭亭煙霧裏朝暮施黛澤娟妙非一致萬綠若無隙不知大造功幾費雕鐫力所嗟世網縛未獲窮奇蹟公甸徇微祿惘惘輕一擲長松何蒼然礧砢倚危石猿鶴倘有知應移北山檄

皇天限秦蜀驅山作屏障前嶺既透迤後嶺復奔放樹杪百道泉轟若車千輛注谷爲奔川水石怒相抗我攜飛鳥到險怪紛在望心疑前山窮徑與去安向豈知林麓轉原隰倏平曠人生方寸內夷險本殊狀造物無盡藏執一毋乃妄會當造幽遐置身千仞上高歌蜀道平振衣一神王

漁洋大雅宗異才本天授兩持使節過一浊山川秀雕搜詩百篇眞力肆排奡每讀驛程記如與山靈遘我思幽深境靈蹟彌宇宙貴游所未蹟誰與洗荒陋玆邱亦云幸屢遣奇入到浩蕩賦西征吟懷任馳騁胡爲秋風裏一夕驚老瘦本漁洋句懷古挹清芬浮嵐滿襟袖

柴關嶺放歌

十日春陰不肯晴祕崖一綫天光明整裝曉發南星驛突然屼嵲羅前旌柴關奇險著棧道昔聞今上心怦怦疑是五丁開闢所不到長留巨嶂秦中橫又疑帝女媧補天石向西南傾上有浮雲白日互馳騁下有飛流怒瀑爭砰訇鬱鬱秦時松歷刼猶獰獰蒼藤垂瘦陰篝黑怪禽百變難爲名東跨紫閣西連青城山虚水深古無人聲峭壁洸洸來徑絕危椽架壑相支撐懸車躍馬弗可度傴仄只許單騎行憑高試學老魅嘯但覺深谷䨻䨻涼風生旅人到此牛頭白况我薄秩初跣征咫尺紫柏峯一氣排崢嶸忽然振衣作奇想抗手似有群仙迎嗚呼安得抗手群仙迎使我挾策朝玉京願假力士驅山靈一笑萬古巖巒平

畫眉關口占

晚山如黛棧雲西泱泱春泉灌稻畦無限閒愁銷不得畫眉關外畫眉啼

留壩廳

暝色低留壩洸洸返照中亂山趨馬道古堞枕烏樠人語三巴雜羈愁一醉空赤松仙蹈杳浪

跡愧飄蓬

馬道旅夜

峯迴路不極驅馬夕爭斷日脚千崖瘦雲頭衆壑低石橋斜接市板屋半臨溪搖落中宵感愁聞杜宇啼

登雞頭關絶頂

天邊雞幘聳岧嶤勢東褒斜欲動搖漢水一泓明似練蜀峯千疊湧如潮下方城郭晴時見上界星辰望裏招擬駕飛鸞游帝所蓬萊迴首隔雲霄

褒城縣

閱遍岩巉眼忽明萬峯盡處屹孤城巴山遠送新晴色褒水初聞出谷聲蒼莽平蕪嘶倦馬參差高柳語流鶯解衣棧閣雲猶濕始信崎嶇不易行

對月感吟

銀漢無聲玉露寒夜涼欹檻淚闌干團圝一片中天影十五年從異地看

雨後郊行

曉來微雨嫩涼生出郭塵心覺漸清棚陌風來青活潑秧田水足翠縱横偶騎瘦馬難工步喜聽新蟬乍曳聲輸與隴南舊樵隱笠簷簑袂課岩耕

因公下鄉晚歸自安樂塘

暝色赴前山微陽懸歸鳥不知村遠近但見炊煙裊林迴露濕衣徑曲雲生屦冥冥塵外蹤契在無言表村遠行漸近修竹桑四園露坐披春星人家燈火微犬吠出籬薄決起開柴扉似聞兒童言歎識縣官歸官卑一何勞胥征不遑處覩茲鼓腹暇深愧折腰苦涼風知我心吹月照眉宇歸路逼城闉絕景誰能補

秋日樂城署後北樓晚眺

日落飛鳥外四山爭入城斷雲歸忽聚暮靄壓疑平對此遠憂集淒其秋氣清離心逐明月又向北樓生

秋云暮矣百感彌襟覽景懷人淒其有作

離別已永久滯留猶未歸秋深漢南岸望遠獨依依長恨秉交邈所嗟芳訊稀相思隨候雁遙遶故園飛

與友人李儒丞談北山之險詩以紀之

尋源不惜馬蹄遙回首名山熱念消陰壑松疏天有縫破菴苔沒佛無聊石梁過雨懸危瀑樵

澗崩雲補小橋我自吟魂驚已慣勞君翦紙漫相招

畫梅爲沔令侯韻軒題

獨抱冰心保歲闌一枝清極不知寒春來多少穠桃李著眼須從雪裏看

卷十三

黃穆清

藤縣人號仲甫自號紫樑山人光緒辛卯科舉人著有東窗存稿尚著有虞易淺誌天文淺誌律曆淺誌讀梅氏叢書誌得書皆未成而歿其姪子靖有跋以狀其爲人今附錄于后

叔父仲甫既卒七年其姪華元輯其遺稿而藏之因思其遺行欲著之冊以啟後之人乃叔父生而沉默家居自事親從兄外于鄉里未有設施居喪未幾以毀卒身後自詩數十首文數篇外欲以問世無有也然其清醇篤懿之度所嘗傳諸友朋而憶之魂夢者其姪欲述之又恐鄰於游揚諛墓之習未得其眞每欲發奮爲狀然執筆振慄潸然淚下而廢者不知其幾矣嘗聞蒲先生元名敏述其蒙學之狀曰仲甫十歲

從予遊朝授經而朗誦之則隨聲而句讀已則默然午復朗誦以教之復句讀已則復默然始謂偶然至於三年而知其終無不然也於是憂其愚而嘆其不悟然叩宿語質疑義則的然具解于是又大喜以爲此奇質也十五從蘇挺生先生遊館東軒室設榻一几一師一弟蘇師雄健俊爽每夜讀發聲振林木棲鳥磔磔驚起而叔咿唔悽惋若弱不上口者然每出一作拈一詠蘇師又未嘗不下氣怡色低聲以爲善也叔少從教諭公興業學舍未幾因王父母年老以孫歸侍養因從蘇師遊十年年二十五入學官弟子員後二年中辛卯科舉人年二十七也後七年以瘵疾卒年三十有四歲時光緒戊戌年六月晦前二日也方先叔之病瘵也始發於吾姑叔之長姊也居室而疾作時人以爲惡疾善傳人不可近近則疾病時叔幼吾父居長以身任之時湯藥親滌洗未嘗離側姑幸得愈而吾父以此病矣吾父之病瘵也時在光緒十六七年之間予兄弟年少叔則憂之而禮愈篤然體素弱嘗夏月被棉袷煢煢臥榻前雖吾母不以侍側也時教諭公既老而吾父歿叔以殷憂之餘稽柱一室上承老人歡且多病復以其間殫精圖籍不少暇而疾恆動無經時涉月不近湯藥物既而教諭公以壽終叔哀毀柴立瘵遂不可治計離教諭公之喪僅十閱月去吾父之歿六年有奇耳嗚呼叔之生平於此可知矣其毀身竭力於父兄之前而卒以

自札其年時人追論致疾之由皆以爲篤於其兄與兄厚於其姊之所至云乃華元者冥頑不孝親見先人之質行欲述之爲子姓勸也今誦其文章益愴然有不克負荷之感矣光緒三十年甲辰姪華元述

田夫謠

夫推車妻挽轂積得餘錢買黄犢有事春耕播百穀種得穀六斛一半入官家一半養口腹朝食蕨薇暮食粥食粥猶可安耕逐只恐催租吏到來夜半敲門兒啼哭昨日驅車過縣門門裏紛紛吹絲竹朝烹魚晚食肉

小吏封船

夜半推船船漉漉船頭擱沙船尾覆小吏封船船夜伏船夜伏明朝小吏來追逐急挽船回受鞭扑吏云楚南有大帥要向雲南防邊地此去雲南八千里未知大帥何日至好給船錢與大官爾得撑船江頭避船夫忍淚言不得急與船錢得安息大帥爲皇備封域我輩何敢惜其力願大帥到來急誅此輩小民搖船載兵去殺賊

送客

同有離群感風波君獨行可憐今夜月猶照故人情鬱鬱松千尺離離笛數聲梅花如寄我回首隴雲橫

但去勿復道離情說更長無言惟有淚入夢也廻腸風雨孤帆峭龍蛇大澤荒茅山新隱在爲我一傾觴

訪蘇亭懷古

東山山上月夜夜枕江流聞昔先生過曾偕徐令游二公同一笑小住亦千秋幾許南遷客征帆拍浪浮

弄月飄然往吟蹤膩石壇大江向東去一曲有誰彈我愛温夫子斯邦賢宰官建亭懷笠屐登覽足盤桓亭出温心山邑宰所建有大江一曲向誰彈之句

秋夜過水月閣却還

愛此天上月流連步禪關月色忽墮水水聲時潺湲播弄生圓活往復相媥斕俯視別有悟塵心清九寰月色何皎皎水聲何閒閒清水濯我足明月送我還

江月樓限秦字

可憐江月年年好江月年年却傍人江水難淘君父恨月輪偏照弟兄身當時偕覽常懷邵後日登臨淚說秦秋草夕陽閒指點模糊遺跡未沉淪

讀黃山谷集

幾卷文章露豹皮風流儒雅亦吾師杜蘇衣鉢傳眞諦闗洛門牆會並時一字難誣私室事千

秋遺恨黨人碑清清一派西江水流落人間幾許知

弔　屈

若有人兮水之湄金石其質兮冰雪其姿佩之以蘼芷兮餐之以瓊芝覩冉冉其將來兮云朕來自湘灘英魂耿耿而常在兮奚用宋玉之爲辭心戚戚而莫舒兮又誰知吾之懷思動余慨然放棹兮羅桂槳以陳詞昔龍逢之耿介兮既難玩夫明夷九州棲棲歷聘兮終老死夫仲尼彼桀紂之昌披兮又與蓬艾乎同萎嘆百草之未芳兮幾異乎瓊蕤對湘水之茫茫兮夫何緝緝而愁悲日將暮兮君何之兮百怪嘘淚垂四陲兮黑雲布天蔽朝曦兮魚鼈阻君之涯兮龍蛇窺君之私兮我欲叩天門兮擕鐵椎擊群凶兮肆其尸開雲霧兮導君於天池目渺渺其愁余兮徒太息夫奚爲君其行兮路莫岐兮醉酒巵兮倚江蘺兮空江獨立而噫噫

從人報友人口占

君經柳下故人居爲我傳言一報渠報道平安無一事近來詩興却如初

答友人問山居

家在皇華江上江綠江松竹水淙淙君來只記門前樹盧橘成行柳一雙

重陽夜感

人生何處不堪悲未到天涯嘆別離咫尺江山千里恨一番時節百回思況從九日登高會更

憶當年把盞時昨接故園家信到平安菊酒醉東籬

夜 況

笑問先生閒未閒蒲團依舊坐禪關哦詩哦到無聲處童子開門雪滿山

梅花冢 自注某公葬妓處也

床頭擁碎玉琵琶惜鳳懷桐葬落花底事詩人情未了編歌徵曲徧天涯 自注公有惜鳳懷桐之詠幷徧徵詩曲作桐蔭集

江頭明月嶺頭霞惆悵行人泣翠華萬樹梅花零落盡春風吹徧刺桐花

題鐵城周壯亭詩集

古雅幽蘭操昂藏敕勒歌天空孤鶴唳海濶老龍哦不道一枝筆能翻萬頃波掃除狐鼠氣壇坫絕詩魔

野 望

郊甸時倚徙風景繪田園鳥語林頭樹人烟源外村山容連暝色天氣濁黃昏望望又歸去西風深打門

大吏巡邊 自注時有事龍州有所聞而作也

鼓聲括耳防兵夜起礮聲動地防兵大呼賊至矣一走八十里聞是大吏巡邊來防兵喜聲如雷歸來烹牛宰馬飛塵埃持刀磨盾長城側聲言明朝去殺賊

募兵行

朝募兵暮募兵募兵要向日南行日南戰鼓聲振地此去日南八千里未知大兵何日至君不見劉忠義奮臂一呼瘡病者起單騎殺賊聲振耳要之兵不貴多而貴精奚容招募以爲名不然諒山十萬防邊卒颯颯陰風吹白骨

坎坎擊鼓 自注有所聞而作也

坎坎擊鼓在城之下將軍到來揚威耀武解一 將軍者誰縣令耶太守耶巡撫者伊耶解二 將軍有令將軍有命將軍不戰戰則必勝解三 小吏來報賊兵且至將軍搖手謂予有事解四

劉將軍敗賊歌 自注將軍名永福時爲日南三宣提督

西寧城頭戰鼓催日南將士心如灰十有長城下八九蕆爾三宣亦何有是時將軍憤切齒夜出黃金募死士斬牛歃血赤江頭願與賊人決一死三軍聞言皆涕泣夜驅黑旗賊營入烈燄飛騰哭聲急鼓角無聲兵氣溼將軍奮勇身不顧揮斬賊人不知數平明直復十長城血染袍腥薄雲霧歸來拜本達天朝義憤同伸耿未消願王萬壽福四海軍前重命霍票姚嗟乎將軍義勇誠無敵南走窮邦建殊績諒山戰士似蠶屯到處聞之應感激

敗卒行

鐔津江頭逢敗卒云自日南新敗回枯面柴容言訥訥我見此輩怒指髮朝廷養兵心力竭爾

輩何敢自顯蹶老兵爲言君莫艴請君少坐爲君述自成龍州廿閲月朝食蕨薇暮糠麧正月兵糧十月發尙有抽除稱實核起視大帥坐兀兀美人琵琶聲咽嗢葡萄美酒香醲醇庖有死牛爛肥臑謂有機謀到南越那容戰士揮戈概戰士諒山苦咆敎將軍猶在龍州歇去旬前途忽奔突咸呼賊人入城窟土崩山頹聲汨汨一走七旬猶鮠硊大帥不知尙存歿或云單騎渡東粵嗟乎食君之恩深次骨敢不同仇呑胡羯願王選將秉黃鉞爲王一奮伸撻伐我聞此語更鬱勃援筆直書言哭鶻願將此語付剞劂播作新聞達金闕

喜聞馮軍門大捷諒山旋聞還師感賦 馮子材欽州人

忽聞老將用廉頗父子從戎感慨多 自注聞軍門偕二子分領章纛諸營 大事若曹嗟弄壞平生壯志未銷磨臨軍痛哭情難已策馬登壇氣若何 自注軍門已至龍城巡視諸軍多不可用放聲大哭明日躍馬出濵關招募舊卒 直爲朝廷伸大義臣心遑計鬢毛皤

酌酒黃龍志未休諸君相約在前頭將軍殺賊心方壯宰相和戎議已投功業半途成夙恨國家長策有誰謀英雄到此應垂淚愁睹征帆片片收

秋夜泊戎墟 時應試下梧州

秋山日蕭爽木葉盡微脫孤艇泊荒墟獨坐胸懷豁落日潭水清搖播生圓活孤鳥曾往還寒烟蕩空濶長虹霓暝色斷霞噴流沫月出楚山孤萬里淡一抹

過白鶴觀

撒手揚州十萬纏雲間仙鶴迴翩翩等閒未向蓬山去流落人間二十年

過準提閣

是空是色總飛泡未忍紅塵七尺拋悟得吾家禪味在前頭問訊木樨梢自注中亭有蘇琴舫鼐題聯色即是空撒去都成天女影吾無隱爾拈來重悟木樨香

夜過冰井

日落暝空澗入影淡出沒言從寺裏遊更向溪頭發道心清洽泠源泉自潑活

過遇仙橋

我有誅妖劍藏之二十年等閒人不見飄泊獨相憐世事方多故風塵定有緣功成揮手去拂拭便登仙

食芋口占

氣味同珍玉版禪近來火候到中邊儒餐莫向山僧問宰相分明後十年

登谷山頂

一覽渺無跡凌空足力賒胸中平五嶽天外認三巴望望雲俱合行行日又斜青天搔首問何處是天涯

夜行

長途日易短策杖去閒閒人影忽墮地風聲時在山微寒上衣帶萬籟生塵寰石齒模糊見嗟
余跋涉艱

夜　吟六言

聽盡雞鳴未曉夢醒襟寒繚繞殘燈鼠跡光搖撥火爐香煙裊當窗月色朦朧隔壁人聲悄悄
明朝早起開門門外花開多少

擬題獨秀峰限豪韻

山靈有在不須高況乃崢嶸百尺豪塞外群峯齊拱笏雲中一柱儼揮毫凌霄氣節鍾三士拔
地文章毓二曹近日英雄屬何許問天不語首重搔

一峯偏向桂林遒三百登巔穩步勞萬里江山簪玉笏滿城烟火負金鰲頂摩碧漢含風雨影
落寒潭撼雪濤試上南州南處望日南戰鼓響嘈嘈自注時法與使日南

拜施香海先生墓

宵小揄揶起禍胎呼號嘯聚日邊來長江有險傷埋骨絕塞空山出逸才直以激昂成士氣欲
將節義淡天災妖氛未滅身先死長使英雄感嘆哀

書生殺賊已奇人況復城亡不顧身白骨滿郊驅鬼卒青衫一領報君親籌邊有恨傷當事

自注公議發倉不可動當事不聽至平糴未集而賊至糧盡就節從容尙小臣每憶挹蘇亭畔事至今婦孺淚沾巾

蘭

罃身入世最貞嫻品在幽人靜女間獨抱素心傳素態不將紅粉對紅顏小樓入夢三分月孤艇裝愁十八鬟一自離騷吟去後佩來名士更相關

鼓琴

淵明晉處士愛弄無絃琴或曰無柱絲聊以供謳吟譬彼聘庭柯可以寄素心或曰無定譜聊以娛淸音譬如泉始流涓涓復沈沈無節亦無奏郎足開胸襟種豆南山下援琴南山岑鼓琴以招之淵明其來惜

雜述

莊老昔有言人生眞之離佛法亦有言既死倘能知客有來問者笑以爲之辭待子百年後子自能知之

書石南梁公拱宸殉節事

男兒生則讀萬卷書文章經濟兩不疎死則爲萬古事耿耿豪光出群類死生於世豈偶然此事古今非易易石南梁公游俠客盤馬操弧觀六籍醉裏高歌賽劍篇愁來檢點天人策欲辱使酒馬賓王每憶吹笳劉越石靑衫一領那足論公邑諸生一片丹心照靑冊惡氣滿地妖塵彌玉

林縣縣狂相屬守身常吟招隱詩立節誰附忠良傳獨有先生奮然出拔劍大呼笑投筆朝廷取士夫何爲百年敎養爲今日陣前馬革裹尸還乃是丈夫報恩畢黑風吹折前軍旗易水歌寒高漸離吳玠鄉兵誠莫敵李陵士卒皆瘖痍無雙國士雙國士（同時公姪亦同殉節）臣身雖死臣心怡朝廷聞之亦悽惻世與一人崇厚職欲令天下皆知之秀才尙爾况祿食嗚呼希文昔日富秀才天下早以繫其懷卽至有明闔典史慷慨悲歌傳其死如公氣節有幾人盥手焚身再拜陳

贈周生

顧曲周公瑾詩成韻獨高衙官呼屈宋奴僕命離騷熱血一腔碧空山萬卷豪有時投筆起含笑問劉曹

知爾殊難薦如今耿寸衷泥塗悲朔馬文字哭秋風我輩身難隱詩人例固窮相看君努力噓氣吐長虹

雜　感

靈運愛遊山新詩出其手淵明愛遊山淸吟脫其口要其學問深如鐘應自叩奈何塵俗人輒以古人負琴棋詩酒餘日與二三友登山發狂言每謂洗塵垢試問泰山兒詩辭果高否

水月閣

步月月如水尋水聲在山動我水月興披衣尋禪關却行二三里儵然出塵闤古樹暗行客鳴

亂亂黃菅泠泠時有鼯聲出巖石間忽然見明月墮落水一灣微碧漾孤鏡高寒盪九寰青天鞭星斗渾沌如轉環水月有空色色空一例删水好濯我纓月好照我顏叩禪寂無語山石知我頑

鴛鴦湖

郎在江頭妾亦歸妾歸郎去釣魚磯妾歸郎去都無主妬殺鴛鴦湖上飛

客感

酒闌拔劍舞深宵醉裏狂歌破寂寥困頓齊庭入鼓瑟窮愁吳市客吹簫身前壯志漸修鳳塞外雄心許射雕回首舊時歌詠處欲焚筆硯憶君苗

重過白鶴觀

桂江東去自西來楚嶺南奔向北迴二水獨將仙觀繞群山都向寺門開龍洲舸艦迷天地龜背人家蹋鏡臺策杖秋風斜照裏重臨相約菊花杯

癡情

癡情一片付雙鬟無那歸心迫欲還倩向筵前歌一曲滿江風雨唱陽關

燒香曲

深閨閒悵幾人知要向瀟湘問二妃記得去年今日夜明朝人道賽神時

又結輕妝出畫闉城東南去柳陰西擺額一寺行人少憑著丫鬟踏紫泥
點得奇香向佛前一春心事費纏綿背人默默低聲禱儂落人間十八年

小娘山

大娘已嫁彭郎去小娘獨守江干裏大梳梳就少人知朝也行雲暮行雨

秋夜聽瞽女彈琵琶曲

秋風颯颯吹簫瑟秋月撩人照空室一秋心事思不成獨坐簾前意俱失忽外聞門外琵琶聲
幽咽迎風殊有情呼童急出往相訪琵琶忽止聲先停開簾遣入恰俄頃簾裏秋娥弄孤影徘
徊燈下默無言恰似西施睡未醒抽絃欲撥撥欲止遮面含情調清徵一聲兩聲聲悄然新愁
都付無聲裏無聲無語理繁絃漸覺無聲聲漸起忽聽一聲孤絃急萬古愁心空堂入孤潭寂
寞夜狖號荒冢蕭森山鬼泣青燈無燄火欲乾秋氣凝霜寒蟾溼大絃相間小絃幷絃間絃幷
寫幽澀劃然一下繁聲絕野鶴蕭騷吐嗚咽呢呢兒女話淒涼梟梟孤鸞離別一彈一歇曲
已終尚有幽愁妙難說我見此容已太息及聽此音重沾臆推絃為我訴悲涼天也之生更何
極自言本是農家女世世清貧種禾黍生來雙目不由人耿耿清光燃夜炬一歲母提攜二歲
學言語三歲能攀躋四歲偕儔侶五歲識絲麻六歲事桑苧一朝天地不生憐膜疾侵人竟失
所暈暈雙蛾月漸沈熒熒兩目星難曙叩槃捫籥學倡伶靠壁循牆如囹圄十三始習彈琵琶

暮來朝去庶人家棲風宿雨不足道羞態癡粧空自嗟一語一言一淚落欲語難言更蕭索主人聞語轉悲傷淚溼衣裳渾不覺昨朝行向閙街上瞽者悲凉更難狀如汝形容有幾人汝尙琵琶堪倚仗安得閒田數萬坵爲此饑寒一撫養聞言女去獨無聊滿庭風月夜迢迢

興　懷

何須太息對蓬廬未免興懷到子虛感慨精神傷氣性功名事業誤詩書作文有命借人達濟世雖才仗福儲底事閒情吟不了誰將饑渴問相如

不堪相對舊琴甕夜靜燈孤百感長好句獨尋拚性命奇才幾輩悔疎狂欲回氣運歸文字難把功名問彼蒼酌酒自歌還笑自當年落寞馬賓王

題遇仙橋韓雍受劍圖

千年成一丹百年鑄一劍丹成劍飛光熠熠夜深拔出鬼神號舞弄星辰出幽暗藏之數十秋腰間風雨龍啾啾有時踸踔欲一試當時曾飲月氏頭吁嗟乎自古神仙竟何有斯橋乃說蓬萊叟提將走卒拜神師田畢故智人難剖英雄成功多奇術偉略不傳傳鬼物說鬼談仙動健兒健兒同心胡虜失我聞昨日日南敗兵至日南戰鼓聲振地畢于塞外動地來竟向鄰邦生放肆大將不能挫其鋒居然使之成縱恣黑雲蔽天風夜寒我欲乘風驅鐵騎劍乎劍乎安能與汝死生同一心一洗妖魔分異類不然男兒此身終落寞忍向他人一寄托

訪臨川李鐵琴詩人墓不見

遙傳孤冢在江隈欲酹葡萄酒一杯落日空林山鬼哭陰風荒草穴猿哀生前俗眼無容地死後天心尚忌才欲問英魂何所在前途一片白雲堆

十年歌哭桂江頭萬里辭家作宦遊骨肉飄零妻子債詩詞冷落故人收青蠅作客無誰弔白骨忠冢有淚流滿目斜陽空悵望清明時節鬼啾啾

遊鐔津舊城

不敢登高山恐惹鄉情咽借友渡江干一步一迴折平榛忽莽蒼山川舒凹凸云是鐔津城父老猶能說以意會度之舊日所施設屋宇辨瓦礫城門測車轍巡城備流覽基址皆殘缺彷彿今人耕却是舊人穴狐狸竄叢徑杜鵑啼碧血蔓草沒荒煙知有舊碑碣披荊往復尋隻字皆泯滅感舊發餘悲愴然中懷絕路詢牧牛童指點猶親切

鴛江竹枝詞

送郎去到打魚灣郎去珠江可急還郎看瀟湘江上竹到今猶是淚痕斑

瀟湘江上竹斑斑郎莫看他作等閒郎去江南妾江北火山山是九疑山

蘭橈桂槳木蘭艘細語輕喉出碧窗莫被雛聲推夢醒鴛江江上是離江

贈霍莘臣

昔年射策蒼梧下賓客喧闐明月夜一人袒裼門外來拍手狂呼肆叱咤名言往往出滑稽論世時時雜上霸高談四顧濶無人抵破古人尋孔鑄衆人笑目曰狂生僕時起敬心稱訝此後相知嘆[illegible]久無聊同酌新豐酒西風吹浪滿牂牁江上輕帆各分手往年負笈古藤城寂寞但恨無[illegible]情忽[illegible][illegible]生[illegible]相訪喜來倒屣門前迎握手言歡更相得江河倒把胸懷傾自此晨夕辭來往清言常把胸襟廣抽刀刮髓決所疵更汲清泉相磨盪有時拔劍奮然起回首中原增拊髀單于塞外動地來安得長鞭親管筆都嶠山連勾漏洞十年曾發蓬萊夢久約欲到玉皇峰手攝翠仙騎五鳳今年槐黃作遠遊與君同到灕江頭君忽提竿徒步走裸衣奮髮狂吟謳仰天剌剌笑不已世人那得知其由自嘆文章徒嚇鼠君如射石沒其羽伯樂相逢冀北空可卜驊騮今得路又聞烏鵲塡橋喜好向閨房調清徵請郎南宮筆一枝且把畫眉人一試遙知小宋舊風流紅袖靑燈著靑史吁嗟乎人生何處無知己昨日交情今日已如君相洽有幾人君子之交淡如水

鴟鴞一生八九子　戒不孝也

鴟鴞一生八九子終日咿咿巢棘枳蒼鷹東南飛攫豚作甘旨喂而飽之食而美一鴟飢寒九鴟死九鴟飢寒一鴟恃鴞兒羽翼成鴞母毛骨毀一喙難飽八九喙一子不得食一子起不究老鴞飛歸來得食呼兒起鴞兒未飽呼巢裏啄鴟如鷹食如螘老鴞老鴞爾莫悔爾食爾母鴞

兒鵶兒爾莫嘗爾看爾子食爾

長憮憮　我堪輿也

長憮憮人生富貴亦何補忍把子孫要宗祖哀哀鬼哭冬青樹挖肢析骸江之湝昨日葬柏今日剖云卜牛眠藏之瓶吁嗟乎生前未聞奉鹿脯死後乃云報其父輿櫬十年事不舉青囊葬經夫何取獨不見泰山之傍一碑豎云是楚師郭樸墓如今寂寞一坏土

有感

年來顛倒長沙策壯志常思道濟籌半夜笳聲驚客夢滿山黃葉助閒愁中原敕勒歌音徧江左蒼生望眼休醉把陰符重簡練科頭拔劍舞高樓

已聞狡兎營三窟不見鷙鷹獵四郊大地詩書多嚇鼠深潭鱗甲易成蛟汾陽幭裏人將老宰相門前虎敢哮日夕中原回首望欲將班管塞邊拋

平仲何須七尺軀此生自笑大狂蟲吟詩妄想傳雞肆把酒論交到狗屠鐵杖日將蔣華嶽布衣行欲散江湖寧持樵斧入山去不作人間一腐儒

回首當初少小時長情如夢復如絲風清月白鴛鴦臺玉鬢雲鬟豆蔻詞雪冷吳江垂釣去雲飛楚寺放鷹歸如今二十年間客贏得青燈濁酒巵

寄叔

回首灘江相話後西風吹淚各長征詩書以外兼良友叔姪之間有至情生憎功名成遠別愁看雲樹更縱橫如今又是中秋夜不敢提壺對月明

初三望月

嫦娥愛露三分臉不與凡人正面看一片白雲遮却去美人惆悵碧闌干

月樣雙蛾理玉顏孤燈空對影姍姍吳剛老矣閒情少懶看人間十八鬟

偶感

置誼生平心事違茶烟一榻悟非非崚嶒骨料難逢世磊落才稱作布衣荷笠欲垂東海釣藏書空對北山扉若敎功業得成就拂劍歸來臥石磯

瑟瑟涼風入夜颸杜陵奇困易傷秋遷移塵世棋難著疏濕閒情網屢抽好事未來方有味生涯到死更何憂作文每欲送窮鬼乞巧何人上畫樓

渡江吟

蘭橈雙棹綠溪前霧鬢雲鬟立碧烟細語一聲儂去也滿江紅蓼斷腸天

東鄰

東鄰富貴家夜宴翻玉斝玉斝翻復翻醉倒鴛鴦瓦鴛鴦醉未醒門前有乞者

雜說

士有不得志留滯蒼梧間飄泊更如此歌吟猶未閒有時還獨醉無事且遊山却憶故園好明朝還未還

贈劉五

我有萬古恨憑君一吐之頭顱俱未老世事尚堪爲此意無人識前程計日期夜深燈影熄且酌手中巵

田　家

朝鋤一片雲暮負一笠雨明月滿林穲播鋤林裏去

古意六首

有樹名楊柳亭亭大道傍行人多嘆賞流連時傾觴南山有文柏叢茁不聞香古直只自嘆毀棄山之陽一朝求大用時載登明堂惟彼楊柳樹無爲獨自芳

人生只兩途樂身與榮名榮名豈爲已不負吾所生莽莽天地心善者職非經當其未有合數或不可爭遠世未成遯獨身樂樵耕樵耕亦何樂獨善奚吾情此意同者誰孔明與淵明

魏其當盛時客滿主人家及其遭擯落相顧而之他世好視貧富何有眞賞加蜂蝶爾朱槿朝喧夕無嘩交誼薄深契廣狹何足嘉所以古之人寂處而如蝸貧戀東郭墳閑種東門瓜

先王制六府天下入彀中金玉與皮幣轉通莫如錢不免明哲戀況出愚人衷及讀貨殖傳遥

哉太史公侈言猗頓富極言原憲窮不有貪婪者何知君子風

阮瞻于銅臭肆口而排訾究之人世間只值彼一嗤命名既可畏中人如刀錐奈何一人口敢

敵百人辭

幸哉千載後傳德不傳財但在富貴人意氣生如雷却笑修德者窮措眞駑駘此嘲未易解存

之勵吾才吾才貴自勵豈爲庸愚咍惟恐一朝解遂爲後人灰寄語同志士貧窮勿自哀

雜俗三首　自注雒容縣舊柳州府屬

生男勿喜生女勿悲生男嫁比鄰生女當門楣噫自三代下人數多而禮法弛贅子之禁廢而

有贅兒春秋滅姓吾於贅兒乎何譏噫　右贅壻

新婦新婦歸家三日曰歸甯父母一去月八九他人有婦稱嘉偶而我有婦不甘杵臼他人有

婦供旨酒而我有婦不安戶牖他人有婦開阡種畝而我有婦不事耕耦父母父母爾莫咎父

母作新婦事父母姑舅　右新婦

婦催犢夫坐車薯耶芋耶夫坐車婦催犢買穀買穀夫曰刺富家一升米博得傭半日力婦曰

噫富家一日食分得傭十日饑走走市頭賣漿者豈盡貧賤後願買穀同飽到老　右牛車

斷藤峽

瓊花觀裏看花叟岳陽樓頭一杯酒點金太湖石上行華嶺雲挑十八九洞庭波平鐵杖浮神

仙怪事何不有斷藤峽裏江水悠呂仙逸事留千秋橋前賜劍文襄老斬藤藤斷妖霧收神仙一去不復回韓老奇蹟聲如雷江山到此一翹首遂使心事生雄恢東南戰鼓聲未遠千去騎兵不一反十年積奮未平胸床頭敢飯松花飯妖星掃盡雙劍豪散髮入山猶未晚

石嶷山（自注：山在興業縣城邊）

石南有石山一拳龍蹲鳳蹴盤復旋卓焉特立無攀緣蟻旋猱捫登其巔眼界直使空雲烟胸次耿耿眞洒然泥陵土阜徒纍連欻呼僕使羅其前平生所立成性偏無所倚傍希羲牽對此敢爾羞山川虎邱勝覽空裏懸金山焦山象外傳獨秀一峯突南天惜此勝跡遺荒阡不然大筆書鴻篇紫袍金帶來名賢縱然孤立何傷焉

劉蕡祠（自注：祠在柳州，唐劉蕡被貶于此爲司戶）

何堪痛哭玉溪生上帝司閽總未明憂世斷難憑寸管論君豈必計科名朝廷牛李終成黨魏朔田劉已弄兵三百餘年唐氣數早知落筆不能平

公祠前接柳侯祠（祠祀柳宗元）地下論交得故知驚世文章同不朽憂時心事差各遲科名始信無眞士氣運何因到主司買論屈騷兼董策千秋儒雅是吾師

有客空山唱鷓鴣何堪攜酒對荒墟不辭絕學追雙謝獨賴傳書錄一隅尾斷樓難供太廟泥留鴻徧印江湖先民宛在眞堪範此是人間識字夫

非想非因入槖秋非仙非鬼破新愁等身著作人難識絕世才情衆莫儔生果論詩除地下死
眞知戲弔床頭幽懷不盡男兒愧燭燼花殘傳玉樓

柳侯祠（自注祠在柳州唐柳宗元貶於此）

一封書上促南行時論紛紛尙未明蕉綠荔丹歌半曲鄉民何事弔先生
生前大義傳劉母死後垂碑說韓公硬骨稍隨朝士弱朔方何以老臧洪
直言趨俗本難工擲筆投辭遇已窮拗直一生除未得文章抗骨兩相同

讀黃芴山大令端陽感舊詩步原韻（自注芴山名玉柱福建舉人大挑知縣官廣西著詩書畫時稱三絕）

一箇風清氣近秋江城何事使君留俗情入眼都無著作吏輸人只此籌肯採藥隨劉阮去未
成功不赤松遊是間佳處難多件丹荔黃蕉赤石榴
課稼之餘並課農好官心事在農家已看作浪花千頃所到如膏雨一車開罷陳倉平市糴剪
除公牘作窗紗竹牀藤簟庭無事往日風流話李臺
從來將署佐書生小試先教薅穤驚豪猾計擒清積惡吏胥隨用卽狠兵祀留香火千家福白
盡頭顱五里城溼地炎天兩無賴關山遙聽笛聲聲
同人幾輩髓登臺五品頭銜未轉推三百六旬逢令節一十九年老此材爭道驊騮看步放得
閒山鳥喜籠開櫻桃莫說干官賜熟溢楊梅酒滿杯

歌舞崗懷古步蘇挺生師原韻（崗在廣東古趙佗歌舞處也）

大風一曲影婆娑老去英雄識事多駱越未須新甲子璽書先錫舊山河銀騎鐵甲庭前罷韋
鞲𡨴矟夜半歌四十餘年秦老吏自娛聊以意云何

臣佗報罷便休兵佗草蠻花作頌聲尚有文章留象管豈無新詠入鸞笙分香慣說英雄事買
笑爭傳霸主名畢竟老夫何所託聊將歌舞答昇平

越王臺畔草綿芊婦孺傳聞自昔然苜蓿秋高新牧馬葡萄春暖小遊仙臺紅擘絲桄榔浦還
難微歌荔子筵留得新祠桑柘地至今人說使君賢

髮鬢聞遍野棠開幾輩尋春結綠來桂蠹未聞春貢蠹蘭卿空說夜浮杯一時豔福身能享絕
世功名鬢易皚爲問康陵何處是香魂應並月裴回

古碑剝落手摩挲水色山光感舊多亂世英雄從草澤識時廷吏擁關河花開五嶺春喧宴月
冷雙門夜選歌爲道漢家恩寵厚老夫心事本無何

璽書報罷尚提兵一片歌聲雜戰聲帳裏森嚴排劍戟庭前清切動簫笙英雄到老多漁色霸
業當年豈爲名一自陸生歸去後六宮花草總均平

柳色青青草色芊風流舊事尚依然蠻夷大長曾天子歌舞中間本散仙瓊海月懸金粉地瑤
臺花醉玉人筵後庭休聽江南曲唱破家山豈𡣕賢

嶺外山川半手開百蠻從此說招來中原時事如棋局絕代功名付酒杯天子有情臣易老漢人無恙影先皚却憐舊日繁華地付與漁樵首幾回

步黎吉臣大兄京華感舊詩原韻

京國聯床憶舊遊談兵徹夜氣橫秋得來文墨全無用未信功名總是浮中外事多增客憤江山誰復破人愁南天好擬班生筆銅柱春寒問十洲

酒意難勝雪意侵消愁無計有香衾論才每不拘常格說艷奚妨到孌琴撲地風聲兩孤另組人花氣一何深十年落魄邯鄲夢付入焦桐碧玉音

一第功名滯濁流雄心歸去未全收談邊有客嗤劉毅說相伊誰笑馬周列樂也曾開絳帳論交眞欲出青樓平生共此無聊感旅夢依依繞薊幽

論謫歸遲悔上清蹉跎君豈爲多情梅開渭北沉香盡蓴熟江南懋栗槳手販舊持花大使頭銜新換牡丹生風塵自有無窮趣海客何須浪說瀛

鴨爐香靜裊檀沉好句重拈記擇心新詠忽來花下讀壯懷如見月初臨全消俠氣驚開卷大有朋從慶壽簪自是引人能入勝一編奚啻過華陰

池塘啯啯讓蛙鳴楚岫湘雲總有情結習未除多舊累詩書隨誤到今生欲空世事觀烟水已破塵凡溷釣耕爲報故人無恙在近來檢點睡功程

何諏

興業縣人又名謙章字慧云號子康自號乙老著有何諏遺稿碎琴楼等書

采蓮歌六首

采蓮復采蓮蓮花十里香盈盈隔秋水無語對斜陽

其二

已怯羅巾濕難拋一段香愛君與自愛輕重費商量

其三

隣家諸姊妹雙槳去如飛且莫連根采連根有汚泥

其四

江波清且澈照見妾華容不敢彈紅淚心防妬毒龍

其五

蓮花今日好游棹滿江圍明日西風起誰憐片片飛

其六

片片翩翩盡翩翩逐水流含啼千里望不見一回頭

早梅

大江以北無嘉樹五嶺先開一朶梅豈爲繁華飾河海更無關節到風雷江城月落魂猶瘦驛館秋殘夢易回聞道桂林花已謝夜深高閣自徘徊

贈菊

繾綣中庭菊淒然一葉飛月仍來竹院秋已度柴扉骨瘦霜都怯魂輕蝶尙疑君情比儂厚不肯逐風歸

登山

一蹬獨嵯峨登臨繞碧蘿風迴秋籟寡雲落暮山多野濶孤村小天低止雁過乘風高唱調吹作採蓮歌

相思曲

天胡爲者造相思殘陽細雨秋凄凄天胡爲者造離別藍雲紅露織成雪相思離別總辛酸綠苔青草空凋殘至今只有多情月猶照紅闌舊竹竿

何桂枝

桂林人幼失父母爲人婢擕之楊州轉售爲妾自怨己命作歌一首見于况周儀阮盦筆記五種

悲命詩

六月六夜雨聲急有女不眠悲思集側耳東方人睡酣倚牀低首羅巾濕有恨無可伸有語向誰陳坐對中宵雨長嗟薄命身我本廣西城裏女此處爺娘非我親暗想八九年前事寸心耿耿獨傷神憶我六七歲父母雙拋棄寄養向貧親貧親無好意潯梧將軍門下客一時假虎作威勢與得金錢知幾何甘心鬻我作人婢爾時幼小只從他薄命漂零可若何當年擕到楊州地山程水程萬里多楊州一入主翁宅年復一年誰愛惜朝捧茶飯暮捧湯寒缺衣裳飢缺食主翁有時稍見憐主母鞭箠那禁得忽然年來情意改當作親生女兒待許我呼爺與呼娘梳頭裹足勤勞倍不知奸計險於坑漫道厚恩深似海簫管琵琶學已終牙牌雙陸亦教通纔延李姐傳歌曲又向張姑學繡工事事求全勤督責窮謀夜議誰能測春來春去時匆匆道我長大好顏色嫁得富家貴公子終身享用無盡極昨朝客到敞華堂逼我堂前見客忙不識誰家輕薄子周身上下細端相但見爺娘喜滿面我正無顏歸繡房驚猜不敢問自知徒自恨耳聞堂上言贏得心頭悶方知堂上賓乃是浙中人工科給事官名重六十無兒娶妾新豈是尋常

行禮節只聞次第講金銀怪煞爺娘心慘絕千金百金爭未歇我生時日我不知朦朧造作與人說初五聘定初七嫁却道行程圖快捷可憐我貌空如花可憐我命眞如葉今日人家呼作兒來日人家呼作妾似此傷心怨復嗟夜深掩涕肝腸裂早知紛面換黃金悔不當年墮江月已矣哉且莫哀不見揚州舊風俗親生兒女嫁天涯天涯復海角骨肉之間豺虎惡我復何須淚零落淚零落情未休長江之水無西流風俗不改古人愁寄語紅顏綠鬢閨中女來生誓莫生揚州

按況周儀謂詩凡五百七十九言如銀瓶瀉水一氣貫注就其沉著樸厚論之卽謂直追漢魏可也雖精研韻事者未易猝辦弱齡女子何由具此力量所謂天籟本乎性情者也

黃氏

[illegible]桂平人詩人潘紫虛先生室

寄外

夫壻飄零慣春殘未及家朝來倚欄望紅雨洒窗紗

書家信後寄外

含愁書紙尾遠寄桂江隈相見知何日庭花落又開

怨歌

折花插膽瓶花謝委衢路棄置本由人只道封姨妬以上見于梧滘六家詩鈔

汪淑媛

[illegible]臨桂人字季嫻候補山東經歷汪弼士女年三十未字而卒著繡餘吟草　季嫻幼讀書工吟善畫年二十未字父有道家修煉書季嫻竊閱而學之一夕無疾而卒其暴亡耶抑果蛻而仙去耶俱未可知也

伏波巖倒生榕樹

倒懸能不死奇絕此孤榕白日仆猺鬼青天掛老龍昔聞孔明廟古柏挺葱蘢爾獨胡爲者徒成偃蹇容

題畫美人自注二美並立一美手飼鸚鵡

美人私語佇中庭誤被金籠鸚鵡聽生怕禽言露心事手搓香稻細丁寧

興安道中遇雨

雲氣如飛龍勃勃生東嶺白雨大於拳驟迎人面打

種花

禾黍無可賞競探桃李春可憐力耕者不及種花人

冬日過準提庵

竹外磬聲銷龕中烟篆歇空庵不見人鶴啄梅花雪以上見于攬蘇樓同人詩鈔

陸媛

█賓州人字小姑著有紫蝴蝶花館詩存　小姑適同里覃六爲室以儒家女不能操農務夫還令大歸遂守志於母家以歿

七夕

碧落三秋迴銀河一綫橫有人當此夕無處問前生白首甘拋棄紅閨憶誓盟溯從諧鳳卜長願戒雞鳴展臉容初歛宜家句載賡燈前鬧促織雨裏聽催耕砧冷衣頻搗葵香手自烹暮挑蔬半畝晨汲水雙甖質悴繁憂集勞多痼疾成霜欺兼雪虐絮弱更塵輕中道耶恩斷罡風妾夢驚不致棲紫燕底箇打黃鶯轉石餘奢望呼天竭至誠眼枯空涕泣心捧未分明大去慙歸璧于飛記佩瓊已難收復水秪爲怒翻羹娣姒凄凉色親朋笑謔聲逐臣千古恨思婦廿年情薄命聊終老微軀以罪行仳離何所慰遺誤是詩名

紫蝴蝶花、

鳳子何來栩栩然低依綠葉氏猶憐隋家禁苑多姝麗丰韻端凝獨紫烟

五日懷古

續命絲纏重午天離騷讀罷淚潛然由來梟舌工傾覆恕此蛾眉竟棄捐一片丹心沉碧水千秋角黍奠長川寃魂到此無從洗浩浩湘潭起暮烟

秋興八首用杜工部韻

蕭然秋氣入園林獨有凌霜古栢森半老竹梢欹屋角漸疎蕉影豁庭陰一天爽朗供遊目萬象清虛足會心屈指授衣時序到滿城涼月夜聞砧

單寒翠袖惜横斜才到新凉感歲華永夜有風悲棄扇浮生無路泛仙槎眼明織女天邊錦腸斷征人塞上笳却羨芙蓉霜後艷不曾輕薄鬥春花

獨立庭階送落暉一番暑氣漸稀微寒蘆夾岸迎風舞孤雁横空帶月飛萬事難爲流俗道寸心竟與世情違故家歸去雖岑寂半畝方塘鯉正肥

世事紛如一局棊夢中離合底歡悲機絲要自無虚日針黹何緣有已時桃李春華年婉晚稻粱秋實事棲遲女嬃纏綣紉蘭佩清節寒香繫我思

烟光凝紫暮秋山好是舒眸滴翠間大抵良辰宜自賞由來俗事不相關懶梳青鬢慾窺鏡愛摘黄花笑解顔已分蓬蒿甘淡薄可宜七目證劉班

瀟瀟風雨倚樓頭一段淒清又晚秋冷露自圓蝴蝶夢盲風頻惹鷓鴣愁牽蘿補屋憐歸燕編荻成籬護野鷗慚愧深閨憔悴質玉簫哀怨犯涼州

料理殘編當女功清香一炷絳帷中眼看鷹隼欺枯草身逐鷄鶋避大風談鬼忽驚燈慘綠嘔詩何害血殷紅山頭自適爲魚趣付與忘機海上翁

層巒聳翠自透迤紫嶂丹崖映遠陂玉露飄零隄柳葉金風蕭瑟井梧枝妾心已共流泉息殘步頻隨落照移今古紅粧一彈指芳名端藉綵毫垂

殘菊

秋菊與春蘭品格非有二春露與秋霜慘舒則有異荒園幾枝菊籬落手自蓺分栽盈盎間或者失位置菊固淡如人無喜亦無慼終風安且暴陰雨颯然至弱如紅顏寵夕若白頭棄不如夭天年未開早憔悴胡爲恃微芳草草弄金翠行將委蓬蒿殘英尚虛綴人生有榮落八九少如意君看楚靈均異代悲賈誼陶然淵明翁日枕南山睡菊乎爾何傷晚節永無墜

老梅將開詩以促之

老榦横斜半飽霜幾枝帶雪尚蒼茫夢迴紙帳千山冷人立溪橋一水香好與支持寒料峭便須點染月昏黃也知不似凡桃李肯向東風訴斷腸

秋草

涼烟一道碧蕭騷無復青青繫客袍大野寒光鷹眼疾亂山秋色馬頭高秪今蟋蟀悲殘菊往事蜻蜓避伯勞別館離宮三十六舊曾行處長蓬蒿

歲歲榮枯感不禁別來南浦總傷心夷陵山上秦灰冷雲夢陂前楚雨深何處蘼蕪重纏綣舊時蘭芷半銷沉愁看短短如余髮歷亂飛蓬直到今

綠隄拾翠屢經過裙屐飄零憶踏莎冷雨疎烟隨處是英雄兒女此中多明妃冢遠今安在韓信臺荒近若何我亦凭欄蕭瑟甚苔痕涼影上藤蘿

鶗鴂聲殘掃地空柳嬌花嚲兩無窮池塘夢繞疎燈外城闕秋聲畫角中蓐蔭幾曾經眼綠卷葹猶自摔心紅可憐一段葳蕤態虛負東皇雨露功

病中口號

空閨昨夜起秋風竟日懨懨一病中不用焦琴悲爨尾前生我已半枯桐

麥飯何人奠一盂白楊風急脊令呼明年陌上桑如故羞說羅敷自有夫

淚說湖名有莫愁不成春漲不成秋桃花流水杳然去重向黃泉見白頭

成連歸去夕琴虛枉寄江頭紅鯉魚記得六年人立雪聲聲垂慰女相如

萬事由來只任天不關菩薩不關仙幽花落去終無語禽鳥何須奏管絃以上見于挹叢樓同人詩鈔

梁慧姑

[illegible]蒼梧人字守愚諸生埈女監生羅文珍室　守愚好學耽吟著綠窗吟草若干卷歿後家人不甚愛惜已零落無存矣其姪暵翰極力搜索僅得數篇

月夜聞笛憶外

羌笛聲初起宵深月更明況當離別恨兩地不勝情

偶成

家住蒼梧野蕭蕭斑竹林欲聽瑤瑟怨愁隔暮雲深

裁蕉作扇

一片綠雲影裁成扇合歡秋風猶未至拂處已生寒

黃鶯

如梭穿葉底人羨汝忘機莫弄如簧舌春風有是非

春日偶成

柳枝嬝嬝拂荆釵愛踏春陽一遣懷小倦海棠花下立草芽高過鳳頭鞋以上見于揭蓀同人詩鈔

李學玉

[illegible]臨桂人字瑛完詩人汪劍峯室著相花隐詩存

美人春睡圖

瑤窗曉月殘羅幕春風繞飛花故打門驚破香魂小

秋　蝶

粉瘦金消不自持南園綠草尙離離春如夢過痕難覓天有香飄信早知猶剩玄蟬留作伴偶逢紅葉立多時葛洪騎爾羅浮去擬看梅花十月枝

煑　茗

不學君謨癖徒貪玩綠波秘方傳火活清味得秋多泉帶花香瀉烟從竹徑過茶經應更著鹵莽比胡髯

漁

失魚不足憂得魚不足喜手持三尺竿笑對桃花水

雪夜憶外

我學古梅花窗前臥春雪清光一枕來洗我夢魂潔攬衣起徘徊誤認空庭月瑤華拾盈手清興不可歇忽憶同心人芳蹤隔林樾安得擁地爐共煑新茶啜

白桃花

洗盡脂痕豔更加一枝皎皎倚風斜溪頭春過無紅雨洞口仙來有素霞小咏端應除綺靡相
從何敢憶繁華芳園景象殊清絕珠幕銀旛四面遮

眼底穠華不復存白雲遮濁武陵村十分冷落春風面一段輕盈夜月魂玉洞遙尋香有迹縞
衣相映淡無痕前身姑射疑君是萬業千紅未足論

天許花神證淨因雪葩氷蕚曉紛陳此間竟可稱瓊圃之子由來是璧人新樞別開三月景淡
中偏古十分春在倫情意深逸水應把瑤華護惜頻

世外相遺象盡忘無言脉脉淡含芳五陵春色明如許二月輕陰冷不妨顰面眞宜和白雪銷
魂何必藉紅粧梅花雖未修能到也作瑤池第一香

白燕次外子韻

梨院連朝玉雨霏應如瀛島吐珠璣草堂睡足雲生疊花徑歸來月滿衣跡寄紅塵原不染身
沾輕絮似添肥銀屛晶箔堂開處疑是仙釵變化飛

春草

嫩綠柔香總可憐靈均應更著新篇人遊郊外宜三月春到江南又一年是處亭臺經夜雨誰
家敢晴烟畫輪莫碾芳痕破好使青葱接遠天

南園新綠又離離茵毯平鋪欲待誰滿徑香泥停屐處一庭細雨捲簾時翠迷洲渚無心拾春

入池塘有夢知漫道長安居不易古原送別早成詩

梅

縞袂仙人下玉臺香雲漠漠點蒼苔松聲寥寂鶴無語獨立空山雪欲來

疊前韻

疎影横斜依亂竹老枝斑剝上莓苔羅浮夢醒月方午村外一聲孤鶴來

硯銘

吟案前月一個太極圖誰打破（自注圓硯已破缺）

爲家寶爲席珍我取友必端人（自注端硯）

氷雪光寒烟霞骨冷雖在粧臺不沾脂粉（自注白石硯）

和外子祝融峯頂觀日出歌

羲和海上睡未醒被君呼起來青冥手操火鞭策烏烏雙翅拍拍飛難停君在峯頭足暫歇方愁夜色濛濛結紅霞一抹忽明滅火輪起碾混沌裂

雁字

參差渴戲海天秋帖倣來禽體格遒羽族可登文苑傳毫鋒不藉管城侯盛名竊笑家雞早遺蹟應偕瘞鶴留幾隊聯翩猶鐵畫半行宛轉肖銀鈎横斜偏覺丰神出疎密眞能結構周若個

問奇從碧落是誰摹古向荒洲映江還有魚書共宿岸頻將鳥篆酬飛白細摹春雪裏硬黃平
展淺沙頭急疑草檄投邊塞遙爲傳書寄小樓豈是憑空揮咄咄懸知贈遠去悠悠飄鸞泊鳳
形洵美揚月勾雲勢漸收試看衡陽翔舞處規模直與禹碑侔

名　臣

河岳鍾靈後風雲際會交老成勞學畫大度慣容包退食書猶讀傳家笏豈拋生平經濟術早
已裕衡茅

名　將

學得韜鈐就連年出塞頻三軍依若父羣虜拜如神睡去曾爲虎功成早畫麟輕裘兼緩帶儒
雅自存身

名　士

豪放焉知老風流半似顚烟花宜作伴詩酒自稱仙不藉科名重偏專著述權休嗤如畫餅姓
字世爭傳

名　妓

小小錢塘住師師汴水遊烟花常二月兒女亦千秋天許生香國人爭識翠樓自矜聲價重豈
要錦纏頭

題施香海攝蘇樓詩集

蕩破春波畫槳雙扁舟一葉下梧江此來始識詩城大娘子軍甘馬首降

吟成一曲小遊仙千載曹唐剩妙篇究是稱尊無佛處輸君筆底起雲烟自注吾粵詩人唐時僅有曹唐其所著遊仙詩頗工然究非大家手筆因粵中詩家甚少故選粵詩者輒首及之耳

生平最篤友朋情情摯何難好句成不獨桂林山石詠出神入鬼顯奇橫自注集中桂林山石歌最佳閱者多賞此篇

書齋寂寂晝常關幾度吟成手自刪怪底新詩多險峭樓窗啟處對青山

余舊有白桃花之詠茲聞梧城有此一種爰再賦

天上靈根信絕倫夭夭仍自淨無塵置身端合來瓊圃對面偏宜玉立人雪照冰魂終帶暖山家溪館別生春白雲深處仙源在漁父何須細問津

余既有白桃花之詠外子戲賭再作因復成之

似與孤山續後緣芳心吐處總清妍滿園風露尋無迹隔水樓臺望若仙紫陌紅塵休共逐淡粧雅服最堪憐綺羅舊習消除盡免落禪家色界天

區節婦詩

新婦入門來舅姑歡顏開老人膝下惟此子從今瓜瓞堪滋培何期甫經月夫遽溘告絕吁嗟區氏宗祧將欲滅解一妾已甘守以貞妾何難殉以生堂上須待養嬸代子職肩非輕忍淚具甘

旨恐教白髮添悲情解二　長跪舅姑前請置庶姑將嗣延舅雖老矣精神全況兼善行篤佑必蒙
蒼天舅姑聞言欷歔不能止搖手皆言婦休矣吾命若應有子汝夫安得歸泉底解三　再三反覆
前致詞舅雖許諾心猶疑枯楊稊否未可知無何庶姑至日夕代蘋祀願裁已算延宗嗣果然
格穹蒼連舉仲叔季解四　舅姑相繼皆即世喪葬盡禮人無議日佐庶姑營家忙課將衣食供諸
郎諸郎乃得傳書香解五　其季名博舉茂才申狀請得皇恩來煌煌綽楔當門排道旁觀者皆歎
息千秋姓字爭傳述茹家女區家媳杰琦妻蒼梧籍解六

嚴烈婦詩有序

烈婦區姓梧邑人嚴而和婢也嚴納爲妾甫經月夫主得疾死婦自溺殉之

事主屢經年事夫甫經月天崩裂夫主絕七日哀號枯眼血門外江濤響嗚咽輕身一擲愁雲
結貞魂耿耿終難滅顏如花命如葉骨如霜心如雪

梅

一夜羅浮夢重尋失舊蹤風停兼雪霽月淡復烟濃天地有清氣神仙多玉容最宜流水外時
與幾枝逢

鏡

軒轅遺物在閲世已千年明月不到處清光偏獨懸望中疑有路破後尙飛天一點晶瑩際非

臺可證禪

讀施香海挹蘇樓吟稿重題一律

如此奇才嶠右難詩名端合噪騷壇三乘參遍方稱佛九轉燒成始是丹泣鬼驚神曾說李橫空盤硬共推韓挹蘇樓上吟編在留與人間作大觀

代外題趙淡仙詩集

倚樓人去笛聲歇落落千秋雅輪缺桂林一峯獨秀絕下有詩人才思傑采石仙人傳口訣扶桑濯足雲生襪飛上青天攬日月下視人間皆蠛蠓多年飲露飯松屑洗髓代毛功不輟無窮之門盡搜抉無極之野盡遊涉三千星斗胸中列碧海鯨魚須手掣君家琴鶴世清節廉吏子孫自賢哲著詩欲繼杜韓轍家傳雙硯日陳設（自注端州志趙公某知端州居官廉潔及解任宦囊蕭索篋中惟雙硯存焉）交情惟有短李切（自注謂小韋）相與騷壇盟共結汪倫詩胆爲君慑甲棄于思戰敢決

松濤

一片淙淙響來從曲徑間江湖眞滿地風雨又前山幾見龍鱗濕剛逢鶴夢還三層樓閣上宏景自蕭閒

城北菜花甚盛外子約同人共賞命予代作一律

偶隨飛蝶去忽到隔溪村滿地夕陽好一畦春菜繁因之面場圃相與倒金樽可有劉郎感黄

雲正亂翻

牡丹

亭臺幾處吐鮮妍叠瓣攢成徑尺圓艷福共推千古少春光獨占十分全芬芳幾殿花風後爛熳欣看穀雨前菊太清寒梅太瘦始知富貴傲神仙

洛陽城裏獨芳菲艷重粧濃氣力微占盡繁華仍不俗得來風韻轉從肥一生只合居金谷半面何曾露錦幃試向沉香亭北望天姿果否敵環妃

劍峯詩集題詞

披卷不敢開我眸千將氣色寒颼颼從君口中吐之出不知肝腎幾度經雕鎪聞君少小負奇氣鑄鏡造化同兒戲驅山走海謫仙篇石破天驚昌谷句想當獨坐幽窗時力與千古爭雄奇搜羅漢魏晉唐宋歸入一爐同煉之煉作金丹只一粒精光騰起青還赤真宰訴天天亦愁勅欽雷電追尋急金丹已自被若吞凡骨消除生羽翼不樂天上遊人間驂螭駕虬去復還有時更施巨靈斧削就太華千尋山我亦粧臺學舒紙幸得相逢竊欣喜無才難作齊眉人但願稱名女弟子

題竹梅畫

一徑森森綠玉垂雪葩掩映更多姿羅浮夜月瀟湘雨何處高人入夢宜

題馬瀛山梅溪圖

先生選幽勝家住西湖西殘雪欲消處梅花香一溪天寒鶴影瘦水靜蟾光低不減老逋興金樽頻自携

題淡仙古泉硯

錢是忽墮地千載化爲石不歸泉府掌乃登詩老席紫雲曾割腴白水更留迹奈何眞人面陶泓竟瘞君才原富有硯宜爲此式泉義寓流通定見詩名溢

題沈小帆香草美人圖

岸芷汀蘭惹暮烟宓妃湘女擬神絃春風入詠樓頭坐讀到離騷第幾篇

生日戲作

今日花生日花生我亦生（自注：余生于花朝）花如迎我笑我欲與花盟妙舞饒梁燕清歌有谷鶯芳園風景好端合醉瑶觥

夫子何爲者（自注：唐玄宗句）殷勤勸我觴嬌兒還索抱稚女亦添粧家計虀鹽足生涯翰墨香鹿門偕隱去何必卜行藏（以上見于擷蘇樓同人詩鈔）

蘇念淑

女士詩見錄附

藤縣人字蘭仙著有綠窗吟草

柳

作態垂垂拂碧津和煙和雨送行人一聲羌笛離亭上傳到天涯萬里春

過羅揚村自注在蒼梧冠蓋鄉

崎嶇歷遍幾重鄉碧草菲菲滿路香行盡高崗微隱見白雲深處是羅揚

初秋苦雨

破屋苦經雨藤床夕屢移先教殘暑退還與早秋宜瘦賸一籬菊貧餘半卷詩萬間懷廣廈何日愜襟期

亂後喜見陳姑母

回憶曩時笑語同倏經世變各西東十年宿跡他鄉外五月聯吟故國中離緒共消樽酒綠坐談閒對蠟燈紅明朝更向江頭別一幅蒲帆趁好風

水仙花

貌出淩波態氷心一點檀憐渠風韻好全在著衣單

夏日偶吟

嫩綠枝枝壓粉墻黃梅初熟雨聲長微吟小立槐陰下細聽蟬聲訴晚涼

憶父都門未返

漸覺涼秋冷透肌老親猶未有歸期定尋古蹟江南去收盡湖山景入詩

答外子徐小川見寄韻

錦旋何日羨榮華須念鄉關望眼賒倘過秋風一行雁好將書札寄還家

遊準提閣

到此得清趣禪門春又深詩題新壁潤花發舊庭陰恍見佛微笑如聞仙朗吟榕陰歸路晚煙際日西沈

初　夏

自煎石鼎試新茶臥聽涼蟬透碧紗一卷黃庭初寫罷萱花聲過日西斜

閒　步

小園閒步興無涯遶徑穿林日易斜一樹嫩紅初展葉教人錯認隔年花

題李子安贈外子折柳送行圖

一葉扁舟送客旋江干回首不勝情淡黃楊柳枝枝嫩贈與行人折又生

許蘊募

原籍浙江杭州號次蘊又自號高陽女士同光時隨父仕宦來粵西父死梧州女士遂流落于此死後詩稿存于其誼男俞夢熊仲魯先生家余鈔得十數首乃附錄焉

贈黃芳盟姊

昨宵相共話燈前一剪疎梅曲檻邊綠茗自斟寒尚峭漏沉猶是未成眠

小徑同穿過曲廊碧天星斗動微茫送君此去無多路只隔中庭月一方

君因善病我多愁一樣情懷苦未休欲覓神仙何處覓嫦娥天上本無憂

千里萍蹤許暫逢飄零深感客遊中莫教忘却金閨約應寄平生志願同

絕句

半捲羅幃月色昏香消斗帳夢難溫銀燈挑盡情無限斑竹空餘舊淚痕

夢斷雲山音信稀別時猶記兩依依誰憐寂寞空閨裏愁見雕梁雙燕飛

重重庭院盡生苔深鎖春愁掃不開底事一年深似夢任從流水下東來

萬綠涵新又一春寂寥庭院倍傷神鸞箋欲寄雲山隔枉把閒愁訴雁鱗

偶感

黯淡春雲日又曛幾番歸信總虛聞年來心事渾如絮半惜殘花半爲君

江樓望月有感和仲甫弟

風急寒江霽怒濤海天雲淨月輪高凌霄浩氣餘長劍洗甲奇勳倚六韜鍵繪愁深鄉國恨菱荷清宏夢魂勞請看碧宇欃槍起何日征人解戰袍

秋杪寄大兄杭州省

燈殘露冷漏聲長夢裏依然各一方最是寒蛩聲斷續山樓此夜獨淒涼故鄉叢菊繁秋心溯感鴒原意氣眞愧我浮身誠若此且將新句慰愁人一秋盼斷西泠路珍重頻教尺素書君去却逢風雨急太湖東望起烽煙

夜宿中渡

孤艇野烟白秋高水拍堤天空沙岸濶山廻夕陽低渡冷行人少途荒村落迷明晨復登涉從此入清溪

叠翠樓望月和仲甫弟原韻

高閣獨凭襟疎鐘褋遠砧海天銀漢濶旅館薄寒深身世天涯感烽煙故國心亂愁將不[illegible]慨一登臨

萬里蟾光潔煙波渺素秋候蟲驚客思塞雁感鄉愁花影隨風墮星光共月流故[illegible]杳何處江上櫓聲柔

卜居霞墅

年年塵跡感鄉園深喜名山少俗喧辟却蓬萊好風景卜居又近武陵源
但尋幽僻隔浮塵不卜紅樓翠館鄰高處白雲低處水月明猿鶴共相親

蓬山歲暮

萬里蒼茫思不禁危樓慷慨獨登臨 中雨雪催華序望裡音書感客吟僻地絕聞塵世事家
貧留得歲寒心前山松柏青無恙海月湖天自賞音

送湘友姊之上虞

一宵空費多情雨依舊留君不可留江水茫茫帆影遠春風裊裊櫓聲柔輕雲暗淡迷村樹落
日斜曛動客愁酒醒離懷書不盡相思難逐暮潮流

重經嵊邑感作

千峯暮色擁高岑寂寞誰知此夜心秋雁北來橫白露明河西瀉急霜砧蒼霞搖落閒鷗夢斷
柝敲殘倦客吟辜負名山舊猿鶴數年登眺許知音

九載浮家浪迹遊萍蹤同聚赤城樓西風此夕吹征棹疏柳千絲繫客愁重過水村漂渚在撫
殘時序壯心休瀨溪一飯千金諾行篋蕭條志未酬

張含蘭

臨桂人字翠梨永甯韋道裕之室有九畹軒吟草　按陳衍謂女士之弟心澍妹貞蘭均工詩余已錄入詩話道裕字堯文詩筆亦秀雅閨中唱和追步秦徐惜以米鹽淩雜瑣瑣勞心吟稿不及貞蘭之富然聞貞蘭已於戊申之夏長辭人間世矣

秋葉雜吟

瀟瀟風雨鬧江城燈影寒窗一點明落葉滿廊人不寐思親獨坐聽秋聲

西風庭院暮飛鴉瓜果樓頭月正華獨立閒階心悄悄不知秋色上窗紗

閒情

五雲深處是兒家隱隱樓臺接暮霞竹裏扣門驚犬吠隔牆紅出小桃花

留別豫章糧署之清吟館

欲去還留總戀顏徘徊不捨畫堂春殷勤寄語雕梁燕此後應須憶故人

他時能否得重來辜負園林幾樹梅此後紅窗誰是主葵花空自向陽開

遊山

一路秋光裏尋詩獨往來白雲伴舒嘯猿鶴共徘徊楓葉已飄落黃花猶未開斜陽明遠樹歸去暮鐘催

寄懷叢叢諸弟妹四首錄一

女士詩見續編

女士[illegible]

時寄[illegible][illegible][illegible][illegible][illegible][illegible]過又新年好春偏向愁中度明月都從別後圓難把心情堅後約每

從[illegible]理悟前緣難懷兩地何由達好倩天邊雁字傳（以上見于四[illegible]）

以上清代女士詩

勘誤表

卷八 第一頁 十二行「比」誤作「此」

卷八 第三頁 四行「太」誤作「大」又下漏「恩」

卷八 第四頁 五行「豈」誤作「豆」

卷八 第八頁 七行「去」誤作「云」

卷八 第十一頁 十三行「隋」誤作「隨」

卷八 第十二頁 十三行「几」誤作「凡」

卷八 第十四頁 九行「居」下多「是」字

卷八 第十五頁 十四行「香」誤作「杳」

卷八 第十七頁 七行「朔」誤作「欲」

卷八 第二十二頁 十四行「叱」誤作「吒」

卷八 第二十五頁 十二行「玉」誤作「王」

卷八 第四十七頁 五行「饌」下漏「苦」

卷九 第五十九頁 四行「昔」誤作「皆」

卷九 第六十一頁 一行「朋」誤作「明」

卷八 第一頁 十五行「香」誤作「著」

卷八 第三頁 十一行「卻」誤作「欲」

卷八 第五頁 五行「茫」誤作「芒」

卷八 第九頁 十行「意」誤作「竟」

卷八 第十二頁 十行「齋」誤作「齊」

卷八 第十一頁 十一行「敗」誤作「敵」

卷八 第十五頁 八行「迴」誤作「週」

卷八 第十六頁 九行「石」下漏「橋」

卷八 第十八頁 九行「自」誤作「目」

卷八 第二十五頁 十一行「餅」誤作「鉼」

卷八 第二十六頁 十五行「豚」下「狀」誤作「花」

卷九 第五十七頁 十三行「開」誤作「門」

卷九 第六十一頁 一行「狹」誤作「陜」

卷十 第七十頁 十四行「難」誤作「離」

卷十　第七一頁　十五行「題」誤作「題」

卷十　第八一頁　五行「水」誤作「火」

卷十一　第一〇六頁　五行「閑」下漏「話」

卷十一　第一二三頁　五行「雄」下「風」誤作「處」

卷十一　第一二六頁　十三行「遐」誤作「遝」

卷十一　第一三八頁　十二行「香」誤作「杳」

卷十一　第一四六頁　十四行「麥」下「干」誤作「千」

卷十二　第一六七頁　一行「繫」誤作「槃」

卷十二　第一八二頁　十四行「空」下漏「傳」

卷十二　第一九〇頁　十行「艙」誤作「艙」

卷十二　第二二七頁　六行「忽」下多「外」

卷十二　第二三五頁　十二行「各差」顛倒「差各」

女士詩　第二五〇頁　十四行「家」下漏「樓閣」

女士詩　第二五三頁　十五行「侍」誤作「待」

卷十　第七五頁　六行「聽」誤作「旺」

卷十　第一〇一頁　四行「恨」誤作「帳」

卷十一　第一二〇頁　二行「總」下漏「非」

卷十一　第一二五頁　十五行「靈」下漏「新」

卷十一　第一三六頁　九行「式」誤作「弍」

卷十一　第一四五頁　十二行「風」下漏「打」

卷十一　第一五三頁　一行「憤」誤作「墳」

卷十二　第一七二頁　八行「草」誤作「莫」

卷十二　第一八三頁　十三行「偏」誤作「編」

卷十二　第二〇六頁　四行「問」誤作「門」

卷十二　第二二八頁　八行「自笑」顛倒「笑自」

女士詩　第二四九頁　一行「桐」誤作「相」

女士詩　第二五三頁　十四行「堦遞」顛倒「遞堦」

女士詩　第二六二頁　四行「臨」下漏「愁」

民國二十三年九月出版

上下二卷 共售洋毫弍元正

印刷者 梧州大文堂

經售處 梧州 大東書局
文淵書局

各大書坊均有代售

（清）欽州馮敏昌等撰

馮敏昌等手札不分卷

稿本

馮敏昌等手札不分卷

(清)欽州馮敏昌等書,稿本。

此稿本收馮敏昌、盛百二、張錦芳、羅有高、宋弼、鄧汝勤、錢大昕、錢維城、李文藻九人所撰書信共九封,人各一封。此外,卷首有王獻唐序一篇,作於『辛卯』,應即1951年; 錢維城書札之後,有張翔珂跋一篇,作於『戊辰八月廿八日』,『戊辰』或即1928年; 又書末有趙愚軒跋與識語各一條,均作於『癸未』年,應即1943年。

所收九封書信,前八封均爲馮敏昌、盛百二等寫給清乾隆年間山東益都知名學者李文藻之書信; 最後一封則爲李文藻寄與『竹書四兄』的詩札,含詩二首,分别爲《雨後抵郡》,曰: 『朝來風雨晚來晴,沙路抽鞭得得行。梵塔影中殘照盡,女牆缺處亂山横。蟬嘶濕村琴松拄,鳧泛澄潭子在抨。未到城南已昏黑,多應緩頰守門兵。』又《十日》,曰: 『十日淹郡館,誰教懷抱開。同友招飲罷,小史借書回。午枕宜涼雨,秋衣長緑苔。郵筒催報札,懶甚倩人裁。』所有九封書信,均爲李文藻之藏品。李文藻殁後,由其後人收藏,并裝裱成册。後經輾轉易手,爲益都人徐輝圃購得,經益都知名學者趙愚軒等爲作跋語,并爲馮敏昌、盛百二等九位作者一一補寫小傳,又有當時山東著名文獻學家王獻唐撰寫序文,遂形成此稿本之當前形態。

李文藻(1730—1778),字素伯,一字茝畹,晚號南澗,山東益都(今青州)人。清乾隆二十六年(1761)進士,曾任廣東恩平、新安、潮陽知縣,官至廣西桂林府同知,未及一年而殁,得年四十九。李文藻性嗜金石,好訪古碑,收集碑刻文字,又精於校勘、目録、考據與方志之學,喜藏書刻書,在乾嘉學人群體中知名度頗高,與當時碩

儒錢大昕、紀昀、翁方綱、周永年、邵晋涵等過從甚密。此稿本所收諸札之作者，即爲此兩類群體中人。其中屬於桂南人士者，則爲馮敏昌。觀馮氏此札，提及『玉州張君』之死訊，此人即張錦芳之弟張錦麟，字瑞夫，一字玉洲，生於乾隆十三年（1748），卒於乾隆三十九年（1774）。又信札末尾云：『晚敏昌六月初七日頓首。』則馮敏昌此札應作於乾隆三十九年（1774）農曆六月初七，李文藻時任廣東潮陽知縣。

東甫先生乾隆識老手畢屬題長
歌月餘苦鷄茲筆為　東甫東邨詮
釋之馨故也冊中段南澗先生識札皆
一時名宿語不驚藻飾稱心而出樸
學者之文章多不是念豈先生一詩
直啟奪江西之席書則一本說文
亦彼時風尚此老初學劍後逃禪

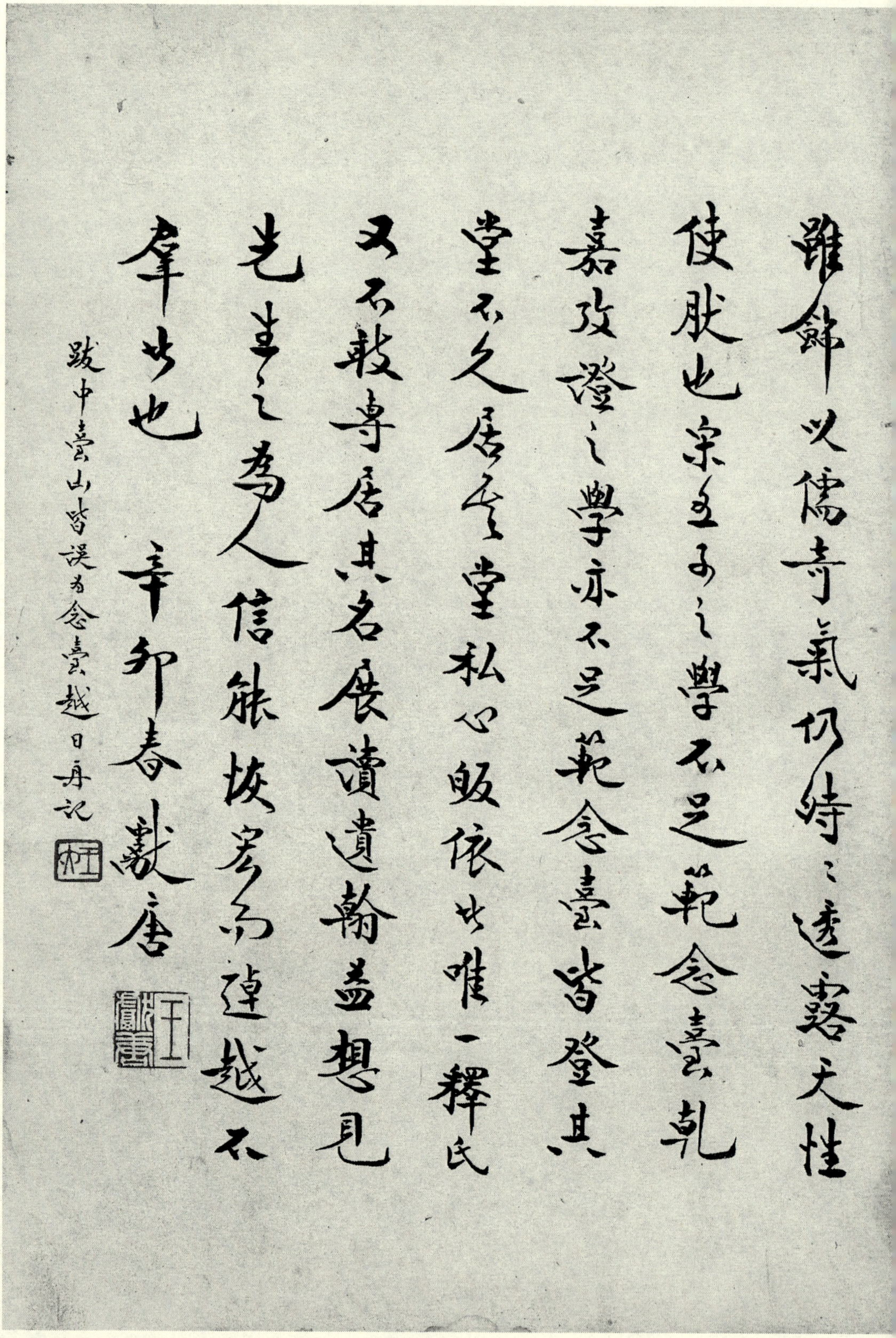
雖飾以儒者氣仍時時逸露天性
使然也宋五子之學不足範念臺乾
嘉考證之學亦不足範念臺皆登其
堂不久居其堂私心皈依者唯一釋氏
又不敢專居其名展讀遺翰益想見
先生之為人信能拔萃而逴越不
羣者也
辛卯春戴唐
跋中臺山皆誤為念臺越日再記

月初學

先生惠州道中手翰委曲備至伏誦數

番心神惘然不啻身隨舟次自日而

後返也謝公有之每送别後常作

數日惡 而 平素正復爾之而日者終

艤東送遂與 南海祁廟之約壹似起

然而返者良由心有所感又值知友

人 玉洲張君之必死亦猶有漸離

擊筑荊軻伏而不食者於

先生此别以翁奉 委正自有日遂不覺情極

於所感乎 而不知

先生嘗途次來遂乃相與之深也耳

廿二日

竹孫發後是日成殮 張君死矣

其曾留因事閉關不出其子午間以

一友人書始知其實玉其自出市與其

藥防梅瘡之物而亦已矣留有

一之奉賀

先生者胡張二字可否足以作令傳

後也 同譜胡習門人之詩留前教

日抄出一冊詩雖不多而已足自立

於他時得

胡同譜張錦芳馮敏昌

稱嶺南三子張玉湖即

錦芳之弟

紀大人改本添補，如更可觀也。承
錄示 運甓論詩一則，甚是甚是，而於
秋谷尤切當，宋施兩君子之不復論
及，尤見分寸也。又承
示 尊署學詩，真是老筆，真是
指迷，指來佩服之至，再謝再謝。錦堂
一首尤所鍾，留待嘆荔亦可稱雅矣。
是日之不必要，惜則前定也，所尤慊
意者前遇。
昨詩抄寫已至三十餘首，而未古正得

胡同讀張錦芳馮敏昌
稱嶺南三子張玉淵即
錦芳之弟

廿二日
竹孫叢後是日成殮　張君死矣
廿四日因事閉關不出廿五午間得
一友人書始知玉廿六日出京與其兄
菊防梅盧之慟而過已矣　有
一一奉覽
先生者胡張二字可否足以作合傳
後也　同谊胡明習門人之詩前数
日抄出一冊詩雖不多而已足自立
茲他時得

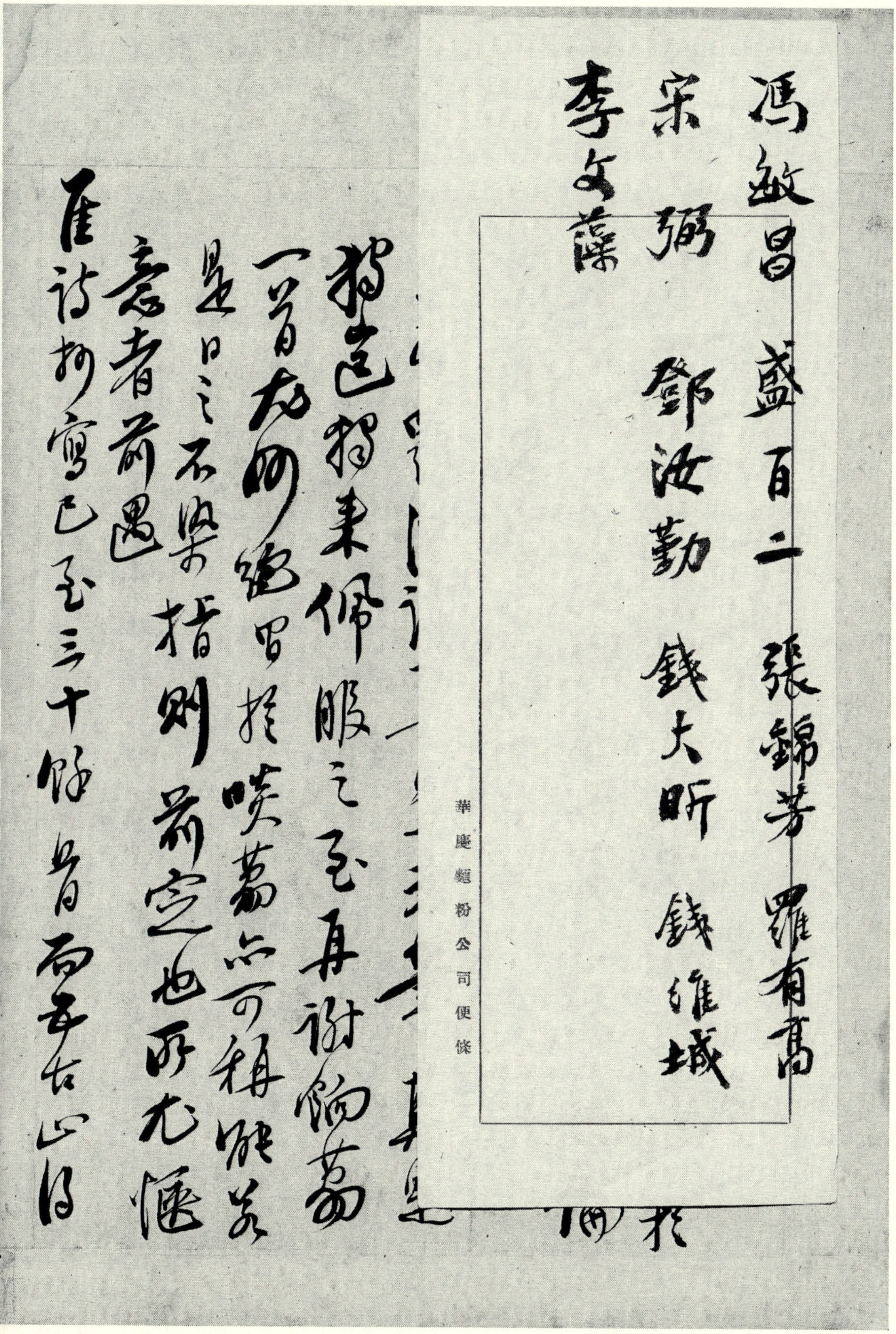
馮敏昌 盛百二 張錦芳 羅有高
宋弼 鄧汝勤 錢大昕 錢維城
李文藻
華慶麵粉公司便條

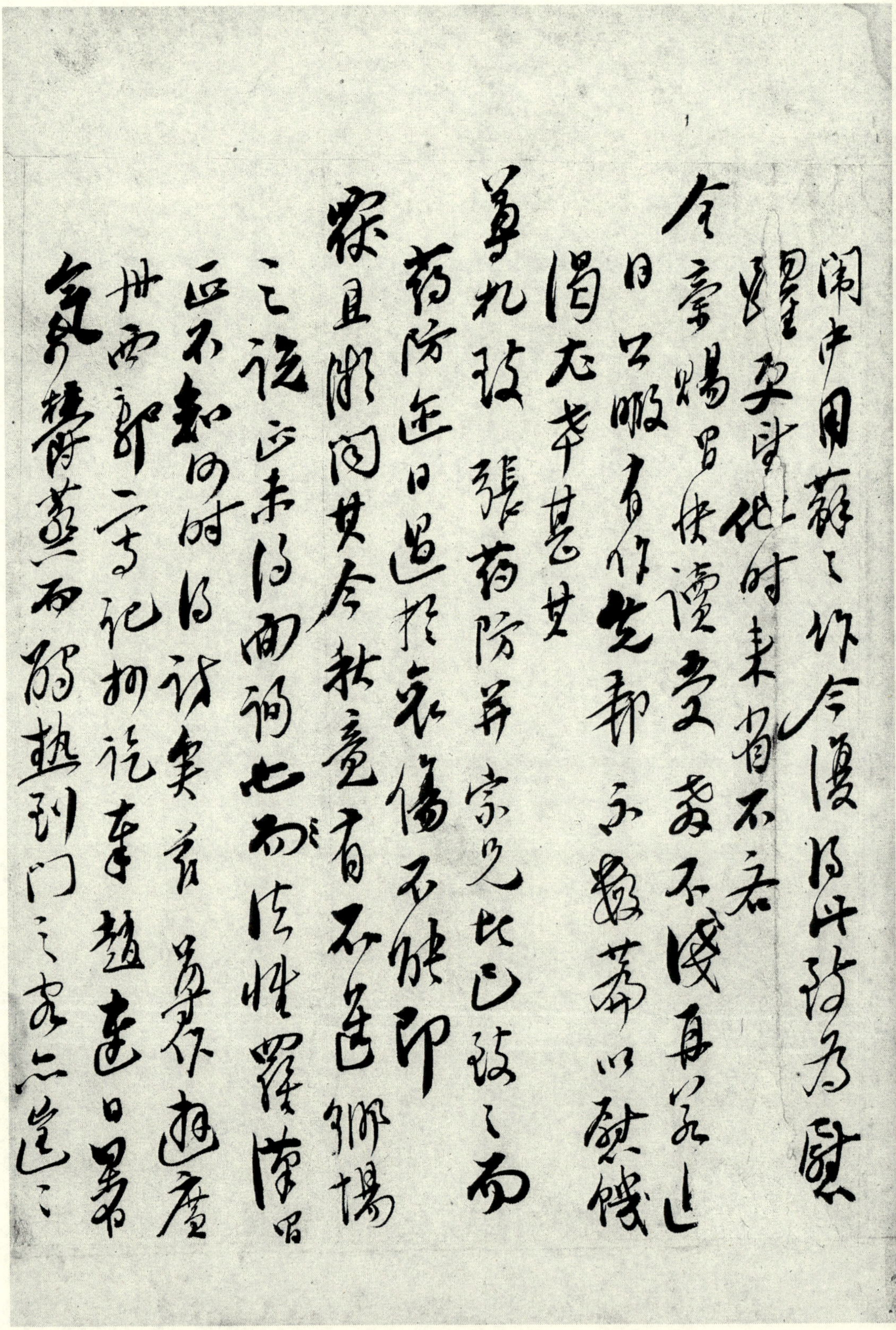

闻中田苏之作，今复得丹诗为献，
跋。某比化时来，当不若
令亲扬君便还，受承不浅，有寄上
日以暇有作先邦示数篇以慰饥
渴。太常甚失
尊札致张药防并宗之比已致之，而
药防近日过于衣偏，不能即
裁，且姑留其会。秋意有不复乡场
之说，近来得两调也何之性悭留
正不知何时得讨实并尊作拙遇历
册西郭一书记柳说奉赵速日累
气积薰无而积热到门之家亦遑之

有々外又有俗事纏繞心性亦自
覺甚踈急々至憤懣々懶則隱
先生所點筆頗真林不會者不睡寐
々誦而佩服々右慕々今日得
覆瀆老師書段斗隨時用功習則何
雖不他時非求一席々地可以閑藏
拙無喧者則非在
單溪夫子門下必於南宮還々次馳獻
先生治壤矣但未議
先生亦旨姑韓子々筐宏賢冊而華

々不平又前春詩內承

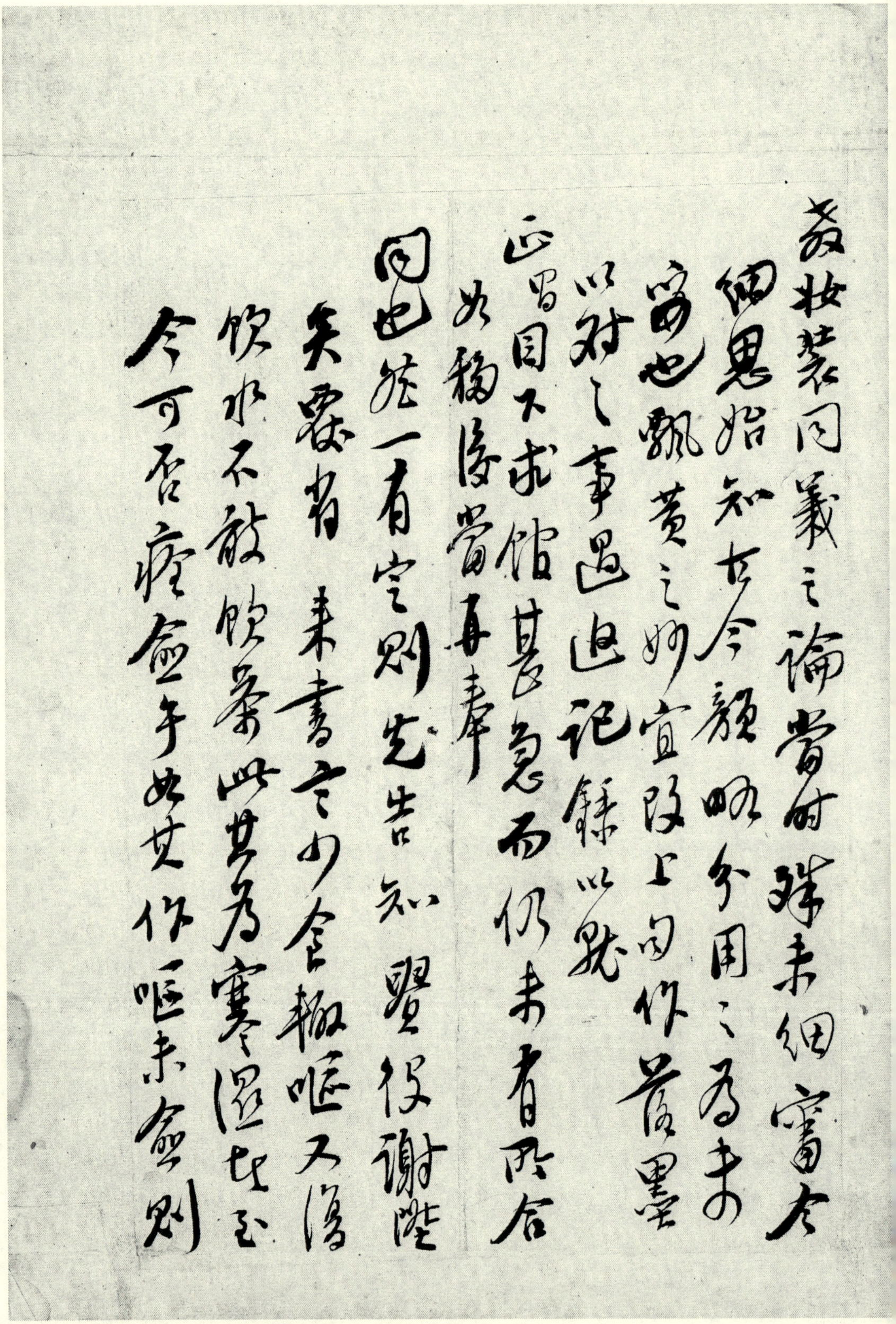

妝裝同義之論，當時殊未細審，今細思始知古今韻明，分用之為未當也。瓢黃之妙，宜段上因作筆墨以對之，事過遽記錄以就正。留目下求館甚急，而仍未有所合，如稿後當再奉聞也。然一有定則先告知。翌役謝陛矣。霧者來書云如食椒，喉不得飲水，不能飲藥，此其為寒凝然至今，可否瘥愈？年如女作嘔未愈則

濕熱之藥宜進而所云咳嗽百

餘佇宿若其三寒以致腹熱而吸

賜於燥膏油之論可殊不敢如常奉

貴箋以

先生晰廣人究有南北之分而既定之

濕伏喉之係者乎所以精神恍惚

者或亦由與未可知也又

先生在廣時亦奉閱貴役之意之有

寒脩呻吟之作窮以為長事譬

惜切太過每於奉諫而未得迎賞

不能忘今復接來示所云敢以節

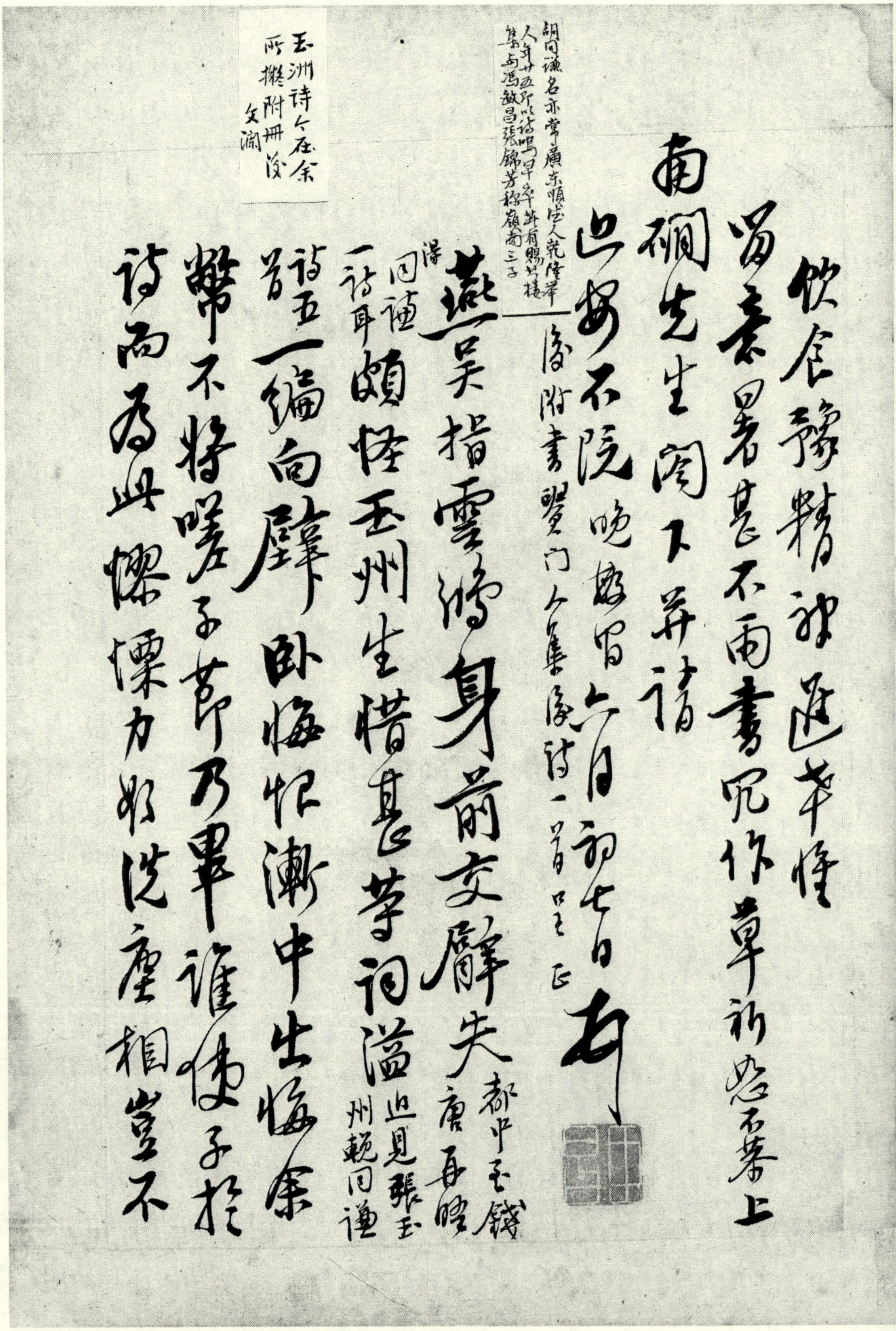
飲食豫精神益華健
爲患暑甚不雨書咒作草祈然不落上
南磵先生閣下并請
近安不既 晚嫁留六月初七日 有
像附書譽门人集豫詩一首呈正
胡同謙名亦常廣东順德人乾隆举人年廿五卒以詩鳴早卒著有賜書樓集与馮敏昌張錦芳稱嶺南三子
燕吴指雲鴻身前交辭失 都中王錢唐再晤
湯同謙一詩耳頗怪玉州生惜甚草詞濫 近見張玉州較同謙
詩五一編向壁卧临怀漸中生悔余
幣不將嗟子節乃畢誰使子於
詩而爲此懷懔力好從塵相豈不
玉洲詩今在余所擬附冊後 文濤

馮敏昌字伯求号魚山欽州人乾隆戊戌進士官翰林院編脩改刑部主事
性孝友己卯官秋曹时除夕前一日聞父喪痛不欲生蘇齋聞亟趨視之大雪
後嚴寒已徒跣竟日矣蘇齋責其傷生非孝也再四大聲疾呼而後著
襪弔者相謂此非嚴師不能使着襪也平生詩文所至有記按華山小志

接一律予惟曲江後作者諒有述百
年登海雪五字至今蒼寶粵
長城豈怪燈暗室翳予敢妄歎量
峯幾未必更恨錢江上送我去弱辛
平生古心貌抱臥泥經帙我留無返恩
子固未辭貧謠集一以教嘉秀謹
與寶惘々事聲詞面子縣何衛（集中有蘇齋詞絕佳）
書州同通道集後 敢呈本

河南孟縣志修廣東通志蘇齋謂歷掌文衡所得英雋非一而以天才獨
擅稱為冢先尤重其天性過人云
參復初齋集魚山馮君墓表 按蘇齋即
翁覃溪閣學也

盛百二字秦川秀水人乾隆丙子舉人官山東淄川知縣為政静而不擾簡而有要雅深不為宦而人自服嘗查覈歷城滄陽案戶了了無遺雖能吏莫之及然素無宦情在官一年以憂去遂不仕少讀書穎悟凡句股律吕河渠之學靡不研究而於天文致力尤勤嘗謂義和之法遺秦火而不傳六天沸

日前
尊紀回府曾有一川佈候諒
賜覽矣前有懇者宜兄所托
之事若承
費神謝謝現在從高未欣
兄處特托
貴卿尊眉在補君名麟
瑞者實得一人照管
惟有筆抄之僕筆墨
中間挽滋事關
老弟令親
則感
高誼不特宜兄也請安

282

騰莫知所從自太初以後踵事增修至七十餘家至此時御製律曆淵源之書出以披雲見日使千古術士詭秘之説至今日而無遁形始知大經大法已賅具於寔出數語之内莫有古今中外之殊而其理莫能外也因著尚書釋天六卷於堯典舜典胤征洪範諸篇凡有

前教覓劍南集一時興到之甚可愛而不可求也王漁村良齋筆記似又易覓詩即不能借閱否可王漁村文集弟已有矣王右作札而紅絲研適已許不甚下墨而名流古雅以三金易之頗儀文秘另一

南澗大哥我師　弟炳國頓首

尊東附繳因後寄來便乞人轉致

切勿泉之 務切之

青州紅絲研石唐彥詢研譜以為天下第一今絕傳久矣元人金履祥註禹貢云今青州黑山紅絲石紅黃相參紋如林木或為月暈如山峰如雲霞如花卉即古所謂怪石也備淂此石琢以為研亦斯文之奇妙事淄川梓桐山石門洞石色若青金紋為銅眉理極細密但不如紅絲石之堅可為研

閏曆象者遂
條考訂特採泚
書而詳疏之其
大要以西法為
宗凡五易稿乃
成晚孫齋魯
間主講山左蘂
城書院十數年為
所成就他所著
有閩水漫錄四
卷增訂教稼
書二卷柚堂筆
談四卷柚堂續
筆談三卷敍
錄四卷柚堂文存
四卷皆山閣吟
稿四卷 參史侍 晴人侍

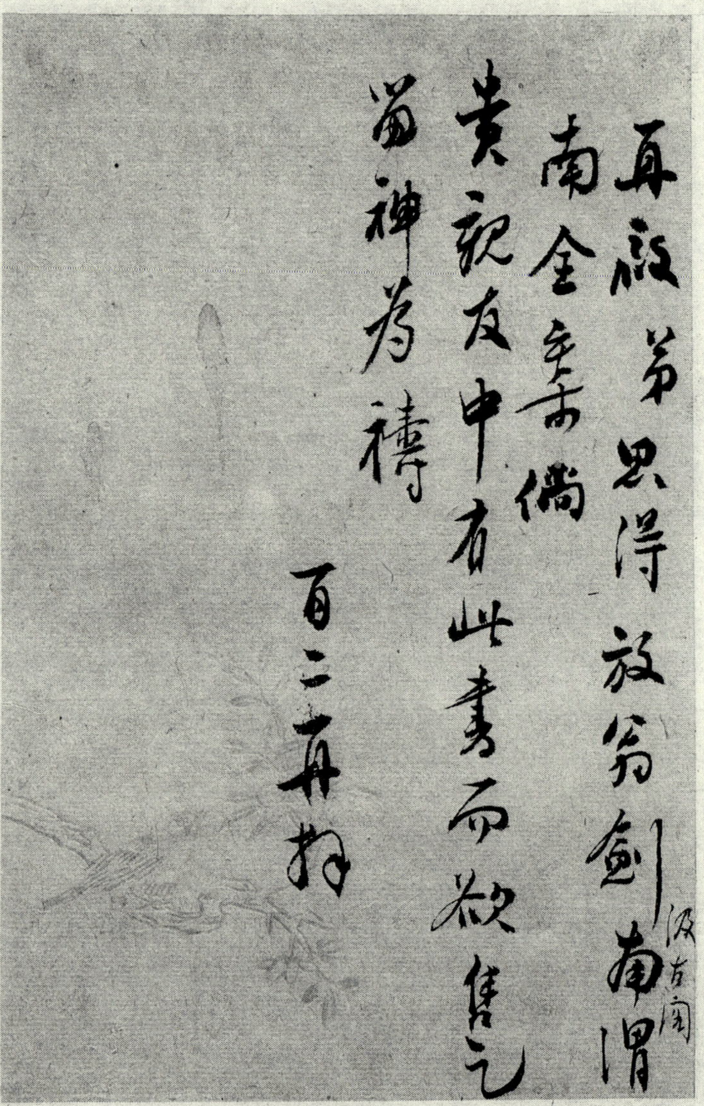

按蘇易簡硯譜天下之硯四十餘品青州紅絲石
為第一陸游筆記唐彥猷硯錄言青州紅絲硯
覆之以匣數日墨色不乾今益都縣西山產石一種質
赤黃有紅紋如刷絲紫石面可作硯材未審是否所
云紅絲研臣屯否耶

東郡老人題

張錦芳字粲夫
號藥房廣東順
德人乾隆己酉
進士授編修性
孝友以連遭先
輩喪乞假歸遂
不仕年四十七卒
錦芳淹貫群籍
通說文分隸得
漢人法兼工繪
事而於詩所詣
尤深與欽州馮
敏昌同邑胡亦
常稱嶺南三子

錦芳頓首
南澗先生閣下客歲京
札數函俱得接讀十二月又接到
桂林
手教芳自四月後即無復一字奉上
左右因計書至日
文旌已出京也 自別以來毫無
見聞而憂患不減于昔一歲之
中夭一子而殤二姪命之窮若
無復進讀書作文事之俱

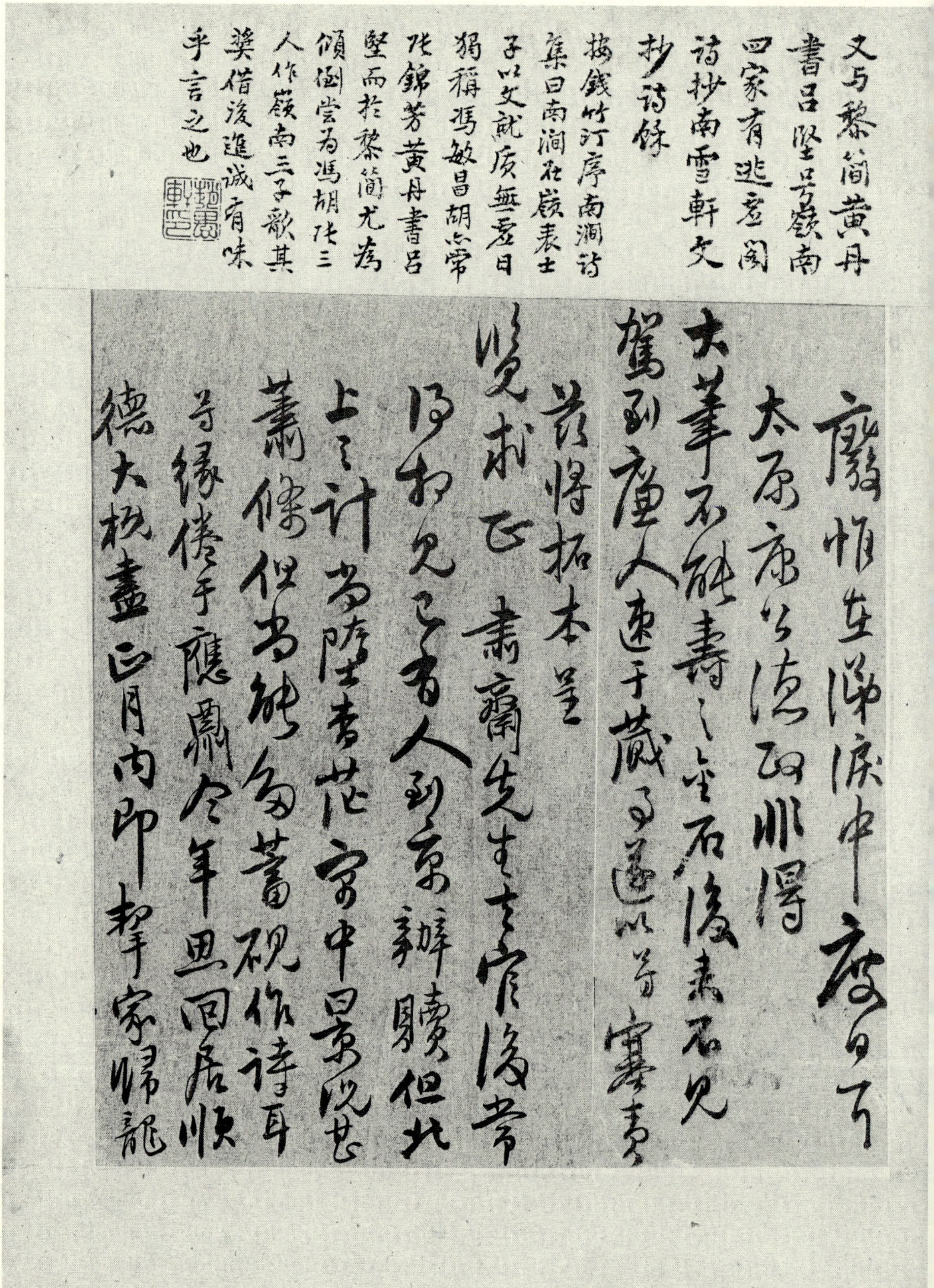

又与黎簡黄丹書呂堅号嶺南四家有進壺閣詩抄南雪軒文抄詩餘

按錢竹汀序南澗詩集曰南澗在嶺表士子以文就質無虛日獨稱馮敏昌胡亦常張錦芳黄丹書呂堅而於黎簡尤為傾倒嘗為馮胡張三人作嶺南三子歎其獎借後進誠有味乎言之也

廢帖在滇中度日可
太原康公德瑕州得
大華石經壽之金石後未見
駕到廬人速于藏孑遞以前寒素
敬得拓本呈
覽求正 肅齋先生吉席後當
得相見也有人到京辦贖但北
上之計尚隨書花宮中日京況甚
蕭條但尚能為舊硯作詩耳
尋緣傍手懸鼎今年思回居順
德大概盡正月内即挈家歸龍

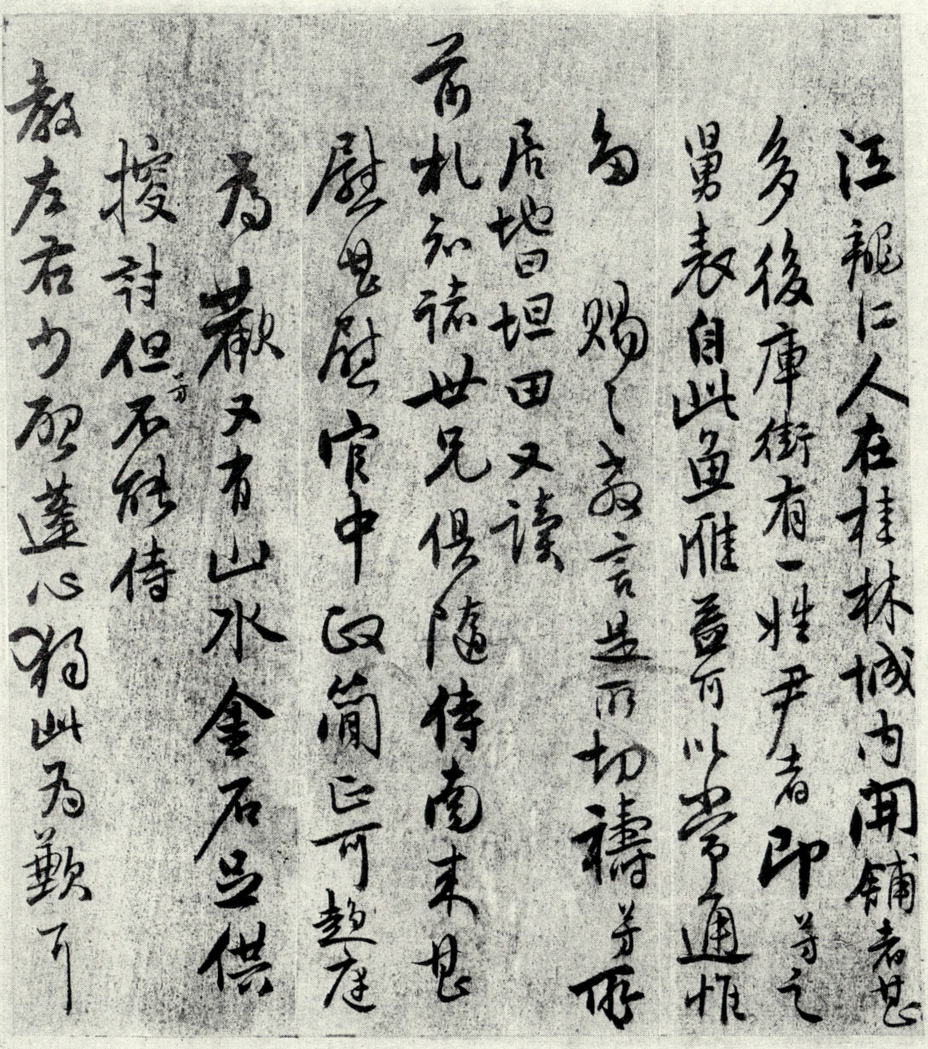
江舰仁人在桂林城内开铺者也
多后库街有一姓尹者即等乙
舅表自此鱼雁无蕃可以常通惟
为 赐之一言是所切祷等侪
居增垣田又读
前札知該世兄但随侍南来甚
慰甚慰官中政简正可趋庭
为欢又有山水金石之供
搜讨但等不能侍
教左右少罄蓬心耳此为歉耳

東省之來不識巢居 魚山去
歲亦有兩札來於金竹先生時
文已倩人鈔得寄去焉耳再
一本之書桂林新傳定時摹補
佳什或少分山水之氣也此地水土
何如京省此風氣高爽有雲雷
不如廣中之恒燠蒸濕
尊候定後佳安此差可慰 亦為索
高刻 林汲先生借書園印並又刻
李學壹恪守不好武印 正月初七
日午後作此札驟寄 再拜

羅有高字臺山瑞金人乾隆乙酉舉人少而儁偉寓雩都蕭氏徧讀其藏書慕古劍俠者流習技勇治兵家言閱雩都宋道原治先儒書躬孝弟之行造訪道原面折之使反求之宗五子

嘉山先生治古文最精審尝與兄木論之謂文者道之迹孟子以知言与養氣並重而褰辞傳卒爲法戒又言训诂不明則文字根柢不立支離杜撰規矩蕩然故於尔雅说文治之加詳一字之

小詩奉懷

㒸澗大兄書塵

諟定

縣虔薄游踰千里酌古量

天欝萬耑亏由判肰姝嗜

好异君鏗尒擿（俗作擲非）心肝

文成鳳肊（俗作臆非）煙波傑牆

義注ゝ引端竟委
及覆千言見彭
紹升撰羅臺山行述
益觀是函知其治
古文之学深矣
癸未人日午夜
東郵老人

吞羊城瘴雨寮析賞奇
戴眞歷事姻朋猶勸好
爲官
愚弟羅有高上州

書又見贛州鄧先生元昌於是幡然弃所学徧讀先儒
書尤喜明道象山陽明念菴之論学因之以上闚六经孔
孟之文旁推曲證多創獲之旨後与尺木及汪大紳討交
謂儒釋權实互用惟自證者知之非可以口舌争歸而卒
諸族子弟講学於鳳皇山會試屢不第家庭拂逆屢游
吳越病而歸卒年四十六歿後尺木為錄尊聞居士集八
卷刊行於世
參彭紹升撰羅臺山述　按尺木彭紹升字

前月
手書因嬾未報復讀 來示良
用歎然屢寄詩冊
留我風雅可詠同心甚慰甚慰並前
倡和集業已鈔完面時一切
奉趙更論可也竟志本缺似
直可衍文亦可耳試史參緣
得間自當託 沈公詢 胡公

于氏家藏詩畧四卷已還本家
今并寫傳臉寄上亦可無字款
矣文定集向借之朱侍御張
已在京師無從問之趣茲事
宜未嘗去齋　觀堂先生郎
文獻在茲似不可忽也寫書人
則鄧生頗佳其父亦可用今欲
先令赴局候此處無事當并

宋弼字仲良號蒙泉德州人乾隆乙丑進士官至甘肅按察使函内屢寄詩冊留神風雅云云當在蒙泉輯山左明詩鈔時也又云僕纂州志并無條例意必如南澗司馬同林汲山人纂修歷城志曾寄札蒙泉有所商榷故覆函云爾

其子令往耳　僕前纂州志并無條例　第事必求實不為附會之言　援正史以駁雜書之謬　詢衆論以求大義之歸　一切浮濫之說不足以撼其胸中而已　然而事成畫餅徒付喟嘆又何足道耶　餘不悉

蓮畹年兄

澗手

廿一日得

手書具悉一切先人荷

大手闡揚感當不朽 靜拜先墓野

已近謹撰哀辭一篇聊抒數年愛

慕之私耳

兄深於散體點

為點定而後出之即以此稿還示勿泛

泛置之也聊寄志異能物色見寄甚

妙 謚議高簡呂注前未見林汲著

述今讀其文如見其人矣 嘗札已付族子

鄧汝勤字謙持嘗更名汝功舉鄉試後復舊自稱千厓聊城人父鍾岳以進士第一名及第官至禮部左侍郎先生弱冠及聞廷誥以脩身行己為號號侍郎捐館先生與弟汝勉已補諸生閉戶涉書史不妄交一人先生長身白皙声亮如洪鐘讀書數行齊下於四部之書無不究又善真隸工山水乾隆庚辰以第二人舉于鄉乙未舉禮部因病廷試不能正書遂為一榜之殿而先生書法寶為當時第一乾隆四十一年六月某日卒著有上谷集一卷

李文藻曰並世能文章者謙持未嘗不相好瀕死乃屬余為之傳余南來万里舟中涉杞掇作惡遲之又年餘患癰于桂林官署且將死念此事未了逐所患寒熱日往來于胷不可釋是時余已不能書乃口授蔣甥器書之幸天假數日不死或潤色以報故人　桑李文藻鄧謙持小傳

山朗但集不久亦當出行旦來必及事如
印之所屬現在抄錄後復奉上勿勿
代佈佈不多及
南澗大兄先生　千厓弟汝勤拜白
八月廿六日
拙刻四幅附
上

李已村就道否長洲繆君今暮
大兄所以來見會是着憾還
寄下兩本當不孤其意也勤又白

前月有一札附　蒙泉先生函
轉達想已登
記室矣歲暮知
文駕東歸红窓竹屋燈火團圞便
是人生快事視長安道上米估
煤券字逋逋之聲喧聒耳畔為何
如耶
太夫人尊候康吉循陔色養不勝欣慰

錢大昕字曉徵一字辛楣號竹汀嘉定人年十五御史王峻主紫陽書院聞其才言於巡撫雅
爾哈善檄召至院試以周禮文獻通考兩論悉中典要遂留院肄業又從元和惠定宇吳江
沈冠雲游研治古經義声音训诂之学乾隆十六年高宗南巡召試賜舉人授内閣中書
甲戌成進士改庶吉士散館授編修入直上書房授皇十二子讀官至詹事府少詹事
四十年丁父憂歸遂不復出
歷主鍾山婁東紫陽諸書
院在紫陽最久弟子著籍
者甚衆嘉慶九年卒年
七十有七
先生不專治一經而無
經不通不專攻一藝
而無藝不精凡训詁
音韵天文輿地典章
制度職官氏族金
石畫像篆隸以及
古人官爵里居事
实莫不錯综貫串

僕抱病數月有加無瘳京都又
鮮醫家方劑盈案無敢輕投
性每日杜门謝客不讀書耳若夜
甚長輾轉枕蓐不合眼者每至
達旦其症頗似 虞山相國悲年
歲之不吾與也星命家推僕年
運今歲不利此時已届改歲姑待
明年若獻歲春間仍似此刻病

況明當請假南歸，挂席千里，与
足下劇談德水，作兩三日快叙矣。永慶
寺鐘銘未識便椎拓否？琅邪臺
秦刻及延光三年漢碑俱在諸城，
可托好事者為求之否？須函。劉君
遍訪遠，以他出未暇究，俟往見不
盡勉切。
南澗年兄山長
友人大昕頓首

兼通中西歷算，用
以讀史，自太初三統
諸歷，盡能得其
測算之法。著有唐
石經考異、經典文
字考異、廿二史考
異、唐書史臣表、
唐五代學士年
表、宋學士年表、
元史氏族表、元
史藝文志、三史
拾遺、諸史拾遺、通鑑辨正、三統術衍、四史朔閏考、吳興舊德錄、洪文惠
洪文敏王伯厚王弇州年譜、疑年錄、元詩紀事、竹汀日記抄、金石文跋尾、
潛硏堂詩文集。
參漢學師承記、續疇人傳、國史儒林傳稿

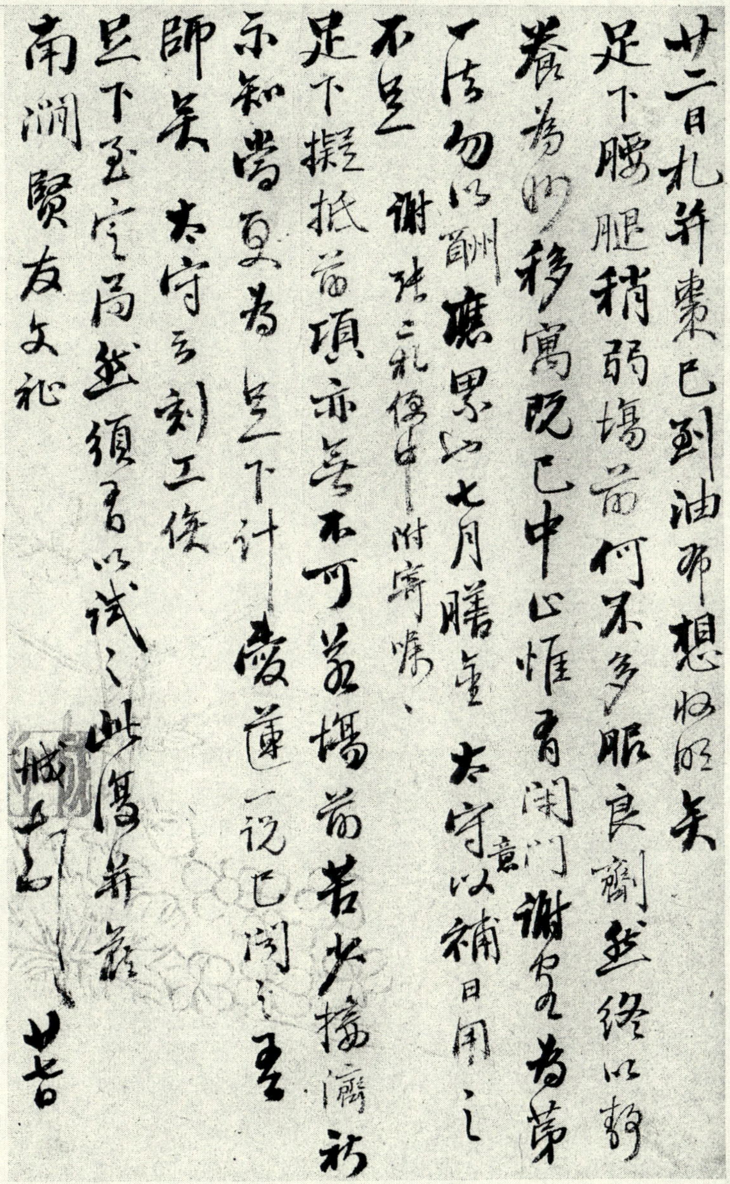

錢維城字幼安一字宗磐号紉菴又号稼軒武進人乾隆乙丑進士第一由修撰累官刑部左侍郎卒謚文敏書法坡公画得元人筆意落筆蒼润秀骨天成著有茶山集

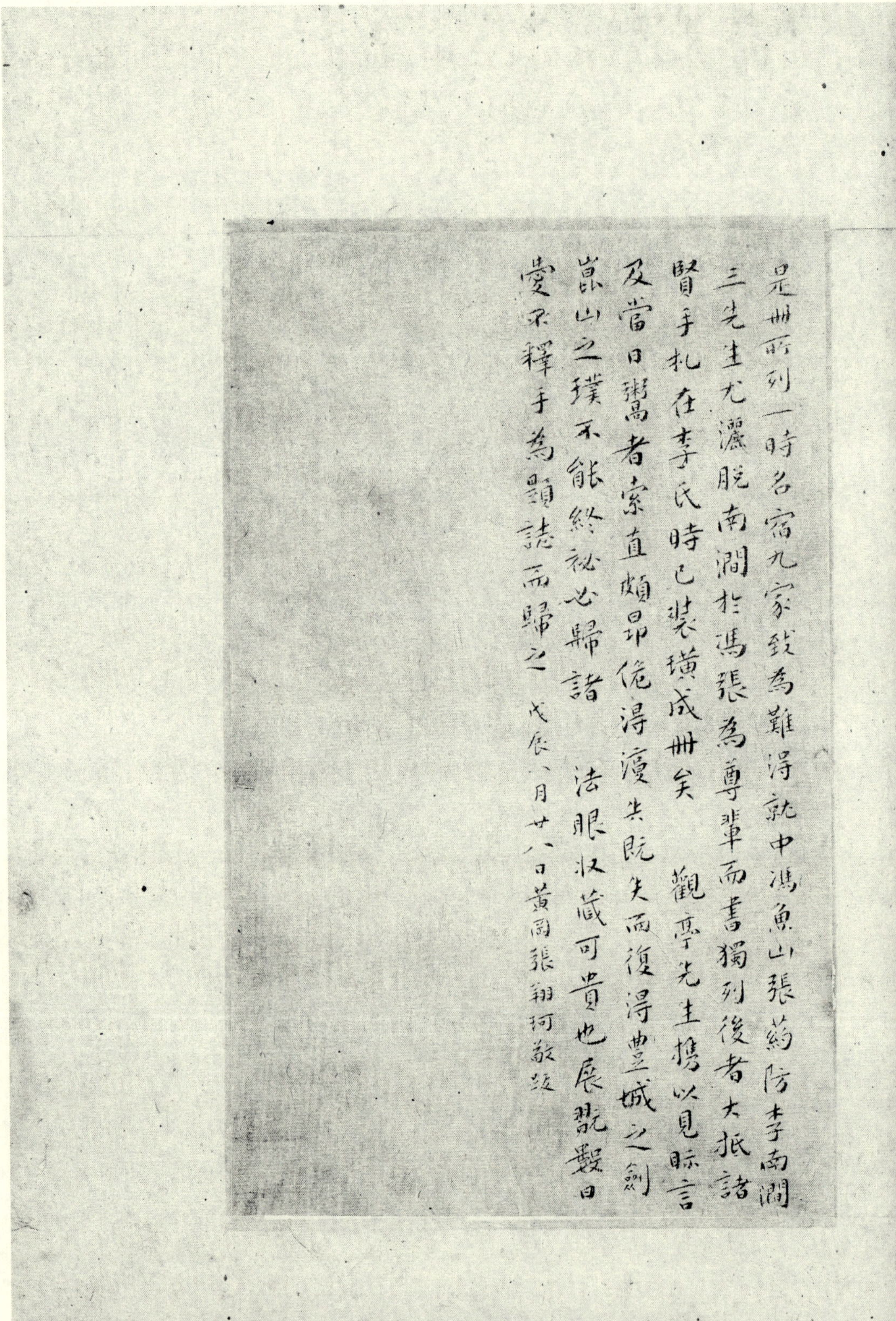
是冊所列一時名宿九家致為難得就中馮魚山張葯防李南澗
三先生尤灑脫南澗於馮張為尊輩而書獨列後者大抵諸
賢手札在李氏時已裝潢成冊矣 觀亭先生攜以見眎言
及當日鬻者索直頗昂倪得復失既失而復得豐城之劍
崑山之璞不能終祕必歸諸 法眼收藏可貴也展翫數日
愛不釋手為題誌而歸之 戊辰八月廿八日黃岡張翔珂敬跋

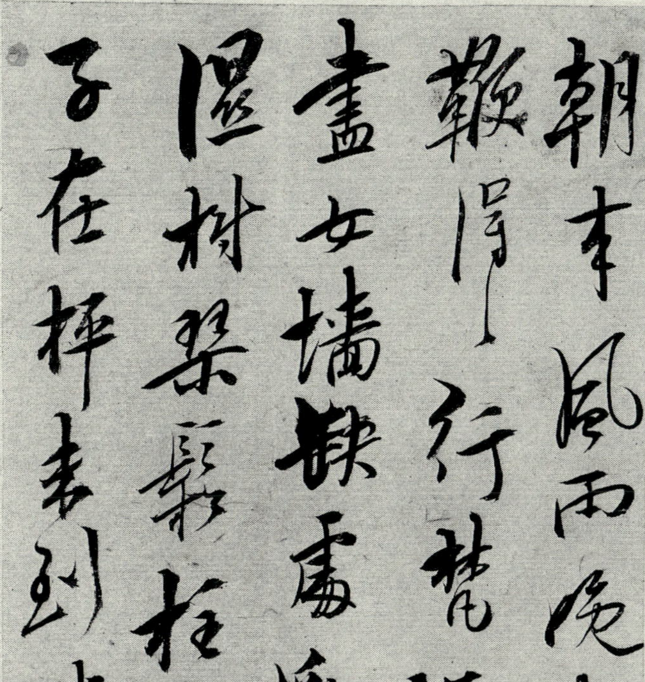

李文藻字素伯一字茝畹号南涧益都人乾隆庚辰中禮部式辛巳成進士選廣東恩平縣知縣調潮陽縣擢桂林同知未幾卒年四十九居官以清白強幹稱購書籍置書院中以教學者止械鬥禁盜牛以印烙牛角登簿為驗無得隱者大吏嘗下其法于所部行々平生穷经志古肆力于漢唐注疏聚書數萬卷皆自校讐丹鉛不去手聞王蘭泉有惠氏易漢学諸書揮汗借抄不以為苦嘗訪張蒿菴江慎修惠定宇遺書刻之名曰貸園叢書尤嗜金石崖洞寺觀椎

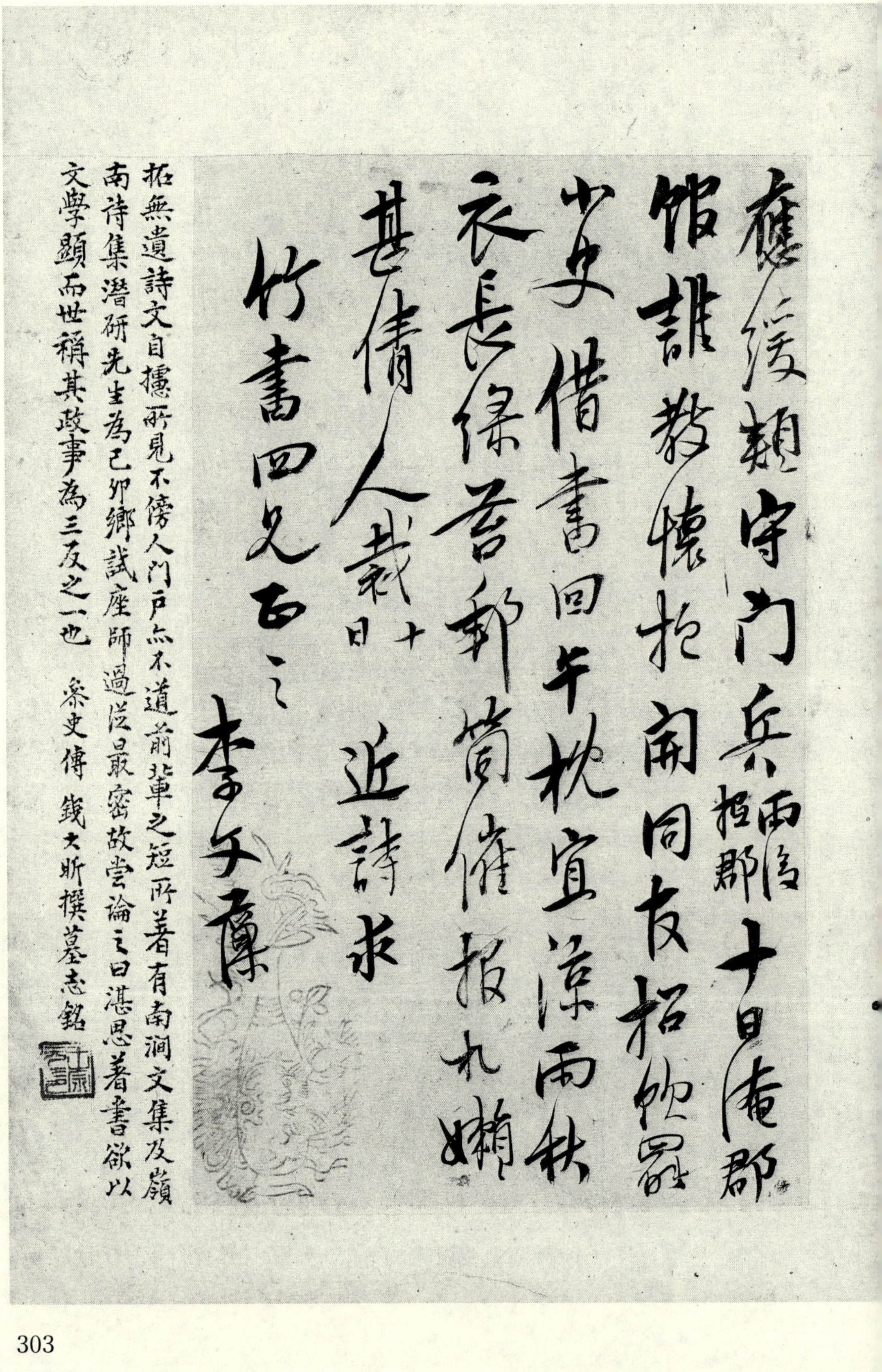

拓無遺詩文自攄所見不傍人門户亦不道前輩之短所著有南澗文集及嶺南詩集潛研先生為己卯鄉試座師過從最密故嘗論之曰湛思著書欲以文學顯而世稱其政事為三友之一也　參史傳　錢大昕撰墓志銘

按南澗先生易簀記云鄭謐齋札已裝褫一巨冊其餘尚可裝一冊鉞先生札可裝褫二冊宋潘諸先生札一可裝褫一冊翁學士札可裝一冊所云宋潘諸先生者當指宋蒙泉潘樸村而言翁學士即覃溪閣學也可見南澗先生對於諸賢手蹟當時已視為拱璧矣冊僅有鄭鉞兩公手札二通必是南澗歿後其後裔裝潢者冊內列名宿九家略歷據多書所載逐一錄出俾閱者可作知人論世之助耳

癸未新正人日織廬識

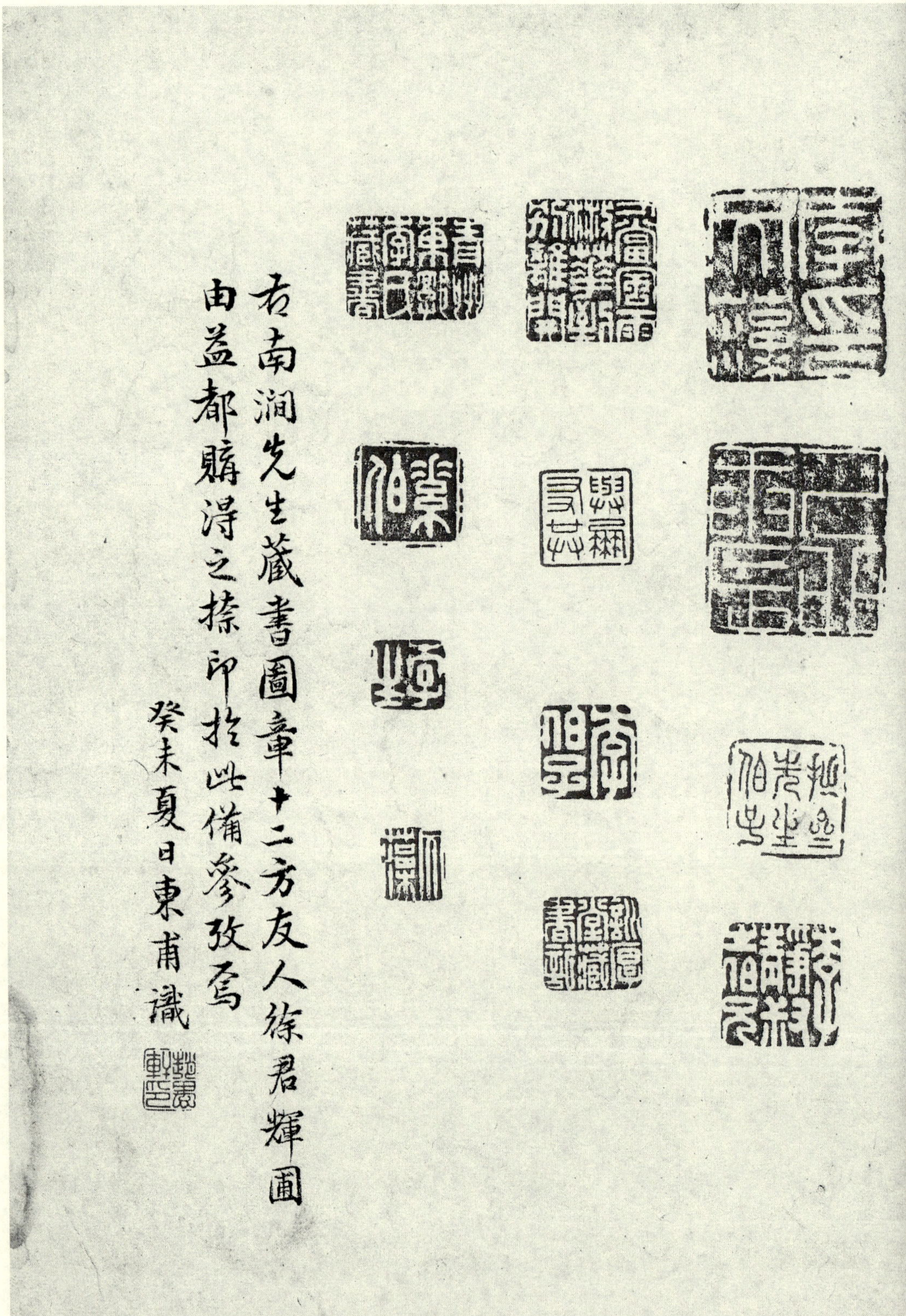
右南澗先生藏書圖章十二方友人徐君輝圃
由益都購得之捺印於此備參攷焉
癸未夏日東甫識

馮魚山先生字册不分卷

（清）欽州馮敏昌撰

稿本

馮魚山先生字册不分卷

（清）欽州馮敏昌撰，稿本。

此書於國家圖書館檢索系統中著録爲《馮魚山先生書札》，共21頁，有些許缺字。收録馮敏昌所撰書信數封，分别寫給馮敏昌的親家『鶴亭親家三兄』和『載園二兄』。

該字册爲手稿裝幀而得，隨手寫成，充分顯示出馮敏昌的行草造詣，爲研習清代書法藝術之珍本。信函内容多爲生活瑣事，涉及近况、歸期、還書、療疾、問候、祝福等，短小精悍，如叙家常，生動自然。如其第二封：『再啓此：藩臺康大人處，弟現未及修書請安，緣有其弟作文集在此，次作序文，兼須每篇校閲，故尚少遲。大約不過旬日，即從本省藩臺處官封寄到耳。尚若晤時潭及，祈爲代述，不知在高酌，可代請安否？昌再拜。』

馮敏昌（1747—1806），字伯求，號魚山，廣東廉州府欽州人（今廣西欽州市）。清乾隆四十三年（1778）進士。馮生平遍游五嶽，足迹半天下，在文學、書法、繪畫、金石等領域均造詣頗深。書法由褚遂良入王獻之，尤精研蘭亭諸本，工隸書，游五嶽造巔題壁，嘗與黎簡、吴榮光、張岳裕并稱『粵東四家』。畫松、竹、蘭、卉，蒼秀絶俗。嗜金石，孫星衍、刑澍嘗就訂正《寰宇訪碑録》。工詩，由昌黎、山谷上宗李、杜，力追正始，巋然爲一大宗，與張錦芳、胡亦常齊名，稱『嶺南三子』。近人汪辟疆將馮置於明清嶺南詩派名家之列，曰：『嶺南詩派，肇自曲江；昌黎、東坡，以流人習處是邦，流風餘韵，久播嶺表。宋元而後，沾溉靡窮。迄於明清，鄺露、陳恭尹、屈大均、梁佩蘭、黎遂球諸家，先後繼起，沈雄清麗，蔚爲正聲。迨王士禎告祭嶺南，推重獨漉；屈大均流轉江左，

終老金陵；嶺表詩人，與中原通氣矣。乾嘉之間，黎簡、馮敏昌、張維屏、宋湘、李黼平詩尤有名，李氏稍後，卓然名家。』平生著述甚富，今尚存世者主要有《太華小志》《［乾隆］孟縣志》《河陽金石記》《小羅浮草堂詩鈔》《小羅浮草堂詩集》《小羅浮草堂文集》等。

馮敏昌於清中葉倍受同時代人之推崇。翁方綱與陸錫熊『交口稱爲天才』，錢載評其詩云：『嶺南自曲江後，諸子或存偏方之音，惟馮生力追正始。』此札所收馮敏昌書札五封，既能作爲書法鑒賞之材料，又可從中窺見馮氏之生平行迹。

馮魚山先生字冊
伯浩自題

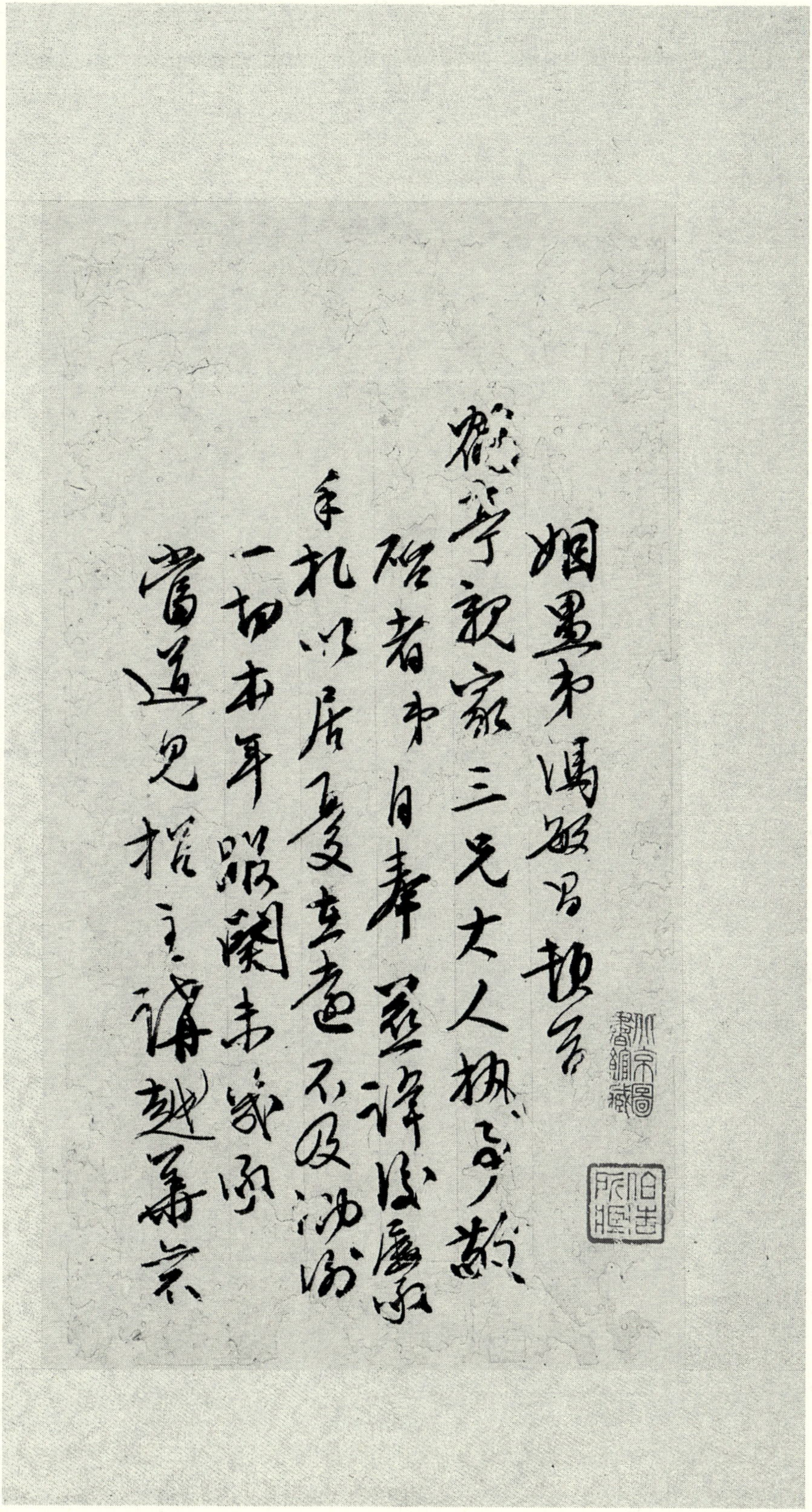

姻愚弟馮敏昌頓首
鶴亭親家三兄大人執事敬
啓者弟自奉諱後屢承
手札以居憂未遑不及泐復
一切本年服闋未能
當道見招主講越華宗

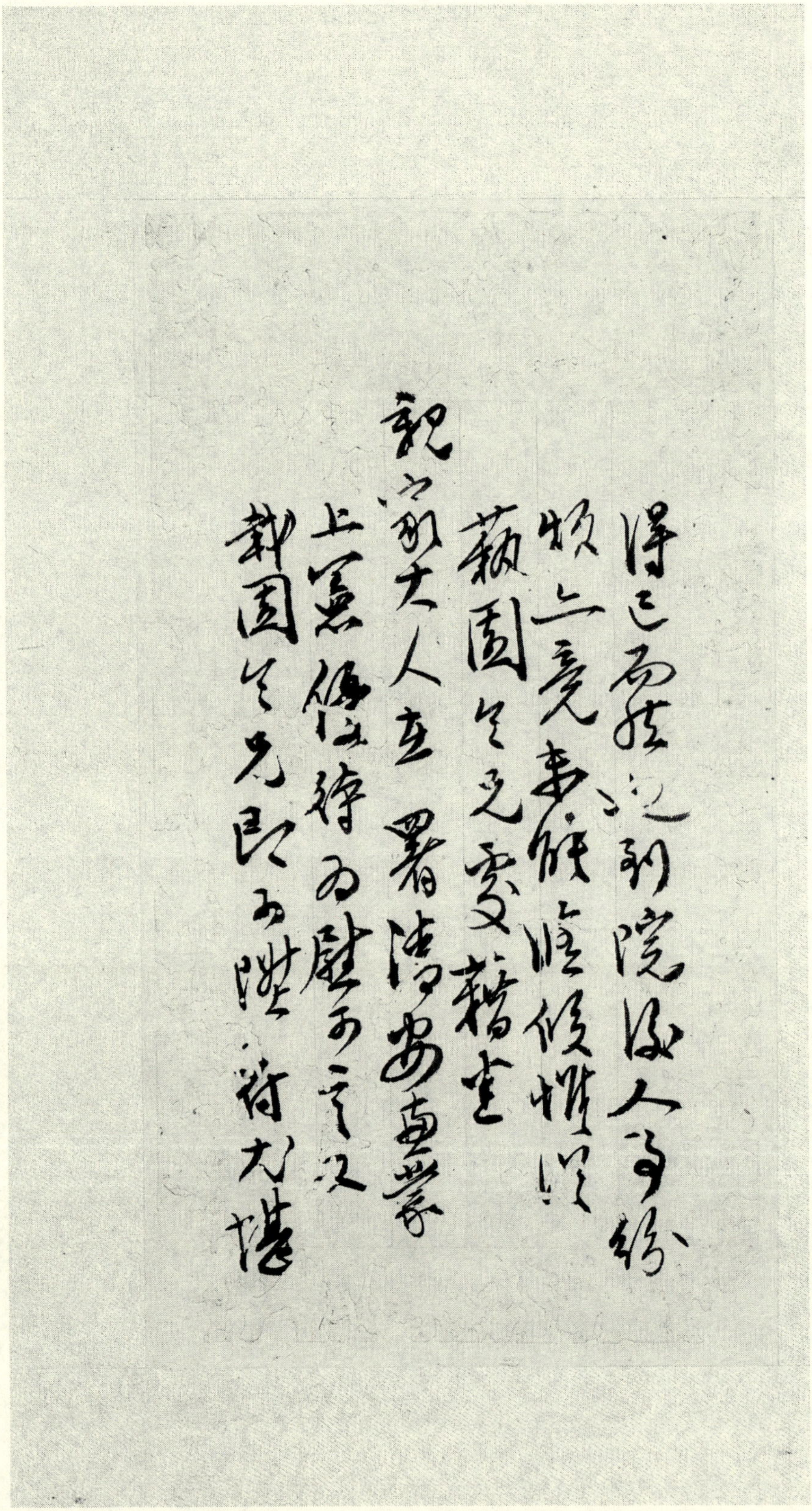

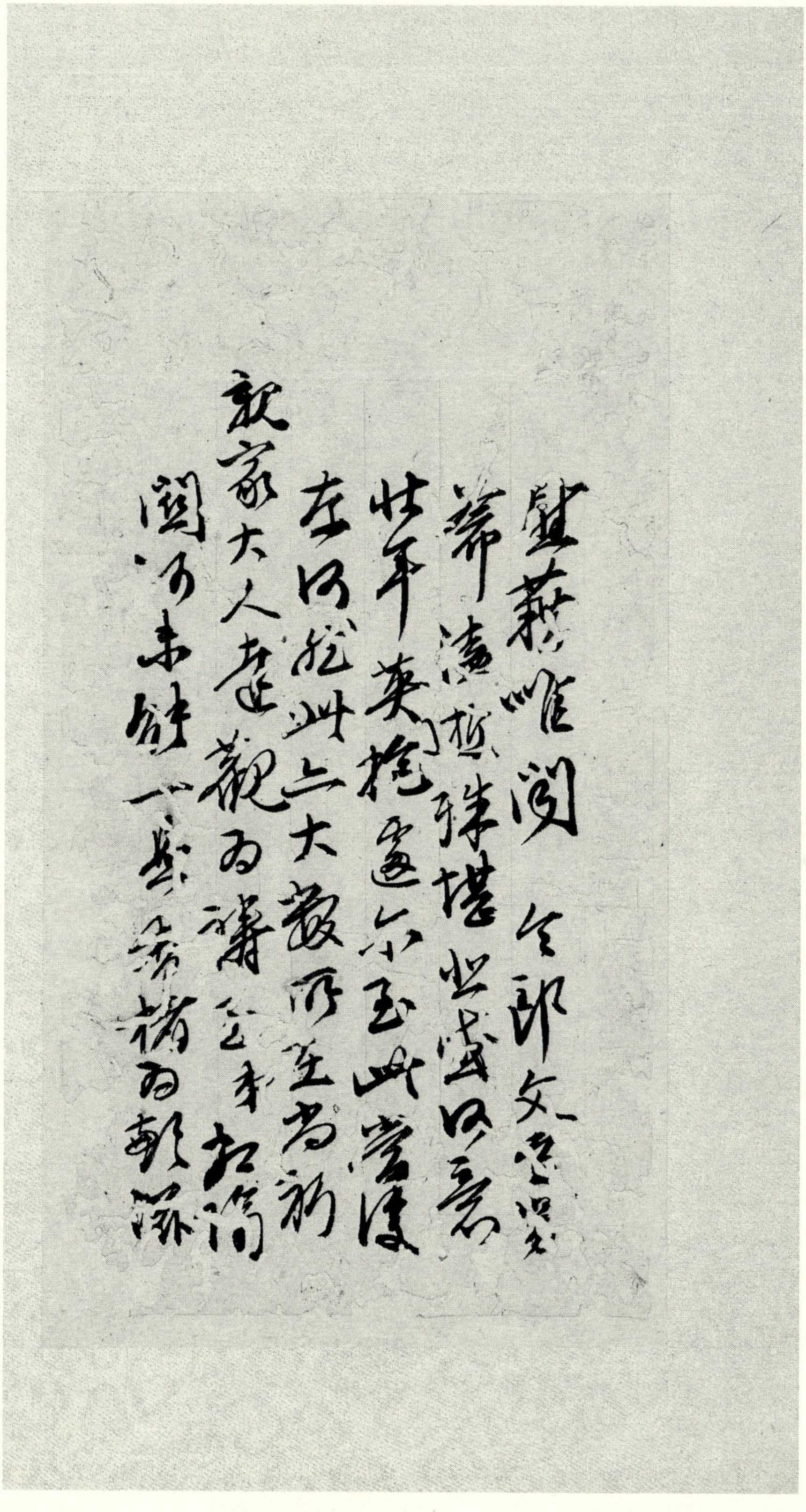

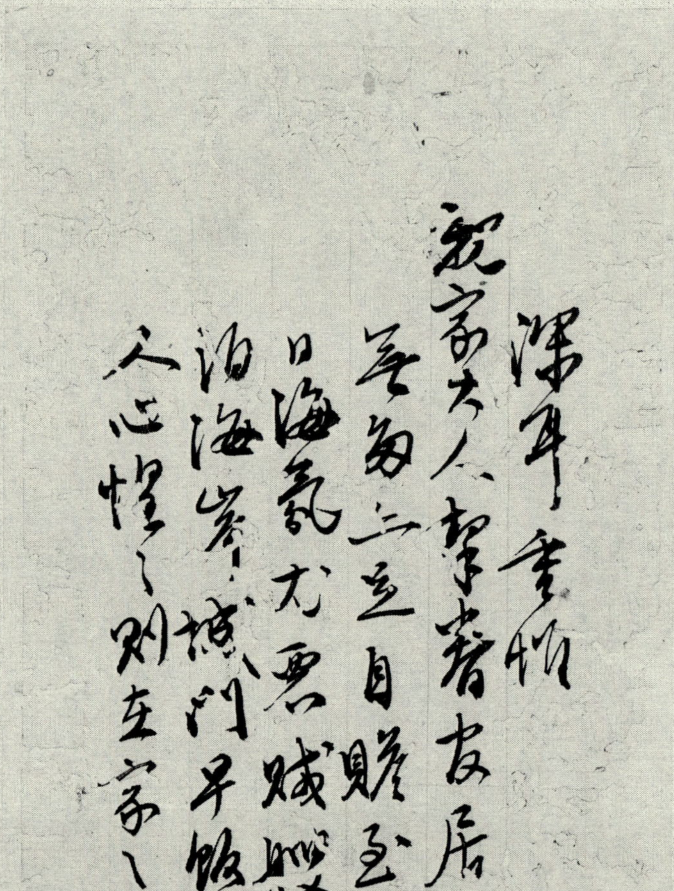

澤年[illegible]
親家大人[illegible]暑安居[illegible]
[illegible]弟二三日自贛至吾郡返
日海氣尤惡賊艘多群停
泊海岸據門早晚[illegible]闖
人心惶惶則在家不如在[illegible]

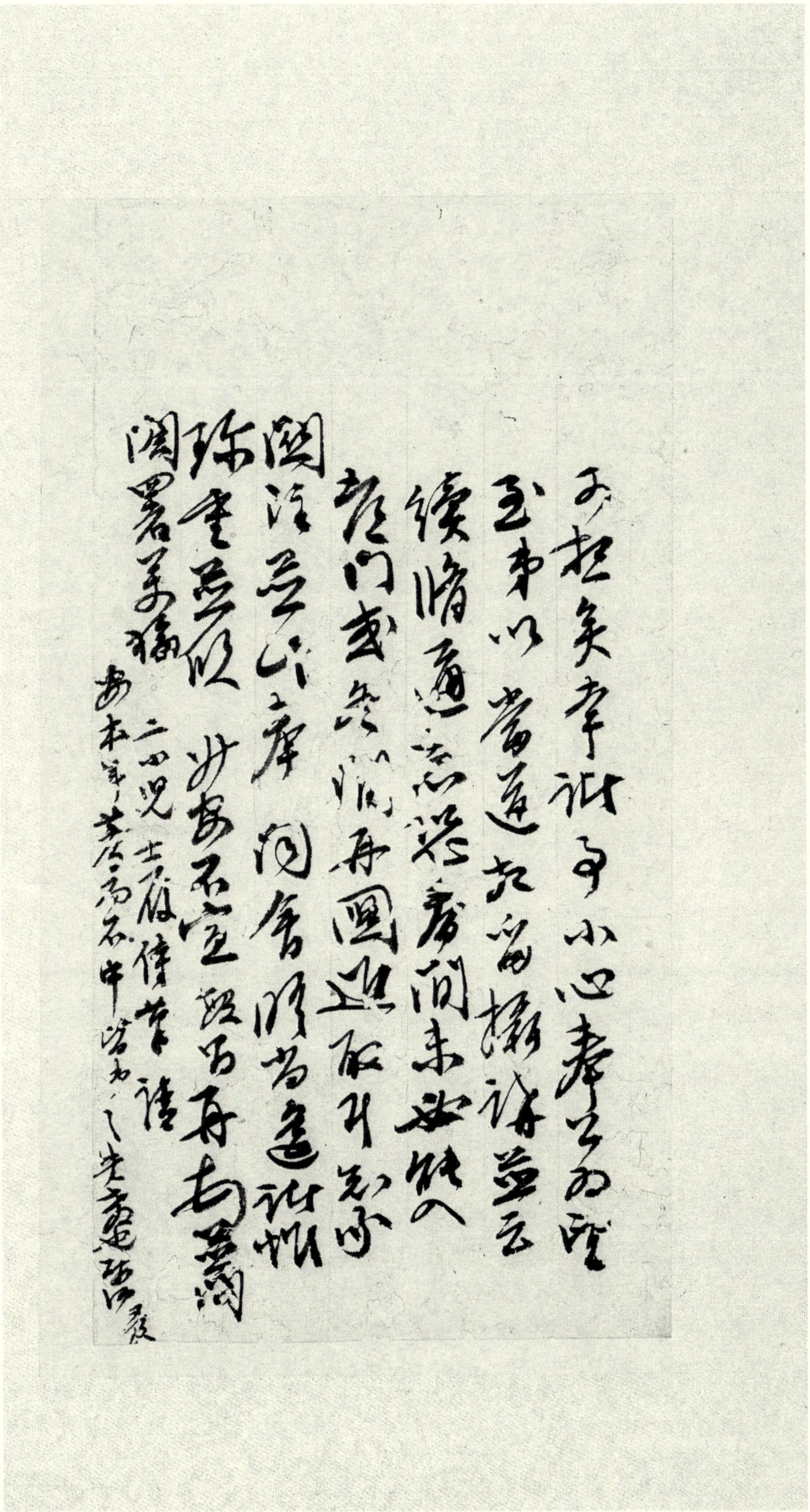

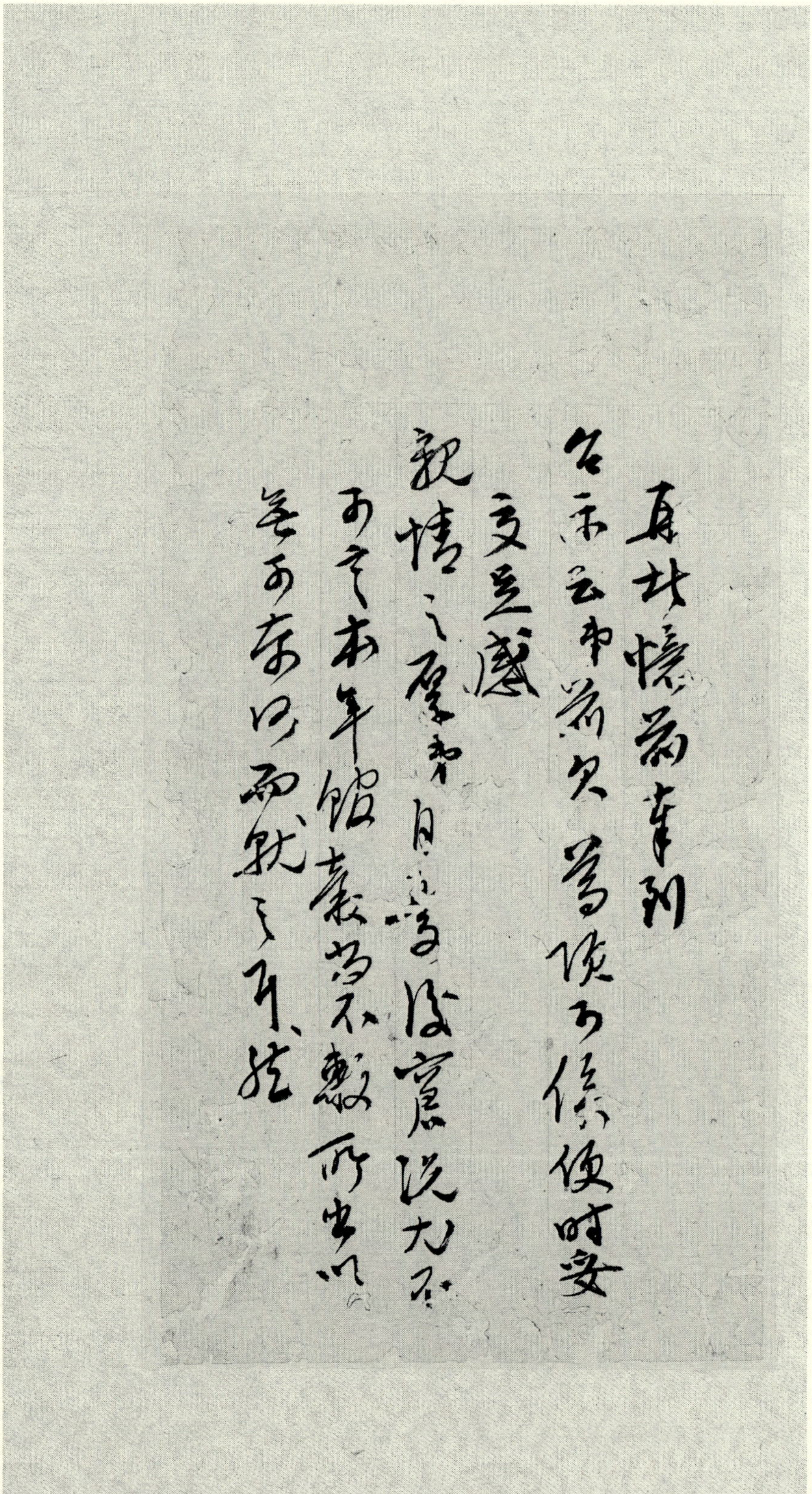

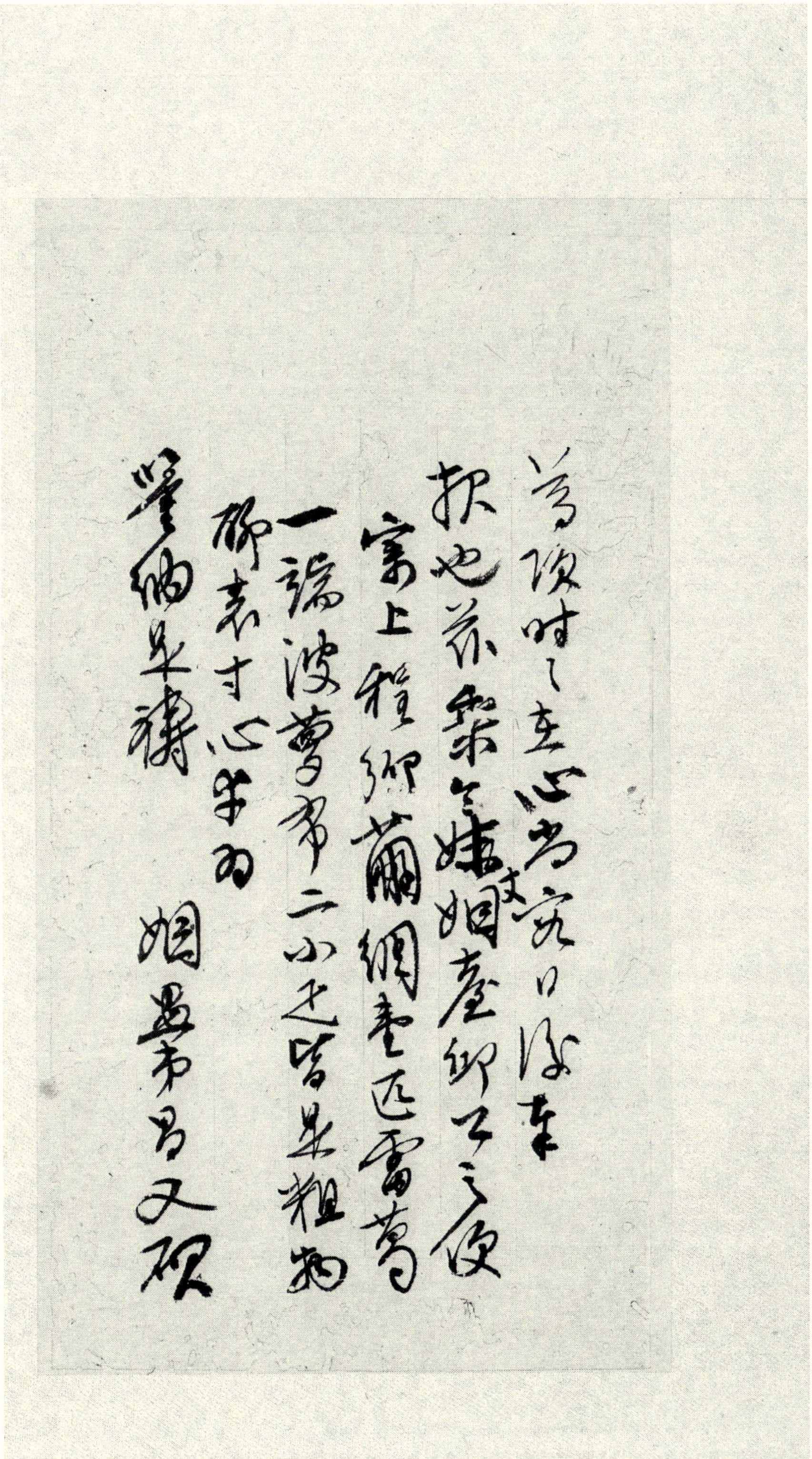

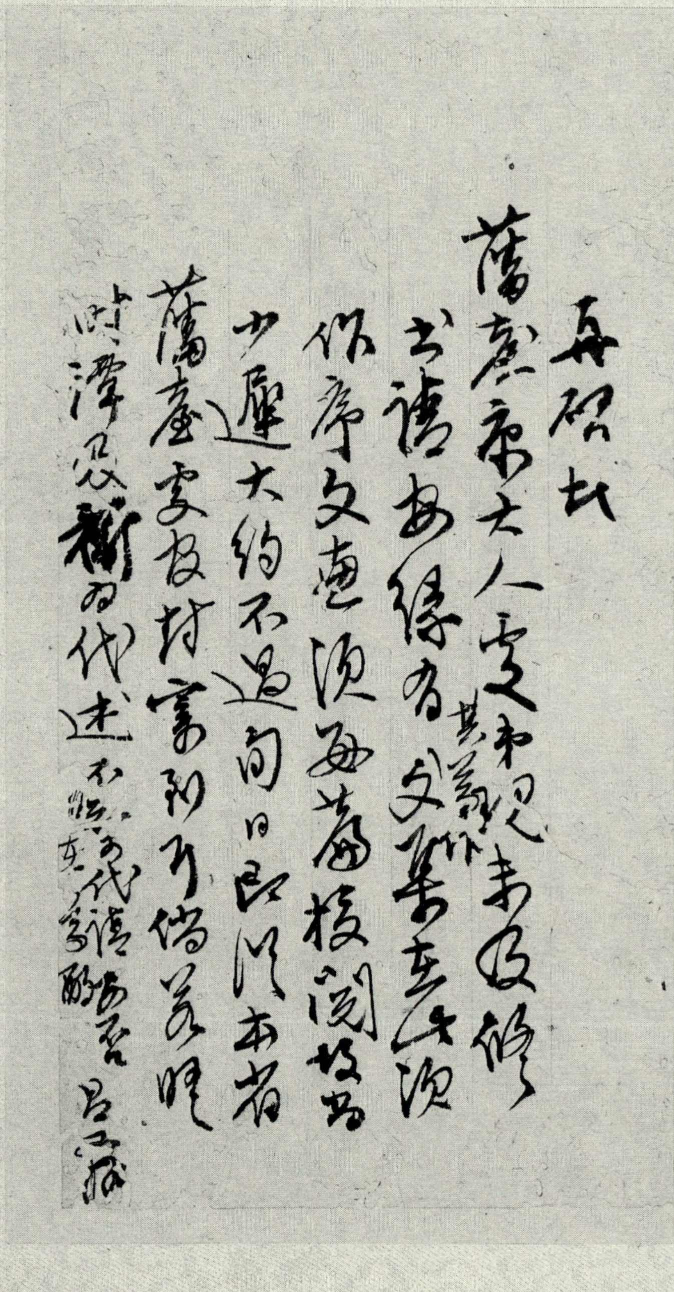

再启者

蒿庵前辈大人处，未及修

书请安，缘有文集未卒须

作序文，惠须每篇校阅，故当

少迟，大约不过旬日，即随本省

蒿庵处史封寄，到可备览呈

时，恳及斟酌代述。

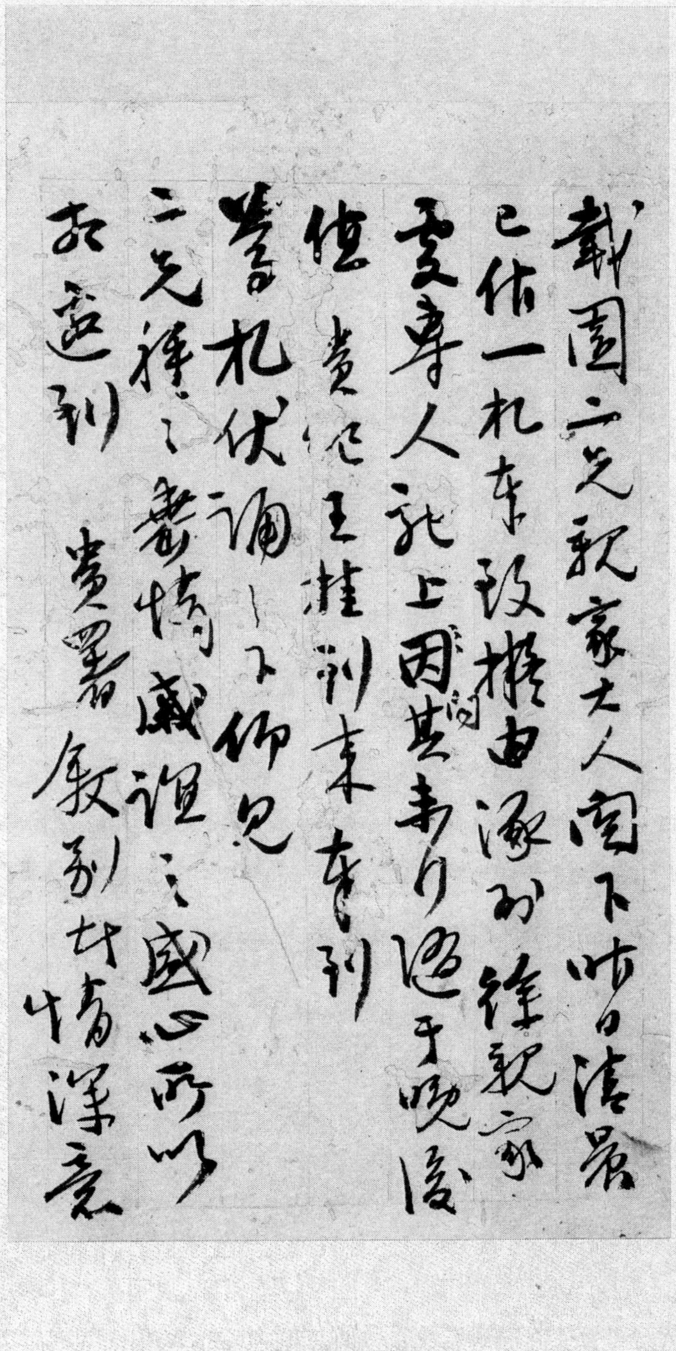

載園二兄親家大人閣下 昨日清晨
已佈一札來致 擬由[illegible][illegible]維親家
交尊人託上 因其[illegible][illegible]遇于晚[illegible]
值 貴[illegible]主[illegible]刊來奉到
誥札伏誦之下仰見
二兄拳拳之愛情 戚誼之盛心 所以
於[illegible]送到 貴[illegible] 叙別[illegible]情
[illegible]情深意

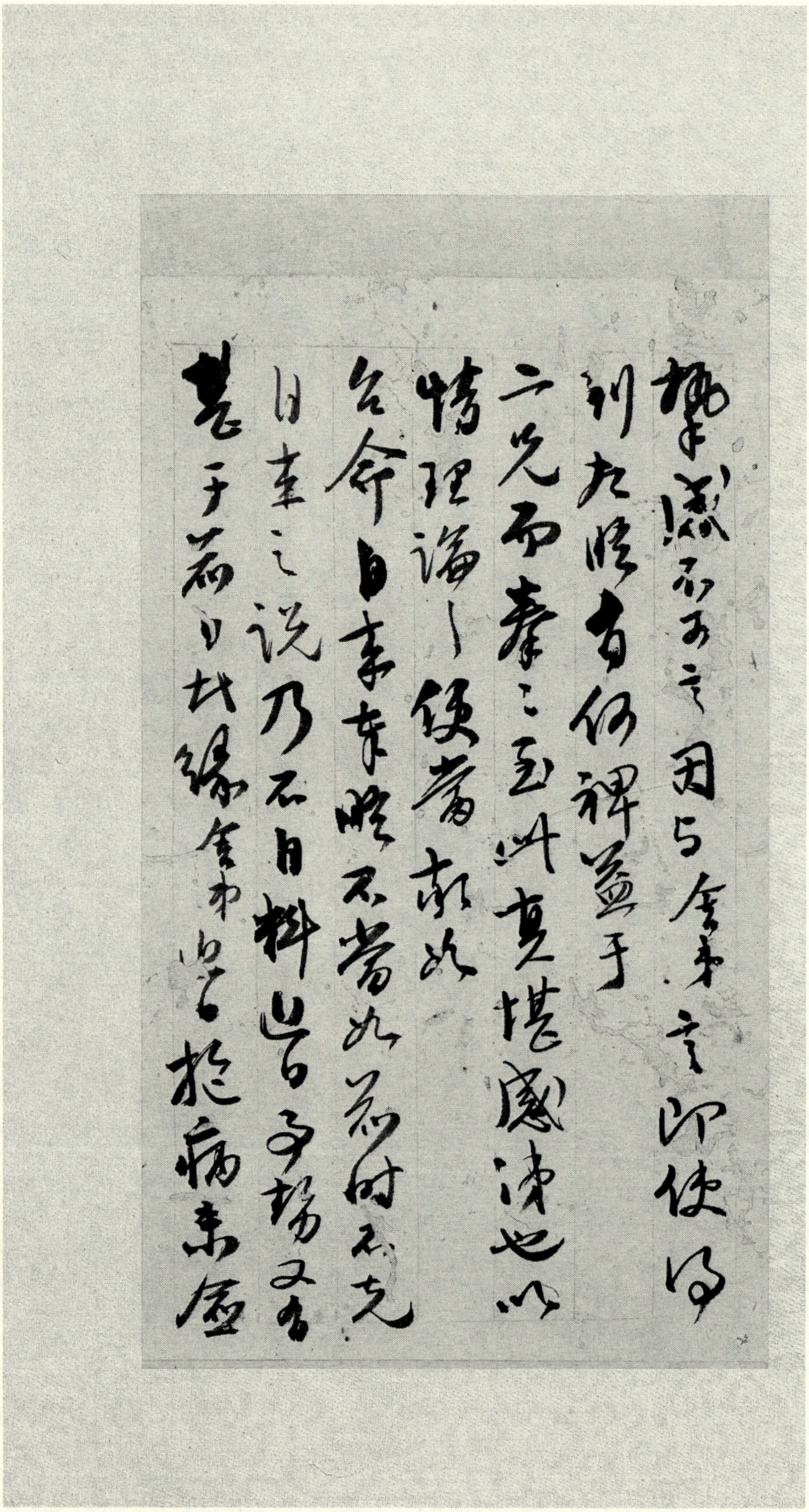

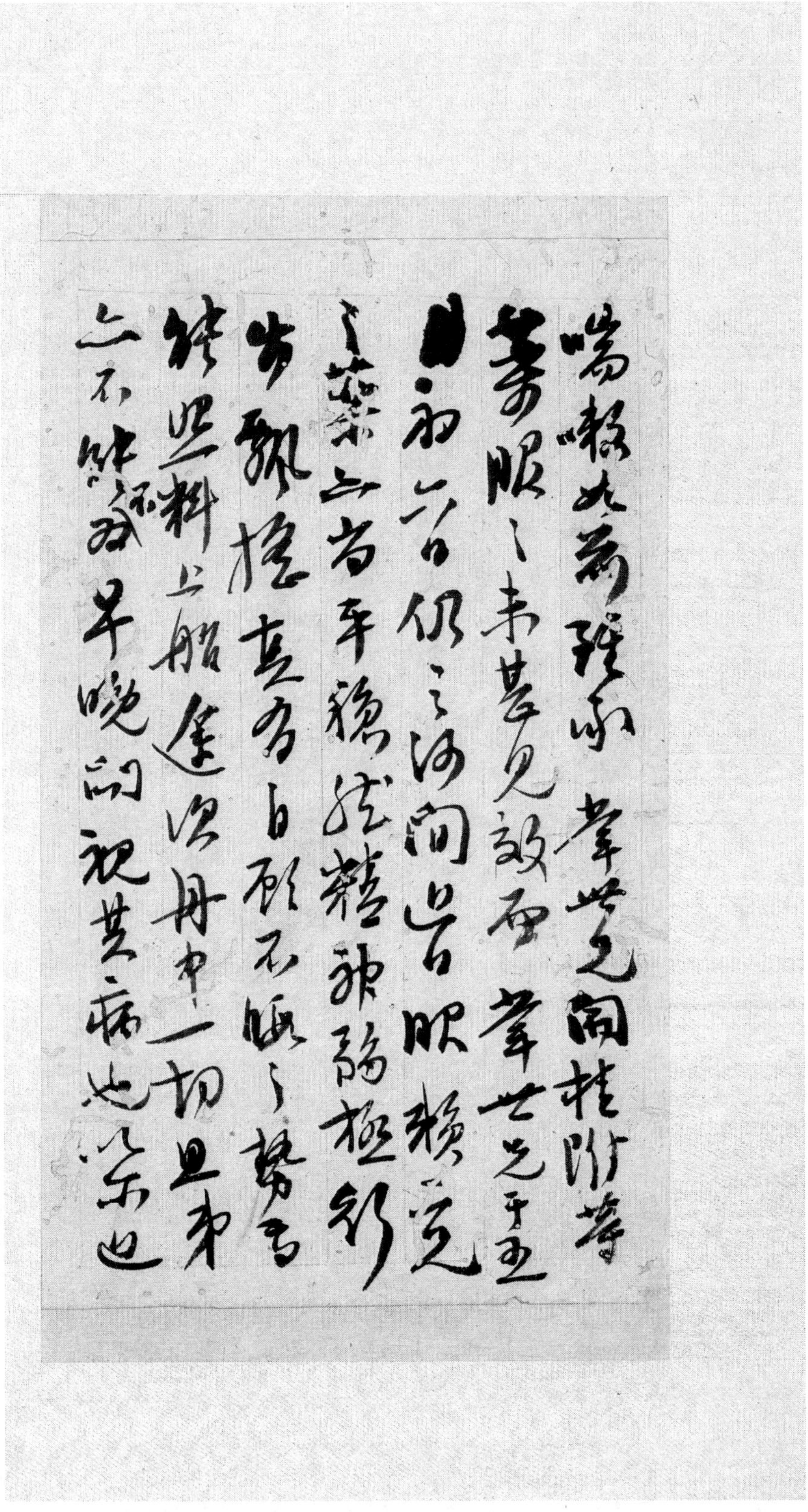

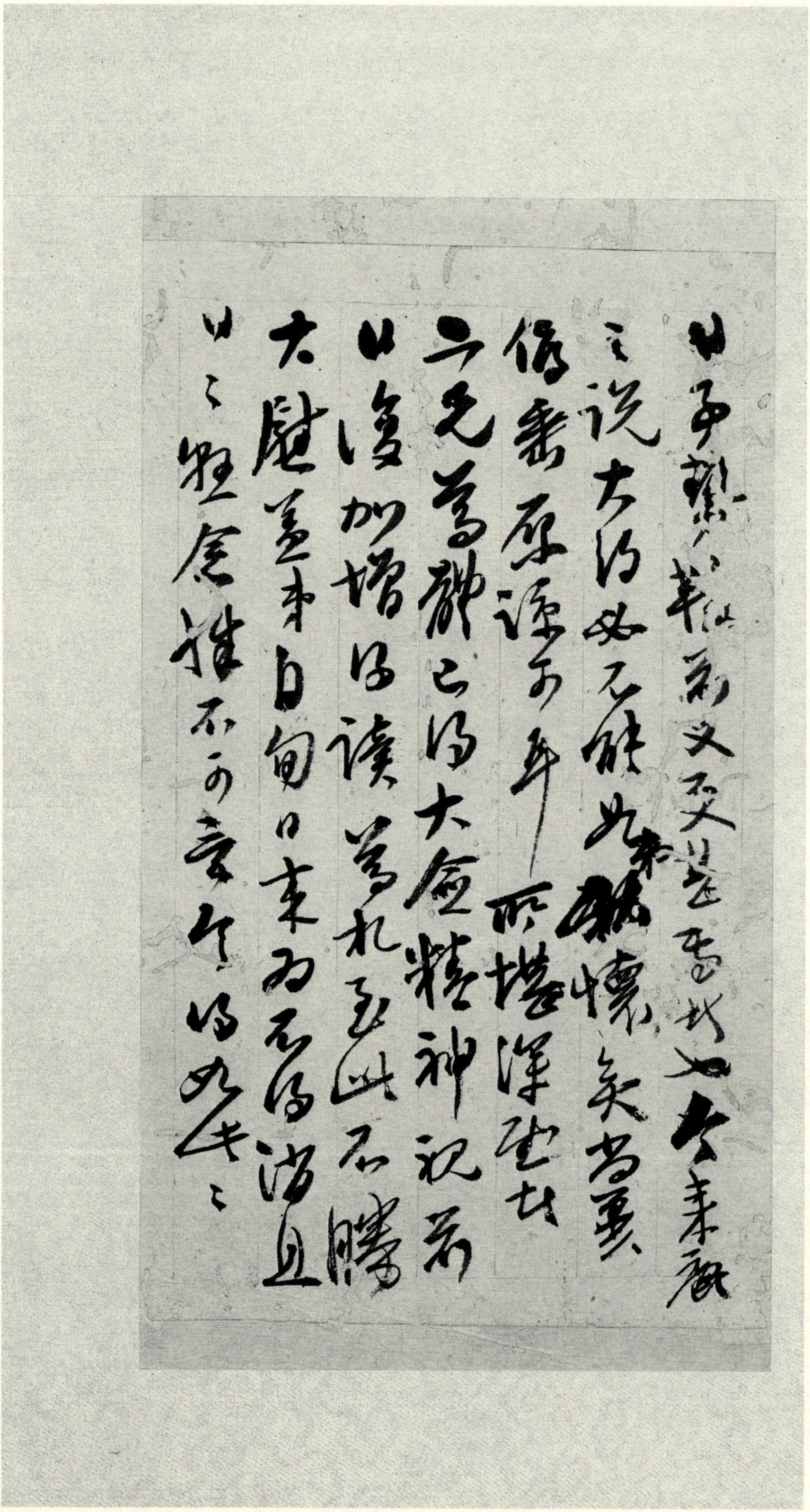

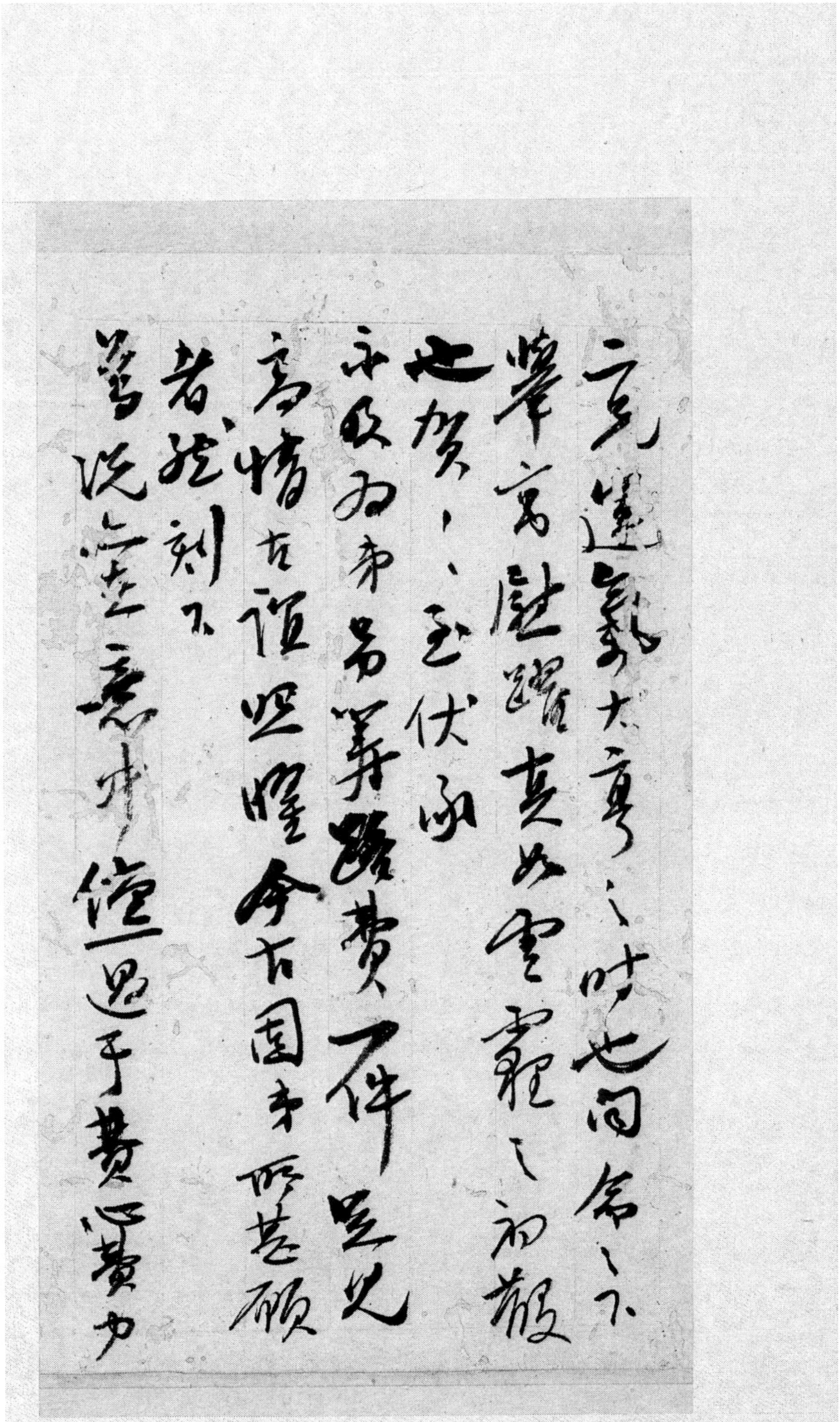

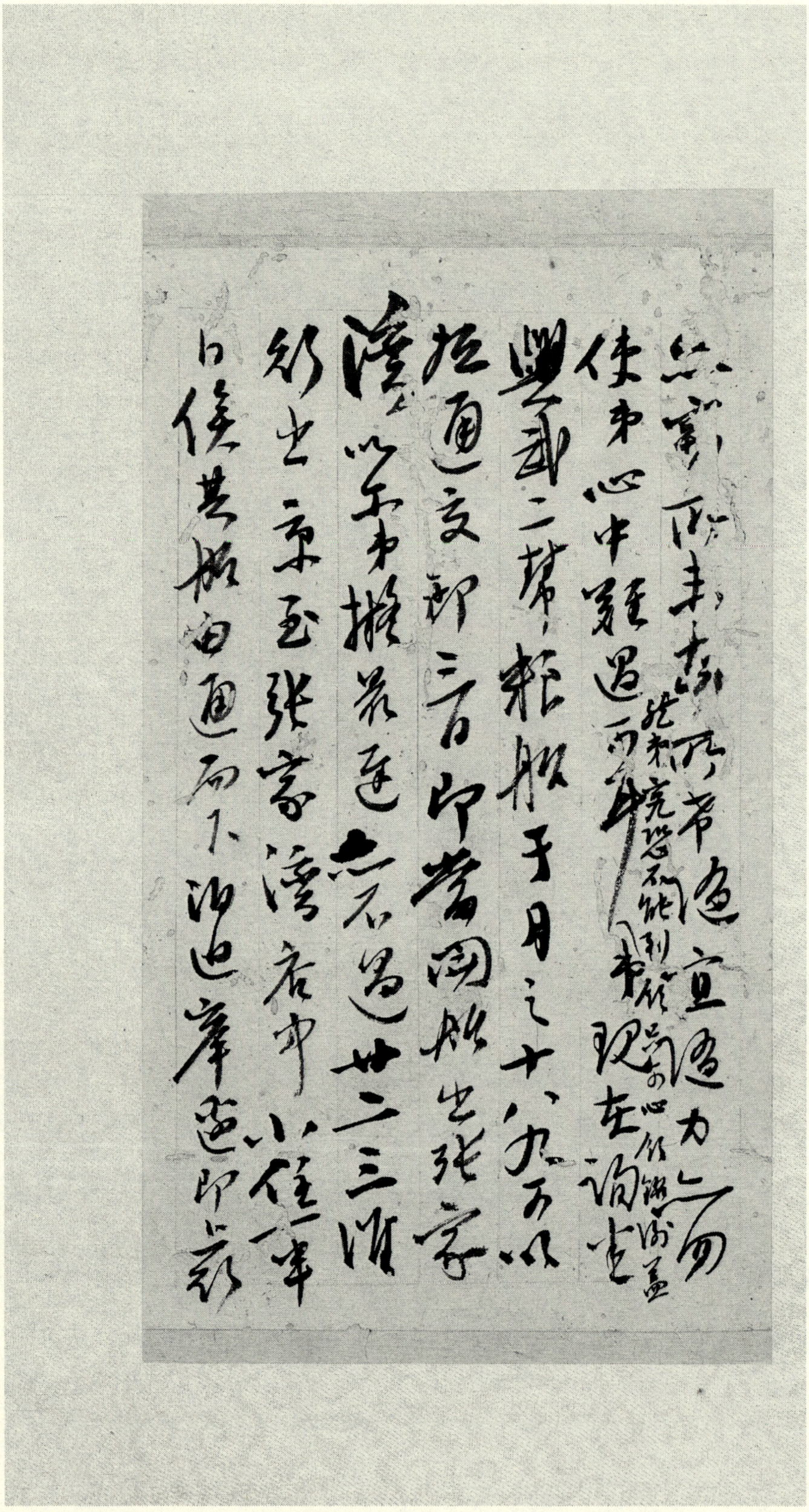

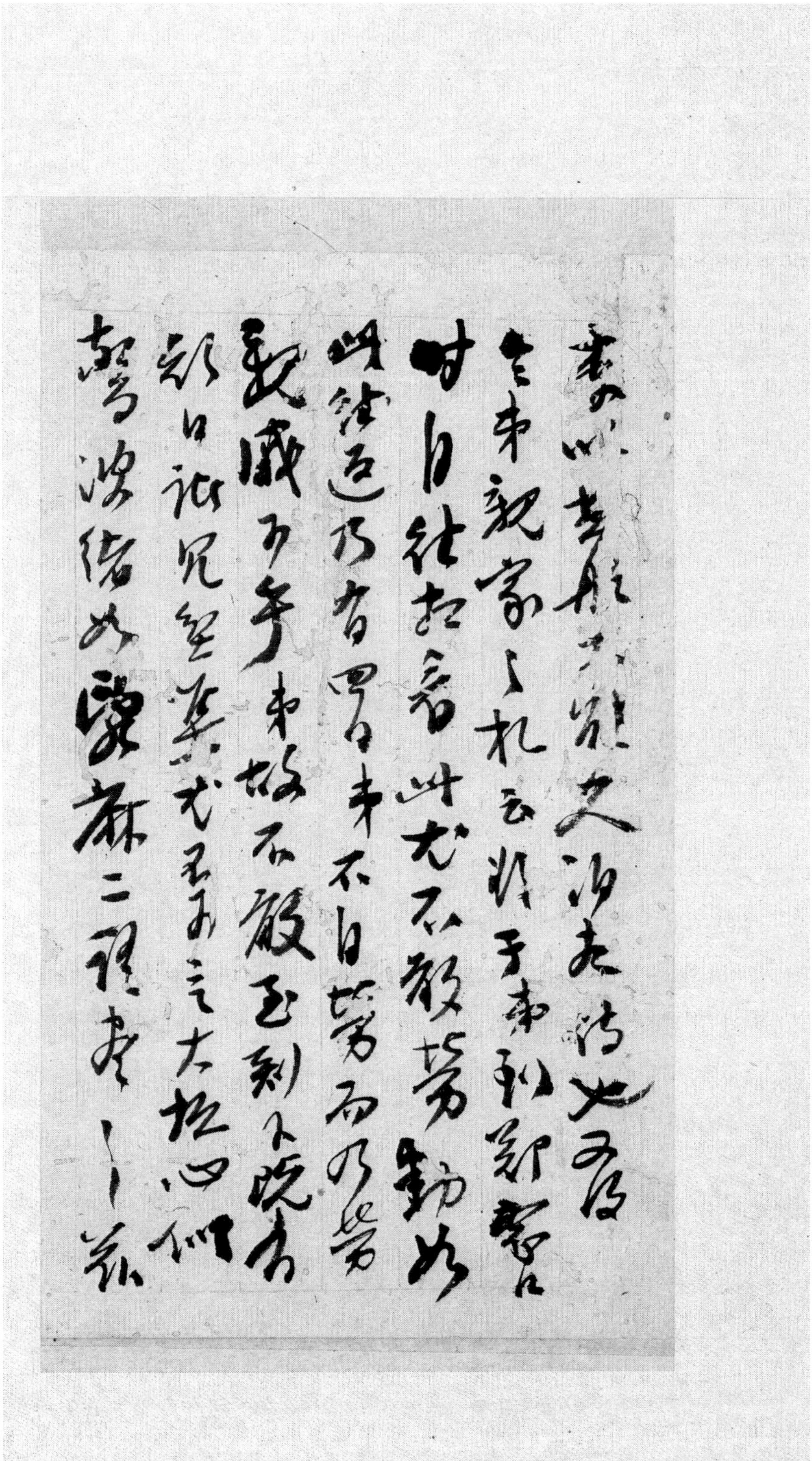

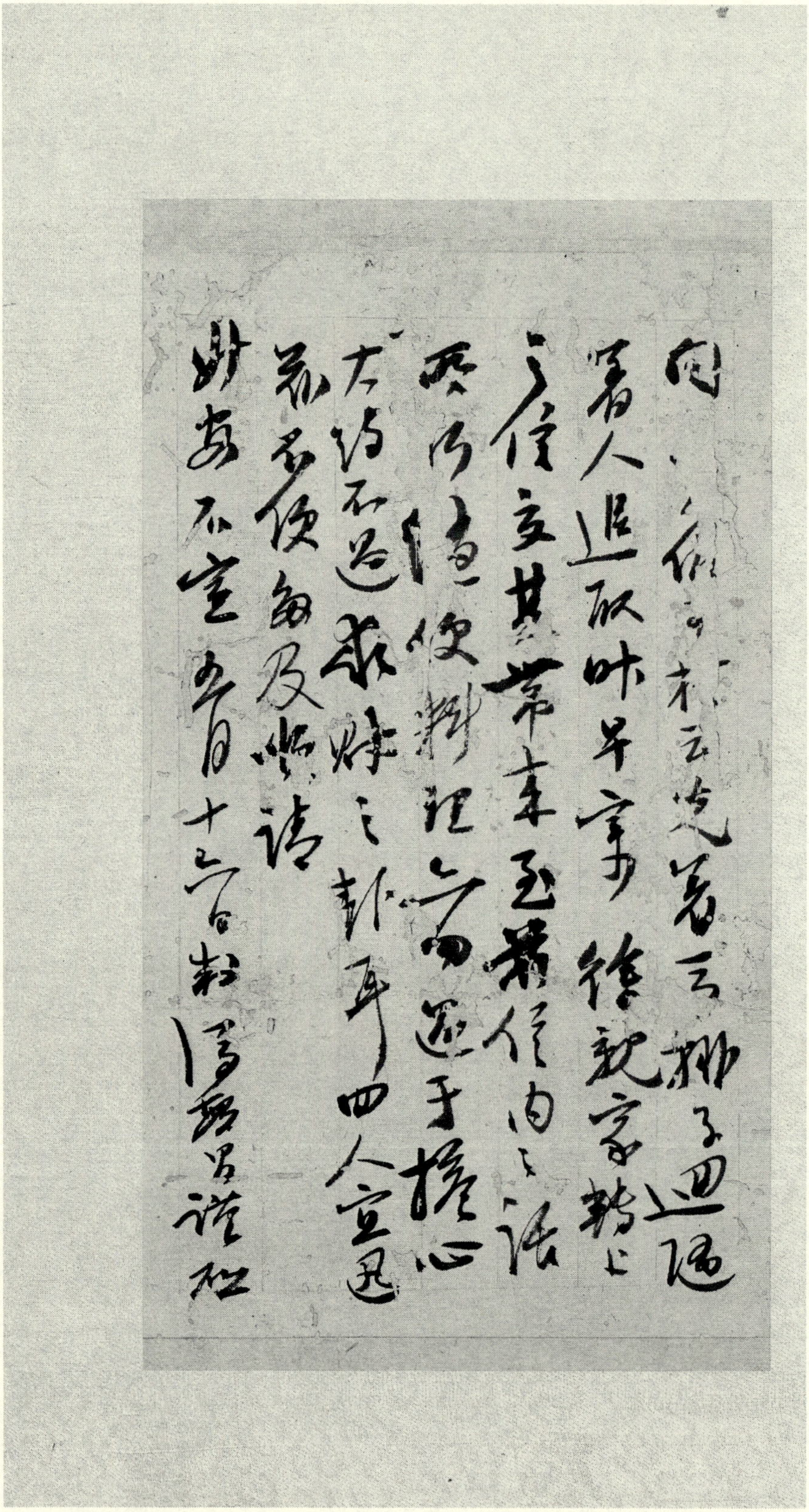

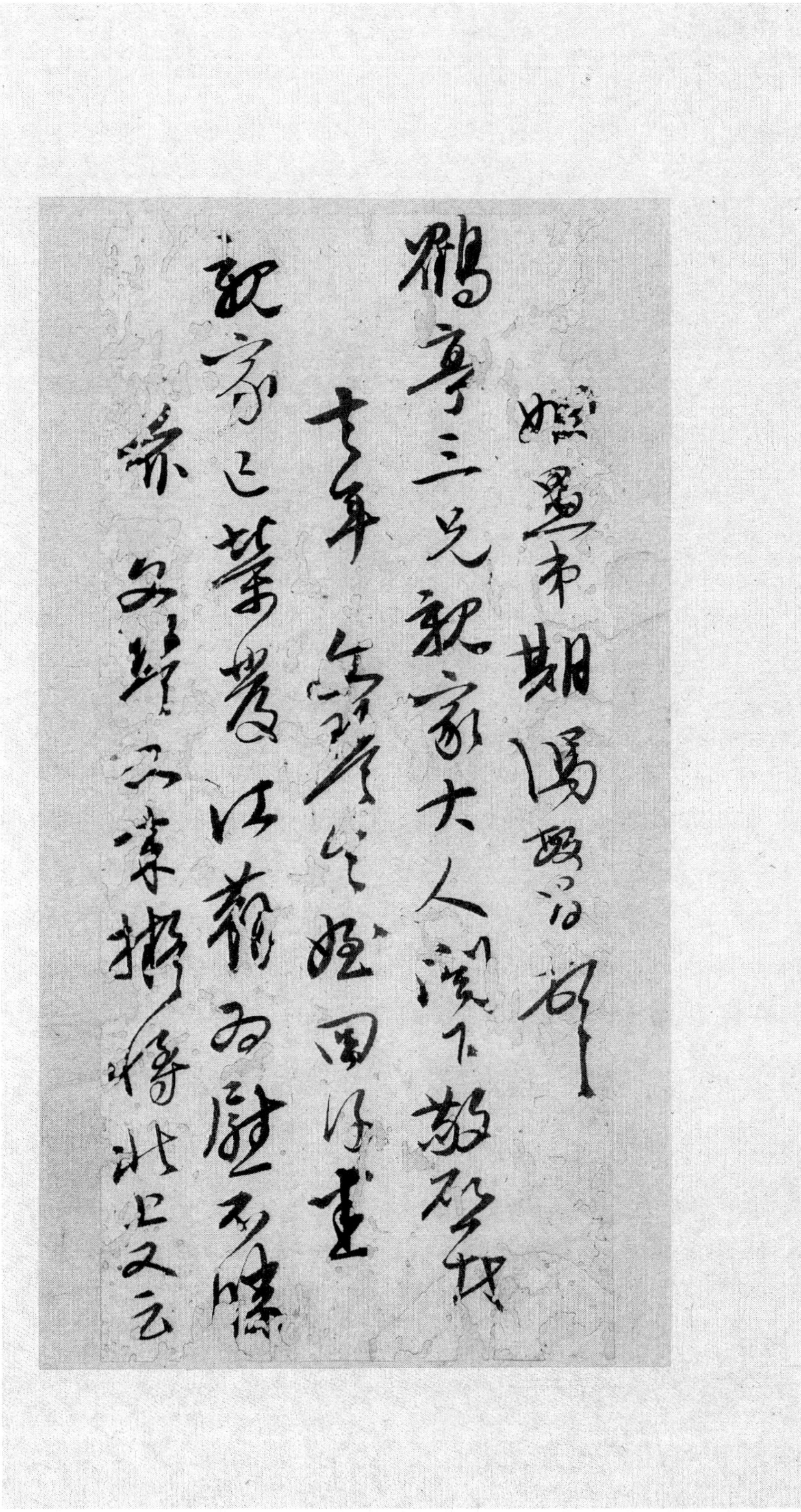

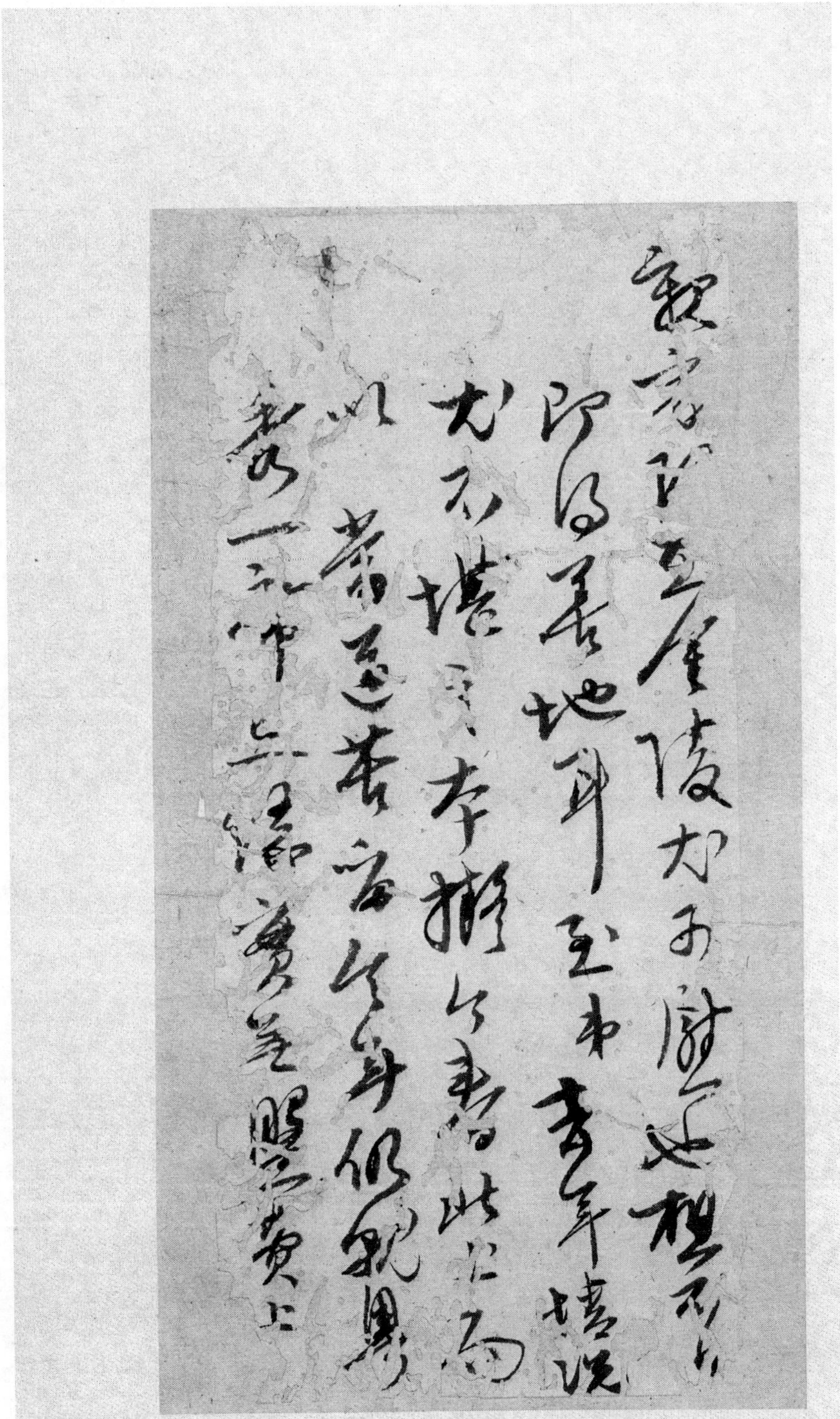

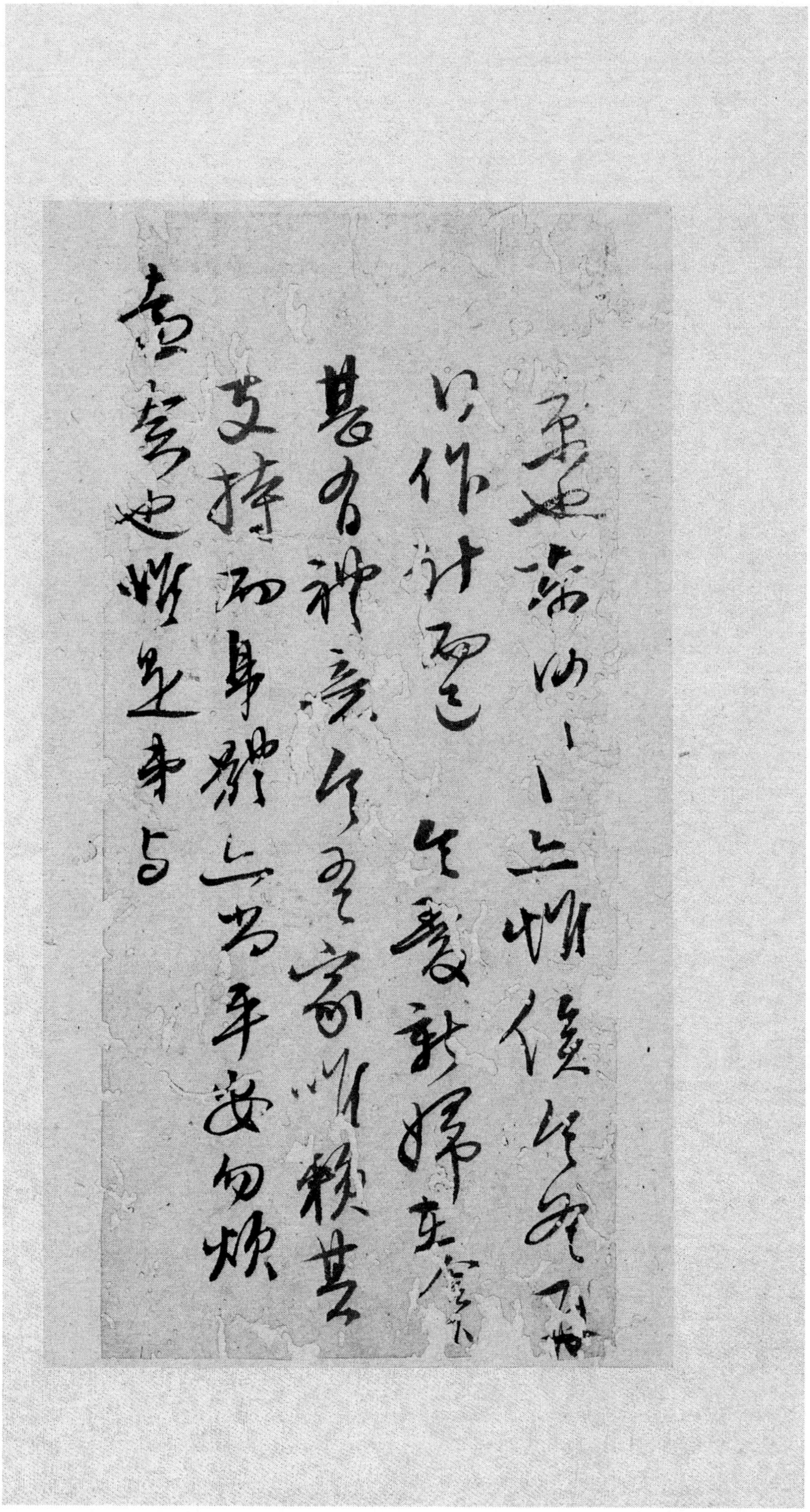

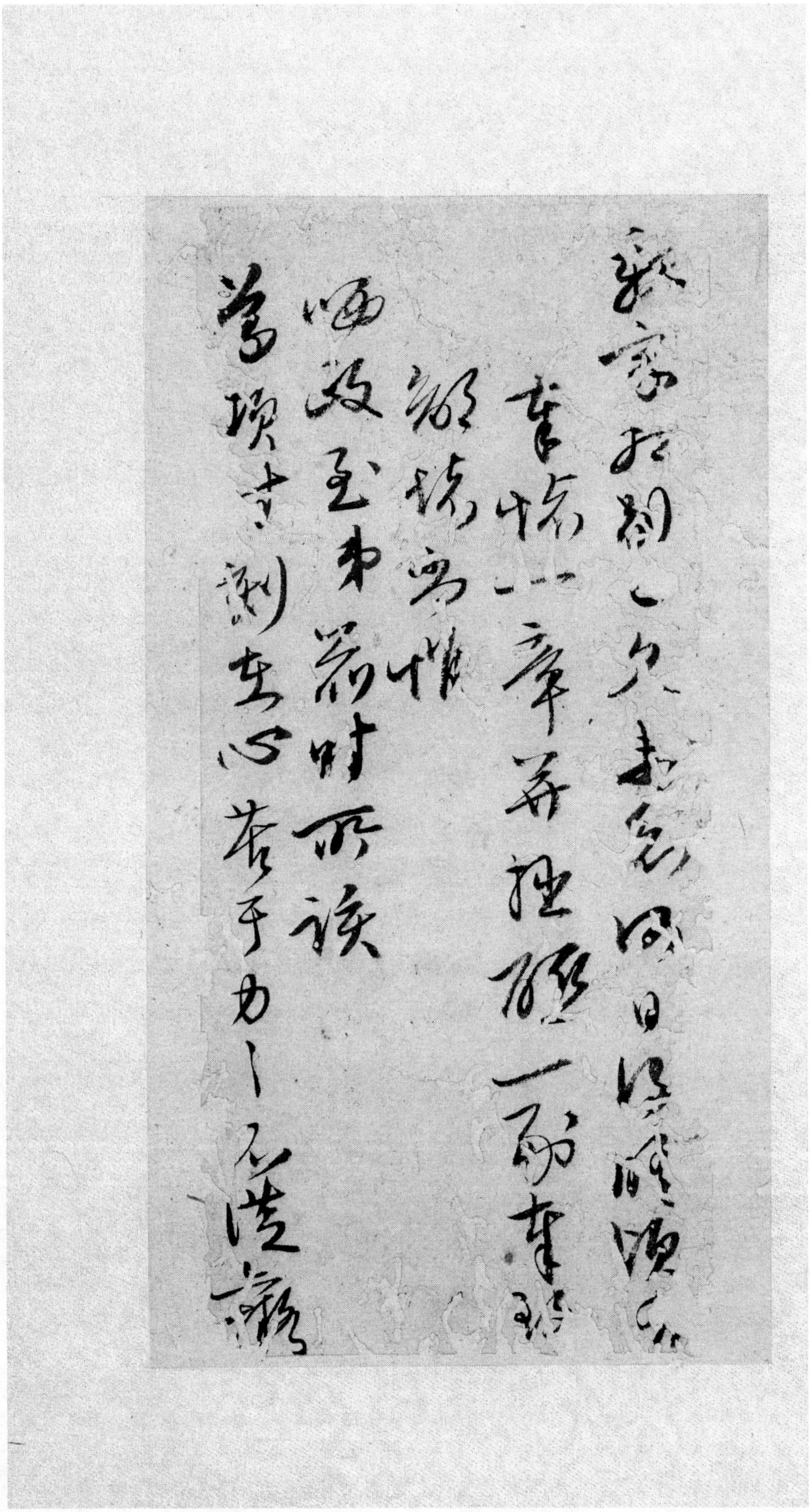

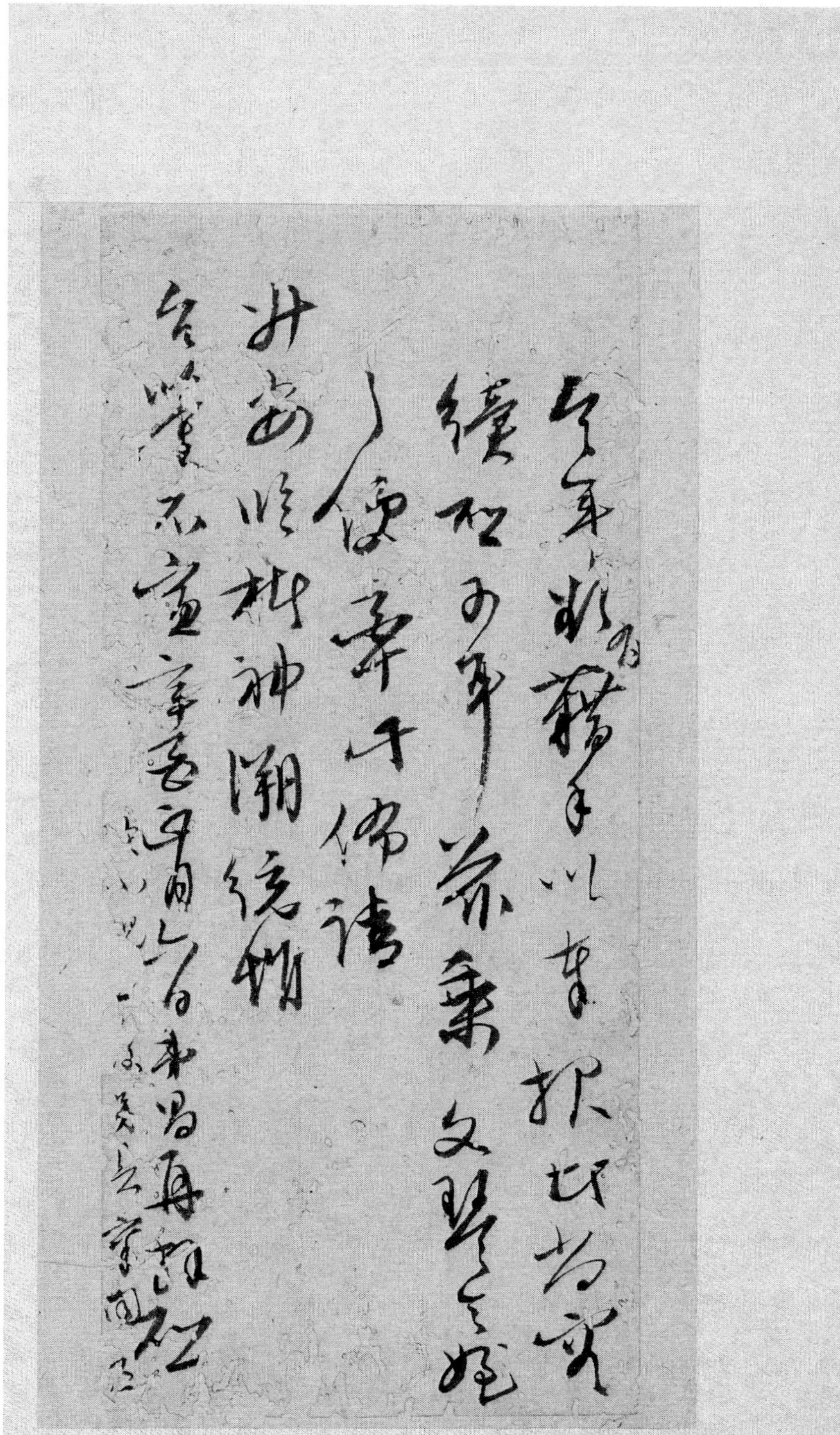

北京圖書館藏

（清）合浦梁迪撰

茂山堂詩草一卷二集一卷

清康熙刻本

茂山堂詩草一卷二集一卷

（清）合浦梁迪撰，清康熙刻本。

梁迪，字道始，一字茂山，清代廣東新會人，一説爲廣東合浦（今屬廣西）人。此《茂山堂詩草》與《二集》卷首均署『江門梁迪道始甫著』；又《茂山堂詩草》卷首張大受序稱其爲『新會梁先生道始』，顧嗣立題詞有句云：『他年若續岡州艸，我欲編詩首茂山（家兄有《岡州遺稿之刻》）。』卷末繆沅跋云：『茂山有廬在江門之側。』按，江門乃清代廣東新會縣轄下集鎮，今爲江門市，而岡州則爲新會別稱。加之集中詩作多有叙寫新會一帶風物及梁氏與當地官員、士大夫詩酒往來者，是則梁迪的實際居住地應即今廣東江門。唯新會、合浦兩地縣志均記載此人，其間或有家族遷徙之因素存在。

此書爲清初人梁迪之別集。梁迪爲清初嶺南名詩人梁佩蘭之侄，少列庠序，自歲科試至舉明經，出輒冠其一軍。年五十始通籍。清康熙四十七年（1708）舉人，康熙四十八年（1709）進士，三甲第一百九十六名。授内閣中書，外放山西，先後官山西平陸、屯留知縣，政績卓著。後歸隱江門，以詩酒自娱。今有《茂山堂詩草》一卷、《二集》一卷存世。

此《茂山堂詩草》一卷、《二集》一卷，清康熙間刻。《詩草》凡録詩171首，前有劉曰烓、張大受、顧嗣協、梁佩蘭序，以及顧嗣立題詩2首，後有繆沅跋。劉、張二序均署寫作時間爲康熙四十八年。二集凡録詩369首。集中部分詩作標有年份，最晚者爲《二集》所收《開春三日過玩鷲書屋，適郎亦傳副戎招同麥仲詒茂才、許亮夷

處士宴集，用文元韵，各賦七律二章，别後却寄，因柬社中諸友（己亥）》與《藥亭先叔夜泊羚羊峽口，有『月親高峽燒，星夾遠江燈』之句，陳獨漉先生和之。己亥仲冬，與郎亦賞副戎、許亮叓處士來泊於此，適逢斯景，因同追和》。『己亥』即康熙五十八年（1719）。

就梁詩内容而言，多記游、題詠、酬贈、社集、擬古之作，較知名者爲《二集》所收《西洋風琴》。該詩叙寫風琴傳入中國之始，歷來爲音樂史研究者所矚目。就梁詩風格而言，他於清初宗宋詩風大起之氛圍下，仍祖述唐音，與其叔梁佩蘭如出一轍。顧嗣協序稱其『取材宏博，立格樸老，置之高、岑、温、李集中，幾不能辨』，大抵得其實情。

茂山堂詩草序

戊子粤之役闈中得梁子卷淡而遠華而不靡私心竊喜其善學意其人必深于詩者也既而梁子來謁乃穆菴先生小阮以世交往來益密而梁子恂謹靜穆言訥訥如不出諸口則又疑之豈其不能詩耶何以絕不言也今年春計偕來都始以其所為茂山堂詩集贄閱之與其闈書相類皆時時見古人情貌乃大喜過望益信人惟不言詩而其所得於詩乃深也夫詩之道與政通而其效先見

於言人不學詩無以言而吾謂多言者先已不能詩何者其學已可知也昔高適年五十始為詩即工夫五十始為詩則未五十不言詩矣而詩何以工蓋其學已五十年也今人未嘗知學甫叶聲韻即矢口言詩若可以才人自命者然至讀其詞則滑而鄙按其氣則浮而薄詎惟其詩之不工即異日之施諸政者舉可知矣梁子以聰明絕世之姿讀書養氣蓋已有年而連不得志于有司于是走吴楚跋涉燕齊雍豫間歷覽寓内名山水以暢其

胸中鬱勃之氣而復于所至之險阻情僞靡弗備嘗而周知之蓋其視天下事無一可以易言者以故發而爲詩文視古人無多讓而其恂謹靜穆自如也予是以喜梁子之學深而養厚也今梁子果能一舉成進士乃復不得與於木天之選人皆以爲憾然入知制誥必長於言援之以政吾知其達矣梁子歸試質之穆菴先生當不河漢吾言也康熙四十有八年己丑夏五朔內閣中書舍人東里劉曰烓序

茂山堂詩草序

嶺南詩人自曲江而後代有著稱明初南園五君子上祖風騷嗣音唐響厥後區氏昆弟繼之相沿至于末年猶錚錚弗替故翁山屈氏元孝陳氏梁藥亭先輩咸能雲起霞蔚自名其家蓋自勝國迄于我
朝數十年間莫不宗仰余嘗論之嘉萬之間王倡于吳李和于齊鍾譚變于楚故時會有遷流風雅有升降若粵東一角源正派直先民之矩矱獨至今存焉不染于外習故也同年新會梁先

生道始遂溪學問發爲詩詞能揮斥其才情而又講求夫格律既登燕臺弔荊卿之遺跡遊吳都詠白下之故墟入秦蜀歌函關棧道之阨塞皆足抒寫性靈激發志意斯眞所謂源流古人而不染外習者歟吾友依園出宰新會與匏容韜谷同之官署更相唱和每論列時賢皆不輕假借獨于梁先生服膺之不置展卷披帙親挹其藻思卓傑有如此乎宜爲諸君子之所服膺矣先生之才應早陟天衢而顧乃遲之然承明青瑣先生即當翺步其

間以此倡導于上胥天下而識風雅之宗旨唐人之遺意不但區區守嶺表之風氣已也康熙己丑夏五嘉定年弟張大受拜序

茂山堂詩序

曩與藥亭先生爲忘年之交因得盡讀翁山元孝之詩竊以爲東南詞客半在嶺海余雖足跡徧天下然未嘗一度梅關此心殊怏怏也丁亥夏出宰古岡視事之暇即以振興文教爲先務季有考月有課試必有詩而邑之紳士講求風雅者亦相率聯社結會爭爲長句歌行送余訂其高下而藉以鼓舞其後學焉余評較最嚴人服其當而樂子道始每不出三人內詢之即藥亭穆菴令姪家學淵

源閉戶自好余藉與詩酒往來而道始亦非公不至也戊子秋道始雋桂闈計偕北上出其全藁問世請序於余余受讀終編其取材也宏而博其立格也樸而老其命意也遠而旨其措詞也麗而不靡艷而不纖置之高岑溫李集中幾不能辨自此捷南宮入承明以高華偉俊之才寫清廟明堂之什吾於道始有厚望且不僅以詩人目之矣戊子嘉平長洲弟顧嗣協拜手書

茂山堂詩集序

家姪道始歸自燕邸持其篋中所存五七言各體詩詣余余亟讀之見其嶔奇磊落去陳抽新百出而不窮也掩卷歎曰信乎詩之果以窮而益工乎使道始一上金臺卽入選鳳池日侯光範門躡花磚影珥筆作應制文方酬答之不暇顧何能爲詩卽偶一爲之亦不過戛玉鏘金鳴珂響珮侈其高華已耳又何能役思鞭心窮幽極渺寫巖岫之邃窅狀烟嵐之變幻以至草木昆蟲無不曲盡其情

態光怪陸離一至此哉雖然道始之詩奇已其文抑又奇自其列庠序爲諸生數歷科歲試至舉明經第無弗冠其一軍文字之靈殆不可過皆其窮時所作則然今復鎩羽而歸頽唐自放吟嘯於山陬水隅間益固其窮吾見其所學日進更將有出天心而穿月脇者秉方壯之年鼓無前之氣安知不有孫陽跂而俟諸冀北者乎道始勉之窮久則通循環之理則然然則詩亦安能窮人哉丙子花朝鬱洲叔佩蘭藥亭氏序

題詞

詩社南園舊典型三家筆

氣軼新硎屈陳徃矣風流

絶猶聽人呼小藥亭

春浪压門歌哭裏秋雲緑

護有無間他年若續罔州

艸我欲編詩首茂山家兄有罔州遺稿之刻

長洲顧嗣立俠君甫

茂山堂詩草

江門梁　迪道始甫著

擬古

谷風侵晨吹感念舊朋好聚散亦何常倏若浮萍草天遠會無期憂來首已皓古人崇明德勤修以爲寶願得此心同離居何足道

其二

結髮爲夫婦中道蒙棄捐還家懟兄嫂汗臉朱火燃憶昔初嫁時光儀何翩翩同心事翁媪恩愛兩

纏綿紅顏未衰暮倏巳失愛憐破鏡不可合斷釵
不可全恩怨生微渺蟻穴成江淵自歎命不長盛
年罹憂煎出門逢故夫顧盼相留連長跪欲有請
車馬如流烟故情未斷絶脉脉語不傳空學蘼蕪
葉淚滴長涓涓

古釵歎

古釵久沉泉水冷謝君提攜出深井精金土花難
薄蝕四座珍之同歎息珍之歎息亦何爲不用插
鬢照容輝鳳皇依舊藏笥篋虛勞鄭重濯井泥莫

怨眞賞世難逢自笑曾無近世容

白絲行

絲之最潔惟白絲奈爲縞素不入時時人裝束愛紅紫家家染絲上春機紛紜織就如花色競持刀尺裁裳衣裁裳衣衣何許遊俠少年倡家女遊俠倡家綺羅賤春風吹多顏色變色變旁人不言好視之反不如素縞卽爲白絲何不可縱然棄置猶故我

鰕䱜篇

鰕䱇非龍友焉用行兩爲鸞鳩非鵬匹翻笑培風
飛小大既以殊彼此詎相知仙人藐姑射居與浮
雲齊俯視皆塵垢紛逐徒蚩蚩志士方隱約抗懷
在濟施敢以貧賤故捐棄素所期素期何落落空
爲濁世嗤

短歌行

二明互相逐晷刻無留停人物遞乘除去去如流
星如流星易變滅縱能成仙歸已悲千年同一擲
及今猶爲同世人有酒且敘平生親勿復蹉跎不

爲樂試觀九原誰可作

白紵歌

白紵瑩潔如繁霜銀線細細縫衣裳美人冰雪肌膚香被服掩映耀明妝皎皎升君白玉堂奮袖迴身紛低昂倏而鵠立倏鳧翔一回起舞君一觴還延顧眄樂未央須臾落月照虹梁感時撫景思徬徨願得羲和停景光鬢顏長好齒長芳千秋萬歲同樂康

東飛伯勞西飛燕歌

南巢越鳥北歸鴻秦娥簫史欣相逢誰家女兒墻
東住妍姿綽約簾邊露阿閣重階結綺牕非烟非
霧香揚揚年時二九尚不足流光發豔搖人目春
盡穠花不可留可憐絕世誰與儔

邯鄲才人嫁爲廝養卒婦

休悲鵲隨鴛眞成泥憶雲昔年更衣入嬌貴誰與
羣容華忽遲暮淪落就塵氛未忘教歌舞忍典賜
衣裙人間與天上太息一旦分

茱萸女

秦娥千金飾吳萸九秋英紅朱色相映搖曳心所縈簪花鬢鈿合襭子衣香增歸時當畹晚觀者以屏營寄言莫借問夫壻方貴榮

湘竹杖

斑瓓淋竹枝七尺裁爲杖須知竹上痕二妃餘精爽當年血淚多點滴瑯玕上煩怨根不除至今留斯象感念美人心千秋堪倚仗憶昔遊湖湘綠雲陰曠漭摩挲撫春條憑弔以慨慷邇來雖就衰佳遊仍夢想扶老得斯材名山期徧訪愛之如英皇

攜持共還往

日本刀

五尺冰稜日本刀相傳得之自紅毛此刀世上罕曾有莫邪純鈎相先後剛極而柔能卷舒繞指堅鋼百鍊餘有時怪光閃流電當空一揮天地變鋒芒犀利眞無兩水剸蛟龍陸犀象傳聞日本初鑄此暘谷炎炎流精髓鑄成奪盡赤白精東洋水涸扶桑死又聞紅毛重貲購恃刀剽掠相仇寇上陣殺人不轉眼千里萬里血腥臭剩鬼殘魂不敢啼

唯聞鞘裏罡風吼自從流傳入中國幾經英雄手揮霍今日昇平罷戰爭有武不試同麟角我來一見長延訏摩挲勝于十五女或言兵凶而戰危君今寶此將何爲豈知此刀自終古爲殺爲生各有取君不見島夷用之以格鬭稱雄聖人用之以止殺爲武

清遠峽

中宿雙崖峻芙蓉類削成風烟連五嶺雲樹接三城鑱路凌霄上江流坼石行寒猿歸洞後猶有斷

腸聲

大廟峽

此地分韶廣中流峽勢高一門爭上下千仞落波濤粉黛英雄起將軍戰伐勞猶留碑碣在遺廟枕江皋

湞陽峽

皋石千峯斷南來江始通流兼諸水急勢以上游雄飛沫成寒雨崩濤觸暗風行空誇棧道消向劫灰中

飛來寺

亂峯環繞水縈洄福地遥從天上來峽闢雙崖行日月寺飛中夜挾風雷空潭犀影侵階動古洞猿聲入座哀誰復垂綸依此地葛仙壇下有荒臺

歸猿洞

亂離初別上陽宫便作行雲洛水東夙願盡酬人世上野情歸向霧烟中眞成眷屬緣非幻解脱鉛華色是空爲問訶陵環在否洞門蕭瑟掩西風

十月初一夜暴寒集天籟堂

爽極寒旋廹秋冬此際分氷從霜後結風雜雨中
聞坐久衣疑薄談深酒易醺爲憐時節換竟夜樂
爲羣

春草

東風纔動即萌芽一望萋萋襯落花幽興幾回尋
夢裏離心空自到天涯故宫影沒千門雨破屋凉
侵兩部蛙舞罷前溪人又散夕陽滿眼怨年華

春果

不同仙樹子生遲自與東風有夙期色落深紅曾

幾日行依嫩綠已多時匀圓獨稟陽和氣香異多
緣雨露滋堪笑秋林誇晚實枝頭霜雪正離披

春酒

隔冬釀就正氤氳直與林香一氣渾藉草客臨楊
柳岸當壚人在杏花村永和易散當年會寒食誰
澆自古魂擬學戴顒同放誕攜聽鼓吹向郊園

古劍

不用千金飾神光爾自存嘯餘如有恨磨久已無
痕世俗難爲贈英雄誰與論平生重意氣留取報

人恩

酬何野望春日過訪山庄

寂寞人家海上村梨花落盡未開門深春忽曳王符屐暇日同看庾信園歸岫野雲迷屋角上田潮水浸籬根消閒若不嫌荒僻杖屨重期破蘚痕

花朝

芳時節物總宜人況過中和已浹辰荏苒青陽剛欲半淺深春色恰初勻燕歸社日銜泥早鶯囀條風傍柳新佳會相期尋撲蝶一尊沉醉落花裀

感舊

驅車過北邙白楊風浩浩歎息新亡友高墳未宿草昔歲同遠遊談笑抒懷抱謂當同百年棄去一何早感念平生言慙負以終老

竹門

疎簾寂寞下黃昏往日幽牕舊竹門燕子不來人又去一回經過一消魂

種蘭

澧浦傳名卉流連見楚辭馨香憐素抱藝植趁芳

時幸免當門累先爲紉佩期裁書謝公子從此倍相思

種松

澗底新移取和烟帶霧栽未高宜雨澤雖茂亦封培出土心先直爲濤葉漸開灌園人識爾不待歲寒來

種梅

歲寒花事少預向早春尋閱盡芳菲眼猶存冰雪心瘦枝雲外得新葉雨中森香國何勞夢寒根結

自今

種桐

拱把皆堪貴春園手植忙用天乘煖霽擇地取朝陽待鳳枝猶小干雲幹漸長從兹金井畔清影落

銀牀

種菊

東籬摇落後時節又清明忽動凉秋思彌深隱逸情萌芽尋舊本枝葉看新成爲報佳人道芳懷已

暗生

砌草

蔓向庭陰滿叢依碧蘚低入簾青尚淺出土綠初齊弱態風前見芳情雨後迷王孫門巷冷歸去亦萋萋

九日登端州鎮南樓

崧臺欄檻倚高空秋氣晴明一望通日月雙崖江上下烟雲萬里粵西東窓虛遠度賓鴻影樹古頻生落帽風客裏登臨逢令節鄉心無限夕陽中

鎮海樓

層樓面面啓窓扉極目遥天碧四圍五嶺江山簷外數三城風物座中歸平臨北斗知天近俯瞰南溟見地稀此去羅浮原咫尺尋仙期挾曉雲飛

其二

縹緲飛甍絢曉霞層簷高啄勢張牙規模自足雄南越經畫何曾減永嘉牛女雙星連雉堞梯航萬里接天涯樓船不用誇征伐四海如今屬一家

秋日泛舟珠江

雁翅城南水接天中流秋色正澄鮮樹圍孤島臨

江寺纜引羣夷入貢船幽夢消殘箋背雨愁心散盡海門烟幾何羈旅皆朋輩莫惜臨風一扣舷

寄廬嶽僧

芙蓉九疊遍諸天雲臥應知息萬緣空法機圓牛谷月定禪心冷虎溪泉山園芋供齋厨滿岳頂茶烹瀑水鮮隔嶺幾回勞悵望香爐高處佛燈懸

送人遊惠州西湖（湖有披雲島點翠洲諸勝葉尚書夢熊有别業）

君愛西湖烟月好蒲帆高掛獨尋看路經黄木江流遠天入朱明地勢寬十里鏡光揺郭淨一圍山

翠落波寒蘇公堤上朝雲墓應爲沉吟到夜闌

其二

憶向循州曾作客西湖烟月最留情雲披孤島看難盡翠點前洲望正明古墓荒凉攜酒過長堤迢遞繞花行舊遊回首眞如夢今日因君感更生

其三

功成喉舌退閒身曾向烟波狎隱淪買得湖山爲已業布將樓閣與僧鄰經遊花柳還如昨見說桑田變又新到日六如亭上望憑君遥寄一沾巾

甘灘夜泊有懷社中諸子

朝别城南隅暮向甘灘泊甘灘吸西流廹窄成險惡亂石觸崩濤風雷相噴薄擊楫下扁舟勢如天上落出灘浪漸平停橈上江閣素月漾微波顧笑相娛樂浮雲出無心落葉飛何着茲遊亦偶然於中無適莫所戀在同羣去住情難漠臨風發浩歎聚散殊今昨

八境臺

八境何寥廓蒼茫野色侵水逢章貢合雲接鬱孤

陰人代空移易江山自古今蘇公有題詠憑吊一沉吟

滕王閣

層樓高出碧霄寒萬里江關在倚欄山接荆吳青一片水連章貢曲千盤闤公宴會隨雲散帝子風流與夢殘唯有騷人詞賦在光芒長向畫屏看

望廬山

廬山初入望一片是空青烟霧通吳楚峯巒入杳冥六朝留逸韻五老集仙靈何日披雲上徧尋九

疊屏

過九江

九派分江勢奔流自杳冥水連吳地碧岸接楚山青春浪翻正急扁舟渡不停琵琶何處聽惆悵望孤亭

湘妃廟

滿江蘭芷想情苗二女香魂尚可招一自帝琴風易散至今靈瑟怨難消淚滋斑竹餘痕在雲鎖蒼梧屬望遙欲與佳期向何處洞庭波冷葉蕭蕭

楚中

大王風斷漢江濵百戰河山跡已陳三戶可能存
楚國九歌徒自泣靈均章臺春好腰肢細巫峽雲
深夢寐頻今日風流尋不得澤蘭湘芷總愁人

鄴中

古鄴城高漳水長奸雄曾竊擁金湯人心未改三
巴舊天道先開五馬祥文士遺踪尋斷瓦妓人餘
恨惜分香西陵松栢今無恙空見銅臺鎖夕陽

洛中

名園廢盡受兵多洛下規模近若何無復東南來白雉依然灅澗絡黃河烟迷甫草收斜日雨剝雲臺入逝波惟有中原留滯客苦從荆棘覓銅駝

燕臺懷古

燕市紅塵拂面過夕陽處處動悲歌狗屠酒興還如舊駿骨價高近若何奔趙祇應憐樂毅劫秦誰復重荆軻昭王臺下經年住始信黃金不易多

出都

咫尺君門路未通天邊消息有無中詔傳嶺海三

春夢信斷蓬瀛一夜風世事祇應同塞馬鄉心惟
覺類征鴻歸鞭擬拂高秋月任厭慈仁古寺東

其二

一路看春度嶺來楚雲吳樹幾徘徊當時半爲閒
遊出今日翻成失意回未剖安知非是玉孤芳何
必恨無媒去留空自嘗雞肋辜負東籬舊酒杯

其三

新詔初騰玉鳳毫故人相勸出蓬蒿賤貧敢作長
行計氣誼多承父執高旅食未酬漂母飯秋寒剛

敝苑生袍無成自覺慙知己客路風霜敢告勞

其四

久知分薄與才微黄紙無端下鎖闈獻賦未承新賜札還轅空拂舊征衣到來豈必爲干祿歸去何嘗是息機猶有案頭舊圖史不妨重掩故園扉

其五

故園猶自隔天涯越水吳山是所思有興漸忘爲客苦閒遊難定到家期眞娘墓下清歌發西子湖頭錦幔垂到日流連沽美酒柳堤花徑好開眷

易水懷古

易水寒風薄暮生，到來駐馬吊荊卿。燕秦已沒當年迹，忼慨空留此日情。每歎白虹氣不改，休論匕首事無成。酒闌市上悲歌起，恍惚猶聞變徵聲。

東岳

繚繞羣峯大海濱，孤懸天半獨嶙峋。陰陽兩面分齊魯，巖岫千盤護鬼神。王母清池雲尚駐，徐公去路草還新。求仙莫漫笑秦漢，此地從來有異人。

其二

天路如盤十八廻岧嶢高出白雲隈雍梁地勢三
邊盡吳越波光萬里來夜半先明滄海日秋深猶
殿下方雷何緣一寄清宵夢直宿山頭封禪臺

其三

中峯高處通靈貺太一天壇舊迹存禮重百王同
望秩位隆四岳獨稱尊坭藏玉檢迷丹字雨洗穹
碑剝翠痕封禪年來逢令典重開金碧耀天門

隋宮懷古

隋家往事盡風流鶴影螢光散未收鏡裏漫因頭

頸歎路傍多爲管絃愁何年寶帶藏金盒幾處香塵掩玉鈎夢裏揚州今尚好錦帆留影在邗溝

金陵

六朝人代廢興多王氣升沉逐逝波龍虎勝形終不改風流往事竟如何女郎學得金蓮步詞客能傳玉樹歌繁豔最憐桃葉渡珠簾十里夾長河

姑蘇雜詠

懷古先尋季札祠煌煌劍佩見威儀延陵風義今人少珍重丹陽十字碑

其二

烈士千秋去不回閒尋往迹重遲迴專諸古巷要離冢好與慇勤酹一杯

其三

高懸雙目望遥遥國破千年恨未消太宰已禽文相死至今猶湧海門潮

其四

故苑梧桐又報秋君王愁怨幾時休三吴一沼渾閒事銜恨蛾眉上扁舟

其五

漢時流水日迢迢廡下消沉事已遙一自主人能愛客至今人識伯通橋

其六

閶門西上山塘路一帶簾櫳照眼新歸去夢魂忘不得水邊樓閣任經旬

姑蘇懷古

闔閭城郭枕江邊一沼茫茫水接天國士已承三尺劍美人終上五湖船屧聲久沒長廊雨香氣潛

消曲徑烟誰識蛾眉能霸越負恩年是報恩年

嚴先生祠

豈是無明主冥鴻不可留故人方袞冕老子自羊裘事業雙盤石乾坤一葉舟清高激頑懦百世仰風流

贈何嵩望

家世文章並絕倫就中平叔更嶙峋機雲人物聲華美溫李詩詞體製新十載心腸憐錦繡一年燕趙共風塵天涯兄弟無如爾忼慨情懷每任眞

途次懷人

塵事無端意外侵長途多爲爾沉吟文章未必愁中減恐懼眞從難後深塞馬豈堪論得失坭蟠原不定升沉故人落魄差相似萬里天涯共此心

其二

及門風雅少如君杯酒流連每夕曛難字不辭燈下辨佳題頻共夜時分一年京國傷離别幾度鄉園夢水雲惟有遊踪遍吳越新詩堪與故人聞

同何耐亭廣文之樂昌友人送至江門賦此

留别

三瀧千里隔江城相逐故人事遠征半月迢遥江渚路滿篷風雨别離情殷勤氣誼憐師友去住心腸感弟兄況是一年春晝夜不眠吟共蠟燈明

樂昌城

芙蓉萬疊逼青霄城郭侵臨嶺半腰天近楚臺常帶雨地懸湞海不通潮維舟多傍黃茅岸散步頻過碧石橋聞道古來遷謫路韓瀧風物最蕭條

遊泐溪巖

汾溪擅名勝相攜遊塵鞅出城三五里逕仄藤蘿
長高崖敞巖宇造設非意想石破天光透溜滋地
脉盎左右洞窈黑行行燭屢掌僧榻與玄讚搜尋
恣幽賞陸羽舊曾遊余公繼前響時代忽已遥謙
會人何往賴有遺文在諦觀心目爽何以追昔賢
題詠偕吾黨

同樂昌田明府昌山晚眺

牛羊散下石塘行徙倚仍多遠望情天盡樹連熊
繹國日斜雲掩趙佗城村環江店炊烟密岸匝瀧

船暮火明自是鳴琴佳氣象漁樵歸路滿歌聲

喜易秋河歸自楚中過昌江學署夜集分賦兼以誌别

廣文池館草全侵兩月相將事苦吟歸客遠來湘浦外故人歡聚武溪陰連牀久冷清宵夢旅食難忘舊日心明發挂帆同未得江門烟月望中深

苦雨

經旬不歇雨滂沱乍湧瀧流十丈波天上有權惟畢月人間無地不汇河沿崖里巷消沉盡遠檻魚

龍出沒多獨倚危樓何所恃三重階上繫輕舸

沕溪巖玩雪次韻

肅肅陰氣凝黯黯微陽閉排空玉屑下着地瓊華碎崇崖結層冰無窮高潔意彌日恣欣賞冷然愜幽趣歸路匝瑤林朗吟坐驢背

冬日寄懷

山陬異海甸海錯希見市丘中但有厤次數青油子深冬客雪飛遶郭玉峰峙狂颷吹更寒重衾不可恃游魚樂舊淵鬱鬱何堪此兒兼此邦中猘犬

憎蘭芷佑客重黃金文章誰知巳吾鄉稱鄒魯風流傳曩史故人擅詞藻大雅繼前軌物候既巳殊交遊又復爾用是悵離居遙情結千里

客中小除

巳是小除夕猶爲羈客吟一年餘幾日百感聚孤心貧賤方如此飄零直至今故人相慰藉杯酒話宵深

其二

酒罷人初散堂空客未眠大寒來昨夜窖雪下風

天蓂葉唯餘六江程動滿千朋儔與骨肉得會巳經年

客中除夕

酒罷依燈坐星河漸欲斜只殘半夜臘旋別一年家衣食計仍拙風塵鬢巳華故園人守歲應自憶天涯

昌山新歲

嶺嶠逢新歲條風變物華暖消瀧岸雪晴漾楚天霞徑草應初坼園林想巳花歸心逐春色千里共

還家

人日

歲閱七朝新佳辰逼立春暖寒初判日留滯未歸人花共鄉心發雲縈遠目頻無因可乘興郊外逐芳塵

立春

盤菜方辛日園林作暖時初花三兩朶嫩柳淺深枝雲物開新霽風光似故籬欲尋芳草路歸已後春期

春雪

春入仍飛雪空濛徹夜光繁華歸白賁氣候失青陽着柳旋成絮粘花更有香高寒風格在終自壓羣芳

春寒

濃雲閑暖日寒入隔年來解凍風猶薄凝陰力未回爐貪侵曉炷衣任舊冬裁受困同花柳春情已暗催

留别何耐亭

經歲懷鄉國臨岐念友生夢魂兩處戀去任一心
并客路兼風雨世途復險傾素交侔骨肉千里共
關情

舟中贈某昆玉

一門風雅總翩翩家住丹霞錦石邊謝朓自來宜
好宅李膺何幸忽同船坐談正喜天星聚登眺還
思地主賢早晚扶筇應過訪名山十載夢長懸

韶城留別鄭或侯

詞場聲望久曾聞偶向羈途挹紫氛白雪和稀憐

絶調青錢價重羨高文清暉相對疑秋月暇日過從每夕聽湖海萍踪原不定無端今又惜離羣

集友人新齋

故人闢地作新庭暇日過從任醉醒一席流風歡共話十年零雨憶同聽馮唐衰鬢初沾雪陳實高門已聚星下榻敢辭連日夕邇來踪跡類浮萍

贈雲菴上人

十年耆舊總彫殘留得儀型此日看曾國生徒曾避席諸天龍象早登壇鏡臺徹後塵緣淨花雨濃

時炎世寒怪得海邦人擁戴貝多文字解眞難

將之晏江留別何耐亭

臨岐莫怪倍沉吟世路風波閲共深近事每煩親串力遠行翻感弟兄心雁廻野岸秋將老人坐淸宵月未沉別去難忘東閣夢梅花開日又相尋

寗陽龔廣文署中打魚

廣文池館勝濠梁客至相邀過野塘巨網投時雲浪動細鱗出處水風涼鸞刀散落銀絲淨金碗光浮玉液香自是官閒多樂事不煩張翰更思鄉

哭雲峯無上人

世塵絕後幾經年色相今朝亦盡捐一切頓令歸
寂滅三生何處問因緣梵消草閣悲寒雨塔傍松
坳冷暮烟每過山門偏悵望毫光猶托月光圓

秋日偕諸子攜妓遊圭峯

鈿車相逐上高空丹葉黃花磴道中天上玉臺遊
客集酒邊金管美人同綺羅飄拂松篁影巾舄京
生澗壑風夙昔自饒泉石興流連非爲舞裙紅

秋日集何野望齋中因寄樂昌廣文

經年留滯武溪陰歸到鄉園秋又深野客共憐時序變幽窓閒傍蠟燈吟情親洛社鷗盟合望入衡陽雁影沉苦憶三瀧江上別滿江流水故人心

秋屋

寂寂荒村裏蕭蕭古巷中茅茨偏着露籬落自含風稻穫炊烟起麻收作火紅莫嫌生計澹幸不歉哀鴻

秋鏡

寒去終難落菱花一片光爲金翻象水如月更含

霜白髮驚心早青娥結恨長不堪重爲照秋思共茫茫

秋社

燕歸爲報日雞卜又應年禮洽三農後靈揚萬舞前疾風傳土鼓商調入神絃賽罷歡同醉松梢月正懸

秋菜

蔬食終年計青青幸至今盤餐惟爾托霜露莫相侵土燥生全薄泉寒味更深自茲爲旨蓄猶慰樂

窮心

秋寺

野曠無鄰竝燒痕遍四圍僧尋黃葉路人款白雲扉夕照歸山冷霜鍾渡水微戒壇雙老樹枯極是禪機

古梅

祇有烟蘿伴此身蒼苔堪對白頭人幹枝老處偏饒韻天地閑時正好春幾代繁華空剩爾一生冰雪自爲鄰相逢莫訝滄桑後野水荒崖色又新

其二

地老天荒開未殘一叢珠玉影團團涵將凍色苞元氣留得春光待歲寒香豔不隨陵谷變清高堪作水雲看鐵橋籬落人行少古調泠泠亦自彈

懷羅浮

岧嶤俯瞰祝融宮絕頂雲飛八面風波湧日輪生午夜瀑飄寒雨洒晴空石樓大小峯相疊瑤室玲瓏路總通回首舊遊偏悵望兩峯縹緲合離中

其二

芙蓉四百總芳鮮一股蓬萊豈浪傳洞別有天懸
日月山兼連海漾雲烟籠蔥竹繞燒丹竈巨勝花
垂洗藥泉此地分明仙子宅別來空自惜流年

大堤曲

堤上花枝豔似霞女兒顏色豔于花採春挈伴採
藍菉遊冶相逢頻駐足遠逆遥送不分明衹緣光
豔搖人目風吹羅綺滿堤香春堤處處留芳躅提
籠欲去步遲遲一片心情屬阿誰夕陽冷照苔花
岸留戀還嫌春日短

十六夜同諸子泊江門

江平水色靜無烟蘆荻洲邊泊客船鄉夢乍從今夜遠月輪初減昨宵圓尊罍未罷中秋興濩落深慙漸老年幸有故人同作客扣舷吟咏不曾眠

三城留別社中諸子

深秋重作武溪行幾度臨岐感友生相送遠踰鄉國路論交眞有弟兄情江船露白詩篇好旅館燈紅酒氣清別後定知同有夢關人風月在三城

溫灘夜泊有懷社中諸子

四野色蒼蒼扁舟獨戍傍高灘狂噴雪孤月迴含霜江海長爲客雲山阻望鄉離羣思舊好中夜自迴腸

喜吳占熊歸自都中

京華留滯廿經春今日行衣乍拂塵三領熟騎冀北馬二毛歸作嶺南人逢孫始覺兒童長省墓應悲松栢新早晚金門重獻賦鄉關莫惜往來頻

秋日自大林洞觀水石溯源至上龍潭度嶺還宿圭峯寺望海月

古洞含霜氣清泉迸石流窮源循鳥道探勝得龍湫絕嶺盤空過招提傍晚留坐深明月上一片海門秋

咸陽懷古

荒荒焦土掩殘雲百二山河空夕曛玉璽可能帝萬世金城終見地三分澤中有劒何時鑄圯上傳書不及焚千載浪驚秦網密由來漏網正紛紛

沛中懷古

大風歌後少雲飄漢帝遺踪誇牧樵屋散電光流

白日澤傳神母泣清宵驅馳逐鹿人何徃縹緲成龍氣已消惟有蕭條雞犬在腐儒憑弔只長謠

蜀中懷古

杜鵑啼處思徬徨蜀漢雄風未渺茫流馬尚能佐北伐臥龍寧漫出南陽圖依白帝威靈在棧倚青天道路長若使背城仍借一傳車容易走降王

朝雲墓

何年紅粉委天涯腸斷循州謫宦時歸路無緣隨馬足旅墳徒自閉蛾眉色空已向生前悟歌舞還

留死後悲最是東風寒食節解犀橋畔草離離

送人之高凉

迢遞高凉路車聲徹遠空風塵千里外奔走十年同别酒逢圓月離心咽暮蟲交親如有問相望菊花叢

曉春閨怨

美人初睡足輾轉畫屏前新鳥頻相喚空牀不穩眠花房涓滴露柳帶霏微烟對此思殘夢芳心益渺然

珠江返棹擬過羊額訪何不偕先輩先柬

作客厭塵俗歸心日夜催棹隨烟雨發路逐水雲廻忽憶花源近遙憐竹徑開寄言草玄客問字有人來

二月十五日花下作

尋芳共喜得佳期倚檻頻看莫待遲花事一年全盛日春光三月半過時鶯憐風煖啼偏數蝶愛林香舞不辭若到明朝春便減還應秉燭對繁枝

寒食集何野望齋中分賦得十二侵

白揚郊外懶追尋小閣閒園聚話深聽雨正憐疇昔夢禁烟還感歲時心萋迷芳草情何限零落梨花怨不任幸與故人同熟食未妨沉醉復高吟

聽蛙行

春雷出地驚潛蟄羣動叫囂應爕律就中鳴蛙最喧填此倡彼和成千億爲官爲私總雷同紛紛無由相別識蚊聚蠅營未足歎舌巧如簧此爲極漫誇兩部能悦聽多口終令聞者戚小物由來可儆心三緘相戒守玄默

送姚别駕還所治

五馬嗟來暮去思更不窮新猷輝日月舊德並衡
嵩閩海瑣珉峻狼山旌旆雄元勳書鐵劵世蔭錫
彤弓小陸難兄似諸馮乃父風珠官佐郡治銅鼓
震邊功宣化雷陽路分猷趙尉宮部民驂竹馬鬣
邑仰花驄節駐黃雲裏春田紫水中一心教買犢
數月集哀鴻荆棘遺株盡桑麻起色同蓋車時讌
會圭璧日磨礱共喜依黃相誰言返召公西門官
柳綠南浦海榴紅别酒傾難醉離歌疊易終衮衣

行莫挽赤紱望偏隆通籍原河北試硎總嶺東承
家再展驥開府紹非熊遷擢三台貴恩波九域通
從茲舊桃李移作上林叢

登圭峯望厓門有感

圭峯之高高入雲下臨滄海窮朱垠扳緣鳥道凌
絶頂羣峯拱揖何紛紛潭龍時灑人間雨瀑爲雷
震白晝聞俯瞰孤城彈丸似萬家烟火共氤氳偶
然遊目及江涘江流東處雙崖峙慈元此地有故
宮遺基恍惚蒼翠裏湘妃幽怨望帝魂一片迷離

結烟水更有國殤爲鬼雄纍纍荒墳何處是碧玉老人吊遺烈磨崖大書稱腦熱（白沙先生吊厓有吾昔大書吾腦熱之句）至今陵谷又升沉事在人心終不滅盡日憑高欲奈何儒生從來感慨多

清明郊行

清明節物總堪憐步入荒郊更黯然高下墓田埋恨地迷離烟雨斷魂天東風一路飄榆莢落日千山怨杜鵑此際消愁惟有醉尋春休惜杖頭錢

贈尼

遠辭金屋謝同羣水月清光靜裏分萬種支離厭夢雨一生長短托慈雲冰壺不貯芙蓉淚盡篋教藏貝葉文課罷清宵蓮漏永半牀惟有戒香薰

端陽同吳占熊何雨望許亮募觀競渡

佳節相將上畫船中流簫鼓震江天歡娛是處成嘉會憔悴何人念昔賢千古離憂空鬱結百年世路半風烟幾何舊國同遊賞莫惜篷窗倚醉眠

贈張北山先輩

清標濯濯出吳淞不數雲津有躍龍醉去揮毫傳

草聖興來賦海羨詞宗才華自必歸情性道學何人建鼓鐘今日南來談正始披雲何幸得相從

陪張北山先輩集家叔中秘齋中次元韻

風流敢附竹林名淡泊門風只耦耕傾釀幸陪耆舊飲如醇深慰結交情放懷談吐皆原道卽席歌吟亦正聲欲破堅城偏師少沉冥空識酒猶兵

次和張北山謁白沙先生祠

拜瞻遺廟想當時斯道多從靜裏期鄒魯一源風自遠春陽十載悟非遲西銘特達原深契白沙先生有西

銘特達見横渠之句東海唱酬屬舊知怪得南來徵信日高懸銀榜足興思

其二

因尋苗裔得遺編一露端倪悟已全絶去支離堪作聖能超形氣始知天溪毛薦處山同仰經壁尋來火獨傳爭道扁舟行萬里其先東海公與白沙讌集有江海長風萬里舟之句風流眞不讓前賢

新秋西巖主人攜尊招同諸公與張北山先輩話別分得天字

青山屋後列芳筵風葉無端墜晚天萬里正逢人憶鱠一尊猶得共聽蟬炎涼何用驚時節意氣深投在簡編歸去吳淞定相憶數句吟斷石崖烟

登小廬山懷白沙先生

廬阜烟村外登臨四望分樓存空韞玉臺没但留雲論世去殊近流風此尚聞高山如可仰誰敢負斯文

其二

延佇孤峯上江門有故村斯人不可作吾道向誰

論跡已春陽渺風仍鄒魯存成章媿狂簡空自誦
遺言

荔枝詩

嘉樹天南誇荔支盤根古幹鬬離奇離奇曲屈徧
林麓發盡炎州氣清淑祝融之墟近扶桑赤日流
光恣沐浴吐萼敷榮向深冬歷春徂夏生機足涵
濡雨露裹陰陽震離眞精此含蓄鳴蜩應候一氣
催千株萬株剛報熟熟時迸作星熊熊錯落次躔
大火中火炎半空烟不起高下江天映盡紅漫將

豔麗矜顔色珠玉心田人不識擘來瑩徹水晶盤
没齒瓊漿爭服食食餘五内發金沙肌膚爍爍生
光華神仙藥餌無過此何用勾漏求丹砂世人愛
之如瓊玖貴賤遭際物時有願逢趙尉貢漢廷銷
鑠無徒付衆口

其二

稟得南州氣細枝黛葉俱文融朱鳥火質藴水精
珠炙日香偏遠凝冰味更殊正宜扶荔築移植在
庭隅

次韻奉和顧邑侯雨中遊峽山飛來寺

禺陽天半鎖陰霏冠蓋初停一振衣白雨恰隨車迹徧丹崖旋滿瀑流飛未嘗泉水心先定偶坐亭臯暑便微却羨峽雲新賦豔榴花五色讓芳菲

其二

朗吟高閣倚疎欞峽雨紛紛濕翠屏天地空濛歸一氣烟嵐高下暗重溟鐘曾沉去聲猶應寺是飛來跡更靈今日來遊逢勝侶定將名姓紀山亭

前題次和劉狐容陳韜谷兩先輩

江行一路雨霏霏帝子臺邊暫拂衣絕壑龍吟雲
盡濕空潭犀起浪初飛泉珠迸落簾光碎松翠虛
涵殿影微況有碧巖芝草在劉郎到日正芬菲

其二

女牛天上啓朱櫺迴合羣峯作翠屏風雨何年移
梵刹雲烟終日暗滄溟渾涵天水皆元氣對壁芙
蓉是巨靈夢得詩成更奇絕驪珠滿握在江亭

其三

松篁臺殿滿烟霏才子招尋任濕衣千里湞湟江

一束二禺南北瀑齊飛勝遊已喜龍湫近與會還
追鳥道微共識陳琳多麗藻巴人何敢鬭芳菲

其四

炎州萬里入虛欞雨裏憑高倚畫屛三峽風烟連
五嶺兩崖日月夾重溟訶陵環在猿何往阮兪叢
深竹尚靈天遺騷人增氣色光芒詞賦滿高亭

黃雲山訪一行禪師住錫故址

黃雲出山中雲去山常在當時卓錫者結宇于其
内紺殿野烟銷頹基風雨敝我來訪遺踪觸目增

感慨陵谷會升沉禪寂亦與替因知人世間塵緣空一切

無絃琴歌

琴聲若道不在絃未聞桐聲能自傳琴聲若道絃中取素絲滿匣聲何處豈知無絃聲已備有聲原自無聲始太和未漓是天真一落聲聞已第二節有連成與鍾期此意冥冥誰得知搏拊唱歎徒爲爾深負黃金山柘絲妙理陶公悟獨深會從太清得元音我亦喈焉若槁木與爾同涵天地心

蒲扇

猶見林中片影寒製來眞不讓齊紈炎州自具清
凉用素質堪同雪月看細把每憐藤翠滑頻搖還
愛葉聲乾過時莫慮相捐棄何處風流少謝安

秋霽龍潭觀瀑

爽氣滿秋壑佳遊愛霽清仰扳絕巘險俯睇石潭
平石潭開皎鏡倒照芙蓉屏芙蓉聳萬疊飛流雲
際傾宿雨晴昨夜瀑威今始增衝崖洒冰雪坼石
奔風霆神龍漸閑蟄震蕩亦不寧吹沫滿林薄高

下氣相蒸奇旣聦耳目潔復愜性靈願言晞華髮竟日臨清澄

西巖望海

謝家亭館足清幽冬暖秉閒策杖遊屋後巖巒開一面海濱形勝接雙畔牂牁流入滄溟遠日月厓含烟霧愁悵望不因懷往事騷人蓄意在芳洲

早梅 得靈字

羣芳一望總凋零却放南枝映戶庭秋後陽和先有信冬前霜雪已通靈風來幾點香猶薄月好連

宵夢未經何遜詩情偏驟發相攜聯句倚疏櫺

悼石澗松

誰料山林有劫灰千章虬幹一朝摧更無翠影依巖落尚憶濤聲捲岫來枉歷冰霜成美蔭翻令樗櫟笑良材重臨解帶微風裏唳鶴吟猿總助哀

屈貞女旌門詩

未酬同室願誓作共歸魂幸以慰留免翻成姑婦恩孀慈三世苦嗣續一絲存不媿承旌典清芬溢里門

菊影

秋容誰畫向黃昏落落孤芳澹澹痕扶上短籬憑

月色印來斜徑是霜魂美人遲暮情皆幻處士高

寒意自存空讀離騷思採擷相看如夢在荒園

西巖古榕歌

炎州物産矜榕樹幹株圍抱以十數擁腫易爲斧

斤容無用之用用已具虧閉日月排混茫吐納烟

雲眔霜露萬竅叫譹廣莫聞天風日夜遥奔赴西

巖一樹更離奇置身高踞磐石固幹老鬚根歷亂

垂千縷萬縷沿崖鋪縱横交加類織成側理斜紋相回互涵濡石液根復枝左挐右攫巖頭布密葉繁陰日以滋閲歷星霜知幾度昔年休沐有蘇公寝臥逍遥共朝暮今日遺蔭不改初徬徨輙引騷人駐此樹天南無處無荒山窮谷人不顧誰能得地與爾同物生由來在遭遇

厓山懷古

鰲背翠華駐龍淵玉璽沉逢厓歎國運蹈海見臣心陵廟遺前代綱常植至今興亡猶有淚灑向海

門深

其二

連年和議復何如三徙逢厓竟不虛一自虎臣囬戰馬遂令龍種葬江魚地非胥浦濤偏怒竹似湘皋淚有餘滅宋題名今古恨磨崖誰易數行書

其三

高崖空紀黃龍瑞塊肉終沉白浪堆四廣數符天已定三仁心盡力難囬去來潮湧長留恨子母烏啼不斷哀每過海門偏悵望慈元宮殿又蒿萊

雨後行菜 用蘇長公韻

山圃遘時雨畦蔬潤初長行看沿溪橋不用棹兩槳抱甕竟何煩新水自滿壤濕重莖微俯氣至葉忽仰欣欣綠漸交充膳豈虛想粱肉非予羨野味可用饗飽露復含膏鄰叟時邀賞吾道以艱難屏跡絕影響賴此共朝昏滋味深熊掌悠然澹繁慮保之足清養

上巳日石澗看杜鵑花

藹藹暮春初選勝互提挈崇岡遙躋扳修林羣坐

列曲澗引流觴修禊乘芳節歡極恣流盼繁葩相
聯綴片片淚痕斑朵朵春心結言是望帝魂迸作
空山血艷影落澗溪清波翻絳雪諦觀愜情愫擊
賞聊扳折絶勝溱洧間蘭芍相怡悅

舟泊坡亭有懷蘇長公

江亭一望接平蕪萬里投荒憶大蘇文體自來傳
海外行踪空復在天隅潮侵驛路人烟斷月照村
橋樹影孤莫怪中宵頻倚棹才人多半是窮途

春夜

一春長藉爾杖策正相兼高齒曾無恙深泥亦未嫌臨塘幽草濕遶屋綠苔黏怪有東山癖逢花興更添

其二

花候晴明少泥塗正轗軻艱危惟爾藉雷雨奈吾何苔薄留痕淺橋長送響多名園頻有約肯放一春過

賦得澄江靜如練

江天雲盡晚風晴萬里安流靜不驚漫愛縠紋生

處細偏憐銀縷瀉來輕更無雁影能書破詎有鮫人爲織成最是曲江文字好臨風遥望不勝情

賦得首夏猶清和

輕風吹送落花塵節入朱明氣候新冲澹自應憐永日融和終覺類殘春閒園陰藉青槐密小閣涼生白雨頻誰道炎方多溽暑朝來單袷尚宜人

佛桑花

纖枝弱蒂淨無塵色相眞疑幻裏身豔映朝霞成一片光含曉月作重輪飧來會益容華好插去偏

令鬢影新自是扶桑多別種偏留火德在朱根

玉臺寺避暑

玉臺足清涼長夏無盛暑招邀及清晨一路松杉雨入門盛絢繪廣廈足延佇登樓一披襟空翠盈牖戶城市苦炎蒸遯此爲淨土山泉渴可烹山菜饑可茹於何滌塵氛猶餘浣醉處入夜海風來涼隨山月吐顏經夏臘長悠然依梵宇一笑河朔間沉冥只如許

端陽觀競渡

寂寞從教節候催雄心一片冷如灰半生已任虛舟往此日還看競渡來黍角初開香滿座菖蒲新泛影浮杯輸贏過眼何勞問且共芳辰笑口開

並蒂白蓮花

素豔凌波出同莖兩朶分重輪銀浦月交影玉池雲粉以連房重香并一氣聞六郎兄弟好皎潔不如君

擣衣篇

白露空階鳴促織紅樓戍婦頻歎息歎息戍還未

有期年年塞上寄戎衣凄清又逼苦寒月擣練闌心詎敢遲東鄰西舍集儔侶拂拭紋砧叩朗杵皎皎冰紈月下明纖纖玉手霜中舉霜中月下聲聲急可憐嬌體力不給但聞響徹重雲高誰知汗染雙題濕擣向殘宵恨轉深星漢横斜響未沉寧辭永夜辛勤力爲感經年契闊心經年契闊心如結偕老旋成死生别惟憑砧杵托深情一聲一淚傳幽咽何人聞此不心傷因風願得到遼陽

雁字

成羣初起荻花叢作勢眞疑筆墨工鳥篆散來誰
布陣雲羅盡處自書空雙鉤隱約迷寒雨三折紆
廻任朔風北海子卿無信息八行虛過上林中

其二

一羣又向秋空見八法翻疑卷上逢亂陣豈能分
篆隸成行眞欲走蛇龍塞垣風急鋒難正衡岳烟
深墨未濃莫歎寄書惟浪語玉緘猶自不曾封

送容裕淳歸鄉

離索仍多難重逢鬢已霜浮雲歎世事逝水惜韶

光話舊連句久論文後會長中年傷哀樂暫别即
廻腸

集何光禄新亭

光禄池如繡新亭繡錯中穿荷橋曲折照水檻玲
瓏荔樹雲成火鱠盤雪散風談深興趣溢濠濮會
心同

茂山堂詩集跋

憶壬午冬余客京師時梁藥亭先生從南海適至聚首蕭寺促席談論至丙夜不休先生往往稱小阮茂山為不易才茂山在廣南余未之識也今年春應試禮部與茂山同出海康夫子之門亟訪茂山逆旅一見寒暄外即索詩快讀因得傾篋縱觀恨相見之晚茂山抱異才務典核博而該詳而有體守古人律度無毫髮失為人性情落穆淡然與物相忘其發為詩歌古文詞睥睨塵埃流連景物

寓蕭遠閒曠之致不知軒冕為何物茂山有廬在江門之側山水明麗有花木竹石琴尊圖史朋從往還之樂歸而讀書講道力耕而食力蠶而衣磨礲淬厲其所深造有不止于詩文者以視世之車轍馬蹄奔走不遑其所得相去遠矣門年弟繆沅

拜跋

茂山堂二集

江門梁　迪道始甫著

帝臨丙申

帝臨中宫錫疇用五琮玉黄裳光照四宇建壼執中和會風雨萬靈肅雍羣生嫗煦迄用阜成敦艮安土扆敬璧壇以介純嘏

戰城南

戰城南鬬郭北僵屍滿地供烏食爲我謂烏一何貪饕鬼雄方殺賊食此腐肉非賢豪黄雲黯黯白草萋萋從騎格鬬死獨乘兒馬歸趯趯詔獄不得赦幸得贖免爲庶

人身碌碌故將夜行遭呵辱羨今將軍將軍何難爲朝行刼掠暮作偏裨

巫山高

巫山高劍峰接淮水深河流合我欲東趍淮河間之蛟龍昕踞波濤最怒洶洶滔天鳥不敢度别日苦多側身瞻望涕滂沱柰若何

上邪

上耶我心與君相悅願爲鶼蟨西北地傾東南天缺星辰朝見日晚出五行汨乃敢與君絶

豔歌何嘗行

何嘗快獨長歎但當勤異說龔陳言一解謬充選舉獵取厚祿踞尊官二解家居寬縱子弟樗蒲六博奪鄉鄰美產腴田三解又當交通諸將校陰庇宗族行刼吏不到門四解唾彼拙宦志在聲聞盎無斗粟何以爲歡五解貧固人所恥貪亦不可爲願重自愛且餔糜著述足爲業嘯歌足療飢置酒召我同心相戒勿復爲非循環倚伏天道本無私當知之貧固以下爲趨

烏生

烏生何美美一烏夭折羣烏悲唶我烏生時有母有同氣烏死烏母在欲誰依同氣少羽翼繞樹三匝無安枝

唶我烏生相逐有雄雌烏死孤雌毛羽摧頹心惜遺雛集蓼城上嗚嗚晝夜啼唶我黄雀穩食太倉粟孔雀乃判東南飛猛虎斑斑獵人不敢犯走兔乃交君陷罘罳鯨鯢之生以吞噬爲事尚復得長命無絶衰白龍乃困於枯魚之肆過河而泣徒悔追唶我滄浪天狡獪同黄口小兒欲道且復置之

悲歌

憂來惟醉能解死去有夢相尋醉醒夢回血淚盈襟惜我掌上珍化爲地下塵悲歌正苦辛阿子可曾聞

自君之出矣

自君之出矣難忘別後顔思君如月滿徹夜照關山

自君之出矣空閨祇自憐思君如月缺急切望重圓

遊子吟

家山柏上雲遊子眼中血雲出暮仍歸血淚流難歇誰言落葉心忍與故根別

新曲

同住青楊巷久相憐來遊皂莢橋邊路更飄然鬓影着痕晴日照粉香花氣暖風傳無限江南紅豆樹根苗各自種丹田

促促曲

促促何促促五顇千重緣與歡新别離三年行不復敢
怨君情薄似雲可憐妾淚長如燭

促促詞

促促復刺刺黃蘗有心蓮有薏少年遠嫁别爺娘似雨離雲憶故鄉低頭浣洗立厨下婢妾亦視如尊行和顏悦色通情愫同心却恐還逢怒但令葵藿見太陽燕麥盈階敢相妬不見人情多喜新昔為形影今參辰

車笠謠

古有車笠之謠謂不以貴賤易交也然貴者每信人言賤者好與人事交道不終多由於此因

反其詞以爲戒

故人乘車至負笠急迴旋只緣不識察容易信人言

故人負笠來引車遠迴避只緣恃恩私動輒與人事

十索二首

龍縞昨新裁是郎手所結今宵踏月來露濕庭莎滑欲

郎拂香塵從郎索羅襪

每試邯鄲步金蓮貼地排今夜自家行拚瞻度空階欲

呈纖纖足從郎索繡鞵

壽守戎

蓮峰萬仞想襟期楊僕威名遠近知曾向螺江陳組練

新臨熊海建旌旗鑄銅表柱逢今日勒石畱銘會有時

仙隱廬山寧足羡射潮風度本期頤

將之肄江訪鄭虛舟夫子舟中先呈

鼓枻勤趨侍吾師有鄭公宮牆烟翠外舟路水雲中早

麥雙岐綠新花滿縣紅執經明日事先已坐春風

題何周望遺像

躧屩相隨事已沉舊遊踪跡霧烟深空堂莫展遺容玩

十載㪚君雪夜心

傳聞夙世是枯禪戀舊重來十九年究竟逢崖還撒手

三生何處問因緣

五桂空餘玉兩枝樓頭花蕚總凄其論交我亦眞兄弟
每過山陽便淚垂
承家猶子卽佳兒遺掛傳看不盡期長使後人憐玉貌
春秋霜露上堂時

題畫梅

暗香長與墨香流對此翻令憶舊遊記得夢回明月夜
橫斜疎影在羅浮

題何野望城南池館

高士喜幽棲別業臨芳甸結構正落成招邀共游衍出
城度長橋路遶廛居轉忽焉歷灌木廣宇中坻建墻圍

樹半腰檻俯池三面蒲魚總紛錯瓜蔬互葱蒨逕檐縱遐矚山翠衣襟濺海氣與溪雲當窗恣幻變未離城市遙已隔囂塵遠僕本草澤人園林性所便主人况石交過從常戀戀抱甕或分畦揮鋤輒同畔平生沮溺心於茲酬夙願

採菱歌

樂府本辭有翳羅袖望所思之句共和云菱歌女解佩戲江陽荅梁陳間艷曲也初夏同人宴集偶拈是題因擬之

碧綠參差雜紅紫菱成兩角初堪采佳人相約動蘭橈鬬倚新粧照江水如荑手引蔓絲遲稜稜光影出漣漪

提籠乍露黃金釧拂浪從沾白紵衣攬盡江春情未足

明璫欲贈將誰屬縹緲雲波望所思所思不來心斷續

易滿歸舡奈若何不怨菱少怨菱多

遊會仙觀尋何仙遺迹

高臺鳳去何曾返況是飛仙豈易尋雙履已迷駕霧迹

一泉空想似氷心遺容絜盡塵難染舊夢清時雨亦沉

應向羅浮笑鮑葛倡隨猶自到如今

過增城懷張烈矦

帶礪何曾似昔時故矦心迹野人知顏卿舌在寧從賊

（矦罵闖賊不屈）蜀相身存尚出師一片敗雲連陣沒百年燐火

雜星移勝朝義烈　今朝重好檢遺篇付所司是日讀侯遺集

寄陳獻孟求訂拙集

居鄰仙窟宅真不忝仙風踪跡朱明遍文章抱璞同著書余亦爾持論未能工秘要倘相授信憑幺鳳通

金陵蕭貞女詩并序

貞女金陵蕭允嘉之仲女也許聘唐緯臣之子郝書未嫁而郝書卒女奔喪誓志孀守以節孝聞迄今垂二十年年四十矣親黨稱祝來徵余詩為賦長句

縞綦能代白華身孝養曾經二十春稱婦猶然不字女

辭親已是未亡人堪同夜月凌秋淨長與寒花競雪新
誰肯鬚眉讓巾幗二心從此媿爲臣

送家基彩入都

額頭暑退曉涼生疋馬迢遥萬里程想到都門冬漸近
早朝破雪玉階行
一麾初出　帝城中通守威儀五馬同何處故園最相
憶行春滿路好花紅

過訶林訪敏上人不值因柬

梁唐古寺粤城隈碑碣蒼蒼掩綠苔訶樹已隨虞苑没
菩提曾是竺乾來許詢偶過欄空倚支遁閒遊錫未回

眼底風旛向誰問戒壇斜日重徘徊

鶗燕

春社復秋社貧家爾久依將辭故壘去猶戀主人飛花柳長勞夢江湖暫息機因君感行役歲歲別柴扉

登青雲閣懷倪葵明徐戢菴兩明府

憑欄天際獨沉吟物色蒼茫自古今半嶺月明雙壇迴萬松烟暗九橋深靈區尚滿衣冠氣勝迹長留締造心怪得遊人思召杜當年碑碣總生金

拜月詞

閨閣從來貯恨深每逢清影卽沉吟下階不用頻頻訴

天上人間共此心
兎冷蟾寒幽怨多佳期空妬鵲塡河笑他閨閤焚香夜
不禮星姑禮月娥

過熊開心經畧生祠同陳崑霞同年太史作

五類曾煩遠視師七藩旋報建牙旗魚馴惡渚功難没
虎逸巴山悔已遲豈謂武安無後禍終輸夷甫有前知
靈祠爽颯瞻遺貌長爲英雄失足悲

端江舟中感事八首

洞房初罷宴郎向此中行未解傷離别誰知隔死生燕
巢畱積恨蝸角悔微名昔歲奔馳地重過淚滿纓

伏枕彌留日依依骨肉親分荆憐一體寸草戀三春虛
作再生願頻將後事論不堪重記憶遺囑最酸辛
少小勤書史戲遊總未曾寒燈常夜坐殘月每晨興忝
與諸生列愧承使者稱無成空負汝祚薄本難勝
歷齒蓬頭慣婚姻叨盛儀婦家紅線幕翁宦白雲司倚
玉眞堪戀沉珠不可追堂堂甥館在長使九原悲
獨活欄邊草孤生膝下兒誰憐遺腹日正是拔心時乳
燕朝朝哺啼烏夜夜悲不知晉趙武何以報親慈
反哺烏長往單棲鵠可憐同年剛百日代養已三年綽
楔何時立松筠且自堅精魂如有覺感激在窮泉

誰道新婚別翻成永訣期撫孤延視息馨室自支持覩此故雄戀彌深舐犢悲寸心容百感怪得鬢顏衰

端水多名勝曾携愛子遊披雲尋石室吟月上江樓餌有嘉魚設人頻蕉葉投凄然思往事不忍久維舟此第一章錯置于此

秋日陪陳崑霞同年過長壽禪林訪麥仲詒不值疊後見寄次荅

郭外禪林久借棲青山何處更扶藜散花臺寂僧同出看竹人來鳥自啼名輩風流虛枉顧舊遊心事惜分携幽情怪得瑤箋滿藹藹停雲直與齊

同陳崑霞同年再疊前韻酬麥仲詒

心逐樓雲不定棲平疇彌望接蒿藜高秋簾箔千家撻
薄暮烏鴉幾樹啼謝朓偶來同嘯傲許詢何處遠招携
醉吟有約重相過寺角梅花白又齊

寄上余黃岡夫子

十年門下受恩人解組驚聞別恨新宅柳定從歸日種
谿桃長發舊時春路懸嶺嶠雲遮盡地隔湘江夢到頻
記得後堂開宴處綏州城裡月如銀

次和李介人孝廉岡州古迹詩共七題

岡州

元熙曾置郡貞觀始移州夾水開廬舍依山起堞樓高

當當孔道溟渤接洪流自是咽喉地名臣藉運籌先儒開絶學鄒魯屬南州昔日談經處今餘韞玉樓遥聞尋勝迹雅意慕清流墜緒留狂簡輸君已一籌

玉臺寺

真成天上寺千仞俯高岡海日蒸寒砌山雲閉古堂劫餘松檜盡春在澗溪香喜有驚人句來題薜荔墻

西巖

只在巖城裏巖巒靜且深榕根細絡石磴道曲穿林結構當年事登臨異代心朝來逢謝客不負此山岑

謁白沙先生祠

遊人今古駐征鞍故宅由來似杏壇鄒魯自堪流遠澤陽春長得散餘寒樓中玉在烟猶暖臺畔雲晉雨未乾瞻拜不須尋往迹花開十丈倚欄看門前花十丈先生示張庭實詩也

楚雲臺

遺碑無復舊書丹臺没荒原草露殘怪得遊人偏悵望楚天迢遞片雲寒

邑乘曾聞用楚材三湘[illegible]後不重來浮雲變盡文章在登眺何勞覓舊臺

嘉會樓

時聞嘉會盛文流千載人尋江上樓猶見先生舊來意

奏對從容及臣里是誰文體似相如

寄懷石樓家岳侶明府

翹首揮絃處迢迢夜夢多遥憐種樹好其奈守株何列宿明三晉卿雲覆兩河待公還北闕投耒逐鳴珂

夏至後三日集何野望城南池館同賦一物得荔枝用五歌

園林至後好丹荔正盈柯色與朱華並靈鍾火德多能消金肺熱堪映玉顏酡不有紅雲讌其如此日何

夏日友人過集仙城寓齋賦得薰風自南來

客裡醉吟好薰風正及晨未須愁赤日先已起朱垠澹

送荷香遠輕搖栁浪頻迢迢到北牖快煞羲皇人

呈法撫軍十首

肺腑親臣出　帝心眷在東趨　朝簪獬豸度領御花驄潤物恩膏潤籌邊鎖鑰雄范韓今始見歡溢百蠻中銅陽鍾王氣勳伐起從龍鐵券山河壯朱門棨戟重貴眞逾七葉學更足三冬早識持鈞軸庭槐蔭漸濃德已臯夔並貴仍許史同枌榆連　玉殿瓜葛繫　璇宮豈獨論中表旋當位上公何期謝紈綺節儉挽頹風綺歲文場戰居然冠禮曹天人三策富姓字五雲高御墨沾緗帙宮花艷絳毫金華著作在領表藉甄陶

奏對從容及臣里是誰文體似相如

寄懷石樓家岳侶明府

翹首揮絃處迢迢夜夢多遥憐種樹好其奈守株何列宿明三晉卿雲覆兩河待公還北闕投耒逐鳴珂

夏至後三日集何野望城南池館同賦一物得荔枝用五歌

園林至後好丹荔正盈柯色與朱華並靈鍾火德多能消金肺熱堪映玉顏酡不有紅雲讌其如此日何

夏日友人過集仙城寓齋賦得薰風自南來

客裡醉吟好薰風正及晨未須愁赤日先已起朱垠澹

送荷香遠輕搖栁浪頻迢迢到北牖快煞羲皇人

呈法撫軍十首

肺腑親臣出　帝心眷在東趨　朝簪獬豸度類御花驄潤物恩膏潤籌邊鎖鑰雄范韓今始見歡溢百蠻中

鮦陽鍾王氣勳伐起從龍鐵券山河壯朱門棨戟重貴眞逾七葉學更足三冬早識持鈞軸庭槐蔭漸濃

德已臯夔並貴仍許史同枌榆連　玉殿瓜葛繫　璇宮豈獨論中表旋當位上公何朞謝紈綺節儉挽頹風

綺歲文塲戰居然冠禮曹天人三策富姓字五雲高御墨沾緗帙宮花艷綵毫金華著作在頖表藉甄陶

眞不媿名世　深宮啟講堂微言綜列聖經術授　諸
王　鶴禁清風滿　龍樓白晝長方當崇坐論先命宅
南荒
儒臣開幕府遠近仰丰標甘雨滋千户清風肅百僚桑
麻多蔚起梟獍已潛消生殺同天地眞堪翊　聖朝
甲乙論文細丹黄自不訛珊瑚偏入網翡翠已全羅共
仰鑑衡正還聞吐握多窮簷諸士子鼓舞欲如何
鑒物如懸鏡求言尚若斯芻蕘能不廢風俗始全知已
擅淵魚察還消市虎疑覆盆從此照天日本無私
豈有金甌鈌心存保泰和沿厓布虎旅守險靜鯨波雨

澤隨車至霜稜拂路過鮫居與龍户到處溢謳歌

載誕先儒地巡行暫駐軍簪裾搖碧玉旌旆拂黃雲道以承先重情應訪古殷尚餘狂簡在期望振斯文

秋日同社中諸子集李介人靜坐軒分賦

輳門鼓角秋風裡後院亭臺烟靄間明鏡兩函侵檻水翠屏六幅隔城山西園公子剛開宴南國詞人盡愛閒猶許酒徒同散誕醉殘紅燭夜方還

九秋詩并序　録八

九秋詩者友人李介人孝廉悼亡後之所作也情詞凄婉余哀而和焉

秋燈

短檠秋先入寒光伴索居萬形皆寂莫四壁自空虛花落微霜後人醒冷雨餘下幃照羞臉猶爲憶春初

秋衣

客裡初開篋秋風感已深蜉蝣新物色蟋蟀舊人心振去憐香在披來惜露侵翻嫌簾幕外頻送女郎砧

秋聲

爽氣初成籟聽來似海波每從天末起只在樹間多肅殺眞宜爾凄清奈若何悲秋人不寐莫向枕函過

秋帆

掛席西風裡凌虛破晚潮斜陽片影疾空水萬程遥葦

岓花頻落楓林葉正飄何人思海客倚檻望迢迢

秋漏

秋入銅壺水含霜韻更清迎寒知律變不息見天行夜永聽難曉年流感易生漫勞更吹角滴滴是商聲

秋陰

爽極變陰雲晦半空日色凄雲因含雨客天爲釀霜低野曠行偏好樓高望易迷却憐增暮靄籬菊養初齊

秋光

秋光明又淨是處總相同曉露兼霜白殘陽帶葉紅蕭條意不盡清迥望難窮何事針樓月還來照客中

秋夢

三載常勞夢秋來復此心　幻緣終不斷魂氣自相尋冷
燄畱殘燭微寒壓薄衾霜鐘驚易醒追憶尚沉吟

祝寧陽張坦園明府

從龍勳伐壓京華十乘朱輪萃一家躡月久扳天上桂
乘春更種縣中花仙岩烟接嵐光潤銅鼓濤衝石角斜
俱是使君恩澤地弧辰歡共醉流霞

畫蘭同用十四寒

叢叢香結墨光寒沅澧風流別一端公子漫勞生遠思
同心長得共盤桓

集石浪園詠瓶梅同用一東

瓶裡梅花好燈邊氣欲融一壺氷映玉幾片雪臨風疎影幃屏上寒香几案中羅浮休遠夢正有美人同

秋柳

更無鶯燕有寒蟬堤岸蕭疎總可憐記得春前曾惜别幾枝籠雨復籠烟

風前無復舊嬌嬈只剩愁眉與瘦腰為報微霜休更落憐他絲緒一條條

裊裊纖枝易觸愁閨人曾悔覓封侯朝來一倍傷揺落莫轉斜陽過小樓

青青猶憶舊時顔泣露啼霜轉盼間莫與黃花爭歲暮好憑青眼望春還

集雞園詠寒山得五歌

一抹曾將比黛螺看當凍後更如何巖凝氣色中峰見慘澹烟雲絶壑多正好探梅同躡屐是誰衝雪獨捫蘿岳僧況有登臨約敢憚毳袍策杖過

冬日集玩鶩書屋望圭峰白沙子讀書處

文恭辭徵聘講學玉臺側人代雖已遙流風在泉石郎公擁麾來才與右軍敵玩鶩啟華軒芳筵畱上客招邀及魯儒宴酣從所適北牖見圭峰寒翠落几席緬緲懷

先賢指點舊遺迹合座同歡慶高山仰無斁

冬日陪許蒼嵐明府郎亦傅副戎姚非漁明經西巖讌集

西巖草堂對峭壁絡石榕根紛如織松篘古色凌寒冬滿天沉緑地蒼碧蛇盤磴道上山亭蘇公棲托存故迹公曾一出宰匡城掛冠歸來臥泉石昌山賢侯舊部民追往尋勝此登陟儒將海西風雅才經師中節文章伯爲愛朋儔結騎來主人掃石陳讌席招集高陽舊酒徒顧曲傳觴窮日夕吁嗟勝地不可常名流雲合更難得願留篇章勒高崖長爲林巒增氣色

送許蒼嵐明府還三城

北風寒凜冽道途盈雪霜送我素心人顧瞻生徬徨公才如許靖為官類柴桑昌山一片石千秋不可忘梗泛趙尉城卷帙艷詞章振采騰鸞鳳吐音叶笙簧把酒命儔侶日夕相酬倡盤敦主夏盟南軍賴以張尨工於水石技捋顧長康閒來或寫生尺幅等球琅故交新移鎮相邀來古岡瀕海懷賢哲逢厓感興亡名園與勝迹策蹇恣廻翔洪篇發麗藻川岳增輝光僕才本駑下十載共壇塲世人貴蕭艾芷蘭謂不芳惟公力奬借齒牙流清香今來數晨夕鬱結解中腸無端回征轡悽惻上河

梁欲留逼歲晏後會望春陽

送姚非漁

何事陪公讌衷情輒細論詞場新雁序交譜舊鴒原雪裡歡聯句梅邊悵别魂河橋不忍上所感在同門令弟燕思與余同譜

義俠姚明府騷壇復主持胸藏五色錦人繡萬家絲君屬阿咸列余叨越石知驂憑將欵曲未敢謝恩私

壽郎母獎太君

出羣才望豈無因文酒空勞逐後塵一自周瑜容拜母始知陶侃藉留賓傳經尚憶熊丸舊迎養何慚鳳諾新

最愛戟門稱慶日梅花開徧雪初勻

餞梅

無端玉笛忽吹殘不待春風意已闌把酒未能忘眷戀
空山曾共一冬寒
一杯相送逼殘年南北枝頭總可憐莫怪東風畱不住
等閒桃李鄓爭妍
幽香散盡獨沉吟滿地瑤華雪正深有約來冬應不負
與君同抱歲寒心

集小滄浪送許蒼嵐明府姚非漁明經還廣州

詞場分袂正匆匆訪舊滄浪又暫同茂宰經營前度盡

騷人詩賦後來工臈殘岍栁先舒綠地煖江桃已綻紅

轉眄粤臺重聚首棠梨花下醉春風

寄懷王孝廉

望重天南數十年入都人識孝廉舡雄才謾以遺珠恨

清操還因韞玉傳名輩風流傾一代諸侯禮數絶羣賢

腐儒緩急承高義未報平原每赧然

丁酉小除夕宿一槩堂同何雨望作

廿載留賓舘纏綿是此中歲行五日盡人尚一杯同舊

事憐聽雨餘生學轉蓬明年今夜酒何處蠟燈紅

冬日郎亦傅副戎招同許蒼嵐明府姚非漁明經

暨難弟長公小阮登馬山待月

登高不用出巖城署後青山散誕行薄暮烟如雲海濶中宵月照雪峰明一門詞賦傳弓冶二仲才華羨友生良會莫辭談達曙他時回憶最關情

花朝集玩鶖書屋爲郎亦傅副戎壽戊戌

戟門介壽許招携未减蘭亭讌集時客似步兵羣鬭酒人推開府最工詩花朝庭院鶯聲嫩社日簾櫳燕語遲嘉會剛逢繁艶節歡醑竟夕不須辭

題松鶴圖

君不見黄山松枝柯不改長摩空又不見青田鶴高舉

翩翻翔碧落援毫寫將入丹青偃盖重陰蔭修翎恍惚當年所遊歷松風謖謖鶴和鳴霜條雪姿眞堪並龍鱗鳳翼交輝映茯苓本是還丹資騏驥堪爲仙子乘我友夙稱閒世才組練驅軍海縣來軍政豐暇華堂啟要與松鶴共徘徊朝來賓至何雜遝良月懸弧年週甲爭羨喬松海鶴姿高齡遐算誰能及我來作歌爲公祝願早鑄銅標海曲功成便與赤松遊蘇躭騎鶴飛相逐

酬朱吟石用杜贈元韻朱韶州人

故人十載嗟離別不見詩家舊典型魂夢久曾瀧水戀帆檣誰料海濱停深談往事杯浮白細認頹顏鬢少青

明日河梁重判袂前期何處合風萍

十放詩

放雲

羽客遺盈盒山堂手自開暫畱潭底影旋向岫中回化
去終爲水屯時或起雷何因成五色應是近蓬萊

放鶴

雪羽曾經鎩高飛得自今人羣休悵望仙侶好追尋明
月無畱影閒雲是素心附書來閬苑應認舊松林

放鷹

物性豪雄在天心肅殺同柔縧初解臂健翮已盤空烱

烱高秋日蕭蕭曠野風用飢原有道一任入雲中

放鴨

暖日開欄早成行出每齊羽毛慚遠舉湖海樂甲棲滯穗猶緣畝清波正拍堤趧時聽暮鼓一笑報潮雞

放牛

農隙罷扶犁投閒飲齕齊水田泥活活平野草萋萋鬬莫矜長角眠教養健蹄牧童更蕭散吹笛暮山西

放驢

竹策敲吟並看殘畫裡山道途長日苦匆秣暫時閒息足原田外磨肩壠樹間夕陽門未掩村店暮應還

放猿

廓廡憐羈滯故山許爾尋好酬連臂頗免聽斷腸吟月照流泉冷藤垂古峽陰危機猶未息容易莫投林

放魚

豈因搖尾感涸轍最憐伊正有潛淵望剛逢得水時江湖天浩渺蒲藻影迷離寄語濠梁客從今樂可知

放蝶

撲來翻愛惜文采似君稀金粉成嬌質雲霞作畫衣宿花原並命避燕亦雙飛莫戀園林好羅浮夙不違

放螢

熠熠蓬根裡輝輝井檻中生原因腐草光不滅尖風星小飛相亂燈寒燄可同照書慚老眼一任出簾櫳

九春

春山

絶巘盤雲處處幽快人心目在登樓晴明一望嵐偏膩烟雨千重翠欲流眉黛漫從鏡裡學髻螺曾記畫中遊相期杖策乗芳節看偏巖花盡日留

春江

鴨頭新緑水盈盈遠接牂牁近抱城雨過社公波瀲灩風來少女浪頻生是誰折柳臨涯别有客尋花隔岸行

一葉未方春已老急流相對總心傾

春田

策杖平疇東復西軟風吹面促扶犂土牛鞭後絲絲雨
秧馬行來活活泥傷壠早花紅壓路灌畦新水綠盈溪
菑畬莫漫嫌卑下新令勸農力作齊

春閣

盡日窻開不自聊東風簾幕在層霄三重階繞花千瓣
十二欄圍柳萬條山叠螺痕征路遠天垂卵色別魂遙
欲舒老眼翻惆悵春恨凴高未易消

春樹

東風披拂已如今此際全窺天地心萌蘖氣從寒後發
芳妍色向雨中深看花偶過偏憐影藉草開來亦借陰
不那暮雲迷遠望懷人相對易沉吟

春烟

漠漠隨風幾縷輕遊絲纖細漫相縈乍從拂檻花邊散
旋向斜橋柳外生渡海帆移空掩映倚樓人立未分明
最憐寒食禁難得遮斷天涯悵望情

春甕

何年掘地得佳瓷美釀經冬醖在茲紅杏拂簾相抱處
青梅如豆欲開時興來莫負雙鶯語醉去應忘兩鬢絲

浪笑醯雞天地小此中春色有誰知

春筍

緑滿淇園暖乍回數行旋見破蒼苔經冬屈作龍蛇蟄此日生緑雨電催方寸誰知高節在纖柔先得直心來請看長養風多後枝幹凌雲葉自開

春菜

青藍碧緑各成行不負經年抱甕忙甲坼豈能忘雨露辛盤今已薦馨香逢時葉免傷虫蝕漸老花仍引蝶狂敢以素飡輕肉食一生藜藿是肝腸

十野

野橋

一木如槎小逕當谷口風斷厓仍得路淺渚亦行空寂莫烟霜外橫斜水月中扶藜看倒影獨往與誰同

野徑

荒原破一線寂莫少人過直接蝸廬僻斜通虎落多蓬蒿聊復爾松菊竟如何太息城南路車塵擾薜蘿

野廟

野廟臨荒岍奔流咽晚風壓簷江樹碧上砌土花紅氣肅陰森裡靈揚峻險中莫言香火冷望祭客舟同

野艇

小極青蜓似長維古渡邊黃沙三尺水綠樹一厓烟鷗鷺閒如此江湖意渺然何勞安兩槳空爲莫愁憐

野渡

何處尋津口漁樵路半荒沿涯沙皓白隔水日昏黃地迥人烟冷天遥客思忙一篙微見影招手荻花旁

野店

山麓茅茨在門前草色深壚侵黃竹影帘捲綠蘿陰落日征人眼寒宵倦客心雞鳴更凄絕殘月照荒林

野塘

寂歷郊原外澄澄靜不波倒懸山似黛平望水如羅非

種蝦撈易無名魚產多與誰一竿竹垂釣傍烟蘿

野戍

望中疑廢壘蘆葦總蕭蕭寨柵斜因樹烽臺半蝕潮岈荒人跡渺江靜柝聲遥猶有防危意萑苻已久消

野菓

結向荒山裡霜前纍纍紅生惟資地力美不籍人工飫食爭猿狖分甘及豸虫金盤誇供御香味得毋同

野菜

叢生難識別一一屬天成秀每因時令甘原是物情町畦那復事澹薄只聊生却笑尋芝草療飢反近名

壽沙村司巡

籍籍鴻名灌耳來江村人幸得春臺鸞於枳棘何妨借驥出風塵未易才綠徧葵田千畝合紅翻麥浪兩歧開陽和處處皆恩澤爭向公堂獻壽杯

贈馬玉符即送其還都

大隱京華六十秋遠來爲訪東諸侯几筵偶得逢青眼意氣最憐共白頭地主殷勤他日約天涯兄弟暫時留河橋未上先翹首隔嶺雲烟起別愁

題郎將軍小影

十載名高上將壇短衣苔石偶盤桓正當羽扇籌邊日

莫作南陽隱士看

黃雲天外擁牙旗不異閒園坐嘯時持報都門親串道

詞華今正耀南離

題何然友世講小影

岍然孤坐聽松濤名士風流每自豪誰爲傳神在阿堵

風前痛飲讀離騷

黃壚昔歲共而翁文酒年來諸父同却愛阿咸能作達

一門俱有晉人風

夾竹兆花

作浪化龍且莫論此君輕薄豈無因曾從王子看來貴

却向劉郎去後新勁節穠姿俱絶俗綠陰紅雨總關人
花源路口洪園裡輸爾能兼兩地春

虞美人花

垓下萋萋野草春英雄遺迹總酸辛五年覇業消沉盡
却向名花認美人
霧臉烟鬟別樣妍虞兮風格似當年自來好色推隆準
曾否遺芳許見憐
死戀重瞳幽怨深花開猶見美人心漢家妃后多蕪沒
輸爾紅顏艷至今

夏夜同嚴靜功麥仲詒宿長壽寺六離堂分賦呈

湛上人兼寄諸同學得一先

宗雷何處共畱連約向東林避暑眠積雨池通流水活倚風樓閉定鐘圓天人並立惟清夜衰壯全忘是悟年好友不妨同問法熱心容易托枯禪

生朝集長壽禪院賦呈諸同學

三生石上憶從前皇覽重經一惘然草木豈能酬發育虛空何處認因緣香風亂落簷花雨塵夢全消鳥樹烟莫向諸天論甲子大千世界總忘年

讀佟醒園聽猿吟題贈 有序

醒園令祖僉憲公卓死經畧熊襄愍廷弼之禍而外大父侍御吴公裕中亦以觸魏璫遇害俱

葬楚中醒園省墓凡四至因名所作曰聽猿吟

翩翩才調久聞名滿帙琳琅韻更清人是鳳毛元五色句同猿嘯過三聲先臣節義傳詩史詞客風流托墨卿莫恠中宵頻撫卷從來騷賦易關情

夏日鄭珠江先輩招同巖靜功麥仲詒陪陳明府集仙湖池館分賦用四支

薰風門巷雨絲絲二仲相攜日暮時杖屨剛隨陶令後醉吟同赴謝公期池通湖水侵堦上樹雜山雲壓檻垂未必雲亭能似此何妨問字各遟遲

祝宋澄溪先生

具區韞靈異篤生間世賢廐畱御史驄湖剩孝廉船明
經繼父祖麗藻流簡篇季父位調燮朱輪十乘聯公倍
持謙謹揣摩惟精專親民試出宰秦趙騰歌絃奏最蒙
上賞觀察任旬宣濟東數千里政亮而刑平功成謝簪
組言歸葑溪田青雲生膝下趨　朝相後先長公端州
牧五馬何翩翩公緣鼎養來綵服繞華軒崧臺餘菊茂
石室早梅鮮嘉辰逢岳降上壽啟芳筵賓僚與親串黼
黻雜貂蟬稱觴傾兩粤車馬互喧闐僕本嶺海士採藥
羅浮巔遙奉一玉箱為公乂延年延年期再超黄髮秉
朝權無為學用里長臥橘邨烟

美人磨鏡詞

古鏡昏昏如死魄美人何處見顏色憑將頁局施鉛水土花洗盡菱花起玉臺高揭光冷冷春風鬟影艷傾城傾城只有鏡中配願爾長明不願晦從茲拂拭倍纏綿一回臨照一回憐

荷錢

荷葉如錢小參差子母同誰從阿堵裡散向野塘中出水青堪選臨流數未工香醪買不得買得是薰風

過南園懷五先生

有明作者競揚鑣詩社南園韻更超七子漫言追鄴下

五君先已動中朝唱酬尚喜流風在棟宇堪憐冷露飄
誰學昔年陳相國頻來此地共招邀

當壚曲

春氣茫茫酒氣清杏花村路獨含情當壚縱有文君在
滌器何人似長卿
帘畔花枝正艷時當壚人復勝花枝阮嵇醉殺尋常事
況是少年輕薄兒

西園人送菱藕喜賦

菱藕消夏宜美是西園最西園郡郊西土膏滑而膩鏡
花作實繁蓋葉蟠根大色香繫夢魂望之如望歲遠致

紅白兼觸目心乎愛剝仍兩角存剖餘七竅在入手雪霜寒著齒瓊瑤碎豈異澗溪毛胡竟成沆瀣飽食靈府清酷吏告迴避物理重縈瑩況復遭時會作歌表深情泠然自尋味

鶴頂紅花

仙鶴凌霄日霞光與頂同尚留一點色占盡百花紅月露能爲骨丹砂自作叢繞欄雞冠好未許入羣中

浴日亭和東坡先生韻

海色猶昏昨夜天忽驚靈景逗黃灣波涵赤暈成丹水風捲紅潮作火山正屬晦明交氣象何來光彩上容顔

陽和散滿人間世只在升騰瞬息間

甘灘漁父詞

灘頭灘尾雨還風上水船如上半空莫向急流窺進退得魚多在急流中

雙槳輕摇網乍收上灘流過下灘流上灘流急下灘緩急處求魚緩泊舟

青鋋艇子水中居歲歲鮮魚賤作蔬四五月間魚更美黄魚膾罷又時魚

一灘流水舊時春浪裡漁舟往返頻誰見狂瀾不袖手世人多媿打魚人

羅浮五色雀歌

羅浮仙山羣仙府靈雀紛呈五色羽元端縞服及青黃翼衞朱衣爲共主此中乃是朱明天朱綬爲君理則然羅列追隨若分職導前仍有鐵冠先亦有一禽兼五色亦有雜糅朱藍飾一一皆名小鳳皇羽族英華此爲壼疑是麻姑五色衣蝴蝶同化生光輝不然五星聚牛女散作羽儀耀南土不然一股蓬萊山雲氣變幻成斒斕吐音況復中韶舞喜逆賢人與仙侶一日數朝不憚煩常人一見偏不許鐵橋往日枉相迎非仙非賢深媿汝

臺闕

支分衡岳勢孱顏牛女天邊競往還水接貢章雄二庾地連湞武壯三關尉佗設險咽喉上楊僕過師枕席間爭似臺侯能助順姓名長得並河山

陽門磴道似盤蛇魚貫行裝一線斜結綬客爭來仕國彈冠人競上天家越裳翠羽無留影漢將紅梅有剩花不是曲江開闢後誰令文物接中華

集小滄浪觀競渡各賦一物得長命縷

競渡同觀水一方臂纏五色盡紅粧長絲豈為蛟龍懼要為同心續命長

甤園古葵樹行

蓺園葵老幹矗矗百尋直上無回曲身紋連瑣葉如箕
高蔭森寒障天綠岡州土物此其魁葉作團扇傚月裁
歷經農工與女手貿遷生殖日中財仁風遠播徧寰宇
少物不能供多取畫井計畝復分行栽徧城南無剩土
六十年前西賊橫伐取填河直壓城城中復取充糧食
遂令萬樹成晨星獨此八株存舊本雪蕋攢爲青雀卵
一叢數斛懸高空着地吐芽雙葉短亂後園田千頃開
盡從此地得根荄古質獨含生生氣高人愛之比瓊瑰
築廬其下恣遊衍孤標上客畱顧眄棕櫚是弟桄榔兄
北人初見總難辨此物由來絲枲同却暑驅炎等御冬

旋轉陰陽殊有力頗爾萌生永不窮君不見腐儒落落百年中天雷頑果啟童蒙

翡翠

漫詡漢廷貢重憐珠樹行倡隨原並命紺碧自成章織婦裁衣麗佳人拾羽忙小堂巢壘好誰復羨鴛鴦

石門

石門阻險原非計尋陝才過勝勢全呂相罷浮櫻后上樓船功在伏波先受降壁壘迷秋草割據山河冷暮烟回想趙佗眞卓識高臺朝漢已多年

夜闌以題字爲韻

日中香不聞露下濃於膺信是女郎花媚人偏媚夜結體憑風露清芬並澧蘭殷勤謝公子願結夜來歡

颶風歌

倏雨倏晴氣鬱蒸凝陰壓陽雷無聲元黃混濁成鐵颶鬼宿值節信有徵斷虹先期飲海水海底呻吟黑漚起青蜓聚市蟻蛭還羣鳥驚悸葉南指詰朝飛廉果奮迅掀天翻地輾風輪波濤搏卷作山立山石轟飛揚灰塵或旋羊角揉林樾十圍大木無固根積稈重茅漩渦上久駐高空雜亂雲有時直衝恣狂奔傴仆牛馬壓墻垣千村萬落振屋瓦拉雜似摧昆陽軍雨雖傾壺非直下

橫斜爭訏弩箭攢高原下隰通河海天吳水怪肆併吞
園田掃蕩更湮没禾稻果蔬無一存倉卒困如魚在罶
異時荒飢寧暇論從來颶起多東北蕩西回南有成式
間由西北轉東南四風不全勢不盡勢之暴者只逾時
緩則三七日乃息此風不作已多年回思猶自驚魂魄
昨當農隙復小試損傷幸未妨稼穡分明有道消災祲
衢巷何人知　帝力

倚杖

一杖閒中倚斜陽下竹扉生平惟任運身世且因依山
翠濃千疊村烟澹四圍茫茫何所適此際已忘機

拄向榕陰去依回步屢停潮侵荒岓碧苗際遠天青晚目傷寥廓秋心入杳冥欲歸且延佇蟬唱滿林坰

張文獻公祠

女牛天半斂牕扉長使行人仰袞衣文藻輕纖流逸韻勳名金鑑耿清輝素鳩無復庭階出海燕空尋類樹歸莫怪登堂久延佇當年風度尚依稀

開元遺事久消沉讀史猶存感慨心夷甫早能知石勒灌侯誰料奪淮陰辭榮迹向荊門遠念舊恩從蜀道深一代安危關去就無慚俎豆曲江潯明皇欲相牛仙客公有淮陰羞與絳灌爲伍之語

韶石歌

韶石崔巍三十六蒼翠照人峙空谷擎天拔地一千尋玉柱如林森矗矗餘外紛紜狀不同小者柷敔大鐘鏞傳聞南狩此奏樂得毋此石其遺踪天闕雙峰更突兀二樓相望成宮室香爐寶蓋輿御屏儼然南面垂衣日我來忘味思元音擬向此中尋髣髴薰人只有解愠風帝琴不和湘靈瑟莫歎泐穆聲無傳無聲樂在有聲先但令海枯石不爛簫韶終古在南天

七夕分得擬祖詠并次其韻

填河河已合問夜夜方闌乞巧絲藏盒迎仙果薦盤隔

秋鷩别易連夕聚歡難到處針樓月閨人脉脉看

許蒼嵐明府自瓊南還廣州招同友人讌集别後

却寄兼問姚非漁病

許靖重逢自粤臺南行觀海棹初回風濤路遠詩千首
離合情深酒百杯餞出瓊厓皆絶品人兼晉魏總清才
懸知别後頻公讌曾否劉楨力疾來

期頤上人不至却寄

别時江寺共探梅悵望儀鸞兩歲來修問爲聞名岳返
報書曾許故園回緒風驅暑清金界新月涵秋朗玉臺
正好相攜修社事曇雲何處重遲徊

香珠

香珠夥夥自勺圓好教佳人玉臂纒苟令爐香那得比清薰長是泥人憐

一圜貫就念珠長花氣全歸百和香入手惹人生愛戀世緣難斷媿空王

賦得秋日懸清光

烱烱清秋日高懸依上蒼半空流素景一氣散輕霜影逗疎林碎輝臨綺戶方迴光如肯照畏愛總相忘

賦得青雲白石聊同趣

青雲縹緲在高空白石沿溪碧蘚叢佳氣正當籠日處

逸情偏在激流中從龍象與化羊異行雨心仍礪齒通

聊共激昂歌斫爛用激昂青雲及南山白石語此中意趣本來同

閏中秋次許蒼嵐姚非漁唱和原韻

五夜登樓興尚存瓊筵歡復倒芳尊霜中恰長蓂三度

秋半剛圓月兩番較去光華曾不減照來氷雪若增繁

幾何秋閏逢茲夕擬更乘槎泛海門

閏中秋後四夜舟次石壁遇郎副戎亦傅任肇楚

許亮敷何日友分賦得四支時余將赴羊城諸

公同餞岡州

客舟薄暮聚江湄邂逅良宵似夙期月減已逾三夜望

閒來仍是半秋時光搖絕壁漁燈亂響度荒林戍鼓遲莫惜唱酬同達曙明朝還暫悵分岐

閏秋張損持先輩招同家王顧孝穉涵一陳端木聖取屈甘泉黃灌人韓橋村羅浮山鍾勺金張虎文龐處仲方期王客僧李葆光鄺白池讌集湛思亭許蒼嵐明府適至同賦以白雲抱幽石起興分韻得攜字

白白高天雲光與日月齊珠江有幽石乃煩遠縈縛英英張吳江飛步凌丹梯從容詠玉繩焜煌須碧雞高文昭典册剔畫書金泥世人多聾聵翻作反唇稽惟公爲

司命疾呼醒羣迷軒車昔臨粤斯道首唱提屈陳與族父華藻同根柢海潮有消長溝水易東西今來訪故舊黄壚感阮嵇流連及秋閨紅葉滿江隄撫時發逸興開宴廣招携下交兼長少紛錯雜輪蹄復值宦遊客闌入無町畦共爲文字飲歡笑倒玻瓈較量風雅言唱酬忘日低僕才愧前哲學峰徒扳躋追隨賦公讌砂礫雜懸黎庶藉齒牙論聲價增品題

醉芙蓉同許雁洲家叔師白作

芙蓉幻出異根苗色相長分暮與朝每對曉霜矜白晢還因斜日暈紅潮脂從粉上施偏艷醉較醒時覺倍嬌

應爲酒人居止近一秋頻得濁醪澆

重陽前一日招同萬字兆太史郎亦傅副戎暨同里諸子集蘇氏西岩用西岩二字爲韻各賦七律二首

謝家亭館石林西幾日空階落葉迷高會忽迎宫錦客佳遊同覔女蘿蹊塞鴻應候來偏早籬菊先期發已齊何必明朝方盡醉名流寧易得招携

前山同愛夕陽銜觴政紛紜不立監九日心情催麯蘗一城烟靄亂松杉右軍腹笥元難敵左史才鋒更出凡酬唱莫嫌歸路晚即看弦月上幽岩

九日承郎亦傅副戎招同萬字兆太史車望亭邑侯何蒲澗野望任大雁許亮夷龍潭觀瀑用李太白疑是銀河落九天句中平字爲韻各賦五律四首

天半開雲竇登臨客盡疑本源尋始得奔放已如斯觸石鏘寒玉沿崕綴散絲流觴宜此地況是九秋期

佳當重九日幕府廣延賓正迓神明宰還來侍從臣有山皆倚玉無水不翻銀樗散逢嘉會空慚落帽人

奇絕冠天下先儒語不訛風霆翻地軸氷雪散岩阿共赴桓公宴勝遊織女河雲潭如續記崖石卽須磨

異境龍湫闞行踪鳥道懸歡乘萸菊節醉倚泬寥天岳
色增詞藻泉聲代管絃遙途冠蓋滿光溢此山川

立冬日陪萬孺廬太史集豩園同賦黃橙分得九
青

莫歎遺筐篚今方貢殿廷坤輿存正色金橘讓清馨陽
朔期剛值冰霜氣盡形採風重南食應首列圖經

立冬後一日石浪園主人招同萬孺廬太史郎亦
傅副戎喬梓暨諸同社賞菊以陶詩懷此貞秀
姿卓爲霜下傑句爲韻分得傑字一首同用霜
字一首

冬氣逼清秋百卉生機歇籬菊獨向榮葳蕤呈曉飾霜繁色正佳風高香倍洌搖落後衆芳挺作林中傑側聞城南園廣植成行列紅紫及深黄種類區以别萬朶若星羅一一騁鮮潔朝士重貞秀幽人喜隱逸同心齊所懽屐痕雜車轍

策杖尋三益冠蓋羅南塘主人肆筵席賞此寒菊芳沿畦恣幽賞泛英酌言嘗兼云傳服食延年壽命長余生寡所悅陶情在杯觴客謳逢彥會鬱結寫中腸重九倏九日歲月如朝霜寧辭宴酣數歡聚不可常申章紀良晤馨香期勿忘

秋杪登圭峰尋李眞人朝斗石因寄社中諸子同

用十三元

盤廻磴道共扳援秋杪凴高酒一尊寒入山光連日澹

雨來海氣與天渾黃雲寺已迷孤嶂碧玉樓空隔遠邨

擬向斗壇求秘要此心堪爲故人言

尋仙剛喜近天門禮斗壇塲片石存無復三更搖玉佩

空餘七曜朗星垣藥岩罷搗閑泉響屐綦留春認蘚痕

若使還丹眞可得懸蘿千丈約重捫

送萬孺廬太史

栁營花縣訪交親金荔帶搖紫水濱公讌每驚詞藻艷

離筵旋感別情新恩深馬鬣還鄉日喜動　龍顏入直
辰蚤晚金門趨謁還相期重醉　帝城春

端研贈王晴江系之以詩兼以誌別

羚羊古峽雲帶雨凝深黑絲絲蕉葉紋幻成一片白凤
昔琢雲根攜來珠江側人事繼天工精純生潤澤湼磨
亦已屢磷緇不可得平生勞著述未嘗離須刻故人乃
石交鈍拙同肝膈厚重非少文所賞在元默臨別持相
遺用比君子德願無忘靜貞涵濡資翰墨

壽車望亭邑侯

掖垣華省毓清才身佩銅章出上台三世科名誰得似

七襄雲錦獨工裁劉生書貯彤廷滿潘令花移紫水來

蚤識兆民同有慶生申剛接一陽回

郎副戎幕送趙礪菴携家還閩省覲

因行奠雁駐江涯趙氏連城四座誇對玉經旬陪樂廣

述婚今日送秦嘉越王臺畔帆檣疾螺女江邊道路賒

想到八閩歡省覲夭桃雙發栁營花

題姚非漁山塘烟雨圖

開圖細認是山塘一帶簾櫳花粉香憶向小樓經月住

十年魂夢未曾忘

閶門風雨五更寒此境何期畫裡看記得吳儂船上醉

別時燭淚滴紅盤

浮丘井

燒丹遺井在浮丘，訪古情深汗漫遊。伯叔並行人已去，珊瑚携獻話長留。泉心舊是朱明路，地肺元周碧海流。誰與麻姑通信息，桑田無處覓滄洲。

陸賈祠

遺踪猶未没江雲，祠擁高城雁翅分。隔水明珠還耀采，來巢翡翠尚成羣。西秦著論傳新語，南武重臨憶舊勳。不媿越華樓上住，漢廷儒雅少如君。

虞翻苑

虞翻舊苑施爲寺一代經營託泬寥訶子可能辭剪伐菩提猶自發枝條英雄淚有禪燈照遷謫愁從梵唄消莫倚危欄歎骨相石幢旛影話正遥

望氣樓

衣冠讖載舊圖經訪古今來望杳冥四面山圍銅柱碧兩厓烟鎖石門青鯤鵬水濶年年浪牛女天高夜夜星恠得長留佳氣在中原形勢盡南溟

沉香浦

珍奇投處浦烟深典午清流自古今拂面餘香風不散浸心遺愛水難沉後來亦有江中硯饋去何勞槖内金

回憶貪泉舊題句夷齊眞不易初心

荔枝灣

沉沉香霧濕苔紋猶憶君王酒正醺天外波斯來翠黛
日中丹荔燦紅雲鴻圖已逐歌塵散蟬噪還從輦路聞
入洛定知忘未得頻年歡宴在江濆

素馨斜

南人斜畔渚雲低到眼芳菲遠近迷萬縷情苗青欲徧
一叢香粉白初齊繁華事業歸荒壠艷冶心魂戀大堤
絕勝明妃孤塚在玉門關外草萋萋

抗風軒

行迹雖殊古調同五先生起盛明中高歌尚紀南園日大雅長畱海國風簷外地侵潮水綠檻邊橋壓岸花紅騷人去後壇壝寂擬續遺文媿未工

西岩席中得萬孺廬太史書分賦却寄

人生如萍蓬常聚理難恃及晨逐朋儔取醉寒山裡酌酒依松杉籌以梅枝紀中觴念歲時漸長驚日晷憶昨當重陽宴酣同左史一別易秋冬相思空復爾金盤烹鯉魚倐來書滿紙上言懷新知下言饐故里展讀傷離居停杯如有待歡會邈前期悵望西江水

西洋風琴

西洋風琴似笙而大以木代匏以青金作管以
革囊鼓風奏之聲聞百里友人亦傳見自澳門
艁而倣作
因命同歌

西洋風琴似鳳笙兩翼參差作鳳形青金鑄筒當偏竹
短長大小遞相承以木代匏囊用革一提一壓風旋生
風生簧動衆竅發牙籤戛擊音砰訇奏在三巴層樓上
百里內外咸聞聲聲非絲桐乃金石入微出壯盈太清
幽如剪刀裁繡閣清如鸕鶴唳青冥和如鶯燕啼紅樹
哀如猿猱吟翠屏或如邊關晨吹角或如軍壘夜傳鉦
或如寒淙瀉三疊水簾洞口流璁琤或如江濤奔萬馬
石鐘山下聞噌吰或如獅吼蓮花座裂石破雲天震驚

或如龍吟水晶闕老魚瘦蛟舞縱横或如鼉鼉摩雙軸迴環氣力九牛併或如蒲牢敲百八振蕩心魂羣動醒傳聞島夸多工巧風琴之作亦其徵我友亦傳世儒將巡邊昨向澳門行酋長歡迎奏此樂師旋倣作神專精器成更出澳巒上能令焦殺歸和平緱嶺秦樓嘶細碎鸞鳳偏喜交洪鳴雄中黄鍾雌仲吕洋洋直欲齊咸韺他日朝　天進樂府定有神鳥來儀庭

輓姚非漁明經

無端鵩鳥上承塵塵土空埋似玉身少日貌推城北美中年詩學劍南新風流自喜終成病才調縱高不救貧

遺恨白頭還作誄夜臺休憶茂陵春

壽郎亦傅副戎母蔣太夫人二十韻

單棲雌黃鵠衆雛賴扶將扶將成羽翼飛鳴表禎祥維我太夫人十六耀明粧十七嫻內則十八工文章十九相夫子命婦朝未央四十持門戶守節稱未亡教育諸賢子大器成棟梁長子承封爵仲子鎮岩疆叔子隨豹尾赫赫羽林郎四五未仕宦衣冠遊上庠五子俱入室一室生輝光茹荼三十載方酬素所望客歲隨仲子鼎養來炎方炎方師貞吉坐嘯致平康有子兼文武僉曰母賢良值兹梅雪候設帨羅酒漿人士偕將佐迭進南

山觴僕交仲公厚弟昆齒雁行懽同斑衣舞拜母上高
堂稱詩陳盛美彤管流芬芳

寄壽車邑侯尊公平岳太史二十韻

瑤花含藻彩文竹發菁英川岳同鍾秀賢良乃篤生螢
囊爲世業虎㮚振家聲　今上求言切先臣以直名黄
門勞奉引緑野荷　恩榮膝下傳經立天邊射策行英
雄欣入彀館閣羨登瀛手撰詩書富樓藏賜予盈内曾
操史筆出復秉文衡西粤材全拔東甌士有成鴻方漸
陸赵鶴更在陰鳴杏苑橋仍梓桂林弟與兄一門高甲
第三世美簪纓紫水山陬邑黄雲海上城長公持檄至

賤子摳衣迎承流親雅化溯本具深情蚕月春風藹花時曉日晴懸弧逢令節稱兕隔遥程緲緲燕山峻悠悠楚水清頌言憑驛使遠爲九如賡

珠燈得七陽

的的攢成綺蘭膏蘖正芳千行淵客淚重暈燭龍光與月原同體爲星各有芒火珠才一顆爭得重明堂

除夕前四日郎亦傳副戎招同麥仲詒許亮募集玩鶩書屋賦用九佳因東社中諸子時仲詒歸自羊城

幕府筵開節候佳東風送煖入衙齋臈餘四日催年改

人返三城拉友偕花綻園桃紅壓檻葉舒營栁綠盈階

羣公共有歲時感好放詩心入酒懷

開春三日過玩鶩書屋適郎亦傅副戎招同麥仲詒茂才許亮專處士讌集用文元韻各賦七律二章別後郄寄因東社中諸友 己亥

洪鈞初轉暖氤氳幕府人趨共校文莫莢歲時三葉報

壇場風雅二難分春情艷似桃花紙酒政嚴於細栁軍

摳謁正欣逢勝會媿無佳句謝同羣

出府歸尋海上邨春潮新上舊籬根花舒蝶翅流紅影

栁似鶯兒帶綠痕冶宕風光宜賦客合離心緒泥芳尊

故人應亦憐同調幾處深宵望戟門

開春示觀耀

顧我猶前日承恩已十春易荒惟歲月難報是君親民社真吾事門庭屬爾身克家無異術正位在家人

人日卽事寄郎亦傅副戎暨社中諸友

心似三秋別年開七日春那堪來復候仍作索居人山色蛾眉淺潮痕鳳尾新遥憐賦公讌掞藻荅芳辰薄蝕消元日陰霾復此辰如何仁愛意多在太平春鶯以禁寒寂花仍冒雨新羣公推博物一為究天人

人日擬韓偓叠前韻酬亦傅副戎

花貼金屏煖香生角枕春佳期聊復爾勝日却逢人夢
好愁難續粧殘覺倍新願爲結綵線玉手印芳辰
麗景憐芳歲離心悵別辰韶華剛七日恩怨又初春辛
菜沾唇淺飛花上額新爲言剪金勝勿剪獨眠人

將之鐵城離席同賦長句四截

鐵城四面湧鹹潮迢遞江程一日遥貪看縣花尋茂宰
東風初試木蘭橈

酒杯連日醉春陰小別仍關作客心預恐明宵掛帆席
滿江風雨動離吟

翠微地與澳門通番漢人家互市同兩過鐵城遊未得

此行還恐又匆匆

滿堂紅燭照離尊小暖輕風近上元返棹肯辜良夜約春燈攜手踏千門

元夕詠瓶中碧桃花同用一東

仙樹瓊枝自作叢甆瓶供向綺筵中燈邊弄影銀花合門内窺人玉面同蓬島露華凝未散武陵春色澹成空惟應三五良宵月相伴無言對好風

筆床同用十蒸

琉璃硯匣舊同稱揮罷如椽藉爾承夢去可能逢郭璞裝來應共羡徐陵千人陣已饒衾枕萬紙書仍繫寢興

回憶十年風雨夜高眠相對似良朋

菜花同用六麻

初薦辛盤葉正嘉提籃旋見滿叢花吐時味佐幽人饌開日春盈野老家已笑紅兎緣盡畝却教黃蝶繞籬斜子成更遣園丁護歲歲萌生未有涯

紫蘭 一名賀正蘭

元日先開有秀蘭紉時堪並椒花看階前艷亞昭容袖谷口光涵侍從冠鷄羽拂叢風正暖燕支着地雨初殘迎神更不勞湯浴氣色東來已滿欄

菊秋

經年曾不啟籬門三徑遺芳尚有存幾度春光催嫩葉無窮秋色聚孤根餐英預作凉宵夢出土先承細雨恩持贈佳人知未得倚欄空斷別離魂

自斟壺歌

酒人多簡率制器亦匠心壺以自斟名酒力隨所任或飲一斗或一石相去奚啻丈與尋世人非我焉知我自斟始得適其可莫慮當場不盡歡縱不沉冥醉亦頗貴人公讌啟華堂堂前作使邯鄲娼酒行長跪稱上壽往來如織勞趨蹌一設此壺省繁縟兼銷貴踞除矜張何況論文同杯酒爾我形骸復何有旁觀尚不許公榮壺

尊肯假他人手假手於人讓亦爭反令遲疾不相應不如提壺自斟酌鯨吞虹飲暢吾情君不見因人碌碌少成事事成往往由於自

洗竹同用七虞

雨荒簷外竹一爲洗繁蕪遠俗何妨少爲生自不孤疎宜明月度淨有緑烟扶藉此成高節寧嫌去取殊

水松

喬松種類天南異不產岩巒產水村積翠詎資嵐氣潤爲濤偏近浪聲喧地忘卑濕貞心見迹避高危錯節存同是後彫誰識得海門經歲似春溫

春楙同用四支

流鶯聲裡綠絲垂，怨入東風豈易支。橋畔幾回揮手處，樓頭一望斷腸時。多情在物猶如此，可愛當年却似誰。願得雙株早移植，荒園烟雨正離披。

新桐限十二侵

古井寒泉氣久侵，朝陽送暖又如今。雨餘碧幹生微潤，月到銀床有薄陰。宮裡乍萌千種恨，樓前先感一秋心。禁烟早報清明近，么鳳憐花自解尋。

青苔

細雨才過色便勻，東風門巷淨無塵。曾誰許入繁華地

愛爾能畱寂莫春臺榭久荒愁共滿宮闈深閉恨同新
幽居却恐人行破要伴殘花作錦茵

鐘聲

山鐘迢遞出林丘迴響長依古石樓水落空江隨月渡
風傳大地帶霜流歡娱夢破蘭閨夜離別魂驚葦岸秋
囘憶上方曾寄臥百年心向此中求

謝崖闢新居酴醿盛開與陳崑霞太史嚴荔村麥
厓山兩茂才同賦韻限七陽

葉叢剌短軟枝長暈帶紅潮上淡粧艶復有香誰比得
醉憐無力倩扶將經年靜置疎簾外此日新移玉鏡旁

爭羡瀼瀼甘露好無窮芳澤待君嘗

仲春承車望亭明府郎亦傅副戎約舉社事因柬

諸同人同用四豪

吟社關心首重搔無邊春色待揮毫藉來草似花茵軟
聽去鶯爲鼓吹豪文酒風流趨雅化騷人詞賦在吾曹
登壇幸有神明宰鞭弭相將肯憚勞

小松限一先

才見盤根便可憐虬枝半尺得天全蒼茫尚帶空山月
披拂長畱短檻烟土瘠氣蘇滋潤後歲寒心具發生前
衆芳此日誰如汝不待迢遙十八年

春日看秋海棠限十二文

淚結寒花自昔聞看從今日倍憐君春前已逗秋風恨醒後仍餘宿酒醺胡蝶去來驚異色杜鵑紅艷偶同羣多情漫向東風嫁留伴芙蓉十里芬

李長吉古破錦囊歌

錦囊織作亡歲時七襄疑出天孫系照人古色侵眸子蚤穿鼠齧還陸離隴西才人生癡愛跓驢行處奚奴背貯將心血結牢愁鬼氣難藏露破碎夜夜探囊續艷篇啼紅怨綠吊空天一自宮神召書客錦囊變幻成雲烟樓瑩白玉銀潢外囊與天章同顯晦人間尚有囊中句

長爲斯囊畱光彩

白鷺

鷺亦尋常畜堪憐是素風沙晴連月澹浦夜帶霜空鬭鴨閒相逐浮鷗潔與同羣公多墨妙愛壺敢輕籠

書蘭亭序後

蘭亭幾度悵風烟閱盡前賢又後賢不有斯文傳盛事至今誰憶永和年

齊觀生死與彭殤誤事清談自老莊典午諸賢成痼疾斯文誰識是良方

送彭慊思遊姑蘇

麥秋天氣清和節素馨花散盈隄雪故人別我出庚關要看吴門車葢熱尊君吴門舊作家交遊意氣競豪華使者李公司供御平原風義尤堪誇囊因趨　朝遠奔赴旬日淹畱同道故萬里君方捧杖隨獲交孔李通情愫任昉孤兒苦食貧素冠葛帔逐風塵羊舌逢之應泣下解衣分宅詎須論僕亦天涯長浪迹廿年兩度姑蘇客金閶樓閣接山塘至今夢魂忘不得此中最是故人多酒會詩塲近若何到時先報伯通道梁鸞早晚重相過

種魚限十灰

遠向江湖得盈筐作貫來苗儕一寸小池羡九洲開取
捦關生育淪漪卽治培但期觀爾樂不必待驚雷

寄生草限八庚

卿來從鳥雀根向樹梢萌離地聊爲命因人得所生不
材徒附麗異種共枯榮磙磙笑公等何曾事自成

眼鏡得八庚

不知何代製旭日兩輪并藉爾重離象慰予四射情老
來疑返少蔽去却增明夜夜披殘卷相將樂此生

爐罩

綺縠爲爐罩方停面面匀眞疑籠薄霧寧肯受纖塵寶

色藏仍見餘香畜正新從茲荀令座蘊籍更宜人

同年李穆堂學士祭告南海賦贈兼送還　朝

虎門宮殿控鼉梁祭告南來劍佩香　聖主懷柔先海

若使臣風采耀扶桑蜃嘘樓結空中出日浴波涵夜半

光無限奇觀隨史筆圖經從此獻明堂

棨戟將隨玉局中中流笳鼓震鮫宮離筵荔燦紅雲影

仙舫帆移白雨風路入鄉園歡壽母詩傳京洛動羣公

敢嫌乘傳趨　朝速想望爲霖四海同

桂宮杏苑舊相隨十載蓬瀛獨受知風滿金螭陪宴處

日臨銅鶴説經時孤寒士子勞甄拔騷雅壇塲待鼓吹

下里得頒元旻序一函星月照南離

端午值夏至詠蟬限十四寒

夏從午日至蟬噪滿簷端陰氣乘陽盡炎風帶露寒無
情榆樹碧有約荔枝丹莫笑隨鳴䳺還同高潔看

筆洗

玉毫憑洗濯常見墨痕侵物有藏洿用人懷自潔心不
緇原自命皆濁已如今青簡徵勞在誰能較淺深

竹杖

竹老裁爲杖青青意不忘獨呈君子節多伴丈人行孤
直吾尤愛扶持爾所長化龍那用早五岳正徜徉

蒲團

自製蒲團好山人手所經與霜爲一色規月得全形彿

會趺精舍僧來共草亭氍毹華屋滿取伴竹燈青

篛笠

篛笠稱高髻相携得自今可能孤月並直作片雲陰巧

出良工手凉生野客心乘車肯相下猶未媿華簪

薰籠

南藤配楚竹結束共成窩用法兼䟽密爲功在綺羅貴

宜金鴨並愛受玉人多含笑吹燈後餘香柰爾何

鈿尺

最適蘭閨用還饒金粟鮮勢原分寸積數已始終全長短思難定校量任獨專因君成熨貼怪得美人憐

鏡臺

聘自何年下添成金屋春夜函明月滿朝拂綠雲新玉手奩香印花鬚落細塵有誰能近得羨殺畫眉人

剪刀

兩股并州鐵相交用始成花從裁處落蝶向腕中生拈每憐宵冷停應感別情何人欄檻外潛立聽分明

讀吳梅村先生詩集限十三元

鼎革年中多作者詩篇吾獨憫梅村撫言堪補前朝史

紀事難忘舊國恩三楚悲歌山鬼在二南風雅黍離存
有明後勁憑餘勇身世遭逢且莫論

女史雜詠

自古喪亾半由女禍偶讀史傳輒肆譏評復於宮闈之外益以閨中曲中諸人非徒艷彼才情聊以著其酖毒庶使覽者知色荒之戒云

息妃

息國傾緣汝誰能爭麗華無言人更愛不媿號桃花

西施

坐使東吳沼蛾眉毒最深策勳有遺恨不爲鑄黃金

衛皇后

一自更衣入誰曾更受恩咒詛復何事仍合賦長門

趙皇后

掌上誰能舞昭陽獨受恩枉教來赤鳳猶自啄王孫

趙婕妤

玉體溫香滿君王寵愛深那能窺出浴還惜袖中金

甄皇后

君王難寄語畱枕枉區區賴有微波托神人道未殊

鬱林王妃

行樂少年事深宮語笑長最憐鬭腕力沾盡粉痕香

馮淑妃

往年初進御相賞在胡琴代邸調絃日誰憐斷續心

潘淑妃

宫市無端散遺踪尚可憐梁臺多絶色誰敢踏金蓮

徐元妃

漫憶嫁時雪遥憐角枕香多情垂老在今古惜徐娘

張貴妃

天上張星好人間顧已酬相携墜眢井亾國亦風流

陳夫人

一受同心結芳情定自今風流遜張孔眢井與誰沉

楊貴妃

近代論傾國還應數太眞漢宮須讓汝天子未蒙塵

花蘂夫人

舊愛終難斷深情見畫圖宋宮詞最好得似蜀宮無

文君

擇對憑新曲自言能審音琴心不可測翻作白頭吟

賈午

貴壻窺簾得佳期卜夜來莫嫌香氣苦香氣是良媒

㚇葉

㚇花矜絕艶㚇葉艶於花渡頭千萬朶那得比容華

莫愁

石城佳麗地兩槳共行遊堪笑洛陽女嫁遲未免愁

薛校書

多情春望詞蜀錦輸佳麗莫破浣花箋美人餘韻在

劉采春

妙曲傳囉嗊芳顔更絶倫掃眉有才子采盡鏡湖春

序列以時代為後先然必先宮闈次閨閣次青樓遵古選詩例也至宮闈中人各稱位號亦猶詩人象服山河之意云爾

季夏集玩鷺書屋喜某守戍至自循州

歡尋社事廣開筵知已剛來薄暮天栝牟共邀熊海月

襟裾猶帶鱷湖烟三春舊雨如前日兩月離心似隔年

登晚勝遊還有約羅浮地主屬髙賢

聽友人談循州西湖之勝因約同遊得同字

鵞城西郭曾臨眺豊鱷湖光十里同近水亭臺明鏡裡依山樓閣畫屏中詩談境似身重歷迴憶遊憑夢遠通正好共搖雙槳去解犀橋畔又秋風

仙城七夕寄懷郎亦賞副戎

三城爲客久蹉跎佳節俄驚渡鵲過靈匹漫嫌歡聚少良朋翻惜别離多心情正似蛛絲結風雨如晒犢鼻何君是汾陽饒勝事天孫曾否下銀河

早秋車望亭明府招同郎亦賞副戎曁同社諸子

集寧遠堂因懷萬孺廬太史

百物慶初成官衙豊暇豫瓜果有餘興召客長筵鋪同官與部民先後逢奔赴爲歡藉梧槃相賞在詞賦詩成月方高中懷各傾吐凝情望青霄撫時驚白露忽憶玉堂人隔歲來花署歡聚曾幾時騰驤倏天路人事若萍蓬合離無定處會當隨雙鳧　帝城尋道故

中元後二日知政橋落成喜賦得七虞

新橋更過舊規模况值秋光滿路衢靈鵲經旬辭渚畔長虹此日落城隅題詩漫詡漢司馬知政全勝鄭大夫不待嚴寒先利濟萬人來往共歡呼

朱槿得二十六宥四質

常時落更榮春晝復秋晝芳桂少朱顏穠華君是首火色受朱天繞籬騁艷逸舒華每及晨長映扶桑日

匙鳥

已逐閒雲出寧辭向夕翻機於翔處審聲以集時喧物理原趨靜天心亦厭煩故山林薄影最好是黃昏

仙城客舍與馮自哉同門話舊因寄郎亦賞副戎暨社中諸友

客中携手戀同羣一席深談酒半醺世路恩仇成驟雨行踪聚散任流雲燈邊亂葉參差起樹杪吟蟬斷續聞

憶逐龍驤觀競渡隔年容易又秋分

樓臺雜詠

郎亦賞有八臺十二樓之詠情深古跡調絶令人余亦艶厥才華因而謬爲摹倣其望氣鎮海二樓已有舊作不復重題共得十八首

黃鶴樓

憑欄天外豁雙眸山自高盤水自流黃鶴已迷今日影白雲空剩古時秋洲中鸚鵡騷人恨江上烟波逐客愁欲向飛仙學冲舉茫茫何處覔丹丘

景陽樓

端門漏遠景陽開永巷鯨音趣夢回萬騎盡隨遊幸出

五更頻爲洗粧催雞鳴埭毎繡襦滿鳳度橋看反縛來
王氣頻年那壓得空留鍾簴待梁臺

文選樓

莫怪登臨感慨生風流誰得似昭明五臣博雅空詮次
六代文章自品評每歎立言堪不朽休論繼世屬無成
從來選體詩人貴白首猶深願學情

八詠樓

詞賦休文最擅場一麾曾出守東陽人歸任托三朝重
樓在詩傳八詠香寶婺蒼茫嵐翠遠畫溪深淺水流長
山川雖美非吾土今古憑高一望鄉

華蕚樓

友愛諸王共醉縌樓頭花蕚互相輝歡娛正可爲長枕

昆弟何妨似布衣漫從金輿矜隊仗寧應玉笛竊宫闈

若論蹀血禁門事斯道如君亦已稀

風度樓

曲江重上舊時樓往事空隨歲月流燕入玉堂曾幾日

書成金鑑已千秋臣心潔與韓瀧似人品高堪庾嶺傳

莫怪倚欄頻想望當年風度在凝眸

籌邊樓

萬里橋西一望通籌邊樓倚夕陽紅山川諼詡蚕叢險

方畧還推李相雄六詔風烟欄檻裡諸番形勢畫圖中
後來亦有太原守未戢先謀一轍同

燕子樓

謝絶鉛華獨掩扉合歡床冷下孤幃斷絃那用鸞膠續
故壘惟容燕子歸紅袖十年香易散白楊一望樹成圍
青樓節義如卿少誰讀遺篇淚不揮

岳陽樓

岳陽樓倚楚雲端氣色蒼茫萬象攢水濶江湖全入檻
天空吳越一憑欄佩紉澧浦秋蘭馥瑟鼓湘靈夜月寒
自是騷人哀怨地思鄉懷古恨漫漫

碧玉樓

待聘珍爲盛世欽樓傳碧玉重儒林明王倍切他山望
徵士難忘韞櫝心盧阜花從藏處發江門水向靜中深
莫歎寶色流輝遠一片陽春自古今

九成臺

歌舞遺基總易傾虞絃今獨有遺聲聞齊味可忘三月
適粵臺還剩九成天近蒼梧雲共暗江連斑竹月同明
高憑欄檻看韶石一日南薰萬古情

姑蘇臺

西施遺迹在荒丘萬古歡娛萬古愁檇李仇從歌處解

勾吴業向舞時休綺羅氣暖春宵路花粉香濃月夜舟聞説效顰君莫笑人今猶學舊風流

黄金臺

滹河一路雪霜催貪看招賢舊迹來簡策獨傳燕國事古今寧乏郭生才亦知買駿先求骨却羨捐金爲築臺貲乃爲郎憐賦客祇應臨眺重徘徊

戲馬臺

烏騅無影覇圖空戲馬猶思叱咤雄七十戰超兵法外八千人散楚歌中嬌娆魂魄依纖草寂莫臺隍接大風亞父不畱奇計少虛言野死爲重瞳

歌風臺

臺邊人競說高皇豊沛龍起飲興長邑在千秋畱湯沐歌成兩漢讓文章望雲早已知新命衣繡誰曾在故鄉除却韓彭無猛士還應喜極更心傷

銅雀臺

鴛瓦虹梁已盡傾曩時銅雀舊宮城奸雄未釋春風恨松柏空聞日暮聲每憶帳幃陳酒脯可能歌舞若平生西陵豈必非疑塚虛負當年悵望情

鳳凰臺

獨上荒臺感慨深元嘉遺事漫追尋鳳凰遠去無消息

龍虎高盤自古今江左豪華矜六代騷人身世托孤吟
長安不見勞瞻望千載悠悠共此心

妙高臺

安禪人去剩高臺疑向波心獨步來曉暮江雲四面合
晴明山郭兩涯開空中色相誰能設定後狂瀾亦自回
粵海有臺相恍惚標題曾是長公才

八月十四夜讌集各賦席中一物分得菜

中秋筵預啟饌似野人家兎待一痕滿鮭逾幾種奢傾
筐融露氣上箸滑霜華添得良宵興微香雜桂花

遊羚山寺

古寺重爭歷險巇憑高老眼望偏宜天連交廣雲千疊
峽鎖牂牁水一絲漱玉泉寒堪試茗碎瓊梅綻恰盈枝
佳遊何事翻惆悵腸斷猿啼憶舊時
八月十五夜月同郎亦賞副戎作
四圍星影澹無光高下照來一氣凉天到無雲方是潔
人憐清夜不知長行看階砌疑成水坐覺鬚眉易變霜
故國幾何逢此夕況當晴霽共壺觴
郎亦賞偕社中諸子讌集用梅岡集中韻同賦西
岩秋霽二章見示因和
雨後增新爽人家盡倚樓飛流千澗爭殘照萬山秋此

景西岩最剛逢上客遊瑶箋佳句滿眞不負清幽

憶向孤亭坐羣山與檻平天光無遠近一片是空明堪使秋心靜況經雨脚輕翻憐不同賞空有夢魂生

送車望亭明府督運入都

轉輸方物擇能臣暫歇揮絃馬汗新才富豈容辭鞅掌民勞應得藉敷陳星邊待漏金門曉花裡趨庭玉局春爲報還轅須及早岡州多少望恩人

藍采飲將爲聖池之遊有詩先柬用微尨元韻賦荅并速其來

武夷溪九曲勝迹自來稀詎識聖池瀑如開玉女扉散

爲珠錯落滙作鏡光輝未必闈中減期君一振衣

近得君來信言將及九秋會乘風雨近同看雪霜流地是潛乱窟人爲顧虎頭詩成更圖畫不負此佳遊

贈瓊南郭冶谷通守時攝岡州篆

東南名宿舊詞人通籍才冠侍從臣覗草久聞揮翰速代庖初試佩刀新星辰夜徹朱崖曉雨露秋生綠蘐春鳳閣追隨慚未得高軒何幸接清塵

重陽前一日詠菊藥分得頭字

重陽明日是菊蕊傍籬幽氣已三秋足期仍一夜畱芳心長似結佳節若爲酬得共笑開口寧辭插滿頭

馬山鐘樓

城裡青山高崒嵂鐘樓更駕青山出樓爲重樓樓入窓縹緲孤高勢莫匹俯瞰岡城若彈丸萬家烟火指顧間更遠崇階遙縱目山川形勢入凴欄東望盧山呈螺髻海濱鄒魯風猶在北望黃雲接斗壇佛蹤仙迹此中存西南巨浪滔天起趙宋故宮殘照裡今古蒼茫事已沉登臨空感歲時心即如此樓建置久夜夜蒲牢天際吼至今鐘簴亦烟銷摧殘磨滅記誰某要從今日復古初諸公謙讓胡爲乎

遠帆分得二冬

帆遠信風勢波濤知幾重去隨雲影盡來隔水烟濃隱約征人夢迢遙海客踪莫令思婦望添恨上眉峰

九日馬山登高得四豪

孤峰突兀入城高佳節相携散鬱陶簾幕千門開晚照霜風一氣捲寒濤桮傾笑口歡宜盡帽落華巔興倍豪此會明年愁作客故園回首夢魂勞

登馬山望楚雲臺

山臨埤堄曉烟開盡目江干有舊臺草露荒涼人已遠白雲猶似楚中來

楚雲縹緲嶺雲深今日遊人昔日心莫倚城頭空悵望

滿懷風月待清吟

九日登馬山懷車望亭明府

入城山勢出城頭登值重陽宿霧收綠護峰疑經雨洗二厓水自際天流紅萸莫惜芳辰醉黃菊難忘隔歲秋神宰暫離勞想望聖池飛瀑憶同遊

秋郊觀兵呈郎亦賞副戎

踏殘衰艸馬成羣秋獮旌旛八面分將帥威名傳鼓角陳圖變化起風雲曾瞻翰洒三千牘誰識胸藏百萬軍從此萑苻消有象洗兵涼雨下斜曛

補禳颶詩有序

夏至前一日風勢如颶郎亦賞副戎偕令子公和召同許雁洲亮㝢喬梓麥仲詒何大山作詩禳之用杜工部東南飄風動地至句分韻畱地字待余時不果作今聞南澳颶災甚烈而吾岡州獲免未必非禳之力因而補賦凡二百四十言

維兹巳亥歲夏從午日至未至前一日陽巳為陰閉霾雲竟障天雷聲不奮地風生東北隅先柔後震厲一氣恣奔騰觸物紛鳴籟有時作羊角旋轉上空際倏雌而倏雄反覆再三四爭傳颶母來先期鍊風勢念當長養時禾稼始成穗菓實洎瓜蔬並關終歲計若果遭慿陵閭閻何利賴有位重民生目覩輒心悸呼訴約朋儔祈禱憑文字授簡遥見頌徒作下風拜近聞南澳中飄搖

灾方大物產少存菑人畜多摧敗此邦獨無虞地同天有二毋乃高聽卑三舍勞退避始信仁人言轉移良匪細而我媿無功迴思增感慨修詞比綠章相繼謝屏翳爲言粤海濱蒼黎俱凋瘵願永罷揚沙無分疆與界庶可阜民財爲功在 聖世

秋杪宿玩鷺書屋憶昨江門舟中相左因而有作

同用四支

來帆去棹各心知邂逅無因悵別離浦溆枉勞連夜夢栝槃剛協此宵期葉聲滿地風過疾星影臨窻月上遲莫惜連床談達曙暫時分手卽相思

酬郎亦賞副戎玩鷲書屋獨坐見懷次元韻

鏡開前後池池上孤亭廠入望總空明況逢秋氣爽主人擅詞賦風流吾所仰此地日唱酬何殊谷荅響偶爲穗石遊離心江月朗相念見清詞緣情非矯强轉憶高吟時眞有天際想

觀穫稻

晨興適近郭竚立縱遠眸腰鐮諸田父畝首各分投終年勤手足所期在有秋今逢霜節至黃雲覆隴稠鏟艾偕婦子負戴盈道周穉穗有遺利歡笑溢西疇平生懷沮溺世紛撓所求何當老農圃蜡臘相勸酬

秋塘夕泛承郎亦賞副戎偕令子公和招同許亮

蕚何大山作用陶靖節遊斜川韻

寒冬逼秋盡一年行將休感此歲時晚招邀集舊遊爽氣盈積水鼓枻泛中流逶追觀魚樂相與狎眠鷗倒影鑑澄瀾悠然見崇丘恐負林塘勝壺觴命侶儔日沉更秉燭歌賦相唱酬來歲當茲辰知同讌會否人世若浮萍聚散生離憂但得長歡笑此外復何求

同郎亦賞副戎東何蒲澗光祿乞菊

霜前百卉紛搖落晚節花開偏綽約幽人遲暮有深情往往于茲憑寄托幽人寄托竟何如光祿園林似隱居

竹松三徑叢栽菊種色黄紅紫白俱細栁將軍賦秋客
每讀離騷思採摘城南城北阻追尋恨不籬間置枕蕭
兩賢幽逸共肝腸應將秋色均林塘詎爲神仙資服食
但期狂客佐壺觴僕生無限氷霜意原與此花同氣味
願君徧向故人分供我往來看花醉

詠大理小石屏

琢屏滇水石小亦具山林潔白姿仍在烟霞癖自深含
章憐勁骨難轉憶初心莫漫嗟微細剛方尚可任

立冬前一日集玩鶯書屋詠早梅同用四支

立冬剛是送秋時却讓梅開一日期春在肯隨寒後入

香來誰許雪先知江山自此忘搖落南北分明有早遲
不待花繁便同賞爲愁寄贈賷相思

立冬日集玩鷲書屋詠寒塘同用一先

冬朝氷結自來傳地煖依然水色鮮衰栁岸高波漸落
枯荷葢剩影還懸鴨欄每共風前倚漁艇誰從雪後眠
爲報迎寒須盡醉纔生春草便經年

冬夜燈下小酌詠壁間菊影

良宵歡賞菊燈影信天工節是風霜後芳傳恍惚中高
寒終不改繁艷已全空清淺梅花水差堪與爾同

玩鷲書屋賞菊兼酬何蒲澗用何報東元韻

秋來百卉皆揺落況兼前宵風雨惡惟有秋花晚節存
逸姿不許凡花托黃者桂撒金粟香紫者堪羞紅佛桑
復有丹顏傳鉛粉絶勝朱華勺曉霜何處能尋種種色
搜徧山城殊寂寂傳聞光祿園中多曾與將軍栽詩索
分來驟得挹幽清笑口齊開掌共鳴斯時席中方倡和
謬爲將軍繼前聲故縅忽展報章誦句與將軍同飛動
蘭秀菊芳正平分葩壇指揮俱堪奉沉吟看花几筵邊
無才深媿此花鮮題句歉隨彭澤後餐英却追騷人前
一回諦看一浮白相對真如舊相識孤芳落落有同情
都忘紫白與黃赤生平愛酒更愛花花惟尋覔酒惟賒

今朝得隴復望蜀索醉還到羅含家

再疊前韻酬蒲澗

菊花經秋開不落孤芳寧同蕭艾惡幽人往往共餐英離騷心情於茲托名園爭鬥百花香邇來興廢感滄桑石浪園林獨不改千叢萬朶凌秋霜記得去年對秋色孤吟未免歎寥寂承君召我右將軍盤桓花下慰離索酒有聖賢分濁清詩應律呂相和鳴昨與將軍偶憶及作詩索花同寄聲清風穆如煩寄誦對花展玩心魂動會中真不媿桓文牛耳登壇素所奉自顧微才困幅邊每對爭練媿澄鮮況有將軍爲倡和才鋒犀利難爲前

譬之籬菊鬬黄白幽逸相同人共識同時亦有拒霜紅未免施朱嫌太赤幸承不棄約看花咫尺城南路非賒但恐無句爲花贈難與何遜論詩家

三疊前韻酬何蒲澗

貧居一水環村落可云荒僻非云惡園林浦溆依空山茅齋數椽聊寄托無如三徑少芳香遶屋但栽麻與桑近與將軍爲客友蓮花幕裡吟秋霜君家秋菊矜殊色芳菲分得破岑寂筵開花下日醉吟詩成屬和頻相索將軍橋梓才思清雛鳳能繼老鳳鳴一時氣機相感觸詎令百鳥能禁聲獨恐孳牙不堪誦令人口破笑顏動

忽承齒及更見推毋乃虛譽徒相奉君詩波瀾濶無邊
不同沼沚校芳鮮重復倒流傾三峽萬人辟易誰能前
半生壇墡頭空白我本狂生人共識狂雖不減力不加
賈勇枉隨漢幟赤羣公酬倡不在花矜華鬪麗意正賒
藉此流連忘夜永眞令彌月不思家

四疊前韻酬何蒲澗

西風草木多黃落況值冬來風更惡騷人何處寄吟哦
唯有菊花情堪托始知陶潛三徑香絶勝戍都百樹桑
得此眞堪爲佳友却笑芙蓉號拒霜小春梅未見顔色
水畔暗香猶寂寂分來蓮幕許相親舉梧高吟那用索

羣公詩詞逸復清唱酬信足叶嚶鳴堅光古色盈篇牘擲地應作金石聲一回詩至一回誦喜獵心隨笑口動況承重疊投所好何異醇醪頻見奉沉吟琢句向籬邊要與羣公共鬭鮮自顧終覺慚形穢恍如珠玉在當前世人論詩如堅白異同各自矜殊識今幸氣味得相投獎借榮於眼前赤品詩還宜更品花花歷秋冬芳意賒譬之詩中有陶謝洗盡鉛華自一家

五疊前韻酬何蒲澗

咳嗽珠從天上落燕石得不媿頑惡承君笑我報瓊遲短襟肘露何辭托諸公詩矜錦繡香不擻羅敷陌上桑

自顧無才退三舍敢思妄得紫瓊霜却緣此花有佳色
花神每喚人寂寂謬與諸公同解嘲倉皇強將枯腸索
無如叠來句愈清瀑布飛落澗泉鳴揮毫疾書頻往復
敏捷何殊谷荅聲傳來未得詳細誦禿筆欲拈何由動
締思淺薄終難藏不妨魯酒向人奉虛勞展向碧欄邊
少文羞與花爭鮮卽使相酬不落後播揚終媿稗穰前
尋常取青聊譬白補綴祇應人盡識憑君卷舒成五雲
相將共照南離赤不須持鬬六出花開到寒梅秋已賒
好移宋玉賦秋與羅浮去訪美人家

冬夜詠燈花同用七陽

分得蘭膏一片香滿蘂春色溢幃房縱逢霜雪寧愁謝不待栽培已自芳穠艷每隨清漏永孤根仍與熱心長閨人驚喜何勞笑蟢子曾先報畫堂

冬草用二冬十月朔日作

不知秋燒後氷雪幾多重雨露恩猶在萌生氣已封離人記別路春女憶遊踪歎息佳期晚王孫尚未逢

古岡冬栁

海濱風氣暖冬日栁垂堤學舞枝全老如眉葉尚齊懷人空鬱鬱惜別倍凄凄絕勝江潭路長條壓雪低

野燒

夜景憐冬燒流光照水村龍行平野外帶匝遠山根澗户雲應熱林扃日易昏尋僧明日去蠟屐破灰痕初望星星小因風勢漸繁人情戒抱火世事惜燎原眞有摧枯力誰施撲滅恩明年陳舞席何處刼灰存

小春集五畝園觀桃花 得四眞

小春竟如春草木盈生意何處寫芳情城南選勝地相期五畝園杯酒論文字右軍偕將佐曠懷屏從騎公子佳翩翩相隨攬鞭轡故交五六人夙昔同氣味杖屨得追陪心情堪籍慰中讌感物華長林窮眂睇蘭菊雖芳菲猶曰適時會隔樹有夭桃獨標嫣然致臨風寂不言

帶露空疑淚堪將人面同銷恨因微醉此乃艷陽姿花忽冬前熾錯雜用生成造化殊狡獪俯仰不隨時吾曹有同志詎須春夜宴始揮芳園艷會合若難常要約何妨亟却笑武陵漁重尋路難記

嘗茶

蠏眼翻才罷甆甌酌共嘗淺深分葉色高下辨泉香客醉吟偏苦僧來話正長石床風不到兩腋自生涼

汲井香奩體得十蒸

轆轤聲轉促晨興笑倚銀床下玉繩碧甃正涵千丈雪銅瓶初引一條氷花光艷壺還須養粉色調多覺倍增

曾否君心能似此一生長得共清澄

金銀花

黄白何多術花開自作叢通神雖未得已解買春風

黄白術雖多春風買不得花獨艷春風通神輸爾力

舟過坡山有懷蘇長公同郎亦賞副戎

坡亭隔岸倚嶙峋仙侶同舟論逐臣有宋一朝誰骨鯁

惟公萬里自風塵寒江水澗餘殘照老樹烟深剩古春

始信升沉關氣運得時今日見才人

藥亭先叔夜泊羚羊峽口有月覩高峽燒星夾遠

江燈之句陳獨漉先生和之已亥仲冬與郎亦

賞副戎許亮萬處士來泊於此適逢斯景因同

追和

舟維依古峽開共柁樓凭燒截高峰月星參遠岍燈山川遺迹在觴詠昔人曾追和同良友臨風一歎與

祝楊制軍四十韻

保泰勤天眷資賢秉國鈞誕奇應運會紹德邁羣倫銅雀家聲遠從　龍世澤新才洵文武並事試始終陳隋厲三藩首提戈百戰身焚橋隨伐蜀修棧早平秦飲至酬勳重推心委任眞守戎扞豹略佐郡轉熊輪剸縣繁花艷期門細柳春楚黃旌斾駐邊塞挽輸親奉世功方

大陳湯志定伸精誠貫白日忠義感蒼旻副閫漕河上
專征洱海濱禁兵須訓練　王府待經綸司埭居官慎
江都作相醇邊歷雄駱越上將擇臣鄰鼓吹辭　雙闕
烽烟靜七閩公名偏赫濯　帝命博諮詢舟楫期援溺
雲雷合解屯爰開五嶺府來撫十州民凋敝時初起太
和境乍臻流恩週桂海奏最上　楓宸　詔令中台出
權衡兩粵遵風行旣肅肅雨霈復頻頻蛋户謳歌洽徭
蠻習俗淳徽陽今建子維嶽值生申絳雪零芳夜黃鐘
叶令辰菊仍留砌畔梅已滿城闉介壽紛僚佐躋堂集
縉紳愛寧惟赤子歡已溢朱垠自媿樗俱散還慚璧未

純相如常賣賦原憲只安貧潔素存肝肺毀譽任舌脣隱微能照燭覆載仰慈仁況欽搏風翼誰縱涸轍鱗瞻雲思 殿陛計日逐車塵 皇覽逢稱慶華封欲效顰顧言固鎖鑰從此廣陶甄論道隨 朝宇為霖盡海濱甘棠枝下樹應許植平津

江上雜詠八首

菜畦

萬畝菜畦潤沿涯映碧波葉低憐萊淺花容覺黃多脂澤闊人事風霜奈爾何一冬芳意足生計未蹉跎

蕉圃

大葉仍多子栽盈海岍田漫誇黃映日真使綠爲天匪

席心能卷如荷絲共連越娘作絺綌機杼自年年

燒痕

俱焚眞可惜一望總蒼凉風火勢如見榮枯迹未忘寒

雲畱片黑夕照失微黃莫漫妝餘燼殘根生意長

纜路

平蕪界一線雲水共聯綿渡港魚梁截懸崖鳥道連江

湖無盡地力役少閒天願得長風借篙師倚櫂眠

村墟

共作日中市平原村落邊雁行分路直蟻聚亞場圓鉄

黍談雖瑣農桑事已全却憐人散後寂莫上孤烟

岍樹

踈客不成列憑將認水程波瀾長閱歷輪囷見生平海雨千重暗江烟一抹輕停帆尋野戍遠望最關情

棹歌

江程正浩渺欸乃忽聞歌是處敲舷起知誰鼓枻過平湖波影靜孤嶼月明多濯足慚漁父還應奠奈何

帆影

一片孤帆影真同萬里心揺揺曾不定渺渺總難沉空水無留迹閒雲壓薄陰虛令湖海客俛首自成唫

鵞浦社題九四題

西施舌歌

西施流風久沉滅幻迹猶留三寸舌五湖何路到天涯引類懷沙深結穴漁人網得喜相貽（李義山詩西施因網得）含珠老蚌想依稀剖來軟玉能伸縮調羹上箸甘如飴天上瓊漿差可擬江瑶之柱那得比食色於人性本同命名取義良有以君不見館娃裡受恩多惟憑柔舌囀清歌昔怡耳目今悦口西施西施奈爾何

補裘

歲久羊裘綻殊煩補綴工難將集腋比差與續貂同救

敝得全力彌縫大有功依然堪物色莫𢧐水雲中

補籬

竹籬長藉隔風塵修葺寧辭作苦頻世事每從疎得容物情休訐舊圖新護花力比前時健印月痕勝昨夜勻野圃亦煩人補闕應知袞職待能臣

折梅曲

南枝梅早北枝遲開徧南枝又北枝寄到隴頭應悵望故園春信已如斯

春到年年不待人梅花更不待春新殷勤爲報鶗人道已後梅花莫後春

（清）靈山梁炯撰

蔗境軒詩鈔一卷

清同治二年（1863）序刻《柳堂師友詩録初編》本

蔗境軒詩鈔一卷

（清）靈山梁炯撰，南海李長榮選，清同治二年（1863）序刻《柳堂師友詩録初編》本。

梁炯，原名炅，字蓼圃，一字蔗坡，廣東靈山（今屬廣西）人。少時貧寒，嘗爲販夫幫傭，然讀書不輟，并與欽廉名士馮敏昌、李符清等交往。清嘉慶十一年（1806）貢生，嘉慶十八年（1813）舉人，官廣東曲江教諭。嘉慶二十四年（1819）回靈山候補知縣，主筆續修縣志。此後十餘年，除一度短暫受聘任國史館謄録外，大都忙於討生活與科舉考試，最終客死京城。其著述除《蔗境軒詩鈔》一卷外，僅有《［嘉慶］靈山縣志》十三卷傳世。此外，其所編唐張九齡《張曲江先生詩鈔》三卷、宋余靖《余襄公詩鈔》一卷，亦有清道光七年（1827）蔗境軒刻本傳世。

此書見收於李長榮輯《柳堂師友詩録初編》，有同治二年序刻本傳世。按，《柳堂師友詩録初編》係李長榮采録生平236位師友之詩而成。全書人各一卷，卷各書其集名，録詩若干首，并附每人小傳與摘句若干。由於李長榮此編衹是一部詩歌選本，故而其所録梁炯詩雖冠以『蔗境軒詩鈔』之名，實則卷帙甚狹，僅收詩9首、摘句10聯，并不足以反映出梁氏的詩歌創作面貌。觀民國年間纂修《續修四庫全書總目提要》著録《蔗境軒詩鈔》不分卷，係傳鈔本，其中提到：『蓼圃詩文，生平所作至夥，無慮千數百首。殁後，弟子邱玉珊訂之爲十卷，而周西山爲之刊行，旋毁於兵。此則其僅存者，得詩百首而已。詩中諸什，大率爲登臨游覽之作……沈雄壯闊，別具懷抱。而古詩尤爲生色……均大氣磅礴，古傲嶔奇，得山川之壯麗、巖阿之曲折。信乎運筆千斤，得自然之妙矣。』此傳鈔本《蔗境軒詩鈔》，未知是否留存。

柯愈春《清人詩文集總目提要》著録梁炯此集云：『此《蔗境軒詩鈔》一卷，録僅存詩百首，李長榮輯入《柳堂師友詩録初編》，同治二年刻，中國國家圖書館藏。《續修四庫提要》著録傳鈔本，不分卷。』顯然是將《柳堂師友詩録初編》所收一卷本與《續修四庫全書總目提要》所著録傳鈔本混爲一談，應予以修正。

柳堂師友詩錄

南海李長榮子黼輯

梁炯

初名炅字蓼圃一字蔗坡靈山人癸酉順天舉人官曲江教諭丈為馮魚山先生高足弟子初至京師時馮魚山遺集求北平翁覃溪學士無錫秦小峴少司寇嘉應宋芷灣太史訂定諸鉅公稔其學行皆器重之白小山閣部視學吾粵時適舉拔萃科殆將百人都為一館委丈總課固始通政吳公嘗聘丈在直隸學使幕分校得王曉林中丞卷稱奇不置王報以師禮連平顏惺甫宮保延丈切磋其子魯輿後由詞館總制閩浙其在曲江兼攝相江山長成就人材尤夥

前學使翁常熟相國每閱所改月課卷曰使天下教官能如梁君無不通之士子矣丈與吾師黃文緣先生同官交好師嘗袖長䇳少作呈丈深蒙厚勗且以張文獻石刻像及合刻張余兩公詩見贈丈有蔗境軒詩文集藏於家此數篇乃邱玉珊老友所寄而周

西山秀才近請輯刻者

丁卯九秋與馮二子坦夜酌兼話遠別

殘夜柝聲斷小簾霜氣清衰衰今夜月繾綣故人情子有三秋感予將萬里行此時惟一醉庶足慰平生

西江舟夜

莫趁征帆急方當自在流晚烟低貼水鄉月遠隨舟浪暗防危石霜清感素秋獨憐搖櫓處驚夢到沙鷗

丁卯臘月廿三日曉上申宿峽有懷吳二雁山孝廉黃五香石明經

峽山自蒼翠峽水復清深獨抱別離意來聽琴筑音日高光未顯風急響初沈誰與愜幽賞聊爲江上吟

前爲汪少海題出棧圖意有未盡今少海之官浙江因賦長句誌別

日昨看圖何率爾得句無緣狀奇詭朝來對卷更茫然清興曾否如從前前時身輕好騎馬度棧穿雲不肯下捫星那畏日車翻出峽轉驚銀漢瀉三聲猿斷灩澦摧九奏樂張洞庭野自從再蹶黃金臺馬雖識途亦可哀空令作志比班范謂君數年前修四川省志誰爲置酒延鄒枚川督常制軍遇君甚厚今新逝酒酣月大一回首但見秦關楚塞萬里秋風來秋風一何早秋花未覺老地

隔瓊樓差不寒肘懸金印亦自好吁嗟乎男兒投筆願封侯
不然歸里當鳴騶昔聞蘇公官杭州送江入海誇宦遊豈獨
湖山愛勾留至今士女相歌謳君兮蜀士追前修新硏已卜
無全牛未知南北高峯最高頂還憶故鄉玉壘浮雲不

壬午七日譚康侯農部招同人讌集於知足知不足齋
觀所藏名畫並題松雪摹龍眠西園雅集圖眞蹟

今秋苦雨初放晴出門何往中屛營紛紛此夕競乞巧文字
久矣難通靈農曹跡與心俱清折簡招詣牛耳盟左右筵席
陳前楹商周漢器留遺銘餘物無從辨甲乙但見深蒼黝綠
含晶瑩最前一席畫本呈展視眼底烟雲生邱樊朝市自可
隱南宋北派誰能評別來數月忽致此毋乃神物戒取盈聞
言笑我等坐井乘韋甫先筵還驚誦詩先試摩空聲相將便

欲升天行是時羲和鞭叱白日傾梅檀作爇霏烟輕主人捧
席如橋銜啓函授軸身鞠拏四座息喙交眩睛秋毫妙奪非
常情云師一人友十五黃秦張晁與米蔡諸子輩行皆弟兄
坐立俯仰咸異態二神肖遺其形就中雲物更發秀竹石環
繞溪橋平龍眠寄興尚髣髴松雪老筆俱崢嶸憶從他本昔
曾見此本要是初寫之蘭亭吾聞坡老作詩如見畫千載得
子寶畫兼寶名翰墨定知有眞契瓣香已足攄精誠仰觀銀
漢橫庚庚君盍再拜遙祝酬千觥從今三萬六千日長與斯
圖無虧成更偕小坡和淵明行將歸買二頃親躬耕

後觀海行

陰森春曉寒已薄空濛蜃氣高不落偶然遊眺得梗概轉恐
魚龍畏寂寞狂客徑招狂主人路熟好趁海鷗約危岸却立

微風來霏烟乍歛鏡匣開鋪出琉璃一萬頃表裏瑩潔無纖埃紅沙環底呈瀲灎烏雷口外方喧阨於時朝潮肆號怒奮起欲撼扶桑樹天輪倒激地軸翻巨鰲擺蕩翔烏怖波窮稍息陽侯威魚牛虎蛟匿無數睛眩乍喜攄鬱還髣髴更露三山紺宮琳宇倚雲出想見神仙官府幽且閒瑤草琪葩蒙密豐茸不可以悉紀日南之南氣暖滋煸爛沿海居民尋常服食且百歲檳榔扶留辟瘴消食詞何慳可憐秦皇乏仙骨但從東海觀日出射蛟之罘逞强弩勒石胸界煩勁筆六經已避祖龍燄半夜空驚左肱失豈知東海寒孔多滔滔先感逝者波安期子喬不肯過鉛汞相配理則那草萎竈冷奈丹何吁嗟草萎竈冷奈丹何豈若交州洲島長融和

風度樓

大雅誰能繼高樓獨敞開[illegible]連始興界路接九成臺向曙霞先集乘春燕亦來千秋風度存景企復徘徊

望桂嶺

黃岑迴首顧衡陽桂嶺分蹤鎮大荒幾輩兒孫雄百粵千重雲水隱三湘遺祠尚紀司空蹟老樹還留太古香莫向羅浮說離合上游門戶竟誰當

自玉山附賈客舟至南安作

有客遠征劇可憐七千歸路餘三千買絲舊識粵中客飛棹莫如舠子船酒入枯腸格格爾書當倦眼昏昏然夕陽無數鳥追去疊嶂陰雲青接天

[illegible]

[illegible]

[illegible]

[illegible]

[illegible]

[illegible]

[illegible]

[illegible]

蔗境軒詩鈔摘句圖

柳堂居士輯

五言

灘流如客急江路與愁分

石影沈波黑灘流射日黃

親交半零落樹木老風烟

松明虛照室蔬冷不成畦

七言

隔艇頻聞沽竹葉望鄉先已憶梅花

清能見底寒江水熱不因人濁酒盃

儒冠豈爲前身誤手版依然逐隊忙

夢回南海鳧初泛宦寄西湖鶴可招送張美斯少尹之官浙江

舊話粵山風雨夜新吟桂嶺水雲鄉

我脫燕巢將子去君遵鴻渚待書來次劉寅甫同年韻

（清）武緣黄君鉅撰

丹崖詩鈔四卷（卷一）

民國六年（1917）云南守舊山房鉛印本

丹崖詩鈔四卷

（清）武緣黃君鉅撰，民國六年（1917）雲南守舊山房鉛印本。

黃君鉅（1818—1887），字仲尊，號丹崖，廣西武緣（今南寧市武鳴區）人。清道光二十九年（1849）舉人，歷任雲南省浪穹、富民、易門等縣知縣。清同治三年（1864）升任路南知州。同治四年（1865）五月，署廣寧直隸州知州。同治九年（1870），任督辦澄江行營總糧臺，旋改任澄江府知府。同治十年（1871），署武定直隸州知州。同治十二年（1873），署賓川州知州。清光緒三年（1877年），加三品銜。光緒七年（1881），辦理雲南省城南關厘金。光緒八年（1882），告老還鄉。因其在雲南任職期間政績頗著，清廷封贈其祖父和父親爲通奉大夫，享二品。歸鄉後，出任武緣縣嶺山書院山長。同年，率鄉紳捐修嶺山書院講堂，三月竣工，四月病卒。有《［光緒］武緣縣圖經》《燕石漫藏詩集》《丹崖詩鈔》等傳世。

此《丹崖詩鈔》四卷，係黃君鉅子黃誠沅編定。初稿應成於光緒四年（1878），後於民國六年由雲南守舊山房鉛印出版。全書前有黃君鉅《原序》、蔡元燮《讀丹崖先生詩書贈》詩二首，後有民國六年崇謙《後序》。正文大抵依時間順序排列詩作。就其可考者而言，最早爲道光十四年（1834）所作《時若塾》，較晚者則爲光緒十一年（1885）前後所作《西望》。黃君鉅詩多爲其在雲南任職期間，及其往還於雲南、廣西等地間所作，從中既可見雲南、廣西等地的山川景致、風土人情，又能反映出衰亂年代下的動蕩時局、民生疾苦乃至作者的心路歷程，文學史料價值相當可觀。

又書末附録黄君鉅鄉試中式硃卷三篇《孔子曰才難不其然乎》《舟車所至》《國家閒暇及是時明其政刑》，以及試帖詩《賦得千崖秋氣高》，篇末并附批語。

丹崖詩鈔

丁巳閏月印行

丹崖詩鈔

守舊山房家藏

原序

詩道性情風雅人所共尙余自少亦常搦管學習旋作旋失輒不自惜通籍後宦遊四方鴻爪偶留亦多題詠其間上下二三十年疊遭兵燹存者十無一二戊寅歲稚子誠沅稍解愛書檢點舊篋尙存若干請爲裒集成卷邇來境遇沉滯窮愁嗟歎之聲亦時形於楮墨又彙集焉此不過燕石自珍已也焉敢出而問世乎爰著其緣起付諸簡端云武緣黃君鉅丹崖識

題詞

讀丹崖先生詩書贈

滇南白首逢詩伯風格嚴如魯兩生悽絕掃除泉壤句觸予

雲南開智公司代印

常棣蓼莪情（舍弟亡於寇難先於先君之沒九年）廿年宦海浮鷗度一聽丹山老鳳鳴他日湘灕各歸去（二水蓋出一源但分南北流耳）嬴糧還欲訪初平

奉借集中憶弟詩韻再呈一律

邕西風雅孰如君言本天眞是至文頦下虬髯齊雪色篋中雲錦秘龍紋（君詩不輕示人）延津寶劍終當合（恨相得晚）俗耳元音漫未分唐有香山宋蘇陸窮年吟詠老猶勤

武陵蔡元燮寄廬

丹崖詩鈔卷一

武緣 黃君鉅 丹崖

時若塾

道光甲午先大夫置課肄從

矮屋三間小時和氣又清涉園閑捉蝶倚樹慣聽鶯蛾術爭相勉蠶筐積有成業精勤肆雅金石喜同聲

渺渺遙城市溪流石徑斜篝燈遲夜寢供膳潔晨葩社近來雙燕春寒釀百花殷勤詩禮訓受讀競年華

塾中漫興

梔子爭開白玉花上階蝴蝶影飛斜樂羣三五吟初罷窗外晴蜂報午衙

雲南開智公司代印

嶺山書院

僻壤沾文教堂開曲徑通池含春草綠窗隱夜燈紅促膝堪談月横經却坐風祁祁兼濟濟長育頌張公

紫氣浮奎閣文星聚井東嵯峩山疊翠突兀塔摩空童冠偕尋樂賢仁藉淑躬霓裳他日詠同步廣寒宮

大明山

萬丈穹窿跨絕域武緣西南上林北綿亘百里扼崑崙（闕名）控制九土聳崱屴君不見疊翠嵯峩雲一帶三日成霖雨無外鎮鄉飛出兩白龍奔注鳳山細流會盈盈十里歸渡頭雙江綺合共悠悠遠送行舟出思武東下南海歷滄洲又不見浙人青箬綠

蓑富薯芋短柄長鑱勤發慮種成香簞生息蕃聚族結廬不歸去山花如雲紅似火山鳥畫眉聲瑣瑣捫參歷井越澗過時逐猿猱拾墜果東峯晴明西峯雨樵子深入白雲隝伐木丁丁不見人忽聞樹巔雞報午郁郁紛紛蒼翠浮常有仙人絕頂遊崖前松偃石枰暗還心空谷彌深幽南崧歸老愛登陟嶠西詩成賸餘墨我亦小隱隱山林形容不盡遙相憶

郡城觀音堂懷古 明惠帝曾住瓢於此

瓶鉢微茫不可尋半邊月影照禪林曉鐘敲罷溪雲起愁疊城頭結陣陰

郡伯李蘭卿勸農亭

課士餘閒又勸農憩亭斜倚兩三松石牛欄外糧樓畝膏雨當年澤正醲

之賓州過思隴驛

木后迢迢又木平人從分水嶺頭行枳花不辨東南客爭出墻邊傍驛迎

自桂江舟回南寧

兩岸蘆花悵轉蓬中流搖艣趁歸鴻無情最是灘江水送到蒼梧別向東

舟過洞庭湖

萬斛舟嫌小蒼波巨浸洪君山浮一點雲夢渺孤蓬船坐疑天

上人行在鏡中柳侯鄉誼重相助半帆風俗傳洞庭君爲廣西人

一葉中流泛茫茫目力窮吳頭兼楚尾高浪接長風鄂渚雲帆遠衡陽雁路通晚迎斜照泊無限蓼花紅

殷太師墓

微去箕奴孰與君回天意氣薄風雲楓林月黑魂應返殷社雖墟尚有墳

車過黃河故道

飛騎驅車過何須一葦杭星從天上度塵向海中揚涸鮒沉沙岸盤雕沒草塲平陂原往復不必問滄桑

至荊軻故里有感

雲南開智公司代印

書盜何知死後名欲除秦暴却忘生白虹氣燄猶凌轢振落溪橋槲葉聲

本村社王廟

榕樹森森挺翠幢聲靈赫濯衆魔降廟門獨寢西流水遠送晨鐘到客艭

山下猶遺半畝田牧牛童豎踞山巔問晴課雨胥靈應筊卜年年二八天

一村桑柘散雞豚春韭秋菘酒半樽祈報有情勤父老醉歸深巷月黄昏

六峒蠻王荷笠蓑三年沿例舉鄉儺烹羊擊鼓家家樂山下兒

童醉踏歌

思鄉山

大木唯山有干宵聳豫章寺鐘沉野渡牧笛倚斜陽俎豆垂千古何田劃半塘雙峯當面峙相望鬱蒼蒼

起鳳山太極洞

太極空含蘊陰陽洞裏分圓光浮縹碧佳氣鬱氤氳飛舞題丹鳳谽谺翕白雲無人幽絕勝芳馥襲蘭芬

起鳳山讀書巖懷古

石室堪容膝觀書老不疲永懷空谷想高詠考槃詩巢燕增新壘游鱗戲碧漪可人今宛在常與素心期

雲南開智公司代印

梁丈人豳風亭

一水灣環抱石湖亭開半畝荔千株丈人不肯忘耕作取次豳
風入畫圖

曉過蘆溝橋

銜命軒軒過塵飛駿疾奔一橋當北轍片月送南轅柿葉霜華
重蘆花雪影翻願言乘駟馬天末壯屏藩

憶亡兒信滋信沐（時在河南道上）

峙立猶疑在眼前空庭寂寞淚潛然學清雛鳳憐多病（長男幼小多病）
（猶念其勤學）經喪童烏悼失傳（次男性頗聰穎八歲竟殤）秋冷菊叢花並萎月明
松石鶴雙旋樓頭不忍憑高望靑塚纍纍盡碧烟

旅次黔省忽夢歸家

忽有還家夢居然笑語親宦游驚地險朝寵喜恩新山月當窗夜圜花著樹春曉鐘敲醒後猶是異鄉人

之滇南浪穹任途次黔省留別蒼山宗兄

故鄉風景近何如夜話殷勤獨芟初久歷人情心自小欲廻天意志猶虛聞滇亂正熾休言宦海難持舵先生勸歸故山謂滇事不可爲也肯向侯門漫曳裾鐵笛一枝三疊罷焚香飲水讀仙書先生安貧題其居曰鐵笛山房自從攜劍客黔陽二十年來鬢有霜山郭晴嵐縈佛座花園香霧濕醫囊先生業醫度活懷人兩夜應難寐送我雲程暗獨傷借問先生歸也未嶺南烟樹正蒼蒼

辛酉元旦書懷（時初收復富邑）

曾經鎩羽欲投林不盡燈前破碎心彈鋏頓銷歌幾許立錐挫末恨難禁雪欺梅影侵人瘦雲壓城頭結陣陰漫擬提壺沽一醉新翻春色入高吟

元夜感懷故鄉

桂海違離計四秋今年元夜感前遊兒童結彩燈成隊簫鼓騰聲月滿樓登閣讐書尋不記奪關設宴急當籌武襄可作情何限故國悠悠想壯猷

懷母

自嘆爲官不救貧何由節俸寄慈親篝燈怕念陳情表引線應

愁捧檄人望舍白雲飛不定達書黃耳至無因倚閭霜鬢含飴際諒語兒孫隔四春

贈何生振鷹兼以勗之

曾結前生翰墨緣果來今雨舊相聯詞章雋快泉過峽韻語清高鶴唳天道淺自慚衣鉢簡夢酣還想筆花鮮碧梧翠竹矜人品培植應須及早年

贈張少尉紫眞

當年惜別薊門秋萬里來滇事宦遊秩小勵清頻酌水官閒乘興獨登樓每因寃獄求生路共保危城數夜籌富邑被圍二十四晝夜共與力守化蜀文翁今再到好將幹濟贊新猷瓜代者爲樓君菽畦前已任富一次

楊智亭先生司鐸富邑公餘過從時年八十有八矣喜其老健用奉俚語以誌景仰焉

雲龍山水秀且奇氣含清淑毓英姿仕鄉壽相龐眉叟家學淵源盟四知綺歲遊庠冠諸子蜚聲騰實驚鵲起席帽離身貢辟雍觀聽圜橋光國士文章品貴道腴存鸞儀鳳翥翔天門生平器識志先定氣象河聲岳色尊昔年快騁長安轡（先生姪宗峰中丞撫陝曾奉迎至任所）徧覽曲江增勝意胸中富有名山川歸來閉戶書爲事優游梓里秋復春明經修行師古人關西後起有賢裔桃李迎門花樣新君不見輪囷夭矯豫章樹飽歷風霜天愈固良材豈使老山林匠石相賞頻回顧又不見奔騰巨浸翻狂瀾勢經旣

倒挽綦難砥柱中流鎮風浪篙工隨手上前灘安輪自是來時宰秉鐸秦臧經五載青衿侁達不復開煦育春風滿滇海開窗憑几敝朱扉昔蓿春深抽蔓肥解懷笑有療饑術竊比商芝又恐非滋味雖别自知足種竹蒔花官不俗出山猶是在山清稚圭移文莫相辱行年九十貌如童書城擁面心猶雄據鞍矍鑠何足論好學希蹤衛武公公勤交勉意深愜卦象編詩惠紈箑（先生贈扇一柄以八卦象辭編成絶句相勉）仁風自此普奉揚慰彼黎庶昭和協鳴呼自古耆儒鎮末流先生且莫買歸舟（先生嘗曰路道一通即解組歸田矣）講堂慶衍卿鑪異知是三公屬白頭

春柳　閨怨

雲南開智公司代印

春風嫋嫋拍長堤睡起無人日又西灞岸送行珠淚迸章臺寄語翠眉低曲中飛笛愁難破枝上流鶯恨亂啼月到梢頭羞有約妝樓末夜掩重閨

又念都門

御溝曾拂我鞭絲約過前川又至期紫燕黃鸝爭舊識小園枯樹感芳時衣痕染綠陝輕薄眉態傳神妙即離記得華林當馬射翩翩一色惹春旗

又經旅館

送我征驂出帝京昔來今別重行行八千歸路分梨夢一萬羈愁落笛聲流水倒拖如有恨夕陽斜掛不勝情故園風景憐多

趣記取提壺聽曉鶯

又 薄宦

池塘雨霽碧毵毵水色天光共蔚藍花信番風過臘八琴堂永日綰春三靈和殿裏偏垂綬捧檄橋邊暫繫驂原與先生稱吏隱何如歸去臥江南

又 從戎

營前甲坼報先春夾道青旗透露神邊月淡描陰欲碎陣雲橫掃綠初勻勞兵車駕徐行馬倚樹將軍喜得人寄語封侯垂手就翠樓珍重愛郎身

秋夕有感

雲南開智公司代印

悲憤憂時對短檠輒繙靑史激忠貞長松撼壁秋聲壯明月當窗夜色淸丹鳳城遥頻北望碧雞關險苦難行小臣天末逢新政定掃欃槍答太平近聞宮車晏駕太子嗣極

自嘆

落拓生涯劇可憐補苴無計送殘年欲憑酒國安天運爲表花王作地仙滇海戎兵紛草莽粵江雲樹隔山川仲宣旅食悲時事賦就登樓意惘然

壬戌之春滇亂未已余奉檄至祿勸縣籌糧見境地荒涼有感而作

不爲民貧不理財令傳星夜急於雷只言秸秷來荒服那管田

園歷刼灰土井生苹人跡悄（時民間逃亡十之六七）古槐落葉虎聲豗（當事者帶練征收）

溪山繚繞難飛去 怨比鴻鳴更覺哀（饑民散入深山日以草根木皮充腹）

庭舍空虛日欲斜 荒村烟火幾人家 徘徊紫燕歸林木 飄泊青燐逐柳花（陰雨之天碧燐出沒）鴨掌菜肥供晚爨 魚腸劍冷掛行車 撫懷剩有安邊略 提筆籌來每自嗟

讀林雅生先生酬諸友慶壽詩因步其韻

佳章爭似杜樊川 幕府吟成手自編 楚國衣冠矜此老 隨園子弟記當年 休言失馬無歸塞 曾已聞雞早著鞭（先生壬辰舉人因事削籍）更喜桐華光四座 清聽雛鳳醉羣仙（先生一子零丁妙齡聰穎）

懷胞兄孟華

雲南開智公司代印

居同食息學同師少小相隨老別離最難風雨心如剌幾換星霜鬢有絲嬌女長成禰爲結癡兒教訓卷長披寢門膳後嗟予弟應話昆池啟母知

爲何生振鷹代東慕連司土官

路遠山川四馬遲盈盈隔水繫人思名登紫閣參朝貴（該司以軍功奏奬四品銜頂）世綰金章奠國維范叔見憐眞有愧（生曾蒙該司照拂）荊州待揖豈無期願君時豎龍禪指免使長吟飯後詩

憶亡三弟叔寶

掃除泉壤待先君幽曠閒修地下文華表荒涼空鶴影紫荊摧謝委苔紋曹騰夢醒憐春半（出差祿邑時適二月）恍惚魂歸向夜分一路

棠梨山傍晚墓門依舊鯉趨勤甲寅臘月改卜宅窆合厝於先君之右

憶亡四弟季諧

山館蕭蕭怯夜寒鸞箋歷亂起愁端昔年憂患離爲弟井里亂離嘗奉母遠避今我飄零不似官夢斷堂西詩思寂路歸邙北雁行單九泉子姪相隨處知慰幽魂淚未乾弟逝後伊妻子與余大男相繼死殁言之慘人也

贈秀才劉俊臣

樽酒論文幸有緣蘭苕翡翠各呈妍投鞭早具澄清志挾策欣同仕宦年時年適四十與庚余同高閣校書頻數典小山叢桂肯留仙青萍結緣非凡器薛卞原知價不偏

祿邑耆民李叟恩培惠送酒物書此酬之

鞅掌頻年跡溷塵今朝開蕩一壺春掀髯笑領田家味捫腹垂憐野老貧盂水盆葱藏義意芒鞋竹杖見精神選錢政邈蠻風惡猶喜勤農自束身

三月三日次祿勸縣夷地廻憶故山風景

一路棟花香撲鼻曉霞綺嫩升紅日淸晨天氣暖如綿迎佛家家門外揖飯顆盤堆五色光擊鉢和南看老衲靑旛飄掛雲下垂簫鼓喧闐水皆立少長相攜過小橋柳條露滴春衫濕江邊沙路燕廻翔起鳳山下花稠密茸茸綠草當蒲團席地開筵笑語歡雀舌細評新茗味蝦鬚淡啖鬱菹酸僧家空苦不足數外此毋戰聲如虎金齏玉膾饜老饕舊釀新醅醉起舞砑光帽落

玉山頽絶倒兒童齊掌鼓桑柘影斜移夕照春江宴罷清平醮嫣紅姹紫鬭新詩可愛惠連皆俊少我今遊宦泥古滇番夷深入俗頑顚秉蕑贈芍尠勝事榛游猻處相忘年登樓眺望何所有但見溪壑愁蠻烟樵子挑春出青嶂牧童驅犢過前川綠楊津暗飛伯勞杏花村小啼杜鵑傷矣哉賢勞王事北山賦流轉殊方自驚懼可恨年光不幾時寒食清明駒隙逝回憶西邕吾舊邦茂林修竹饒幽趣高讌翼亭集雅人一觴一詠登絃素紅雲朵朶亞蘇薇水邊籬落如相遇鼠化桐華氣候遷美人對景傷遲暮嗚呼我歌兮歌一聲此日遙情滿春樹

聞滇省回衆就撫有感

雲南開智公司代印

屍填巨港血成湖城下尋盟蔽厥辜信是楚嬴非示弱明知鄭逆忍加誅筵前忽失驚雷箸幕上羣飛夾日烏慚謝令公眞長厚一時嘉寵將官無

易門秀才高德泉以軍功保舉訓導後加藍翎縣丞

文人宣武異尋常梓里銘勳列保章三刻踰溝增士氣五經開笥泛書香功成想像標銅柱戰罷從容步玉堂城闕青衿同學侶可能佻達效騰驤

學書學劍總成名新換頭銜拂翠纓遙憶秋天矜鶚薦頻憐月夜舞雞鳴唾壺擊缺心猶壯席帽抛離氣少平籌筆驛前官道遠好攜琴鶴伴行程

易門任內感事

訟庭壞壁長蓬麻老吏疎慵懶報衙涼夜荒街巡餓虎深林古木鬧棲鴉浹旬臥起無餘事一飽謀成有幾家繪得流亡圖欲上君門萬里路何賒

古柏陰陰晚影移廚烟幾處傍寒漪短衣蔽體憐夷婦野笋療饑謝學師夾日城烏纔斂翅迎春溪柳未生絲窮荒况是經兵燹月上天邊費夢思

繞城溪水碧潺然草長花開又一年蛺蝶附枝齊曬粉芭蕉撼壁欲凌烟傷心禾黍成愁絕瞥眼滄桑復變遷麤識天人三策內更張何處下調絃

滇南萬事枕干戈澤竭洟源易門別名尙起波臣亮渡瀘非得已國僑相鄭竟如何秋風古道生荆棘夜雨頽垣長薜蘿不信鳩民無小補有時淸理聽衢歌

邑小山多地不毛剏經離亂竭脂膏將軍檄令嚴飛輓比戸誅求敢散逃人語夜闌驚鬼哭鶴歸天暝怯豺嘷不才政拙窮追索安忍希圖上考高

宿雨連朝未肯晴官衙與客縱談兵鴻溝界終絡非計魏絳和戎亦不行長怪健兒輕野戰忍驅羸老役屯營較量鐵騎成羣處何似烏犍隴畔耕

虛堂岑寂撫淸琴白鶴徘徊下樹陰閉閤每思前日事焚香默

契古人心怕聽鴻雁哀中澤恐有鵾鷄據綠林昨出勸農郵落過田疇差喜足甘霖

童叟相安二載餘癡頑不省吏才疎看花舊約憐春半刈麥新登適夏初劍拂魚腸星錯落菜肥鴨掌爨虛徐臨行檢點前來麓諭蜀猶存幾帖書

可恨

可恨東風肯妬花昨宵吹落幾枝斜元都觀裏埋香徑金谷園中泣露華倦倚罘罳餐荳蔻怕聞鶗鴂喚琵琶衆芳賴有秋蘭在好葺闌干護嫩芽

爲某代作賀岑彥卿方伯壽

雲南開智公司代印

元老匡王富壯猷南天政治布優優汾陽事業光唐室諸葛功名跨益州六詔全消丹桂瘴三台近照彩雲樓濮人歲約蒲觴後相慶安瀾獻海籌

之曲靖念兒雲官

奉花朵朵（兒初學語）悅庭幃時步階除逐雀飛餧飯輒呼來小婢上街頻請換新衣雞鳴野店增羈思馬到曲州勸速歸他日差旋頭角長依依膝下慰相違

題陳華卿琴書小照

亭閒吏隱契初心讀罷攜僮又撫琴人影喬同松影直泉聲靜與籟聲沉看雲舒卷歸青嶂引鶴徘徊下綠陰迴首羅浮多舊

侶海島他日索知音

哭小男龍官

小男生於乙丑歲夏五彌月後余即赴廣西州任九月內接眷來署時抱吟膝上輒喜形於色庭中懸箕裘富貴等聯教指屢試不錯少慧夙成貌亦韶秀愛之不啻掌珠也至十一月中旬忽生口瘡醫治未效又復發熱夜啼不休十二月二十六晚痰阻喉內目瞪聲啞手足驚搐氣息喘急時止時作請醫針炙調治並無效驗奄奄待甦延至丙寅新正朔三日竟爲永訣鳴呼痛哉哭遺家丁以小棺歛埋本城郭外東北官地憐其小魂飄蕩無依心肝摧絕和淚書之

劇憐生小識之無元日纔過痛失珠門左桃符風亂捲傷心披拂舊桑弧

庭桂飄搖落葉飛經冬先萎棄春暉鴉兵啼報因何事甲馬相迎是也非氣絕時羣鴉亂啼於五桂

雲南開智公司代印

淒風苦雨一時來兄是新年倍覺哀卻取屠蘇和淚奠夜臺應亦哭卿杯

夜永燈寒滅又明子規啼血小魂驚憑窗枕覺莊周夢恍惚猶聞哑奶聲

藥石無情喪爾生此心如割有誰明飄魂不忍離堂北夜夜應來伴短檠

客死他鄉祖籍違荒郊無伴獨依依嶠西故土吾將老悽惋招魂疊騎歸

追憶龍兒

仙童奉使下塵凡飄忽迴車遺寶函小別玉皇香案畔還宮依

舊署清銜

贈瀘西秀才芮生壽山左生志仁兼柬竇廣文先生

居同里巷事同師車笠相盟志不移庭雪夜深清味永岑苔春暖綠痕滋廚翻本草爭驅厲（二生學醫）學罷簪花又問奇麴秀有成資匠氏早知祁濟稱心期

門墻桃李及時芳坐倚春風醉兩廊結契獨深流水韻相期遠到白雲鄉葡萄酒熟論文細苜蓿盤滋引味長昨夢玉皇香案吏德星喝報聚鱣堂

讀竇觀亭廣文感懷二首再用原韻

經師非貴貴人師（觀翁師範尊嚴希踪有道）城闕佻風漸次移題署不嫌官

獨冷及門唯勸德宜滋寸陰是惜將勤習課餘惟蒔花種竹自娛尺木先階卜遇奇館閣桐花春正鬧穩教雛鳳策前期廣文有子妙年勤讀廣寒宮裏世流芳金粟飄香滿畫廊買棹少忙歸栗里理繩相助牧桐鄉衣傳大阮符推重少爲叔祖蘭泉御史所器袋貯宗工競錄長屢薦棘闈至酉科首拔於孫殿撰垂手管城聊小試雲程排陣已堂堂

賫廣文招飲齋中與諸生共座並示詩章

卜夜容荒謬論文得正宗雞林君有價鴻爪我留踪舊識尋紅友從遊慕赤松醉言多脫畧遮莫笑疎慵

飲我醇醪久今宵醉未醒拂絃驚宿鳥點筆射流星世務供捫蝨吾生等泛萍客窗留夜話槐樹正青青

廣西州八景

葱葱佳氣鬱城闉秀育瀘西代有人尙喜衣冠猶古處且攜琴鶴稱閒身靜聞野籟生泉壑高引書聲出市塵自笑宦遊名勝地風流怎與峴山倫 鍾秀清風

四圍村藹遠含波宛似湘川一點螺細乳分泉依壑轉片雲隨鶴傍亭過秋田祝麥環靑隴月夜聞聲繞碧蘿城郭人民今是否古來登覽慨如何 鶴岫浮青

欲窮竈宅却無端窅窈深藏萬古寒歷刼灰殘湫石泐伏流漲湧洞門丹柳堤新碧虹收雨花港清凉鰷戲瀾可惜靈源遺惠在坐令荒廢那能安 阿盧古洞

雲南開智公司代印

疊萃嵯峨迴素秋晴川倒映綠悠悠遥銜新月窺虛閣常擁彤雲護雅樓雁起汀洲歸意動魚翔樹杪暢機流題名況有摩空塔橫掃烟霞筆力遒 翠屏秋水

雲朶參差傍小橋乘槎泛月興飄飄水光遥接天光碧山影浮拖樹影搖蜃市賣珠懸到鮫人曉織錦照連宵廣寒舊侶頻揮手約我凌虛步玉簫 五峰水月

城外春山寺半雲晨鐘隱隱隔溪聞殷沉宿靄雞鳴曙敲落殘星雁念羣僧舍迴思慚飯後客船先到向宵分青燈照我渾無寐深恐無時志或紛 東寺曉鐘

既有源頭莫問渠臨流倚石酌徐徐甘留舌本翻瀾後味上眉

尖啜茗初一脈暈圓滋杞菊半泓香溢襲芙蕖停鞭遠憶投金瀨名下前修信不虛（天馬香泉）

梁園詞客盡方家筆笨何堪百戰誇但惜餘閑傾竹葉不訪領隊詠梅花玉山朗照人增勝瓊樹朝新月欲斜慶稔田翁應更樂晚晴寺裏賽東華（東華積雪）

謁名宦祠

化洽絃歌惠此邦榛狉異俗向敦龐池芹得雨芳侵屣庭草無人綠滿窗在昔渡河曾感虎至今臥月不驚尨櫺星門左修時祀酹後花香撲玉缸

趿履登堂意穆然後先輝映著翩翩巖疆久卓山河壯舊德猶

雲南開智公司代印

聞父老傳夾道綠槐陰滿院前楹翠柏影參天肅瞻元老嚴中座（中座文端公鄂爾泰）率屬威靈徧古滇
花繞垣牆竹繞廳輕風披拂有餘馨廓清夷裔銷烟瘴揖讓冠裳近廟庭列宿應躔光正耀元燈傳錄字猶青我來歷覽循良蹟學步終慚對尹邢
廟食祊非許易妨如何俎豆亦荒涼合詞傳頌千家佛敬祝還拈一瓣香遺愛碑殘苔半蝕申明亭壞草成塲此邦素號多文物忍使叢祠沒夕陽

秋夜獨坐

銀漢何迢遞繁星映畫堂夜何金鴨冷人靜木犀香砌下蛩吟

露洲前雁叫霜近來詩思苦獨坐感迴塘

桃笑庵懷古 同治六年二月在瀘西考較武童默武經外以此題試之無合作者漫用其韻走筆書示

山自青青樹自幽元都勝景豈須求天花亂撒人何在仙路侵尋我獨遊依舊春風猶宛宛儘多紅雨漫悠悠黃粱喚醒邯鄲夢相視繁華等蜃樓

鳥語花香古洞幽我來人去悵難求虎溪聯社應相送鶴扇當年孰與遊棲息地偏心自遠遲留雲在意俱悠坐題恐作山靈笑漫說添修五鳳樓

果然桃樹八千春笑煞紅塵幾許人在昔木公雲偶住至今仙榻石猶新山門寂寞誰爲主世事胡盧肯認眞我欲拈花徵妙

雲南開智公司代印

悟天宮來獻愧稱臣

鳴琴餘暇好探幽聞說仙桃自昔留換骨有丹經遠舉點頭無石費慈求千言道妙傳關尹一局棋空付奕秋今日鳥啼花落處令人懷想古風流

領略林泉野性幽武陵風景個中求山容淡冶看花放雲影徘徊想鶴遊長望帝鄉期渺渺劇憐塵市夢悠悠石頭似悟當年法點點而今向小樓

一路霞光引趣幽樵夫笑我浪尋求奇花可愛無人識異鳥頻呼倩客遊山影不隨雲影散風聲時嗒樹聲悠誰云道士歸何處天上層城十二樓

瀘西童生孫運祥少年攻苦詩文頗佳小楷亦端秀握筦求書余嘉其意作五古二十二韻以勗之

誰言地炎荒山水並佳妙翠竹交碧梧若人相映照具有干霄志擢秀淩孤嶠一路引清風餘音方繚繞我來守是邦公暇每長嘯過從時二三小友亦同調論文不喜平談詩喻津要夜久停清琴天籟靜萬竅詩既證仙心文亦深奧窔瀟洒期出塵蘭茁有光耀君看城闕兒佻達等貽誚青衿何足云白首徒自弔努力事詩書愼勿效年少尺璧爭寸陰腹滿貧可療勗哉時易逝流光歎梅摽實學善是師虛名焉敢釣人生在世間窮達本難料身弱不勝衣筆健鼎能掉今日光烟霞他年燦廊廟況慕

陔采蘭至性文亦肖迴明宣侍臣未央耀庭燎朝頒紫泥金夕拜黃麻詔顏弓競傳觀干將驚躍鞘名色增山川彩雲現南徼綠筍成修篁勁節掃蘿蔦高岡鳴鳳凰豈容棲鴟鴞直立迥不羣顧視曠遠眺人在蓬萊峯香案供宣召紆緌歌卿雲八百會同矯天風吹飄飄綸綍朗曦曜英氣勃勃生嚴憚殛懷鶚青史垂不誣參悟卻微笑

童生蔡國珍攜扇求書作四勸示之

深柳環堂曲書聲繚繞廬莫閒攤白粲長伴味青燈百遍思彌永三餘興倍增破來看萬卷下筆自崚嶒右多讀

熟本能生巧功同九轉丹多多原益善戛戛不辭難屬饜耽雖

跖分肌剖鼠肝長年呼屈宋排列作衙官右多作

文史欣充棟勤加寢饋功神交千載上心醉六經中射照光如炬頻翻疾若風筆花開五色燦熳蕊珠宮右多看

嘗奇疑又析論討莫嫌頻但有能文友何須載酒入繭抽絲乙乙蟫食味津津點鐵成金否爐青火正純右多講

讀廖韻叔論詩絕句書後

孤憤非因恨別裁筆花隨逐管城開江南野菜和根煮怎比成林八桂材

桂管多才眼爲青幽光推闡感英靈風騷莫道無盟主一卷琳瑯煥列星

雲南開智公司代印

步韻叔瀘西官舍撫時感事見贈元韻

芳菲金粟下叢桂喜仍親人慕古遺愛化馳今若神中流資砥柱荒裔重彌綸治自文翁始觀風訓雅馴

翹首瞻新政蠻天悉畏威君原多卓異我獨愧知非甘雨隨車至清詩刻燭輝伊吾鳴劍輩不恠賞音稀

四時小景爲康景陽兄寫照

楊柳溪邊慣聽鶯獨攜斗酒出山城歸來睡美饒淸夢枕覺猶聞鼓吹聲

暑雨纔過衆綠芳小窗明敞映迴塘任他紙扇渾閒挂自有荷風送晚涼

玉屏秋水繞園籬一色淸幽淡亦奇爲愛黃花矜晚節忍寒親
護傲霜枝

紙窗竹屋枕烟霞彷彿孤山處士家試問幾生修得到好將明
月證梅花

步宋小墅廉訪移居官舍元韻

廉鎮威嚴與嶽喬河淸抵笑凜懷包直驅蛟蜃歸鯨觀高引松
杉護鶴巢映日壺澄冰影徹告天香裊篆痕交西堂恰好尋新
句草長池塘綠滿坳

夾城山水抱簷齊鈴閣高軒任醉題僕輩餘閒教飼鶴名流趕
舞慣聽雞誅茅種竹邀明月汲井澆蘭換舊泥漫道滇池風浪

雲南開智公司代印

惡孤舟還望拯沉迷

丹崖詩鈔卷一

强圉大荒落男誠沅校印

（清）武緣黄君鉅撰

丹崖詩鈔四卷（卷二—四）

民國六年（1917）云南守舊山房鉛印本

丹崖詩鈔卷二

武緣　黄君鉅　丹崖

夔府舟次

縹緲孤城欲暮時夕陽樓影兩參差風迴八陣灘聲轉水下三江客夢隨珠翠映流波艷艷管絃翻曲柳絲絲船頭獨酌郫筒酒坦腹觀天斗柄移

七曲山

地靈山水亦增光氣占星垣戴六筐可恨世間徒聱說不知天上有文昌

朝天嶺

日上陟崔巍曉寒透衣冷歷險非一途步步深自警下坎尻掉
頭上坎足踏領石齒嚙怒猊楓人老結瘿雲黑暗松濤日黯虧
蔽影絕頂不易淩鳶飛戾半嶺有虎視眈眈狐羣假威逞仰脅
悚息間魂怖氣又屏石峽迸裂縫俯瞰河如井中有芥舟流小
類蟻浮梗三萬六千丈僅去尺五整帝謂眞可通天宮非人境
矜愼至坦平安敢肆馳騁乘高而不危中心常耿耿

五丁峽

秦王狡譎蜀王愚牛後遺金事有無六甲奮雷通地險七星盤
嶺步天衢噫嘻陡絕眞難上誕妄名稱莫漫呼試問蠶叢開國
始得非伯濩及魚鳧

棧道

褒斜絕險倚天開石棧鈎連勢欲頹列缺掣蛇驚霹靂卭崍策馭恐崩摧蟻緣蝸壁盤旋上鳥道羊腸詰屈來形狀高危無萬一勒銘終愧乏宏才

至沔縣定軍山謁諸葛忠武侯墓

定軍山石鬱佳城坡下屯營可萬兵緬想一生端謹慎昭垂二表瀝忠貞惠陵風雨遙相對漢鼎金湯孰與成籌筆驛前靈未泯沔陽鐘鼓赫英聲

登鄠縣城望終南山雲氣

昔日古豐城登臨一覽清終南問何有雲氣望中生葱鬱羣靈

護分明五色呈彼蒼應有意致雨濟時亨

曲江故地

策士宏開宴慈恩自昔聞今成驢馬市舊集鳳凰羣車轢塵埋

海舟藏壑瘞墳一灣陳草莽淩替感斯文

晚渡灞水

立馬橋邊喚渡頻幾家煙火浹河湣去年風雪尋梅後楊柳依

依似識人

一身如輕舟

匼海茫茫自在行飄颻一葉我身輕魚龍奮怒頻經險星斗微

茫不計程兩岸未平驚破膽百川如沸暗傷情隨波漫逐吾何

敢利涉還應拯衆生

雁塔

曲江蕪沒棲煙漠碣石題名何處著唐代風流重雋才空遺古
塔悲搖落雁來人往影迢迢高聳關中漫寂寥獨立野橋無限
意鶴鳴嘹唳上青霄

馬嵬題壁

雀粉霏塵積古邱興平郭外臙風流香囊遺媚傾城貌浮土陰
遮辱國羞痛惜荔枝厘寵念蕭條梨樹綰春愁人間長恨無踰
此過客悠悠駐馬不

雪擁關 藍關之俗稱

雲南開智公司代印

我近潮陽客來時路八千斬關憑馬力立雪聳鳶肩藍姓今無恙唐朝舊有賢玉山行朗朗何事謫南天

褒城早發

雪擁關前路迴頭又幾程疎鐘沉遠寺曉月落荒城長鋏歌三闋行旌寄半生感傷浮客侶留繫曙雞聲

謁漢昭烈帝陵

當年創業始荆州雲雨蛟龍夙志酬日落永安宮外樹蕭蕭彷彿霸陵秋

杜工部草堂

卜築聊安寢羈棲落劍南營成一草舍勝引百花潭簷壞秋風

破窗虛夜月寒錦城多古蹟獨讓此幽庵

澂江糧臺觀海

鎮海營前望歌聞采芑忙康郎魚淰浪鷄腎草含霜落寞迷荒服沉冥沒太陽西山平倒影時大兵已攻克西山賊營浮碧掃欃槍

亂後五華山登眺

强自登山望昆池接渺茫霜禽歸聚泊鐵騎逞羣狂天意何昏暗人心尚擾攘武鄉侯可作山上有武侯祠悔下臥龍岡

憇海心亭

路入蓮華寺亭幽俯碧池妙香含梵唄涼意透詩脾少白樓欹岸承華圃接籬一泓清若此欣照自鬚眉

濠梁躭樂意安得負心期漁艇穿蓮港茶亭唱竹枝落花飛片片垂柳漾絲絲雙袂饒清興輕風任細吹

之武定州望獅子山寺

疊嶂嵯峨積翠濃禪宮縹緲踞中峯逢人便說多靈藥立馬遙看但古松泉脈落城供井汲磬聲隨梵喈村舂白雲似恐紅塵擾長把山門在處封

至鴰鷹村書所見

比戶封登自昔誇幾經飄蕩少完家麥苗得雨生機暢豆葉連雲秀色賒莫怪邛崍頻叱馭豈容水母漫憑蝦（予不避險阻前往幹辦要件）殷勤童叟來相款曝罷簷暄獻雪花（適雪初霽日又向夕因止宿焉）

宿高橋雲巖寺二首

落寞前朝寺孤燈照客眠夜寒連澗雪禪歇滿林煙蓮社遙相憶香山偶結緣鐘鳴慚飯後著意早行鞭

縹緲諸天上深明半閣間妙香參鼻觀老衲息禪關官况何其淡浮生亦未閒永懷煨芋事幾欲叩寒山

小環甸姑谷拉村

繡壤圓圍一甸中小環名色巧玲瓏蓬頭衣背褕皮黑（大小男婦俗尙披羊皮）跣足裙拖布桶紅（女人赤脚率以幅布圍腰或加紅綠繡紋長拖至地謂之桶桶裾）終恨頑風多障日那堪惡木亂號風（山多蠻野樹尤惡雜故人亦頑悍）長官欲易榛狉俗澤以詩書望大同（反結小環）

宿水口村

踏殘山路雪又見一村幽花犬隔籬吠石泉歸壑流年侵傷歲暮冬至前五日宿此寇至怙民愁賊鋒雖遠別境悍練游匪不時突至居民受其禍者不少蠢僕晨興怯前峯凍未休

矣模古村

策馬飛騰上峯高巒夕陽經冬木棉茂歷刼火山荒樹多木棉經冬猶綠層級火耕之田畢目荒烟而已地險遺多壘夷貧服短裳金沙江在望襟帶拱巖疆

行至暮連司

官舍猶華屋居民頗帖然高軒曾賦過那職子姪內有善學者迎騎迭爭

先菊傲霜前瘦時花廳尚有菊　梅開雪裏偏概捐蠻觸忿蝸國曠如天

時土職與人爭田上控未息

贈慕蓮廩生那生琅浦生有志上進恐爲風水所限故書此勗之

家近金江會百川奔流到海浩無邊文瀾特有源頭活貝闕龍宮水接天

喬木參天故國開輪囷勤合棟梁材造樓匠氏能司契五鳳排空任意裁

百鍊金剛繞指柔良工心苦耐勤求絕鉤出匣非凡器辟易千人孰可儔

文章千古異尋常片羽分明重吉光他日玉堂清署裏木天高

歛任翺翔

問心嘆

方寸幾希爾難將善惡欺天人匪假寐暮夜豈無知於木堅多矣惟禽去有之鑑空恒自照何苦辨妍媸

書燈

一點光明夜向深兒時相對味堪尋案頭伴我觀青史爲表賢良耿耿心

杜逆僞禁城

妄意金城遺子孫陸離光怪儼天門彼昏亦念阿房否一炬何曾片瓦存

登雞足山絕頂

五百琳宮際天表羣峯羅列培塿小白雲絕頂鐘一鳴四望佛頭青未了

賓川州瑞泉寺

竹院因尙得偶過僧貧種芋笠兼簑瀑如雨瀉喧巖壑雲爲詩留繞薜蘿泉脈引來茶沸鼎佛臍空處蜜成窠山城十里鐘初動喚醒人間夢幾何

甲戌五月五弟幼傳攜眷至滇

門第相違十七年蹙然吾弟惠來滇風塵面目勞薪苦子姪衣巾熟布鮮共述遺羹齊隕涕爲攜報竹暫停鞭（言爲家事牽掛不久當即旋里）

煮梅啜茗聯牀坐卻話西窗未忍眠

自公館將之永昌公務留別五弟幼傳

環橋步月兩稽遲（弟癸酉科已經備中溢額被棄又因盧廩無貲應貢竟至蹉跎）獎敘王言的未知（弟在軍營業已保准訓導尚候行知）我去奉文當寄悉弟歸司訓莫愆期生愁棣蕚飛花片入夢梨雲泣路歧一聚異鄉嗟又別（相聚僅十日）何堪此後處相思

登太保山

巍然獨立鎮平川俯瞰方城萬井煙山閣鳴鐘僧入定驛樓環堞將籌邊森明列爵松葱鬱盤固封侯石結連指顧白雲成五朶遙排玉笏拱朝天

次黃草壩

芳草萋萋撥綠烟喧然都會跨黔滇風花對飲傷遊子裙屐行歌樂少年可有河源通八達儘多巖險扼三邊前途遐舉高標處是我邕西舊舍廛

百色粵東會館觀劇

勝占鵝城勢自雄此身疑在廣寒宮紛紛絲管飄雲外嫋嫋霓裳詠月中雁齒連橋浮紫氣馬頭淹泊洗腥風堂東角戲矜豪舉那惜登場百萬空

百色晚眺

登樓四望半蒼蒼絕巘鴻飛極目長爨起河滸番舶滯樵歸溪

鑿渡船忙蹴塵花萎傷春暮吹袂風柔愛晚涼八角山尖夷地險遙從天外掠殘陽

曉霞

曉日曈曈上天邊燦紫霞錦標凌碧落若木映朝華秀色餐如可祥光耀自他絳雲葱鬱處疑是赤松家

至廣東（時奉旨運京銅至彼）

尺一天書萬斛舟舳艫相接下東流潮來帶雨歸香港花解留人醉玉樓防海閉關辭貢使輪船激浪撼陽侯艮金卻與洋航敵何必瀘州置舊郵

舟發南寧旋里

鐵笛三聲唱渭城鷓鴣啼處落花輕伊人秋水今誰在顧我青山昔獨行長憶吹笙同鶴杳長次兩男下世已久永懷遺鮓感芹生自滇歸舍

補行穿孝文江塔下盈盈水猶滯扁舟十日程

丙子八月十二日舟至文江塔廻憶離鄉已二十年

欲卸輕裝淺泊舟塔形依舊枕清流喬松挺節臨江直丹桂霏香繞岸浮鷗聚百千尋夙契月明三五證前修當年與客攜壺醉卻換星霜二十秋

甫至里門

榮枯寸草感春暉慰我同懷握手歸眷屬接輿過竹里兒童詫客傍柴扉倔強生性終難改傴僂滋恭詎敢違舄履未停交錯

雲南開智公司代印

嚮嗟聞予季嘆空幃丁母憂服闋歸補穿孝

差旋鳳山訪舊

一鑒清泉水居然未出山釣遊增感易邱壑惜緣慳飛鳥依依戀歸雲片片閒故園松菊老今日未開顔

小蓬萊 鳳山巖下河流中有方丈石聳出水面分小三峰余於道光辛丑年與遊侶刻小蓬萊三字於其上徜徉垂釣意甚適焉

縹緲浮川上蓬萊小小峯登臨留勝跡咫尺晤仙蹤瞥瞥來雙鯉潭潭伏毒龍倘公黃石是今日笑相逢

泰山嘆

包羞土壤塞垓埏世界開方碍大千我欲挾來超北海填成平

地作桑田

外假巖巖內納汙秦碑沒字可嗚呼豈惟塞耳猶嫌小兩眼睜

睜視亦無

古渡茅寺 在本村渡口祈雨輒應

莫小茅簷陋村氓薦野芼牛篙臨水窟一笠覆江皋呼翕雲生

壁輪囷草鬱袍年年芒種雨重賁肯辭勞

丁丑二月別里門復之滇省

今來昔往幾何年又是春風別恨天雲樹依微勞夢轂關河險

阻指吟鞭壯心未與人俱老從事還傷我獨賢回首鳳山猶在

望兩峯高揷鎮江邊 山有鎮江巖

桃含宿雨柳搖烟按轡遲遲未忍前鞅掌簿書遑盡瘁違離故老重生憐輪蹏自遠通天末唇齒相依至海邊跋涉不辭經絶險邇來叱馭已多年

舟過武緣江口次隆安

一水盈盈隔舟行念故鄉青杉款岸老白鳥近人翔帆快風乘順艙虛雨送涼悠悠西去後歸路不應長

轉滇寓百色

巖城高踞㵃江邊闤闠家家百貨塡辮髮蠻娃爭晚汲披氈滇客賣春烟蓴羹正美遲歸思荔子垂丹近伏天乘暇倚樓閒眺望綠波芳草撥漁船

之元永井宿碧雞關

暮靄沉沉碧歸飛倦鳥還溪聲涼繞枕月色淡銜山夜旅兒相伴時平客不姦明朝經九折叱馭敢辭艱

自昔稱巖險承平又一般夜涼渾不寐人靜有餘閒馬號書編簿雞鳴吏啟關漢時明月在經照海西山

猴井 即元永井

滿山猵櫟棘叢生陡絕人從樹杪行斥鹵沮洳歸曲澗落花流水帶猿聲

井院 院內樓上書生樓下婦女居處一門列屏開市

女紅同肆各謀生問字何妨載酒行下帳夜深風露冷書聲纔

斷叉機聲

五月過祿豐縣書所見

枇杷半熟雨沾衣白露翩翩傍水飛少婦漫休蠶事去踏秧歌裏暮忘歸

鹵丁

儂家竈戶爨烟生礶硐深穿蟻穴行怪道女媧摶土後啾啾猶帶濕泥聲

鹽釐局即事

傭書莫笑食無鹽日擁牙籌坐對櫓識別酸鹹滋味足飽看山色不妨廉

猴井山居

室虛窗白樹扶疎天與閒人靜有餘姑惡亂啼驚午夢伯勞交作勸春鋤敢將軒冕泥塗辱合併松雲水石居郤詫市廛多雅化少年行院坐教書

月桂 戊寅六月中浣喜得小女八字中五行缺水取名月桂以長養之

月中丹桂本長生天一涵虛鏡太淸香滿氷輪雲外溢光依玉宇日邊明元精耿耿端含育庶物欣欣藕向榮常與仙人同不老廣寒宮裏笑相迎

靈鷲山登高

何處飛來寺登臨首自搔風流誰落帽詩與漫題糕辟惡萸餐

費尋幽菊醉陶悠悠羈旅意徒望白雲高

冬初猴井聽戲

挑撥淫哇起意奸那堪一闋落梅殘侏儒果腹供諧笑士女連肩暱聚歡偷慣山桃猴狡捷醉沉泥鹵鼉蹣跚梨園子弟傷懷抱誰耐張燈雪裏看

井優罷齣

一彈再鼓倏終筵靈鷲峯青亦黯然山鳥啾啁悲落葉井蛙沉沒咽寒泉下場似失封侯印倚市猶思買笑錢檀板輕敲無賴恨荒涼竈戶冷風烟

猴井官司演劇酬衆竈戶

捧腹將軍笑主觚倚廊憨醉盡屠沽秋槐蟻結侯王夢朝槿花開富貴圖休語震雷驚失箸但聞啼鳥勸提壺笙歌一霎沉墟落榛莽荒寒舊酒壚

庭梅詠

自愛風流子前身認是梅約同花下醉笑向雪中開妙墨雲林畫新詩水部裁芳魂今夜月冉冉降瑤臺

數點天心見孤標獨占魁寒圖消未幾冬至意相催有客巡簷索何人策蹇來尋開東閣賞香撲玉光杯

辛巳元旦朝班坙臥不起有感而作

元晨天鼓震雨雪積成氷問夜寒尤劇迎年病轉增徽垣星錯

寞槐國火飛騰蔫歲猶中聖趨蹌喚不膺

且戀重衾暖雞鳴怯夜霜禍追回鶻稔伍病續貂狂寵錫辭非

分洪鈞轉不常堂皇開府日庭燎占祥光

喜小孫興保周歲

爲爾高頭角（爲留丱角如兩桃狀）崢嶸命意初愛憐生小小學話老爹爹（滇俗謂祖爲老爹孫每見面輒呼曰老爹）經始教三字（時以幼學壯行等句念鳴即定息凝視）書期讀

五車興宗奢望汝（呼以本興名曰宗森）名實貫相如

賦修竹

高聳千尋碧猗猗絕俗氛平生惟愛竹直節欲凌雲箭擅東南

美陰隨左右分鸞凰棲占穩畜子任恩勤

種小松

小立婆娑影青松手植成叙分三股矗蓋偃一枝橫已具干霄勢還欣向日榮後凋原本性不受歲寒驚

觀金魚缸

讀罷蟬鳴樹繞廬石缸澄净暇觀魚龍頭游泳依香藻鳳尾離披漾碧渠環逐芹舟成小隊廻看竹屋稱閒居沙蟲米粒恒無缺差比江湖樂有餘

哭幼孫興保

幼孫興保生於光緒六年花朝前五日氣似於菟岐嶷可喜七年二月晬日見其言語行走漸次便利曾作詩誌慶秉質素健鮮有疾病不意至七月晦日傷食致痢越日又大瀉不止煩熱口渴無已氣悳已甚數易醫診視調治並不少間氣息奄奄日惟飲水悶七月十日病勢愈不可爲午後又扯風噤口抽搐挣掣艱

苦萬狀漏下二鼓竟垂淚而逝嗚呼痛矣厥明命家人棺歛抬出北門外五福寺旁埋於其祖母恭夫人墓側庶幾小魂有所依歸不致飄蕩云爾嗚呼孫韶慧夙成保抱攜持不忽刻離膝下竟遭疾阨若此天乎人乎呻吟之聲已絕而飲食寢寐如將見之老懷於邑不禁雙淚之縱橫也噫

稺髮晞猶未出世纔十有七月淹旬病不回含飴成永訣揮淚痛沉災苦雨連宵至連日大雨陰沉黯然奇花頃刻摧母孫同一壟於邑劇增哀

夢殤孫興保 閏七月十五日

魂夢還依我牽衣笑又啼捧懷翻字帖憑几認璇題孫在時常抱於懷好據案長翻字帖又曾以筆縱橫圈點戶板茲墨瀋猶存而雖弱之姿奄忽已為異物見之令人悽惋欲絕屋角寒燈炧城頭落月低晨興猶恍惚離影悵悽悽

感懷 殤孫見戲物件目擊生哀忽忽如在

小院涼秋氍氍寒（坐愛洋氈常自行展地）琴亡鉢冷怯衣單（敲弄鐘鼓聽絃琴擊鉢盂散髮婆娑側耳轉盼生成別致）據牀兀坐頻長歎器具橫陳不忍看

傷悼小孫

脈脈時流淚依依宛入懷墊巾常爲整率履請無乖（時抱在懷輒爲予整帽予偶脫履則勤懇奉履請跚天親之愛依依可想）摘葉嚴防蠹培花厚殖荄（晨夕喜[illegible]潫花見有蟲蠹每爲別下即行蹴殄）今宵風露冷幽咽傍寒齋

又歎

寗馨何處去遺我念悠悠繞膝形神渺招魂寢寐求似聞呼小婢宛見戲團毬（巧小好挺舞劍器流轉自如令人可愛）化鶴歸來否邱山痛未休

辛巳閏月六弟少頴書至言邑里官紳行修縣志事

雲南開智公司代印

抱疾緜緜歎隙駒忽聞修志促操觚流離故老傷零落襄贊時賢卒苦劬文獻足徵宜悉數奸雄雖死亦當誅平陂自古無窮事感舊幽情獨向隅

五十年來事變多徵聞紀實竟如何油糖権稅除苛斂蘆蔗區田照則莫科假丹鉛輕筆削且防蠻觸起干戈操持月旦能平允自有輶軒泣又歌

感懷

閬苑排仙仗名花放一枝如何秋雨雹零落不勝悲孫以花朝前五日生適有府廳州縣寅僚不期而至者滿座俟其出世兆大可喜能言奇愛百花孰意始閱一秋即悲無命

坐臥渾如夢離迷負劍來無言日又暮疑倘數靑梅本年端午前後常以

小指引數盆梅青子爲弄

竹馬騎上階巡簷索笑語花叢捉蝶忙相問在何許拖騎竹馬隨其幼姑巡簷索笑見有來蝶尋花每相與捉放爲戲

提攜若盈手帶雨隨移栁問我長青青成陰籠戶牖曾隨移柳攀訊殷殷今樹已發而物在人亡情何以堪

髧彼搖花影輕盈祝早開傷心朝露溘珠玉葬寒灰髫髮飄飄爲捉灌花輒喜形於色而一身紅暖如玉攜之不忍釋手今忽夭折何慘如之

哀時疫配藥施救間有驗者

流行厲氣嘆胥淪攘往熙來旦夕人一片婆心勤救藥挽回天意樂長春

秋夜感懷

芙蓉花落露沾衣窗竹鳴秋月色微坐取離騷燈下讀欲將天問扣閶扉

幼孫興保出世歲餘即悲短折念其妙孩聰慧嗟悼不已垂淚書之

開軒放鴿入雲中輕倩憑窗盼遠空（晨放鴿飛每憑窗遠望）迴步月廊披晝軸頻登竹几弄燈籠（客廳紗燈字畫常跨月門出進坐匡牀指點識別花卉聲贊燈籠不止）菱花展笑雙髻翠（窗中懸鏡好援笑照雙髻翩翩自愛）薏米供餐兩頰紅抱睡鳴吟驚短夢半庭落葉怨秋風（欲睡每欸垂枕臂鳴吟秋興八首未半即寐不料秋風落葉忽悲長逝何痛如之）

圓通山秋眺

萬古坡陀鎖北門川原繚繞抱城垣烟迷石虎關前樹風捲金蟾寺裏旛燕別雁歸愁旅客人悲鬼哭薦游魂時疫大行官民先後建醮禳祓爲厲愈甚禪宮衰歇餘秋草塵世堪哀更莫論

中秋望月有感

金粟香浮穆穆波月圓人缺奈愁何去年今夜霓裳詠猶抱登樓望素娥

銀漢迢迢夜欲闌瓊樓高處不勝寒清光照徹泉臺下知是啼痕泪未乾

追悼小孫

扈駕蓉城郤涕零（口不能言垂淚而訣）輕盈車小鬟垂青母孫應喜魂相聚抱坐焚香念佛經（棺埋於其祖母恭夫人墓側夫人生前好念佛經地下想亦猶是）

冥想童烏晝欲瞑依稀猶是預元經舊時硯匣塵封積拂拭空憐墨瀋馨（曾置一硯遺之時以筆揮灑爲樂）

一念迴旋一愴然祖孫悲惻隔重泉年年節序花朝候愁聽青山泣杜鵑（孫花朝前五日生年年是日誰能遣此）

滇垣竹枝詞

天氣陰晴半熟梅六城輕暖向晨開子間健婦兜裙屣上市傳呼餌䭀來

午亭列坐品新茶普洱毛尖勝碍嘉消受柳風吹滿袖分餐松

子聽琵琶

雅素裙腰少婦多城隍廟哭漲秋波冥王殿下金銀庫積錁高於十丈坡

白槿花開嫩曉初枇杷深巷對門居家家迷惑輪迴說朔望清齋叩木魚

惡嚣

腐鼠嚇鵷雛鸞凰鄙不齒擾擾充市門更恥羶慕蟻溷濁趨下流清淨無或爾誰辭梗陽人歸與二三子

撫琴

鳴琴坐松石古調聊獨彈清風來樹杪初月生林端大雅久不

作賞音知夙難吾慕嵇中散琅琅哀激湍

觀盆梅有感亡孫

庭院清如許迎年又得春馨香餘此物品格失斯人夾竹一枝

好開簾雙眼親瑤臺應不夜明月是前身

冬至吟

斗室棲遲集百憂冬寒節至懶相酬小鬟向炕縫新履老僕司

閽懟敝裘賴有梅花堪破寂更無竹葉可消愁陽和氣息吹葭

琯九九圖開點一籌

一聲鼙鼓當春雷且喜陽從黍谷回緹室灰飛通氣候兎園雪

霽掃塵埃寒鴟入晝拳城樹乾鵲迎曦曬石臺今日觀天雲物

改何如暢飲覆新醅

礦廠即事

廠上功臣自有眞六丁雷雹令嚴申金牛氣旺高騰燄玉象形
龐隱起鱗地道得靈爭獻寶才生應世默通神精英蕃育資陶
冶拯濟斯民自在春

五材並用首推金塘礦淵涵蘊蓄深鳩聚石工齊齒齒鴻開泉
寶任林林山環水曲精神現霞蔚雲蒸洞府森我是代天行化
者還丹不負玉成心

大德寺雙塔

爭勝羅浮近似同七層湧出並摩空憑臨昆海輝雲日鎭定諸

天靜雨風遞捲經聲相繚繞輕搖鈴響互丁東萬家烟火連三界盡在招提一覽中

贈某隱君

林臥耽泉石希夷想是君身名完璞玉富貴等浮雲煮茗供吟興蒔花遠俗氛苔岑尋結字長此挹清芬

別某村

一別柴門絢巾車過虎溪野花含笑送林鳥盡情啼回首雲山隔關心稻麥齊歸來日已暮弛擔欲雞棲

種桃

爲愛桃花手自栽春風無價暗催開經今蟠結根荄固子向枝

頭已兆胎

咏茶花

紫府神仙降芳魂冉冉斜海棠羞國色飛燕遜天葩暈影圓於日映膚艷若霞誰爲卿換骨應是餌丹砂

清夜吟

孤燈照影無伴明月愁人奈何露下芙蓉自落微雲半淡天河風吹城柝斷續深巷犬吠寒多耿耿夜眠不寐誰家唱飯牛歌

早起

昨宵一寐蝶魂單夢見殤孫泣夜寒早起院庭涼似水清聽簷馬倍辛酸

雲南開智公司代印

寒意

獨釣江干百慮捐朔風吹散竹林烟可憐鴉舅寒噤嘴猶向西山咒雪天

曝暄

南窗愛日暖緜緜曝背人多笑語喧八十老翁調孺子漫呼黄襖大家穿

郡齋寒坐

坐擁書城意惘然校讐不省問寒暄窗間一幅王維畫獨愛芭蕉雪裏傳

志不在溫飽

溫飽尋常事何言志在斯歡顏思盡被捧腹莫相嗤長謝同袍

贈誰堪伴食欺平生眞相業早見詠梅詩

壬午二月值亡孫小興生日

臥起紗厨思悄然桃紅李白泥春烟堂前舊燕歸來否又是花

朝二月天

喜得異書

不惜連城價招尋得異書奇文驚向若博物信何如典貴徵彝

鼎微茫辨魯魚便便儲腹笥那敢笑空虛

南關權局即事

試展牙籌學理財那堪擾往復熙來且防斷壟勾商貨自笑當

闢裕將才綠墅優游沉滸墅草萊開闢誤臺萊侍郎執戟遑多讓醉擘霜螯又一杯

悼側室周氏

奉持冠帶玉玲瓏（余朔望衙參氏必爲整冠束帶）喚起衙參夢寐中今夜雞鳴風雨冷繐帷悽悵竟牀空

苦盡甘來笑語中癡情憨意老來紅（氏嘗言其命運越老越紅）儂家此次娉婷立十稔渾如一霎風

花爲傷心怨月娥無人相與步金波（茶花初胎氏每於月下捻祝速發今花未放而氏已殂謝花神有知應亦傷悼）望鄉臺上應迴首渺隔層雲泣下多

幼女甇甇慘不支哭娘號佛發慈悲（氏逝女悲口嘗號佛）牡丹亭畔魂應

在願送還陽鞠育兒

步幛姍姍可是卿衣香鬟影認分明連宵夢魘憑誰覺廻憶當初更愴情余嘗夢魘氏飄颻爲喚醒得不長困連宵又夢渺無人喚矣傷如之何牛女私盟結願深七夕觀星猶相語天上人間時話此生休矣再生尋遺環墮珥還珍襲忒作當年押聘金

觀梅有感

縞衣仙子去何之月下盈盈即又離記得巡簷曾索笑憐他憑檻寄相思雪欺寒影人同瘦風拂香魂我亦癡小立後庭幽絕處誰翻舊譜唱瓊枝

癸未元旦示兒女

雲南開智公司代印

共喜洪鈞轉運新履端伊始慶元晨辛盤薦果分羣從子舍稱觥慰老人松鶴有情皆自得鶯花無故却相親一家和氣蒸成象庶物憑生四海春

惜花

早起捲湘簾花落驚無數可惜綺羅春忽遭風雨妬寂寞委蒼苔悔不金鈴護譬彼望美人遠道思把晤悠悠巫山雲渺渺桃葉渡洛神驚逝波馬嵬空啼露零落悲奈何欲向東皇訴花事太蕭條對此傷遲暮掩抑下庭除低徊眷懷顧呼僮遮莫掃留作錦茵布坐取鳴琴彈哀怨登絃素花神若有知彷彿如相遇

丹崖詩鈔卷二　　　強圉大荒落男誠洗校印

道光二十九年己酉舉人

丹崖詩鈔

丹崖詩鈔卷三

武緣　黃君鉅　丹崖

送遠行

悠悠復悠悠送君南陌頭此別成永訣何時同首邱山川修且阻跋涉勞間關行者日以遠居者念損顏投宿路旁舍征人苦哀傷草草不成寐明月皎夜光逆知歷險遠冬春應到家如逢驛使便相期贈梅花

聞越南五郡失守

蠟丸書至告瀕危哭訴秦庭急出師明命中興遺犵獠富春申誓奮熊羆兩圻兼畏身餘幾三省相援志莫移任宿須句俱我

圑豈容皴屭肆垂頤

食蟹感事

有介無腸貪口腹爬沙郭索事横行薑橙細剉成醯醢爲恃雙

螯滅爾生

睅目圓臍知腦滿紫螺杯泛酒微温稻黄秋老供刀匕釜底何

由覓返魂

公館閑坐

四壁圖書滿無由索解人桑榆傷近暮桃柳喜成春俗眼常遭

白仙心不染塵翛然遺物外草莽愧稱臣

書齋雨後

昨夜聽琴罷今朝雨乍晴墻頭雙蝶下屋角一鳩鳴草色侵簾翠花香入座清欣欣觀物化因見古人情

鈴鴿

嘹喨雲間往復還城頭游俠笑開顔飛鳴角罷乘餘興又帶韓盧獵火山

離核桃

物去其鄉始見艮桃稱離核品逾芳一心刻露狀三士梁父吟成却自傷

去毛蟲

積霖生蠹害須防毛辣蠕蠕論斗量呼僕掃除頻用火不留噍

類兔桃僵

黑魚

盈尺斑斕額點明侯䲔合美敵蕁羹滇人詭伎知朝斗共詫烏龍不敢烹

持羊鬚

笑煞公羊有美鬚鬖髿飛動欲攘揄寢譌頗似驪龍睡牧豎摩挲戲捋珠

金僕姑

長府深藏金僕姑一朝定亂殪戎狐如皐射雉尋佳耦矢志應隨賈大夫

黃雀行

庭院淸閒日未昃黃雀臨除覓粒食呼雛引出花竹陰口哺唼接舒短翼飛躍不踰書案前聊且休游莫拘勸昔同鴻鵠相匹儔今與鷃斥共棲息烏鳶縱懷殘賊心安敢越格犯樂國似聞嘖嘖語居人不作東阿作卽墨廉雖苦抑貪則烹畢甫搖尾究何得嗚呼鳥語實名言明哲知白當守黑

鳳仙花 去秋殂謝今夏不種自生殆花還魂歟

埋香徑裏認殘灰幻化花身詫又來五夜月明風露冷芳魂冉冉下瑤臺

鶴頂珠紅整又斜連枝朶朶艷朝霞玉皇香案傳修史定擬炎

雲南開智公司代印

天麗品花

茉莉花 廣州花田最盛丙子余攜眷旋里至此泊舟

花田長件素馨花九里城西燦銀霞記得彩絲穿就罷玉人和笑插鬢釵

迅雨

市童襞戲商羊舞天傾西北將石補翻雲潑覆雨來飄忽奔騰震如鼓勢挾風霆殊駭人瞑瞀五官若無主霹靂下擊斃孽龍尾長去天纔尺五海波澎湃欲漂山陰霾四塞沒林塢少焉虹收千嶂開窮髮青蒼分縷縷淨洗塵埃掃惡氛白水貞能恢復禹廟清只在片時間中天亭亭日正午

癸未萬壽聖節遇雨

趨蹌恐後雨隨風嵩祝三呼協氣融暗渥庭燎光照耀靜和院漏響丁東班聯瞻仰螭頭肅儀象森嚴豹尾崇朝罷龍亭開霽景萬年枝上日曈曨

捕蚤行

謠諑來羣醜跳梁敢害遺膚脅沈恨久切齒滅仇遲辛螫蹁躚蠆申明蕩繭絲屋褌隨俯仰高枕又何疑

捫蝨行

肉食謀誠鄙欺人適自殘探懷關痛癢捫舌苦噤餐無縫衣難匿餘殃篦未殫供談當世務莫作等閑看

雲南開智公司代印

曝書口號

風日晴和候呼僮快曝書欲圖昭萬古非直假三餘委宛廻曦馭翩翻撿蠹魚郝隆袒飽學早在腹中儲

鷹乃祭鳥

颯颯涼風至蒼鷹力愈高化鳩曾感逝祭鳥忍忘勞不顧傾巢穴何曾惜羽毛棄餘悲弱肉狼籍滿林皐

禾乃登

穎粟垂秋熟田家始刈禾祈年猶未幾登歲此先多性善珍維寶香升氣自和素餐滋愧否試聽伐檀歌

梅妻

縞衣仙子占風華嫁下孤山耦信嘉原是金童偕玉女早從天上配成家

千百花中獨愛梅每於月下共徘徊天寒鶴守將雛護修到今生合得來

迅雷

舉首天庭憤不平奔霆挾雨激風行蟄龍奮鬣髯髯動履虎危心虢虢驚百里山陽雌盡伏一聲江外荻初萌老瞞肝胆眞狂悖浪詡英雄我與卿

挽宋文丞相

大是從容就義難寸心千古尙如丹燕臺忍爲詩囚築辜負零

丁水一灘

挽宋謝疊山

逋播名碑有宋賢呼牛呼馬總悲天生平未覺爲儒賤猶讓倡優隸卒先

放雀

久困樊籠願力微天空今日任高飛平原淺草多羅網好向山梁遠禍機

飲啄無慾惜羽毛養成翔上木天高私心敢望啣環報但盡絲毫解網勞

昆明感事

戎馬倥偬近卅年匪躬蹇蹇有誰憐西山夜月空營壘猶似當
時鎮海邊

黍油麥秀久傷心救世菩薩祝早臨不意比來生鐵漢更從佛
面刮殘金

晏起遲眠聚族隣典衣易米盡貧民健兒胆氣何殘酷白晝公
然肆搶人

殘黎苟活幸餘生街舍荒涼長棘荊野物入城無曉夜嗷人遺
恶賽鴉聲

施藥持經莫弭災停轜席捲滿山隈魂銷雨黯天無色凄切愁
聞鬼哭哀

聞道礨宮振鷺飛高軒暫止向林歸文禽得氣矜微智知避兵
戈早見幾
坐起看山暇讀書蒔花種竹養金魚吾鄉亦有林泉樂何必區
區戀棧餘
黑貂裘敝衣征衫野藿充饑且放饞安得昆池通粵海一時歸
路好揚帆

夜雨

伏枕聽無寐空階滴未休閒思十年事點點到心頭
窗外芭蕉暗燈寒不結花夜涼渾似水强起讀南華

礫鼠行

碩鼠碩鼠堪長歎睅目皤腹來相雜憑依怙勢器忌投終夜曉

曉常達旦我生性癖積書厨字字珠璣被毀爛罪孽彌天犯顯

誅學吏時把斯獄斷殲厥渠魁莫稽遲絕其種類爻何憚燎毛

破腹剖心肝榜示南山勒鐵案聖經賢傳幸長留讀書種子資

論贊怡然曉夜致清平始服老夫多濟幹

鳧鷺詠

有翼不高飛徜徉溪曲水三五自成羣蘋藻習常習詩人興在

亹肅肅翺旋止無心化雙舄畢羅專用彼遊鱗樹杪翔落雁平

沙起適意載沉浮暢機流若此鼓翅翻紫菱引吭唼芳芷鷗鷺

曠相忘何分我與爾

雨雪

烏桕蕭疎凍裏深林鴉數點破寒噤梁園賓客尋佳會馳逞才華艷到今

圍爐以荻畫地示兒誠沅

山川形勢固何如戰克攻開畫抵書扼塞殽函窮絕險斜通子午出懸虛魚池邀倖終殃及赤壁功成借燼餘決勝遠踰千里外幾謀只在運籌初

種珍珠蘭

乞得珠蘭四五枝庭階對種雅相宜花如人品稱名貴拔拂清香莫太遲

串珠魚子本原奇輕擁新泥待雨滋爲愛孤芳聊自賞不教蕭艾雜花枝

丁香花

剛是先庚後甲開丁簾輕颺影徘徊午晴花韻闌干濕乙乙奇香撲鼻來

去年雪殺傷根本秋半香魂猶未返今夏纍纍結紫苞惜花人逝春歸遠

橄欖

生平自笑嶺南人日啖滋多味更新試問如何名諫果彈章甘向苦中陳

波羅蜜 此果樹大枝繁陰可十畝冬間以刀刻樹皮及春發芽坼苞即實碩大且蕃秋天成熟皮如簇釘香軟多核其味似蜜

羅漢纍纍數百頭魚皮斗大妙香幽春初受氣秋登薦一笑開心口沫流

交妍果 有兩種大者木本花白林薄交柯小者草本花紅叢生遍野或謂之交桃俱七月成熟

紅白花開各逞妍南交分種自年年中元月夜愁風露常有冤魂泣杜鵑 中元節游魂覓食往往聚哭其下次午果上驗有爪痕

佛手柑

祇園淨果熟香柑橘綠橙黃共佛龕悟得龍禪伸一指拈來受用味餘甘

丹荔

挺出東園傲歲寒一經三伏鍊成丹楊妃襟解閒薌澤乳飲瓊漿瀉玉團

感蟋蟀吟

砌下露盈盈微蟲應候鳴凄清沉夜色幽咽助秋聲老屋寒燈炧空階落葉幷天涼孤枕畔掩抑最關情

畫綵仙靈

具得天然意飛騰劍出硎寫眞傳將相入化極仙靈下筆開生面添毫活肖形臣原無粉本奚取譽丹青

畫綵窮殊相仙靈活現成衣冠瞻甚偉毛髮動如生山水借增

色丹青久擅名傳神阿堵未晴點睇盈盈

西王母獻益地圖

五嶽眞形外輿圖亥步周獻來增土宇益處拓金甌記里環瀛

海封山首冀州垂裳端拱受風動仰惟休

二五耦

二五誰開變耦途驪姬煽蠱合駢誅犬羊成性伊胡底狼狽爲

奸竟使俱比次宮帷言可醜浸淫貝錦悅何愚工讒女禍無終

極尺土焉能啟晉都

校理近作夢見六弟少頴

皓首窮年力就殫秘文校理重詞壇明知淵海難蠡測忍使縹

緗任䨓殘雲閣瓊瑰無拾唾露盤沆瀣擬同餐惠連苦憶吾衰老得句相驚入夢看

癸未中秋感懷

風景何曾似去年勾留秋思月仍圓雲鬟却憶霏香霧花影生愁化碧烟光溢庭隅增感慨涼侵臥內益纏綿姮娥邀我登天路淸淺蓬萊佇學仙

曲江觀濤

烈烈秋風壯洪濤吼曲江轟擢雷鼓震高湧月輪撞蠡泛歸何處胥沉怒未降平看强弩射神力仰無雙

杖藜行歌 詩品曠達

矍鑠何須杖逍遥任倒拖昔曾叨照讀今且藉行歌逸興凌重巘豪情擊太阿髯乎眞曠達自笑勝仙坡

紅杏在林 詩品綺麗

華林當馬射紅杏艷春情綺麗詩堪品焉支畫不成滿園朝雨霽十里晚霞明得句驚羣彥尙書擅美名

海之波瀾 詩品形容

浩蕩無邊際形容縱大觀川流歸學海波委屬文瀾渴想吞幾盡狂將挽不難天風吹水立彌望總漫漫

柳陰路曲 詩品纖穠

一片風光媚垂垂亞柳陰苔深埋仄徑路曲靚幽林引鶴眠琴

候聽鶯載酒尋不因青眼盼覘動定禪心

天地玄黃

一畫開天子會長地靈人傑不拘方本元洞晰分明白參兩中

通妙合黃陰若疑陽龍戰野呂如叶律鳳鳴罔悠悠萬事咸包

括試取龜圖細審詳

景行維賢

高山仰止景維賢向往私心立行堅徐撫鞠通通博古尋翻脈

望望成仙上丁釋菜思齊韯諸子留青願比肩秪懼瞠乎趨步

後生安歸一悟眞詮

焉哉乎也

雲南開智公司代印

四聲聯屬任吟哦齒頰還資語助多時物行生何示述臣鄰喜

起載賡歌文昭德禮囍軒洽曲奏宮商抗墜和員外捷才猶內

窘壺門呼笑唱廻波

綺廻漢惠

綺里衣冠匪慕名因扶國本又勞生留侯自進從容計高帝旋

驚羽翼成雲護承華門外擁星回重曜殿前明安劉社稷渾無

事歌詠商芝答太平

書癡子

不盲於目不盲心後起斯文有嗣音儒雅居然成著作淵源邈

矣耐追尋鶴聲一一騰霄漢琴德愔愔式玉金我欲盛之靑瑣

闔琳瑯璀璨艷華簪

澗底松

澗底喬松有俊姿置身深穩不嫌卑孤雲野鶴閒相訪明月清風雅亦宜天與奇材貞足幹師求大木遇偏遲歲寒業已經多少始得而今謝後知

五柳先生

五柳先生不著名有時岸幘聽啼鶯幸存松菊長相伴雅好琴書簿自鳴山水之間盟夙契羲皇以上論交情出塵瀟灑無拘碍且命巾車事隴耕

雁字

雲南開智公司代印

回雁峯頭送雁羣峯迴回雁似迴文江波繞綠經三折泥爪留痕認八分咄咄書空橫碧落行行飛白入重雲禪林若許籠鵝換字勢奚遑讓右軍

鴉陣

日暮悲笳起敵城飛鴉結陣往南征鷹揚迴望全軍壘烏合交攻伏莽驚雲夢洞庭酣野戰風聲鶴唳助疑兵羽林將帥知誰是鵝鸛謀高首主盟

假鳳凰 此鳥毛色文彩羽冠尖嘴小如拳大匹偶追逐食糞其聲嗚嗚俗呼爲假鳳凰

高冠長啄錦衣郎徵逐飛追溷厠旁忝竊鳳凰名色貴嗚嗚聲作愧歸昌

蚊市

轟轟烈烈近昏黃巢睫蟭螟意亦狂謀聚負山開市道不知力量可相當

瓠瓢

顏氏殆庶幾樂道尋孤詣陋巷歎賢哉一瓢最深契匏瓜似無能及孰知落蔕剖心效微材用等挈瓶計我今飲水讀黃庭賴汝挹注長相繫攜伴飛仙閬苑游別有天地非人世

古琴

昔治不下堂今置作虛器大音聲正希俗耳焉能致瓦缶任雷鳴良材直遺棄古誼甘韜晦不爲瞽者試曾經奏南薰亦操羑

雲南開智公司代印

里志悠悠數千年我猶堪殫記一彈再三唱慷慨有餘思渺渺
知音難撫摩聊寄意

宿西山寺

萬樹參天暗碧峯露涼鶴警惕幽悰山僧若許遊仙夢此夕停
敲夜半鐘

碧雞祠懷古

舊聞漢代闕靈基地屬神州世有祠此日如何甘委棄風蕭雨
晦不勝悲

猛獸行

天心少仁愛生物以害人豺狼四當道惡首論過秦巢穴深藪

澤卵育肥厥身爪牙更傳龔子遺寃靡陳惜也盆不作掌火罔

舜臣焚烈滅羣醜庶幾保生民太阿奈失柄赤手屠絕倫昔者

宣尼父安得不泣麟

詠初月

桂魄初生萬象幽二分弦影上瀛洲徘徊不負停琴客浩渺先

臨近水樓感慨金波常穆穆寄懷銀漢總悠悠素娥半展妝臺

鏡已見清光遍九州

遊雙塔寺

塔勢崚嶒對遠岑禪房花木頗幽深小寮懸蒜供醫用老衲烹

茶待客臨山翠拂簷澄霽色松濤繞榻滌煩襟霜禽聚泊叢林

靜翔集成羣匝唄音

滕薛爭長

春秋時見重姬宗凡蔣邢茅悉靖共數典非爭滕卜正齒任難長薛先封旅庭不在多儀享執玉如何敢慢容魯國居然稱秉禮服人以此許相從

衛文公大布之衣

國步艱難繹嘆騷躬親衣布暫廬漕縫衽已就思無缺邊幅雖方敢逞豪環顧山河籌鞏固俯垂襟帶盡焦勞公侯尙是安粗樸寒素何妨敝緼袍

二疏歸里

都門祖餞爵繽紛父老爭賢萬石君敢謝當途增物色相從攜杖臥松雲竹林瀟灑延朝爽榆社留連醉夕曛他日子孫能數馬承家端謹著前勳

詠蝴蝶

到處春風欲醉時花枝綽約繫相思多情送盡芳菲節閣下閒吟謝逸詩

焚香告天

旦晝何爲者拈香啟夜焚豈伊祈永命唯恐忝斯文默默忝聲臭惺惺慎睹聞彼蒼如鑒格藹吉沐餘芬

哀海棠 傷遊妓也

雲南開智公司代印

有色無香擅艷名紅妝高照夜深情花魂解語愁難寐風雨雞
鳴誤一生

綠蕚梅

疎影横斜一兩株青春鷃鵡隔簾呼自從金谷移來後宛宛芳
心似綠珠

碧玉條條分外殊柯銅幹石柏同符緣天庵裏饒皚雪畫得芭
蕉臥彼姝

感菊

譜系金天氏姓黃秋風時拂度清香不逢陶令無知己獨向東
籬泣曉霜

詠大榕樹此樹余故里甚多輪囷糾結大可十圍皆數百年以上物

閱歷星霜數百年蔭餘十畝宿根連里門蟠際生雲雨疑是虬龍欲上天

蘩薇花

生涯沙路與籬邊約會清明節後前百株珍珠紅似火家家姊妹鬭嬋娟

旌節花

玉屏春暖長紅芽鸚嘴纖尖弄日華歷節疊加開至頂始知仙種異常花

鐵樹花此樹枝葉皆赤尖刃如刀花不時開有則其家吉祥疊至故又謂之報喜花

盤錯根株茁幾叢離迷霢眼透珊紅不知鐵網何時罩攢出枝條勁挺風

簇簇朱鞋傍小樓森然枝葉立戈矛美人贈我揮金錯鑄得何須聚九州

寓滇省六十有六自壽

卓犖觀書老尚勤於時無補竊多聞畏寒禦火忘冬令習靜焚香向夜分好弄小孫騎竹馬閒教幼女識經文敞開東閣添籌慶星炳弧南耀彩雲

齋居卽事

淡泊存眞味閒將抱膝吟徘徊瞻斗極往復見天心燕雁飛相

輓某老醫生

素善岐黃術丹成謝世人如何詳藥性不自救君身白首歸無
碍紅丸判未眞上池醫聖廟配祀果前因

萬家生佛

彼岸登初地慈航濟萬家現身超法界尸祝遍嚴華羅漢成因
果恒河數聚沙立心期救世箇箇活菩薩

望城東何家院嶺上新故二墳

一上東城睥睨睬柏林蒼翠幾人家平岡阡壟生連理佳氣葱
葱蓊日華

蘋果

楚蘋遺種入燕京散落東南植長成桃李無言通一顧棠梨相接認三生兩添艷色垂垂發風引奇芬穆穆清自與林檎山柰別不同桑梓不聯情

白手過年 余少年時見族叔祖文煥公曾作此題賦一篇久已亡矣

搔首頻頻屈兩拳如何沽酒餞殘年送窮只有空文祭賭祝泥沙化寶泉天增歲月換璣璩坐看兒曹妙轉旋清白家風無長物桃符椒頌笑相傳

水仙花

玉骨冰肌竟體芳盈盈隔水頋相望湘川清邃含情遠洛浦明

璫托夢涼此去瀛洲眞咫尺生來圓嶠不尋常江妃一笑難迷
我別有仙源在帝鄉

春日海心亭泛舟

有客忘機狎白鷗中流容與任舟遊新蒲細柳饒生意助我詩
情在酒樓

春日郊行

一犁春雨及春耕款叚遲遲出郭行驢上隴頭乘下澤溪流聲
應叱牛聲

翠海泛舟

近想潮音獨泛舟海心亭上稱閒遊浮生在世眞如夢空翠侵

人冷若秋紫竹深深通曲徑青蓮冉冉映清流邇來機事都忘
却鼓棹何妨戲狎鷗

養痾口占

閉目心清忽坐忘天和頤養服元陽調勻六氣希真相導引三
焦簡驗方愈瘧檄文時伴枕送魔詩句偶焚香將胥斯世登仁
壽一粒金丹效廣長

白菡萏

汙泥貟不染淨直豈相妨葉密搖空綠花初吐異香和烟低曲
岸擢水劃方塘白鷺拳來近留連影亦芳

紅蜻蜓

朱紫成何用飄狂尙自矜一身紅似火四翼薄於氷點水流隨葉禁風弱傍菱丈人幾渺小赤弁恐難勝

病起喜作

昨疑登鬼籙今復喜爲人竹報平安始梅傳信息眞據鞍矜矍鑠對影倍精神黃耉天申命更生擬大椿

雪夜圍爐

東閣軒開雪壓梅圍爐夜飲醉傾杯謝家兒女留佳話環座爭誇詠絮才

詠蜜蜂窠

廡下懸鐘似蜂王坐擁羣監門嚴比翼點隊報成軍竹屋軒窗

豁花房戶牖分計功繩實用蜜熟有餘芬

古意

登高邱望遠海飛鳥徘徊漁舟款乃天風吹客衣日光沉皓彩夕陽明滅片時試問古人誰在陵谷搖落悲變遷西山蒼蒼顏面改 辛巳五月西山崩

翙而後集

是處而今悟昨非微禽集止似知幾數經詳審猶疑誤再次回翙後決機樹密林深居卜穩泉清石瘦遯占肥時哉一唱還三歎鄉黨終篇契指歸

六月六日祭田祖

夏雨初過徂暑天服疇相率祭農先木棉樹下擕香榼火米田邊颭小旆猫虎前迎靈罔替篝車願滿望彌堅烈山氏子修何遠蒲杏村村祝有年

滇俗火把會

六詔幷王骨已殘謬傳鐵釧血猶丹炎荒邊裔喧迎駕永夜幽魂誅赴壇海晤碧燐相出沒天空飛燎欲迷漫松明灼火光如晝語落無稽笑不刊

竹杖

此君原是愛相親撰杖成材最可人扶過小橋看新月行歌綠墅探早春莊襟老帶渾閒事箬笠簑衣任率眞擲向葛陂風雨

至化龍飛去石粼粼

四十賢人

賢人聲合律四十載賡颺舊價留鸞掖新編齒雁行淵源眞有自壇坫適相當廾上旗亭飲聯吟姓字芳

秦吉了

羽族遭卵覆嘵嘵望雪冤那知徒自保母亦負能言鸜鵒還中飽烏鳶任肆吞虛生心巧慧秦邸愧乘軒

叩頭蟲

策策端無已頭頭道是身鞠躬忘盡瘁屈膝似求伸豈傲顱多骨徒供笑又嚬怪哉冤散否得酒滅來因

龍從角聽

漫道龍無耳斯言可振聾有靈憑角聽能化自心通夭矯排雲峻嶙峋縱壑雄蘄然聽四達宜足長鱗蟲

蟬以翼鳴

羽化蟬初蛻淒然以翼鳴長嬴當月令高潔表風情自鼓吹噓力時聯續斷聲得天雖質薄端合氣輕清

悵海棠花 癸未年二月十五夢見亡側室周氏有感而作

春風愁思倚雕欄露濕紅妝耐曉寒人面如花眉不展卿卿猶喚捲簾看

微管歎

雲南開智公司代印

當世誰知天下才胥將左袒實堪哀主盟先已空齊壘賜履何因制楚材落落封山遺泰岱泱泱表海截州來重增微禹爲魚歎禍陷蕪湖草忽開

論曹交詞

貿貿來從長者謀驕言假館願留鄒湯文自兄長仍短堯舜能爲可與不慣見恃才軀就襲頗知挾貴面承羞翩翩濁世佳公子差比滕更勝一籌

無名指俚曲

指爲無名似不情無名名指却分明老子上德本不德可見大名終不名不爲人臂指不與拇駢生五臣若少一孤掌亦難鳴

唯天爲大惟堯則蕩蕩相忘乎頌聲角者爲牛鬣爲馬麒麟走獸安能爭指不若人任匪重心不若人係匪輕君子於斯三致意一指屈伸何營營

酬蔡寄廬見贈元韻

爨桐椽竹甘長棄忽遇中郎慼却生松石顧深相賞意苔岑那得更忘情羨君信有遷喬喜愧我何堪伏櫪鳴誦到蓼莪棠棣句終天遺恨究難平

衡嶽峯頭獨見君山尖淸辨禹碑文妙題黃絹絲成色醉寫蠻箋錦簇紋桃種仙源忘世易桂生高嶺占秋分庬材樸斲加丹雘郢匠還希念旣勤

雲南開智公司代印

和蔡寄廬湖村四時曲元韻

髣髴桃源風景數家老壽情深網得鱖魚肥美沽春醉臥花陰

一雨岸容盡綠湖光瀲灧迴塘鼓枻菰蒲深處棹聲驚散鴛鴦

想起蓴鱸風味遠看雁泊平沙柳岸夕陽曬網籬落參差蓼花

微雪攜魚換酒客來佐以烹鮮兒童習知水性施罛伐鮪爲年

有衆逐虎

有愧宏農北渡河張弓挾矢事操戈關中聚吼除秦政垓下驚聞唱楚歌履尾懼危貞惕若寢皮買勇莫誰何前途望見來之子知是揚揚得意多

劍仙詠

目精耿耿光射斗三尺瑩瑩常在手傲兀天子不得臣鄙夷諸
侯不足友朝眞曾上小蓬萊偶因畫扇渡江來十二瓊樓遍登
覽三十六洞爲我開雲車縹緲指天路恰與純陽適相遇秘授
劍術飛行仙下救人間大刼數釋囊袪服遊邯鄲誰有不平橫
怒看一揮晉鄙頭畢白西賊得不心膽寒低昂垂手空空妙高
伴洪崖拍肩嘯氣薄雲天餤吐紅橫磨十萬徒貽笑掃除一切
盡澄清霜及韜光日月明願與仙人乘鶴去餐霞餌石學長生

丹崖詩鈔卷三　强圉大荒落男誠沅校印

丹崖詩鈔卷四

武緣　黃君鉅　丹崖

孔子曰諾

孔聖生平不絕人隨聲響應喀權臣片言居要當承教一諾相酬儗中倫富貴浮雲無繫念光陰流水易傷神迎機姑與吾將仕豈慕先鞭步後塵

立秋前一日得家書

早起迎朝爽軒窻映碧流人疑來舊雨竹叉報新秋天末書初到年中稼欲收登樓剛賦就明日買歸舟

烏鵲塡橋渡織女

玉宇澄清耿碧霄銀河有畔鵲塡橋鸞和少待驅車過雁齒相連接翼招月掛柳稍尋舊約風吹桃渡趁良宵年年此夜經長別遙憶天孫恨未銷

放河燈

積滯孤魂幸再生白蓮千朵素波橫牟尼佛引金繩路盔甲神開鐵鎖城點點流星紛欲聚層層暗獄汚都清傳燈渾俗歡無夜河瀉經聲賽月明

干將躍冶

純鉤巨闕爲干將躍冶何曾是不祥風雨長吟如有恨斗牛高射豈無光明知虎氣應騰上忍使龍身任久藏環衛周廬俱瑣

瑣鉛刀安足濟屯康

擬夏黃里居

久客思歸切雙峯飽對談鄰貧收紫芋地僻種黃柑倦翼投孤嶼修鱗躍巨潭山亭如小憩猶是夢滇南

贋物

贋物往往能亂眞精明鑒別有幾人蛲螂如何攙蘇合棄取乖謬失等倫舉世悠悠卒皮相那知骨法藏元神長謝姓名安足示不如反裘尋負薪饕餮窮奇惡相濟欺盜百出孰敢嗔川澤納汙蔓積垢罔恤象齒焚厥身從來奸慝心叵測指鹿爲馬終亡秦興言及此一何怒安得上方誅佞臣

曉市

不戒行多露婆娑似有情兩行揚綵色一鬨賣花聲抱布謀應就零星貨儘贏誰家遊冶子相顧擬傾城

東城樓秋眺

東望思悠悠霜林豁遠眸城臨莊蹻國人倚仲宣樓社後歸玄鳥湖前泛白鷗山河如此邈那得不悲秋

送某去官

勿道臧孫辰知賢竟竊位黜落加展禽外間騰物議廉守若有餘撥法似未備臭味一差池蘇合固宜棄歸途溯瀟湘聽雨不違寐長沙多悲風故宅尋賈誼松菊理舊荒蘭蕙餟忿恚臥看

南山佃蕪穢任不治

木訥子

默爾無臧否相忘與物游寄懷艮渺渺撫念自悠悠守黑誰爲式雌黃不效尤世間皮相者底裏昧陽秋

自笑俚曲諸作

我歌學楚狂未能臻高妙譬彼矢投壺不中天亦笑有愧康成婢泥中啜泣歔穆如淸風佳詠絜尤工肖秋水出芙蓉屈玉光自照韻致本天然雕飾那及料元白稱作手輕俗等貽誚問我何如人獨彈誇古調

感芍藥 壬午周氏培養早已凋謝

雲南開智公司代印

當年執手倩扶持似惜將離贈一枝亭牓半開花萎後荒寒風露冷侵肌

泣杜鵑 招殤孫等亡魂歸故里

年去年來忽恍兮荒郊明月夜悽悽羈魂隨我歸西嶠莫在靑山泣血啼

別五柳 余所手植

別緒紛紛千萬條共垂靑眼過河橋先生夙與期高尙莫向郵亭耐折腰

祝紅梅

十年長伴醉顏酡此別襟沾血淚多暗祝香魂尋舊約相隨歸

騎老山阿

放鸚䳇

語爾綠衣娘琵琶斷情種能誦多心經噩夢甚無恐我將去瘴江爾當歸秦隴他日問上皇安否憐舊寵

登五華山望滇池

塵俗意不適朝朝登五華高瞻西山下昆池浩無涯樵子出青嶂漁人水爲家巖谷足棲汲取求孰疵瑕白鳥翔江樹長鯨跋浪花飛躍各自得道在則然耶偶甜武侯祠如聞長咨嗟關張歎無命管樂比非誇梁州古境土荒廢悲夷笳撫今以思昔室邇人則遐

雲南開智公司代印

病目戲吟四絕

疾痛害滋大朦朧視不清朝朝初日出疑是掛銅鉦

數日廢書歎心聲云不可伏枕閉沉吟盲左先得我

人謂酒病沖舉觴嗜尤酷問此何妙方云毒以攻毒

天欲盲我目不能盲我心明當孔張大照澈古與今

久戍

聞道中軍作好遊逍遥河上劍鳴鞲敵兵未至邊兵老多少英

雄盡白頭

歲寒

玄冥司令歲將更寒木凋零不計名獨有小園松柏在青青挺

立傲長生

山中石榴

旖旎山寮燦火雲千層褶疊妬紅裙老僧誤拍敲鐘杵墜落袈裟渾不分

馴鴿

當年來止尚雛然我是慈悲亦汝憐香案花瓶參佛座雙雙飲啄任翾翩

鹽商婦

鴇母育小尼長作鹽商婦衣襦曳華美珠翠飾盈首晝錦驕行娼夜眠枕玉牖夫君如枯柴擁妾溫柔否病害猥相憐艙鹽充

纍簞壞腹實成羓載歸無何有

棄婦詞

昔也侍帷幄愛妾顏如花今也奉箕帚棄妾如泥沙泥沙猶易

摶君心似野馬寄贈白頭吟置若弗聞者試採池蓮子茹蓮苦

莫吐蓮子苦在心妾心比蓮苦不作長門怨不惹春閨愁從茲

驂鸞去長伴仙姑游

瘦馬

僅僅存皮骨長途勩爾勞風吹如欲倒辜負九方臯

木筆花

雨過頻濡染風搖忽整斜描摹春景色是否夢生花

風入松 琴操

風籟鳴空際泠然入野松幽人張和閡餘韻繞青峯

詩豪

高唱大江東蟲吟愧劣薄非惟作不能解者亦難索

夾竹桃

蓀竹洵君子夭桃似美人稱名原不類夾住亦相親錯節交連理幽芳居幸鄰世情能豁脫何處沸同春

目疾平復喜作

瞑坐幾旬日今觀一世空欽承明四目隨在烱雙瞳眉展欣無恙鬚長顧自雄管窺天視廣默相牖愚衷

書燈

文字交能久書燈味有餘不容欺暗室無事賦閒居伴讀窺蓬觀分光校石渠遥知未央殿數問夜何如

即墨侯硯也

即墨齊疆宇侯封比彈丸石田豐祿入鐵券誓盟刊虎僕供驅役龍賓策命官莫嫌方鎮小威重壓詞壇

楮國公紙也

白紙宣麻後朝端仰國公幅幀周亥步堂陛協寅恭閣老非糊面鄖官諒坦衷圖將王會上八伯覲來同

重修忠愛坊

萬里君門遠遺坊儼應皐鳩工增獻美蟻役悅忘勞控馭排金馬淩虛抃石鼇天顏嚴咫尺感激盡纖毫

贈雙桃

倚笛相邀步落梅絳唇紅頰一齊開東風爲閉玄都觀不許劉郎笑又來

守歲

歲將更始倘留連喜得兒童强不眠去日苦多同逝者盛年不再獨潸然青松作毯氍毹暖甘桔承盤玳瑁鮮坦臥深懷二千石此時騎馬上朝天

甲申元旦偶成

淸晨强勉飲屠蘇，猶是高陽昵酒徒。堪笑驛差賫舊歷（承差故送訛賞），渾忘歲事換新符（不貼宜春帖）。江山未見增佳興，雲物何曾起壯圖。爲問放生池上客，靑蒲細柳得春無。

倔强安肯受韁鞿，懶去朝元不著緋。門巷報年驚小犬，家庭慶壽舞春衣。遥聞銅柱沿邊拆（臘底傳聞越南嗣王殉國），近覺梨雲入夢飛（早計歸田今始就緒）。身在異鄉疑故里，兩峯排闥坐忘機。

甲申二月十三日去滇歸里

返斾悠揚槖馬鳴，東風送我出滇城。曰歸始就連年計，不臘先攜盡室行。柳拂河橋牽別恨，梂開山館艷春晴。引鞭迴望何家嶺，悲感雙墳草又生。

棄滇行

一步棄一步不復回頭顧跋涉幾山川三千五百路

次羅平州

日夕淹吾駕蠻烟半漢氓市門通一闤城柝遞三更僕蠢行多蹇官閒夢亦淸明朝出去馬沿路聽新鶯

歇江底店 雲貴分境處 二十二日

舟子來何晚艅艎各自橫四山圍暮色兩岸拍江聲前度詩還在 余前後宿此店兩次曾留題在壁幷今成三矣 今宵寐不成習勤衰老嫗燈下眼猶明 店嫗年八十餘夜作猶能縫紼

二月念三至黃草壩僕夫請假一日

闤闠仍依舊災黎不覺傷壬午此地慘遭回祿延燒千有餘家晚烟沉市爨暮雨滯行裝留客園花媚來巢社燕忙僕夫吾語汝歸路尙應長

自百色舟回南寧三月初十日至百色十五日上船二十一日開船

坦腹樓船御馬嘶自滇至百色行李俱需馬駝順流東下武南溪江花倒影紅逾媚岸草尋芳綠沫齊沙淨任憑鸂鶒戲櫓柔時唱鷓鴣啼山環水曲應三舍渺隔鵝城日已西鵞城百色別名

亭子墟船客若何亭子南寧墟名我今行部按軻峨宋景文詩軻峨按部船家人共語同舟樂漁父相看舉棹過羣峭簇攢懸瀉瀑衆流交會瞥盈科永安橋北書先到且至田園倚醉歌永安橋里南新建者余至百色先寄書回計早已到家矣

種樹詠

淸曉樵蘇漫煮茶飯餘種樹學莊家十年計日因成果三月春風葉又花中壽窅冥寃蹇叔思艱圖度策君牙坤元至與乾元大萬物資生耀自他

春日郊行觀播百穀

春晴處處野花香乘暇携鋤過隴旁偶值行人尋小伴坐看田叟覑勾芒土膏既動閧終畝泉脈纔滋恰半塘便覺眼前生意足有秋還擬詠倉箱

疾俗

風𩗺人意欲如何矮屋郎當事更多作苦士依要婦媚成羣兒

戲唱蠻歌鶻鳩塘上鷓驅爵鸜鴝山前雉麗羅安得天河流此惡終歸大海靜無波

村居三月

芳草年年綠鳴鳩處處聞杏花春雨濕墟落爨烟分野老尋山藥村童賣水芹晚林撾社鼓應有醉餘曛

春寒

池草泥生意沽春不惜錢襲衣牛共寢吠雪犬無眠柳暗行人少山遥宿霧連芬園桃李宴觴政敵寒天

西望 時法據越南

白鶴秋風遠倉崖落日微人心甚惶懼談虎失魂歸

安定笠

雞蓌翻異樣尖頂出人頭携杖隨輕戴山童笑不休

種圃 拗體

長鑱白木柄託命忘事機瓦礫拾難盡豆苗疎欲稀雄飛出草澤鶻突來荊扉時有幼安者微斯誰與歸

見蝶偶作

渺爾胡爲者身輕不自由逍遥方外適倏忽夢中遊逢草還依止穿花任去留飄飄欲仙意應是即莊周

鷓鴣啼

礫格鷓鴣聲青蕪一望平伏卵多積沴占隴最先鳴去去將何

去行行不得行我令過來客廻憶倍關情

感時

晝日夜星分晷如候東作西成歲功甚懋天地悠悠人不虛壽

草木無知一生貿貿

四月望雨

屈指過旬日農家苦力耕布雲空密積望雨及時行那得傾盆

注猶能上尺生作霖奢在抱長願慰羣情

省墳欠至

我從異鄉回夢愧與凡夫等展墓缺躬親如何不自省

合壽枋誌感

喚醒華胥夢吾生甚矣衰百年容易過一老任嗟遺樹木陰初合移山力未疲糟邱原廣大遲暮又何悲

夏夕即事

種豆歸來後牛羊各井蛙昏亂聒巢鳥倦知還茅寺人呼渡桃園客款關晚餐家釀好少飲亦酡顏

野居

解組歸來定卜居松竹眞循愛吾廬萬緣俱息心如水晝閉雙扉任著書

逍遙杖履愛看山坐臥青林意更閒幽寂時聞禽鳥語似曾呼喚倦知還

水抱山環一小亭茶餘看罷相牛經閒尋草逕攜鋤去直向松根劚茯苓

清絕茅庵遠俗緣僅容十笏合棲禪一潭秋水連空碧悟得眞詮月印川

憶梅

憶昔昏黃步月廊巡簷小立佇幽香縞衣仙子相憐否款款離忘雅素妝

路繞梨雲隔斷溪窓前月影欲沉西芳魂若得重相見冥合仍當作愛妻

月下風前竹外斜一枝寒影倍清華蕭郎自是常相憶情重深

於荳蔻花
嶺上先開恰小春五華風景憶前因飄魂幸踏關山月來伴寒
宵夢囈人

上元夜奪崑崙關

大將潛師秘計行上元宴集却宵征漫呼帳下明燈火那識胸
中盡甲兵一鼓彼儂驚喪魄兩邕陷虜幸甦生客筵未散紅旗
到捷報巖關塹已平
犒勞行營共醉春熟籌知可奪崑崙詭言如內無防詐屢勸傾
觴勿厭頻石壘巉巖旋蕩掃火城輝燦尙逡巡穆清山水長歌
後古辣泉甘味一新

遷江黃牛灘

滔滔紅水下牂柯黃牛灘急疾如梭石罅奮薄相吞吐奔騰澎湃吼黿鼉萬斛艫艨浮片葉顛簸無主誰敢呵篙工一鈎又一拄至今石眼生蜂窩維彼有靈力呼吸急持佛脚號彌陀君不見西川灩澦堆危急又不見三峽倒流傾山阿那有此灘更險惡濁流汩沒常風波豈是蛟龍使水立天上直瀉來黃河兩岸鷓鴣苦啼送行不得也喚哥哥晚泊蘋洲幸無恙遙聞漁父發棹歌浩歎如過昭關客鬚髮盡白垂皤皤近有乘舟者溶溶潭府過中流試廻望容與聊自多人情翻覆盡如此莫向灘頭漫枕戈澄清中原信有志其如寸膠能幾何嗚呼先生其休矣急

流勇退勿譴訶遷江之江江水惡榜山印嶺空嵯峨

初春送諸子姪之賓州院考

鶯試初聲報早春雲山括目若相親公門桃李供吟賞知是簪

花屬雅人

遣沅兒道考

携劍登程氣薄雲文壇戰進掃千軍倘邀鑒賞增聲價日下垂

靑補舊聞

我本清廉不素餐拾芹充膳亦相安襴衫若奪宮袍艷笑問何

如似老官

掘井

精誠貫金石掘地洩河海冬溫而夏涼德澤遺萬載

新年編粵東採茶歌

香肩攬步却柔和手執花藍曳綺羅來賀新年翻雅調請君徐聽採茶歌

採茶齊上古勞山裙屐相隨過小灣團扇疊揮斜障面笑看新月似眉彎

一掭新茶泛雪甌澤薌蘊藉襲衣浮掀髯笑樂探囊賞多買胭脂莫賣羞

簫鼓喧闐唱採茶十家姊妹貌如花越王臺上何人在未減年年鬧歲華

爲某生考平等解嘲

質本清羸不耐勞萬言難必辨滔滔等閒歸臥溪山暇又駕洪波釣海鼇

金櫻花

林塘艷冶及芳時不與蘼薇共蔓支籬落垂垂將結子粉團香雪滿金枝

讀貳臣傳有感

保全妻子並頑軀欠死遺羞利是圖大小臣工容溷跡典型不正又何誅

楚宮朝燬夜趨吳舉國人人盡是夫蕩婦尚有何廉恥宜咎巫

臣恕彼姝

述祖德詩 以聽聽祖考彝訓思詒父母令名爲韻

延津劍化龍騰空飛出鎮鄒山之東 大明山一名鎮鄒山在武緣縣東北八十里 我

祖聿來官斯土化洽武城旋考終 始遷祖郭才公由舉人來爲武緣縣尹卒於官

元時戎馬倥偬際藐孤流寓停青驄五百年來遥遥望代有顯

達聞帝聽 自始遷祖至余凡二十三代皆書香繼世禮義持家如此門第家風即求諸中原江浙各名省恐亦不可多得

春牛嶺上廻蹊徑 二世曲江公始居今武緣縣城東門外春牛嶺 山草青青棲

未定 三世兗州公又移居今本村對河之山草 三遷始得占靈區 四世增生朝明公乃定居今所

而入武緣縣籍 起鳳雙峯含秀孕 起鳳山爲我縣第一名勝在本村旁江邊突起兩峰軒舉如雙鳳騰

空名故 南流迴邅達鬱江 南流江俗名東江源出上林流經本村之右至縣南與西江合而南入鬱

江山川清淑增佳勝森森花竹富書聲李蘭卿郡伯詠吾村句一村花竹富書聲
崛起國華殊勳聽世族繁昌光舊譜中有亢宗勝干羽投筆從
戎殄叛猺兩江府江右江震懾轟鞷鼓功成晉爵大將軍牙旗高
擢耀龍虎明總兵官加授龍虎將軍退邇聞名號北川是我十有三世祖
但有一事歉懷抱名垂史册姓潦草黃書王字誤諧聲抑當日賊
目多係姓黃恥同叛姓故不妨自遜歟廣覽志乘勤搜討錄勳紀地年月符印
證何須再焚稿且自大襲小歷朝定制未有全無官職而即躐邀世蔭者繼自今後勿滋
疑平蠻碑碣信可考先疇舊德富兼資楩楠杞梓肆發奇酉科
踵武先命中浙滇宦績古芬垂舜日善能承先志北上南旋謁
祖祠五行迭生次倫序一脈相親欽鼎彝昭代建極開洪運書

雲南開智公司代印

香濃郁醑艮醞竹林瀟灑戛琅玕思鄰山下生流韻山在本旁古何村得道鄰於此辟雍鐘鼓震圜橋翰音登天承天問許種河陽滿縣花石經亦與分司訓長樂區區近水湄我祖愛民如愛兒爲文去虎除民害耕桑作息安恬熙更有浮費患滋大三千百錢久困疲鋭意蠲除口碑滿俎豆名宦增去思八十杖朝歸告時林下優游松鶴姿樽酒相娛非老詩侍下七子皆不覊學詩學禮藹成絲或鎌或素任分治丈尺不息尋布疋北流芹藻長厥詒一片冰心涵水府徂徠新甫山高古兩峯排闥砥中流曾祖故宅正對起鳳雙峰故余題門聯云兩峰排闥八桂成林八桂成林森上柱余祖同懷兄弟八人我生愚魯讀父書俯仰慚愧莫繩武敢言慶篤自曾孫綸綍煌煌光祖

父（恭遇覃恩賞給二品封典贈曾祖以下爲通奉大夫誥）昔過豐城多隴畝訪問舊無今却有渺茫誰是黃葉邨一拂征鞭數回首無心游宦滯古滇翩翩忽遇原籍友（修君朝元）云近城南望族居歷數王孫若漂母公暇餘閒念家慶紹聞衣德形歌詠喜有沆兒續譜行謁舛參稽胥訂正（門類井然甚得譜體）近詳遠略質無文豈敢鋪張侈大姓願言世代薦馨香時食慎勿忘月令百千子姓讀且耕古來白屋出公卿况有典型垂不朽明經選舉萃簪纓理學文章可鳴盛勉爾小子及後生高第只爲溫飽計如何能不愧科名

紀太高祖東谷公政績

德教無邊雨及時當年卓薦自河池公賦穗石稱三異我佩葱

珩振一麾檄虎有文驅患害買牛售劍化頑疲賑饑救疫釐浮費宦蹟光騰海國祠公祀長樂名宦

附錄丹崖公鄉試中式硃卷 道光己酉

孔子曰才難不其然乎

論才而歎爲難聖人深信其語之不誣焉夫才難之語非爲舜武言也孔子述而然之殆有所感而深信之乎嘗思生才者天也用才者人也衡才者聖也而生之不數與用之最殷者往往繫聖人之思蓋天能生才不能使人用其才則天之於才若或（言曲而中雅健宏深）艱於所遇人能用才不能使人盡爲才則人之於才又難概於所期尙論者所爲寄意遙深而曠代相感之餘有不自知其何

心者矣舜臣五人武臣十人皆才之選也即舜所有以論才則（翻入得勢）
才不難即武所有以論才則才亦不難且舜有五人武有十人
而即其數以論才則才愈不難乃孔子論而感於才難一語者
抑又何也慨然曰扶輿磅礴之氣間世而洩其奇故賢哲挺生（紆徐不迫）
莫不應運而措緯地經天之略則貞元會合彼蒼似不靳誕降
（步伐止齊）之權祖宗培植之恩異世而食其報故人文蔚起莫不乘時而
展撥亂反正之猷則輔相栽成聖世亦不乏賢豪之用然則古
所謂才難者當不其然也然而時代有升降適逢其會亦秖付（中流容與元氣渾然）
乎可知不可知之數而共聽其乘除遭遇有屯亨生當其時亦
豈能强或幸或不幸之殊而預持其成局吾用是思之理非確

有可稽雖前言徒形其贊以天生才而謂無關世運我亦深賞其識之高顧自剝復否泰以來氣機鼓盪而何以緬奇尤者僅（低徊唱歎一往情深）令詠歎於崧生嶽降之靈乎事非實有所見雖往訓亦厭其誣以人用才而盡卜彙征我亦不訾其言之謬顧自膠庠樂育以來需才孔亟而何以談遇合者不概聞夫聖主賢臣之頌乎不（自然流出）其然乎英哲之篤生不偶大造若故深其秘惜以神鍾毓之奇想古之爲是語者誠有確見也億萬輩蒼生呼籲（洋洋款款使虛神活現紙上）必應其世者始生其人是才之難不難于功業之非常而難于神異之特出也非然者山川之秀孕當不吝其精華矣古人豈故爲感慨也哉上下之交泰維艱大廷故鄭重乎賡颺以誌明良之慶想古

之爲是語者非第傳聞也數十年匡坐嘯歌必得其時者始隆
其遇是才之難（心手相調筆歌墨舞）不難於勳猷之不世而難於師濟之盈廷也非
然者龍虎之風雲當亦神其聚會矣古人豈重爲企望也哉觀
於唐虞之際較盛於斯而斯亦未全其盛難乎不難乎
生才用才兩意分疏到底語無泛設其一種恬雅之氣尤徵
木雞養到　本房加批

舟車所至

即所至以驗聲名已無間於舟車矣蓋舟與車相濟而行一至（皎）
而無不至也（若太陽升朝霞）即所至以驗之不已無遠弗屆哉且自利涉無揚
波之患指南便重譯之歸聖天子赫聲濯靈或疑其有至有不

雲南開智公司代印

至者盡一觀夫同我太平之盛乎夫深人寤寐共涵德意於仰
流載我令名豈止加恩於涸轍驗水陸之交馳知聖教覃敷已
莫窮其所終極矣何以驗聲名之洋溢而施及乎試先徵之舟
車古聖王之勤劼毖也慢遊戒夫行舟安居深於樂御雖法宮
振衣千仞岡濯足萬里流高掘摯言字字典核黃鐘大呂之音不同錚錚細響
高拱何在弛其禔躬故監民惕於監水馭馬懔於馭民未嘗不
借物盟心儆幾康於無怠昔先王之利器用也爲舟取乎刳木
爲輿列於考工雖一物一名何在不精其創制故入貢而慶安
瀾入造而徵合轍亦嘗以臣民寡過驗風俗之大同然此第即
舟車以論舟車耳吾且極之於所至焉寄象狄鞮之外山川險
經訓畜龠自
阻豈能計里以前行乃自有舟車而行可無慮也待濟者招舟

無凡艶子友無侯於邛須載馳者命僕夫道且忘其云遠無論東迄東
海西及流沙南至衡山北過恒山川原皆為閱歷之區也即殊
方絕域禹跡未必盡周而中國有聖人德化之流行方且鼓舞
於無既也有不計其道里之修長耳山林藪澤之鄉水草蒼茫
或亦半途而致廢乃自有舟車而廢可無虞也縱一葦之所如如數家
珍豈至望洋而返攬六轡之沃若何至舍車而徒無論吳之餘皇
楚之廣駕郢之柏舟秦之小戎道路俱無梗塞之憂也雖八紘
九垓職方有所難紀而家國無殊俗德教之洋溢固已淪浹於
也有不限於山海之阨隘耳蓋舟與車並行而不悖弱水可渡
雲山經用始鮮明
無疆有舟而不慮芥之沉太行可登有車而不懼輪之折舟之

所至無異車至之車之所至無異舟至之兩至者無所不至不
悖所以並行也即或負壑而趨即或挾輈以走豈能阻王靈之瀾翻不窮有書有筆
遠播哉且舟與車相濟而相成濡軌堪虞有舟而可成車之美
絕流在望有車而可濟舟之窮舟所不能至車至之車所不能
至舟至之互至者無所不至相成者所以相濟也何須白魚之色澤俱古
躍何須黃屋之乘始能致四達之不悖哉况人力所通藉舟車
以窮其所不至乎
不事鋪張自饒精采起二偶高華典貴獨擅勝場所謂揚於
王廷之言非家人筐篋中物也本房加批
國家閑暇及是時明其政刑

時之不再也政刑其急理矣夫閒暇之時國家不可多得也及如轉丸
是時而明政刑顧可視爲緩圖歟且夫不可恃者時也而可恃珠
者亦時知爲不可恃則時之當急何如矣知爲可恃則時之不
容不急更何如矣此其機有可乘其事有先務而其急急不敢
少安者總無可緩於須臾不然賢在位矣能在職矣而政刑之
未明仁者顧如是乎夫斯時之國家何時也內不起蕭墻之釁簡鍊不
而臣鄰交贊制度可以整飭而有餘當是時而少需之一念之支饒有風度
偷已啓百爲之敗則是時之閒不可逞也外無虞烽燧之驚而
論道經邦法律可以從容而就理失是時而復追之百端之密
何補一事之疎則是時之暇不可耽也蓋時而閒暇不可失也

（起調有遠致）

其政其刑不於是時明之悔其何及以大綱小紀之未易修其失也與其俟既失而始圖之何如及未失而早治之乃當可修之時而無必修之心賢能方將爲之遠引當可修之時而有必修之心賢能方且爲之翊贊也開黼座而精治源惟幾惟康常虞叢脞故此身無可寬假之處此事安有藉貸之謀也而憂勤惡可不懍歟以疑輕疑重之未易得其平也苟或視其已平而忽視之何如惕以未平而急理之乃際可平之時而無必平之志在位者或亦即於惰偷際可平之時而有必平之志在職者罔不爲之欽恤也坐明堂而愼治本失出失入悉本業兢故此事非可委於旁觀此身安不籌之當局也而刻勵惡可不深歟

（曲折清快有轉無竭）

天下本無可逸之途惟不自逸者乃能望其逸此時之所以不可玩也夫論上下之清和殿陛似可鳴其豫顧政不及理而此際之政難語有恆刑不及清而此際之刑已流不中深宮劼毖未可虛爲也而明乎政者大可望於政成而明乎刑者亦可幾於刑措人心本有甚安之境惟不自安者乃能致其安此時之所以有可憑也夫值四方之清晏君相似可享其成顧政不及釐而後此之政必歸于緻刑不及愼而後此之刑必至於濫潤色太平務盡其實也而政之明者上已欽其政簡而刑之明者下亦悅其刑大國清不畏吾未之前聞也

（平地一峰如畫屏起筆俱見着意）（無意不搜樸麗兼至）（收束亦健）

筆清而腴氣疎以達 本房加批

賦得千崖秋氣高 得高字五言八韻

岝崿千崖峻看山興獨豪氣佳當日夕秋淨極天高排笏羣靈護當窗四面遭晚晴開竹樹朝爽靚林皐黛撥重重翠松生謖謖濤直飛泉萬丈虛盪水三篙絕頂時聞鶴中峯儼駕鼇蓬瀛今咫尺聯步列仙曹

明淨娟秀 本房加批

合觀三藝精融朗切斷非時手所能詩秀潤 衡鑑堂總批

籠古語於聖言納周情於孔思紀航海梯山之盛極風檣陣馬之奇時暇攻勤箴如無逸秋高氣爽晝是有聲說經

則重席戴公射策則對廷董傳合觀衆製的未易才生以千頃家聲一甕雋望幼承庭訓早蔚鳳毛壯讀楹書益精蛾術此日酉科踵武遥傳大阮之衣明年甲第蜚英快騁長安之轡鵬程爾上鵠跂余勞

本房總批

丹崖詩鈔卷四

强圉大荒落男誠沅梫印

後序

謙曩官滇中卽耳黃君雲生名而以未獲識荊爲憾洎宣統辛亥始邂逅焉深惜其具不世之才而生於末世竟不能展其抱負以播爲駿業鴻猷良可慨也及聆緒論乃知其本所學以施於有政者皆出自其先德丹崖先生之所教橋梓觀型信有然已先生籍隸廣西武緣爲滇名牧令洊至太守觀察謙生也晚未及瞻見顔色僅於遺照恭紀數言以誌景仰已而南勞北燕天各一方謙歸京邑雲生仍復滯跡南天迄今思之忽忽若前日事謙之不能忘情於雲生知雲生之必不能恝然於謙也丙辰秋雲生果以書來言先生詩集將付手民索序於謙

雲南開智公司代印

嗚呼以　先生之道德經濟豈徒以詩傳哉謭陋如謙又奚足以序　先生之所作而附驥哉惟是　先生宦滇卌載其流風餘韻滇之故老至今尚樂道之知　先生之行實雖不係乎詩而詩之必傳固無疑義況其抗漢魏薄齊梁尤足方駕蘇李乎乃謙與雲生不遇之於隆平之世而獨遇之於滄桑以還於以因得讀　先生之作而彌增感慨謙雖不文誼則無可辭也爰誌其緣起以告夫世之讀　先生之詩者太歲在柔兆執徐冬十月朔長白崇謙謹序

勉勉鉏室類稿五卷

（清）博白祁永膺撰

清光緒三十一至三十二年（1905—1906）隴西刻本

勉勉鉏室類稿五卷

（清）博白祁永膺撰，清光緒三十一至三十二年（1905—1906）隴西刻本。

祁永膺（1853—1905），字伯福，一字蔭傑，號子服，廣西博白人。少時曾赴廣東廣州，就讀於廣雅書院。光緒十七年（1891）舉人，光緒二十年（1894）進士，三甲第一百零三名。官内閣中書，欽加運同銜，賞戴花翎。光緒二十八年（1902）任甘肅隴西縣知縣，署理鞏昌府知府。精於經史之學，著有《荀氏易异文疏證》《嶺南祠諸先生事迹學術考》《墨齋存稿》等。

此《勉勉鉏室類稿》五卷，係祁永膺在甘肅爲官期間所編個人別集。前有王樹枏序，後有祁永膺跋，均作於光緒三十年（1904），書則刻於光緒三十一年。前四卷收説經、考據之文，或總論經學（如卷一《六籍之内有經有史説》），或針對某一部經書乃至經書中的某一具體問題而發（如卷二《擬重定三禮圖條例》《周官王制各异説》等）。第五卷收考史、論史、論學之文，如《周秦置閏异同考》《韓信論》《吴康齋學術論》等。

祁永膺生當清末大變局時期，其治學路數仍大抵沿襲乾嘉諸老之故轍，可謂劇變時代下的文化保守主義者。關於這一點，他本人其實也有明確認知。書末祁氏自跋開篇即云：『解經可致治乎？未可也。可救時乎？未可也。』又云：『今天下競言時務矣，奚用是也？』顯然對傳統經史之學的處境與用途有清醒的評估。而他之所以董理自己所作經史之文，纂爲一編以付梓，乃是意在『存學也』。至於『曷言存學也』，理由則是『經非古不能解，不解經，則古籍將束之高閣，恐經學亡矣。思有以存也』。此實爲清末、民國時期士人群體的普遍心理。

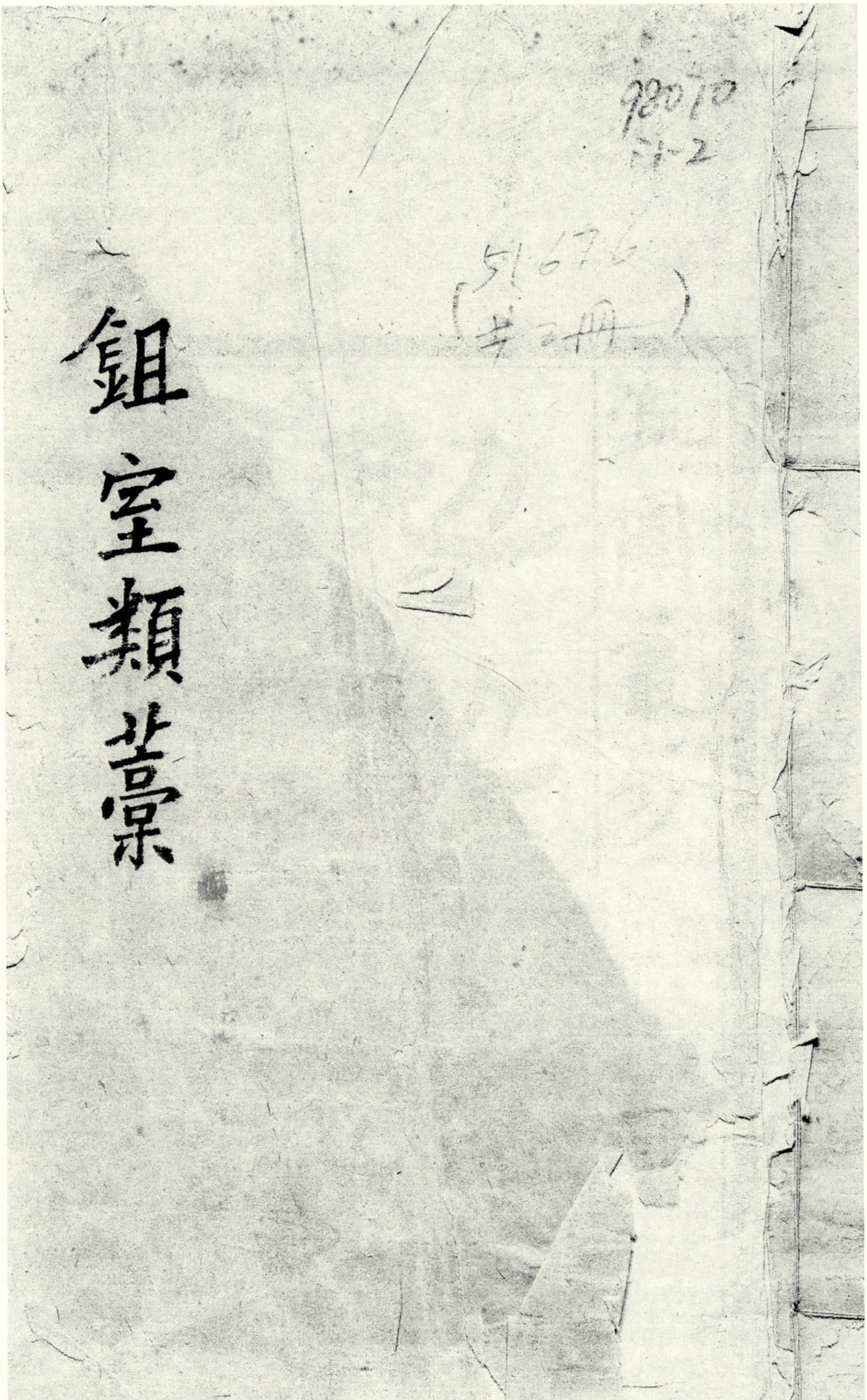
鉏室類藁
51676
(共二册)

漑園叢鈔

勉勉鉏室類稿

安維峻署

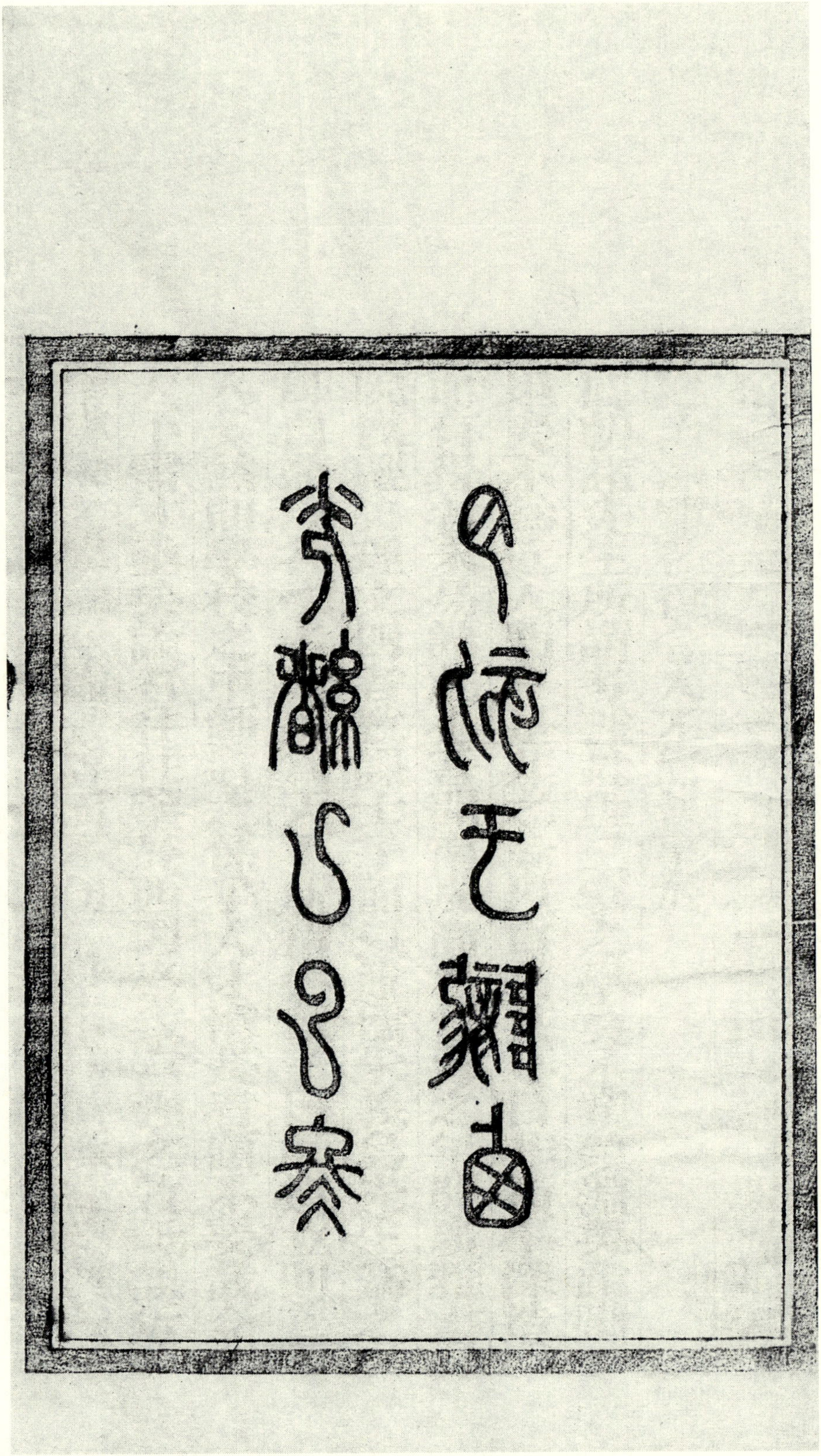

光緒乙巳冬

月刻于隴西

伯福仁兄大人執事冬初由鐵梅處奉到大著一册竭旬久之力瀏覽往復令人不射執事於

國朝諸先生所謂考據性理二家之學莫不窺鏡淵奧蹈躪坦夷不爲近人門戸是非之論以自藩其耳目非積學深造而有得者未易語此也吾聞南皮尚書督粵之年開廣雅書院以經史理文四者教課士子而以通儒朱義烏先生爲之師自兹以往學者輩出爲天下所指稱董子曰師道立則善人多然則學校之中師道之係乎人才消長者顧不要哉今天下需才亟矣論者往往鑒於西國格致富强之效詆諆近今漢宋之學爲空虛破碎而不切於世用甚欲濵經蕩典一

切橫訾而唾棄之而務為夷倫毀教夸誕無忌憚之說侏離蠻鴃不宴不雅之文張其幟以與吾學為敵天下無識之士靡然從之若羣蟻之赴腥羶而不可以臭味喻也粵海之學者一變而加厲蓋尤烈焉今執事獨抱此絕學孤詣以力楷堅柱於詖淫橫議之秋而不為俗尚移易莊子所謂逃空虛者聞人足音跫然而色喜者也不佞向嗜為羣書考辨之學中年奔走四方志業荒廢不殖盜落執事適採虛譽過用推許且屬一言以發執事之志孟子有言曰守先王之道以待後之學者又曰能言距楊墨者聖人之徒也區區之心竊於執事有厚望焉匆匆乞見教天寒惟珍攝不宣弟王樹枏頓

首甲辰除日

勉勉鉏室類藁卷一

博白祁永膺

六籍之內有經有史說上

古之所謂六籍皆謂經而不謂史而唐陸龜蒙復攴生論文書以爲六籍之中有經有史詩易爲經書與春秋實史耳（王伯厚困學紀聞引陸說詩易上有禮字似誤然或是後人校加）文中子王道篇則云書詩春秋同出於史案陸氏之說似出於此但文中子謂詩亦史爲異耳夫易作於上古其時文物未備亦古之史也名之爲經原始孔子故前漢孟喜易已有上下經之名則易之稱經尚矣書以紀言誥謨訓而舉其綱春秋以紀事繫日月而詳其

目二書實爲史家之祖魯望（陸龜蒙字）謂易爲經書與春秋爲史是也詩者可以感天地動鬼神厚人倫美教化移風俗既非紀言亦非紀事魯望列之於經誠當乃文中子則謂詩亦出於史者案孟子云王者之迹熄而詩亡詩亡然後春秋作夫王者巡狩則陳詩以觀民風知得失自考正也是詩所以維王迹有似史書寓襃貶之意故王伯厚云詩春秋相表裏詩之所刺春秋之所貶也蓋亦謂詩出於史矣然考詩三頌亦猶樂志中樂章則文中子謂詩出於史較陸說尤爲有見禮樂二記魯望以爲近出二戴記言記事參錯前後曰經曰史未可定其體據是說也直謂禮記非經亦非史矣不知禮出

自孔門七十子之徒所撰安得以經火殘後爲二戴所手定者遂疑之乎且孔子嘗訂禮正樂所謂禮樂者非此三禮樂記乎今案儀禮禮記凡冠昏喪祭朝聘燕饗文物制度無大無小靡所不記實爲史家禮書所本樂記則史記樂書盡收之周官則與後世百官志相仿然則謂三禮皆出於史亦無不可乃說者以爲六籍之内不與儀禮周禮若兼之則稱七經衆此皆後人以周禮晚出儀禮與禮記文不相類因割裂古經名目耳不知三禮本統於一七經之說後人所增不足据也又有謂六籍之内有子有史者如禮記檀弓曾子問雜記之類究之要就一書之篇章而碎分其部則何書不有經有

史有子此乃俗儒好逞臆說破壞古經尤爲說經之弊然則六籍本經也卽史也如必區其中之有經有史似易爲專於經而其餘皆謂出於史可也

六籍之內有經有史說下

夫六籍之內有經有史其爲經者則名曰經其類史者則名曰史可矣然古皆稱六經而無區別之者何也案莊子天運篇云孔子 嘗謂老 聃曰吾治詩書易禮春秋六經之文据此則六經之名古矣而陸會望以爲稱經之名昉於經解實出戴聖案經解明謂孔子曰云云則戴聖實述孔子之言原非作僞以欺世者且合莊子說觀之則六經之稱實始孔子

殆無疑義夫六籍而曰經者以其爲聖人所手定如徑路無所不通可常用之也案禮記乃孔氏七十子之門人所記是非孔子所手定矣而亦合之爲六經者蓋夫子時所定之禮亦有多在其中但經灰燼之餘存者無幾惟兼收之以成書耳所以禮樂二記與易書詩並行不悖也他如晉乘楚檮杌以及列國之史皆不得言經亦祇沿舊名稱史孔子云董狐古之良史是也後人乃區其流別而於記言記事之書則名之曰史不知經史本無二學故漢書司馬遷傳贊云貫穿經傳馳騁古今上下數千載間又漢書敘傳云漢書十有二世二百三十季綜其行事旁貫五經上下洽通爲春秋考紀表志傳凡百篇是史本出於經後人作史不過因古經而變通之耳趙氏翼廿二史劄記云昔宣尼贊

修六經而尚書春秋實爲史家之權輿漢世劉向父子校理秘文爲六略而世本楚漢春秋太史公書漢紀列於春秋家高祖傳孝文傳列於儒家初無經史之別厥後李充荀勗等刱立四部而經史始分據此則古之六籍雖名經實亦史也但以其出於孔子所定所稱故後人不敢妄有所名是以分經史爲二部蓋亦尊聖人之意甚爲允當（案後人又有七經九經十經十二經十三經諸名目蓋因六經而推及之）而陸魯望乃謂詩易爲經書與春秋實史學者不當混而言之是直取六經而剖判其名考其義例區別本是特謂宜更經而稱史則可以不必矣蓋孔子本有六經之名後乃沿而稱之故文中子謂書詩春秋同出於史其言

乃爲無弊誠以詩書春秋本經耳爲其與史相表裏故云出於史不得卽謂之史也而魯望又以爲王輔嗣因經解而以易爲經杜元凱因經解以春秋爲經孔子云學詩學禮云易之爲書云知我罪我以春秋未嘗稱經稱經非是聖人之旨信如是說則必孔子凡有言詩書易春秋者必加一經字乃可謂聖人之旨乎然則孔子亦未嘗言書史春秋史也陸氏果何據而必知言史卽爲聖人之旨哉蓋魯望不信經解並不信莊子而遂以稱經爲後人說故固執史例以名古經耳雖然謂六籍皆經也其中有具史體者則可若謂六籍之內何者可名經何者只可名史不得名經則不可

問宋四子說易之書周子易通程子易傳邵子皇極經世朱子本義孰爲最得經旨

易之爲書也廣大悉備非言語可得而罄也故自孔子作十翼後惟孟子精之而不言其後言者雖多亦鮮有合於密旨至有宋周程邵朱四子出各有說易之書考其旨趣亦皆達過前儒而求其最得經旨者竊以爲周子易通程子易傳焉何者蓋周子易通與太極圖說並出朱子謂其所以發明太極圖者是也故欲明易通必先明太極圖乃可是以朱竹垞云自漢以來諸儒言易莫有及太極圖者誠哉言乎夫古之言易者謂有太易有太初有太始有太素太易者未見氣也

太初者氣之始太始者形之始太素者質之始氣形質具而未離故曰渾淪見乾鑿度然則周子太極圖云無極而太極太極動而生陽動極而靜靜而生陰分陰分陽兩儀立焉陽變陰合而生水火木金土之說實不外此特是說易流於虛寂故復以聖人定之以中正仁義立人道之極挾之所謂在天爲元亨利貞在人爲仁義禮智周子直揭易之精焉是其說也以人合天而天道與人道一貫之旨自見繫辭云成性存存道義之門周子深得其旨然此特其開易通之端耳故其易通四十篇自一理二氣五行推之誠幾慎動禮樂刑政凡修己治人之道內聖外王之學靡不畢具悉與太極圖以人合天

之意相爲表裏孔子云聖人之作易也將以順性命之理又云易聖人所以崇德而廣業又云和順於道德而理於義窮理盡性以至於命周子通書皆本此義立言則其所以發明太極圖者如此而已其後復以太極圖授程子於是程子師其意亦以人事合天道說易按程子嘗有讀易當先觀王弼胡瑗王安石三家之說故劉紹敘周易詳說遂以爲程子易傳無一語及太極而舉其觀卦辭及大畜與夬爻辭引胡翼之之說謂程子易傳是本翼之非本周子不知程子以爲周子易通非學者遽然可曉故令先觀王弼胡瑗王安石之易使尋其章句以明義理然後乃可讀易通耳故其作易傳亦是此意非謂其不語及太極而遂以其學非本濂溪也而章疏節解於身心性命經濟之道更爲推闡明悉視易通之統論全易大義或附於易或離於易者爲加詳焉蓋欲令學者有所持循也

而朱子乃謂其舍象數而談義理嘗有不滿程子之意然觀程子之言云有理而後有象有象而後有數易因象以知數得其義則象數在其中然則程子非不知易爲象數卜筮之書也蓋以神道無憑人道有定若執卜筮以說人事是以天合人則人將無論其事理之當爲與否悉聽之於卜筮其流將至於無所終極豈聖人作易之本義乎且文言亦云夫大人者與天地合其德與日月合其明與四時合其序與鬼神合其吉凶先天而天弗違後天而奉天時天且弗違而況於人乎況於鬼神乎此亦謂易道爲以人合天也是以太極圖說明引斯言而程子易傳承之亦曰以卜筮爲後於義理是

以夫子論易曰學易可以無大過又曰人而無恆不可以作巫醫不恆其德或承之羞云云是聖人學易不過在庸言庸行之間耳本日知錄說初非以卜筮學易也董子云易無達占殆真善說易者而程子易傳序亦云易之爲書也將以順性命之理通幽明之故盡事物之情而示開物成務之道也是程子亦謂易無達占惟以人道合天道焉而已觀於此則其所以承濂溪者在是所以學孔子者亦在是矣若邵子皇極經世雖亦言無極太極陰陽動靜其與周子專就大道上言者迥別是其書乃術數家所貴非儒學家所宗何者蓋經世一書凡天地之變化萬物之感應古今之因革損益純是用推

步之法聖人之道安重是讖緯術數也觀子張問十世可知乎夫子答以百世可知亦不外此禮之因革損益然則夫子非不知術數也特恐此風一開其弊則靡所底止故祇以禮說之云爾是以邵子欲傳其數於明道程子程子終不肯學且爲之語曰只是加一倍法能中其肯綮康節遂爽然失曰大哥恁恁的聰明夫以雖不施枕者三十年以成一書能被人一語道破則邵子之與程子其高下亦可知矣故黃氏日抄亦極駁邵子之說未合經旨而朱子則謂自易以後無人做得一物如此整齊包括得盡又謂康節先天圖說乃孔子之說然則朱子亦頗篤信邵子之學故其作本義也專主象

數以發揮邵圖之法象嘗云聖人作易教民占筮以開天下之愚以定天下之志以成天下之事又云易是爲卜筮而作故周禮分明言大卜掌三易又云聖人作易本是使人卜筮以決所行之可否而因之以教人爲善又云卦爻之辭本爲卜筮者斷吉凶而因以訓戒後人但見孔子作傳辭文言以說義理而不復推本文王周公之本意因鄙卜筮爲不足言云云歷据其說則朱子是直謂易專爲卜筮作矣故本義中凡每卦爻辭皆繫之以占者云云致繫辭云作易者其有憂患乎又云易之興也其當殷之末世周之盛德邪當文王與紂之事邪是故其辭危危者使平易者使傾其道甚大百物

不廢懼以終始其要無咎此之謂易之道也据此則文王演易亦以明伏羲之道非專教人卜筮也然則謂朱子本義猶有不合經旨乎非也蓋本義亦非舍義理而空談象數但以爲先見象數方說得義理不若程子云得義理則象數在其中之說爲尤得耳何者如爲子必孝爲臣必忠其所當爲之事不待卜筮之吉凶而明義理者卽毅然爲之矣使不明義理者必視乎卜筮之吉凶而後爲則將吉者爲之凶者必不爲乎故舜云朕志先定詢謀僉同鬼神其依龜筮協從卜不習吉然則果明義理雖不卜筮可也且繫辭謂君子居則觀其象而玩其辭動則觀其變而玩其占又謂易有聖人之道

四焉先之於以言者尚其辭終之於以卜筮者尚其占皆可見玩占在玩辭之後則知程子言得義理則象數在其中又云吾之所傳者辭也無非本繫辭之意是以謂程子易傳於經旨爲尤得也總之四子之書惟邵子皇極經世差遠於經旨而朱子本義本象數以說義理亦易經必有之旨所謂仁者見仁智者見智也然文王彖辭周公象義孔子文言皆以義理說易而卜筮卽由之以四子之書較之其得經旨者似當以周子易通程子易傳爲最但周子易通舍易辭而言通義學者不能猝悟而以二子書權之則又當以程傳爲最也

歸奇於扐以象閏解

易繫辭歸奇於扐以象閏自來解家之說有二一謂奇卽所掛之一策扐卽所揲之餘取奇以歸扐則以閏月定四時成歲此虞仲翔說也宋張子及郭忠孝父子郭氏傳家易傳 國朝毛氏奇齡仲氏易 惠氏棟周易述 孫氏星衍周易集解 段氏玉裁說文注 焦氏循易章句 張氏惠言周易虞氏義 皆從之謂四揲之餘爲殘奇而歸於所扐之策而成數以法象天道歸殘聚餘分以成閏者孔頴達說也朱子從而申之謂奇零也所揲四數之餘也扐之於左手中三指之兩間以象閏 國朝洪氏守美易說醒 桂氏馥說文義證亦是焉而說者多以爲弃竊以爲諸家之說其

可辨者有九究不如孔仲達與朱子說之爲明確案奇與畸通說文畸殘田也徐鍇繫傳曰謂田奇零也荀子彊國篇墨子有見於齊無見於畸注云畸不齊也然則四揲之餘不一則二不三則四此卽不齊之零數歸於扐者歸此耳虞氏乃謂奇卽掛一之一歸奇卽歸一夫掛一所以象三已取一而歸扐象三之義安在此其可辨者一也扐者說文云易筮再扐而後掛從手力聲王棻友說文句讀云易釋文引馬融云扐指間也此爲正義玉篇云凡數之餘謂之扐此爲引伸義然則歸奇於扐謂歸四揲奇零於弟四弟三指之間朱子取扐之正義以申孔說是也虞氏分奇扐爲二事謂所餘之策

爲扐是專就扐之引伸義言之而王虞氏說者遂有謂孔仲達以左右揲餘爲奇則扐爲虛位之辨蒙謂馬融說扐爲指間孔卽宗其義然已以指間扐策亦安得謂虛位乎此其可辨者二也且傳云掛一云歸奇於扐本各有所象虞氏謂一卽奇取奇以歸扐扐併合左手之小指然先掛一而後揲而歸扐又在揲後一與奇判然不同何以已象三象四之後復取所以象三者歸之於扐再爲取象於閏是一蓍而作兩象古人制儀當無此贅見此其可辨者三也且如虞氏說掛與扐合併爲一不特三無可取象卽傳亦當改而云歸扐於奇不得云歸奇於扐此其可辨者四也張皋文虞氏消息申之

云謂掛一者當於左手之中取其一掛於右手小指左象陽
也掛一象日餘分其揲之餘象月餘分然考傳云掛一以象
三揲四象四時義自明瞭而張氏以爲象日餘分象月餘分
是欲求深而經義反晦此其可辨者五也虞氏云取奇與扐
併合左手小指則以閏月定四時成歲又云已二扐又加一
爲三并重合前二扐爲五歲故五歲再閏再扐後掛案虞氏
殆又以扐爲象歲致繫辭云歸奇於扐以象閏是言閏以該
歲且揲四象四時自有寒暑相推歲成之義此卽是象歲更
不必云以扐象歲此其可辨者六也郭忠孝云繫辭以兩扐
一掛爲三變而成一爻是有三歲一閏之象正義以每一揲

左右兩手之餘卽爲再扐是一變之中再扐一掛皆具則一歲一閏之象也案郭氏之說於筮儀究嫌疏略蓋歸奇於扐以象閏歸初揲之餘也五歲再閏故再扐歸再揲之餘也術法以三歲一閏五歲再閏有兩奇以象兩閏其爲三歲五歲可知安得謂象一歲一閏乎且一變之中必分二掛一揲四歸奇再扐數義俱備乃可成掛故云再扐而後掛言再扐之後成掛之一變也易釋文云掛京作卦謂再扐而後布卦如郭氏說是執於三歲五歲之義而謂三變中衹初變掛一豈聖人制筮之本義乎此其可辨者七也來知德云掛一當一歲揲左當二歲扐左則三歲一閏又揲右當四歲扐右則五歲再閏按以掛一

揲二扐二象三歲五歲雖可强合究嫌穿鑿傳義當無此破碎此其可辨者八也至毛西河仲氏易辨虞氏說以扐爲次指間（按虞氏言扐于左手小指此云次指恐誤）何氏訂詁謂別置案間皆與本文不合蓋朱子謂掛一懸掛其一於左手小指之間初揲再揲之餘歸之於左手中三指之兩間以象一閏再閏以申孔義說自明曉若如毛氏說則亦可謂歸扐於奇不得云歸奇於扐此其可辨者九也

宅南交解

虞書宅南交僞孔傳謂夏與春交史記索隱謂南交卽交趾尚書大傳云中祀大交鄭注謂卽南交近儒如段氏玉裁王氏引之孫氏星衍引墨子節用篇（昔者堯舜治天下南撫交趾北降幽都東西至日所出入莫不賓服）大戴禮少閒篇韓子十過篇之說證此大交卽南方交趾之地按墨子韓子大戴禮所謂幽都交趾是謂化之及於南北荒裔之地莫不賓服與命官測景不同義叔之宅南交乃是於南嶽致日測大交以定中星南交實非交趾也尚書大傳云中祀大交霍山鄭注云五月南巡狩仲祭大交於霍山南交稱大交書曰宅南交是也案爾雅云霍山爲南嶽

詳見邢疏及郝氏爾雅義
疏皆謂霍山卽衡山也
是霍山卽衡山則南交者謂南嶽大交之氣與暘谷柳谷幽都皆日行所經次舍之名非地名亦非山名也宅測度也說見下宅南交者言測南方大交之氣於霍山猶之宅西曰昧谷測西方昧谷之氣於華山宅朔方曰幽都測北方幽都之氣於恒山也然則巡狩至南嶽而祭大交卽祀南交也致日於南嶽而宅南交卽測大交也但大傳祀大交有霍山以明之則不必言南此不云霍山故言南以識之耳其實一也

黃濤云測度日景非親歷其地者不得
精密故須至極南之地豈有在南嶽便
可測之乎云云竊以爲堯舜之時湖南衡山卽極南邊裔觀
禹治南條水湖原至衡山可見不同今日衡山在天下南中
也測日景於南嶽正其時極南之地若墨子大戴禮云南撫
交趾各語是謂聲教之及於四遠耳猶我　朝順康雍乾年

間琉球暹羅緬甸俄羅斯等國皆自外來向化入貢也而說者謂大交與暘谷昧谷幽都皆山名誤矣此南交非交趾可知也淮南天文訓云日出於暘谷是謂晨明至於衡陽是謂隅中至於悲谷是謂餔時至於蒙谷是謂定昏案此卽所謂日躔次舍之名魏氏源云暘谷悲谷卽書之暘谷柳谷然則衡陽卽書之南交大傳之大交故義叔測大交之氣於衡嶽若交趾在粤廣之南不得云衡陽也此南交非交趾又可知也又大傳中祀大交霍山貢義伯之樂鄭注云義伯義叔之後也案此蓋堯當日命義叔宅大交之氣於南嶽因世居焉故有義伯之樂如在交趾何得於祀霍山貢義伯之樂乎此南交非交趾又可知也又

下文以正仲夏鄭注云司馬之職治南嶽之事得則夏氣和
案司馬者夏官也南嶽卽霍山也云治南嶽之事者羲叔內
爲司徒之官外主居南嶽致日測大交以定中星也是鄭君
亦謂南交卽南嶽致日之事魏氏源謂其以南交爲交趾非
矣此南交非交趾又可知也又考元時四海測驗南海衡岳
夏至晝漏皆與鄭氏所言不遠蓋於衡岳測之者卽羲叔之
宅南交也其所測衡岳五十六刻與鄭康成云五十五刻相
近則元時猶於衡岳致日測中星是卽堯時宅南交之遺意
此南交非交趾又可知也特鄭君以爲南交下有日明都三
字此是以下文曰幽都例之耳然尋繹文義不必有也王氏

引之經義述聞洪氏頤煊說見經義叢鈔辨之誠當而王氏又以爲脫曰大二字亦未必然蓋古文簡畧不拘拘於上下文皆勻稱也宅與度同皆有測度之義段懋堂云古文尚書作宅今文尚書作度周禮縫人注引度西曰栁谷此鄭引今文尚書也然則宅嵎夷宅南交宅朔方今文皆本作度矣若史記之作居南交者蓋以訓詁之字代之耳

六律五聲八音在治忽以出納五言解

律呂之制本乎性情而發爲聲音者也音由心生而心有邪正故孟子聽言可知人心之善惡季札觀樂能悉列國之興衰蓋以其自然之流露莫能掩也惟聖人本乎性情止乎禮義故其流於聲也情深文明氣盛化神否則逆氣成象而淫樂興者矣故舜雖聖人必兢兢焉欲聞六律五聲八音在治忽以出納五言勉其臣曰汝聽蓋審聲知音審音知樂審樂知政是誠知樂不可以爲僞而愼所以感之者耳玆博稽衆說疏解於左

六律五聲八音

律有十二六爲陽六爲陰周禮大師掌六律六同以合陰陽之聲陽聲黃鍾大蔟姑洗蕤賓夷則無射陰聲大呂應鍾南呂函鍾小呂夾鍾又典同云掌六律六同以辨天地四方陰陽之聲鄭注云律述氣者也周語伶州鳩曰律所以立均出度也漢書律歷志云律有十二陽六爲律陰六爲呂律以統氣類物呂以旅宣陽氣宋陳暘樂書云古之言律或謂六律或謂六始或謂七音皆同也案律本十二止言六者鄭君云舉陽陰從可知也是也五聲者宮商角徵羽也爾雅釋樂宮謂之重商謂之敏角謂之經徵謂之迭羽謂之柳白虎通禮樂篇尚書曰予欲聞六律五聲八音何謂也土謂宮金謂商

木謂角火謂徵水謂羽八音者何謂也樂記云土曰塤竹曰管皮曰鼓匏曰笙絲曰絃石曰磬金曰鐘木曰柷敔此謂八音也案聲音二字散文則同對文則異說文云音聲也生於心有節於外謂之音宮商角徵羽聲絲竹金石匏土革木音也又子夏詩序云情發於聲聲成文謂之音樂記疏云初發口單出者謂之聲衆和合成章謂之音漢志云五聲和八音諧而樂成然則律以和聲聲成文爲音音即所以調聲故樂記云正六律龢五聲弦歌詩頌此之謂德音德音之謂樂是其誼也

在治忽

在治忽三字本各不同師各殊說辨論是非不一而足有作來始滑者史記說也裴駰集解云尚書滑字作曶引鄭君云云以爲當作曶司馬貞索隱云古文在治曶今文作采政忽今云來始滑者非也當依今文作采政忽江氏聲尚書集注音疏王氏鳴盛尚書後案皆非之孫氏星衍尚書今古文注疏以爲忽當爲曶與忽通曶音近滑在近采治近始故史記作來始滑猶言采治亂此辨論之一說也有作七始訓者漢書律歷志說也江氏聲尚書集注音疏陳氏壽祺左海續集俞氏樾羣經平議皆以爲是而博引諸說以證之王西莊以爲此別是一說孫氏星衍以爲七始是班氏今文說而引禮

樂志高祖唐山夫人安世房中歌孟康劉德之言及楚語韋
昭注等說證之謂爲今文之有本者而不敢斥其是非劉氏
逢祿尚書今古文集解引王伯申說謂漢志七始鄭注大傳
以爲七律隋鄭譯合之爲一然七律出周初鄭注及鄭譯之
言皆不足信此辨論之又一說也有謂今文尚書在治作桼
始亦作桼政者段懋堂說也謂七古多假桼爲之夏紀作來
來者桼之字誤而引大元經及楊用修說證之此辨論之又
一說也有謂曶爲笏者鄭康成說也王西莊申之謂其說甚
精段懋堂云曶鄭訓笏與說文曰部曶字訓佩也合陳左海
依之而劉氏逢祿謂說文無忽字皆借曶故鄭譌訓笏俞蔭

甫謂鄭以曶作笏謂笏以出納五言爲不辭此辨論之又一
說也有訓曶爲忽忽又爲治之反者僞孔傳云在察天下治
理及忽忽蘇子瞻從之蔡沈傳云曶治之反也俞蔭甫以爲
枚說義殊未安蔡氏更爲肊說此辨論之又一說也有謂曶
爲語辭者俞氏樾云說文曰部曰詞也曶下云出气詞也曰
曶二字古人並用爲語詞則曶以出納五言曶字不當以實
義求之此辨論之又一說也歷據諸說是彼非此創解立義
人人各異謹按閻百詩云古文傳自孔氏後惟鄭康成所注
本得其真見尚書古文疏證則是三字當從鄭君作在治曶爲是治
當如樂記治亂以相之治說文云治理也廣雅理治也沈氏

形云六律五聲八音日治謂克諧無相奪倫也忽則奪倫而不諧矣然則樂記云五者不亂則無怗懘之音又曰八風從律而不姦節六律五聲八音克治之謂也曶當如史記讀滑周語滑夫二川之神晉語置不仁以滑其中淮南精神篇趨舍滑心韋昭高誘注並曰滑亂也王氏引之經義述聞云在治滑謂察治亂也樂記云宮亂則荒其君驕商亂則陂其臣壞云云蓋以此察之也滑曶古同聲故字亦相通史記正作滑據此是曶與滑聲同義通允矣按依本文忽字亦有亂義說文心部忽忘也忿下云忽也桂氏馥義證云忽忽不省又懣下云懣兜忘也段注云懣兜猶今人曰糊塗不省事案桂曰忽忽不省段曰糊塗不省事是忽忽糊塗皆猶雜亂也樂音之忿礙糊塗如樂記所謂亂迭相陵是也曶忽今古字乃說者有謂忽本作曶說文

心部忽爲俗恍惚字謂𦧢曶者非也然則漢書楊雄傳時人多忽之本曶字也而作忽非曶忽古今字乎然則諸說謂在爲來爲釆爲七爲泰爲才謂治爲始爲政謂忽爲訓爲笏爲急爲昃爲語詞雖各有所本亦未敢率從也

以出納五言

出納五言鄭君連上曶字讀謂曶者笏也臣見君所秉書思對命者也君亦有焉以出納政教於五官見史記夏本紀集解王西莊依之段懋堂孫淵如劉申受雖不盡從亦不斥其謬而漢書律歷志謂順以歌咏五常之言僞孔傳以出納仁義禮智信五德之言蓋本漢志江艮庭陳左海從之蔡沈書傳云五言者詩歌之叶於五聲者也自上達下謂之出自下達上謂之

納呂氏祖謙以爲五言卽三百篇之詩陳氏暘樂書云詩言
其志歌詠其言則敎六詩以六德爲之本言之所以納也以
六律爲之音言之所以出也李氏光地云音有開發收藏故
曰出納沈氏彤云言卽詩也五言謂五典之言納者入之樂
章出者播而用之也孫氏星衍云五言者五聲之言也合於
五行則聲爲律矣歷據諸說惟鄭君謂言爲政敎五爲五官
而諸儒或云詩或云五聲皆與漢志義無大異按五言字
卽舜典詩言志歌永言樂記歌之爲言也之言所謂詩也如
肆夏祴夏昭夏之類凡奏樂章必文之以五聲故曰五言若
出納二字或謂出納政事或謂出納聲音或謂出納詩言自

衆解家紛紛不一似皆未得確義按納古文作內史記作入是納內入皆同也出納二字當作人之出入實事解周禮大司樂王出入則令奏王夏尸出入則令奏肆夏牲出入則令奏昭夏鄭注云三夏皆樂章名賈疏曰三夏即下文九夏皆是詩與樂爲之章然則所謂出入非書之出納乎所謂王夏肆夏昭夏非書之五言乎此可爲出納五言之明證矣又樂師教樂儀行以肆夏趨以采薺鄭注云教樂儀教王以樂出入之儀肆夏采薺鄭司農謂皆樂章名或曰皆逸詩據此則經云出納五言即帝以樂出入之章無疑必言五言者尚書大傳云六律者何黃鍾蕤賓無射大蔟夷則姑洗是也故天

子左五鍾右五鍾天子將出則撞黃鍾右五鍾皆應注黃鍾在陽陽氣動西五鍾在陰陰氣靜君將出以動告靜靜者皆和然後大師奏登車告出也注周禮王出入奏王夏是也入則撞蕤賓左五鍾皆應鄭注蕤賓在陰東五鍾在陽君入故以靜告動動者則亦皆和也然後少師奏登堂就席告入也按出撞黃鍾而右五鍾應書所謂出五言也入撞蕤賓而左五鍾應書所謂納五言也說又與周禮王出入云云合蓋左五鍾右五鍾即律也律可該聲音樂章之等故周禮言出入奏王夏大傳言出入奏五鍾書言出入察五言詞義皆符與上下文毫無牽強以經證經此義允矣然則必察治亂以出納五言者楊雄云中和莫盛乎五簉王不妄出入若出入則五鍾皆奏察此

已知治亂其餘可知且周禮又有尸出入牲出入之文則出入二字所該亦廣也據大傳則專言王出入然由此類推則尸牲之出入亦必奏五鍾可知此舜所以欲聞六律五聲八音察治亂以出納五言也以語詞乃或者謂以當如襄二十年左傳賦常棣之七章以卒之以猶與也按此則在治忽三字是徹上徹下語其義亦通

明農解

明農見洛誥周公語也自來解家如僞孔傳孔氏正義蔡氏集傳皆謂周公欲退老田野以明農事王氏鳴盛江艮庭從之而段氏玉裁尚書撰異據廣雅農學訓勉謂卽尚書茲予其明農哉之訓其說是也案周公攝政五年營成周六年告成將欲歸政於成王洛誥一篇記周公請復辟歸政之事說者乃以周公欲退老田野誤矣夫周公豈不知成王尚未多更事者而乃於復辟後遂有歸老之心舉祖宗十餘世締造之艱一旦盡委之孺子周公當不若是恝而江氏乃謂假託言之以覘成王之意此猶以私意擬周公周公當無是也然

則茲予其明農哉實勉成王語也蓋周公此時將欲歸政正宜諄諄勉勵上文汝乃是不蘉乃時惟不永哉是反言以使成王自勉此云茲予其明農哉是復正言以加勉則明農之農自當從段氏訓勉者爲是且經傳之農訓勉者亦多王氏廣雅疏證云農猶努也語之轉耳洪範農用八政謂勉用八政也呂刑農殖嘉穀謂勉殖嘉穀也五帝德篇云使后稷播種務勸嘉穀義本呂刑也襄十三年左傳小人農力以事其上管子大匡篇耕者用力不農此皆古人謂農爲勉之證據此則明農之農訓勉於經義本明順然考農用八政鄭康成讀爲醲厚也阮文達左傳校勘記引陳樹華云魏了翁讀書

雜鈔曰小人農力以事其上之農乃農用八政之農厚是也然則明農之農卽訓爲厚亦有勉義猶言茲予其明以厚望哉是訓厚亦與勉合也若宋陳經尚書詳解以爲周家農事開國周公教民農事明以示人如七月之詩可見汝所見者當如我明農之事是說殊委曲魏氏源又謂周家以農事開國周公欲辭冢宰攝政專司地官司徒之事亦未免近於附會然此皆由農有耕農之訓故諸家皆據之而望文生義耳

勉勉鉏室類槀卷二

博白祁永膺

朱傳宗序傳錄序例

朱子云漢初諸儒專治訓詁如教人亦只言某字訓某字自尋義理而已又云某尋常解經只要依訓詁說字然則朱子之學固尊法漢儒者也乃有淺土出焉謂漢宋判爲兩家詁理各殊其學一倡百和牢不可破於是講漢學者詆宋儒談性理者闢詁訓各挾門戶疾如水火方圓枘鑿勢盡齟齬漢宋之學固若斯乎夫漢學莫先於毛公宋學莫精於朱子竊嘗讀集傳有以覩其通矣蓋詩集傳者朱子所作後人有謂

其攻小序而從鄭樵然古人有言曰事不師古匪説攸聞詩曰仲山甫之德古訓是式夫古人惟以學古訓而有獲者朱子豈獨舍古訓而別有獲乎觀其經學尤多善漢儒可知矣（如荅張敬夫書云漢儒可謂善說經者不過只說訓詁云云之類）然則所謂攻小序者固未嘗攻也所謂從鄭樵者亦不盡從也乃涉其迹者不揣本而齊末見其淺者絕其源以沿流徒以數典忘祖不知其由而已夫學詩之要小序爲綱毛傳爲目綱舉目張詩義可得讐之讀集傳也研之小序以求其故勘之毛傳以討其源考其異同究其端委則見其本於小序毛傳者往往而是爰不揣固陋就集傳之明用序說隱用序意及明引毛傳隱用毛傳

者分條編輯録爲六卷庶知漢宋之學本無異轍門戶之見少息將來或於爲學不無小補若夫鄭君詩箋引用尤夥俟諸異日更蒐輯焉

一詩經之學始於子夏而傳於毛公此經之最古者也其後鄭康成箋之魏王肅述之唐孔仲達疏之毛詩是以相延不絶至宋朱子集各家而傳之本有自抒已見時有不合序傳之意俗儒遂有朱子黜漢學之譁不知集傳之本序傳者蓋十七八也茲編故取集傳之宗序傳者表而出之

一集傳引序說有明引者有隱用者其明引者如大東序

卷二　二

以爲東國困於役之類是也其隱用者則有全用序說酌用序說申明序意三者焉全用者雖不明言序實全是序說如樛木傳后妃能逮下而無嫉妒之心焉之類是也酌用者一序之中祇用一二句之意如葛覃傳后妃既成絺綌而賦其事專用序中志在女功之事一句立意此類是也申明序意者如關雎傳周之文王生有聖德又得聖女姒氏以爲之配宫中之人見其有幽閑貞靜之德故作是詩是申明序云后妃之德也之意此類是也茲編特爲分條錄出以見朱子不盡攻小序之證

一集傳用毛傳有明用有隱用隱用之例有三曰全用毛傳曰申明毛傳曰用毛傳意其明用毛傳者如車攻傳云傳曰宗廟齊豪尚純也之類是也全用者是與毛傳字義不易如桃夭詩傳云灼灼華之盛也家室猶室家之類是也間有顛倒加減一二字或三四字者如碩人毛傳盼白黑分朱傳盼白黑分明也之類義本大同茲編所錄亦置此條概以一同字括之惟下加小注別白其所異焉而已申明者如關雎篇毛傳關關和聲也朱傳關關雌雄相應之和聲桃夭篇毛傳蓁蓁至盛貌朱傳蓁蓁葉盛也之類是也用毛傳意者如關雎毛傳服思之也朱傳服猶懷也

之類是也茲編不敢憚繁概分錄焉

一集傳說全詩主意處或云序以爲云云者（如桑柔傳序以爲芮伯刺厲王而作之類）或云舊說以爲云云者（如式微傳舊說以爲黎侯失國云云之類）其曰序則是明引小序矣其曰舊說亦是序說茲編概置之明引序說條以省別出

一西漢經學所存者惟毛詩茲編爲講漢學說性理毁訓詁者起見故所編專主序與毛傳見朱子精於漢初之學如此欲互相詆斥者知所返也

一是錄每篇各標題目直行繕寫其爲序則畧細書序字於旁以別之毛傳書一毛字朱傳書一朱字取省文也

興雨祁祁解

大田詩興雨祁祁雨有作雲者如呂氏春秋漢書食貨志洪适隸釋引無極山碑韓詩外傳皆是也竊以爲作興雲者三家詩也作興雨者惟毛詩也而顏之推家訓孔仲達詩正義陸德明經典釋文雖知毛詩作興雲者爲誤而不辨白其爲三家與毛之異同因致多後人辨論耳按興雨毛無傳但云祁祁徐也箋云古者陰陽和風雨時其來祁祁然而不暴疾據箋說則鄭君所見毛詩原作興雨故云風雨時云其來者是釋經之興雨也云不暴疾者是釋經之祁祁也然則務本篇及班志引皆作興雲者蓋呂覽用魯詩孟堅用齊詩故也見陳樸園魯詩遺說

攷若桓寬公與左雄亦皆治齊詩見陳樸園齊詩遺說攷今攷鹽鐵論及後漢書左雄傳引此詩皆作興雨當是後人據毛詩校改乃近儒盧氏文弨劉氏履恂據以證毛詩興雨未爲允當而臧氏琳錢氏大昕又謂毛詩興雨宜作興雲則亦非是夫漢初三家並立故漢人引此詩多作興雲毛詩雖平帝時已立而自鄭君箋後始行於世比三家詩最爲晚出雖班孟堅靈臺詩祁祁甘雨亦本用毛詩不過如後世文人撫拾故典耳時毛詩猶未盛行也觀食貨志引此詩作興雲可見至齊謝朓雩祭樂歌有興雨祁祁黍苗徧之句惟此與鄭君所箋本相符是可爲毛詩作興雨之明證何者蓋南齊時齊魯詩皆亡韓詩雖存無

人傳者隋書經籍志云齊詩魏氏已亡魯詩亡於西晉韓詩雖存無傳之者則謝氏所引必爲毛詩非三家詩也故唐開成石經亦作興雨而臧玉林謂六朝及唐皆作興雲則又誤也乃段懋堂又以爲諸書皆言興雲作雲無言興雨者然考易解彖辭云天地解而雷雨作又莊十一年左傳云天作淫雨又焦氏易林云陰積不已雲作淫雨案爾雅作興皆起也說文釋名同據此則詩之興雨即與解彖辭及左傳易林之作雨同故孔疏云起其雨浡祁祁然安徐知雲可言興言作雨亦可言興言作安得謂無言興雨乎且詩上句有渰淒淒傳云渰雲興貌淒淒雲行貌形容雲興之義已盡雲興則雨至故即言興雨祁祁按興雨祁祁祁祁句連上讀段

懋堂乃連雨我公田讀謂猶英英白雲露彼菅茅之類誤也蓋雨我公田二句見民愛戴君上先公後私之意其義重在公私二字雨字只過文耳然則段懋堂改與雨爲與雲則讀法固無怪乎其然也於經義文義甚順若猶以祁祁爲雲貌則與上句義複矣乃說者又謂以祁祁如雲證之知此祁祁言雲不言雨不知詩人隨舉二字以形容雨來之徐耳未嘗拘拘於祁祁之言雲而不可言雨也如本詩有渰淒淒鄭風風雨淒淒四月秋日淒淒或言雲或言風雨或言秋日皆與淒淒爲形容不得謂雲可言淒淒風雨秋日不得言淒淒也且詩之祁祁凡六見采蘩七月出車本詩及韓奕商頌不必皆謂雲雨更可證謂祁祁止言雲者之謬矣董彥遠除正字謝啟云篆形誤謁誰正興雲之祁祁案此蓋有感於後

人旼與甫爲興雲而言也盧氏文弨鍾山札記引錢氏曉徵漢書攷異據韓奕詩祁祁如雲謂經師傳授之異并轉寫有譌斯言誠得毛詩與三家詩不同之故矣祁祁馬氏瑞辰云監本毛本作祈祈嚴可均謂避明諱是也而陳碩甫詩疏以爲宋本作祈祈然則祁之誤祈蓋不始於明而始於宋矣

卷二　六

擬重定三禮圖條例

讀禮不可無圖讀禮又不可不得善圖記云禮器是故大備大備盛德也蓋其間宮室器物車服禮儀自天子至於庶人凡日用所需三禮靡不該備稍愆於度是謂無禮昔者漢儒習禮必為容而徐生善為頌禮家咸宗之頌即容也可為頌斯可為圖故禮之有圖自阮諶始也其後為三禮圖者不一皆佚不傳迨宋聶崇義刱為二十卷自以為纂集鄭康成阮諶等六家而成詳見四庫提要然多以意造譌謬違異當不滿於宋儒至明劉績既不以聶圖為然且以漢儒為妄作乃據博古圖為三禮圖四卷其顛倒譌舛無容辨已惟我　朝經學

昌明名儒輩出深於禮者非止一家故凡宫廟器具制度準繩以及進退揖讓繁文縟節罔不具諸圖象瞭若指掌蓋自漢有三禮圖以來其湮沒不彰者先儒每欲爲闡之然實未有如我　朝諸賢之抉微顯隱者也茲欲編緝重定一書將爲稽古者之榮宜先擬成書之例

圖貴精詳以表明經義者爲佳舊圖如聶氏三禮圖揣度近似注多失實然雖多舛誤其例則未可厚非明盧謙五經圖無儀禮頗爲美觀但注未詳閱者徒見其迹而已故必若近儒焦里堂之宫室圖程易疇之車制圖張臯文之儀禮圖可稱詳核

近賢如孫淵如嚴鐵橋有合撰三禮圖三卷刊本尚未出張先生書目荅問說當必精審可觀然此祇出自一家未若集諸家之大成合爲一書尤廣學者耳目

三禮無所不具今編輯各家圖爲一書似宜分類錄之爲善一曰天文一曰地理一曰宮室一曰禮器一曰冠服一曰樂器一曰音律一曰武備一曰車制一曰雜器耒耜筐筥之類一曰制度井田溝洫之類一曰威儀俾學者以類而求繙撿易得

近儒說經不尚空談然博極羣書自多標新領異故有同一名物而各家圖說有異者如明堂圖之類若果於經義無舛

則亦不可偏廢一家宜依各賢之世次爲先後彙而輯
之俾擇善而從存乎其人可也

諸家圖說雖不盡合亦有同者如冠冕之旒玉纓緌是也
似此者則舉其最先者錄之其不錄者仍當於子目下
旁注云某人某書圖說皆同以便閲者查對其有大同
小異而無關宏恉者悉皆删屏以省緐文

近賢禮圖精核固多然亦有不能盡合經義者其圖不錄
可也其有說之善而無圖者則爲補圖而引其說

諸儒說經有圖不一而足有非說禮而圖說可通於禮者
如江愼修之鄉黨圖攷之類多與三禮經義相發明宜

皆循類而輯焉

考工記圖近賢尤夥蓋各賢本爲注一經而作茲輯三禮圖各分其類收之似爲破碎各賢之書然是書爲披圖起見自當以類相從務使閱者易於搜討

每圖必有標題然於標題下須旁注明出於某人某集俾學者知各賢自有專書或時有校對以便取原書查撿

張皋文儀禮圖表明經義升降進退揖讓諸縟節阮文達謂此爲孫生之頌是也惟加之以考訂擇其善者可全收入威儀之類若三禮各篇中近賢祇有圖說辨難而無升降進退之節者如沈果堂儀禮小疏之昏禮喪禮

等圖可入制度一門餘倣此

三禮既用鄭學自當以鄭爲主若後儒異義精審可以訂鄭者爲第二圖多不過三四圖而止其新説非碻有精義者不必多采

三禮圖自當以圖爲主説坿圖後以明作者之本意然須抉擇簡要精核毋使連篇累牘致有指大於腔之弊

禮有古今聚訟而説各有精義者不妨兩存之以俟後人抉擇若異説有或詭於經注者雖標奇領異概從刪棄

周官五禮教中六樂教和中禮作陰德和樂作陽德節

中庸致中和解

性情本天地也天地一陰陽也陰陽一中和也中和一禮樂也周官大司徒以五禮防萬民之僞而教之中以六樂防萬民之情而教之和鄭注禮所以節止民之僞使其行得中樂所以蕩正民之情使其心應和高紫超集解曰玉函山房目耕帖引五禮教中六樂教和禮樂盡藝事之精微中和極德性之粹美馬氏國翰以爲中庸首言中和源出於此是也夫樂由陽來禮由陰作是以大宗伯以天產作陰德以中禮防之以地產作陽德以和樂防之蓋中和者天地自然之德故大宗伯之

防防此中和大司徒之教教此中和而中庸所謂致中和之義從可識矣馬驌孟樂記注曰禮者中也樂者和也中以和爲用和以中爲體又曰神者陽之類而天者陽之所積樂由陽來故率神以從天鬼者陰之類而地者亦陰之所積禮因陰作故居鬼以從地天地有自然之禮樂而聖人輔相天地之宜故作樂以應天制禮以配地則禮樂明備而天地各當其位也據此知周官教中教和中禮作陰德和樂作陽德之故與中庸致中和無異義矣夫樂由天作禮以地制天陽也以氣化者也樂以應天故樂主陽然陽盛則驕而地產養陽是以和樂作陽德蓋樂者天地之和和者天下之達道是以

教和以六樂地陰也以形生者也禮以配地故禮主陰然陰盛則淫而天產養陰是以中禮作陰德蓋禮者所以制中中者天下之大本是以教中以五禮所謂聖人之禮樂與陰陽相爲流通故始也法陰陽以爲禮樂終也以禮樂而贊陰陽者也春秋繁露循天之道曰能以中和理天下者其德大盛據此則中和者乃天地人之樞紐然則禮樂者是形名度數之粗迹陰陽之流露也中和者是高遠深厚之本體禮樂之從出也故中庸言喜怒哀樂未發謂中發皆中節謂和周官言中禮作陰德和樂作陽德一言中和之體一言中和之用義可互相發明也然周官言教中和中庸言致中和教就人

言致就已言於義似別按教當如中庸修道謂教之教鄭注云修治也治而廣之人倣效也是曰教致中和注致行之至也孔疏曰致至也君能致極中和使陰陽不錯則天地位萬物育是教與致義同也故致中和而至位育朱子謂修道之教亦在其中是矣然則以禮樂教中和卽致中和而致中和亦卽致禮樂致如樂記致樂以治心之致樂記君子曰禮樂不可斯須去身致樂以治心致禮以治躬鄭注致猶深審也樂由中出故治心禮自外作故治身又曰樂極和禮極順內和而外順則民瞻其顏色而弗與爭也故曰致禮樂之道舉而錯之天下無難矣按此與中庸致中和天地位萬物育義

合與周官以禮樂合天地之化百物之產以事鬼神以諧萬
民以致百物之義亦合然則周官之敎中敎和中禮作陰德
和樂作陽德卽中庸致中和又卽樂記致禮樂矣

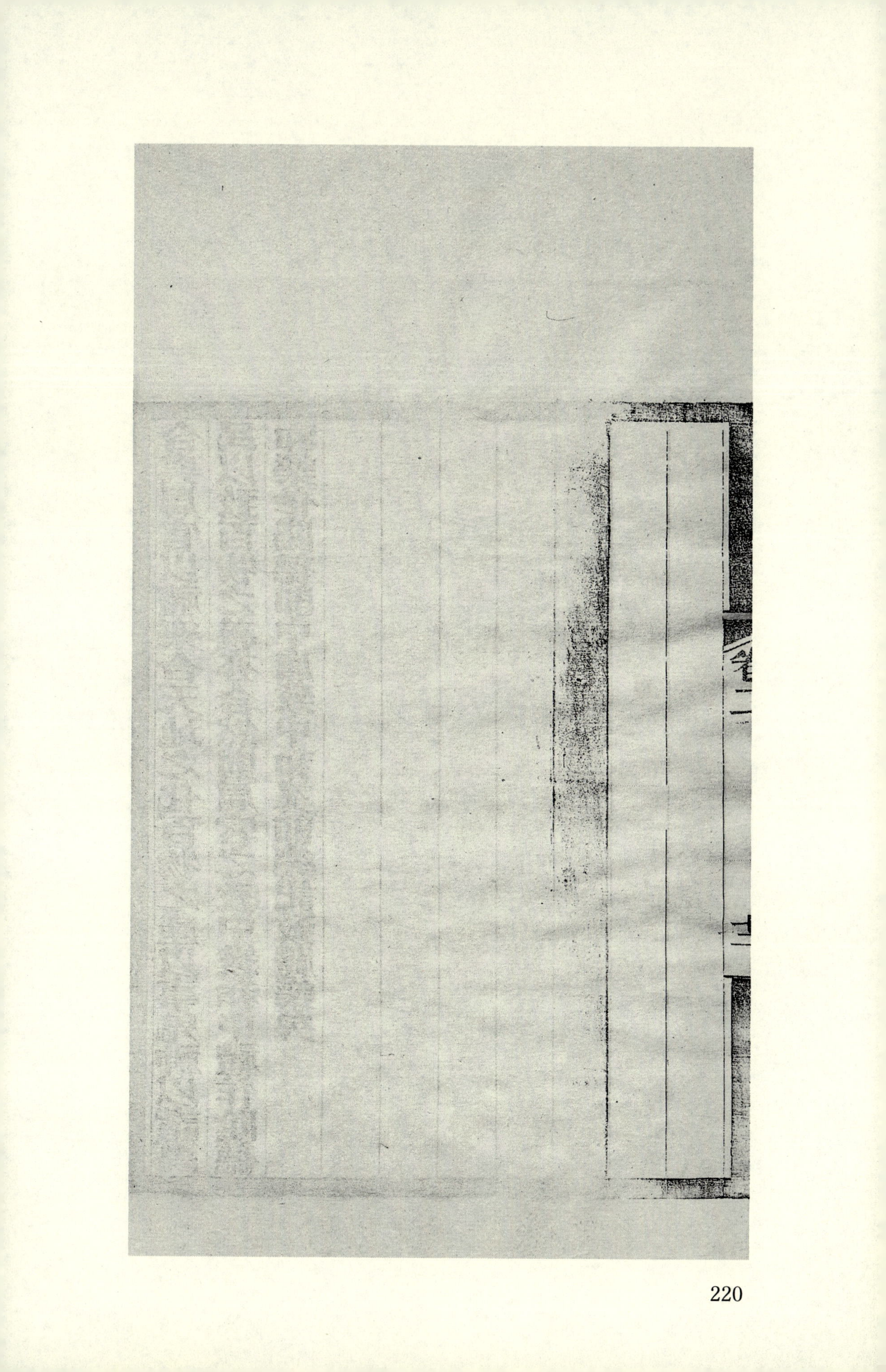

周官王制各異說

古之言周禮曰周官以其爲設官分職之書也然其制往往與王制異者蓋周官本未舉行之書王制是周末大賢所記虞夏殷周之制皆有（按盧子幹謂王制爲漢文帝命博士作鄭駮異義云周禮是周公之制王制是孔子之後大賢所記先王之事今從鄭說）與周公所制之周官自別故鄭注孔賈疏多詳辨之如地官大司徒凡造都鄙制其地域而封溝之云云鄭注都鄙王子弟公卿大夫采地王制曰天子之縣內方百里之國九七十里之國二十有一五十里之國六十有三此蓋夏時采地周未聞矣此周官采地與王制異也周官大夫共爲一等王制則有二等春官典命云大夫四命據云

大夫四命者是大夫不分上中下皆合爲一等也据王制云諸侯之上大夫卿下大夫上士中士下士凡五等是大夫有二等矣此周官命數與王制異也秋官大行人侯服一歲壹見甸服二歲壹見男服三歲壹見采服四歲壹見衛服五歲壹見要服六歲壹見据王制云比年一小聘三年一大聘五年一朝注以爲此大聘與朝晉文伯時所制此朝聘之名異也又大行人十有二歲王巡守殷國王制云天子五年一巡守注以爲虞夏制此巡守之名異也又大宗伯以祠春禴夏嘗秋烝冬享先王王制云天子諸侯之祭春礿夏禘秋嘗冬烝注云此夏殷祭名周改禘爲殷祭此祭名之各異也且周

官之與王制異者不特虞夏殷制然也即與王制之言周制者亦異周官山川林麓不以封惟邱陵墳衍原隰封之王制則惟名山大澤不以封其餘皆封之知者按地官山虞林衡川衡澤虞凡山林川澤之大者中者小者皆有職掌而不云以之封邑惟夏官邍師云掌四方之地名辨其邱陵墳衍原隰之名物之可以封邑者知周官封邑祇以邱陵墳衍原隰不以山川林澤也而王制云名山大澤不以封其餘以爲附庸閒田又云其餘以祿士爲閒田然則云其餘者亦兼謂山川林麓也是王制不以朌惟名山大澤而已此周官分殖與王制異也沈氏彤周官祿田考云周官子男無中士何以知

之春秋公羊傳云古者上士下士是也按王制云小國之上卿位當大國之下卿中當其上大夫下當其下大夫其有中士下士者數各居其上之三分是王制子男有中士也又孟子謂小國亦有上士中士下士沈氏謂周官無中士與王制異大司徒不易之地家百晦一易之地家二百晦再易之地家三百晦又遂人云上地夫一廛田百晦萊五十晦中地夫一廛田百晦萊百晦下地夫一廛田百晦萊二百晦按王制本孟子之說皆言一夫耕百畝無不易一易再易上中下地之等而計五等農夫食人多寡以爲差是制農田周官又與王制異又大司徒公之地方五百里侯方四百里伯方三百

里子方二百里男方一百里云云王制與孟子同以爲公侯皆方百里伯七十里子男五十里江氏永謂周禮就其虛寬者言之孟子王制惟舉土田實封耳見周禮疑義舉要沈氏彤以爲周官畿內外皆無七十里之國王制有七十里之國注疏以爲夏殷制孟子於畿外謂齊魯俱封百里是卽所傳聞以論當時之地域其實太公受地五百里伯禽康叔各四百里乃與周官之制合按孟子時周禮當未湮何以孟子不引周官證之而乃據所傳聞以論當時地域也蓋以周官當時未行故無足据不然孟子已不能知而後人乃反得詳耶誤甚李氏惇以爲孟子所言特其畧耳其時自有數大國如宋齊魯衛皆跨五百餘里之地必謂儉於百里誤矣按此說是直謂孟子之言不足信尤誤撥諸說皆因周

官公之地五百里云云與孟子王制不合而欲委曲以求合皆未允當惟陳蘭甫東塾讀書記以爲周禮封國非周初制而引論語孟子襄廿五年左傳僞武成疏及管子墨子諸說證周制封地非五百里最爲詳確此周官制地與王制異也周官林麓川澤有禁按地官林衡川衡澤虞所掌是也而王制云林麓川澤以時入而不禁是周官禁令與王制異也周官市廛有稅門關有征按地官廛人掌斂市絘布總布質布罰布廛布而入於泉府先鄭云絘布列肆之稅布後鄭云廛布貨賄諸物邸舍之稅是市有稅矣遺人門關之委積以養老孤司關國凶札則無關門之征猶譏是門關有征也而王

制云市廛而不稅關𢦤而不征是周官征稅與王制異也諸如此類難更僕數夫周官之制與虞夏殷制異固也而乃與周制亦有異者說者或謂周官有末世增入張橫渠說或謂周末有志之士所作俞蔭甫賓萌集而不知周官本為未舉行之書也鄭樵通志引孫處云周公居攝六年之後書成歸豐而實未嘗行亦僅述其大畧俟臨事而損益之耳許氏宗彥鑑止水齋集亦以為周禮之成周公則已老矣故不能遂行此雖懸想之說然就周禮與各經之言周制觀之原多未合亦可信也夫周禮既未經行則損益有未定損益未定則與當時所舉行之制有異可知故不惟王制與周官各異即召誥洛誥言

建都之制孟子言封國之制亦與周官各異何者蓋記當代典禮必就實見者記之述當代制度亦必就既行者述之若其未經行者雖有成書猶非當代實制亦空文耳其誰記之而誰述之此周官王制所以各異也然則他書之記周制亦與周官異者從可知已且王制所記典禮歷代皆有蓋亦擇古制之可行者載之欲後王法古也故周官之制或有一二是當時所舉行而未善者如市幾關征之類爲記王制者所不取則以古者別之亦不必盡記所既行者也此周官王制所以又不能同也而說者往往欲強其異而同之亦可怪矣

大戴禮闕篇已爲小戴記所取說

禮記之作出自孔門孔子沒後七十子之徒各述所聞以爲此記至漢儒所得有百三十一篇隋書經籍志謂戴聖删大戴之書爲四十六篇馬融增月令明堂位樂記合爲四十九篇而朱子語類云大戴禮佳篇皆爲小戴記所取錢曉徵乃謂大戴八十五小戴四十九合之適符漢志百三十一篇之數而斥晉陳邵大小戴互相删取之說爲無稽畢秋帆夏小正考注序亦以爲小戴有四十九篇大戴有八十一篇合之正得百三十篇之數較藝文志所說止少一篇然則大戴已公問投壺二篇與小戴無甚異曾子大孝篇與祭義相同二

戴果分錄百三十一篇之文何以亦有相同者乎此皆欲附
會漢志而為是說耳且如錢說則於百三十一篇外多三篇
如畢說則於百三十一篇內少一篇雖附會亦未能悉合其
謬可知故邵位西云二戴篇數合之誠巧符漢志然豈文整
而篇長義精而理足者盡為小戴所取而大戴在前反遺其
美而錄其次棄其完而收其闕乎必不然矣見禮經通論斯言誠
足破附會漢志者之說也乃說者有謂大戴禮無頭其篇目
鈌處皆是元無非小戴所去取孔巽軒又據他書引大戴禮
而不在記中者以為唐人正義稱大戴禮者尚有王度記辨
名記禘於太廟諸篇唐本信有增多於今而亡逸諸篇殆非

小戴之所取然據周官注所引王覇記白虎通所引五帝記曾子記論衡所引瑞命記皆謂大戴禮安知非大戴所刪四十六篇中語後人引之而猶假託其名乎宋韓元吉大戴禮記序云大戴始三十九終八十一當爲四十三篇中間缺者四篇而重出一篇其上不見者猶三十八篇復不能合於八十五篇之數豈但當爲八十一邪其闕者或既逸其不見者抑聖所不取也困學紀聞注引案大戴禮三十八以上今亡中間又闕四十三四十四四十五六十一四篇及八十一以後四篇凡存三十九篇共闕四十六篇然以巳爲小戴所取之說論之二戴當符八十五篇之數乃小戴記則有四十九篇合大

戴三十九篇則有八十八篇故說者以其篇數不合於是又從而附會之謂小戴本四十六篇馬融加月令明堂位樂記三篇始有四十九遂致益多後人辨論而不知大戴之書已爲小戴所取者今皆闕之若今所存大戴三十九篇是經小戴既取之後而爲後人所竄入者有三篇焉如哀公問一篇悉同小戴曾子大孝投壺二篇不及小戴祭義投壺之詳案今禮記祭義投壺比之大戴甚詳知當日小戴去取大戴不專據大戴八十五篇之文且兼用百三十一篇之文也故小戴之篇多長且詳而曾子大孝篇小戴易爲祭義想當是七十子之徒原本篇名蓋小戴以廣增祭事之事不止記曾子事故易以此名耳所以百三十一篇禮記自小戴更定之後則四十六篇已無其文而大戴記之三十六篇亦將就湮矣則此三篇已爲小戴所取於大戴之本當闕是大戴闕去三篇

尚存三十六篇合小戴四十九篇適符八十五篇之數而韓元吉謂當爲八十一篇及鈌者巳逸等說皆非也乃孔巽軒猶謂哀公問投壺巳見小戴者大戴猶存則大戴闕篇非小戴所取案此可見刪大戴者除之未盡而采大戴者猶誤存之以啟後儒疑竇而紛紛聚訟耳矧鄭君注禮祇注小戴不注大戴亦可見大戴爲當時删本無人遵用故其學不繼不然安有值經學昌明之日而反致荒經乎斯可以知其故矣且小戴删取大戴亦甚明顯可據陳氏東塾讀書記云曾子問喪服小記雜記上下喪大記奔喪問喪服問間傳三年問喪服四制十一篇別錄皆屬喪服大戴記則無一篇喪禮者

小戴蓋取之也古人最重喪禮也又云大戴有夏小正此最古之書而小戴不取者蓋以記禮之語少也不取曾子十篇蓋以爲子書之類也案今禮記祭義悉取曾子大孝中庸取子思緇衣取公孫尼子篇何得謂不取陳氏此說恐未確不取千乘篇則尤有識據此則大戴禮闕篇已爲小戴所取無疑非遺亡也非散佚也若夫大戴禮之毀譽品評亦多異說茲不具論然而得孔巽軒之補注向之微而不振者自是而長夜皎日矣

讀禮記王制上

禮記王制一篇蓋六國時好古之士舉先王之事而記之以爲一書也案史記封禪書云文帝時召公孫臣拜爲博士與諸生草改歷服色事明年使博士諸生刺六經作王制謀議巡守封禪事云云故盧植遂以爲禮記王制卽漢文帝時博士所作業適以爲新垣平得用始有作王制巡守封禪之說項安世以爲文帝合漢初令文博士之傳斟酌損益共爲一書然考鄭駁五經異義云周禮是周公之制王制是孔子之後大賢所記先王之事又答臨碩云孟子當赧王之際王制之作復在其後夫盧氏則謂爲文帝時書而鄭君獨不謂然

者據劉向別錄文帝時所造有本制兵制服制今禮記王制
幷無兵制服制故夾以爲非文帝時博士所作也然則宋人
多以爲文帝時作者蓋以記中有古者以周尺八尺爲步今
以周尺六尺四寸爲步古者百畝當今東田百四十六畝三
十步云云謂周人必不爲此說故以爲漢博士所作之王制
卽此耳而不知後與前殊自判今古如孔子云射不主皮爲
力不同科古之道也夫射不主皮本周禮也夫子以爲古道
非傷春秋不如周初乎至孟子距春秋不過百餘年周霄問
古之君子仕乎孟子則以孔子證之及與公孫丑論古者不
爲臣不見之義則又引段干木泄柳曾子子路諸人實之此

可見無論歷歲久近凡人品風俗制度今不如前則可稱古者故鄭君云六國時多變亂法度或言周尺八寸云云據此則王制是六國時人作實無可疑

讀禮記王制下

夫王制是記古制矣而盧植乃謂爲漢文帝時令博士諸生所作蓋滯於史記之言耳而不知封禪書云令博士作王制非禮記之王制盧氏誤混爲一後人因以誤而傳誤其實禮記王制所記皆先王之法度如天子五年一巡守至用特此爲虞制天子三公九卿至八十一元士此爲夏制凡四海之內九州至州二百一十國此爲殷制王者之制祿至君十卿

祿皆出孟子此爲周制凡此之類枚舉難勝且如有虞氏養國老於上庠養庶老於下庠一節云云其爲記先王法度尤顯然可據何得謂漢制乎故鄭君三禮目錄云名曰王制者以其記先王班爵祭祀養老之法度此於別錄屬制度據此則盧氏謂以爲漢文帝諸生所作者謬也孔疏引鄭君答臨碩云孟子當赧王之際王制之作復在其後鄭知然者以王制篇首與孟子同故也然則宋儒多從盧植說者蓋未知文帝時所作之王制爲何如制故誤以此爲彼耳

月令農乃登黍解

月令仲夏農乃登黍鄭注云登進也黍火穀氣之主也正義云黍是火穀於夏時與雛同薦則此黍非新成直取舊黍祭氏以爲此時黍新熟今蟬鳴黍是也非鄭義也案黍有黏有不黏而其種與熟則亦有早晚之異程氏瑤田九穀考云禾屬而黏者黍禾屬而不黏者穈對文異散文則通今山西人無論黏與不黏統呼之曰穈黍但不黏者其熟最疾然則農乃登黍之黍熟於仲夏是最疾者故農於此時登之即說文穄也之穈散文則可通稱爲黍蓋二月時所種者也知者豳風七月云四之日舉趾傳云四之日周四月也民無不舉足

而耕矣蓋周四月卽夏二月故夏小正二月往耰黍孔氏廣
森補注云此早黍也二月種五月熟或謂之蟬鳴黍管子曰
日至百日黍秫之始也耰摩田覆種也說與詩疏異義正合
齊民要術云種黍穄之法三月上旬爲上時四月上旬爲中
時五月上旬爲下時雜陰陽書云黍生於榆六十日秀後六
十日成劉楚楨云黍生於榆當在三月此黍專指糜穄按三
四月種者早黍也五月種者晚黍也與夏小正二月耰黍義
亦合攷吾粵早黍多以二三月種夏小正謂二月是言其正
時也俞氏正燮癸巳存稿云鄢陵亦有早黍曰奪麥場三四
月種與麥同收此或是蟬鳴黍蓋皆糜穄之類尤爲熟之最

疾者據此諸說皆可見仲夏農所登之黍是新刈之早黍卽
不黏之穈穄也然攷吾鄉早黍亦有黏者農呼爲早禾糯亦
二三月種五六月熟是亦有早熟之黏黍但不如晚熟者之
美耳然則仲夏農所登黍嘗是謂不黏者非謂此也究之其
爲早熟之黍則無疑義而正義乃因孟秋農乃登穀注黍稷
之屬於是始熟之語而推想之遂謂鄭義是說舊黍攷鄭此
注云此嘗雛也而云以嘗黍不以牲主穀也必以黍者黍火
穀氣之主也並不以爲舊黍且又謂黍爲火穀明是熟於夏
之穀也則知鄭豈謂爲新熟之黍本是同鄭而孔氏辨之實
誤也劉氏寶楠釋穀云月令明言登黍是黍爲新成之穀者

是舊黍則取之倉廩自足給用奚煩農人之登哉駮正義說甚明快且鄭君注農乃登穀不過謂穀爲黍稷之屬非謂即黍也孔氏此疏引之乃去之屬二字以爲黍稷於是始熟明仲夏未熟也蓋緣滯注中黍稷字遂膠柱鼓瑟而强鄭從其舊黍之說究鄭義亦本非謂舊黍也且孟夏農乃登麥孟秋農乃登穀鄭注皆是謂新熟者而此經文亦與孟夏仲秋同安得其義獨異益以知其非謂舊黍矣然知此農乃登黍非黏黍者蓋黏黍種晚其熟亦晚仲夏不得而登也知者說文云黍禾屬而黏者也以大暑而種故謂之黍從禾雨省聲孔子曰黍可爲酒禾入水也夏小正五月初昏大火中種黍菽

孔巽軒補注云此種黍乃晚黍也又尚書大傳並考靈曜淮南子說苑皆云大火中種黍菽易林恒之革云六月種黍歲晚無雨秋不宿酒神失其所農書云黍之言暑也必須暑啟得陰乃成氾勝之種植書云黍暑也種者必待暑四民月令云夏至先後二日可種黍齊民要術云刈黍欲晚按此諸說皆謂種於五六月時者乃晚熟之黏黍也與仲夏農乃登黍之早黍異故黃氏模夏小正分箋云黍有早晚之不同蓋惟時地皆有之洛南千里宜早洛北千里宜遲其說是也劉楚楨乃於二三四五六月經傳中皆有言種黍者遂謂早晚無定時而不知早者為穈穄晚者為黏黍各因時地之宜種之

但經傳中多通言黍耳若能分别其種類則無定者亦未始不有定蓋早黍不能遲至五六月始種晚黍不得早於二三月先種雖然旻斯國有穈䅎三月種九月穫者出唐書據此釋穀引及别是一種或其地氣之異不能一概論也

勉勉鉏宝類藁卷三

博白祁永膺

春秋經世先王之志聖人議而不辯說

莊子云春秋經世先王之志聖人議而不辯者何謂也述孔子之意也蓋春秋乃有周一代史記之稱嘗考晉語司馬侯薦羊舌肸曰習於春秋又楚語申叔時論太子之法曰當教之以春秋又公羊莊七年何注不修春秋謂史記也古者謂史記爲春秋又墨子書有周之春秋燕之春秋宋之春秋齊之春秋又云吾見百國春秋孔仲達云周世法每國有史記同名春秋据此則春秋者蓋周史及列國史之通名乃人多

謂始於魯史非也（按魯春秋所以名傳不朽者以經孔子修之故耳）然則何以謂春
秋經世先王之志也按經猶毛詩序先王以是經夫婦之經
（見關雎）說者或訓爲典誥者非蓋經常也春秋之道有常可爲
天下法故云經世攷周官外史掌四方之志鄭注云志記也
謂若魯之春秋晉之乘楚之檮杌夫四方之志列國春秋也
周史與三皇五帝之書並掌之者蓋古之春秋皆由史氏所
載有極美可以訓世有極惡可以戒俗先王以是爲經世之
書珍而貴之藏於內史使天下讀之皆知所法戒是即先王
所以治天下之道所謂先王之志也雖然古之春秋皆經良
史則信以傳信疑以傳疑不必聖人議也而莊子又謂聖人

議而不辯者蓋周自東遷以後世衰道喪史失其官善善惡惡率多僞飾不可以爲法戒孔子所以有史闕文今亡矣夫之歎也於是懼先王經世之道之盡泯遂因魯史據百二十國之寶書以修春秋斷自隱公終於獲麟按周末東遷時一代春秋皆出良史之手先王經世之志尚存自東遷後春秋乃有名而無實是以孔子急爲修之舉二百四十年之行事考其眞僞志其典禮上遵周公之制下明將來之法擬而議之正書於册善惡法戒昭然若揭如隱元年經云鄭伯克段於鄢按左氏以爲段不弟故不言弟如二君故曰克稱鄭伯譏失教也不言出奔難之也公羊以爲克之者殺之也大鄭伯之惡也不稱弟當國也穀梁以爲書克者能殺也段弟也公子也勿謂弟公子貶之也於鄢遠也猶曰取之其母之懷中而殺之云云襄二十一年經云邾庶其以漆閭丘來奔昭五

年云莒牟夷以牟婁及防茲來奔昭三十一年云邾黑肱以濫來奔據左氏皆謂賤而書名重地故也公羊以邾庶其莒牟夷兩書爲重地邾黑肱爲通濫大夫之義不得世故以是推而通之穀梁以爲邾庶其不言及小大敵也莒牟夷言及以大及小也黑肱不言邾者別乎邾也來奔內不言叛也按三傳之說春秋不能枚舉皆無非發明經世之義而已然則莊子云聖人議而不辯下又云聖人懷之衆人辯之以相示也者則又兼言春秋傳矣又莊七年公羊傳云不修春秋曰雨星不及地尺而復君子修之曰星霣如雨若斯之類則聖人議而不辯之義可見一斑是夫子之修春秋雖據魯史而有周一代之史皆賴此以不朽焉此蓋先王志經世之書也然則何以言莊子述孔子之意也孔子云文王既沒文不在茲乎又云吾因其行事而加乎王心焉本春秋繁露俞序篇即孟子春秋經世

先王之志之說所本也論語云述而不作信而好古即莊子聖人議而不辯之說所出也故曰述孔子之意也而史遷乃謂莊子作漁父盜跖胠箧以詆訿孔子之徒明老子之術而豈知莊生顧陰奉我孔子乎且其天下篇又有春秋以道名分之說然則合斯言觀之非孔子其誰與歸

公羊三科九旨䟽引二說其義孰長試辨而說之

公羊三科九旨見於何休文謚例而其一科三旨實本董仲
舒說按春秋繁露三代改制質文篇云春秋作新王之事時
正黑統王魯尚黑絀夏親周故宋（按親舊本作新今依古經解彙函本作親）改號
禹謂之帝錄其後於小國故曰絀夏存周以春秋當新王不
以杞侯故何邵公於莊二十七年杞伯來朝及宣十六年成
周宣榭災皆本是說以解而其文謚例則又以新周故宋以
春秋當新王爲一科三旨爲若其二科六旨則本於隱元年
桓二年哀十四年公羊傳云所見異辭所聞異辭所傳聞異
辭三語（亦見繁露楚莊王篇）三科九旨本於成十五年公羊傳內其國

而外諸夏內諸夏而外夷狄兩言亦見繁露王道篇徐疏以爲何氏
之意三科九旨正是一物但總言之爲三科析言之爲九旨
耳乃宋氏又有說曰三科者一曰張三世二曰存三統三曰
異外內是三科也九旨者一曰時二曰月三曰日四曰王五
曰天王六曰天子七曰譏八曰貶九曰絕時與日月詳略之
旨也王與天王天子是錄遠近親疏之旨也譏與貶絕則輕
重之旨也徐疏以爲春秋之內具斯二種理故宋氏又有此
說謹按宋說似與何說異然此而論之究不能越何說範圍
也特何氏一科三旨之解當如史記孔子世家云春秋據魯
親周故殷之說爲是而索隱云以魯爲王故云據魯時周雖

微而親周者以見天下之有宗主也是讀親如論語因不失其親亦可宗也之親其義尙允乃說者謂新親二字古書多同音通叚如金縢惟朕小子其新逆大學在親民皆親新互用史記之親周即何氏之新周蓋謂新周家之制即董子變周之義說似失眞宋者殷後也故如周禮冢宰敬故之故蓋謂以故家遺老待殷也范汪穀梁故宋謂孔子舊是宋人是也隱元年公羊何注亦云宋公者殷後也客待之而不臣即故宋之意而史記言故殷義益如此以春秋當新王者即史記據魯也當當如左傳襄二十六年齊封當國之當主也故索隱謂以魯爲王謂因魯史寓賞罰之意垂新王之大法是

以魯爲王非謂即以魯君爲新王也曾子曰衆信弗主春秋得主之者道在故也即此義夫周何以親以監二代也監於二代則存三統可知故經云王二月王三月公羊家謂存夏商二王之統是也乃宋氏則分王與天王天子爲三旨按左氏成八年杜注天子天王王者通稱汪克寬纂疏云書曰告嗣天子王矣王與天子兼言非以天子爲卑王爲尊也據此宋氏析而爲三是因說者有以稱王爲貶之言而剖別也然則宋氏存三統之科王與天王天子之旨何氏之一科三旨已誤矣至宋氏張三世之科及時月日詳畧與親疏遠近譏貶絕輕重之旨則又在何氏所見異辭三語之內孔巽軒曰

三世異辭見恩有深淺義有隆殺親疏之節蓋取諸此凡大夫卒日者王爲恩痛錄之所傳聞世恩殺恒不日彄牙之日有故爲爾所聞世恒日惟得臣仲遂以罪不日至於所見之世雖有罪皆日卒矣又辭露楚莊王爲日於所見微其辭於所聞痛其禍於傳聞殺其恩屈伸之志詳畧之文皆應之吾以知其近近而遠遠親親而疏疏亦知其貴貴而賤賤重重而輕輕也據此則宋氏之一科六旨又該在何氏二科六旨中矣若夫何氏內其國而外諸夏內諸夏而外夷狄則又宋氏異外內之科所出也然則三科九旨之說是何氏之義優也且宋氏以時月日爲詳畧之旨王與天王天子爲親疏遠

近之旨譏與貶絕爲輕重之旨則是於三科九旨之外又增詳略等三旨其不如邵公說之簡而該約而要明矣特何注多言黜周王魯以隱公爲始受命王之說本非聖人之旨是由誤會董生之說所致亦不必議其非也茲爲說其例於左

說一科三旨曰

惟天惠民惟辟奉天撫綏萬國統於一人昔君文武齊聖慈仁普天率土莫非王臣然王地法文隂道是因其弊也僭與野鬼而雜鄰故叔季以還越禮上僭不承天子令大夫陪隸又爲諸侯壞王綱不振彝倫覆顛周邦已舊命亦匪新春秋變周撥亂扶偏以權輔用逼於明

神變制正黑杞不爲賓四法修備承天永命元正天端
遵王之道春王正月欽若蒼昊天人大本萬物之化育
大哉一統託魯存周昔王陽有言春秋所以大一統者
同風六合共貫九州非此道乎通三統之正修四時之
首愼始以圖終顯微而闡幽以臣召君河陽書狩公如
京師臣職是保如江漢之朝宗視天下以圖守也孔子
之先曰爲子殷後有達者在茲斯文祖述憲章率由常
典吾學殷禮有宋存焉宋不足徵吾豈能云故家遺老
惟道尊子位在德元曷敢不謹故宋之旨於是焉先然
而聖人已志而晦亦微而隱書爵隱三年書官文十五年以辨

近之旨譏貶絕爲輕重之旨則是於三科九旨之外又增詳略等三旨其不如邵公說之簡而該約而要明矣特何注多言黜周王魯以隱公爲始受命王之說本非聖人之旨是由誤會董生之說所致亦不必議其非也茲爲說其例於左

說一科三旨曰

惟天惠民惟辟奉天撫綏萬國統於一人昔君文武齊聖慈仁普天率土莫非王臣然王地法文陰道是因其弊也僅與野鬼而雜鄰故叔季以還越禮上僭不承天子合大夫陪隸又爲諸侯擯王綱不振彝倫覆顛周邦已舊命亦匪新春秋變周撥亂扶偏以權輔用逼於明

神變制正黑𥘵不爲實四法修備承天永命元正天端
遵王之道春王正月欽若蒼昊天人大本萬物之化育
大哉一統託魯存周昔王陽有言春秋所以大一統者
同風六合共貫九州非此道乎通三統之正修四時之
首愼始以圖終顯微而闡幽以臣召君河陽書狩公如
京師臣職是保如江漢之朝宗視天下以固守也孔子
之先目爲子殷後有達者在茲斯文祖述憲章率由常
典吾學殷禮有宋存焉宋不足徵吾其能云故家遺老
惟道尊乎位在德元咼敢不謹故宋之旨於是焉先然
而聖人已忘而晦亦微而隱書爵隱三年書官文十五年以辨

名分貴而不名擬可於倫殷輅周冕文質彬彬何邵公云春秋從殷之質變周之文雖似獨斷無大舛也杞亦夏後胡爲黜焉于祖宗之鉅典蔑先王之成憲禮不足徵聖人嘗言變夏爲夷慨也亦歎其得如宋之循法度仍舊貫而褒其可褒相與並駕比肩乎哉魯秉周禮爲邦維則一變可至道而君鮮剛克政逮大夫陪臣秉國成襄以降天下同之六卿專晉爲諸侯允齊政出於崔高能左能右衛政出於孫甯上僭下偪滔滔皆是爲其能革亂臣賊子所在皆有世衰道微易者誰矣聖人憂之乃因魯史寓權賞罰爲天子事尊周攘夷旌別淑慝

撥亂反正爲萬世式斷自隱元絕筆於麟得凡二百四十二年內外羣服君君臣臣父父子子兄兄弟弟夫夫婦婦自朝廷百官以及萬民亦靡俾稍喪厥德何氏乃謂春秋以魯爲受命王得無惑歟夫春秋魯史也史記言動事無細鉅惟聖人經筆削寓奪予嚴義利之防開明一王之法度託王迹於史策非假天子於東魯夫以一貫三爲王之素豈十二公罪各有居或誅或絕當有所處（劉申受公羊何氏釋例說王魯例甚詳）春秋斧鉞罔有攸赦謂即新王奚有當乎史遷曰春秋據魯親周故殷其諸此義焉古矣

說二科六旨曰

禮之生也有等有殺春秋之道禮義爲貴董子云春秋分十二公爲三等有見三世有聞四世有傳聞五世於所見微其辭於所聞痛其禍於傳聞殺其恩吁此何旨歟夫恩隆於親故立辭多微君子居是國其大夫不非矧在邦君爰可以無諱故定公新立受國於季君子不以爲篡而不書即位昭公娶吳同姓之妃君子以爲知禮而不爲罪本逐季氏又雩聚師春秋志晦彰顯於幾禮樂征伐自大夫出陽虎專之竊大弓寶器祇書曰盜而季之惡揭君子近近而親親是以寓彰於盎也恩王

父世恩殺於見痛其及禍弗忍昭宣故子赤見弒隱不忍言書卒不日深痛厥患叔孫得臣罪無可追卒亦不日示貶其間公孫敖日爲齊作難脅魯歸喪諱內恥爲益事有得失因書有簡煩是非褒貶惟王制乃得專者高祖曾祖世爲傳聞自僖而上隱桓莊閔其恩尤殺質言無隱桓書即位無王難兒如意直書大惡奚遁莊與齊讐不共戴天狩田於郜乃及齊人荒樂忘親何以爲君伐衛圍成惟齊之是匹齊歸衛寶貪利犯命姜氏宣淫大書不一見莊二年夫人會齊侯於郜及四年五年七年十五年經文正名辨分敍誅惡疾舉事特書多見質實益言有詳畧志有屈伸

辨其世而不雜異其辭而有別故曾雖微而春秋之化神曾雖舊而春秋之澤新始之以義終之以仁界辨公私毋意毋必舉內包外推見至隱以治纖芥之慝無使毫芒之涸古往今來大哉常典是以春秋之書舉萬世之權任以區區之一身而萬世之治悉著於二百四十年聖者能之至哉李亭

說三科九旨曰

於乎皇哉周公成文武德光於四方內外冀戴莫不來王而悅近來遠必由畿甸以及要荒故春秋內其國而外諸夏內諸夏而外蠻方雖王者大同覆載蕩蕩而博

我王道宏我周宗必由近及遠德教於是焉廣春秋內惡則諱內美則揚書戰於某隱敗兵也書敗某師內兵强也書蒐書卒諱弑上也書某圍某陪臣蔑王章也外聘書聘內聘書如義判毫芒外君之卒書名以彰取邑不書迭亥不書相如不書外災異不書諸夏與魯辭各異尙外叛書叛外大夫不卒外夫人不卒外夫人不書葬辨別內外惟清且明董子曰吾以知其近近而遠遠親親而疎疎此其彷矣明明諸夏懿德攸秉頑嚚昧聾夷狄之行徐州之戎侵我土疆魯侯動衆弓矢斯張王命曰征馴之則康諸侯述職率服斯臧七旬苗格昔有

虞唐蠢茲戎狄胡可以挈短長惟誕敷文德俾以自歸
徃否則脅之以威治之以力夫孰肯與較量故白狄赤
狄搖蕩邊疆鮮虞虎踞恒山之旁武衛不奮亂其紀綱
荆舒是懲史册能詳春秋內夏外夷追戎濟西大錄厥
功皇乎堂哉昔齊桓捌霸惟夷狄是攘管仲稱仁功大
一匡大我中國屈完來盟今受其賜免被髮以披猖雖
曰假仁亦春秋之良矣詩曰夙興夜寐灑埽庭內維民
之章修爾車馬弓矢戎兵用戒戎作用逷蠻方謹侯度
也肅朝常也邦其昌也故狄於中國不得以當有敗無
戰書法必莊若敗狄於大鹵敗狄於交剛嚴辭正義以

爲中國光雖楚莊秦穆賢有足錄亦惟使之長聯其民
衆帥其類族相與親邇乎諸夏漸摩乎王道而中國之
政事諸華之教合亦罔或敢干冒也夫先王疆理天下
建置九州戎狄蠻夷兼容并包遠者世至一見近者貢
事歲修夏官懷方職司遠衆象胥傳言諭說尊醜舉樂
以隆燕饗師兵以爲衛守柔之有道待之必優益王者
帡幪無私載覆惟愛有差等斯內外必嚴書曰克明峻
德以親九族九族既睦言修身及家亦內外之由也又
曰惇德允元而難任人蠻夷率服言克明厥德則四夷
來王見從欲以治之休也夫身內也家外也家內也國

外也國內也天下外也天下內也夷狄外也昔者召公
始基王道騶虞誌美周公身致太平麟趾應律西旅貢
獒越裳獻雉故帷薄之內克修海宇之外有截仲尼曰
庸言之信庸行之謹閑邪存其誠善世而不伐德博而
化有旨哉

公羊何注多本董子書亦有不盡同者試各疏其義

昔班固以董生為儒宗王嘉以何氏為學海是二子者儒術學術固先後輝映者也夫仲舒生於西漢篤好公羊下帷講誦目不窺園者三年漢武帝尊公羊家登用董生儀型儒者三傳學官公羊稱首厥後鄭衆舉十七事賈逵作四十條箴難公羊而崇左傳左氏之興公羊遂黜及漢末何邵公出悲二創之莫雪痛一經之就湮將以近紹前漢遠繼西河似續有志仔肩斯重於是述李育之義依子都之例宗董生之說經之以三科九旨緯之以七等六輔為春秋公羊注十一卷按隋書經籍志謂何休作公羊解詁十一卷公羊之傳厥功偉矣說者乃謂其述

災異言纖緯好妄誕罪貽前哲有負公羊豈知公羊蘊奧膚淺難覬邵公之學杜門不出者固七十年於茲乎夫江都之書三策而外餘少槪見今其殘本祇存繁露他如漢書五行志雖多論說醇者無幾故何邵公之注公羊本五行志者特罕而本繁露者尤多也然邵公之宗董書固多同者亦有不盡同者大抵其與董書同者有三曰辭義俱同曰辭不同而義同曰辭有同異而義同而其與董書有不盡同者則有四曰發明經義不同曰發明傳義不同曰辭有增損不同曰詞與義俱不同如繁露云春秋變一謂之元隱元年何注同又繁露五行逆順云出則祠兵入則振旅莊八年何注亦同此類

甚多難以枚舉謹案此皆何注與董書辭義俱同也如繁露王道云觀乎世卿知移權之敗隱三年何注云禮公卿大夫士皆選賢而用之卿大夫任重職大不當世爲其秉政久恩德廣大小人居之必奪君之威權謹案何謂禮云云是言卿大夫不世斯無作威福之端是爲董說推原之論義原無異也又繁露玉杯云春秋之好微與其貴志也隱五年何注云据伐於餘邱不言圍至邑雖圍當言伐惡其彊而無義也必欲爲得邑故如其意言圍謹案何蓋發董生好微與其貴志之說亦無二義又繁露奉本云王痍君獲不言師敗隱六年何注云君獲不言師敗績故以輸平諱也謹案陳氏立公羊通義云

凡舉師敗績爲重宗今親傷人君當舉傷君爲重然則師敗
獲君亦以君被獲爲重故不言師敗績亦並不言戰而以輸
平諱也蓋亦明董子義也又繁露竹林云故盟不如不盟然
而有所謂善盟者卽此是也桓三年何注云時盟不歃血但
以命相誓云云善其近正也謹案此卽董氏盟不如不盟之
義又繁露王道云刺家父求車桓十五年何注云王者千里
畿內租稅足以其貢四方各以其職來貢足以尊榮當以至
廉無爲率先天下不當求謹案董僅言刺求車何則詳言天
子所以不當求之故而刺求車之義自見亦闡董義也此皆
何注與董書辭不同而義同者也如繁露楚莊王云哀定昭

君子之所見也襄成宣文君子之所聞也僖閔莊桓隱君子之所傳聞也是故逐季氏而言又雩微其辭也子赤弒弗忍言日痛其禍也子般弒而書乙未殺其恩也桓二年何注云所見之世臣子恩其君父尤厚故多微辭是也所聞之世恩王父少殺故立煬宮不日案此何當在故多微辭之下是也之上疑有錯奪武宮日是也案此武宮上疑有故立二字所傳聞之世恩高祖曾祖又少殺故子赤卒不日子般卒日是也謹案定公元年九月立煬宮成六年二月辛巳立武宮又十八年冬十月子赤卒何注別舉煬宮武宮證所見所聞之世而以子赤卒證所傳聞之世說似與董異然立煬宮事本是所見之世立武宮事本是所聞之

世子赤卒事雖屬所聞之世然與所傳聞之世相距不遠究亦與董意相類無異例也又繁露竹林云觀魚猶言觀社皆諱大惡之辭也莊二十三年何注諱淫言觀社者與親納幣同義謹案觀魚觀社納幣事雖不同其爲諱大惡之辭則同故董何各取一事爲較以見義也又繁露王道云曹羈諫其君曰戎衆以無義君無自適莊二十四年何注禮兵敵則戰不敵則守謹案古文適讀爲敵見阮氏公羊校勘記故董作適或古本公羊作適也何注依今本公羊作敵適敵蓋古今字黃濤云董所據之本與何注本多有不同如莊六年齊人來歸衛寶董所據本作衛俘十二年爾虜焉故諸侯之美惡乎至董所據本故作知至作致僖三十年四馬隻輪無反董所據本隻作易定元年不蓑城董所據本蓑作衰哀四年蒲社災董所據本蒲

作毫此皆與繁露辭有同異而義無殊者也若其不盡同者如
繁露玉英云公觀魚於棠何惡也夫處位動風化者徒言利
之名爾猶惡之況求利乎故天王使人求賻求金皆為大惡
而書今非直使人也親自求之是為甚惡譏何故言觀魚猶
言觀社也皆諱大惡之辭也隱五年春公觀魚於棠何注實
譏張魚而言觀譏遠者恥君去南面之位下與百姓爭利匹
夫無異故諱使若以遠觀為譏也謹案董生以觀魚為譏郤
公以遠觀為譏故立言不盡同也又繁露竹林云春秋之世
凶年不修舊意在無苦民爾隱七年城中邱何注云以功重
故書也猥苦百姓空虛國家故言城明其功重與始作城無

異謹案何注意蓋謂董生徒言修舊不足以盡經文城字義
故云與始作城無異是如城楚邱城陳蔡不義之城不特勞
民而且耗財釋經城字尤勝於董故有不盡同也又繁露竹
林云凡春秋之紀災異也雖畝有數莖猶謂之無麥苗也莊
七年無麥苗何注麥苗獨書者民食最重謹案此條董主釋
書無字之例何主釋書麥苗之例雖同謂記災異而釋例則
不同也又繁露王道云作南門丹楹刻桷作雉門及兩觀築
三臺新延廐譏驕溢不恤下也莊二十三年秋丹桓宮楹何
注丹楹者爲將娶齊女欲以誇大示之傳言丹桓宮者欲道
天子諸侯各有制也禮天子云云謹案董言莊公驕溢不恤

下是就莊公傷財害民而言何言欲以誇大示齊女是專就
丹楹一事而言而又引天子諸侯各制度是就莊公淫佚犯
禮而言見春秋所以譏莊公之意以其蔑爲國之本不止因
民傷財而已義較董尤嚴故易董也此皆何與董發明經義
之有不同者也繁露深察名號篇云獵禽獸者號一曰田桓
四年傳何注云田者蒐狩之總名也古者肉食衣皮服捕禽
獸故謂之田謹案何言田爲蒐狩之總名雖釋公羊亦兼釋
董子言田之義又引古者云云者見董言田之義未盡故引
之發明所以謂田之故是與董書詳畧有異也繁露又云田
之散名春苗秋蒐冬狩夏獮無有不皆中天意者桓四年春

曰苗等句傳何注云苗毛也蒐簡擇也狩猶獸也不以夏田者春秋制也謹案董云夏獮何云夏不田與董書異說者遂謂董書夏獮二字衍考詩云之子于苗選徒囂囂毛傳云夏獵曰苗則是夏有田矣又周禮大司馬職云春以蒐田夏以苗田秋以獮田冬以狩田隱五年左傳亦云春蒐夏苗秋獮冬狩則是四時皆有田矣董書有夏獮者乃是見他經多云夏田因取以補公羊之義非衍文也而邵公乃言夏不田爲春秋制是蓋以公羊不言夏田而順傳作訓耳考桓四年穀梁傳云四時之田皆爲宗廟之事也春曰田夏曰苗秋曰蒐冬曰狩則是四時有田經傳皆然不及董義優矣乃或者曰

禮記王制有一歲三田之句劉子政鄭康成亦有夏不田之
說則邵公之云夏不田亦非肊說然漢時公羊盛行王制之
一歲三田當本公羊傳邵公云不以夏田爲春秋制當本王
制以釋傳也是皆何注與繁露發明傳義之有不同也若何
注與董書辭之有增損不同者如繁露祭義云春上豆實韭
也夏上尊實麷也秋上杌實黍也冬上敦實稻也桓八年春
曰祠等句傳何注云薦尚韭卵薦尚麥魚薦尚黍肫薦尚稻
雁謹案董祇言韭麷黍稻何則兼言卵魚肫雁與董異者蓋
據禮記王制韭以卵麥以魚黍以豚稻以雁之說以申傳也
又繁露七十二云凡摯天子用暢公侯用玉卿用羔大夫

用雁謹案莊廿四年何注皆同但暢作鬯公侯作諸侯用雁下有士雉句辭有增損不同者邵公蓋采曲禮文釋之至何注與董書辭義皆不同者如繁露玉英云魯桓公忘其憂而禍逮其身桓十八年何注云不書齊誘殺公者深諱恥也地者在外爲大國所殺於國尤危國重故不服隱也謹案董論桓公致禍之由何則詳公薨於齊書法之例故異也又繁露愈序云春秋緣人情赦小過而傳明之曰君子辭也桓十八年何注云時齊强魯弱不可立得報故君子量力且假使書葬謹案傳云君子辭也董則釋以春秋通例何則專論魯國事勢故辭義俱別也又繁露精華云大水者陰滅陽也陰滅

陽者卑勝尊也日食亦然皆下犯上以賤傷貴逆節也莊二十五年冬大水鼓用牲于社于門何注大水與日食同禮者水亦土地所爲雲實出于地而施於上謹案繁露言所以致大水之災何注言所以鼓用牲於社之由義各有在故辭各有歸也若夫漢書五行志中董生之説何注亦間有同者如桓公七年秋大水董生以爲宋督弑其君諸侯會將討之桓受賂而歸又背宋諸侯由是伐魯仍交兵結仇伏尸流血百姓愈怨故十三年夏復大水桓十三年夏大水何注云爲龍門之戰死傷者衆民悲怨之所致謹案此注與秋八月御廩災注皆據漢志董説而言此其同者也其與五行志董說不

同者如嚴公十八年日有食之董子以爲後公子慶父叔牙果通於夫人以刼公何注云是後戎狄犯中國魯𣳚鄭瞻夫人如莒淫佚不制所致謹案何謂日食由於淫亂董則謂日食兆於大逆故屬辭比事則各異也又五行志嚴公二十六年十二月癸亥朔日有食之董子以爲宿在心心爲明堂文武之道廢中國不絕如綫之象也何注云異與上日食畧同謹案何說蓋謂日食亦由莊公淫佚所致此亦與董說謂日食爲兆世衰道微之義絕不相類豈董生主於憂世邵公主於釋經歟此皆與漢志董說異者也夫公羊得邵公而奧理明董生得邵公而微言顯雖其書或與董書有出入殆亦如

鄭君六藝論所云如有不同即下已意使可識別而已究非與舊書立異也然則子夏之傳子都李育之義不賴此以延不朽哉

卷三

博白祁永膺

皇氏論語義疏真僞考

論語義疏十卷梁皇侃（舊唐書經籍志侃作偘）所撰也是書散佚自南宋時至　國朝康熙九年日本國山井鼎等作七經孟子考文自稱其國有是書（本四庫提要）後遂傳於中土今考其書引漢晉六朝經師之說不下數十家（如漢之馬融鄭康成魏之陳羣王郎王肅周生烈王弼晉之衛瓘繆播繆協郭象欒肇虞喜庾翼李充范甯孫綽梁覬袁喬江熙殷仲堪張憑蔡謨宋之顏延之釋慧琳南齊之沈驎士顧歡梁之太史叔明褚仲都沈峭熊理皆是疏內所引者）標新領異不惟可以考先哲遺文亦可以廣後人聞見決非唐以後之儒所能依託者也

惜其文義多經日本人所羼亂是以美惡雜糅瑕瑜互見讀者不可不考其眞僞焉然其中多有精確者陳氏澧東塾讀書記引其疏由知德者鮮矣一條謂其解知德爲知德之人文義最明勝於王肅是也蒙按其士而懷居章疏云懷居猶居求安也不足爲士謂非士也君子居無求安士也若懷居非爲士也說亦明透此皆其疏之最精確者也有可即其疏以考古之遺文佚事者如學而篇子曰疏引許氏說文云開口吐舌謂之爲曰蒙按今說文曰字下無此句是賴有此疏以補其遺也又伯夷叔齊不念舊惡章疏云孤竹之國是殷湯正月三日丙寅日所封其子孫相傳至夷齊之父也云云

家按此說考古之佚事最確皇氏必有所本按困學紀聞翁氏注云史記伯夷列傳其傳曰伯夷叔齊孤竹君之二子索隱曰其傳蓋韓詩外傳及呂氏春秋也其傳云孤竹君是殷湯三月丙寅日所封云云其文畧與疏同然則皇氏蓋本此歟孫氏志祖讀書脞錄云皇疏若管仲之奪伯氏名偃公冶長辨雀語張石虎難夷齊之類其中遺交佚事洵足以資多識而廣見聞然則合諸條觀之則古之軼事散文亦幸有此疏以考見一二也有可據義疏以證今皇本之偽者如有朋自遠方來疏云同處師門曰朋同執一志為友朋猶黨也其為黨類在師門也友者有也共執一志綢繆寒暑契闊飢飽相知有無也家按經文有朋白虎通引鄭校本作朋友今此疏朋友對舉則古皇氏本經文亦作朋

友不作有朋可知今本作有朋者非也乃今本下文疏又云然朋疎而友親朋至旣樂友至故忘言但來必先同門故舉朋耳此數句文義未免駢牆當是後人因有朋之文而羼入耳非舊本皇疏也又與朋友交言而不信乎疏云朋友交會本主在於信豈可與人交而不信乎案據此疏古皇本經文交下當無言字而今本有之者亦竄改之訛也又夫子之求之也疏云夫子之求與人求之異也案據山井鼎七經孟子考文曰足利本作夫子之求也據此疏似古義疏本之求下亦無之字而俞蔭甫以爲夫子之求之下今皇本闕一與字謂經文夫子之求之與也其諸異乎人之求之與也爲與子

禽問意相對若如今本則失對與之一層按此說是以意揣
測究嫌附會然細玩疏文則古皇本不惟無與字當並之字
亦無也又古之者言之不妄出也翟氏灝四書攷異云據包
注或舊本經文有妄字若上一之字則斷知其流傳訛衍又
阮文達校勘記云皇本妄字必因注文而誤衍棠按皇疏云
古人不輕出言恥身行之不能及也蓋疏旣以輕訓妄則舊
本經文原有妄字非衍也若上一之字据疏文當是衍無疑
又吾與汝弗如也馬竹吾論語馬氏訓說云王充論衡問孔
篇云吾與汝俱不如也後漢書鄭元傳注引別傳馬融謂盧
子幹曰吾與女皆不如也又橋元引仲尼稱不如顏淵章懷

注引論語吾與女俱不如也按皇疏此句亦云吾與汝皆不如也則古皇本經文有俱字故皇氏訓爲皆今本無者非也又願車馬衣輕裘疏云車馬衣裘共乘服而無所憾恨也阮文達云校勘記唐石經初刻本無輕字錢大昕金石文跋尾云石經輕字宋人誤加邢疏云願以己之車馬衣裘與朋友共乘服是邢本亦無輕字今注疏本皇本皆有輕字則後人依通行本增入非其舊矣棠按此可見今皇本竄改之誤不一而足也又子溫而厲阮文達校勘記云觀後子張篇君子有三變章義疏云所以前卷云君子溫而厲是也之說則皇本此處當脫一君字棠按皇疏云子溫至而安明孔子德也以

孔子訓君子是古皇本經文子上有君字無疑又予有亂臣
十人義疏云亂理也武王曰我有其理天下者有十人也盧
抱經論語音義攷證云皇疏本無臣字今皇本有臣字者衍
也又阮文達云唐石經臣字旁注釋文出予有亂十人云本
或作亂臣十人非攷皇疏似亦無臣字棠按二說皆以義疏
證舊本無臣字是也又沒階趨進翼如也義疏云旣去君遠
故又徐趨而翼如也棠按陸氏釋文出沒階趨謂一本作沒
階趍進誤也而臧氏琳經義雜記以爲自兩漢至唐初皆作
沒階趨進非誤然攷皇疏云徐趨而翼如則古皇本亦無進
字與釋文本正合臧氏安得據別本以槪皇陸本乎然則今

皇本有進字者當是日人所增又時哉時哉盧抱經云皇疏
云山梁雌雉時哉者言雉逍遙得時所也邢疏云歎曰此山
梁雌雉得其時哉而人不得其時也子路失指以爲夫子云
時哉者言是時物也則皇邢本亦單作時哉重者近人所加
棠按盧說是也又必也正名乎義疏云若必行正百物之名
也所以必先正名者爲時昏禮亂言語翻雜名物失其本號
故爲政必以正名爲先也棠按馬氏訓說本作必先正名乎
云正百事之名也據此疏則古皇本當同馬本故義疏亦與
馬說同雖訓名爲物爲事其字稍異其義則一然則今本仍
作必也不作必先非舊本也又子言衛靈公之無道久也義

疏云孔子歎衛君無道也棠按此疏似無道下舊本經文亦
無久字今有久字者後人妄增也又君曰告夫二三子者之
二三子告不可義疏云禮我應告君本不應告三子今君使
我告三子我當往告之之往也孔子從君命而往三子告孔
子曰不可討齊也棠按此疏皆無二字知古皇本經文二句
皆無二字也又某何爲是栖栖者與疏云某何是爲此栖栖
乎棠按疏說則舊皇本經文當作某何是爲今本作某何爲
是非又後世必爲子孫憂義疏云不言季孫是貪顓臾欲伐
取之而假云顓臾固而近費恐爲子孫憂棠按此疏則古本
經文當無後世字凡若此類皆可見今本或增或損而賴疏

以考其竄改之僞也有可據皇氏舊音以證今疏之僞者如則誰與陸氏釋文云與皇音餘孫氏志祖云今本義疏云若行三軍必當與已是仍讀如字而不音餘也棠按此可知今本是數句疏之僞又學而時習之邢疏引皇氏云三年中時王制云春秋教以禮樂冬夏教以詩書鄭元云春夏陽也詩樂者聲聲亦陽也秋冬陰也書禮者事事亦陰也互言之者皆以其術相成又文王世子云春誦夏絃秋學禮冬讀書鄭元云誦謂歌樂也弦謂以絲播詩陽用事則學之以聲陰用事則學之以事因時順氣於功易也余氏蕭客古經解鉤沈引同按今皇疏引王制云春夏學詩樂秋冬學書禮無鄭元云三字攷王

制春夏二句又同邢疏非如今皇疏也而今疏削去鄭元云
云者是其任意增改此可見今本改竄之偽矣至邢疏所引
而互言之者至則學以事十三句今本皇疏皆無之又可見
今本刪削舊疏之多也而邢疏引皇氏因時順氣於功易也
二句今皇疏亦闕但於故王制云上有二句云夫學隨時氣
則受業易入似是將因時順氣二句所改更者至於云輕清
時學輕清之業重濁時學重濁之業此語之俚亦決非皇氏
舊本然則卽此一句之疏尤多羼亂如此則其他實有辨之
不勝辨者矣但邢疏引皇氏甚少無從而一一核其真耳此
可舉一以例其餘皆有羼亂之偽也又若禘自旣灌而往疏

云五年之中別作二大祭一名禘一名祫而先儒論之不同今不具說及射不主皮章疏云馬注與鄉射五物少異亦可會也不須委曲細通也及有若對曰盍徹乎疏云以周禮載師論之則畿內爲用夏之貢法其中有輕重輕重不同自各有意此不復具言也陳氏禮云皇侃深於禮學而此諸章皆云不具說不知眞皇疏畧而不言歟抑非眞皇疏歟蒙按孟武伯章首乘之家句疏說周家之法頗詳君召章擯所以立四句疏說擯相之禮亦備則皇氏之深於禮學可見而此諸章皆云不具說者必是竄改此疏者以舊本疏言之太煩厭其多而皆删去之耳觀學而時習之疏可知非眞古皇疏畧

而不言也至今疏有淺俚不堪而知其僞者如退而省其私
疏云退謂退還其私房時也又暴虎馮河二句疏云言搭虎
須杖渡河須舟然後身命可全若無杖而搏虎無舟而渡河
必至傷溺若爲此勇則我行三軍所不與也以斥子路之勇
必不得其死然也又葉公問孔子章疏云言葉公問汝汝何
不曰我有如此之德云爾以示之也又懷其寶而迷其邦諸
句疏云云曰懷云云者此駡孔子不仁也云曰不可者孔子
曉虎之言故遜辭求免而答云不可也云好從云云者駡孔
子不智也云日月云云者駡孔子孔子辭巳畢故貨又以此
辭勸孔子出仕也云孔子云云者孔子得勸故遜答之曰諾

吾將仕也棠按如此之類不能枚舉其粗拙淺陋知其必非古本皇疏也而尤有荒謬不經者如以雍徹章疏采或通云魯已用天子禮樂故當祭時則備設此諸官也棠按如此說則魯君將擬天子而三家將擬諸侯耶不通甚矣故陳鱣甫云皇疏所載又一通有甚不通者如道不行乘桴浮於海從我者其由與皇疏采又一家云孔子言我道之不行如乘小桴入於巨海終無濟理凡門徒從我者道皆不行亦並由我故也子路聞我道由便謂由是其名故便喜也不通至此而皇氏采之何哉棠按此不通之說當後人所羼入耳又如三以天下讓皇疏采又一云大王病而託採藥出生不事之以

禮一讓也大王薨而不反使季歷王喪死不葬之以禮二讓
也斷髮文身示不可用使季歷主祭禮不祭之以禮三讓也
棠按此是以大不孝者之所爲爲泰伯之至德雖愚者亦知
其謬而謂皇氏大儒采之乎又冠者五六八二句疏采或云
冠者五六五六三十人也童子六七六七四十二人也四十
二就三十合爲七十二人孔門升堂七十二人也朱氏芹論
語札記云此條見小説乃是笑話而不謂其爲原本注疏也
棠按此亦非眞古皇疏所采也然則是書也雖爲藝苑之鴻
寶倘不深考焉將眞僞紛雜其礙也昧亦奚貴乎讀此書哉
故孫頤谷云好古之士當分別觀之而不徒震爲異域之祕

書斯可矣誠哉是言乎

論語黻冕解

論語稱禹致美黻冕鄭注云黻祭服之衣冕其冠也皇侃義疏義同邢昺疏以爲黻蔽膝祭服謂之黻其他服謂之韠俱以韋爲之竊以爲鄭注云云本謂黻爲冕服之章邢疏乃誤會詩采菽箋及禮記鄭注而爲此解耳（禮玉藻一命緼韍幽衡等句鄭注謂韍元冕爵弁服之韠尊祭服異其名耳據鄭注本辨韍韠同物而所以稱名不同邢疏誤承之而即以蔽膝解黻遂以爲祭服稱黻然考詩三百赤芾朱芾斯皇赤芾在股亦未必定是祭服稱芾）案韍黻二字說文一在巿部一在黹部判然不同巿下云韠也上古衣蔽前而已篆文從韋從犮黻下云黑與青相次文從黹犮聲黹下云箴縷所紩衣據此巿是以韋爲之韠黻乃兩已相背形畫爲亞文而

以黑青色相次繡於裳者即書所謂絺繡也絺鄭注讀爲黹刺也然則論語注謂黻爲祭服之衣正指黹繡而言安得謂與蔽膝之韍同乎而宋于庭四書纂言及論語發微乃仍邢疏之誤而辨鄭注之非劉氏寶楠論語正義從其說及强鄭注邢疏而一之而不知黻韍二字古本雖亦有通者究其義本異考鄭君於經中所訓芾韍二字或曰佩候人三百赤芾傳云芾韠也箋云佩赤芾者斯干朱芾斯皇箋云皆將佩朱芾煌煌然或曰韍韠詩采菽赤芾在股箋云芾大古蔽膝之象或曰韠禮玉藻注又明堂位有虞氏服韍注冕服之韠舜始作之以尊祭服或作黻原未嘗與黻之訓相混究其必皆爲分明者固辨冕服祭服及他服稱韍韠之別名及見此蔽膝之韍亦是祭服恐人誤認爲刺繡於

裳之黻因爲是區別而與論語言祭服之衣之詞有異耳而說者乃以其明堂位注有或作韍三字遂云鄭君亦謂黻韍同訓者不知鄭君云或作某者是疊出或說以見其非如儀禮注云古文作某今文作某之類乃其不從者也然則論語黻冕本冕服之章是與後一章以該他章若韍韠之韍從韋韍左傳袞冕黻珽火龍黼黻顯分二字可見江永羣經補義潘維城論語古注集箋鄭小谷四書眞詮辨之亦詳安得謂黻即韍乎即宣十六年左傳晉侯請於王以黻冕命士會將中軍亦是以衣裳統冕非賜服但賜冕與韍韠也且黼黻字多連衣稱詩終南黻衣繡裳漢書韋賢傳黼衣朱紱是也故鄭君謂爲祭服之衣而采于庭乃又謂十二章之黻芾與

冕並舉然則大雅文王云常服黼冔（毛傳黼白與黑也冔殷冠也夏曰收周曰冕）者黼非十二章乎冔非殷冕乎黼黻皆十二章之一黼可與冠並舉黻獨不可與冠並舉乎吾故曰論語黻冕非冕服之韍當從鄭云祭服之衣斷作冕服之章者爲是

論語仍舊貫魯讀仍爲仁解

論語古有三本曰魯曰齊曰古傳人具見經典釋文敘錄三本亦各有家法故其篇次章句亦多有異同至鄭君就魯論張包周之篇章考之齊古爲之注本釋文其後魏何晏集解頗多從焉如仍舊貫鄭云魯讀仍爲仁今從古見釋文此鄭注用古之一證也臧氏庸拜經文集謂魯讀仍爲仁者是以仁字爲句言仁在舊貫也魯論語出仁字較之古論作仍義猶明切而陳氏鱣謂義雖通而稍迂古作仍字義益明故鄭從之崇案魯讀之與齊古異者釋文詳之凡五十事是魯論語自有其家法也今於仍舊貫之仍魯讀爲仁按仁者釋名云忍

也好生惡殺善含忍也易乾卦君子體仁足以長人蓋仁在
舊貫以其有含忍之心不肯勞民傷財卽孟子所謂仁民也
今改作長府不仁於民可知是以孔子急稱夫人不言言必
有中言仁者之言之利溥也是魯讀爲仁原自有其確義故
揚雄將作大匠箴亦云魯作長府而閔子不仁惠民據九經
古義謂其用魯論是也據此則古本各自成義不得以作仍
者是而作仁者非作仁者非而作仁者是也而臧氏乃謂此
章專論魯事當從魯本是欲並齊古二家與魯論爲一家似
尚未明其家法者不知鄭君之從古論語作仍者蓋取諸本
相校擇其長者從之耳非謂有此本而他本可廢也觀其雖

不從魯論而注仍存魯讀仍爲仁未嘗以魯讀爲非可見魯讀原自有家法不以己所不從者而遂泯沒一家之學禁人以不可知而從之也鄭君注經之精審如此且魯讀之異解者頗多如傳不習乎魯讀傳爲專可使治其賦也魯讀賦作傳吾未嘗無誨焉魯讀誨作悔五十以學易魯讀易作亦下如授魯讀下爲趨瓜祭魯讀瓜爲必鄉人儺魯讀儺爲獻古之矜也廉魯讀廉爲貶天何言哉魯讀天爲夫之類皆與此仍讀爲仁同則魯論與齊古二家雖異固自各有精義不得以此一家淆彼二家亦不得以彼二家易此一家但擇善而從存乎人耳故鄭君注謂魯讀云云甚爲卓識然則讀論語

者其可不知家法哉

尋孔顏樂處論

論語云飯疏食飲水曲肱而枕之樂亦在其中矣又云樂以忘憂不知老之將至夫子又稱顏子云一簞食一瓢飲在陋巷人不堪其憂回也不改其樂由此觀之孔顏固自有樂處矣程子云昔受學於周茂叔每令尋仲尼顏子樂處所樂何事朱子云程子之言引而不發今亦不敢妄爲之說而說者或有謂不以富貴貧賤動心而樂者（范祖禹及游酢說）或有謂禮義悅心之至而樂者（呂大臨說）或有謂心本無我不爲物累而樂者（皆謝良佐說）或有謂居天下之廣居而樂者（楊時說）歷案諸說言孔顏樂處未爲不是而朱子以爲不敢妄爲之說然則孔顏之

樂朱子豈不能言蓋謂學者能歷其境自可不言而喻如非歷其境者雖屢以言語形容亦不得而知也乃今之學者彼亦說一二語以尋孔顏之樂此亦說一二語以尋孔顏之樂是猶聾者聞人說樂樂亦去聽樂雖金石絲竹匏土革木之器頗能言之究未知其何以樂也況尋孔顏樂處者不得其門而入非惟不能言並其外之粗迹亦未能窺故周子程子皆引而不發朱子以為不敢妄為之說者此耳乃或者曰信如是說則孔顏樂處終不可尋乎曰可朱子云學者但當從事於博文約禮之誨以至欲罷不能而竭其才庶乎有以得之斯言也蓋尋孔顏樂處之途逕也

釋來

來之字始於后稷時天降來牟周頌思文貽我來牟又臣工云於皇來牟是也但毛公於二來字皆無傳據說文麰下云來麰麥也當是許君從毛傳文說然毛傳今闕來字亦無從考定而鄭君據緯書謂武王渡孟津魚躍入於舟中出涘以燎後五日火流爲烏五至以穀俱來是以穀爲來牟矣考說文云來周所受瑞麥來麰也二麥一夆按毛詩正義引作一麥二夆御覽引作一麥二縫董彥遠謝除正字啓作一朿二縫桂氏義證作一來二縫王氏說文句讀謂李時珍引作一來二麰惟段氏說文注謂二麥一夆爲瑞麥如二米一稃爲瑞黍又詩經小學云一稃二麥后稷之瑞麥按是說於許君義爲合今從之所來也象其芒朿之形故爲行來之來據此則先有來牟之

名而後有行來之字則來牟爲本義行來爲引申義麥云來者以其自天降來也是麥因來而創先有來而後有麥故說文麥字從來部居亦次來自後世引申義行而來之本義廢俗儒於說文禾部又羼䅘字云齊謂麥爲䅘可見來之字先麥而麥稱來於齊語猶可驗也乃說文謂周所受瑞麥者是據后稷時所受於天而言猶生民詩所謂誕降嘉種傳云天降嘉種許君於來下云天所來也又引思文詩詒我來麰當是據生民傳義說之然則許書正可以補毛傳之未備蓋生民詩嘉種秬秠穈芑也思文詩嘉種即來牟也二詩之義可互相足故韓詩作詒我嘉麰正與生民詩嘉種合但毛詩以

其自天降來云來牟韓詩以其天降瑞麥一麥二夆云扉𤯍
本無異義則來字實后稷時始有無疑按虞書有來儀葢偽書不足据而阮
文達乃謂倉頡造字已有亦無以見其必然且如鄭君說則
來字乃後人引申義非許書所謂來牟之本義而段懋堂亦
誤以為如許說則是周初始有來字不知許君云周所受瑞
麥葢謂后稷也非謂武王也段氏乃以許書周字為周初是
誤讀許書矣且据禹貢云西傾因桓是來禹與稷同時其時
作禹貢者遂引申用之何得謂周時始有來字又按來古與
籚通漢書楚元王傳引周頌曰詒我籚麰劉向傳亦引作籚
麰惠氏棟詩經古義引郭㬎卿字指云籚字從盧徐仙民讀

與來同及儀禮來女孝孫注來讀爲釐是來釐不特古音相
同即今方音亦有之究來爲本字釐爲假借字若玉篇之作
麳麳則皆來之或體也

勉勉鉏宝類纂卷五

博白祁永膺

文昌祠攷

文昌之祠尙已自後代祀典紊亂道佛日昌邪說肆出遂以文昌是人鬼而又有十七世輪迴之說陸氏燿云有切問齋文集文昌之祀儒者不取而說者或謂爲天神即天官書斗魁戴筐六星或謂爲人鬼在周爲張仲在漢爲張良在晉爲涼王呂光五代爲蜀主孟昶至姚秦之世又爲越巂人張惡子立廟梓潼嶺按惡子或作亞子或云即張仙士稍讀書明理皆灼然知其非禮又惲子居新喻縣文昌宮碑陰錄臚列華陽國志崔鴻後秦錄

王氏見聞錄太平寰宇記酉陽雜俎及化書各說而闕其謬
謂文昌帝君之祀不知其所始而以爲能捍禦水旱兵革亦
宜祀之以從民望朱錫鬯謂即蜀之文翁誕也云云竊以爲
此皆不知文昌之祀誠古也按史記斗魁戴筐六星一上將
二次將三貴相四司命五司中六司祿周禮大宗伯以槱燎
祀司中司命先鄭云司命文昌宮星後鄭云文昌第四星又
禮記王制大夫祭五祀鄭注云五祀謂司命也云云又祭法
王爲羣姓立七祀其一曰司命鄭注云司命主督察三命今
時民家或春秋祠司命皇氏謂司命即文昌宮星又屈原九
歌有少司命大司命又應劭風俗通祀典篇司命文昌也今

民間祀司命刻木長尺二寸為人像皆祠以腊率以春秋之
月據此則今之文昌即古之司命大夫羣姓皆祀之實始周
時至漢世始刻木為人像祭以春秋祀典最古後之舍司命
而稱文昌者當是以司命為文昌宮星因統稱曰文昌且以
古人所祀兼有司中亦文昌宮星如止祀司命則遺司中不
如稱文昌以統之乃好事者又以古人所祀止司中司命而
文昌宮又有貴相司祿當是主管人間富貴爵祿若須邀福
亦當祀貴相司祿以其祀貴相司祿而與古祀典不合不若
稱文昌以統括各星此皆後世邀福媚神之心盛故改司命
而稱文昌之私見沿至末流頓忘其本於是釋氏道家者流

鼓其謬說以意牽合而學士大夫之好怪者又從而附和之
遂不知文昌爲何神幾等叢祠淫鬼是可歎也夫鄭君云司
命主督察三命者考孝經援神契云命有三科有受命以保
慶有遭命以謫暴有隨命以督行受命謂年壽也遭命謂行
惡而遇凶也隨命謂隨其善惡而報之也據此則古人所以
祠司命蓋爲此耳然則今世祀文昌者謂爲鑑衡不爽謂爲
陰隲有報良非無因而說者乃謂祀文昌始於元之袁清容
誤也乃今又於文昌宮上加祀魁星是因史記文昌六星有
斗魁二字而附會之殊爲妄誕矣

周秦置閏異同考

古之迎日推筴者曰黃帝術顓頊術夏術商術周術魯術其眞皆失漢時之有六術乃周秦間人假託爲之而實不得其正（見孔仲達尚書堯典正義）大抵周秦以上之術拘以章蔀之法而逆推上古冬至七曜齊元之日爲元至歲差之法則未之知陳氏厚耀云歷朝改憲不過因測景冬至後天則移冬至朔旦於前一日如顓頊用甲寅殷用壬子周用辛亥之類於數百年中減去一日正以求合天而術法則不改據此所謂爲合以驗天非順天以求合者也考術法以二百三十五月爲一章九百四十月爲一蔀廿蔀爲一紀三紀爲一元漢書律志云

入章三歲一閏六歲二閏九歲三閏十一歲四閏十四歲五
閏十七歲六閏十九歲七閏周秦置閏律以章蔀本自相同
然周正建子以十一月爲歲首其所用周術大抵同於漢三
統術史記術書所列上元丁丑天正甲子朔旦冬至者乃古
術劉氏羲叟誤以爲太初術而用之汪氏日楨已辨其謬矣
蓋太初術與周術相仿惟上元積年不同耳昔宋劉恕通鑑
外紀目錄編周朔閏悉依杜氏預長術然周術與魯術亦有
差別且杜氏長術其朔閏俱以意排定與推算不符準諸經
傳殊多刺謬故汪氏推長術則用三統術而周之朔閏秩然
矣秦正建亥以十月爲歲首所用者顓頊術實夏術也據新

唐書志其閏置在歲後謂閏月即閏九月謂之後九月汪氏曰楨云秦以十月爲歲首不知始於何年史記秦本紀昭襄王四十八年十月在正月前則未并天下已如此矣蓋取歸餘於終之義究一章七閏術之定法秦閏本與周同特其不置於無中氣之月而必置於後九月此其所以異耳然即律以置諸無中氣月秦閏比周閏亦有異如周顯王四十五年丁酉周術丁卯部九年爲秦惠文王元年秦改元始此顓頊術甲寅部四十三年汪氏曰楨云是年周術閏二月秦術應閏正月是較周術退後一月矣顯王四十七年己亥汪氏云是年周術閏十一月秦術當閏九月是較周閏又同矣考章蔀之法入章三年第一閏當在是年八月置六年二閏當在六

月九年三閏當在二月十一年四閏當在十月十四年五閏當在六月十七年六閏當在三月十九年七閏當在十一月或有進前一月或有退後一月而秦術比周術乃多有退後一月者據開元占經顓頊術上元乙卯至開元間二百七十六萬一千一十九算外周術上元丁巳至開元間二百七十六萬一千一百三十七算外汪氏乃以周共和元年至唐開元二年距算減之得顓頊術上元乙卯入正巳巳朔旦立春至周共和元年庚申積二百七十五萬九千四百六十六年算上周術上元丁巳天正甲子朔旦冬至至周共和元年庚申積二百七十五萬九千五百八十四年算上至周顯王時

周術日名十八蔀丁卯顓頊術日名十六蔀甲寅則其所積餘分多寡迥然不同故其置閏不得與首入章之法同也且就一術而論年所多歷所積餘分不無增損亦不得與首入章之法恒同蓋以積數有多寡故耳茲據汪氏長術與周秦置閏之月周斷自周顯王三十七年己丑正月朔冬至爲周術丁卯蔀首終於周赧王五十九年乙巳初癸丙午蔀秦則始自周顯王四十五年丁酉爲惠文王改元之年顓頊術甲寅蔀四十三年終於漢高帝代秦之年乙未顓頊術壬申蔀九年將周秦閏之同異並爲表於左以備觀焉至顯王己丑以前逆數至共和元年周術有戊子己酉庚午辛卯壬子癸

酉等蔀年數甚多不能盡錄也

周秦閏表

周		秦	
顯王己丑三十七年	是歲正月丁卯冬至入丁卯蔀首由此蔀逆推至共和元年其置閏每蔀皆同		
庚寅三十八年			
辛卯三十九年	閏八月小		

周		秦	
顯王丁酉四十五年	閏二月小	惠文王丁酉元年	後九月 應閏正月 凡言某應閏者汪氏說後倣此
戊戌四十六年		戊戌二年	
己亥四十七年	閏十一月小	己亥三年	後九

壬辰四十年	癸巳四十一年	甲午四十二年	乙未四十三年	丙申四十四年
		閏五月大		
庚子四十八年	慎靚王辛丑元年	壬寅二年	癸卯三年	甲辰四年
		閏七月大		
庚子四年	辛丑五年	壬寅六年	癸卯七年	甲辰八年
		後九月應閏五月		

二百〇六

周

慎靚王乙巳五年 閏三月小

丙午六年

赧王丁未元年 閏十二月小

戊申二年

秦

惠文王乙巳九年 後九應閏二月

丙午十年

丁未十一年

戊申十二年 後九應閏十一

周

赧王甲寅八年

乙卯九年

丙辰十年 閏正月小

丁巳十一年

秦

武王甲寅四年

昭襄王乙卯元年

丙辰二年 後九應閏三

丁巳三年

己酉三年		己酉十三年		戊午十二年	閏十月小	戊午四年	後九
庚戌四年	閏九月小	庚戌十四年	後九 應閏七	己未十三年		己未五年	
辛亥五年		武王辛亥元年		庚申十四年		庚申六年	
壬子六年		壬子二年		辛酉十五年	閏七月小	辛酉七年	後九 應閏六
癸丑七年	閏五月大	癸丑三年	後九 應閏三	壬戌十六年		壬戌八年	

周	赧王癸亥十七年	甲子十八年	乙丑十九年	丙寅二十年
		閏二月大		閏十一月小
秦	昭襄王癸亥九年	甲子十年	乙丑十一年	丙寅十二年
		後九應閏二		
周	赧王壬申二十六年	癸酉二十七年	甲戌二十八年	乙亥二十九年
	閏六月小			閏二月大
秦	昭襄王壬申十八年	癸酉十九年	甲戌二十年	乙亥二十一年
	後九應閏四			後九應閏十二

丁卯二十一年	戊辰二十二年	己巳二十三年	庚午二十四年	辛未二十五年
		閏九月小		
丁卯十三年	戊辰十四年	己巳十五年	庚午十六年	辛未十七年
後九應閏十		後九應閏七		是年入癸巳部
丙子三十年	丁丑三十一年	戊寅三十二年	己卯三十三年	庚辰三十四年
	閏十月小			閏七月小
丙子二十二年	丁丑二十三年	戊寅二十四年	己卯二十五年	庚辰二十六年
	後九			後九應閏六

周	赧王辛巳三十五年	壬午三十六年	癸未三十七年 閏四月小	甲申三十八年
秦	昭襄王辛巳二十七年	壬午二十八年	癸未二十九年 後九應閏二	甲申三十年
周	赧王庚寅四十四年	辛卯四十五年 閏五月小	壬辰四十六年	癸巳四十七年
秦	昭襄王庚寅三十六年	辛卯三十七年 後九應閏四	壬辰三十八年	癸巳三十九年

乙酉三十九年	閏十二月大
丙戌四十年	
丁亥四十一年	
戊子四十二年	閏八月小
己丑四十三年	

乙酉三十一年	
丙戌三十二年	後九十應閏
丁亥三十三年	
戊子三十四年	後九七應閏
己丑三十五年	

甲午四十八年	閏二月小
乙未四十九年	
丙申五十年	閏十月小
丁酉五十一年	
戊戌五十二年	閏六月小

甲午四十年	後九正應閏
乙未四十一年	
丙申四十二年	
丁酉四十三年	
戊戌四十四年	後九五應閏

周	赧王己亥五十三年	庚子五十四年	辛丑五十五年	壬寅五十六年 閏三月小
秦	昭襄王己亥四十五年	庚子四十六年	辛丑四十七年	壬寅四十八年 後九應閏二
周				
秦	昭襄王戊申五十四年	己酉五十五年	庚戌五十六年 後九應閏三	孝文王辛亥元年

癸卯五十七年	甲辰五十八年	乙巳五十九年		
	閏十二月小 是年丁卯蔀終	齊召南云是年赧王入秦獻其地邑三十六口三萬於秦秦歸王於周而卒		
癸卯四十九年	甲辰五十年	乙巳五十一年	丙午五十二年	丁未五十三年
		後九 應閏十一		後九 應閏七
壬子				
是年東周君為秦所滅周遂不祀				
壬子二年	癸丑三年	甲寅四年	始皇乙卯元年	丙辰二年
	後九 應閏正		後九	

周				
秦	始皇丁巳三年	戊午四年	己未五年	庚申六年
		後九五應閏		

周				
秦	始皇丙寅十二年	丁卯十三年	戊辰十四年	己巳十五年
	後九七應閏			後九三應閏

辛酉七年	壬戌八年	癸亥九年	甲子十年	乙丑十一年
後九二應閏			後九十一應閏	

庚午十六年	辛未十七年	壬申十八年	癸酉十九年	甲戌二十年
		後九十二應閏		後九

秦	始皇乙亥二十一年	丙子二十二年	丁丑二十三年 後九應閏六	戊寅二十四年
秦	始皇丁亥三十三年 是歲入顓項王申部	戊子三十四年 後九應閏四	己丑三十五年	庚寅三十六年

己卯二十五年

庚辰二十六年 後九應閏二

辛巳二十七年

壬午二十八年

癸未二十九年 後九應閏十

辛卯三十七年 後九應閏十二

二世壬辰元年

癸巳二年 後九

甲午三年

子嬰乙未元年 是歲子嬰降於沛公秦亡為漢高帝元年

甲申三十年

乙酉三十一年

丙戌三十二年

按漢初雖用殷術仍承秦舊以十月爲歲首遇閏亦爲後九月至武帝太初元年夏五月造太初術始行夏時以正月爲歲首

韓信論

世皆謂高祖忌刻多誅功臣是爲忍人固也吾謂高祖之忍由於其多智舞智以御人故諸臣可與圖始而不可與要終而諸臣之不終由於其罔利懷利以事君故高祖可以共勞而不可以同逸若淮陰侯韓信者立功於漢爲當時首屈一指使其不矜不伐不私不營是亦一伊呂也而乃見駁於高祖旣無見幾及不知道徒以矜功貪利致夷三族嗚呼上之不能如武侯任重道遠次之不能如子房功成身退遂以高不可及之功一旦族於女子之手豈不惜哉司馬公云乘時以邀利者市井之志也酬功而報德者士君子之心也信以

市井之志利其身而以士君子之心望於人不亦難哉是說也深得高祖淮陰之心也夫高祖之以智術餌淮陰也屢矣方信請假王鎭齊高祖罵而以眞王封之非本心也以良平說爲一時權宜也旣而楚地已定以信習楚俗立爲楚王亦非本心也以其王齊甚强假此說徼奪其柄亦一時權宜也推之赦爲淮陰侯徙爲太原韓王亦無非用智術以駕之耳然則高祖蓋知淮陰早橫一寵利於胷中而每恐養虎貽患故爲多方以餌之獨惜信餂然以餌終不之悟故武涉蒯背漢則以漢王解衣衣我推食食我辭之及蒯徹屢說亦自以爲功多漢終不奪我齊謝之迨帝常畏惡其能信旣知之多

稱病不朝而反鞅鞅常羞與噲等伍希冀僥恩則信之溺於功利其深痼爲何如哉夫逆億者不賢蘊利者生孽然則信豈真不知高祖之用智者特以戀戀於寵利而沉迷不反耳何者觀其云陛下不能將兵而善將將此乃信爲陛下禽之語則高祖之長技信固知之而能言之使信而果非喻利者則君以詐我以誠君以術我以質君以傲我以謙君以忌刻我以蹇諤非惟可以消患於無形亦可以引君於當道又安見身略震主功高天下者必致危身夷族哉胡乃君有震恐之心臣縱營私之志君懷疑忌之念臣有怨望之言雖曰君臣而機鋒隱敵雖欲不族胡可得已然則信之所以致陷於

族滅者蓋不始於其舍人弟告變之時實胎於平齊滅項之日也吾聞之君勞臣先恩後義臣事上先公後私高祖韓信皆不能無所負君子讀史見智術功利之爲害也如此未嘗不掩卷而三歎也

宋廣平不救張燕公議

古之所謂豪傑之士者莫不顧正名持大義苟可以扶綱植紀雖鼎鑊不辟豈必計人之救之而始行其義哉然古之所謂大臣者莫不欲長人之志氣養人之節義相與扶綱植紀而刀鋸使試豈不預爲救計而能成其志哉如宋廣平之於張燕公是已方張昌宗欲以挾太子爲久長各語譖害魏元忠也賂燕公使證成之燕公以宋廣平張廷珪劉知幾之言入見遂以不聞元忠有是言對昌宗以不附已誣以同反下獄追至問鞫再三前言固執於是遂流燕公於嶺表當時廣平不伸一語說者或謂廣平前勸燕公有不可黨邪陷正不

測力爭之說至是見流不爲之救有負燕公庸詎知廣平嘗曰曾有獲罪流竄其榮多矣之語是燕公流竄廣平不救誠以見燕公之榮也而何救焉矧武后之於燕公雖屢使訊鞫未致處死廣平奚必遽爲叩閽力爭耶且元忠既定貶高要尉王晙又奏申理廣平猶恐其復冒威怒致貽狼狽況燕公之竄廣平先既計及而謂廣平復效王晙爲燕公多費一詞耶君子謂廣平之不救燕公正所以救燕公也孔子曰君子成人之美廣平有焉禮記曰所貴於勇敢者貴其敢行禮義也燕公有焉

裴晉公不能去宦官論

自來之禍亂莫大於宦官自來之喪亡亦莫急於去宦官豈宦官必不可去乎非也蓋亦審君度勢然後可耳昔漢之世自和迄獻代更九主宦官盈朝操縱如意桓靈之世務盡誅之國遂不振所以然者桓靈之君昏昏則不可有爲宦官之權重重則不能擅誅何者人君日弱宦官日強宦官強則無仁賢無仁賢則國家空虛誰與輔治故宦官倏誅而奸盜蝟乘其後東漢所以亡也裴晉公有鑒乎此其相唐也文宗稱其在憲宗時掃滌區宇則有出軍殄寇之勳在穆宗時混同文軌則有紊戎入輔之績在敬宗時阜康兆庶則有活國庇

人之勤晉公之勳猷不誠偉乎獨於宦豎之横而不能去議者或謂其不能改君之德或謂其君弑不討賊或謂其君立不預謀或謂其不起劉蕡以贊治多方指謫而不知其時之君其時之勢固有所不能也夫唐自貞元以後狎侮小人宦官持柄或弑或立任其張主奸黨滿廷莫不結寵閹寺忌刻忠良其勢之熾如火燎原不可嚮邇所謂小人之使爲國家菑害並至雖有善者無如何矣晉公位居台鼎固宜以芟除元惡爲先務乃何賓之徒轉蹤讓珪之勢尤狂雖未聞設一謀建一策以去之然觀其上憲宗表論韓弘簡等疏有云河朔逆賊祇亂山東禁闈姦臣必亂天下河朔禍小禁闈禍大

小者臣能翦滅大者非陛下覺悟無計驅除又云陛下聽其所說則必訪於近臣不知近臣已先討會更唱迭和譖毀聽明又云若朝中姦臣盡去則河朔逆賊不討自平云云此雖爲元稹等而發然積實結宦官而進此可見晉公非不欲去宦官矣然而以伊尹之教猶不能令太甲之輒變周公之誠猶不能免成王之生疑矧晉公當國朋比相傾媢嫉者衆君爲信讒愛佞之君臣盡弄權竊柄之臣一旦驟去其可得乎夫緩則治其本急則治其標此醫家之妙技亦治國之妙用也乃唐當穆敬文之朝所治則有不宜於急者何者當是之時弑殺之禍雖急苟治其標譬如抱薪救火火不能熄禍

延滋大晉公審君度勢不忍見家邦滅亡生民塗炭濟之以急柔緩受之法權之以崇本抑末之義以其驟震威而致莫大之禍何如且從容以紓民社之憂以其偶操切而致桓靈之亡何如獨持重而鎮家國之難乃論者有謂其浮沉以避禍是亦未審其勢之有不得已也故史稱其爲社稷之良臣股肱之賢相不讓元和中興之力夫不能去宦官何以爲良不能格君心何以爲賢君屢爲姦人弑何以爲中興而不知其獨立朝端措施有要朝盡姦邪國賴無恙其不去宦官而唐存較之袁紹以去宦官而漢亡者相去千萬矣古人有言曰識時勢者在俊傑其裴晉公之謂乎

吳康齋學術論

明代儒者自陳白沙王文成湛甘泉出各立宗旨分門別戶於是經始而洪永以來則未有舍宋儒矩矱而別言學術也若吳康齋者亦可見已綜其生平有學有守礪廉隅嚴取與而且博通時務凡天文兵法陰陽易卜無不諳悉然終隱而不仕者嘗謂宦官釋氏不除天下不治必除之吾可出然則康齋蓋以朝廷貴此二者雖出不濟故卷而懷之耳朱先生云明宦寺之禍英宗之世則有之矣若釋氏之橫成化時始有之已在康齋後永樂而後貴重番僧別有柔遠深意非可一律同譏其經過驛站誠多騷擾京師亦受其患然於天下無與也謂朝廷貴之尚未得其要領明之患初不在此康齋此言疑近於講學家門面語但生平不喜著述人未由盡知其學術也竊嘗考

諸史傳稱其年十九見伊洛淵源錄日夜翫讀至程明道亦

有獵心喜曰審如是吾亦可學爲聖賢遂棄舉子業盡讀五

經四書洛閩諸錄收斂身心沉潛義理又謂其居鄉動必以

禮不受變於俗然則先生之學博約兼賅知行並至迥非空

談無實者所可比數故其論心也曰知覺與理爲二蓋本朱

子人心之靈莫不有知而天下之物莫不有理之說也其論

爲學也曰敬義夾持明誠兩進而後爲學問之全功是本程

子涵養須用敬進學在致知之說也其論功夫也曰靜時存

養動時省察又本朱子無事時敬以自持及應事時敬以應

事之說也黃梨洲謂其倡道小陂一禀宋儒成說洵得其家

法矣然則康齋學術本之四書五經以裕其源研之洛閩義
理以通其奧而接物要於執禮持已主於居敬如是而已其
爲江西學者宗宜哉特其教人先令治田說者多疑其立異
竊揣其情似本君子所其無逸先知稼穡之艱難乃逸之意
非立異也故門人有若胡敬齋之持敬再傳有若魏莊渠之
主敬皆稱一代之彥未始非本康齋敬義兼持靜存動察之
語以入道然則康齋之學術蓋亦純正不淳也夫

解經可致治乎未可也可救時乎未可也古云通經致用何謂也相說以曉謂之解推而行之謂之通序有先後也今天下競言時務矣奚用是也將有以存學也曷言存學也經非古籍不能解不解經則古籍將東之高閣恐經學亡矣故思有以存也昔杜林出桼書古文示衛宏徐巡曰古文雖不合時務願諸生無悔所學然則斯篡也安敢以示學者亦猶無悔所學之意云爾雖然咀嚼文字無裨於世余滋媿焉光緒甲辰十月博白祁丞膺識於甘肅華亭縣署

（清）容縣王維新撰

紅豆曲二卷

民國二十三年（1934）陳氏十萬卷樓刻《變風雅樓叢書》本

紅豆曲二卷

（清）容縣王維新撰，民國二十三年（1934）陳氏十萬卷樓刻《變風雅樓叢書》本。

王維新（1785—1848），廣西容縣人，字景文，號竹一，又號竹尹，別號都嶠山人。係明末清初容縣知名文人王貴德之六世孫。少時讀書於都嶠山中，曾與覃武保、封豫并稱『都嶠三子』。清嘉慶十五年（1810）中舉人，累舉進士不第。清道光六年（1826）鄉貢進士大挑，以二等除廣西武宣縣教諭，旋升平樂府教授，咨調泗城府教授。直至六十四歲逝世，其間執掌廣西各地教職二十餘年。王維新博學多才，勤於著述，是清代廣西士大夫中留存著作較多的一位，有《古近體賦鈔》二卷、《菉猗園初草》二卷、《嶠音》二卷、《叢溪集》八卷、《十省游草》八卷、《宦草》八卷、《海棠橋詞》六卷、《紅豆曲》二卷、《都嶠山志》六卷、《天學鉤鈐》八卷、《樂律辨正》二卷等。

《紅豆曲》爲王維新散曲集，由清末、民國時廣西北流知名學者陳柱主持校刊，有民國二十三年北流陳氏十萬卷樓刻《變風變雅樓叢書》本傳世。卷首有陳柱序1篇與沈鴻曾題詞3首。正文凡上、下兩卷，收套數31套，小令33題37首。具體包括北宫套數14套、北宫小令13首、南宫套數17套、南宫小令24首。

王維新乃清代後期散曲家中的代表人物。其散曲創作，最值得重視的内容題材有二：一是描述清代里塾生員日常學習，以及教誨生員之作。該題材在元、明兩代曲壇近乎缺席，清代也甚爲罕見，而王維新則對該題材進行了充分的發掘展示。代表作有〔般涉調・耍孩兒〕《里塾》、〔中吕・粉蝶兒〕《示學童》等。這應與他長期擔任教職有關。二是反映耕織蠶桑生産之作。此類題材在我國詩、詞、文等體裁中屢見不鮮，然而具體就元代至清中葉的散曲創作而言，却從未得到應有的重視，即便間有涉及，也大都僅作爲描寫山野風光、表達隱逸閒適之情的背景。而王維新的套曲〔南黄鐘·瑞雲濃〕《耕織》，則以簡易樸實的語言鋪敘描寫了鄉野耕織，表現了農夫之辛勞，從而收獲了『散曲中的《豳風·七月》』之評價。此外，王氏散曲在寫景詠物、男女戀情、歎世抒懷等傳統題材，以及清代興起的『題辭』『隱括』題材等方面，也頗爲可觀。要之，王維新在清代後期散曲創作整體趨於蕭條的局面下，對散曲的題材與内容進行了大膽開拓，其創作成就值得重視。

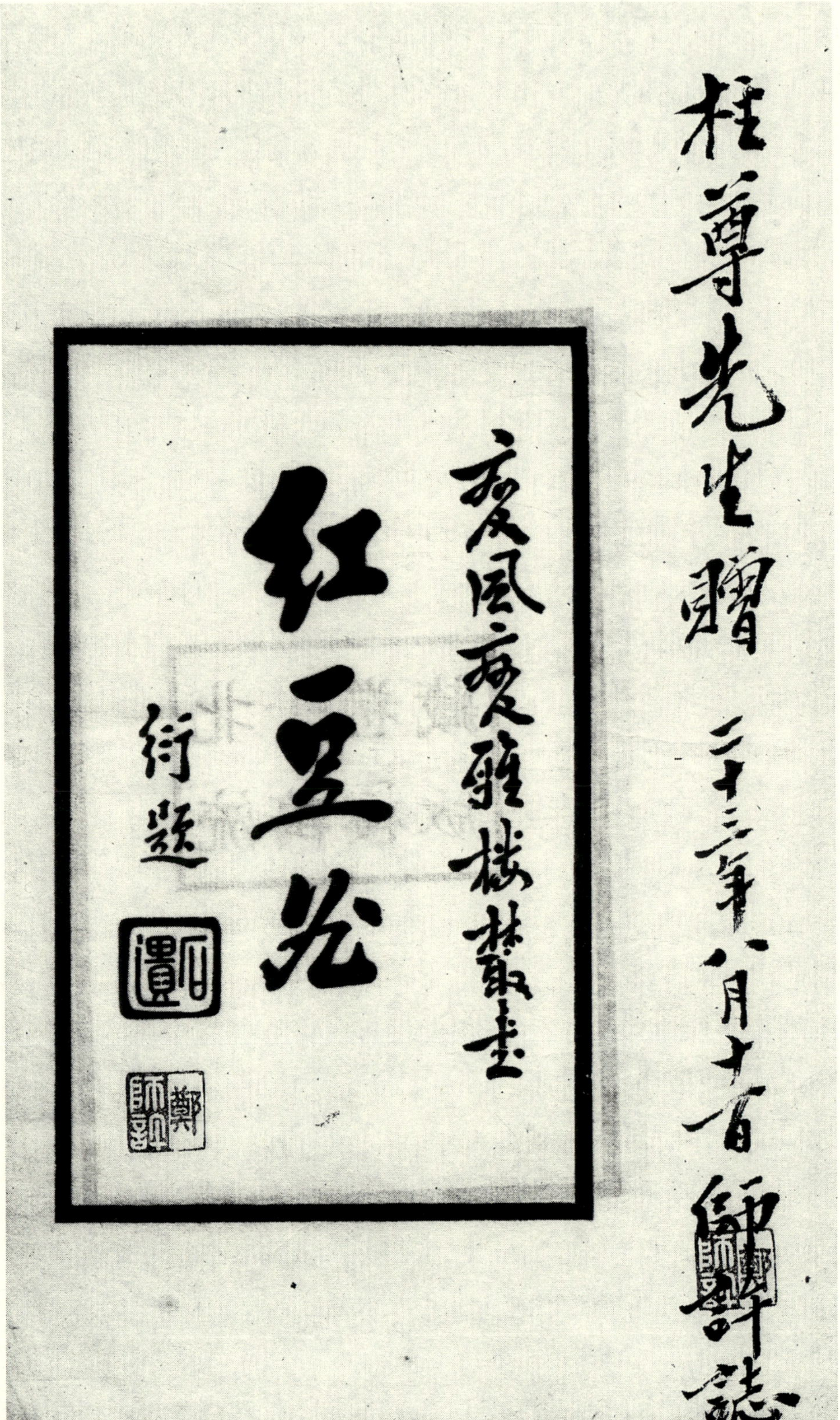
桂尊先生贈
二十三年八月十日
鄭師許誌
衍題

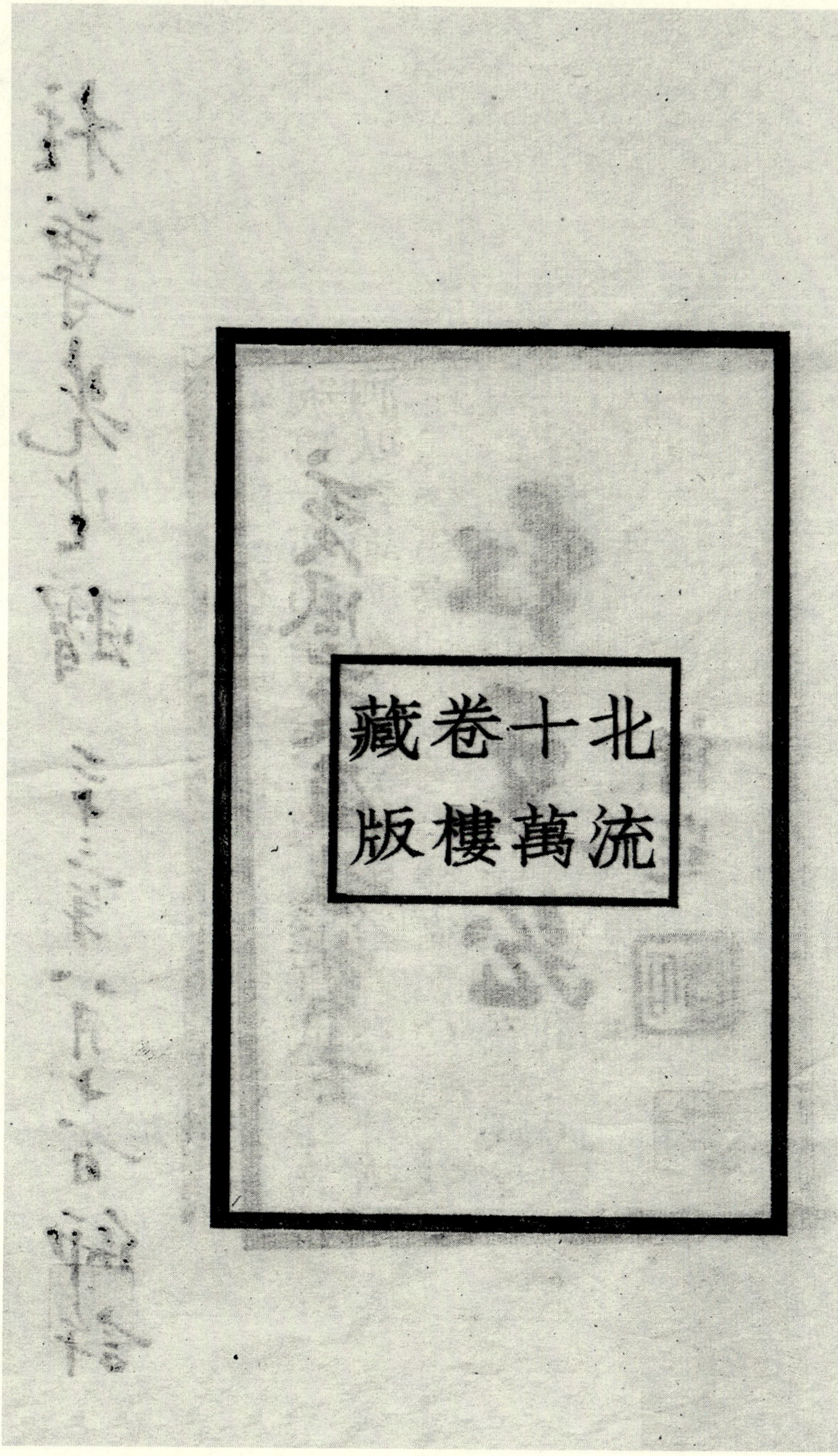
北流十萬卷樓藏版

紅豆曲二卷容縣王景文維新先生譔先生
號竹一前清嘉慶庚午舉人歷任武宣平樂
泗城教諭所著尚有天學鈎鈐八卷樂律辨
正二卷都嶠洞天志五卷蓀猗園初稿二卷
嶠音二卷十省游草八卷宦草八卷叢溪集
八卷海棠詞二卷玆先刻其紅豆曲云民國
二十三年六月十二日北流陳柱

紅豆曲題詞　　桐鄉沈鴻曾秋舫

鏤玉曾工兩宋詞又將紅豆譜相思江城二月風吹雨不盡垂楊舞散絲

曲重金元變末朝瑣窗重度可憐宵看誰記拍屏風口阜莢花開酒滿瓢

美人一曲博纏頭公子千詩傲列侯未似仙山王外翰百篇樂府擅風流

紅豆曲目錄

卷上

北宮套數

秋夜

題武宣陳別駕園林

賞長沙八景

題情

舟中對妓

秋夜

暮春游目

北宮葉兒

相見

幽期

春閨二首

春日

海棠花

登望有感

江村

極望

閨怨

里塾

題嬰兒圖

卷下

南宮套數

耕織

漁樵

楊子江旅感

遊潯郡西山卽事

題李仙象

齋中聽麗人彈唱

冶春

潯郡郊步

春日題繡

出院遊
途遇
塡前赤壁賦
春遊
曉起園行
卻豔
武宣寫慨
南宮葉兒
念遠
中秋夜即景

絳[illegible]

雁來紅

四時八種花

幽會

春仲

靈湖松籟

書懷

幽居

憶夢

述隱

秋興

維揚裏河

永州江次二首

架上夜來香始開使人心醉

晚泊

書所見

齋夏二首

貨郎鼓二首

夜雨打梧桐

陽朔

[illegible]

紅豆曲卷上

容縣王維新景文著

北流陳　柱柱尊校栞

北宮套數

柳

仙呂元和令迎來淑氣先。蘊住春光淺。忽黃金色嫩映池邊。日籠光宛轉無端。當午欲含煙。神魂爲黯然。

上馬嬌是修禊辰。是遊冶天。曲欄防護只徒然。纖纖引出千條線。顛如傍好花牽。

後庭花低垂繡閣前蛾眉對起眠解舞誰當惜含情更可憐拂鞍韉行人送別斜陽明古原

驟然曾向地中拖驀又空中見端的是纖腰輕便記憶唱靈和前殿似風流張緒當年思纏綿憑誰作伴流鶯終日自流連風來似剪花飛似霰化爲萍陡覺歲時遷

示學童

中呂粉蝶兒兎走烏旋歎光陰本來似箭任英雄莫駐青年去童心除稚氣及時宜勉夕

愓朝乾。古神靈寸陰猶戀。
醉春風孝緒遍通經。黄中能及第。昔人幼歲
巳翩翩。都來一勸。勸朝覽經書。晝翻史冊。夕
談文卷。
普天樂那經書非粗淺。彜倫悉寓。法道俱全。
將實字兒先。把虛字兒研。註疏抄來低徊看。
平心比較。愼勿徒然。若果能當我話言。隨時
實踐便得根源。
石榴花羣經道理屬空言。史傳證來先。茫茫
上下四千年。興亡在我。治亂非天。賢奸初以

幾希判。如能切巳重翻。將來事業應能辦。志
行可無愆。
滿庭芳縱橫合散。陰陽錯雜。名法騰騫。儒家
道墨兵農辨。丙庫喧闐。說意境。殊多奧衍。門
機鋒。不厭奇偏。前人選。一斑窺見。似月印前
川。
哨遍過去的風流文獻。舍觥觥大集何由見。
念滄桑世界等雲煙。尚能將雪爪流傳。期細
展。天人妙旨。經濟宏文。及一切詞華絢。不但
漢唐最顯。就卽是六朝南北。兩宋金元。迄夫

勝國所遺留。到手皆稱有因緣。夕秀朝華。同工異曲。宜深簡練。

要孩兒 爲文總要呈眞面。知題目。理法當然。更何求議論與波瀾。意充時。自致便便。清眞不枉塡經籍。雅正仍能代聖賢。非空衍。暢好是機圓局緊。氣足神完。

二煞 詩家各體隨時變。若應制。尤須細練。對工韻穩始堪言。記留心起結中聯。清新俊逸爭先尚。裒颯輕佻急欲捐。精心撰。旣不廢唐人試帖。更當看館閣名篇。

一煞鈔文字欲佳。臨池意欲專。右軍格法原
堪羨。徒耽趙董防成俗。獨愛顏歐亦是偏。解
臨摹。終稱善。但勿至減增有誤舛錯相沿。
淨瓶兒煞責備原無盡。修能非易言。第肯將
功程幾件。遵循不倦。足遠勝劇棊投子日游
衍。

遊都嶠山仙橋

南呂一枝花橫當碧澗寒。界斷青山翠。半輪
分壁月。一勿卧虹霓。怪絕橋西。留下神仙跡。
量來大十圍。問何年孤鶴歸飛。笑今日雙凫

戻止。
梁州第七拉白社門生共步。喚烏衣子弟相
隨。則見那軒渠謔浪忘形迹。枕流不礙漱石
奚辭。問胡麻洞裏霏霏。拾仙桃樹上纍纍。放
一根太乙枯藜。吹一曲桓伊短笛。談一枰王
質殘棋。好奇無巳。扣蒼厓激烈歌聲起。石葉
動野雲駛。兩岸風猨更不啼。泉落花飛。
尾聲溪邊宓汨閒流水。林杪蒼茫挂夕暉。欲
回呵猶向峯椒憩。天風滿衣。松濤滚耳。更誰
誇山簡揮鞭習池醉。

春郊即事

南呂一枝花青山望豈遥。綠野行難遍。窗開修竹際。門啟綠雲邊。風捲輕煙。覺滿地蘼蕪淺。芳洲碕荇連。聽幾聲牧笛來喧。𢧐一切春光可羡。

梁州第七弱柳線。隨風裊裊。小鳧雛。逐水翩翩。乘時士女多歡忭。靚莊藻野。袨服盈川。笑吟吟懶向雲麾意孜孜徑至湖壖。綠陰下放著一個紅船。淨几上添來一個紫硯。珍尊內安著一個青尊。悠然渺然。登臨行止隨方便。

翠樹秀。碧天遠。董巨新圖到處懸。使我狂顛
尾聲五茸春草非吾縣。三泖清波隔遠天。偏
隅得此堪消遣。香林可眠。紫芝可搴。者般情
夢入紅塵可曾見。

填羅景綸深山之中一段

南呂一枝花山深太古同。日永長年似。盈階
苔蘚積。滿徑落花飛。兩扇柴扉。不用常時閉。
從來剝啄稀。看參差松影當庭。聽上下禽聲
碎耳。

梁州第七值槐夢初回竹枕。汲山泉更拾松

枝煑來苦茗嘗隨意。細觀易象。靜覽風詩。與八
春秋經傳相依。覺離騷章句難遺。取史公紀
傳深思。用陶杜詩篇略記。或韓蘇文字重披。
兀爾莞爾。撫松嘯竹長林裏。步履穩徑草翠。
偃息時同犢與麑。暢不忘機。
罵玉郎流泉坐弄歡無巳。因漱齒濯足漣漪。
晚歸窻下逢妻子。筍蕨供。麥飯具博一飽欣
然止。

么篇。徜間弄筆還成字。隨大小偶然爲展觀
墨蹟快淋漓。法帖兒連畫卷。皆名迹。

採茶歌得閒時。或吟詩。亦因興到兔思惟。或草閒文猶可以。再烹苦茗欲何之。

感皇恩日色猶遲。出步前溪。喜園翁。同溪友。共逶迤。桑麻秔稻。論說攸宜。較陰晴。探節氣。忽經時。

隔尾歸來杖向柴門倚。紫綠山頭幻夕暉。笛聲兩兩吹牛背。看天邊月兒映。溪邊水兒似。一顆明珠印波裏。

落梅

雙調喬木查望南垞北垞。翻變了滾雪飛瓊

處兀的驚人沒自主見妖嬈絕世姿竟葬蘼蕪。

慶宣和莫把先天論易數歷亂難數半逐東風學旋舞知他是蝶乎蜂乎。

落梅風心遙寄天地初玉龍奏出淩霜趣怕今宵月色孤更哀乞曉風收護。

收江南天將氣骨付吾徒奈何歎息若啼鳥只因紙帳深山裏把神魂與俱梅呵記將前生嫁我蕪。

江村

雙調沽美酒 我則見遠山邊。薄靄埋亂樹邊。細雨隨碧水近村縈一帶。好優游自在。覺終日絕塵客。

續斷絃 網恢恢。盡撤回。金鱗活潑煙波裏。似向龍門跳出來。風清島嶼當如海。頭遙尾擺。

對玉環 聲激喧阸。洪濤滾滾催。影露崔巍。閒雲漸漸開。鷗鷺白皚皚。浴飛寥廓外。與我無猜。自然成可愛。與我相偕。自然能不礙。

清江引 渡頭茅店翛然在。修竹時相對。無船不暫依。有酒皆同買。問誰向江尾江頭歌欸乃。

秋夜

雙調太平令商飈入夜太欺凌。攙簷間鐵馬東丁。淒涼犯。將來一賡冷寂趣。何人共領。任梧桐半零。羨暮鴉不驚。暗地向門兒斜凭。滴滴金我想鐵硯磨穿。石壁衝開。金丹煉定。果不負此功程。當博得傘擷紅蕖項掛紺珠。冠裝丹項。綺羅叢檀板鸞笙。川撥棹爲甚的念吾生。比乾坤一個星。時或熒熒。亦或冥冥。覺運氣殊多不等。至年來恆蹭蹬。

七弟兄半庭。二更。墜流螢。樹梢掃得微雲淨。波光浮得絳河明。露華侵得閒階靜。

梅花酒兩扇竹門扃。四面草蛩鳴。七尺象牀横。依依的心欲寧。奄奄的睡若能。悠悠的夢莫成。夢莫成。月初明。月初明。照窗櫺。照窗櫺見孤檠。見孤檠。聽殘更邊雁也喚伶仃。畫角也響淒淸。

收江南此生何慮亦何營。新秋卽便感吾情。至人不與命相爭。靑樽貯酥醹。移時黃菊有芳馨。

題武宣陳別駕園林

雙調新水令平原瀰迤出湖堧。數株松。蕭森在眼。太邱遙積德。繡豸舊稱賢。門巷依然。先見了主人面。

駐馬聽寶榻方懸。京邸相違二十年。德星難隱。鄉關重聽五千言。豪情勝概只如前。庭階玉樹春風徧。啟芳園。宴時閒。許我同遊宴。

雁兒落則見那竹扶疏。列作椽。蘭馥郁。抽成箭。池涵碧影鮮。日射紅光見。

得勝令又聽得呦呦隔著樹閙喧。不料著牲來到屋頭眠。這一隊馴鹿呵。任撫弄如牛犢。儘招呼似犬豚。牌鐫異炎漢宜春苑。車旋。認臨淮太守轅。

水仙子中林日色轉西偏。更明月淸風試潤泉。到平明重向閒亭眄。散炎蒸翠綠邊。一聲聲鶴唳雲天。一點點風篩花片。於陵子無其福分。白沙翁有此仙緣。

折桂令探嬛中錦贉芸編。部部元包。卷卷夷堅。不醉還留。非迷卻戀。欲捨難捐。愛書香全家中選。知門第合邑居先。不必求仙。何用談元。福壽雙全。

離亭宴歇拍煞　長安街內香塵軟。淮安城上浮雲變。舊任淮姓看堂名澹然。縱利達我何思。任紛華吾不慕。把塵夢都消盡。一間守約軒。十畝松山院。是菟裘堪戀。烈烈李膺風。森森和嶠節。每夜裏聽濤聲捲。圃有聽濤亭江湖興頻隨。蘿薜衣還買。信不減知章剡川。從此後得閒時。願借長林作消遣。

賞長沙八景

越調鬬鵪鶉軫宿中明。衡山北峙。漠漠長沙。別開形勢。氣象紛紜。寫來非易。自宋迪擅筆蹟。八景臺成登臨可指。

紫花兒序第一是瀟湘夜雨。挾霧拖煙。陣陣相隨。船篷暗覆。窗扇橫施。淋漓。燈光幾點稀。襄陽畫意。管甚麽遠渚鴻驚。隔岸猿悲。

小桃紅若洞庭秋月印清輝。難作鮫人睡。倒放長天入波底。弄摩尼。大千世界全無地。此身如蟻。但從空際。一葉與相依。

鬼三台擘宿莽。當洲尾。認遠樹。從江涘遙念

著那人千里。掛席向遲遲。帶斜陽碧水。過深
灣。忽然見又蔽。逐晚風。忽然平又欹。這叫做
遠浦歸帆。堪稍解離情別思。
金蕉葉浩平沙。聲聲不已。是雁落。行分次第。
任膝上頻彈綠綺。狀不盡飛鳴宿食。
調笑令忽一聲。出翠微。是煙寺清鐘向晚催。
我擡頭欲望渾無自。想僧廚飯熟多時。青獅
座前金鼎兒。當飄出一縷香絲。
禿厮兒分明見漁村邐迆。盡隨著夕照低迷。
網搭長篙晒最宜。船歷落。屋參差。底是漁磯

聖藥王雲作離。山下市。愛晴嵐布滿楚天陲。林鋆美。遂路細。裏鹽沽酒幾人歸。濃翠撲輕衣。

青山口一聲一聲暮鴉啼。古槎橫。衰柳瘁。一番一番朔風吹。店旗飄。村戶閉。橋頭更杖藜。

江天暮雪飛。看那歷歷霏霏。摵摵淒淒泓坳皆突起。烏薪積半鑪。芳醪傾滿巵。玉樹瓊枝。粉岸瑤堤。銀鑱晶篷長繫。不特漁人一簑是

隨煞合爲八景稱幽致。無過就閒中舉似。笑他州縣畫葫蘆。不少不多皆準此。

題情

越調天淨沙喜艮宵皓魄初盈。伴蕭齋獨坐伶仃。半刻兒花枝弄影。書聲乍靜。聽遙空鐵馬玲玎。

禿斷兒因茲愛長街寂淨。更潛向殿角微行。粉牆兒近來堪引領芳樹色。與牆平。向時曾聽流鶯。

聖藥王園無恙。戶早扃。只繁枝亂。葉影交橫。假如爾心中同石硬。當時花下步冥冥。何必幻柔情。

東原樂佳期失。待怎生。春雲漸晦當俄頃。我
這相思負不勝。難投正。莫將來懨懨成病。
麻郎兒往日個留心孔聖。也曾下克巳功程。
今對著碧溶溶一院的明。誰熬得冷消消一
時的景。
絡絲娘我與爾論芳年本來相等。言門地亦
差相並。若姻緣簿內無名姓。應莫使興居同
境。
線搭絮翠苔羃歷露氣將凝。綠蕉搖漾。風勢
還停。呀延佇歸來巳四更。碧甃流來幾點螢。

低徊仰望觚稜。已早移口斗柄。

掐曾速夢兒甜。恁得成。向寒窗息短檠。蛩兒尚鳴。蚓兒復聲。響騰騰是街鼓兒乘韻楞楞是寺鐘兒爭。意兒是無定。身兒是獨整長夜難捱卻易明。

尾聲曉來再覓宵行經。見殘紅滿地飄零。十二玉欄干借問從何省。

舟中對妓

商調集賢賓雨瀟瀟江天澄暮景。搖畫槳別孤城。挂湘簾有時對酒。倚胡床無意聞箏。老東坡昔同琴操。倦昭諫曾對雲英。問蛾眉可能比並。木蘭船今日與同行。賺得爾時時同笑語。日日學逢迎。

逍遥樂齊齊整整。冉冉翩翩。清清冷冷。涎涎瞪瞪。向人前欲買娉婷。此意惟娘可自明。爾休要頻窺李靖風情。未泯。衆處爲歡委實難成。

挂金索試趁清風。掉向漣漪境。轉覺脂香蕩入蒹葭淨。天放奇峯。近與篷窗映。一片幽懷。雲水堪同永。

浪裏來煞說風流吾不諳。說道學吾不省。胸中別自有心情。意悄悄。幾人能共證。江干引領。見鴛鴦鸂鶒各殊形。

秋旅

商角調黃鶯兒愁絕愁絕。曠野無人。寒風飄撇。則見那篳篥聲酸。荊榛草折。踏沙行側瞰長江。孤帆明滅。向深灣忽轉猿一羣鴉。集枯槎。爲問宵將安歇。餘殘瓦。半間僧舍。

垂絲釣檐間賸鐵。殘點猶敲不舍。喜暮景催

來不惡。長天垂落霞。楚岫雲低。吳關霜下。

【應天長】燈火卸。秋枕借。睡至三更。小廝害怕。狐鼠喧。厖渾若嚇。無須訝。鐘垂架。有僧將就打。

【隨煞】杵雙搗。韻幽遐。蛩四語。音淒咽。棠樹林幾時丹。楓樹葉連朝謝。爲旅客夢中聲是離人眼中血。

暮春遊目 北間南

【北雙調】【新水令】幾聲杜宇出林梢。喚東屯已生芳草。盲風方昨日。苦雨又今朝。曲徑蕭條。

鬧取那落花掃。
【南步步嬌】蝶鏟蜂飢誰知道。極目城南道。士女曳朱繺。緩步徐行。只尋歡笑。若竟遇詩豪。便盡取三春好景層層告。
【北雁兒落帶得勝令】火改處清明令節交。觴流處上巳良辰到。風蕩處荒原裀霧消。雨過處繡壤新秧早。咄咄的籬根筍露包。翳翳的牆邊桑結條。喋喋的巷口餳初賣。翩翩的墟頭幔獨標。輕拋。聽踏踘皮球鬧。頻搖。見鞦韆綵索高。

南僥僥令步上紅欄雁齒橋。數尺柳絲飄。典午風流何處訪。只聲聲燕語驕

北沽美酒帶太平令晴峰雲飛遙遙。清溪漲映迢迢。正待約束芳心不肯饒。驀遇著董妖嬈綽約揎羅袖邊蘭橈。勾得我多添煩惱。勾得我難傾懷抱。欲呼來酒瓢一澆。攜將玉簫一調。惹人嗤。我亦爲春顛倒。

淸江引平林綠多紅漸少。春事如將了。孤亭七尺存。流水三灣遶。明晨再來長坐眺。

北宮葉兒

相見

仙呂混江龍　睛光滿院，簷牙燕雀幾曾喧。遲來花下，悄步亭邊。雲鬢一團遮雪藕，湘裙六幅護金蓮。從遇合，說因緣。將身世，思長遠。願爾今生有託，來世相聯。

幽期

前調　花邊盼睞，姍姍移步向瑤臺。俏生星眼，俊滿蓮腮。舞態翩翩閒處又，香風冉冉睡時纔。眠人不免笑成乖，背人轉覺歡堪愛。明晨即去，後夜須來。

春閨二首

仙呂一半兒姗姗孤枕夢游仙。社燕林鶯作上年。梅信遙從窗隙穿。暗香傳。一半兒魂銷。一半兒諓。

垂楊幾縷出雕欄。搭在薔薇碧樹間。佳人曉起著輕紈。小盤桓。一半兒風情。一半兒嬾。

月夜

仙呂青哥兒俺欲到蓬萊蓬萊雲鎖。又欲渡滄溟滄溟水闊。往日個六翮博風傷折挫。今夜裏月泛金波。光動銀河。露滴庭柯。冷透香羅好舞髮鬖莫歎蹉跎一枝花影砌前挖宜酣卧。

春日

中呂滿庭芳日紅髮鬟池塘水暖楊柳風和佳人去覔鞦韆索髻聳裙拖望素燕抛來玉翦聽黃鶯擲去金梭閒齋坐無人見過獨自放聲歌。

海棠花

雙調沉醉東風孰付此銷魂別種更那堪入座柔風殷紅似欲然姿態如將動霎時間傅

霧輕籠。正似楊妃睡半濃。乍喚起若矜新寵。

登望有感

雙調折桂令我高登百尺層樓。手搦滄溟。目瞰神州。一任爾賦似班張。詩如李杜。文如韓歐。儻不得朱衣相就。究何殊白璧空投。好酌輕甌。靜對羣鷗。一帶沙洲。幾隻漁舟。

江村

雙調水仙子清流隱隱映村莊。斷彴無人只翠篁。夕時月出空江上。悄輕波先蕩漾。問漁舟甚處潛藏。忽優游來搖畫槳。好咿啞學唱滄浪眞不必遠。憶瀟湘。

極望

商調醋葫蘆　域中山莽莽青。日邊江滾滾聲。想當年龍虎幾紛爭。到如今竟成何究竟。登樓自省。覺英雄熱血變成冰。

閨怨

商調挂金索　紫陌青樓。白日迢迢過。寶馬香車。誰取紅妝駄。絃管啁啾。散出花千朵。賺得蛾眉。掩袂窗間坐。

里塾

般涉調耍孩兒　柳依依別有村。水彎彎獨繞門。東西插架圖書滿。黃鸝盡日如求友。白鷺隨時似樂羣。笑諸生。知勤緊。惟塗抹之乎者也。但吟哦子曰詩云。

題嬰兒圖

前調　一翩然正面來。一翻然背面嬉。百年福壽從茲始。俺見那娟娟各奪瑤華秀。宛宛同含玉樹姿。率天眞。毫無僞。撫荷衣餦餭誰買。看丸髻餅餌思貽。

卷上終

紅豆曲卷下

容縣王維新景文著

北流陳　桂桂尊校栞

南宮套數

耕織

黃鐘引子　瑞雲濃。天家打算。政治農桑爲本。是故明君制民產。男耕女織。舉作息皆縈方寸。誰見耕與織皆圖便殿。

黃鐘過曲　絳都春序　東風略暖。適連番雨來。陂塘欲滿。種浸筠籠。早報催耕枝上。喚耙來篠禱縱橫轉。播百穀。高低咸遍。秧針漸茁。復加淤蔭。始能葱蒨。

前腔換頭春半。浴蠶溪畔。遇一再三眠。枕衾難煖。點燭中宵。不計睡覺。孩兒嘆。盈箱大起桑宜嫩。剪細葉。和蘩成片。倉皇捉績。敢炊朝飯。

啄木兒纔立夏。水滿原。移植新秧過別田。每防根莠害嘉禾。再三耘猶愛無倦。炎蒸逼自然難免。旱時戽斗抽無已。渴後壺漿飲欲連。

前腔墻邊樹。綠影繁。蠶老充飢采捋先。繭抽

新上簇爭看室防寒下簇方歡筐間擇繭因
材辨村頭窖繭攜鋤便但比農功已略完
降黃龍我稼如雲个个腰鐮刈向郊原登場
已高持穗方殷杵臼聲喧舂完更兼篩簸把
租稅先輸州縣各歸家祈神祭祖犬家方便
前腔換頭鑪邊煮繭停煙舉手探湯取繰細
練蛾兒莫鬬送爾向水際蹁躚天天牽經絡
緯織成後染色求鮮嗟潑妓徵歌遇賞曾念
艱難
喜無窮煞用豳詩諸絃管義古聲和聽易倦

爲寫新詞付與梨園。

漁樵

正宮引長生導引茫茫宇宙，百般事難成就。算只有漁樵，省得綢繆。一片溪山皆吾有，毫無世累，豈受人牢。勝爭蝸角與蠅頭。

正宮過曲普天樂桃花二月紅光溜，春風乍拂波紋皺。披一件獨速蓑衣，將畫槳放出中流。任細雨濛濛逗雜，輕煙半晌迷江口，喜青山數點輕鷗，若將偕鷺鷥爭鬥，浪聲相磕密躍輕儵。

前腔換頭俺則愛翠重重春山秀。青漠漠春林茂。幽徑外白鹿呼羣。深谷裏黃鶯喚友。一蹊曲折。直達碧嶺後落得嵐光集襟袖。出空巖雲氣猶留。度平坡花香足嗅。問誰攜斤斧結伴相求。

山漁燈夏日江村誰爲耦。淨漁磯何用揮帚。平沙外。竹蔭清流。隨心放舟。魚鰕欲與吾爲友。非貪得。更下空鈎。輕風吹來不休。短笛一聲吹入破甫里客來當少留連番漲蘋岸欲淨。比風波世上。終不相侔。

前腔換頭溽暑時。採巖岫謖謖松鳴。泠泠泉吼。生柴束未遽回首。坐來消受。心中頓覺無塵垢。向深林渴睡齁齁。壺中仙人邂逅。覺後斜陽依林壑。懶學觀棋作久留。臨池漱擲常盈手。取山人舊曲。唱出雲頭。

雁過聲霜氣蕭蕭。杜若洲。看隔岸山容如人瘦。得魚時換取茅柴酒。碧團團月如毬。斟幾盞。至醉方休。向空歌。正轉喉。使兒童按節敲銅斗。花數點。飄落碧流。

前腔換頭深秋。澗谷飂飂。正空山豬葉初稠。

蒼厓掩映渾如繡。挈空隻嘆饑猴。石林邊野果堪收。濃霜逢節候。村枒古樹將枯朽。砍得幾株歸隨意售。

醉太平　雪飛晴晝。水晶篷冱寒將透。嚴灘老子旋披一領羊裘。垂鈎兀然天地此長留。道光景欲圖難就。瓦盆堆炭閒時不妨暫炙吾手。

前腔　換頭何憂。山門雪逗。束荆薪。家家富有。斧柯未爛天晴更入林邱。舉首梅花放出幾枝幽道逢鐵脚邀爲友。一肩挑夠爐煨榾柮度歲優游。

不絕令煞看漁樵本業長厮守，不似爲傭朝夕走。誰云耕牧同儔。

楊子江旅感

正宮柳穿魚浮圖峭拔幾開窗，擁出層層樹色蒼。一棹擘開蘆葦路，隔江雲影閣斜陽。碧天末，鴈成行，幾聲爲我作惆悵。怕春歸看今來古往，隨爾劉項孫曹。紛爭霸與王，王也都休，霸也都休，皆如夢一場。只橋名丁卯，與五州山色，今時猶晃。

金殿喜重重對此茫茫。金焦兩點。樓閣千重。足供屏障。借問雲陽運瀆。可能無恙。闖天高浪。挂席西行。使我中心搖漾。遠樹重遮碧嶺難看。漫道家鄉。

小桃紅功名事。如何樣。比破甑。無回望。水道不相通。縱寫魚書。欲寄無由觸處。閒游賞遙知室處。人應說。竟不期天壞王郎。

不絕令煞一聲鐵笛當樓響。遊子心情成惝恍。靑樽漫酹江上。

游潯郡西山即事

道宮引子 眼兒媚 空山古木幾株平。冷僻少人
行。丹臺紺宇。何人禮斗。那个談經。
道宮過曲 鵝鴨滿渡船 石壇邊旛落影。石壇邊
旛落影。正遇山間夕照明。幽林麋鹿靜。幽林
麋鹿靜。雲璈拍板。響出青霄。山門外有誰傾
聽。蓮花供。竹笋萌。香積厨中晚膳馨。羶葷皆
莫競。羶葷皆莫競。龍華會上。冷標孤映。坐來
洗石。愈覺心清。
拗芝麻 天風陣陣來。松籟蕭蕭應。向空屏。尋
幽徑。相與談奇行。昔日首陽蹤。今日誰能並。

薇蕨春深聞雷迸。如拳引出無人省。
閱金令誰稱吏隱。如聞姓名。洞口莓苔今又
青。幾人能扣扃。藤蘿挂。寒猿朝暮鳴。
鶴翀天我平日。琵居恆懷方外懷。騎虎入名
山。望靈芝丹棗生。只愁有荆棘心中雜因同
取流水注空瓶。杳然遺世意。何人足其證。
雲華怨孤亭獨靜。幾時聞秋雁聲。乳泉品後
調新茗。悠悠浮念盡平。見雙江合抱城邊容
一片席帆飛定。
魚兒賺無數遠山呈。區區未足名。白石虛明。

獨秀旁將一笏撑。登峯頂。我家都嵩豈潛形。
唱元靈。神區不類塵凡境。仙骨當同鶴羽輕。
欲飛昇。要逢十賚。下瑶京。此間閒騁。

題李仙像

道宫引黄梅雨公是神仙。如何早折腿。想福
足正屬無害。顧上昇。何煩用鐵爲枴。乃亦用
來。使渾名長在。

道宫過曲鶴翀天有人説鄭州生前稱吏才。詢
著姓和名指巨山長不顛。卓然好形貌。如何
改。輪回日。投向李屠骸。這則是舞文因變相。

卽遇純陽安能度流輩。

雲華怨從來方外。說三生。難細推。稗官小說多傳會。要之止博一哈。儻公名足據爲眞。劉跛子底傳凡界。

海仙歌或謂公當洗髓向華山老子追隨。去纔六日。弟子化將埋。回依餓莩成孤介。蓬山自遠。一腳可階滄溟自闊。一枚可簰。合登仙果。仗靈臺。休提姓甚與名誰。

前腔或謂公當唐代。入終南學道無回陽神出舍餓虎食將來魂歸只得依亡丐。猥云足廢雲路許追猥云貌醜。仙侶許偕合登仙果。
仗靈臺。休提姓甚與名誰。
墜飛塵煞紫芝翠柏隨時採。取胡蘆肩頭一
載。仙蝠翩翩搏眼開。

齋中聽麗人彈唱

仙呂八聲甘州仙山地冷。笑後堂絲竹。終歲
撫聲。明眸素頸。忽與好花爭競。裙裁碧藕千
絲細。髻挽烏雲一朶輕。分明。作趙家姊妹般
形。
不是路拍板初迎。紅破枝頭半點櫻。嬌喉遲。

閒關直欲妒流鶯喜盈盈諸公往日都言性。老子今朝始講情閒中聽崑山玉碎鸞凰應。有誰堪勝有誰堪勝。

【解三醒】會席上一時酩酊假惺惺若惜惺惺。幾杯滿酌施恭敬當筵細剔銀燈秋娘縱有風流態杜牧難辭薄倖名休相並冀春生小院美滿前程。

情未斷【煞】粉牆東明月映籠燈催送出孤城。任梁上香塵繞不停。

洽春

仙呂小措大　一年最好。無如二月花朝。喜逍遥。三徑煙銷。四面有奇花香不了。莫思逐五陵年少。六朝事空。將金粉弔。線七條。好索取香林八節調。眼見那九鸞釵上。十分春。妒殺蘭茗牡丹亭如杭一齣有此曲呂子乾南詞定律謂巳自一進至十故名小措大今準之

月兒高　裙帶如春草。輕將落花掃。者樣風流態。入畫眞窈窕。著眼花枝。花枝總皆妙。無端看別去。賸得鞋痕小。

大齊郎　見柔條。逐輕颺。高低搬弄意無聊。東

邊直直爲書舍。西邊曲曲是僧寮。長拍恰恰黃鶯。恰恰黃鶯遷喬對語。坐久愈增工巧。迴廊日影。閱多時尚戀墻腰。新綠未全饒。漸鋪來滿地蘼蕪香草。挐榼青衣何處去。空賸下赤欄杆。接畫橋。一樹海棠將老。似抱情含恨。半簇紅蕉。

短拍水溢塘坳。水溢塘坳。猶無萍藻。許多叢茭蘆葉小。垂碧漾魚苗。記白下流連。曾細向莫愁游眺。見羣鷗飛當泬寥。青山遠映。使人情渺。

情未斷煞趁良辰。成獨樂。蹁躚稚蝶粉痕嬌。
願到清明復見招。

潯郡郊步

小石調驟雨打新荷 西門外。水滿陂。煙雲濕
空山徑微。一陣暄風過清明穀雨期。屐珊珊
可試。杖彎彎可倚。但見鸝玉交飛。布穀爭啼。
樹杪衆峯色盡翠。

漁燈兒 看人家耕作隨時。向平疇高下耘耔。
午饁盤餐不苦飢。見秧針抽來清泚。幾聲歌
答流水。

流拍過碧澗。更歷嶇崎。一坡細草離坡。觀童稚。放蓑衣。取烏犍。作馬騎。攜一管無腔笛也。學奏宮商徵。或作奏工尺上四上尺上四

羊頭靴漫說旌旗車騎。官高畢竟多累。楊子江風浪催臨賀嶺屹崔巍。好收因煞芳郊景象今如此。耕牧信爲生計。能無遠憶故里。

春日題繡

南呂孤飛雁曉煙漸逐蘅蕪散。反惹得讀書人嬾。笑年時一領青衫戀。問何日得舒展。金

鑾筆染玉箚班聯傍花隨柳過前川不敢偷閒學少年扣門將同孔李周旋

紅衲襖花枝上翻蝶板柳陰中抛燕剪我未向三春圖裏窮芳信誰料在六曲屏前聽妙言屬我拾瑤章寫素紈爭奈舞銀毫慙黃絹雕蟲小技雖堪就恐負蓬萊五色蓮

節節高京絨五色鮮擘口先看他配搭分深淺無淩亂碧似煙明如電絲絲入扣休豔羨空空妙手宜推選徐熙花草尚丹鉛滕王蛺蝶非針線

劉潑帽這冰絲。合作霓裳伴。憶蘇娘織錦堪傳。至今畢竟無人見。綴新篇。可否能同絢。尚按節拍煞。回頭不覺斜陽晚。搭桃花亂絮苦牽。今日呵。留題去。較似冬烘遇試官。

出院遊

南呂賀新郎樹色模糊。問東邊是誰園圃。一聲鶯隔牆遙度。防春暮。窪硯頻將硒墨除。亦緊向綠陰徐步。低低。笑微微顧。佳人應接渾如故。呼茗了。還辭去。燒夜香蕨㹸半畝。菜花鋪。蛺蝶驚人逐短蕪。

暗喜暄風與我俱。執手漫踟躕。指引當前因得去路。

本宮賺楊柳花疏幾點。飛來拂翠裾。方延佇。又聞百舌樹頭呼。欲何如。少年或爲時光誤。幽意宜從好景舒。眷精廬埋頭抵死吟章句。絕無佳趣。絕無佳趣。

途遇

雙調醉扶歸輭東風。不剪垂楊線。小書生。空懷種玉田。無端湊著影嬋娟。是誰家有意的巡花縣。我想苧蘿人去幾經年。

雙調園林好論平日非結相思處今日原無
留意歎春風不世偏遇著這麗兒偏遇著這
麗兒
江兒水原來這人呵早歲常知禮青年已習
儀看花不過園中地尋春不聽街頭騎燒香
不入湖邊寺今日未知何事想爲周親探訪
適然當此
玉交枝纖腰旖旎似隄畔初垂柳枝湘裙小
幅當春試悄春風搖曳偏宜新描出青山淡
眉輕侵上烏雲濃髻轉秋波將窺怕窺動金

蓮。非遲故遲。

川撥棹冰肌閃盼。身邊一侍兒。啟朱唇。卻又防伊。啟朱唇卻又防伊。類半吐桃花暗移。爾無言。我已知。我無言。爾未知。

僥僥令未逢怎不避。相郎竟何離。我擬回身重偷視。還恐旁人笑且譏。

尾聲笑聲漸遠猶傳耳。使檀奴牽腸不已。難道爾恐我無情。故惑之。

塡前赤壁賦

雙調畫錦堂壬戌之秋。七月既望。東坡與客

泛舟。飄然萬慮空，幾見水波同皺。攜酒餚遇知音，當共酌，詩與歌一齊相侑。時非久，月出東山，橫射牛斗。

花心動 序 白露橫江，見水光一碧，不減長晝。一葦所如，萬頃茫然，此境若何消受。知否憑虛獨立，能遺世，直與飛仙爲偶。舉深甌，欲唱將舷一扣。

沉醉東風，擊空明蘭槳，恐後。泝流光桂棹，常浮。予懷渺，莫收。簫兒誰奏，依聲韻和來不苟。怨慕有由，泣訴未休，嫠婦潛蛟聽而消受。

江兒水當日曹瞞下。而今不見留。賦詩橫槊空回首。魚鰕江渚堪爲友。蜉蝣天地非能久。一葉扁舟當共有。抱月長終。此事曷能成就。

嘉慶子淒淒切切方出口。客亦知夫水月不。逝與盈虛皆有。觀及變若湫湫觀不變。正悠悠。

四塊金物有所歸。豈必人皆有。物無盡藏。卻任吾來取。山間碧月秋。江上淸風舊。取既無窮。用還能夠。信優游。任我們一同搔首。

有結果煞客聞始喜重呼酒。撤杯盤舟中廝

守。一覺睡至日出大江頭。

春病

商調遶池游紗窗卧起爐裊香細立靑鸞嬾描螺髻。半簾花影。滿胸愁思。爲何事鴛鴦並飛。

簇御林渾難說。更自疑。托輕腮。如莫支。常年盡覺當春喜。此日反覺因春累。意孜孜。花箋寫就。一首斷腸詩。

滿園春問道此何時。柳絮樸空幃侍兒說道淸明矣。眞無奈。眞無奈。負了佳期。擔不起這

相思。茶來也不知。飯來也不知。揉碎花箋。碎
揉花箋。傷心麗句。不合使外間傳示。
尙饒粱煞曉來悄取春羅試覺病體瘦來無
似。囑咐東風莫很吹。

春遊

商調水紅花嬌鶯啼破雨餘天。日孤懸。亭皋
卓午。沿溪花柳正紛然。望長安雪遮不見。只
有青山翠陌隨處足流連。且蕭蕭勒馬小隄
邊也囉。
字字錦春風曲巷暄。碧水平橋便。何處好游

蜂。此地來飛燕。興悠然信步直至空園。空園內幾色花枝並鮮。翩翩娟娟倚欄近石。只是相對不言。同他不言。不言難自遣將遊興寫詩篇。寫詩一篇。貼高牆上面有人在那裏。人在那裏。微攀翠箔冥冥悄悄婷婷傍傍自這裏淒淒冷冷煢煢踽踽。一會眼兒偷見。

囀林鶯我這一首詩。春禽葉邊隨意囀。敢云玉潤珠圓。旗亭雪暮。張燈開宴。遇雙鬟妙句當傳。鬱輪袍按緇袖內新詩一本。笑時賢猶難收取。焉敢望金鈿。

琥珀貓兒墜。低徊未去。只為景周旋。驀地催
人有杜鵑。道旁樹影出東偏。輕煙。細認取一
點荒廬十里平原。
尚遶粱絲。風光共道常流轉。值天氣輕寒輕
暖。好取珊瑚製作鞭。
曉起園行
越調亭前柳畫鼓尚瓏玲。卧起在空城。半林
殘月色。滿口曉蛩聲。既經。獨坐愁孤另。向園
中左右閒行。
祝英臺幾枝花。垂細影。總覺未曾醒。點點露

珠。微帶煙痕。留意問皆無聲。冥冥笑花神本解風流。亦復低頭不應。況塵世一種昏迷心性。

有餘情縈接時鳥與高枝並喚嚶嚶。隨人傾聽。深院兒童來掃徑

卻豔

越調鮑子令蘭麝香生碧樹旁。碧樹旁。妖嬈求與會高唐。會高唐生。死時惟分頃刻。人禽道別只尋常。告娘行同將鐵石鍊心腸。

憶多嬌爾口說強。慮假妝。不見蝴蝶尋春各

自忙我苦辣鹹酸皆備嘗爾冷臉相當怎不

憐人斷腸

醉娘子卿言斷腸或非是誑只是念雖微實

易彰爾不知自隄防從此一生將失望吾言

豈敢鄰虛妄

有餘情煞自今莫把春心蕩碧澄澄金波同

朗嗷杵臨淵功不枉

武宣寫慨南關北

越調南繡停鍼繡葉方飄漸覺千崖爽氣高

望口口漠口芳草聽北方鴻雁嗷嗷若處足

開懷抱。馬鞍山坡口直恁歎無聊。世間榮貴
何須道。惟期赤手縛金鰲。始覺隨時能效。
北山桃紅謝家兄弟共聯鑣。二鳳人爭號。往
日風流豈零落。看翹翹。應官繡豸文名日高。
德輝星耀。至於今月旦口誰操。
南合笙道合奇峯疊疊與活水迢迢。常望碧
虛上跨彩橋。無端海氣騰繚繞。煇煌金碧當
空照。可是堅牢。便百歲無營造槐花影裏鐸
聲未似鈴聲好。朦朧夜色何時曉。偶值冰輪
欲皎。一霎濃雲。又來映口赤烏赫弈當林杪。

淘河忽地把河淘崩岸蘆花槁沉酣勢利等醇醪誰能不好□□驅陽鱎驅陽鱎與豐干一樣舌多饒

北調笑令窔奧□難到世事無常安可料彈琴不必南熏操恐蕙蘭多化爲茅逐炎飈的意自悠採芙蓉的轉覺難飽

南山馬客帶憶多嬌道路昭昭也曾指一條甚年□徑□□鮮加饒無智巧沒行危敢望人稱我是家□□□□暫時學僧人打包看飛燕無心豈□□□城上眺□□□浪花隱

隱。江天浩浩，猶望黃鐘奏稱同調。曠野煙口

劃然當空一嘯。

餘音淇濤愈下山愈峭。問曲木幾人能繑手

挽扶桑。何常不自樂。

南宮葉兒

念遠二首

黃鐘畫眉序兩三宵。不見燈花來報喜。任迴

文織就。枉費心機。看羅洞日射千絲。憶昨夢

有如流水。忽然乾鵲聲一至。不防潛出門兒。

整飭嫁時衣。堂外無人因暫跂。撫身邊羅帶。

似結相思。細念著後會佳期。豈待到來生始遂。雖如此說。怎當得春深不及金衣子。對語枝頭甚易。

中秋夜郎景

正宮玉芙蓉空中鐵騎橫。客館成孤另。想姮娥今宵一般同病。幾聲象板敲誰聽。萬丈銀橋望不成。移時正。見清輝忽迸。獨倚欄杆。吟對過三更。

雁來紅

正宮犯調雁過沙首至合天邊雁到時。訝當階草亦

知與杜鵑花類真無異殷紅愈老還愈媚紫菊拒霜宜退避（紅娘子合至末）何人遺珊瑚一枝想王愷新歸第

四時八種花

正宮犯調（小桃紅首至二）曲隝裏紅初放映淺水翻成浪（月上海棠二句）值柔風薄霧惹回廊（中呂紅芍藥合至末）誰摘取贈與情郎記揚州金帶呈祥（石榴花五至合）空階紫雲一片長自塗林迎歸仙仗（商調水紅花二至三）剪溪光蕭條秋況（玉芙蓉四至合）池邊集取輕如羽木末搴來白似霜（梅花塘五至六）隴頭八至飛遞

驛書忙。合 玉照堂。黃鐘天仙子末 銀臺素盞。堪陪艷妝。

幽會

仙呂針線箱暢好是月明風靜。兼聽得宵長漏永。玉釵兒戛擊聲相應。醮著檀郎面冷。海棠帶露開將盡。暖玉當懷抱不勝。中心肯。囑寃家準記莫負平生。

春仲

仙呂傍妝臺。徧煙消。荒村正值落花朝。一帶名山近。一簇翠雲遙。狂蜂得意遊林巷。黃鳥

呼人度板橋他隨心兒惹我故意兒焦颼颼
衣帶逐風飄

靈湖松籟

仙呂解三醒問幾樹虬枝誰種傍湖邊日夕迎風。靈音斷續雲間送。調絲品竹難同。樓居不與通明接。舟泊當令少伯從。波濤動。渾身鱗甲。莫化爲龍。

書懷

仙呂一封書圖書府校讐。有班張與柳歐。兒蚤隊運謀。有孫吳與祖劉。卿杯落拓花前醉。

抱劍從容物外遊。任沉浮。隨去留。鷗鷺翩翩是我儔。

幽居

仙呂二犯傍妝臺（傍妝臺首至四）與世相違。江村獨自守茅茨。細雨點滄波面。斜陽映遠山眉。（入聲）（甘州五至合）蕭蕭林竹隨風舞。隱隱園花待月移。（皂羅袍合至六）一樽美酒。千篇古詩。（傍妝台末）由來用此作生涯。

憶夢

中呂駐雲飛訣蕩南門宮闕崚嶒控上元。三

教誰能貫，九道誰能算。嵘　別殿見天尊，曾進千言，不記何時別。念難拚斷，謫落人間，竟莫原。

述隱

南呂紅衲襖　中書省漫爭先，吏部門休同鑽。好林泉儘容消遣，佳風月不負談元。出門時酒一樽，下帷時書千卷。幽棲寂寞無人問，只閒鷗對我眠。

秋興

南呂梧桐樹　天邊朔雁哀，池裏秋荷敗。一片蕭齋，好月當空白。知音不見，從獨坐，如無賴。明日重陽，折取黃花戴。人生不必爲侯伯。

維揚裏河

南呂懶畫眉，葑田幾稜菜花開，雙槳如梟下淺淮。推篷忽見好山來，斜暉映出青天外，這一幅暖翠浮嵐妙可偎。

永州江次二首

前調棹歌欸乃接時聞，岸柳汀蒲漾綠雲。數峯如洗立江濆。一會兒便與語，溪近爾看雁背孤帆出暮曛。

鷄聲喔喔柳疏疏。短屋低籬畫不如。隔園山色被雲鋪。居人釣罷斜陽暮。手內攜來一尺魚。

架上夜來香始開使人心醉

前調柔條結蕊帶靑黃。入夜幽齋總是香。纖纖弦月上東牆。莫嫌花譜無留樣。得性都緣耐晚涼。

晚泊

前調市門臨水柳依稀。向晚人聲漸欲微。阿誰沽酒認靑旗。小橋斷卻渾難至。一樹紅棉伴釣磯。

書所見

前調　小桃花落欲傷春。起傍迴廊捲水紋。晚涼庭院不勝顰。蘭心玉貌能相準。合取高情寄白雲。

齋夏二首

雙調　鎖南枝　潺潺水流浮半沙。新招得鷗鷺爲家。小簟正鋪芳樹下。見朱榴豔放奇花。空亭這答。憶在邯鄲旅館□一夜。正不能若茲意愜。

花光滿，竹影斜，松枝拾歸將煮茶，何必友羲皇，卽此為風雅，書千卷，文百家，坐蒼苔度長夏。

貨郎鼓二首

商調黃鶯兒，直柄喜當權，笑顚頑，兩耳懸，花街柳巷都行遍，揚聲雜然，停聲詘然，深閨繡罷求新線，好因緣，羨他僥倖，得近小嬋娟。

樂府舊名鼗，仿眞形，手自操，搖頭轉面聲如告，花針幾包，綵絨幾包，紅娘遠聽先知道，節錫簫，販兒嘍啷，未免舌多焦。

夜雨打梧桐

商調犯調梧葉兒首至三空庭裏秋雨喧兼有好風傳水紅花二至三倚閒門梧桐一本五馬江兒水八至合淅淅飄來幾點好不心酸此時害人成斷魂桂枝香五至末喜明星耿耿明星耿耿長依銀漢三更燦爛玉欄杆明發人知否今宵已遍捫

陽朔

羽調三疊畫眉傳乍入熙平縣雲壓翠鬟高水豁鏡光鮮望佳人難見因風舉棹不妨直上作神仙江含碧藻隱相連天放奇峯個個

懸。

卷下終

（清）甘泉經濟撰

合浦珠傳奇二卷

清道光十六年（1836）刻本

合浦珠傳奇二卷

（清）甘泉經濟撰，清道光十六年（1836）刻本。

經濟（1801—1850後），字子通，號半園，別號芙蓉山樵。江蘇甘泉（今揚州）人。幼慧工詩，受知於著名詩人張問陶。爲詩清和，時有闓閣哀傷之聲，阮亨《珠湖筆記》、凌霄《快園詩話》稱之。以國子監生應順天及江南鄉試，屢試不第，遂蟄居里門，以詩自娱。與汪潮生、陳逢衡、謝堃等相友善。道光六年（1826）曾與汪、陳、謝諸人集廣陵西園，作上巳會。道光二十年（1840）旅居金陵。年五十餘卒。今有《半園詩録》《懷古堂詩》《韵麋詞》，以及傳奇《合浦珠》等存世。

明清多有借用『合浦珠還』典故，敷衍『失而復得』主題之小説、戲曲，本劇即其中之一。合浦即東漢合浦郡，轄域包括今廣西東南部北海、欽州、防城港、玉林諸市，以及廣東西南部湛江、茂名、陽江等市，治所約在今廣西合浦縣與浦北縣交界處。

此劇今有道光十六年刻本存世。卷端有阮亨、陳逢衡、許之翰、汪之功、貴正元、王翼鳳、阮榮、阮祚、金楷、夏濤、吴廷颺題詩共三十五首，朱鋐題《金縷曲》詞一闋，以及作者自序一篇；卷上末尾又有貴正元題《金縷曲》詞一闋。除金楷係浙江錢塘人外，其餘均爲江蘇揚州府轄下儀征、江都、甘泉諸縣人士。

正文凡上、下兩卷，共十六出。兩卷之首均署『甘泉芙蓉山樵填詞、白沙桂庵居士論文、大興海蓮道人正拍』，是則作者應即芙蓉山樵。莊一拂《古典戲曲存目彙考》卷十二著録芙蓉山樵《合浦珠傳奇》，小傳云：『姓名、字號大小、里居皆未詳，疑即經濟。』

作者自序稱該劇『脱稿在己丑夏』，是則應完成於道光九年（1829）。後『藏之巾箱蓋八閲年矣』，至道光十六年十月前後，乃得人資助付梓。全劇叙水仙花神凌波仙子因與上清仙史有一段離幻姻緣，貶謫下凡十六年。凌波仙子降生爲江南小商人之女蕭阿鬘，上清仙史則爲流寓江南之名士歐陽範。歐陽範因娶妻十年而無嗣，遂於三十歲上下時，被酒肉朋友真伯美、蘇無仝攛掇，娶年方十六的蕭阿鬘爲妾。二人婚後琴瑟和諧，如膠似漆，歐陽範并爲蕭阿鬘改字妙華。不料阿鬘之母王氏貪財，真、蘇二人無賴，遂於歐、蕭二人成親一年後，合夥鬧上歐陽家。歐陽範找真、蘇二人理論，竟遭軟禁，阿鬘終被撵回娘家。隨後，真、蘇二人又説服王氏將阿鬘嫁與闊少富嘉良，阿鬘抵死不從，最終拔刀自盡，幸得鄰居袁媽媽搭救，保住性命。歐、蕭二人此一番悲歡離合，實爲上天注定。於是，上帝乃命紫風流花神蓬萊仙子與瓊花大使古生等下凡江南。先由蓬萊仙子幻化出一座棲華道院，再由瓊花大使搭救阿鬘逃出羅網，安頓於棲華道院，最終再度團圓。

該劇的情節與思想稍嫌俗套，唯其流傳甚罕，故尚值得曲學研究者留意。國家圖書館著録作者爲清代程瀚，不知所據。

古言齋善本圖書

道光丙申刊

合浦珠

熙載書首

題詞

儀徵阮亨梅叔

香添紅袖少年時人不鍾情亦是癡蝶夢未回鴛夢醒半修眉史半吟詩

他生尚有誓言存雲散妝臺漬淚痕面似芙蓉心似鐵可憐黄土弔貞魂

秋齋定讞或相如勸到蟾圓喜大書時有其事相同

予主斷合之說直把就中心說破一家雍睦詠關雎

江都陳逢衡穆堂

不是天公要忌才妙文都向苦中來若無入骨傷心處爭得江花四面開

一卷冰絲欲斷腸愛河難擺費思量此中日夕渾無事拚得殘生淚幾行

惹恨無端是我曹況教平地起波濤世間多

少蟲和蟻都付收場烈士刀

斷絕塵根冷若冰逃禪自比在家僧見君三十初度

詩若教綺語都銷盡除却珠還斷不能

醒來蹤跡又如何萬事癡聾且任他乞得邯

鄲如意枕一生長願夢中過

不須漓斷說絲纏只要郎君石比堅十二萬

年容易過有情終結再生緣

甘泉許之翰春卿

蜂作冰人蝭作媒黃金滿地買春來班香宋豔無知遇僥倖名花嫁秀才

風折梧桐拆鳳皇强爲錢樹太荒唐蕊珠只合歸天上合浦從無兩孟嘗

移坐謀聽落葉聲袖中短七雪霜迎杜鵑血盡桃花死化作冬青結女貞

筆代媧皇補恨天寫他缺月夢中圓歐生福

比盧生薄有夢何曾四十年

儀徵汪志功建勳

妙華惟我曾親見十五婷婷貌若仙一自珠

沉人鬢改丁香開過十三年君舊居韻廔仙館有紫丁香一

株

儀徵貴正元巍卿

聰明人是有情癡譜出心酸絕妙辭莫道珠

沉春已去賺他潘鬢早成絲

風流休比杜司勳不是當筵乞紫雲夢裏明

珠還合浦雖天無可奈何君

儀徵王翼鳳勾生

碧海青天恨渺漫明珠空換淚珠彈人間多

少鴛鸞夢顛倒都從曲裏看

雲散釵粱雨不收花開依約紫闌頭何郎一管春風筆腸斷當年香祖樓

儀徵朱　鋐震伯

緣會憑文字看那時閨中占盡美人名士一霎生離同死別死別惟酬涕淚最苦是生離難慰怪煞風狂兼雨驟把名花顛倒蒼苔裏蠭與蝶浪游戲　他生未卜今休矣可知他

優曇暫托柏舟終矢翻笑柳花輕薄甚覥慣
穠桃郁李更那識凌波仙子一粒明珠留不
住算書生福薄都如此還合浦夢中事調寄金縷曲

儀徵阮　縈少梅

才名合並掌中珍甲帳鸞交正好春歌得定
情詞一曲應知不負斷腸人

一家麟趾咏芳年地久天長誓亦堅那忍鴛衾春夢散瑤情擬結再生緣

儀徵阮祚華甫

一曲徵麟意倍長無端人世有悲傷雨風竟把名花妬不入愁鄉卽醉鄉

帖寫靈飛筆一枝當年應悔買春遲倘教合浦明珠返金屋嬌藏世莫知

錢唐金　楷竹簃

急管繁絃一曲新錦心繡口羨才人鴛鴦驚

散渾難定忙煞花神與夢神

青銅打碎再圓難夢裡還珠不算還懵懵紫

風流一樹不知天上是人間

狂蜂浪蝶自紛然絶豔驚才太可憐願得都

依慈父母不教貪取賣兒錢

手軟心柔稚女人抽刀偏欲斷情根巳判貞
石鐫名字多事梅花又返魂

江都夏濤松庵

雲母屏開梟博山鈿車隱隱叩花關烏絲銀
燭圍紅袖織女牽牛自等閒

書劍漂零正少年功名富貴但憑天梨花一
樹和烟瘦好樹朱幡玉砌前

粉頸紅生一縷霞神仙品地女兒家世間只
有情難盡幾處香泥惹落花

閒庭芳草揔宜男珠在驪龍頷下探神女生
涯原是夢他將人慢揔心甘

步步猶疑是夢中偎紅倚翠可憐蟲些兒一
點無人見爲甚吹簫下碧空

不夢相親夢別離乾坤一箇夢包兒夢中忽

被人身誘一種傷心祇自知集本集句

儀徵吳廷颺熙載

終古難平離恨天身辭掌上劇堪憐猶餘妙筆傳心曲字字珠流水折圓

鴆媒蜮伺本尋常燕懋鶯僝枉自傷安得伶倫爲裁竹聲聲都是協歸昌

曾聞本事增惆悵載讀新詞意沕綿解道夢

中還入夢蝶飛栩栩亦蘧然

自序

嗚呼歐陽生尙得謂之有情人乎爲名諸生不能有一小星受制僉壬致挾堂上命刼之以去去則已耳又荷荷書空形諸歌詠大江南北和者百數十人一病瀕死而竟不死有情人固如是乎余倚聲寫之所以實歐陽之過非望三千大千憐而迴護之也脫稾在巳

丑夏知者纔三數人藏之巾箱葢八閱年矣
今劉子蒲泉助以鏹貲屬授剞劂誠盛舉也
雖然聲音之道甚微工如玉茗當時尚謂拗
斷人嗓子予何人能免人之訾議乎嗟嘑宇
宙蒼茫元音具在嶧陽桐孤柯亭竹盡安得
與天下後世知音之有情人一討論之
道光十六年歲次丙申十月書於半園窗梅

花下　　芙蓉山樵弁識

合浦珠傳奇卷上目錄

第七齣　麟徵

第八齣　鴛妙

合浦珠傳奇卷上

白沙桂庵居士論文

甘泉芙蓉山樵塡詞

大興海蓮道人正拍

第一齣　蜮伺

場上懸紫風流館扁額場角設書案生巾服

上南呂引子一翦梅書劍漂零正少年不受

人憐未受人憐功名富貴但憑天詩有徵權
酒有徵權

無意功名好賦閒朝朝閉戸卽深山多情
秖在天倫內除了天倫盡可刪卑人歐陽
範表字徹菴大名人也江南流寓研北棲
遲博得一領青衿消除半生黃卷難得者
堂上年高閨中賢淑當此堯天舜日歌咏

太平自覺天地間也少此一種贅疣不得

今日詩逋少閒不免將案頭書卷展翫一

回取書介

帶醉太師繡帶兒牙籤掣琅函乍展消磨日

影花磚天成就盛世閒民柴扉閉白日林泉

看書介呀順手拈來恰是一種影梅庵憶語

我想辟疆先生天崇才子眷一歌姬繾綣纏

綿眞不愧一往情深也呵【正宮醉太平】凄戀

傷心美眷。似鴛鴦眠穩波恬烟軟。雙棲百年

葬書生不羡神仙。（歎介）可憐小宛一病竟自

不起。天呵你爲甚不廻護些兒呵。（淚介）堪憐

【太師引】名花每被風雨譴。留多少涕淚詩篇

呀我好癡也。不干巳事。竟自傷心。然而書生

亦有奢願。呵還願你香魂示現。（刋鼓介）影梅

庵。結人間天上舊姻緣。

此書惹人傷感。不願看他。且於閒處消遣

一回。則箇正是奢念枉思三月。閏癡情空

替百花憂。【下】【副淨短白鬚丑無鬚毡巾布

服仝上】

【一】翦梅【副】人過中年想賺錢。弄到蘇。元又弄

花邊。【丑】假仁假義厚雙顴。發咒連天。大發財

源。

副小子眞伯美名叫天化的便是。丑小子

蘇无全。名叫全文的便是。副我每連日不

見歐陽猷子。何不全往看看。丑阿伯美澈

庵徹而不徹。娶親業巳十年。族無應嗣爲

甚不過繼你我兒子。副无全之言差矣。豈

有年甫及壯。預備後事之理。再過兩年。必

有壞人攛掇娶妾生子亦在意中（丑急介）
這便怎好（副笑介）我說你比我小得一半
年紀此些須煩難又便急聲岔氣生薑老的
辣以後凡事做我應聲蟲六耳不傳（丑笑
作鬼臉急付耳介）（副如此如此如此）（丑連揖稱
謝介）（副此名先發制人又名欲擒先縱天
機不可洩漏就此去罷（行介）（合行行去去

去去行行。副來此巳是。不免逕入、雜僮上

卷簾惟白水。隱几亦青山。眞蘇二一位爺來

了。相公有請。生上爲讀詩書常嫉俗偶因

風雨悔栽花見禮坐介生二一位何來。副連

日不見特來奉看。丑特來奉看說甚何來。

難道有事才來沒事就不來了不成。生笑

介生受二一位。何以克當。丑克當克當有事

相商。如其不允。我輩面上無光。生祗要允得的事。何不請教。丑豈但要允。並且要緊。副笑介正經話。无仝。以游戲出之。宜乎澈菴不解。賢弟呵。此言且緩。聞之尊壺。我爲你、

宜春樂宜春令調琴瑟。已十年。白頭親。高堂壽。萱男兒有子振家聲。才是先人願。生此事

久在愚弟懷抱如之奈何（副）噯吾弟詩人豈

不聞爲子買花眞得計麼賦小星金屋宜開

宗祧事我言非僭（大勝樂）名花暫選問珠簾

十二可有嬋娟

（生）非是愚弟生不二色奈比來惡俗呵

學士解醒（三學士）刺手花枝多中選紅絲無

限糾纏一不得人郎成笑柄此事祇好緩圖

（副笑介）呵呵、這要吾弟情願。非是愚兄夸口。誰人不知我的大名。我一手經理。還怕那箇來。阿。祇須你春風稱意花經眼。莫管我猛雨零頭擔在肩。（仙呂解三醒）怕子怕壘卯山高鞭不易。更休說如玉人來遠似天。（生）承關念仗氤氳大使牒注姻緣。

（副丑）如此告辭了。（生）二位美意。必須計出

萬全（副丑）這箇自然（副丑）點頭出作鬼臉

笑下（生）伯美无賴著名无仝貪財成癖卑

人以錢買花料無他慮重託二人似亦不

致替花作祟耳

尾聲　春光無價花枝倩好樹朱幡玉砌前（指）

（介）眼見紫風流館中又添一分春色也且打

疊雜事香奩一兩篇（下）

第二齣　鬧愁

仙呂引子紫蘇丸旦淡粧上夢中忽被人身誘小心兒靈光一豆掩紗窗無計遣閒愁咳剩梨花一樹和烟瘦

無情翻似太情癡花在東風命一絲人到傷心才薄命女貞爭柢合歡枝小奴蕭阿鬟今年十六父親小本經營母親王氏性

好羣居。咳、雖說身如柳絮。豈敢隨風漫云。
命似桃花。并難消恨。昨有豪門向母親說。
願以千金。聘爲外室。我想女兒家從一而
終。外室則跡似倡門。身未分明。可離可合。
豪氏千金、原如糞土。女兒一命。有似鴻毛。
是奴拒絶母親。遭了一塲打駡。阿也來往
多人。眞似羔羊伴虎。草菅一諾。卽成彩鳳

隨鴉。實是度日如年也呵。

【醉羅歌】醉扶歸春來未許腰支瘦。愁城一座

放眉頭。絮果蘭因等輕漚。盤金待把眞容繡。

天呵。我阿鬘但求不致鳩占却也。不想鳳求

能篤一名士小星足矣。【悲介】皂羅袍敢望華

門美胄。才人好逑。起居八座。夫人自由。從他

獅子河東吼。【羽調排歌】心將就。身領受。比似

那邯鄲挾瑟定風流。

小奴幼就女塾。聽見先生念的多是甚麽歐陽澈庵的詩詞。想必這人是古來才子了。如得這般才子。做伊小星。比那官誥夫人還更榮幸多少哩。

醉歸花月渡醉扶歸烏絲銀燭圍紅袖。金釵紗帽共清幽。寶帳輕寒暈春愁。彩毫分上眉

山秀噯、阿鬟癡也你家來往者無非負販庸
夫不則就是豪貴浮浪子弟爭能有此第一
流人物呵（羽調四時花）休休嫁才人、總緣前
世修好姻緣也因前世留（月兒高）各有因由
無端的那能彀昏慘慘前生了黑魆魆今生
又好在徹庵是箇古人生不如願死可遂心
倘母親再來相逼留女兒身以歸地下侍奉

先生杖履，豈不是好。咳、也祇得如此了。阿渡

江雲不爭的芳草萋萋滿玉勾。誰信我爲地

下才人。矢柏舟。

揮淚凝眸長歎下

第三齣　鳩媒

南呂懶畫眉貼豔裝上白版門前柳絲拖。驄

馬人來問苧蘿。殘紅竟自委餘波。天生薄命。

桃花我兒女已長飢寒猶昔叫奴如何是了

也再休提半老徐娘韻致多

樹頭樹底覓殘紅心有靈犀一點通神女

生涯原是夢門前立地看春風奴家王氏

人稱賽西施悞適所天做了道旁苦李女

兒阿鬟今年十六歲了生得十分標致阿

毋仔肩正該是他替代爭奈這箇脂粉生

涯。死也不從。昨日有位少爺。情願出銀千兩。置爲外室。我想這就是天大造化了。晚來與他道喜。反被這箇不識抬舉的東西搶白一場。他說女兒家從一而終。你想我每這種人家。還想甚麽旌表貞節。昨日眞伯美大爺著人來喚我。說是替女兒做媒。當時我笑了一聲。回他去了。你想伯美做

媒。衹不過風月道兒。必更不從。他連日只

索人也不見。睡至此刻尚未起身。咳我做

娘不著。且去喚他起來梳洗。則箇正是待

他心肯日。是我運通時。（下）丑持書畫扇搖

（擺上）

（前腔）誰識蘇家小阿哥。一日三千謊不多。旁

人笑罵儘由他。天生貪鄙聰明我。昨伯美一

番言語。猷子己經活動了。小子自稱說謊慣

家。以後不得不讓伯美出一頭地。（笑介）且尋

他商議去。不枉你名喚山君口似河。

（下）副持書畫扇搖擺上

（前腔）世上人人笑我㚢。矮子從來毒計多。衙

門透熟吏胥和。親朋鄰舍休撩我。聞得王賽

娘有箇女兒。十分美貌。著人喚他不肯。逕來。

難道他惱我上次香錢未找麼。咳、你難道還

不曉得眞大老官的脾氣。尋花問柳。不肯用

自己之錢。推食解衣。大半慷他人之慨的。喲

却笑我爲雨爲雲一半馱。

（丑）行上。副作見介。无仝何往。（丑）特來相尋。

不期途遇。（副）最好。聞得王賽娘有箇女兒

十分美貌。獃子眼界甚高。不弄箇頭等物

事。料也引他不動。何不同去走走。（丑）最妙

最妙（全）行介（副）貪心思捉月。（丑）饞眼怕逢

花。（副）到了。叩門介賽娘在家麽。（貼）上曉鏡

但。愁。雲。鬢。改。畫。眉。深。淺。入。時。無。是那箇。（副）

是你心肝來了。（貼）開門副渾介（貼）笑介我

道是誰。却原來是。（副）我道是誰。却原來是。

（各笑介）（貼）二位請裏面坐（副）（丑）相讓全進

讓坐介貼送茶介貼作旁坐向副飛眼嬌

聲唱介

孝南枝孝順歌可恨你心如磨。常閃躲奴茶

前飯後望你過。副此言不信。我昨日請你。你

還不去呢。甚事兒絆住老嬌娥。媒人怕我做。

貼你慣人前撒科。信口開河。此事說來話長。

恨我女兒心大。奴問你做媒的那一家。可是

托塔天王。不麽、就是崔判官。副此話怎講貼

咳前日有位少爺。願出千金娶爲外室。你說

可是一注大財。他抵死不從。我疑惑他不在

人間嫁人了。他思量貞女牌坊。實做了我的

賠錢貨、副歎介這就可惜了。鎖南枝品貌兒

這麽嬌。心性兒這麽錯。

我每做媒的是歐陽貢生。這人呵。

前腔眞年紀。三十左、只要令愛生得一男半
女養兒便是家主婆。况乎箱籠滿綾羅。錢米
裝成庫。何不請令愛出來。讓我每當面勸他
女兒家好勝者多。或者肯了也未可知。貼承
二位盛情。他祇怕沒福。小妮子聰明自魔。折
挫由佗。有甚收梢結果。他的性子好不壞咧。
祇他十六歲嬌娃身分比君家大。丑氣介了

不得了他的女兒比我每的身分還大哼、我每實實的都是捐納未入流的職銜呢〔副〕无全快不要如此這句話休發怒這頭媒我偏做

〔旦〕內叫〔介〕母親〔貼〕來了向〔丑〕〔副〕〔介〕不識抬舉的東西嗅我二位暫且失陪〔副〕〔丑〕請便〔貼〕下〔丑〕這箇聲音嬌而耐聽想必是他令

愛了。說了不從。一打了事。哎呀。板子扂子
不要碰到我每四片臀上溜了。罷作欲走
副捺復坐介副該死。從與不從。何能對客
責女。不要亂說。貼上這就糊塗煞人了。副
丑令愛喚你何事。難道適才的話。唐突了
他。麼貼歎了頭。今日不比往常。他說你每
的話。他都聽見了。他說做媒這歐陽貢生。

還是已死過的人。是現在的人。這話你說糊塗不糊塗。（副）這就奇了。哦、這歐陽範號叫徹庵活潑潑的人。怎說已死過的。不信我每手內的扇子（指介）俱是他寫的自做的詩詞。這面是他繪的花卉。何不取與令愛一覷、（貼接扇介）咳、養了這樣獃了頭。我也沒法了。（取扇下）（丑）伯美看來不妙。（副）神

機妙算你。那得知。貼笑上喜氣生眉睫財
星入命宮。咳、誰知他不嫁王孫公子。倒嫁
這箇甚麽貢生。副賽娘來了。貼二位我女
兒見了此扇。默默無言。我說又是寫了甚
麽惱了他的話兒。半日說了四箇字。副必
是不嫁書獃。丑必是不嫁不嫁。貼都不是。
他說甚麽之、死、靡、他、。遞扇副丑介轉致二位。副妙阿。這就難得了。也是他每的姻緣。賽娘的財運。然、而我有錦囊一。封依得我便做媒。不依。休想。貼寬家又來傴人了。縱有也不過替奴生財。有甚不依。副記了。

鎖南枝千金擔我自荷。貼全仗大力。副一枝花你教妥。貼這箇却難。副賽娘你又來迁了。

怨女癡兒籠裏鷺。成敗在蕭何。心機莫施錯。

袖中取銀票介此是身價請收我與猷子再

算四月二十七日是箇良辰你便將令愛送

去洞房花燭過得一年半載你去鬧傻貢生

此計名爲驚蛇歸洞曉得麽逼他來我尋我

貼喜福介

前腔多承指敎我行藏休問他須道桃花嫁

了常多燕子移窠東食西家臥二位呵可恨

我如花女。似著了魔。說甚麼嫁才人方快活。

副笑介先叫你快活。後叫你女兒快活。幾時才教我快活哪。貼啞。下副安排已定。好去送信獃子。以便預備洞房。丑獃子今日尚以我每爲好人呢。副那箇罷了。口内終年無好話。丑眼前絶分有家貲。副善惡到頭雖有報。合管他來早與來遲。下

第四齣　鳳耦

【仙呂引子】【奉時春】（生吉服引末院子上）雲母屛開㠀博山，好位置，架簾蓉，鑑秀色，堪餐綺懷新懺，見小星三五東方爛。

願得同心人，化爲共命鳥，飛上合歡枝，仝聲啼到曉。昨伯美充仝來說，已替我選下小星，年方十六，甚是慧美，阿母頗云不潔

其人能爲青泥蓮花是可憐者今日良辰

俺祇得將惜花心性打疊一番再定情詩

詞也不免聊綴一二篇命婢子輕雲曼聲

以度豈不比那李三郎的金釵鈿合畧雅

馴些【嗅介】輕雲何在【小旦扮輕雲同四雜

旦執樂器上】【合】料得也應憐宋玉一羣嬌

鳥共啼花相公婢子每萬福【生】今日新姨

進門。俺製得定情詞一篇。欲煩汝等柔絲脆管。并央輕姐曼聲歌之。（衆旦）是理會得。

（雜車夫推旦貼旦豔服仝上）

（唐多令旦貼合）喜氣逗眉彎。花香拂繡衫。鈿車隱隱叩花關。折取合歡花一朵。看明日、上雲鬟。

（衆旦奏樂作迎介末引車旦貼下車生迎旦見禮生回揖旦用扇遮面貼見生禮

介妾身王氏恭喜相公生回揖介院子你

引新姨母親王奶奶去見老夫人夫人請

安道喜留王奶奶吃杯喜酒末是引貼下

生遙觀旦介

高平過曲八仙會蓬海八聲甘州書生未敢

嫁措大郎君豈須絕代芳顏團欒今後應教

修德償還訛仙燈合青絲製錦棚千里紅絲

繫金鈴十萬月上海棠供清鑒惟願取比月

光輝百年眘案生近覷介

杯底慶長生傾杯序摸頭羞慚尤耐看這芙

蓉雙臉無庸贊換他體態溫柔性地聰明眘

目風華骨格高寒長生導引合看隔歲麟兒

應誕須記取知己姻緣同心仙侶卽閒庭芳

草總宜男副丑從九品冠帶上

八仙會蓬海（換頭）著意填橋通碧漢。暫留住彩雲。綠暢紅酣。（小旦）眞蘇二位爺到。（生見禮介）（副丑）效勞不周。未知有當尊意。（生）感切之至。足見盛費清心。感老人鴛牒拯花水火。他生定許銜環。（副丑）至戚之間。何云致謝。但願你夢熊羆、珠胎有兆。療倉庚、花宮無恙。我每還要到堂上道喜去。不可久惹新人厭了。（生）

恕我不陪。（副丑）容汝贖罪。（出介）你看他壁人
相對。情影生憐。好不教俺羡煞也。心難按他
每似交頸雙鴛。俺每是失羣孤雁。
（笑介）哈哈。俟諸異日。（各笑下）（末上）禀相公
親友各位老爺。道喜。都有帖兒在此。（生）說
我權謝。客日登門。（末）是。（下）（生）阿新姨貞白
幽閒。在人耳目。此事全虧伯美。无同新姨

幸也。卑人製得定情小詞。不嫌蕪陋。即煩輕雲輩一歌。旦含羞低聲荅介郎君風雅多情。賤妾所知。諒妾羞顏願聆雅奏生吾聞新姨識字能書。袖中取箋介何不先觀後聽。會心當不遠耳。旦起立接箋介生聞得新姨小字阿鬘。今後請以妙華。爲字。旦含羞低荅介是。低聲念箋介百字令風姿

綽約最關心嬌鳥依人初覺池上鴛鴦同
白首菡萏晚風簾幙芍藥含春薔薇臥晚
笑鑄風流錯關雎上口二南絕好詩學
試看百字新詞一箋紅紙便是房中樂從
此維摩方丈室添箇青衣量藥玉局朝雲
香山樊素精感終相託鞋香笠重他年應
伴行腳是好詞也呵〔小旦唱前詞衆旦作

細樂或唱雜曲畢（旦）去扇唱（介）

千秋舞霓裳（千秋歲）這前生愁自今宵散竟一點點無甚相干（背介）如此書生如此書生酬謝你世世相憐無限（舞霓裳）新詞也似將人慢他將人慢總心甘（小旦）蓮漏頻催玉繩低轉請新人安寢罷（旦轉介）俺羞得一身珠汗祇這銀蟾小又何苦欺奴上雕闌

（生）哦、新姨睡去罷。（旦）以袖掩面（生）攜（旦）手

行介（生）

尾聲玉繩低轉銀河淡，織女牽牛自等閒。阿

妙華、僥倖煞。我珠在驪龍頷下採。

（衆旦）擁（生旦）下

第五齣　鵲警

（商調引子）（逍遙樂）（老旦）仙裝持瑞香花上（一）

片空空者治葉倡條弄兆苔問蓬萊弱水幾

星查紅雲一縷胡蝶成團何處天涯

小仙紫風流花神蓬萊仙子是也只因水

仙花神凌波妹子與上清仙史有一段離

幻姻緣謫下塵寰一十六載諸苦備嘗實

爲可憫却有唐時古生因救瓊花神劉無

雙近已位證瓊花大使畢竟他因俠而仙

見獵心喜。欲倣無雙妹子故事。出奇法救

他。誰知別有根因。上帝不許。命俺一仝下

凡。先將仙史家紫風流一株。收歸閬苑。俟

災星圓滿。方能意外團圓。呀。你看大使早

撫劍而來也。外白面烏鬚劍俠裝上神仙

那作恩佽夢。日月還跳黑白丸。老旦迎介

大使稽首。外見介小仙有禮。老旦昨大使

一片婆心。竟成畫餅。愚如草木。沐德無涯。

（外）俺好惱哩。竟也拘不過也。（老旦）此去尚

求大使慈悲。使吾夌波早出火坑。實爲恩

便。（外）俺不肯麽。（老旦）是阿、大使。蓬萊紫風

流一株。下世已近百年。眼見仍歸天上也。

（外）便是（老旦）

金絡索（金梧桐）風流恨有芽。定受天公罰。一

樹繁葩頃刻漂零也傷心剩一些〔南呂東甌令〕小娃娃忍怪雨盲風折挫他從教心性天還大〔南呂針線箱〕如此風波肉也麻〔仙呂解三酲〕聽都怕〔南呂懶畫眉〕神仙品地女兒家耐了些煩惱波查也留不下凌波襪

（外）仙子你恰悟而未悟呢俺久涉情場深知情味試演說一番你敢也笑俺多事哩

梧桐半折芙蓉花【梧桐樹】仙姝蕚綠華才子

愁司馬怪雨盲風說甚神仙話這另有根因

是造化愚人法一種人間稱意花【芙蓉花】想

一年恩愛風月總憐他焉有箇凡人過怕直

待到粉頸紅生一縷霞才知道花木瓜卽早

抽身省多少傷心也

【老旦】如此說來俺逡波錯了也【外】却也不

錯卽色卽空亦空亦色其間只費人參悟

些𠄢〔老旦〕阿大使俺試說來

梧桐樹犯〔梧桐樹〕掐損虀金芽撲碎鴛鴦瓦絕豔驚才一幅銷魂畫東風枉被鶯兒罵幾處香泥葬落花〔南呂五更轉〕靈妃不降三清駕便宜些𠄢不遇才人把新詞填寫

〔外〕仙子你也不必參上座了俺每就此往

江南走一遭也（老旦）當得奉陪（外）

（梧桐樹）神仙沒我他兒女關風化笑向人天告箇多情假他每意外團員呵牡丹方顯出千金價棲華藏真呵要藉蓮瓣藏將五色霞稽首慈雲暫說句無生話兀的不是補滿了情天罅

一自仙娥歸碧落了無踪蹟在人羣（老旦）

回首下看塵世事。今朝忽見下天門。（外）請

（老旦）請（仝下）

第六齣

鴉塗

場上設書案上放筆研法帖數種場角設紫
瑞香一巨盆（正宮引子）（新荷葉）生便服上花
妥、雕、闌、雨、初、晴。暢、好、是、綠、窗、人、靜。夜、涼、十、二
敞、銀、屛。春、風、一、面、開、糚、鏡。

步步相攜不覺難人間恩愛極難判留君

到曉無他意銀燭金爐夜不寒卑人自妙

華進門之後百事遂心散去家樂自鳴高

尚喜得他骨格高寒性情溫潤名花解語

嬌鳥依人致足樂也昨宵爲愛蟾光徹夜

清談此刻海棠睡尚未足且不要驚醒他

俺趁此朝曦不免將古人法帖試臨一回

好待妙華醒也作臨帖介旦粗服亂頭擕

小旦輕雲上旦

前腔換頭花外幽禽喚人醒記昨夜夜涼人

靜仙郎何事太疼人怕擔承不起桃花命

相公起得恁早倒寫字了生阿妙華見你

花𦚾正酣未敢驚醒無聊之甚藉此消閒

卑人聞得妙華妙於小楷輕姐何不將奩

具取來卽此晨粧卿卿、觀運腕、我看梳頭、豈
不是絕妙的阿〔小旦〕應取梳具替旦梳頭
〔介〕生一面寫字一面覷旦〔介〕
〔刷子帶芙蓉〕〔刷子序〕通體可憐生、方才睡醒、
早則粧成、耀釵光、寶髻玲瓏、驚豔影、彩色聰
明、想前世緜緜難盡、准今世心心相印〔玉芙
蓉〕泥人靜品妙華、何不試臨小楷一篇要看

你小畫芽。珍珠宻字寫紛紛。

（旦）小奴久欲執贄門墻，如不見笑塗鴉，謹

臨靈飛小楷，伏求正腕。（生）妙呀。

漁燈映芙蓉。（旦）拂紙（介）山漁燈展冰箋，濡筆

（介）濡纖穎。端相寫（介）奴小試簪花靈飛仙品。

輕、重、處、蟬、翼、崩、雲、點、畫、間、緜、中、有、勁。（生）笑（介）

如此楷法，豈止一字一縑，卑人喜作擘窠，怕

書小楷今後閨中有捉刀人了（旦）禁聲快休

教掃着弟子摹書墨寫烏絲定損書名（生）妙

華何不索性將這箋兒寫完了（旦）復寫介（送

巡似春蠶食葉聲野鶩家雞因天分自古解

人祇筆性靈還求正（想介）稱呼似韻（稍停急

書介）阿有了（玉芙蓉尾）女門生阿㛮蕭氏（妙

華臨

生妙呀輕姐取來。小旦取箋介相公你好

有福哩。

普天賞芙蓉普天樂可憎才。神仙品字兒眞

麗兒俊、祇新姨、種種聰明、稱郎君、有福多情

婢子情願做新姨。學生相公肯麼。侍、糊臺授

受、闈、門、訓。比、立、雪、撘、簽、諸、般、韻、生笑介這恰

妙哩。看旦介笑、卿卿才做門生、小、鬟、早、束、脩

加謹。小旦相公又來取笑了。遞箋介玉芙蓉

尾且請看小銀鉤纖纖不枉手如銀。

生接箋介生妙呀

朱奴折芙蓉朱奴兒女書記花明玉淨兒有

箇筆花尖穎。你肯爲夫壻文蕭寫唐韻。比似

那成仙尤幸。小旦簾外紫風流一時忽然開。

了。旦淚介生妙呀、此花已近百年。每歲花時必當仲春想因我妙華驚才絕豔花神有知定亦相妬花呵你那理及得人來哟（旦泣介）阿相公凡物反常者謂之妖此花開非其時妾身命薄如花特恐非吉徵耳（生）妙華放心豈不聞見怪不怪其怪自敗況我以爲祥則祥我以爲妖則妖休悲哽被花枝笑卿（旦哭介）

（玉芙蓉尾）斷腸人怕春風恩怨不分明

（內作風起吹花落介）（生）呵。呀。霎。時。風。起。將。一。樹。繁。英。吹。落。也。（旦）哭伏案作鼻衄小旦作捶肩背介（生）我每姻緣久注。氤氳大使鴛鴦牒上。何物花妖。相戲如此。唔，記一大過。（旦）痛哭介（生）輕。姐你與我扶了新姨內房將息去。同扶旦起介（生）哎。

（尾聲）縱妖祥難使書生信。（旦）淚介紫風流人

花共命。（生）阿妙華。適才寫的靈飛經。能解厄

飛昇。今後。呵俺、與、您、且、從、事、靈、飛、一、卷經。

（同扶旦下）

第七齣　麟徵

（雜扮四童或多亦可遶場打觔斗迎外小

生末神裝扮送子詹將軍送子高元帥送

子張仙各抱子引神從上）

二犯江兒水（合）傳宗接代。職掌的傳宗接代。

誰跳圈子外。來來去去。擠擠挨挨。這機關天

也。駭（外）小神乃送子詹將軍是也。（小生）小神

乃送子高元帥是也。（末）小神乃送子張仙是

也。（合）俺每職掌嗣續。統屬智愚。體上天好生

之德。爲下民繼絶之因。今奉帝勅。江南有段

離幻姻緣。先送麟兒。使其珠胎有象。後來意

外團員方顯得十分美滿笑下民不識天心向俺每祈求請禱眞是舍本逐末好不癡也福壽小孩孩都從陰騭來學貫三才位列三台文章事功人莫賽報德應該然強如報怨應該兒孫之債莫欠下兒孫之債只這箇悶胡蘆絕好猜

（同立高處介）雜扮童打斛斗繞場迎老旦一

小旦貼花冠繡裳催生送生保生三娘娘

各抱子領女神從上

前腔（三旦合）花冠封拜九天上花冠封拜。坤

生俺執掌。（老旦）小神乃催生娘娘是也。（小旦）

小神乃送生娘娘是也。（貼）小神乃保生娘娘

是也。（老旦）只因水仙花神。與上清仙史一段

離幻姻緣。奉玉旨先賜麟兒。好待伊意外團

員也（三旦合）半年鳳侶一粒珠胎可憐人笑口咍神從每就此駕雲去者（旦女從領法旨駕雲行介）（三旦合）奉勅離瑤階雲光繞玉釵催送嬰孩保送嬰孩吾神暗中忙箇歹（作見衆介）諸位尊神小神每稽首（衆下高介）小神每有禮俺每既奉帝勅就此仝到江南禀遵奉行也（衆神從合繞場介）（合）聲色錢財忘不了

聲色錢財貪嗔癡愛却有些貪嗔癡愛求俺

每送兒孫自可哀

（神從引衆下）（衆童打觔斗遶場一回下）

第八齣　鴛妙

越調引子【祝英臺近】（旦）病容攜（小旦）輕雲上

（旦）夢兒中腔子裏春影被花惱一桁珠簾梅

子枝頭小（小旦）香夢荼蘼天涯芳草甚事兒

被春知道

〔卜算子〕〔旦〕春夢似花飛，忽被游絲繫。行旣無憀坐又非，好是昏昏睡。〔小旦〕春去臉消紅，春至眉消翠。一種傷心各自知，說破全無味。〔旦〕阿輕姐，連日覺得心頭酸悶，睡味忽甜，鼻呶才痊，敢又是甚麽病兒來了。〔小旦〕笑介，據婢子看來，恐是喜呢。〔旦〕阿輕姐你那裏解得阿。

越調過曲祝英臺那絮漂茵花落涸香怕斷頭燒養在華門。嫁了才人省識此福難消無

謬。太胡邪荳蔻春含。小旦想眞箇珠胎方兆

不是呵爲甚心酸悶入月紅潮猶沓。

旦羞介輕姐敢則假也。

前腔換頭休攪。假了頭眞知己一樣比紅蕉。

說甚月影孕珠。信杳紅潮。（低唱介）縱使玉田生苗。虛耗。（淚介）裊臨風楊柳絲縣。經猛雨桃花命薄。（小旦）俺每雖說傷心。料也不致於此。（旦）哎、輕姐你那理知呢。好姻緣。愁他甘蔗無梢。

（生上）

前腔（換頭）倩妙袖中臨得靈飛。一日幾回瞧。

阿妙華何事傷心製得桃花小箋芍藥新詩

要你美人親抄（覷旦介）肴梢（轉向小旦介）怎

他新月兩彎含著閒愁多少（小旦笑介）似郎

君怎不會惹新姨煩惱

（生）是阿卑人頗有不到之處我知罪了

前腔（換頭）輕薄是儂放下羅幃談心至清曉

（小旦）這却不是（生）是阿是我醉後語言（小旦）

不是（生）愁眸情懷（小旦）也不是（生）亂把臉兒

偷瞧（小旦笑介）一發不是了（旦笑介）蹊蹺祇

君絶世聰明偏也被嬌鬟調笑（淚介）感君恩

你是何會笑落

（生）然則何事傷心哪（旦）偶爾心頭不快有

甚傷心（生）是阿妙華是通脫的人無心者

謂之過（揖介）卑人也知是不介意的（袖中

取雙櫻（介）妙華見麼物。亦如人相親爾爾。

（旦）笑奪嗋斜覷不語（介）（生）大笑（介）我每還

是寫字去罷攜（旦）手行（介）（旦）從來有淚非

無淚。（生）道是無情却有情。（小旦）世間祇有

情難盡。（合）何況親逢絶世人。（仝下）

合浦珠卷上終

題後

夢裏珠還矣算　傾城名士大都如此棖

觸青衫淪落感況是春寒如水爭更把眞眞

喚起優鉢曇花難再現剩溶溶滿院棃雲耳

留豔影畫圖㕀　沈園休憶年前事有歲歲

清明寒食月明煙醉今日登場君痛否又髣

髴珠沉玉碎何處問殯宮荒寺聞妙華瘞玉西門雙橋布

金庵側　換羽移宫無頼甚便么絃都有凄凉意
聽字字迸清淚

調寄金縷曲　　儀徵貴正辰蓉舫

合浦珠傳奇卷下目錄

第十五齣　虹隱

第十六齣　蝭圓

合浦珠傳奇卷下

白沙桂庵居士論

甘泉芙蓉山樵塡詞

大興海蓮道人正拍

第九齣　狗噬

（貼上）計就月中擒玉兎。謀成日裏捉金烏。奴家王賽娘。自從將女兒賣與歐陽生巳

卷下

有一年。只得依了眞伯美的錦囊。約了俺

結義妹子陸大娘。并丈夫蕭旭。與小叔旭

昇。兒子小旭。一仝前去。此刻是時候了。你

每來噓。【小旦】扮陸大娘。凈扮蕭旭。與小丑

扮蕭旭昇。小生扮蕭小旭。仝上。來了。【貼】俺

每此去。務要鬧箇極情盡致。方不負眞郎

一片好心。【衆】理會得。【貼】我的丈夫呀。你這

回要放順手些。【淨】那一回沒有依着奶奶

哪。【貼】這就乖了。俺每去嗻。【衆】吠、【行介】

【中呂】【駐雲飛】【合】妙計瞞天。祇許他家睡一年。

暗有鍼和線。兩箇花花面。【以手虛畫作圈介】

圈。好漢昧心錢。有何留戀。報應雖多。賒的何

如現。【快些走阿、君不見鬧局從來萬萬千。

【作到介】【貼】來此已是。大家鬧了進去。【衆】吠

（作鬧進介）

前腔（合）幾箇糶錢敢買人家女做偏（末上鬧介衆打末介）恃你豪門犬擅阻俺親眷（打末下）天仗你者乎焉誣良爲賤送到當官不過

州和縣是箇好些的快些出來雞肋何妨喫

老拳（生急上）

前腔禍起花前男女喧闐一陣煙有甚讐和

怨欺我書生善。（貼）小歐出來了。我每扯他去。

（生）你等敢放肆。賣女得銀錢。憑媒書券借貸些須。或可從伊便。不是看妙華面上。送到當官也不寃。

（貼淨）小歐你敢如此。我的女兒。你是明媒正娶。你家以大做小。你每這種書獃子。呵。

前腔萬惡無邊。爲妾須當兩情願。嫡庶宜權

變要認眞親眷（哭介）天苦命小嬋娟被伊强
占（欲扯生介）扯到當官共把青天見問你箇
仗勢誣良雪我冤
（生）罷了罷了此事一手經理都是伯美无
全不免就尋他去一心忙似箭兩脚去如
飛（急下）（貼）小歐已去我每歇歇兒好帶女
兒同去罷（衆）有理（作席地眈小丑與貼渾

介（副丑仝上）愚者百計并無一失獃子不知裏應外合絕分家資唾手可得從此以後我每脩橋補路吃齋念佛（副）哈哈、獃子不禁鬧一鬧就來找我這就勢如破竹了（丑）伯美你爲甚麽約了雲舫曲江將獃子軟禁起來必有講究（副）哈哈神仙妙用你那得知獃子回來小蕭怎得出門小蕭不

出門。獃子焉能會死。（丑）獃子阿堂如何。（副）
這箇不難。老人家胆最小的。只要一嚇。就
在我輩掌握中了。（丑）妙計妙計。（副）通盤打
算。毫髮無遺。也還將就看得過此刻尋着
賽娘。叫他每回去便了。（作見貼衆介）怎麽
衆人睡在此。喂。賽娘。（作摟介）我那娘阿。（貼）
作醒（介）我道是誰。（副）作欲親嘴貼指淨搖

手副作伸舌介〔貼〕前件如何。〔副〕畎子我巳

軟禁住了。你每權且囘去。但請放心。包你

女兒破◎壁歸趙便了。喂。賽娘小子這篇文

字。是有一無二的噓。〔淨〕衆醒起揉目介〔副〕

〔前腔〕起結森然。斷。送玉容人上天。翦斷垂楊

線。方顯并州剪。宛。夫壻似神仙。百年姻眷。恐

你鬓兒要把親娘怨。你囘去呵。須快選乘龍

種玉田。

貼福介

前腔百計周全。謝你寃家志意堅。氷炭親和眷。心口刀全劍。權今。夕。備歡筵。與君消遣。不要。分交。凡事。從君便。只是此計毒了些。怕他每死。做。鴛鴦。不羨。仙。

同渾下

第十齣　蛙尊

（老旦巾服扮吳雲舫上）小草入春滋蔓易。好花經雨護持難。我吳興表字雲舫。昨眞伯美約我件着歐陽徹庵想我與他少仝筆研。長負狂名。何忍隨波逐流。墜井下石。但伯美等鐵案難移。我也不做中流砥柱了。（向內叫介）少美兄。（內應介）來了（小生扮

眞少美上朝種合歡花暮伐連理樹。却笑
雙鴛鴦。飢寒棲一處。吳舅拜揖。老旦少美
兄。不知令尊說。蕭姨娘幾時出門。我還要。
進。館。呢。小生愚塲聽得日內就可無事了。
還要有屈在舍間躭擱兩天。淨吏巾服扮
歐陽曲江上寒族無人。餘一猷叔。多情在
骨。不可救藥。二一位耳語何事。老旦曲江俺在這裏議論獃令叔的事情。（淨笑介）無他。

軟而已矣。禁而已矣。（老旦）獃子迄今四日

未進飲食。尚是淌眼抹淚。（淨）不免同去勸

勸。（衆行介）（淨笑指小生介）少美

（過曲）撼動山尊嚴辦事不糊塗。小書獃在掌

握。一箇女嬌娥。頃刻就離了夫。把家財。和田

產。并婢奴。莫挑精棄粗。然而我輩未嘗無功。

卷下 七

（生帶淚上）（合）也要有一股也麼分一股（仝下）

（正宮過曲）【錦纏頭】太模糊暫團員何如淚珠此事有乘除願折聰明今生不近詩書卑人原說尋了伯美去排難解紛誰想他約下雲舫曲江并他兒子教俺住在這裏不知何故不放俺同去今日等伊家來必要委屈問箇端的纔好惟望你白登圍全行解去切莫被

狠封姨。𦐊作前驅。就裏漫猜度。昨夜睡夢之中。恍惚聽得㩧他出去四字。呵呀。莫要應到我妙華身上。嘘。怕做了拒狠進虎毒草沒人𢱍顛不刺癡兒怨女。我護花幡來引嚼花鹿。

（老旦淨小生上）仝謅無理語。來勸有情人。

（老旦）徹庵你四天不食。何苦又在這理自尋煩惱。依俺每說。丢開了罷。（生驚介）呵呀。

難道我的妙華當眞去了。（衆）你是通脫的人。小老婆去一箇來一箇。甚麽要緊。不要迂了。（生）呀。

（朱奴兒）說甚麽書生性迂。一任那花枝來去。莫吝尋常一斛珠。猜我做好色登徒。君休悮。人間丈夫。你每話原非錯。

（副丑上）不施萬丈深潭計。爭得驪龍領下珠。

（副）今日事已將妥。不免同去看看猷子。作

何光景。（丑）正是、我也要去看看。（合）行行去

去去去。行行來此。已是。（作進見介）阿徹庵

苦壞了。（生）二位來得正好。（迎跪介）（副丑）這

是甚麼意思。阿（生）

朱奴折芙蓉（朱奴兒）念小弟生來幼孤。不解

周旋世故。開罪從前。望君恕。（叩介）抬貴手將

妙華留住（副丑氣介）曹騰語（怎）俺們弄虛（副

小蕭他又不穿我每的衣裳（丑）他又不吃我

每的飯（副）我看你這箇光景輕則是病還怕

要死呢（副丑）玉芙蓉尾太癡愚怕因伊一命

喪溝渠

（作氣拍胸脯介）（生）妙華是蒙恩說了來的

還望始終成全喏

朱奴剔銀燈（朱奴兒）望君家成全下愚總勝。
似脩橋脩路願做情人原自悮剩箇陋殘生。
孤注（副丑怒介）你死只好由你自死我每各
做各事。不要理他正是酒逢知巳千杯少話
不投幾半句多。（急下生哭介）我的妙華呀。（中
呂剔銀燈）唏噓這賊心腸世無縱卽世初心
肯負。

哭倒介衆作扶介本來太獃了。我每勸你的話。猶如耳邊風。苦惱是你自討的。阿。生起介哎、

尾聲一瓮醽醁直向俺心頭注。問酒醒今宵何處。眼看着莽乾坤在那一答兒發付吾。衆扶下

第十一齣 鸞離

商調過曲【山坡羊】丙起更小旦輕雲揮淚上

淅零零雨聲不大，定教那花殘才罷。掩虛帷寂寂深閨，閃銀釭做弄銷魂夜。新姨不知何事得罪了兩箇冤家，憑空教老夫人將他逐出。他早間哭了箇死去活來，相公又五日不歸。新姨惟思見他一面，好不可憐。㘄天一涯，書生何處也？這片時已使人成鮓，他衆口公

然毒似蛇不知相公可曉得家中事呢知麽

弄虛囂鬼一車無他莽分開你一家

前腔旦哭上恨漫漫呌不應的天也急煎煎

掉下來的離別眼睜睜望不見的槀砧重沉

沉咽不下的心頭話哎天哪我蕭阿鬟定是

前生造下了甚麽寃業前日我父母不知聽

了誰的話兒到來鬧了一塲相公出去又不

知說了些甚麼二位姑爺來生撈着老夫人

攆奴家出去哎生是你家人死是你家鬼還

出去怎麼哪天也差不容俺掙扎平白地生

生死死將人耍縱鬼鬼人人總是咱姑爺你

今朝特毒些夫呀你今朝看破些

（作哭倒介）內打二更（雜車夫懸燈推貼副

丑仝隨上）（合）

梧葉兒三寸舌。七香車。斷腸人。稱意花。今宵准備翦燈清話。（貼下車副丑車兒且在外面。雜車下貼副丑同進貼作哭介）我的肉呀。必是他家欺你了。我的乖娃。快與我回家去罷。

（旦坐起哭介）

梧蓼弄金風（梧葉兒）俺是他家妾。你先是我媽媽。甚事又波查。（水紅花）你賣女兒錢鈔你

自去享榮華祇今朝你爲甚到他家也囉（貼）

了頭又來耿了此事十家九有朝東暮西多

少鬚眉丈夫尚且如此（旦哭介）（仙呂入雙調）

柳搖（金）無根柳絮薄命桃花你是有志氣的

人要我同去却難一死泉臺倒還瀟灑

（作碰死小旦抱救大哭介）

（金梧繫山羊）（金梧桐）直性小嬀嬀耐着心兒

也一見東君豈忍花枝謝（向旦耳低唱介）你聰明絕世人還怕箇其中詐（旦醒介）儍了頭我自知命該如此的便再見郎君拜托你輕雲姐（小旦大哭介）（旦）山坡羊眞耶他心兒總似咱非耶咱心兒須似他

（小旦）此言兀的不痛煞郎君也（內打三更）

二郎神傷心話甚書生、能受者般禁罰願此

刻飛來相見者從教撇下還賒見見他他（旦）

哭介阿輕姐姐奴與你有勝同胞親妹姐爽快

煞今宵分別（小旦痛哭介）（旦）且免悲嗟你祇

當今生未見奴家（小旦）

前腔（換頭）聽他猶如利劍當胸一下這幾句

言詞還體貼柔腸寸斷何妨畧畧差些我的

娘呀有甚麽話索性說罷（旦）萬語千言甘說

罷塞到喉嚨如啞（小旦哭介）我的娘呀。不用。說了。你。且歸家。只當做郎君游幕天涯

（內打四更）（副丑）你每那裡有許多囉唆話說天色不早。堂上吩咐甚嚴。不要躭擱了。

（副）黃鶯兒何苦肆啤嚥。蕭姑娘念太差。姻緣天定留難下。（指丑介）非關是他（自指介）非關是

咱高堂嚴命眞堪怕蕭姑娘放慷慨些快登

車男兒薄倖丟下你受波查

（車暗上旦哭跳介副丑）賽娘何不攙了令

愛上車去（貼作扯旦旦大哭跳介）

簇御林（旦）天難按地莫撾甚爹爹甚媽媽到

今朝悔煞了當初嫁明擺箇離魂卦（貼作强

扯旦上車旦哭失聲介）莾天涯魂兒尋你知

你在誰家。

（雜推車旦哭下）（副丑貼隨車下）（小旦凝立半晌忽哭介）眼見我那新姨去了也。哎、相公歸來。還不知甚麽結局哪。

【尾聲】潑臻臻夫妻也數不盡百般疼熱。就是奴做婢子的。此後如何過也。提起了傷心。況是他。他。（哭下）

第十二齣　鵜慟

（正宮）【七娘子】（生淚上）何如竟自辭人世，祇今生他生可知。白骨將銷，紅雲偏逝，朝朝洗面惟餘淚。

在天願作比翼鳥，在地願爲連理枝。天長地久有時盡，此恨綿綿無絕期。卑人昨日歸來，始知妙華已經去了。當時我哭了一場。因堂上年高。難與此情俱盡。今日又不知如何過法。呵、有了。不免到他閨中開望一回。（作到介）咳、你看奩具依然。繡牀猶在。爭不教人傷心也呵。（小旦輕雲暗上竊聽點頭揮淚介）

【雁魚錦】（正宮雁過聲）認妝臺都成流淚碑。淚珠兒絕似黃虀味。這苦境叫人難迴避。我自檢殘香拭殘脂。（望鏡介）這小菱花已畫出相思（恨介）咳、畢竟我與伯美兀仝。有甚深佻大隙害得我風花一片飛。我妙華一生愛好。連日不知怎樣思念我呢。料得定花貌都憔悴苦盼着舊人。或者還一會。（中呂二犯漁家傲）癡癡。鏡若重圓。還祇怕相逢意外。又要傷心起書生失計。爲甚麽養虎將身衛。我也可笑

得緊阿。笑癡兒如蠶吐絲。乞封姨吹花上枝
太迷離。太胡爲生察察。分離不許牽衣。不、記
紅、箋、一、令、詞。在生時做了箇沒計較的恨人
眞容易。死去時做了箇沒意味的怨魂俺自
知。（見法帖介）【中呂二犯漁家燈】傷悲。法帖靈
飛。恍見你春蔥翠管多清媚。默蘸香螺。輕舒
鳳尾。微瞥嬌波。斜凭烏皮。憂卿識字。果然平

地颺去了閨中知已直做了雕梁秋社辭巢燕便是燕尚思你春社歸〔中吕喜漁燈〕夢兒有味夢兒難恃癡心處將身就夢夢或相試猛思量斷腸又早是嬌鬟鏡臺梳裏時祇而今空牀繡枕留春影還道你嬌棠猶睡得得。地輕放羅幃不爭你丹成奔月成仙去難道我負性疏頑耐別離輕雲這箇鴉頭眞是忍

人我自歸來影兒不見難道新姨臨去的時

節半句話兒沒有麼（小旦歎揮淚介）（生）錦纏

道犯恨無際怨嬌羞年輕見卑私語怕人疑

哎縱輕雲說也我轉怕重提記那初來的時

節紫風流榮枯太奇不多幾日的事阿並頭

櫻將卿相擬咳趁此無人我不免在他衾窩

裡面偷卧一回天阿你賞箇夢兒與我妙華

一見罷祇博箇夢裡暫逢伊。抵多少峽中尋

覓常逢雨。還怕你在阿母宮中見亦稀

（哭下）（小旦揮淚指內介）易求無價寶難得

有情郎。哎、你看他這光景。怎不叫人心死。

他祇求夢見新姨。竟自在他衾裔裡面睡

去了。（望內介）咳、相公斷了夢。是要兩個人

做的。你睡知他此時怎麼哪。

〔尾聲〕君眠未審伊眠未哎假使伊眠未可知

攏奴看來你每夢是有一箇的怕子怕不夢

相親夢別離

〔揮淚下〕

第十三齣

馬弔

〔旦上〕阿喲苦呀

〔正宮過曲〕朱奴兒小則小百年有涯是不是

春風一嫁連日箇命比琉璃夢相麻乾瘺了
阿嬰親爺哎奴自出歐陽府中不覺有好幾
日了始知相公被眞蘇二人賺去奴家出門
之後方能讓他回家已是哭了箇死去活來
呀相公你上有高堂下無子息一身所係重
若邱山豈可草菅此命爭似俺有不得不死
的眞知灼見喲親熱鰥修羅藥又阿喲快成

就奴奴罷。

（貼內）阿姑娘歇歇兒再哭呀。（旦）咳、你還喚

我怎的喲。（恨下）副丑小生末引襍捧銀帛

（上）

（越調）（賺）（合）柳巷花街。認翩翩公子煙花帥。（副）

小子眞伯美。（丑）小子蘇旡仝。（小生）小生富嘉

良。（末）在下祝子皮。（小生）向副丑介二兄約小

弟到王賽娘家鬪牌。說甚替小弟做媒。這是
絶妙的阿。（末）願少爺洪福齊天。（小生）但不知
人物如何。（副丑）非我輩謬贊。實是江南有名
的美人。而且書畫無一不好。這叫做天掉饅
頭。少爺造化。（小生）眞是造化的。（末）他每罵少
爺是箇狗子。（小生）他每說我是狗。他每居心
比狗還不如呢。（各笑介）（副）時候不早了。快些

去罷（行介）（合）踏春泥落花這綠柳陰中結就
銷魂寨（副）來此已是叩門（介）開門（貼）上柳遮
門戶橫金鎖自在嬌鶯恰恰啼是誰（衆）開門
就認得的（貼）開門（介）原來是眞郎諸位爺請
裏面坐（衆）作進（介）（副）阿賽娘我每今日一來
鬭牌二來道喜（貼）笑（介）喜從何來（副）指小生
（介）這位富少爺巨萬家財揮金如土聞你令

愛大名。特求一見。取來。雜陳銀帛几上介副

賽娘。不瞞你說。今日來者四人。你曉得我是

不會看牌的。愚見并請令愛入局。除東之外。

輸贏都歸頭家。祇要令愛有福。識得貴人。把

在舍親家過了來的書獃子脾氣一槩收起。

只怕在他身上。花上一二萬銀子也是肯的。

貼這箇恰難。哎呀。真郎。你還不知他性子麼

副哎、如此說。祇好請這位少爺別家下顧了。
作欲起身介貼笑介眾位休要性急。祇好哄
他出來。再作道理。眾但憑貼眾位呵。權在門
兒外。等我哄出鬘兒再進來。眾笑介是了。作
避出門外介貼叫介阿歐陽相公。我女兒已
出了你家門了。你來怎麼哪。且急上夢中霹
靂。眞堪駭。聽得母親言語。好似相公來了。我

金蓮快阿母親你剛才說話是誰人在（貼）阿、姑娘快些出來。有人來拜。（旦）是誰來拜。

（貼）諸位進來罷。衆作入介（旦）作欲退貼作用手乂內門介（貼）這位富少爺慕你書名。特來奉拜。（小生揖介）大姑娘。小生拜揖（旦）作怒背介阿、母親。你老糊塗了。你每那些圈套。不要在女兒面前賣弄阿。

小桃紅你要知爲甚肯回來小魂兒投生快也火中蓮須知俺直待到火中開莫認做性才胎〔貼笑介〕好姑娘你父親連年生意不好是你曉得的都要望姑娘委曲些〔旦〕你却知道甚麼來女兒家烈心腸你自漫疑猜生和死久在俺心頭擺也這箇没商量自已評揣〔貼〕姑娘呀這是他家退你出來勢已恩斷義

絶。你刦何苦來喲（旦）呀、在你是斷恩情刦羸
箇。小。輪。迴。
（副）大姑娘。不是這等說。就是我每的來意
也不過鬭葉子。耍兒耍成全你母親呀（旦）
呀啐。
（下山虎）你一謎的將人甚害。信口胡柴。認做
荒。園。菜。輕。團。亂。踹。怎知俺女子形骸。丈夫氣

槩。覷不上你枉裏人皮酒肉材。（副）好罵。要知

我每不過是爲好。難道我上次的媒做的錯

了。（屈指介）你想着的。戴的。吃的。住的。還有甚

不如你意。（日）哎。你還說甚他家著與戴。又

說甚珍羞世無賽。大厦人人愛。（哭介）都非下

懷。哎。怎似俺那歐陽小秀才。

（副）這又奇了。難道我每這位富少爺。不比

書獃子好些。（旦）冷笑介）是阿。

（五般宜）他是箇耐疏狂有情書獃。不及你賣風流公子多財。則他謁金門、射策向金階。抹煞你紅課千箱烏紗三代。你每何嘗曉得甚麼名教。阿不省得人倫應該恰當做銀錢買賣。

（副）姑娘這都是我每的。不是祇求賞臉高抬貴手。鬮一二牌何如。（旦）哎。生就了禽獸心腸。想奴家肯鬬牌。

〔貼〕阿姑娘。難道鬬了牌。身分就低了不成。

〔福介〕好姑娘。看爹娘柴米分上罷。〔旦〕咳。

〔五韻美〕你每將賭錢盤。當做避風臺。却不道

慧眼覷睜自可哀。甚烏雲靨住天靈蓋。鬬葉

子猪奴自在。便一死你敢也相驚怪。想你每

身和命難脫擺。怎似我小兒女還辨得箇來

來去去的快。

副咳、我每白白的挨罵了一場。唝雜介管家你把銀禮收去各散了罷。貼諸位且緩。

轉介阿、好姑娘。如再不依。做娘就跪下了。

作欲跪旦扶介旦呀、

江頭送別奴是女。你是娘。惟憑上裁。奈此事

有重輕。没箇安排。是蒼天不肯容奴在鬭牌

怎樣得彩。

（貼喜介）好了我姑娘允了。我說我姑娘是最體貼我的。眞郎奴與你快將桌兒搭開做箇團圓大會罷。（副貼搭桌斜放介）（取紙牌骰子籌馬放桌上介）（旦背介）阿鬟。癡。也。

【雁過南樓】天、你祇容桃花半開。細。思。量。有。甚。延。挨。浮生有涯。稱意郎君直做到阿鬟可愛。

咳。我爹娘愛財、却好奸人無賴。（袖中出刀介）

這便是薄命妾生平大槪。

（自刎倒地貼回望驚哭介）不好了逼出人

命來了。怎麽好阿。（衆作各搶桌上銀物分

跑下貼抱旦哭介）我的肉呀。我的苦命的

兒呀。（老旦袁媽媽上）忽聽哭聲盈耳畔。定

多奇事出人間。老身袁媽媽。一向住在王

賽娘家間壁。忽聽哭聲甚異。不免到他家看來。（作見驚介）阿呀。王奶奶這是怎麽哪。（貼）袁老太。說來話長。我與你先將他扶起來。（作扶旦坐介）（老旦）老身連日聽得大姐啼哭。其中原故老身也略知一二。王奶奶你莫怪老身說。（作一面拭淚一面用手拊旦面介）

卷下

蠻牌令品貌咱都愛。為甚把他賣。近日的這件事情。王奶奶你大不該阿。有些囬頭貨、不彀、買棺材。幸而老身帶有七釐散在此。刀圭幸帶。（作出葯滲傷處介）願教小命還在。阿王奶奶。去年聽得大姐已出了門了。珠盈斛。多稱懷。你為甚聽人亂話、鬧了囘來。

（凈哭上）

山蔴稭。意外事。多驚駭。他的奸夫逼死乖乖

打（貼介）騷歪女孩兒。怎樣扶持。大爲甚事强

他鬭牌。（老旦）原來還有這許多的事。可敬呀

可敬。好一箇多情妮子。有志裙釵。

（貼）此刻我有一身的嘴。也不能與你每分

辯了。袁老太你挈我每扶他進去將息罷。

（作同扶旦介）（貼）哎。

尾聲小冤家不肯還娘債。（淨）俺今日威加奶奶。（老旦）依我說賢夫婦何不仍將令愛送到歐陽府上。使他每完聚呢。叫他家上下的人兒喝一箇采。（同扶旦下）

第十四齣　鶗啼

三叠引（小旦扮輕雲持箕箒淚上）闌干十二。

無人傍又是冰輪初上一種別離情剩朶輕雲無恙

月過花西尚未眠茶教纖手侍兒煎此情可待成追憶傾國傾城并可憐小奴輕雲自從伏侍新姨已是一載難得他御下溫和情同姊妹忽罹此厄慘目傷心聞得他在家守心飲夙幾致月缺花殘珠胎已隕

此事相公去還不。知尚且癡卧空閨哭聲

連夢。聽得他還埋怨着輕雲。說新姨臨行

爭没一言半語。咳、相公。你眞箇獃了難道

他心裏的話。你還不曉得麼。〔行介〕哎、今夜

趁此月明人靜。奴還似新姨在家的時節、

替他閨中灑掃一回。〔忽癡立介〕你看明月

一庭朱扉半掩好不凄凉人呵。

巫山十二峰（附曲三仙橋）傷心今宵一望。獸環雙夜庭虛。（望介）曾幾何時，早則灰塵如許也。你看紅塵若許。怎仙娥下降。哎，奴想新姨天上神仙，尚且如此結果。如小奴輩，真是未可料也。（白練序）悲傷夢影涼，但薄命從來沒下場。（望窗介）窗兒上剩粉印脂痕，壞紗蛛網。奴且將這窗兒開了。（迴望介）（醉太平）飄蕩。惟

見風開繡幌問氤氳大使牒上多少鴛鴦姻
緣縱短何妨是別箇情郎思量（拂鏡介）普天
樂菱花一面宛見嬌模樣（拭粉合介）這粉盒
脂奩都惆悵記梳頭寶髻新粧記談心羅幃
輕放奴且灑掃一回（作取出繡鞋介）這枕兒
邊不是新姨遺下的繡舄麼呀認弓彎這三
寸花幇（作掃介）奴將這灰塵兒掃入箕兒裏

去犯河兵箕兒雖小愁無量一星兒似須彌
萬丈篙兒鳳縧束成掃愁非勉强南呂香徧
滿願從今已後莫教人斷腸哎、前日他寫的
小楷還在這几兒上取法帖介你看小靈飛
便是本相思帳莫說是相公就是小奴呵瑣
窗寒便今生不見何妨反不致暫卧佳人錦
瑟傍千般眷戀半晌分張俺相公是劉潑帽

恃聰明上了聰明當虧命長險些兒歸泉壤

咳却也算得不負郎君了【三換頭】難得你雙

花一心暗中隨倡吔你每兩箇人的相思人

人易解惟有奴的心兒比似你每更覺難過

呢花殘月碎剩伶仃養娘到你閨中閒逛你

每呵這其間假如是惡姻緣應無拋漾【賀新

郎】好姻緣便是天魔障今勘破轉悽愴奴祇

恐你的父母未必甘心萬一此後仍以不情

待你如何是好阿節節高還恐怕瑠璃小命

亡夢荒唐問吳宮誰送西施葬銷魂兒依然

月照房爭得珠歸掌小奴仔細想來我到底

算甚麽哪恨蒼天生下你愁人兩我麽東甌

令願他生仍是小梅香依舊侍娘行

揮淚介哎新姨小奴是去了嗟

尾聲相思變格癡兒創兩女相思更斷腸不信呵試覓箇過去的人兒教他細細講（下）

第十五齣　虹隱

（外扮古生上）三尺龍泉萬古春神仙中有有心人又來世上施奇法依舊唐朝俠客身俺古生自仝蓬萊仙子來到江南蓬萊化了一座樓華道院在內藏眞俺却寄寓

玉勾洞天之內近凌波守心歛及驟隕胎

珠上帝謂胎神失於護持立予嚴譴命俺

將凌波遁出綱羅俾之蓬萊暫行入道以

待意外團員祇索走遭正是籠中嬌鳥暖

猶睡山下碧桃春自開（下）

南呂引子【小女冠子】老旦扮瑞香花神上有

情都可參眞誥花雨降妙香飄但自來忠孝

神仙竅。固根蔕一壇清醮。

小仙蓬萊仙子。奉命同古生來到江南。己將歐陽生家紫風流花收歸天上。并化了一座棲華道院。以待機緣。不想凌波妹子。飲刃隕珠。帝使古生將他遁出紅塵。暫行入道。却好凌波塵字。妙華正合著院名之意。此時索好來也。

雙調過曲鎖南枝仙無蔕恨有苗（添香介）金

爐宿香焦未銷（抬頭介）忽見劍彩橫空恐是

凌波到（作出簾介）忙出簾著意瞧（拂衣介）我

拂仙衣瑞雲繞

（外引旦開目行上）

前腔（換頭）（外）空幃未驚覺飛雲早繙霄（老旦

阿呀鬘兒來了（旦開目四顧呆立半晌介）不

是夢麽（外）不是廣寒縹緲也不是枕竅蹊蹺

休認巫山廟（旦背介）奇了昨宵人靜滿室異

香至今方醒畢竟此是何地道長仙姑又是

何人（拊頭介）呀鬟兒又來痴也項上刀痕已

合痛楚全無想是上蒼默佑出奴水火還不

快快拜謝麽（轉跪介）二位仙長請上待小奴

蕭阿鬟拜謝救援之恩（外笑介）俺每何嘗是

仙。不過在水火裏、翻一交。并不是上仙儔。有

元妙。

〔老旦〕呀、鬉兒休得狐疑。尔與歐陽生自有

相見之時。此地離塵絶遠。不妨暫且藏眞。

〔旦〕阿二位仙長。弟子有下情告禀。〔拜介〕

〔前腔〕低頭拜。淚點抛。如今阿鬉愁瘠消。弟子

情願拜二位爲師。再不敢履那齷齪塵世了。

細想十六年來嘗徧諸煩惱（老旦）各有根因

這却由不得你呢（旦）鸞十洲鶴九皐奴願㸚

松脂五雲表

（老旦）願爲弟子却也不難必須换箇裝兒

在三清前一拜（旦）謹遵師命（旦）起老旦作

替旦换道裝介（老旦）

【前腔】（换頭）水田稱身好蓮冠一寸高成就了

美人入道越顯得雅淡妖嬈仙骨天然俏拜

了三清者（旦拜老旦通誠介）下拜的女弟子

舊姓蕭阿鬘名妙華號

（旦起立介）（外）阿賢徒在歐陽生家畢竟有

多少恩情却值得如許也（旦歎介）哎提他

爭的（淚介）

供玉枝（五供養）言之淚拋問稱意郎君何等

魂銷。一年來。那裏數得盡他的好處。祇這玉

纖臨小楷。檀口吮櫻桃。（玉交枝）他幾致歸來

殉情鶯燕嘲。我多情肯被桃花笑。（五供養）（合）

驀地相思處。路迢迢。（月上海棠）作佛生天。覷

此根苗。

（老旦）哎。鬘兒。飲刃畢竟爲著甚來。還不知

有多少痛楚呢。（旦）（淚介）哎。

（前腔）迴思這遭葉子因由月悴花憔。他安排千般香釣餌。俺自有一寸小鸞刀。痛、痛、痛楚甚麼來。蝤蠐那時紅雨飄。回頭一。笑除煩惱。（合）驀地相思處。路迢迢。作佛生天。覷此根苗。

（外）聽賢徒如此說來。連我等也要作一回無謂夢兒了。（老旦）呀。鬉兒俺同你到雲房將息去。仙人樓上鳳皇飛。（外）賺得佳人出

繡帷。〔旦〕見了又休真似夢〔合〕行雲莫自濕

仙衣〔仝下〕

第十六齣　婕圓

青玉案〔生便服上〕些兒一點無人見。沒揣的。

團成片。幾度相尋知不遠。不離不卽。非睬非

現。魆地添留戀。

卑人歐陽範。生命不辰。所如輙阻。今夕何

夕。偶然困倦起來不免隱几打箇盹兒。伏

案盹介末扮夢神持鏡上。恩怨萬般情。䊮

子乾坤一箇夢包兒。俺奉瓊花大使之命

引歐陽生入夢去者作引生介生欠伸起

介俺今日無事作箇甚麽消遣兒呢。

仙呂過曲醉扶歸天生我輩多情種偏教碧

玉在閨中。名士傾城兩情濃。不、免、到、妙、華、閨、

中閒話一回（作行介）絲絲蘭麝香風送（忽悟

介）呀妙華是去了阿居然别去怨釵叢深閨

那有清談共

他家只在前面俺且尋他去來（末引生下

旦緩行上）

前腔閒行軟綵鞋弓鳳胭脂一點惜殘紅（作

望介）雅静誰家小簾櫳阿呀奴自己閨中怎

麽認不得了（想介）相公呢怎麽不在想是又
被朋友每拉去遊覽了蕭郎才貌雖推重怎
麽累人夫壻似飄蓬等閒冷落鴛鴦夢
（生行上見旦介）小娘子是誰家宅眷（旦用
扇掩面介）相公是誰可是我相公好友來
求書畫的（生）這又奇了你家相公是誰（旦）
不知道麽是歐陽徹庵（生驚介）聽你莫非

是我妙華麽〔旦〕阿呀相公麽〔相攜偎望介〕

〔生〕阿妙華俺與你寫字去來〔旦〕寫的不好

呀〔生〕阿妙華我有一句話問你聽得人說

你是去了呀〔旦〕奴何嘗去來

醉歸花月渡〔醉扶歸〕稱心夫壻如麟鳳偎紅

倚翠可憐蟲花前月下兩心同我操琴宵作

離鸞弄〔生〕我說我妙華怎能舍我而去呢然

則他每是謊〔旦〕亦不盡然〔羽調四時花〕朦朧

枝頭好花春已空多少曉風吹落紅〔月兒高〕

月悴花憔爭說甚人和哄剩一片桃花影直

壓得斜陽重〔渡江雲〕今日裏巫峽烟花自不

全不爭的步步猶疑是夢中

〔生〕妙華說話好教人不懂哩〔旦〕你不懂麽

〔指介〕問他〔生回顧旦急下〕〔生喚介〕妙華妙

華。內應介來了。生俺。好。喜。也。卑。人。日。夜。思。念。妙。華。今。日。他。竟。來。了。再喚介小旦輕雲上來了。喚。我。怎。麼。生覷介你。不。是。我。妙。華。呀。小旦新。姨。去。了。許。久。了。你。此。時。怎。喚。他。生是。阿。新。姨。夫。了。許。久。了。阿。姐。姐。我。聞。新。姨。去。是。哄。我。的。呢。小旦不。記。得。麼。

醉花雲醉扶歸不記得深宵銀燭描鸞鳳。不

記得香奩寶鏡掩芙蓉都祇爲溝裏尋絲萬

竅通直做到雪膚風過吹都痛最銷魂鴛帷

翠枕幾春風顯得你美人聲價才人重【羽調

四時花】匆匆【渡江雲】抵多少無力嚴粧倚繡

櫳只問你爲甚吹簫下碧空

【生】姐姐你可是我家輕雲姐姐麽【小旦】怎

麽你聽新姨在那裏怨你呢【生】驚聽【小旦】

（旦內唱）

醉羅歌（醉扶歸）慘慘戚戚歡如夢，淒淒楚楚恨填胸，何處巫山雨雲蹤。俺恨子恨歐陽徹，俺無端性子多驕縱。（生）你聽有人恨我呢。（旦）皂羅袍說甚麽，温存襯貼，書生自工風光細膩，書生不仝。（生）這麽想是怨的別人。（旦）怎一年便把人摧送。（羽調排歌）情兒薄，旁倣誦怎說不知明月出墻東。

醉翻袍（醉扶歸）（生）不明不白誰調弄芳心一點逗玲瓏這位小娘子不知埋怨甚人可云

一字一淚了似張家記曲俊紅紅祇聲音悲

慘些兒似一聲河滿才人遍（皂羅袍）咳小娘子

你如有福必嫁我輩了似鶼鶼比翼雙飛碧

空似鰜鰜比目同游水中不信看我與妙華

是行雙坐並相陪奉

副扮眞伯美丑扮蘇无仝老旦扮吳雲舫

小生扮眞少美淨扮歐陽曲江仝上副列

位歐陽獃子又在那裏思想小蕭我每去

慪他一番衆有理吥你思念小蕭要曉得

我每不依了生氣介

羅袍歌仙呂皂羅袍眞是無端尋鬪我閨中

賊友你不相容恨無利劍剸伊胸妙華今日
方申痛（外扮古生持劍趕衆殺下）（生）妙呀這
位壯士素昧平生竟能替俺報仇平時說世
無古押牙一流人竟是小覷天下了（貼扮王
賽娘小旦扮陸大娘淨扮蕭旭輿小丑扮蕭
旭昇小生扮蕭小旭仝上）（貼）我家女兒與了
歐陽生做小央你每去鬧他出來（衆）有理吠、

歐陽生你把他女兒放了出來萬事全休如

迸個不字就併箇你死我活了（生）呀不好了

他每來搶俺妙華了光天化日難容逞凶刁

奴悍婦如斯欠通我平空肯把西施送（外）古

生持劍趕衆殺下（生）好了這位壯士將他每

殺去了往常求一古押牙而不可得今何有

心人之多也（羽調）（排歌）純勾利似玉龍人頭

無數葉飄風仇全報喜萬重有情畢竟是天公

（外）古生老旦瑞香花神旦蕭阿鬘小旦輕雲上（外）吹歐陽生夢該醒了（生不應介）（外）你既不醒俺今你到夢中做夢去（生起立介）（外）哎又屈俺與蓬萊奉陪了鬘兒輩須努力者（旦、小旦）是（老旦）隨俺來者

一封羅一　封書合浮生事事空卽蒼天耳亦聾人人夢不全笑癡兒演自工皂羅袍靈均楚些寃情滿胸龍門腐史文心太雄淚痕滿紙行行涷

尾聲夢中入夢原無夢夢裏花枝夢裏紅直夢到合浦珠還夢乃終

衆仝繞場下

生面重開夢斬新。夢中說夢究何因。
倩他一管生花筆。譜出當場十二人。
嚼徵含商淚滴俱。由來天地本蘧廬。
寄言落拓書生輩。莫讀新翻合浦珠。

合浦珠傳奇終

（清）閩縣林紓撰

合浦珠傳奇一卷

民國六年（1917）商務印書館鉛印本

合浦珠傳奇一卷

（清）閩縣林紓撰，民國六年（1917）商務印書館鉛印本。

林紓（1852—1924），原名群玉，字琴南，號畏廬，又署冷紅生，晚號蠡叟、補柳翁、踐卓翁、長安賣畫翁等。福建閩縣（今福州）人。清光緒八年（1882）舉人，屢應會試不第，終生未入仕途，以教學賣文爲業。曾執教於福州蒼霞精舍、杭州東城講舍、北京金臺書院、五城學堂、京師大學堂、正志學校等處。教學之餘，以古文爲商務印書館及京師大學堂譯書局翻譯歐美小説一百八十餘種，在當時產生了極大影響。個人創作亦甚富，有詩文集《畏廬文集》《續集》《三集》《畏廬詩存》《閩中新樂府》，傳奇《蜀鵑啼》《合浦珠》《天妃廟》，閩劇《上金臺》，小説《京華碧血録》《金陵秋》《官場新現形記》《冤海靈光》《劫外曇花》《劍膽録》，筆記《畏廬漫録》《畏廬筆記》《畏廬瑣記》《技擊餘聞》，以及古文研究論著《韓柳文研究法》《春覺齋論文》《左孟莊騷精華録》《左傳擷華》等傳世。《清史稿》有傳。胡爾瑛、朱羲胄等各撰有其年譜。

本劇爲清末民初人林紓借用『合浦珠還』典故而編寫之傳奇，封面署名爲『畏廬先生著』。《合浦珠傳奇》原刊於民國六年刊《婦女雜志》第三卷第四至七號，有同年商務印書館單行鉛印本。凡十二齣。講叙清末福建閩縣人陳伯涥知足常樂，受當地商人王廷瑛賞識，被聘爲其所開布莊之司賬目，并協助王廷瑛經營產業。後王廷瑛因獨生子王壽不成器侯，臨終時將家中巨產交付陳伯涥。陳伯涥乃設法引導王壽浪子回頭，并將其父產業盡數歸還。

全劇結構緊湊。其中，前五齣著重交代王廷瑛與陳伯沄如何結識，以及王托付陳負責管理遺産；接下來六齣展示了王壽因交友不慎誤入歧途，痛失家業，流浪乞討，以及陳如何激勵王壽痛改前非，并携其回家祭祖的過程。最後一齣《珠還》寫陳伯沄不慕錢財，仗義歸還家産給王壽，贊揚了主人公的高風亮節。情節基本上緊扣主綫展開，無一齣是過渡，無一齣是閑筆。

由於《合浦珠傳奇》創作於民國初年，而林紓又有翻譯外文小説的豐富經驗，所以該劇較之傳統意義上的傳奇頗有不同。首先，以往傳奇的齣目基本上以行當上場開始，而該劇則有相當一部分以提醒舞臺布景開始。如第一齣《家祭》與第十一齣《謁主》，都有舞臺布景提示，分别爲『場上懸「知足」二字匾額，生常服微步上』，『場上懸珠還堂匾，供木主二』。這顯然是受到歐美文學影響的結果。其次，該劇語言富於時代特徵。如出現『洋布』『歐洲雜貨』『鴉片』『大洋』等詞語，均源於生活口語，富有時代氣息。

畏廬先生著
合浦珠傳奇
商務印書館印行

合浦珠傳奇目錄

合浦珠傳奇

畏廬老人塡詞

第一齣　家祭

場上懸知足二字匾額生常服微步上（簇御林）絲絲雨　暮又朝　近清明　插柳條　賣餳簫過人家悄　漸覺得春寒小　儘無聊　偏無愁在　那用酒來消

小子陳伯澐．閩縣人也．七齡喪父．賴我孀母．撫鞠成人．今年二十有二矣．此十六年中．嘗過千辛萬苦．母氏劬勞．眞到極處．小子讀書七年．去從布賈習業．肆主賞我勤敏．每月得勞金二千四百制錢．幸先君在日．購得諸古嶺小屋三楹．母子依此敝廬過活．小子每月奉錢歸母．母治針黹相佐．居然一月剩錢一千有餘．小子身庇慈雲．心傾愛日．自安貧賤．一切不敢爲分外之求．因自書知足二字．榜之小堂．旦夕相對．觸目警心．昨日寒食．曾親至先君墳上．祭掃一遭．哀哀吾父．留下孤兒．好生悲慘也．

（解三酲）還憶得膝前遊戲　屢摩腮說這頑皮

洒墨痕汚了春衫紫　私防備阿娘知　那解道

兒時風景過來易　壯歲思量戀已遲　纏綿

意　墳頭纖艸　觸目成悲

第二齣

避雨

今日淸明佳節．老母留饗祭餘．須索入廚．

躬佐阿娘刀砧去也．下

外撚白鬚（紅衲襖）算年來運命佳　貨如山都得
微步上
價　更何須遠慕張騫槎（仄音）準盈虧還須
節省些　我見他同業之人趁流娼　走狹斜
熱娘姨　親大姐　我只得飛雁冥冥短翅
襬褷也　向何方來索咱
老漢王廷瑛．表字子玦．家貲十萬．開有上
海布莊二處．年來兼販洋布．及一切歐洲
雜貨．經老漢持籌握算．大有盈餘．老漢長
自孤貧．初無近支兄弟．繼室呂氏．又已前

卒.遺下一子.阿壽不過十歲.看來是一箇至劣材料.老漢空有家資.後此恐無所託.實則洪範五福.子孫不與.只索聽天由命.恣彼所爲.且老漢年已七十.外間固有財虜之名.焉知我王子玦一擲萬金.初非所惜也.今日清明佳節.恃我健步.尚能往反二十餘里.上我祖塋.吾豈區區惜此賃輿之錢.亦不過自家惜福而已.今已入城.將近諸古嶺.汝看天際陰雲.行將大雨.如何

是好.嗯.雨來了.不免在此人家簷下.少避頭時.

（搗練子）過寒食　幾番風　垂楊細路雨絲中

爾許淒涼春斷送

嗄.汝看這小小人家.倒也洒掃潔淨.（窺介.）奇了奇了.他堂額公然題上知足二字.難道他家亦廣有資財麽.這倒須一問.不是老漢多事.如此濁世.多半貪夫.而小小人家.却能知足.眞大出意料之外了.須索叩

門一問．（外叩門介）

第三齣　問額

生上（北朝天子）永牽慈母裾　快樂眞有餘　味醰醰怎向他人語　俺這裏一抱天眞　焉知貧窶　抵多少走名場趨大府　望影僂躬　遺聲撩怒好威風　一似貓臨鼠　咳人生幾何．富貴何味．奚須苦苦如此．省一番趦趄　免一番痛苦　放開些　糊塗去

（外靜聽後叩門介）（生）何人見訪．（外）道中遇雨．擬暫借艸堂一避．（生）不嫌敝陋．請老丈茗談．（外）多承多承．（外見匾額作沈吟介）（生）敢問老丈何爲見此匾額．不勝疑駭．難道小子不應作此迂腐之語麼．（外）非也．尊兄如此妙年．不是老漢唐突．但以尊府而論．似非有餘．何以有此兩字．（生）老丈有所不知．要足何時足．知足便足．小子家有孀母．此區區敝廬．是先君所遺．可避風雨．一足

也.老母早孀.年來愈健.小子朝夕得所瞻
依.二足也.小子爲人傭工.月得制錢二千
有四.老母淸儉.尙能爲小子居積.不至負
債.三足也.小子無才.無學.謬蒙肆主人靑
眼.而同輩亦無猜嫌.四足也.歲時家祭.老
母精於烹調.用錢不多.小子得享慈母手
中美饌.五足也.有此五足.苟不自知.直非
人耳.出言狂妄.乞老丈恕罪.(外)(太息介)尋
兒年事不多.而閱歷有得.老漢今日相逢.

眞三生有幸.敢問尊姓大名.(生)小人無字.陳姓名曰伯澐.(外)失敬失敬.(生)說了半天的話.未問老丈尊名.路過何事.亦乞見示.(外)老漢王廷瑛.字子玞.薄有家貲.今日淸明上坟.値雨竟至叨擾府上.(生)豈敢.(外)我老漢佩服足下極矣.足下聽者.

(四邊靜)你些些都了平生願　不似喧猥漢　制行務求實　陳詞未曾讕　心期高遠　詎同稗販　幸能佐卑人　酬報月盈萬

（生）萍水相逢安敢遽膺重貺.（外）老漢閱人多矣.一萬之酬.不過十千而已.比足下歲入較多.請告堂上.明日即至南台與老漢和記行中相見.（生）稟白老母.即來奉謁.

心畫心聲恐失真.生　老夫平日負知人.外
不才從此經鞭策.生　騏驥生來即絕塵.外

第四齣　別母

老旦上（蠻牌令）做半世可憐人　老不死可憐身

嬌兒偏戀我　依說不憂貧　擔過年年苦辛

天啊．我母子兩人．却不曾有小病微呻　閒

來想定夙因　這安貧滋味　却作喜迴嗔

風雨孤燈四十年．奈何人問奈何天．縱逢

諫果迴甘日．孀婦頭毛白到顚．老身謝氏．

丈夫早世．遺下幼子阿澐．老身千辛萬苦．

幸已鞠養成人．此子倒也不惡．一絲一粒．

一舉一動．無不關白老身．且一味皷定安

貧二字．倒說不貧．居然懸起知足匾額．昨

日有人避雨茅檐．與阿澐說了半天世故的話．要吾兒到彼行中襄助．月與萬錢．老身細想幣重言甘．恐怕不利於吾之愛子．今且喚阿澐一問．便知端的．澐兒那裏．（生）來了．老母有何分付．（老旦）澐兒．昨日老人對爾何言．（生）已稟過老母．王子玞先生．延兒司賬．月給萬錢．（老旦）天下驟富不祥．汝自信知足．今亦爲萬錢改操耶．（生）老母教訓良是．兒觀此老忠厚純實．且到彼家一看。果爲刻薄自封之人。兒再行告辭。未晚。

(老旦)汝須當意。勿忘知足二字之意。可也。

(五般宜)我何曾喜虛惡盈　怕黃金滿瓶滿罌

只患忒聰明　駕僞張邪　運奸謀透頂　想

這老人鐘鳴漏盡　癡魂未醒　汝莫要誤觸

疑兵　慶三生得識荊

(生)老母放懷。兒自有道理。(老旦)汝須小心。

勿得大意。(生)曉得下。

第五齣

推産

外扶病上（江頭送別）紗窗上　一點兒　落下蛸蟰　茅

檐外　數片兒　月暗芭蕉　忒　凄涼無睡多

時了　想彌留　依　在　今夕明朝

老漢王子玦．今年七十有五矣．前五年看

上陳生伯澐．將所有生計．奉託．這伯澐內

聰明．而外柔順．忠肝義胆．着實動人．且肆

應尤長．為老漢掙得資財不少．看看五年

以來．已增五萬．老漢殊不過意．增加酬勞．

而陳生抵死不肯．抱定知足二字．近來亦已娶婦生子．其母愈加康健．亦是吉人天相．吾想此人忠實可靠．吾子不肖之狀．已漸漸呈露．即授以巨產．旦夕可敗．吾不如乘我能言之際．作爲遺囑．一起付之陳生．則吾子後來．或有噉飯之地．較似付之博場妓館．脫手萬金．爲勢勝矣．(來)(呼人介)(貼入介)(外)汝可請賬房陳先生入面．

(三疊引)沈沈衰病無常近　老去年光一瞬　要

保這家私　交與陳生安穩

（作伏几臥介）（貼）啟爺．陳相公在外．候命．（外）

有請．（生）老伯尊患如何．小姪恐談話煩勞．

不敢進擾．想吉人天相．財運方昌．轉瞬可

占勿藥矣．（外）澐哥．汝眞做夢也．

（前腔）匆匆牛馬粗粗健　盡付空花一歎　那

有百年身　安計家貲千萬

澐哥．汝一旁坐下．（外作喘息介）．澐哥．老漢

與汝萍水相逢．猥蒙盡心助我．老漢年已

七十有五．卽乘化歸盡．亦屬理所當然．所惜山妻久逝．遺此一子．年僅十五．老漢看將起來．此子大大不成材料．與其將我十餘萬家財．付之嫖賭．不如屬之正人．則不肖子．尙有沾光之地．今鐘漏都歇、轉瞬歸陰．特請澐哥到此．吾已親筆寫有遺囑．將一起家財行業．歸兄名下．阿壽但付與現銀五千．住屋一區．至于後來成就之事．全仗澐哥了．（哭介）．（生）（大驚介）．

(玉芙蓉)雷霆震耳驚　肺腑登時冷　把輕輕萬

貫　託付微生　咳小姪一生爲人　長貧何敢

思釀福　久餒無心饗大烹　伶俜影　賴先

生看承　此事小姪萬萬不敢答應。(外)澐哥。汝願看

寒家敗裂了。(生)老伯怎說。(外)我辛苦一生。

閱世已久。前此因知足二字。延請足下。今

日卽用知足二字。託付家財。汝還不曉老

漢意思麽。(生)旣已如此。小姪只能仍用知

足二字．肩此重任罷．(外)如此裁算知己．

(尾聲)老天假我須臾命　將後事徐徐細摒

(生)誓矢丹心學杵嬰

第六齣　縱博

小生上(步蟾宮)紅樓春煖花香早　緩步處垂楊官

道　憶瓊筵醉後月輪高　剛好雉盧人到

小生王壽．今年一十七歲．自前年先君見

背．遺囑中言．家產都盡．但留下五千銀子．

及住屋一區.至和記行中一切帳目.均交與盟兄陳伯澐承領.我想先君一生經營.不曾破浪.何以空空如也.是中大有疑案.無奈遺囑中.鐵案如山.不能搖動.且有數人見證.簽字列押.此案何從翻起.也罷.我如今現有些須銀子.儘可揮霍如意.今日張老三.吳老八.約我到洲尾阿鳳家小飲.是夜尤有攤場.我率性恣情一博.計二年以來.五千已從阿鳳家.耗去大半.所遺無

幾。且為孤注一擲。得勝則原產依然。不勝尚有住宅可賣。有理有理。

（前腔）揮金看作輸籌馬　半醉語華燈光下

佳人婉變玉釵斜　旋覺酒魂銷也（虛下）

（副淨）肥魚大酒食不厭。（丑）蔑片。（副淨）三箇骨頭大宣戰。（丑）黑騙。（副淨）不過片時黑白見。（丑）下賤。（副淨）才知賭博場中險。（丑）天譴。（副淨）咱張三。（丑）咱吳八。請了。（副淨）請了。老八好些日不見傻小子。不能要他一頓館子.可惡可惡.(丑)老三.汝知他手尾看看要精光了.聞說所剩不過千把.我已密約王鷂子.用一副機關骰子.今夜在阿鳳家.設下賭局.把這傻小子騙上攤場.一不作二不休.率性把他傾囊一耍.(副淨)老八.他餘錢一罄.我輩仍沒得生活.(丑)他尚有住屋一區.他傻極.怎曉時價.我一面與財東串通.兩千只作一千.得來作三股均分.不好麼.(副淨)財窮屋賣.我輩仍不得生活.(丑)老

三。汝尚不知王秃子。將十餘萬家財。付與老陳。待到傻小子山窮水盡時。爾我二人。同延狀師。令與老陳打起官司。仍可就中取利。（副淨）汝眞眞當得一个諸葛亮也。（丑）豈敢。一路行來。到此已是。（打門介）。壽哥開門。

（小生上）（卜算子）鴉片半床香　躺着天人樣　宵宵雲雨楚襄王　夢滯陽台上

（開門介）張吳二兄。甚風吹到此來也。（副淨丑）好久不見．彼此太生疏了．今夜阿鳳家裏．有大財東喚做鴿子．開攤．聽說底本有三千塊錢．老哥財運亨通．必然得手．阿鳳家．今日弄得好菜．須索一來．（小生）小弟于此道頗外行．倘望兩位哥哥指點．（副浄丑）好說好說．

第七齣

腰纏騎馬碧雞坊 生　伸手場中抓大洋 浄副
抓得大洋兩千塊 丑　春宵來狎野鴛鴦 生

索金

小生敝衣上（寄生艸）曉月侵單被　涼風振壞堂　當前一片淒涼象　昔日裏黃金放手誇疏爽　博徒晝夜同狂蕩　又怎知。梟盧無望一囊空　却成了。韶年暮景誰來仗

卑人阿壽。自先君遺下五千銀子。住屋一區。無奈卑人老不長進。凶嫖狂賭。錢也花了。屋也賣了。無可栖身。漸且託身破廟。昨日路見張三吳八。身滿羅綺。倒也體面。向

之陳乞.不惟不舍一文.而且當面奚落.說汝哥哥擁二十萬金.均是尊甫遺產.眼前有佛不拜.却來餓鬼分餐.所說不爲無理.無奈曾向哥哥借貸.亦少有佽助.但不能多.卑人嗜賭性成.一手得錢.一手縱博.哥哥也漸漸討厭.有訪皆辭.我思先人既以家財託付.他不該絕人太甚.今日率性說出前情.取還舊物.明知不能到手.然總得些些.可以敷衍一時.咦.我如今只有這箇

主意.(行介).

(天下樂)他仗着佳時　高坐稱財神　我不沾半

點恩　西華江南剩一身　葛帔寒　孰我親

支不了這樣兒淸貧

一路行來.到此已是.咦.人來人往.行中眞

大興旺也.汝看哥哥.坐在櫃上.意氣揚揚.

我不免上前見禮.(揖介)哥哥有禮.(生)壽弟

來此何幹.(小生)哥哥聽者.

(越恁好)難禁奇辱　難禁奇辱　乞食向誰家

月淒風冷無藏處　隨饑鴉　老哥哥想應歎孤
嗟　休來肆罵　阿爺產誰刼去洪爐化
兒餓誰訴那泉台下
(生)嗄。嗄。尊人之產。何人爲汝化去。好生說
來。(小生)我恐怕就是哥哥。(生)有何憑據。說
我吞產。我當日授受之時。存有尊人親筆
遺囑。產業可吞。難道親筆遺囑亦有假麽。
夥計來。把這不長進東西。好生赶出。阿壽
聽者。汝不說此言。我尚肯拯爾饑貧。今旣

如此．汝下次再登吾門．汝可仔細脛骨．（小生）（哭介）．

（尾聲）空教掀彈求鴟炙　怎曉得餓夫雙眼望巴巴　幾乎似虎如狼把阿壽打

第八齣　行乞

（副淨帶醉上）（南僥僥令）失眠行處蹇　扶醉坐來歪　俺張三．一生以蔑片爲業．遇著輕年子弟．一下手便引入煙花．若論看家工夫．最出頭是精于賭博.喫的.穿的.全靠他人.妻也.子也.不曾提起.當日有王傻子.大不更事.把我當作好人.被我同吳八.明謀暗算.把他整萬家產.花空了.聞說大不得了.行乞于南街之上.雖屬可憐.究屬自取.昨日吳老八說已另勾一人.吾輩仍用前法引人入勝.今日無事.不免往訪老八一談.(行介)汝一班人

闊老行藏稱慷慨　要把汝據雕鞍抓下來

(丑)山重水複疑無路.柳暗花明又一村.(相

見介）三哥何往．（副淨）老八．我正來訪汝．（丑）

近日鼓樓前醉仙居蒸得好鴨子．爾我同

飲一杯．再到灣裏翠菱家．做那話兒生意

如何．（副淨大笑介）肥豬拱門．安能令人不

宰．（虛下）

（小生扮乞丐上）（泣顏回）持杖唱蓮花　徐步天街閒耍

饑腸如吼　殘毡披作袈裟　咳．天哮．我王阿

壽．一場家私．付之別人．些小貲財．復歸烏有．一

身在難．仰面看人．三旬九食．不得一飽．眞可憐

也.涼風一剎 趁秋光城外沿門化 想當時

伍子簫聲 問何如葛帔西華

哪哪.汝看張吳二賊來了.他把我家財騙了一空.相見作無盡奚落.我不免躲他一躲.(副淨丑作瞧見小生介)王壽.那裏去.(小生)汝管我不得.(副淨)汝幾日不食了.(小生)汝亦管我不得.(丑)傻小子.汝哥近日發財.既已一文不舍.汝何不住其行門之前.埋鍋造飯.他老臉丟不下.必然收留.此是我

一片婆心.汝休看錯.去罷.(副淨大笑介同下)(小生)咳.這張賊毫無良心.吳賊尚有胆智.我想我哥哥.不是壞人.若是壞人.我爸爸萬不能以偌大家財.脫手相贈.我行乞之時.亦見過哥哥數次.他雖怒目而視.却有一層不忍之色.今日若從吳賊之言.果眞搬到行前.坐臥不去.凡人具有天良.豈有不動色之理.也罷.我今不能不出此下策矣.(行介)

西風獵獵破衣單．　到此誰憐范叔寒．

不是元和也行乞．　古今同是戲場觀．

第九齣
雪臥

生布衣上（一剪梅）老母年來已抱孫　朝也溫存　暮也溫存　悠悠忽忽夢留痕　生敢忘恩　死敢忘恩

卑人陳伯澐．生少孤貧．長大守分．時時以知足二字自矢．亦知託命貧家．卽貧到一輩子.亦是上蒼之賜.蓋所寶貴者老母.老母康健.即爲一生莫大之福.誰知淸明佳節.王恩伯避雨茅檐.竟以全副家財相託.富非其分.即是禍殃.卑人再三拜謝.恩伯至于泣下.不肯.且謂坐看他家煨燼.我此時才明白過來.大概壽弟不肖.萬金可以立盡.故託孤于我.爲守其血產.待其悔過奉還.天哪天哪.果太甲無怨艾之時.則伊尹安有復辟之擧.近日山窮水盡.竟至行

之乞。不知聽誰指使。竟埋鍋造飯于行門之外。他意似欲玷辱卑人、誰知倒是卑人一箇機會。阿壽年少無識。將住屋賤賣了。倒却不怪。竟敢將我恩公神主。付之野廟。幸我已一一部署。專候其悔過之一日。茲聞阿壽已往外叫化。我不免出門一瞧。

（江頭送別）台階上　一把兒　鐵鏽泥銚　台階下　一把兒　半破殘簫　貳　悽涼樣子教人瞧　怎挨過暮暮朝朝

人來．汝把一切破碗鐵銚．都加洗滌．裏頭量米升許．加以木炭少許．堆在爐邊．碗上擱些鹹菜．也好．汝看朔風刮面．看看要下雪了．這石板上．如何能臥．我縱使學蘇秦以惡草具款待張儀．却也留些餘地．人來．汝待王相公歸時．可告訴我．自有道理．（丑扮打雜上）是是．（作鬼臉介背介）一箇花子．不趕去也罷．我能叫做王相公麼．（生）狗才．不叫王相公．叫甚麼．汝不曉王相公還要

做汝老板呢．（丑吐舌介）
（山麻稭）（小生作畏寒樣子）郊關外霜風勁動　多半要六
出飛花　粧成雪宮玲瓏　爭曉我白森森挨
凍　也罷拚余性命　向冰天雪海　了帳從
容
（丑）這活鬼到了．我不免稟知老板．老板有
請．（生）王相公回來了．（丑）回來了．（生退下．徐
步出介．）（小生）哥哥．天寒如此．出來做甚．（生）
汝不覺寒麼．（小生哭介）小弟寒慣了．這些

炭米.想是哥哥所賜.不想哥哥尚能疼及不肖.(生)汝自知不肖麼.(小生)知之.(生)凡人罪惡彌天.準得一个悔字.如果能悔.尚不爲遲.大雪將來.這石板上能睡過一曉麼.(小生哭介).那裏找得暖房.將就罷了.(生)石板能將就.難道我行中下房.不能將就麼.(小生)小弟那敢奉擾.(生)能得一悔字.便可住我下房.人來.汝將破鉢火爐.一切丢去.請王相公下房居住.將我布襖找出一件.

與王相公擋寒，（小生）感謝哥哥，
（尾聲）今朝始信人情重　不將殘喘委霜風
（生）我願汝找得天良蹇運通

第十齣　悔過

（外扮賬房先生上）（水底魚兒）歷練成人　應該受苦辛　炎涼變幻　多半有前因

小老李伯年，在和記中司賬三十年，王老板物故，以家私託付陳老板，數年以來，不止添上十萬．無奈王相公不肖．至于行乞．今日漸漸悔過．經陳老板收留．前日隱中定計．出一千支票．請王相公往取現銀．本來試其能否逃遁．不道王相公果眞悔過．一一交還．陳老板放心不下．又經屢試．至于七八千之多．幸皆不苟．細看老板意思．將有還珠之期．然且未說出．天哪天哪．果能如此．我王老板眞有知人之明也．說聲未已．老板已出來了．

生穿木棉布裘上（北點絳唇）收雪烹茶　銷金取醉　都容易

耐耐貧兒　趕不上　名流比

李先生今日雪下得大了．（外）老板何以不穿狐皮．（生）寒家却無此物．先君見背．衾殮匆匆．家母年來．未嘗御及羊裘．謂不應使逝者單寒．生者飽煖．故卑人亦終身不敢着裘．（外）可云賢母之教．（生）壽弟近日大有悔過之心．李先生以爲如何．（外）看來極好．（生）如此是我恩公冥冥之中．大加保佑．（揮

淚介)

(遶地遊)戀恩懷舊　把腕兼搔首　念孤兒令人

消瘦　嬰杵餘悲　思存趨後　到今朝纔寛

暗憂

人來.汝請王相公到此會話.(貼)王相公有

請.(小生)雪中贈炭眞君子.錦上添花爛小

人.哥哥拜揖.(生)賢弟.(小生作驚駭狀.)(生)今

日大雪.愚兄備有小酌.請李先生及賢弟

一談.(排酒介)(入坐介)(生)賢弟.愚兄有一言

動問。厝屋賣了。倒也無妨。敢問我恩伯神主。置在何處。須與愚兄一說。(小生大哭伏地不起介。生揾淚扶起介)。前事可以儘說。愚兄決不汝罪。(小生大哭介)。小弟不孝。竟將先君木主。寘之破廟龕中。然行乞時。尚時時瞻拜。前數月不知被何人偷去了。(作叩頭介)。(生)(扶起介)。此可放心。木主何人肯要。立時可以查出。惟老弟尚有嫖賭根苗。存在中心否。尚須對愚兄自明心迹。(小生)

哥哥．

（前腔）賭根清淨　砍斷平康脛　早銷除當時

情性　花柳成仇　松楸起敬　感哥哥教人

涕零

（生）賢弟果能如此．不惟王氏之幸．卽愚兄

亦叨光多矣．明日雪晴．愚兄帶汝往遊一

箇坐落．教汝便知端的．李先生酒有麽．（外）

小老不勝酒力矣．

雪中難得聚知心．（生）大夢沈沈直到今．（小生）

浪子迴頭時豈晚，外　不經風雪不成林，生

第十一齣　謁主

（場上懸珠還堂匾供木主二）（丑扮秃頭老僕上）五十餘年沒有撈，狠思牛肉配燒刀，一毛不拔人家笑，那曉得我頂上無毛下有毛，咱名黄三套，天津人也，流寓福州，蒙王老板收留爲打雜，那曉得老板死了，少爺不學好，把家私弄空，並把這住宅賣掉了，聞說王老頭把偌大家財，送給小陳，小陳倒有良心，將這住宅贖還。又把王老頭神牌。供在堂屋。前兒送信來。叫我弄一桌面。供在神牌前頭。小陳還要代同小王來拜。諸事全備。且靜候他來便了。

小生素服同外生並上(生)(南畫眉序)殘雪抱梅枝　疎影橫斜上橫幅　李先生雪後出門。殊有佳致。(外)不錯。(生)轉天街一剎　已見柴扉　賢弟。此是何家。(小生驚駭。不敢作答介。)(生)如何不說。(小生)似是賣去故宅。(生)看門前翠竹依然　轉增我痛心

無已（丑）（開門介）老板請進（生）汝諸事都已全備

（丑）備多時了 燕簾鶯戶依稀是 愔愔地

甚人料讀平理

賢弟汝看高堂之上兩尊木主是誰（小生

狂奔抱兩木主長跪大哭介）（生陪哭介）（外

掩淚介）（丑作鬼臉背面笑介）他這些人敢

是風了

小生（駐雲飛）痛我爺娘 萬死淩遲不孝當 結識

多荒傖 妄說交遊廣 縱博且千場 家貲

盡蕩　不藉恩兄　餒死知何嚮　迴想年來

涕萬行

（生對外作手勢介）賢弟．既已知悔．想我伯父伯母二尊．必然肆赦．汝今且將木主供在案上．容愚兄一拜．（小生）叩謝哥哥．（生）

（前腔）拜上恩公　拔我傾斜老屋中　止足何人懂　全把家資送　忍下辱重重　難爲面孔　直到如今　或且逃譏諷　仍把家資屬舊東

(小生)哥哥是何說話.(生)汝不曉得.愚兒自有道理.(小生)父母陰靈在上.不孝至死.不從哥哥之言.(生大哭介).伯父伯母.暗中聽愚兒之言.只索點頭.可惜汝不見也.

(尾聲)此念何曾一刻鬆　趙璧忘歸難說忠

我陳伯澐呵,忍得饑疲容得凍

第十二齣　珠還

外末貼丑扮四鄰上(縷縷金)(合)可憐見寒乞兒　一朝還故產

饗豐肥　臥雪形骸上　披金掛紫　陳生

好義事離奇　咱們替歡喜　咱們替歡喜

(外)小老秋嘉禾是也.(末)卑人劉壽平是也.

(貼)卑人康六安是也.(丑)小子許八哥是也.

(外)請了.今日陳伯澐還產于王阿壽.大張

筵席.徧請親賓.當面算賬.眞是難得.三代

以下.好義之人甚少.陳伯澐此舉.可謂前

無古人矣.(衆)難得難得.我們就此早些赴

席.(生小生外出迎介)(衆相見介)(生)諸位高

鄰，中有耆年大耋，與我恩伯同輩者，當知
前日之事，我恩伯王子玦先生，遺產交與
小子，可十二萬有餘，載在帳簿，臨死時，以
我盟弟血氣未定，恐怕有意外破浪，故暫
將血產付託，其意亦俟我盟弟迴頭，漸曉
世事時交還，今我盟弟一改前非，小子已
帶之謁告恩伯神主，誓將原產歸還，除原
存十二萬外，歷年經小子斡旋，增財十萬，
然數年中，小子與有微勞，今除原產十二

萬勿動。涓滴交還。餘利十萬。作四六開分。盟弟得六。小子得四。用作酬勞。果小子一錢不受。亦未免作僞。且我恩伯在日。每月以制錢十千。作爲薪水。小子自受產以來。家用總不出此十千以外。何者。產爲王氏之物。小子何敢輕動。今日浪子回頭。故產重歸。是一場佳話。亦表我小子一生知足。久要不忘。敢請列位高隣到此一作證見。並洗小子平日霸產忘恩驅逐盟弟之羞

辱.(生掩淚介)(小生哭介)(衆歎息介)(生)
(集賢賓)東翁大恩天樣深 殊教我下酸淚涔涔
幾度思量潛揣心 賽當年鮑管分金 我
如今捧出賬簿請 諸公細審 沾半點舊人餘
瀋
浮議寢 今日裏沈酣恣飲
(衆)難得陳伯翁.如此高義.一心忠蹇.不曾
欺及亡人.萬貫儲藏.悉數歸諸舊主.討耐
吾輩無文.不能表彰盛德.或且百年以後.
遇有服善闡幽之人.作個傳奇行世.亦可

不沒陳伯翁矢廉守信之心。（生）好說。好說。

內中酒席已陳。請諸公入座。

隱衷數載自今明（生）愧我無能累老兄（小生）

兄友弟恭眞可敬（外）千秋佳話一時名（衆）

中華民國六年二月初版

◎(合浦珠傳奇一冊)

(每冊定價大洋壹角貳分)

(外埠酌加運費匯費)

編纂者 長廬老人

發行者 商務印書館

印刷所 上海北河南路北首寶山路 商務印書館

總發行所 上海棋盤街中市 商務印書館

分售處 商務印書分館

北京天津保定奉天吉林長春龍江濟南
東昌太原開封洛陽西安南京杭州蘭谿
吳興安慶蕪湖南昌袁州九江漢口武昌
長沙寶慶常德衡州成都重慶福州廈門
廣州潮州韶州汕頭澳門香港桂林梧州
雲南貴陽石家莊哈爾濱新嘉坡